敦煌佛教社会史研究

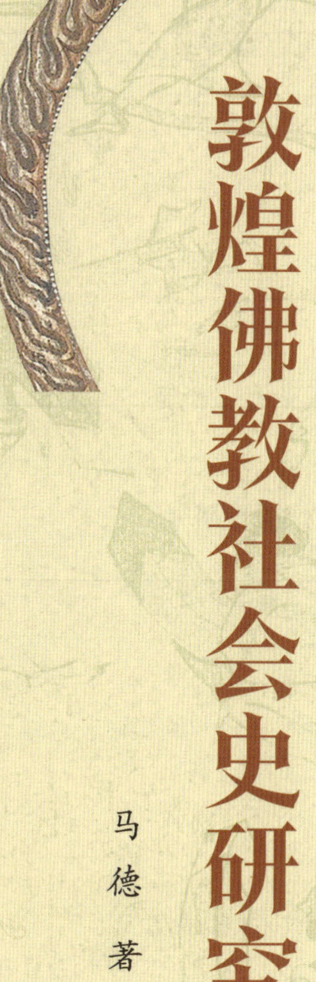

马德 著

SPM 南方传媒
广东人民出版社
·广州·

图书在版编目（CIP）数据

敦煌佛教社会史研究 / 马德著. -- 广州 : 广东人民出版社, 2024. 6. -- ISBN 978-7-218-17741-0

Ⅰ. B949.2

中国国家版本馆CIP数据核字第2024GA1439号

DUNHUANG FOJIAO SHEHUI SHI YANJIU

敦煌佛教社会史研究

马　德　著

出 版 人：肖风华

出版统筹：柏　峰
责任编辑：陈其伟　周潘宇镝
责任校对：唐金英
装帧设计：友间文化
责任技编：吴彦斌

出版发行：广东人民出版社
地　　址：广州市越秀区大沙头四马路10号（邮政编码：510199）
电　　话：（020）85716809（总编室）
传　　真：（020）83289585
网　　址：http://www.gdpph.com
印　　刷：广州市豪威彩色印务有限公司
开　　本：787mm×1092mm　1/16
印　　张：46.5　　字　　数：800千
版　　次：2024年6月第1版
印　　次：2024年6月第1次印刷
定　　价：260.00元

售书热线：（020）87716172

悬泉置遗址

镶嵌在大漠深处的敦煌莫高窟

榆林窟航拍

敦煌古城遗址

西千佛洞外景

目录 Contents

绪　论　佛教社会化与敦煌古代佛教　/ 001

第一章　敦煌的社会基础与佛教传播　/ 013

第一节　敦煌的历史文化底蕴　/ 014
第二节　佛教的创建与传播　/ 019
第三节　汉晋敦煌佛教与“敦煌菩萨”竺法护　/ 030
第四节　敦煌高僧昙猷与莫高窟创建之先声　/ 049
第五节　佛教盛行时代的敦煌　/ 053

第二章　敦煌佛教文献的社会属性　/ 063

第一节　敦煌佛教文献的概念　/ 064
第二节　敦煌佛教经籍　/ 067
第三节　敦煌写经与古代社会　/ 075
第四节　敦煌佛教活动文献的内容和特点　/ 096
第五节　敦煌草书佛典的内容与价值　/ 106

第三章　敦煌石窟形成与发展的社会化特征　/ 113

第一节　敦煌石窟群的形成与发展　/ 114
第二节　敦煌僧团与敦煌石窟的创建、发展　/ 123
第三节　历代统治者与敦煌石窟的营造　/ 127
第四节　世家大族与敦煌石窟的千年辉煌　/ 138

第五节　庶民百姓与敦煌石窟的发展　/ 145
第六节　敦煌石窟营造的主体力量：工匠　/ 154

第四章　末法思想影响下敦煌佛教社会化实践　/ 159

第一节　敦煌的“末法”与“存法”　/ 160
第二节　从“疑伪经”在敦煌的流行看佛教的社会化尝试　/ 169
第三节　三阶教在敦煌的传播　/ 174
第四节　敦煌本《赞僧功德经》的末法意识　/ 191
第五节　天高地广的佛道共识　/ 201

第五章　敦煌石窟社会历史场景举要　/ 213

第一节　敦煌石窟展示的中国社会　/ 214
第二节　敦煌唐代石窟营造展示的综合国力　/ 219
第三节　弥勒下生信仰与佛教社会化　/ 230
第四节　敦煌石窟佛教的社会功利　/ 244
第五节　敦煌石窟佛教无宗派说　/ 254
第六节　佛教政治活动　/ 261
第七节　敦煌石窟的民族精神　/ 277

第六章　唐代帝王与敦煌佛教的社会化——以敦煌本“御制经序”为中心　/ 289

第一节　《大唐三藏圣教序》与《皇太子臣治述圣记》　/ 290
第二节　《大唐后三藏圣教序》　/ 301
第三节　“大周”三序　/ 314
第四节　《大唐中兴三藏圣教序》　/ 323

第七章　密教与敦煌佛教的全面社会化　/ 329

第一节　密教及其传入敦煌　/ 330
第二节　敦煌中唐密教文献　/ 335

第三节　敦煌中唐密教石窟　/ 348
第四节　敦煌本《四十九种坛法仪则》与《坛样图》　/ 361

第八章　融入社会的敦煌僧团　/ 377
第一节　关注社会的人情事理　/ 378
第二节　服务社会的生命关怀　/ 392
第三节　源于社会的经济收入　/ 402
第四节　面向社会的经济支出　/ 416
第五节　敦煌寺院财产的管理及特征　/ 422
第六节　敦煌寺院经济发展的社会意义　/ 431
第七节　活跃于石窟上的敦煌僧团　/ 437

第九章　敦煌的佛教斋会与社会道场　/ 453
第一节　敦煌佛教斋会内容与程式　/ 454
第二节　8—10 世纪敦煌“无遮”斋会　/ 468
第三节　尚纥心儿与吐蕃统治时期敦煌道场的开辟　/ 480
第四节　敦煌归义军时期的军国大事道场　/ 493
第五节　僧俗共建的四天王护世佑邦与安伞道场　/ 511
第六节　官贵家族道场　/ 525
第七节　从剑川二月八日法会看敦煌斋仪的传承　/ 532

第十章　敦煌民众生活的佛教性质　/ 555
第一节　一纸文书　两界佛缘　/ 556
第二节　社邑活动的佛教情节　/ 560
第三节　经济活动的佛教印迹　/ 581
第四节　军政活动的佛教精神　/ 590
第五节　日常生活中的佛教约束　/ 599
第六节　民间信仰活动中的佛教意识　/ 613
第七节　家庭专设斋事　/ 621

第十一章　敦煌佛教教育的社会化　/ 635

第一节　敦煌的佛教入门读物与启蒙、普及教育　/ 636

第二节　敦煌僧团的社会教育　/ 646

第三节　“八味药”：佛教教育的特殊形式与内容　/ 660

第四节　佛教在敦煌的入世教育实践“杂缘起”　/ 663

第十二章　佛教社会化与科学技术的进步　/ 677

第一节　佛教教育先进手段的应用：印刷品及其传播　/ 678

第二节　敦煌版画的社会功能　/ 690

第三节　敦煌填色版画的世界美术史意义　/ 698

余　论　敦煌社会化佛教的历史意义与现实意义　/ 713

主要参考文献　/ 716

后记　/ 729

图片提供：敦煌研究院、法国国家图书馆

部分外景拍摄：付华林、李翎、马德、盛岩海、宋利良、孙志军、吴荣鉴、张伟文

绪　论

佛教社会化与敦煌古代佛教

一、研究缘起

佛教产生、根植和发展于人类社会，已经有2500多年的历史，她从一开始的一种看待人生与社会的哲学思想变成千千万万人的信仰活动，在人类历史发展的长河中起到了各方面的非凡的作用。因此，应当把历史上的佛教置入人类社会发展和进步的大背景中来研究。《敦煌佛教社会史研究》即是将敦煌3—10世纪的佛教活动置入敦煌和中国社会历史发展的大背景中进行研究的尝试。

1992—1995年，笔者进入广州中山大学历史学系跟随姜伯勤教授学习，有幸结识自少年时代就出家为僧，后来成为学、教两界杰出学者的湛如教授，并成为同门学子；佛教社会化的概念便是得益于湛如学兄的教示，在之后从事敦煌佛教

晨曦里的莫高窟

史的学习研究过程中初步认识的。后来多次参加佛教相关的学术研讨会、考察寺院佛教活动，特别是参与以同样是学僧的圣凯教授为首席专家的研究团队，从事汉传佛教社会史与观念史的学习，获益良多。因此殊胜，敦煌古代的社会化佛教便成为无法割舍的研究课题。

由于佛教扎根于社会之中，其生存和发展离不开人类社会的经济、政治、文化等基础，所以自然而然地要打上社会的烙印。佛教的出世也好，入世也好，说的和做的都是与人类社会发生关系——所谓“世”就是人类社会。佛教由出世到入世，由小乘到大乘，是随着社会发展的需要而发生的重大历史变革，是顺应历史潮流、与时俱进的正常现象。

本课题在前人研究的基础上，利用敦煌石窟和敦煌文献资料，以敦煌石窟、敦煌文献和敦煌僧团、敦煌民众为主要研究对象，从它们的社会性质、社会活动、社会内容、社会功能、社会作用、社会意义等方面，深入探讨古代敦煌石窟佛教的社会化性质及其发展，敦煌佛教界（僧团）的佛教活动与社会活动的性质及其演变，敦煌历代统治者、达官显宦、豪门贵族及平民大众等各类佛教徒对敦煌社会的进步和发展的正反两方面的作用及意义。简言之，就是探讨敦煌佛教与敦煌社会的关系。通过对历史上的敦煌佛教的研究，认识历史上的敦煌佛教的社会化问题，探讨佛教对社会的作用，以及佛教对人类社会发展不同历史时期的意义，提出和论证“佛教社会化”或“社会化佛教”的更为科学的概念，在佛教史研究的理论方面有一定的创新和突破。

二、范围界定：佛教社会化与敦煌古代的社会化佛教

佛教社会化指的是佛教成为全社会的宗教，佛教理论即为社会理论，佛教活动即为社会活动。而作为社会理论的佛教理论，就是大乘佛教的理论，大乘佛教又称入世佛教，即进入人间社

会的佛教。佛教从创立时期的出世到后来与人间社会整合到一起的入世，经历了上千年的发展过程。佛教后来分为南传、汉传和藏传三大系统，后二者完全是入世佛教即社会化佛教，前者实际上也是广大信众于人间社会生活的内容，因此也可以看作社会化的佛教。

佛教何时传入敦煌，史无明载。但从出土文物看，敦煌至少在公元元年前后就有了佛教活动。敦煌应该是中国汉传大乘佛教的发祥地。因为大批的大乘佛教经典，是由被称为“敦煌菩萨”的高僧竺法护及其弟子翻译，其年代在3世纪后期和4世纪初期，所以敦煌佛教活动是大乘佛教。敦煌石窟和敦煌文献记载的是敦煌3—10世纪的佛教情况。而更多大规模的佛教活动则是在敦煌石窟创建之后，即4—10世纪，佛教融入社会之中，社会活动无不打上佛教的烙印。敦煌古代社会，特别是8—10世纪，以佛教为主体意识形态，从统治者到广大民众，佛教和日常生活已经不可分割。而敦煌的佛教僧团也是社会组织，僧人也是社会成员，他们的一举一动离不开社会，其所有活动也成为社会活动的一部分。

一直以来，对佛教与社会的关系，学界多谓之“世俗佛教”（或“佛教世俗化”），佛教界所倡导者为“人间佛教”或“人生佛教”。近些年来，“人间佛教”的提法为学界所认可，但“世俗佛教”却未得到佛教界的认可；或者说佛教界认为“世俗化”仅仅是佛教在发展过程中使用的一种方法和手段，并不能概括为佛教的性质。而从中国大乘佛教发展的轨迹看，用“佛教社会化”或“社会化佛教”来认识中国大乘佛教的发展历程，可以得到既科学又合理而且能够为佛教界和学界都认可的解释。而历史上的敦煌佛教，正是中国大乘佛教社会化发展历程最丰富的史实。

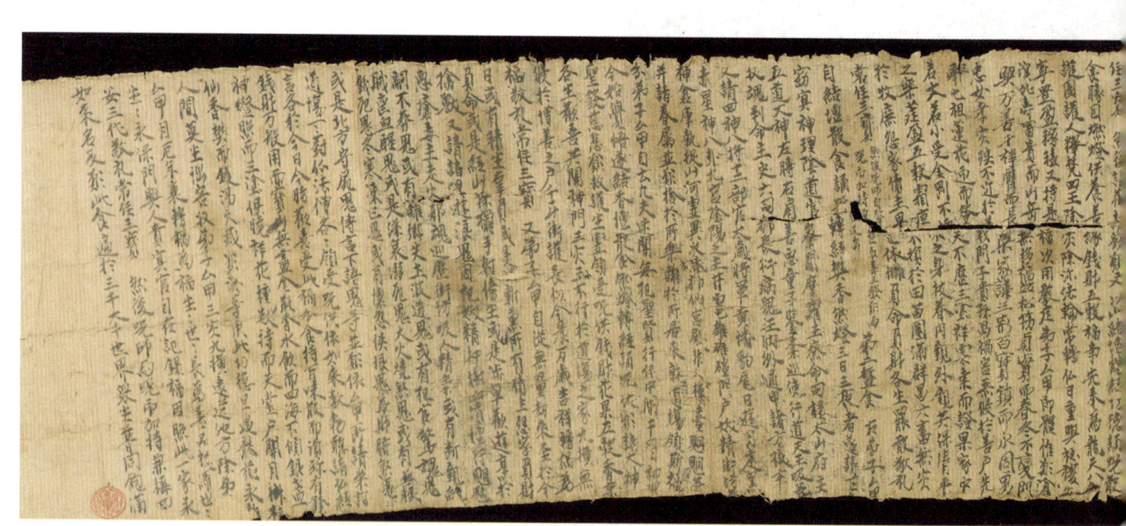

“敦煌佛教社会史研究”主要包括两个方面的内容：一是敦煌佛教社会化的发展历史研究，即佛教进入敦煌后一步步完成社会化的历史过程；二是敦煌古代经过社会化的各类佛教活动以及佛教与敦煌社会的关系的研究。而敦煌历史上的佛教活动主要体现在三个方面：一是作为佛教组织的僧团一代又一代的不懈努力；二是作为佛教活动场所的敦煌石窟的千年营造；三是敦煌地方统治集团与广大民众的信仰活动。佛教僧团在敦煌实际上也是社会组织；佛教石窟则一开始不久就成为社会化的活动场所；至于在敦煌这个广大的社会舞台上，官府和民间的佛教活动，本身就是佛教进入社会并融为一体的表现。

三、前人的奠基和笔者的前期研究

以往国内外关于这方面的研究，虽然已取得丰硕成果，但都将敦煌佛教与敦煌社会分开研究，其中佛教方面有敦煌佛教文献的整理研究、敦煌石窟佛教艺术的研究、敦煌僧团的佛教活动与经济活动的研究等；社会方面有敦煌社会文献的整理研究和敦煌古代社会政治、军事、经济、文化、中外关系等方面的研究等。前人和目前更多的人对敦煌佛教的研究，特别是对敦煌8—10世纪佛教的各方面的研究，充分注意到敦煌佛教与敦煌社会的关系，实际上也是敦煌佛教社会史的研究，只是基本没有用过“佛教社会化”这个更能说明问题的概念。这类研究成果主要有敦煌佛教石窟艺术、敦煌佛教文献、敦煌僧团等，国内外均成就斐然，数量浩大。本书将在相关的章节中一一列举。这些研究成果所得出的结论基本上都是“敦煌世俗佛教”或“佛教世俗化”，我们还无法从这些研究中真正认识敦煌

S.3427《发愿文》

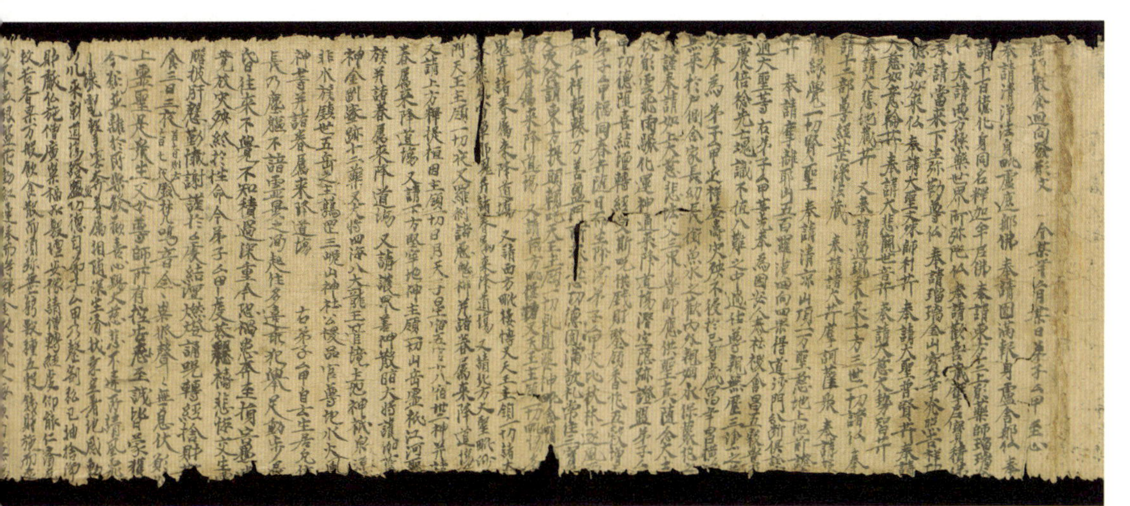

佛教的性质和意义。但相关的研究成果，为从社会化的视角认识敦煌古代佛教提供了大量证据，为社会化的敦煌佛教的发展历史或敦煌佛教社会史的研究奠定了良好的基础。

笔者正式从事敦煌佛教社会史的研究始于20世纪末，但对相关问题的研究应该始于1985年开始的敦煌石窟营造史文献的整理。敦煌文献中记载的石窟营造是敦煌历史上的社会活动，前人早在1000年前就有定论："君臣缔构而兴隆，道俗镌妆而信仰。""君王万岁，社稷千秋"是君臣缔构的效应、道俗镌妆的追求。莫高窟之所以形成目前的规模，在历史上完全依赖于社会力量。从朝廷到敦煌地方，从帝王到地方官，各级统治者认识到佛教对社会稳定的作用，不遗余力地提倡并身体力行。而石窟营造成为敦煌历史上的特色和亮点。因此敦煌石窟的历史就是一部佛教意识形态支配下的社会史。这一点在笔者早年出版的《敦煌莫高窟史研究》《敦煌石窟营造史导论》等著述中都陈述过大量的历史事实。虽然当时并没有使用"佛教社会化"这一概念，但这些研究也是从社会化的视角认识和研究敦煌佛教。

在众多学界和佛教界师友的帮助下，笔者从社会化的视角，先后就敦煌石窟佛教、敦煌佛教文献、敦煌僧团的社会活动、敦煌社会的佛教活动等方面进行了一些探索，并同王祥伟合作，于2011年出版了《中古敦煌佛教社会化论略》作为阶段性成果。2012年，"敦煌佛教社会史研究"获批国家社会科学基金西部项目。笔者作为项目主持人，又得到众多学界同仁的鼎力帮助，得于2017年提交结项报告，2019年顺利结项。本书的主要内容即是对上述成果的梳理。

四、五重证据法的运用

"史"应该按时代先后的，但因为敦煌佛教社会史研究涉及十分广阔的领域，这些领域范围又具有明显的特色，所以笔者经多次考虑，还是按专题搭建本书的框架。

有鉴于此，本书主要着眼于就前期成果未曾涉及或虽有涉及但未曾展开讨论的一些问题，并新开辟一些研究领域，或者对前期成果中需要纠正的地方，以专题探讨的形式做进一步的研究。主要内容包括佛教社会化视野下的敦煌疑伪经、敦煌三阶佛法、佛教道场、佛教教育、佛教文化的传承、佛教经济与科学技术的进步发展等来认识敦煌社会与敦煌佛教，旨在总结历史的经验教训，发挥佛教对于社会进步发展的积极作用，以及为佛教的未来发展提供一些历史的借鉴。

从清前期的乾嘉学派开始，史学研究一直以传世史料为主。19世纪末20世纪初，随着甲骨文、敦煌文书等出土文献的面世，史学研究就有了传世文献与出土文献相对照的二重证据法。王国维说：“吾辈生于今日，幸于纸上之材料外，更得地下之新材料。由此种材料，我辈固得据以补正纸上之材料，亦得证明古书之某部分全为实录，即百家不雅训之言亦不无表示一面之事实。此二重证据法惟在今日始得为之。”陈寅恪说：“一曰取地下之实物与纸上之遗文互相释证”；“二曰取异族之故书与吾国之旧籍互相补正”；“三曰取外来之观念，与固有之材料互相参证”。二重证据法被认为是现代中国考古学和考据学的重大革新，一百多年来，二重证据法基本上是史学界通用的研究方法。“史学就是史料学”的主张就是在此基础上提出的。近年还有人说“史料都公布了，就没有什么可做的了”，好像研究历史应该画地为牢、停滞不前，用现成的史料解释一下历史就完成了。因为提倡这些说法的都是公认的泰斗，历史研究一直因循守旧、孤芳自赏。前些年，饶宗颐在二重证据法基础上，将考古出土文物与考古的文字资料（出土文献）相分离，提出了有字的考古资料、没字的考古资料和史书上之材料的三重证据法。接着是叶舒宪的三重证据法，也是在二重证据法的基础上，再加上文化人类学的资料与方法的运用，是考据学、甲骨学和人类学互相沟通结合的结果。后来又有徐中舒的三重证据法，是在二重证据法的基础上，运用“边裔的少数民族，包括民族史、民族学、民俗学、人类学史料研究先秦史”。再就是黄现璠的三重证据法，同样是在二重证据法的基础上，结合调查资料或材料中的“口述史料”研究历史学、民族学。三重证据便是：纸上之材料、地下之新材料、口述史料。总的来看，三重证据法都是在二重证据的基础上再加上一重：饶宗颐主张加上出土文物，叶舒宪、徐中舒、黄现璠三家虽然表述各有不同，但讲的都是同一种方法，即人类学的田野（社会）调查。再后来就有了叶舒宪的四重证据法，即传世文献、出土文献、出土文物、田野调查；叶氏是在认可田野调查的基础上，加上饶宗颐的第三重证据而为四重，杨丽、叶舒宪合著之《四重证据法研究》的出版将之正式提到学术层面。

遗憾的是，不管是三重证据法还是四重证据法都没有得到史学界的广泛认知。似乎所有的人都忘记了，地面上还保存着无数历史的遗迹遗物，国外的不说，小的不说，就国内大者而言，如万里长城、敦煌石窟、故宫等，尽管秦汉、隋唐、明清的研究者们都离不开这些最直接的证据，但一直没有被列入史学研究方法的证据之中。笔者守着敦煌石窟这座伟大的历史文化宝库近半个世纪，不可能放弃这一最丰富、最直接、最原始、最可靠的证据！因此，笔者认为史学研究至少应该是五重证据法。具体内容如下：

1. 传世文献。仍然是第一重证据，提供研究对象的主线，但也需辨别真伪。

必须意识到，即使是“正史”，由于大都由胜利者书写，至少有一部分不能作为准绳类依据标准。

2. 传世文物。主要是指地面上遗存的历史文化遗迹，是历史与社会的直接记录，是仅次于传世文献的第二重证据。

3. 出土文献。包括文字和图像，以往主要是指文字数据；这里也应包括通过考古发掘而获得的文字及图像文献。

4. 出土文物。主要是指通过田野考古发现的遗址、墓葬等，以及除文字文献和图像文献以外的出土文物。

5. 田野调查。是指用人类学的方法，深入社会现场，与当地人对话；根据历史遗存与当代现状由现世观往世，通过了解当地风土民情而从今人看古人，通过当地流传的各种民间传说故事看历史文化传承。运用人类学视野下的民族学、考古学的方法找到历史的活化石与活态人脉。认识历史、解释历史，目的在于改造历史、发展历史。无论是历史还是艺术的研究，都是研究人的学问；在敦煌来讲，是和古人对话。所以，人类学的方法是最接地气的方法。敦煌研究领域内所有的学科，包括历史、艺术、宗教等文化，都可以用人类学的方法来深入研究，从而得出准确的认识。

五重证据法无论是哪一重，所依据的都是人类社会：传世也好，出土也好，地面上的也好，地下的也好，都是人类的创造和遗存。历史是人创造的，历史书是人写的，其中难免有遗漏缺失或认识的不同，所以需要互证。二重证据法讲的就是互证；五重证据法同样也是多重证据间的相互比对和印证。

运用五重证据法能够让我们认识历史文化的价值意义，特别是在敦煌历史文化的研究中，更应该行之有效。本书就是五重证据法在敦煌佛教社会史研究上的具体实践，目的在于能够更客观、清楚地认识历史上的敦煌佛教在敦煌社会生存和发展的合理性和必然性，探索敦煌与敦煌社会稳定繁荣、进步发展的关系和规律，为当今与以后的人类进步发展提供有益的借鉴。

五、关于历史文化艺术的背景探讨

面对研究对象，无论有多少重证据，都只能说明“是什么”，而研究者至少还要回答出“为什么”。这就需要在解决了“是什么”的基础上，进一步深入探讨“为什么”——历史文化的社会背景研究。而作为人类古代文明中心象征的敦煌文化，至少也需要注重本土元素、外来影响的交流融合、社会发展阶段的时代特征（制度制约）、艺术家的个人条件，从而总结出发展变化的规律，也可概括

莫高窟第321窟西壁佛龛龛顶

莫高窟第321窟主室佛龛龛顶

为五个方面的因素。而这五个方面对敦煌古代的社会化佛教的研究同样有重要的启迪作用。

第一，本土元素。常言道：一方水土养一方人。一方水土也培育出一方文化。本土的自然和人文环境是这个地区的文化基础，敦煌也不例外。敦煌的史前有相当于中原青铜时代的石器时代农业文化，有游牧民族文化的遗迹和人类早期活动的轨迹。西汉开发，铸就了本土文化的根基与特色；魏晋南北朝时期，本土文化得到稳步发展；隋唐尤盛。敦煌石窟为我们展示了北朝时期的大漠交通奇景、隋唐盛世的繁荣景象与戈壁烽烟、归义军时期的社会风情、各少数民族统治时期的民族风貌，以及在各个时代的制度制约下的演变，展现了这片地域一直是个“特区”——无论是中原王朝辖下，还是民族政权治理；而作为独立小王国时则更凸显其本土特色。莫高窟第148窟唐代壁画中的先秦马车图像，更是蕴含着丰富的民族情怀。

第二，外来文化的来源、影响和交流、融合。敦煌的地理环境与交通条件在东西方经济文化交流方面得天独厚，历史上由于地广人稀，家族间各自为政，在文化方面没有形成强大的排外能力，为外来文化提供了生存土壤和发展空间，在敦煌石窟早期从事营造活动的都是西域来的僧侣与工匠团队。但一旦外族入侵影响到生存，则又是另一番景象。北朝早期艺术深受外来文化的交融与逐渐渗透，加之北魏统治者主动改制和汉化的举措，在敦煌形成了一个包容的传统，让敦煌敞开了千年的宽阔胸怀，造就了海纳百川的包容精神，成为中华民族宝贵的精神财富。而这个由自然和人文环境造就的包容精神，为子孙后代留下了取之不尽、用之不竭的文化精神财富！与外来文化交流的背景在敦煌研究中是无法回避的，各个时代的文化艺术都打上了交流与整合的烙印。

第三，时代特征，包括制度制约。发展进步中的人类社会，包括改朝换代在内，每一个阶段都有制度制约与时代特征，这些时代特征明显地表现在文化方面。敦煌石窟和出土文物就是这两千年的各个朝代、各个时代的表征。如北魏时期大镇的治理及其影响，造就民族汉化特色，恢复汉晋文化；隋唐盛世的中原文化、吐蕃文化与各民族文化；归义军时期的唐文化，藏传佛教与党项、蒙古文化；等等。每一个时代都有自己的特征，反映的是各种不同的制度，而文化受到各种制度的制约。

第四，个人因素。每一位艺术家，不管他处在什么时代、什么样的背景下，受到什么样的制约，只要他在从事艺术活动，或多或少会有些个人的因素表现，包括个人的信仰观念、技艺才能以及愿望等，都会发挥和表现出来；不过在外界宽松时发挥得多一点，外界严苛时发挥得少一点。

榆林窟第29窟主室南壁门东《西夏国师智海供养像》

第五，敦煌历史上文化艺术发展变化的规律。任何一种文化艺术，都会因为上述四个方面的因素而发生种种变化，但是这种变化有规律可循。这个规律就是这种文化艺术传承的主流和脉络。万变不离其宗，多可归结为螺旋式前进或大时空下的回归。在敦煌亦是如此，比如儒家思想两千年的统治地位基本无动摇，佛教和道教在敦煌社会的共存与共识等，都是在研究中不能忽视的现象。

这些年，从西方引进很多新的学科概念，体现出学术与国际接轨、与新型学科接轨，但需要看准中国古人的智慧与现代学科的关系。西方新型学科的方法手段，在中国古人手里早已驾轻就熟。如艺术设计，中国古代叫经营位置。引进西方学术研究的新观念，从西方人的角度审视敦煌历史文化，可以让中国古人的智慧和创造国际化、现代化，让更多的人认识中国古人的伟大，这也是一件好事。有许多新的概念，对局部和细节的研究有一定的帮助作用，也可以借鉴。但也有很多五花八门的名词，并不一定适合敦煌历史文化研究，需要区别对待。另外，有一些超前的观念，当下并不一定得到认可，但若干年以后历史也许会证明它的真理性。

学术乃天下公器。任何工作都会有出错，学术研究也一样。学术是一个不断学习和探索真理的过程。通过百花齐放、百家争鸣而发现真理，认识真理，坚持真理，改正错误。敦煌佛教历史文化的研究更不例外：老祖宗留给我们的太多、太丰富，需要我们一直研究下去，弘扬真善美，剔除假恶丑，在学术研究的过程中不断有所发现、有所创造；在追求真理的道路上不断迈上新台阶，开创新局面。希望我们的研究成果能够为人类社会当今和以后的发展进步提供历史借鉴并发挥应有的作用。敦煌佛教社会史的研究正是朝着这个目标努力奋进。

第一章 敦煌的社会基础与佛教传播

第一节　敦煌的历史文化底蕴
第二节　佛教的创建与传播
第三节　汉晋敦煌佛教与“敦煌菩萨”竺法护
第四节　敦煌高僧昙猷与莫高窟创建之先声
第五节　佛教盛行时代的敦煌

第一节　敦煌的历史文化底蕴

一、敦煌的学术地域概念

敦煌是一个地名，位于北纬40°、东经94°处，在中国甘肃省的最西端与新疆维吾尔自治区交界的地方。

敦煌是一方热土。境内的雅丹地貌，向我们展示了亿万年间的大自然在这块土地上的神奇变迁，是我们能在地球上看到的独特的史前遗迹。而敦煌有人类活动的历史已经3000多年，其中有文字记载的也有2000多年。玉门火烧沟及其他新石器文化遗迹，是相当于中原的青铜时代留下来的敦煌“远古”历史遗迹，表明在公元前1000多年，敦煌已经有了发达的农业文化。西汉时期敦煌设郡，东汉时期为瓜州，北魏时期为敦煌镇，隋、唐以后为瓜州、沙州，现为敦煌市。历史上

敦煌位置图

曾是割据政权西凉国和西汉金山国的国都，北魏时期的敦煌镇曾管辖了中国西北的大片地区，地域最广。敦煌历史发展的每一个阶段都独具特色，如发达的汉晋文化和大量历史文化名人、繁荣的隋唐盛景、吐蕃的文化中心、归义军时期孤悬塞外的地方政权等。

学术意义上的敦煌，从地域范围讲，不是今天的敦煌市，也不是北魏时期的敦煌镇，而是汉代敦煌郡的范围，大体包括今天的敦煌市、瓜州县、玉门市、肃北蒙古族自治县、阿克塞哈萨克族自治县的全境，总面积约16.8万平方千米。历史上在这个范围内发生的人和事，都属于敦煌研究的内容。这里是著名的河西走廊的西端，南为祁连山的支脉，北为合黎山支脉，中间是十分广阔的沙漠戈壁，但因为有丰富的水资源，土地肥沃，草木茂盛，一直是十分理想的绿洲农牧业区；而且，由于地势平坦，陆上交通便利，加上它特殊的位置，历来是连接东西方交通的要冲。在这个地域范围内的历史文化，我们都称之为敦煌历史文化。

二、人类在敦煌的早期活动遗迹

敦煌一带很早就有人类活动。在今敦煌阳关镇的墩墩滩和瓜州县双塔堡水库

莫高窟第323窟《张骞出使西域》

等地，曾经出土过大量新石器时代的石刀、石斧等遗物；1976年，考古工作者在玉门市发掘的火烧沟遗址，出土了十分丰富的农业生产工具和农作物以及各类装饰品，经鉴定，是公元前1600年以前的遗物，相当于夏代，这说明当时敦煌已有了高度发达的农业。在火烧沟遗址的上层也有这个农业部族留下的遗迹，证明这一农业部族在敦煌生活过很长的一段时期。玉门火烧沟及其他新石器文化遗迹，是相当于中原的青铜时代留下来的敦煌“远古”历史遗迹，表明在公元前1000多年，敦煌已经有了发达的农业文化。

史籍中反映敦煌的最早记载，是关于游牧民族活动的记录。远古时代，敦煌为西戎地，先后有塞人、乌孙、月氏、匈奴等游牧民族在这里生活和活动。大概从公元前300年开始，敦煌先后为乌孙、月氏和匈奴占据。这一时期相当于春秋战国时期，北方游牧民族群雄并起，敦煌成为各民族争夺的地盘。先是乌孙人在此地放牧和繁衍生息，尔后是月氏人赶走乌孙人而据有其地，最后是强大起来的匈奴人又赶走了月氏人而占据敦煌及河西一带从事生产、生活和军事扩张。

敦煌境内保存有众多的汉文化遗存，主要有两个方面：一是大量的建筑遗迹，如汉代两关（玉门关、阳关）和郡县城池（敦煌、寿昌、效谷、常乐、渊泉等），向人们诉说着两千多年的岁月沧桑；二是先后出土的大量的汉代简牍、帛书等，是记录和反映敦煌汉代历史面貌的珍贵文献。

三、敦煌的汉晋文化根基

公元前2世纪后期，新生的中原西汉王朝经过六七十年的休养生息，经济繁荣，国力强盛，执政的汉武帝雄才大略，为了从匈奴的铁蹄下收复失地、开拓疆土，为了加强同西方各国、各民族间的经济文化交往，于公元前138年派张骞出使西域，又于公元前121年遣骠骑将军霍去病将匈奴驱逐出河西；此后几十年间，屯田移民，设关建郡，史称“开发河西”。敦煌在这一时期作为著名的“河西四郡”之一正式列入汉朝版图。“敦煌”由此前沿用的古代民族语音变成两个方方正正的汉字并被赋予新的意义。因为当时敦煌郡位于“河西四郡”最西端，所以一开始就成为中原通往西域的门户，西汉王朝所设立的西大门玉门关和阳关都在敦煌境内。

从汉代开发以来，中原汉族地区先进的生产方式和发达的封建文化进入敦煌，成为中世纪敦煌经济文化发展的基础。汉晋时期，敦煌涌现一大批自己的文化人物，最突出的是书法家，另外还有政治家、军事家、思想家、教育家、天文学家、地理学家、医学家、建筑学家、画家、音乐舞蹈家等，留下了许多作品，

敦煌玉门关遗址

成为敦煌本土文化的根基。因为敦煌属于中国，汉文化成为敦煌占主导地位的文化是很自然的。而作为中西交通的门户，敦煌在中原和西方各国和民族的各个阶层、各种职业的人们频繁地来往和交流中，不断吸收和融合外来文化的合理部分。发源于印度的佛教传入敦煌后，迅速发展，不仅使敦煌成为佛教圣地，而且对敦煌的文学、艺术及社会生活产生了重大影响。除佛教外，祆教、景教、摩尼教等西亚、中亚宗教也在敦煌传播并对敦煌社会产生过影响。这形成了敦煌独特的地方文化。同时，历史上的敦煌，是多民族杂居地区，在这片古老的土地上，先后有月氏、乌孙、匈奴等族繁衍生息，又有鲜卑、吐谷浑、吐蕃、回鹘、党项、蒙古等族统治经营，从而使敦煌文化在汉文化占主导地位的同时，又有少数民族文化加入其中。敦煌文化，是以汉族为主体的多民族共同创造的文化。

敦煌地处亚洲腹地，属中亚或古西域范围，在历史上，就是中国与西方各国进行经济、文化交流的重镇，是中外历史文化交流的中心地带。埃及文明、两河文明、印度文明、中华文明、希腊文明等在这块土地上神奇地进行了交汇和融合，形成了集东西方世界古代文明于一体的人类古代文明的象征。敦煌历史文化是在中华传统文化的基础上，吸收了来自各地的优秀文化所形成的具有世界性的文化；加之敦煌有效地保存了这种文化，所以敦煌被誉为人类古代文明的中心，敦煌文物被看作人类古代文明的结晶。

敦煌是中国历史上的一块金字招牌。“敦煌王”“敦煌公”曾是众多皇室贵胄的封号，特别是中国历史上最著名的帝王之一的唐太宗李世民，在隋朝后期就曾被封为“敦煌公”①。唐朝宗室李承宷曾被封为“敦煌王”②。而其他因居住在敦煌或曾经统治敦煌而官封或自封的就更多了，在后面的叙述中会有所涉及。

---

① ［唐］李延寿：《北史》卷十二《隋本纪下第十二》：己巳，以唐王子陇西公建成为唐国世子；敦煌公为京兆尹，改封秦公。令狐德棻、长孙无忌、魏征《隋书》卷五《帝纪第五恭帝》所记相同。

② ［宋］欧阳修、宋祁：《新唐书·列传第一百四十二上·回鹘上》：肃宗于敦煌王为从祖兄，回鹘妻以女，见帝于彭原。

第二节　佛教的创建与传播①

一、佛教的创立与基本教义

佛教起源于古印度（天竺），相传于公元前6世纪由北天竺迦毗罗卫国（今尼泊尔境内）净饭王的长子乔答摩·悉达多所创立，距今已有2500多年的历史。传说悉达多生于公元前565年，死于公元前485年，大致与孔子同时。他在青少年时即感到人世变幻无常，深思解脱人生苦难之道。29岁（一说19岁）出家修行。得道成佛（佛陀，意译觉者、觉悟者）后，在印度恒河流域中部地区向大众宣传自己证悟的“真理”，拥有越来越多的信徒，从而组织僧团，自为佛陀，形成理论

灵鹫山正峰峰顶矗立着一块岩石，形似鹫头，“灵鹫山”由此而得名

① 本节内容参阅中、日学者所著佛教史类著作多种，恕不一一出注。

与实践一体的佛教。佛陀80岁时在拘尸那迦逝世；因他是释迦族人，所以后来他的弟子又尊称他为释迦牟尼，意为释迦族的圣人；后世一般尊称为佛陀、释迦牟尼佛、如来佛等。佛教创立后，在印度几经演变。佛陀及其直传弟子所宣扬的佛教，称为根本佛教。佛陀逝世后，弟子们奉行四谛、八正道等基本教义，在教团生活中维持着他在世时的施设和惯例。

印度王舍城，释迦牟尼在灵鹫山说法台

据称，释迦牟尼最初说教的内容为“四谛”，即苦谛、集谛、灭谛、道谛，是佛教的基本教义之一。“谛”是真理的意思，四谛就是佛教的“四大真理”。所谓“苦谛”，就是说人世间一切都是苦的，人生一世会遇到生、老、病、死等十六苦（或说八苦）。所谓“集谛”，指造成世间人生及其苦痛的原因，佛教认为有两条：一为“业”（做事），是致苦的正因；一为“惑”（烦恼），是致苦

的助因。业和惑产生无数苦果，如果断绝业和惑，苦果自然随之断绝，可以达到“寂灭为乐”的境界，即“灭谛”。要达到这种理想的境界，必须修道，即“道谛”。佛教所说的“道”就是涅槃之道。“涅槃”，意译为灭、灭度、寂灭、圆寂、不生、无为、安乐、解脱等。佛教修行以涅槃为终极目的。四谛之中苦、灭二谛尤为重要：人生最苦，涅槃最乐，为佛教的基本思想。

佛教在进一步分析苦难和造成苦难的原因时，提出了“十二因缘”说。认为世界上各种现象的存在都依赖于某种条件，离开了条件，就无所谓存在。人生命的起源和过程也依赖于条件，这就是十二因缘：“无明”引起意志的“行”，由意志引起精神统一体的“识”，由识引起身体的精神和肉体的“名色”，名和色形成了眼、耳、鼻、舌、身、意（心）等感觉器官的“六处”，六处引起和外界接触的“触”，由触引起感受的“受”，由受引起贪爱的“爱”，由爱引起对外界事物的追求索取的“取”，由取引起生存环境的“有”，由有引起“生”，再由生引起“老死”。所以说到底，人生的痛苦是由无明引起的，只有消除了无明，才能获得解脱。佛教经典又把“十二因缘”说解释为“三世因果报应”说：无明、行是过去因，感现在果，识、名色、六处、触、受是现在果；爱、取、有是现在因，感未来果，生、老死是未来果。这里宣扬人们在社会中所处的地位和各种遭遇，都是自己前世所作“善业”或“恶业”的结果，是早就注定而无法改变的。根据“因果报应”，佛教又提出“轮回”，即“流转”的意思。佛教沿袭婆罗门教的说法而加以发扬，宣称一切有生命的东西会永远在所谓“六道”中生死相续，有如车轮的旋转不停一样。“六道”是指天、人、阿修罗（一种鬼怪恶神）、地狱、饿鬼、畜生。人若做了善事（指信佛等），死后就可升入天界；人若做了坏事（指不信佛，不安于自己的命运，触犯了他人的利益等），死后就会变成畜生，变成饿鬼，或堕入地狱。

由于佛陀在世时于不同场合对不同的对象有着不同的说法，弟子们对教义便产生不同的理解。佛陀涅槃后百余年，佛教发生分裂：一派称为“上座部”，主要由一些长老组成；另一派称为“大众部”，拥有广大的僧侣，二者又称“根本二部”。公元前1世纪前后又由大众部的一些支派组成“大乘佛教”，并且称呼非大乘佛教的教派为“小乘”。大乘宣称自己这个教派是“普渡众生”的，说小乘是只管自己修行得道，得了道就当“罗汉”，不管别人，所以很不可取。此后百余年又先后分成十八部和二十部，称“枝末部派”。公元元年前后，在佛教徒中流行着对佛塔的崇拜，从而形成了大乘最初的教团——菩萨众。他们中间一部分人根据《大般若经》《维摩经》《妙法莲华经》等阐述大乘思想和实践的经籍，进行修持和传教，而将早期佛教称为“小乘”。佛陀逝世约500年后，龙树创立大乘中观派，阐发“空”“中道”和“二谛”的思想，其弟子提婆继续弘扬其学说，使大乘佛教得以进一步发展。因宣扬“一切皆空”的教义，很有导致把佛自身也一并否定的嫌疑，所以遭到了另一些佛教信众的反对。佛陀逝世约900年后，世亲、无著创立了“有宗”，又称“瑜伽宗”，认为不是一切皆空，佛还是真的、有的；一切客观事物都是佛性的表现，最终都要归到佛性。无著原是说一切有部僧人，因对说一切有部教理感到不足而阐发大乘教义；其弟世亲原是说一切有部学者，后从无著改宗大乘，称“千部论师”。无著、世亲弘扬“万法唯识”“三界唯心”的唯识论，其后主要有难陀、安慧、陈那、护法4家传承；护法之后又有戒贤、亲光等；再后来是清辨、佛护、月称等从不同的角度阐发中观思想，形成自续派和应成派。同时，小乘佛教中的说一切有部等仍继续发展。传说龙树是大乘佛教的祖师，他不仅创立了大乘空宗，而且还把佛教某些教义和婆罗门教的某些教义、仪式相结合，创立了“密教”；后称密教以外的教派为“显教”。所谓密教，一是主张秘密传教，由一人直接传授给另一人；二是从事巫术活动和烦琐的宗教仪式。7世纪以后，印度密教开始流行；9世纪后，密教更盛，相继形成金刚乘、俱生乘和时轮乘。从11世纪起，伊斯兰教的势力逐渐进入东印度各地，到13世纪初，佛教在南亚次大陆基本消失。

二、佛教的出世与入世

出世是小乘佛教的早期形态，是对于现实人生的反省思维，肯定在生死流转中的一切是无常、苦和无我，没有真正的永恒、安乐、自由；于是从无常、苦、无我的正观中看破自我，得心解脱，得大自在。这种出世的佛法和解脱的体验，论理是不分在家出家的。但实际上，出家舍亲属爱，舍财物欲，过着“少事少业少希望住”的生活，一心一意为生死大事出世解脱而努力，成为时代的风尚，大家钦慕这种超越的风格，形成出家僧伽为中心的佛教；而在家者为家属事业所累，一般不易达成此理想。出世的佛法，虽然一样弘法利生，对佛教和人类都有重大的贡献，但由于对现实人生——家庭、社会、国家采取消极适应的态度，在佛法普及民间时，便无法满足和适应社会信众的要求。这就让佛教对之前公认的释迦佛过去修行的菩萨风范，以及释迦成佛以来为法为人的慈悲与精神予以重新认识，促成佛教由出世向入世的发展。

从起初五百年出世为重的声闻佛教中，大乘佛教应机而兴，涌现了以佛菩萨为崇仰的由出世而入世的佛教。将旧有形态的佛教统归为小乘，自称大乘佛教。所以从本质来说，大乘是入世的佛教，主张佛法不是出世而是入世的，不仅

印度奥兰加巴德，阿旃陀石窟外景

自利而应利他的。大乘入世源于悲心发为菩提心的愿欲；菩萨入世的大乘行以十善为代表，称“十善菩萨”。大乘经通过宣扬佛法表达大乘，方便摄导，利益众生，以遍及人间一切正行。大乘行者站定自己岗位，各守本分，不但自己从事正行而有益于人生的事业，还借此事业摄受同愿同行，令自己当前的事情，融入佛法而导归大乘。依佛法而论，以悲心为主而营为一切正行，都是入世。大乘理论的特点是“世间不异出世间”“生死即涅槃”“色（受想行识）不异空，空不异色”。大乘佛教以“空”为最根本的原理，“悲”是最根本的动机。中观也好，瑜伽也好，印度论师所表彰的大乘，解说虽有不同，但原则一致。菩萨道中，慈悲益物不是无用，反而是完成佛道的心髓，为众生而学，为众生而证。一切福慧功德，回向法界，回向众生。一切不属于自己，以众生的利益为利益。没有慈悲，就没有菩萨，没有佛道，而达于“佛心者，大慈悲是”。总之，大乘的入世佛法，最初所表达的要点是：不异世间而出世，慈悲为成佛的主行，不求急证，由此而圆成的才是真解脱。

三、佛教在中国的传播与发展

佛教原来只流行于中印度恒河流域一带。孔雀王朝时期，阿育王奉佛教为国教，广建佛塔，刻敕令和教谕于摩崖和石柱，从此遍传南亚次大陆的很多地区。同时又派传教师到周围国家传教，东至缅甸，南至斯里兰卡，西到叙利亚、埃及等地，使佛教逐渐成为世界性宗教。

佛教向亚洲各地传播，大致可分为两条路线：南线最先传入斯里兰卡，又由斯里兰卡传入缅甸、泰国、柬埔寨、老挝等国；北线经帕米尔高原传入中国，再由中国传入朝鲜、日本、越南等国。

佛教初传入中国时，在汉代被视为神仙方术的一种；至南北朝时期传播于全国，出现了很多学派；隋唐时期进入鼎盛阶段，形成了很多具有中国民族特点的宗派。宋代以后，佛教各派趋向融合，同时儒、佛、道的矛盾也渐趋和缓。7—8世纪，佛教分别由印度和中国汉族地区传入中国西藏，至10世纪中叶后形成藏语系佛教，后又辗转传到四川、青海、甘肃、蒙古和俄国布里亚特蒙古族居住的地区。 经长期传播发展，形成具有中华民族特色的中国佛教。由于传入的时间、途径、地区和民族文化、社会历史背景的不同，中国佛教形成三大系，即汉传佛教（汉语系）、藏传佛教（藏语系）和云南地区上座部佛教（巴利语系）。汉传佛教经过长期的经典传译、讲习、融化，与中华传统文化相结合，从而形成具有民族特点的各种学派和宗派；并外传朝鲜、日本和越南。

清末以来，在西方文化的影响下，中国佛教在继续传播的同时，走向学术化。学界和佛教界都关注佛教与社会的关系，不断探讨佛教与社会的相互依赖与融合，建立了带有佛学观念的“仁学”思想体系；提出和奉行“人生佛教”“人间佛教”的一系列理论与实践，对佛教的发展和社会的进步产生了一定的积极意义。

四、佛教经典传译与编纂

随着佛教的传入，来华西域僧人和佛教学者日益增多，译经事业也随之发展。据传汉元寿元年（前2）大月氏王使伊存口授博士弟子景卢以佛典《浮屠经》，但究为何经，已失传无闻。历来均以汉明帝永平年间遣使从西域取回《四十二章经》为佛法传入中国之始。自东汉永平十年至北宋靖康元年（67—1126）的千余年间，共有译师230多人，其中有史可征的印度在华僧人71人，译出经、律、论5700余卷。

佛教及其经典传入中国前，印度已有4次三藏（经、律、论）的结集，内容全属小乘。小乘三藏汉译多属北传之本。但自汉末迄宋，译出经籍6000余卷，则多

克孜尔石窟外景

属大乘，《开元释教录》著录1076部、5048卷，皆为写本。自北魏起始有石经，以隋代所刻《房山石经》最为完整。木版刻经，始自唐代，至宋开宝年间始刻全藏，历元、明、清、民国至今共编纂印行木刻和排印本《大藏经》22种。宋《开宝藏》初刻时共5048卷；金《赵城藏》6900余卷；元《普宁藏》6004卷；明《万历藏》5997卷；清《龙藏》7168卷；民国《频伽藏》8416卷。加上其他佛教著作和汉地著述，据日本《大正新修大藏经》（以下简称《大正藏》）收录为13520卷。佛教原典除巴利语系《大藏经》尚较完整外，大乘梵文原典大多失传，幸赖汉译得窥其内容，因而对佛学研究贡献甚大。

佛经的大量翻译，始于东汉桓帝时代到中国的安世高和灵帝时代的支娄迦谶。安世高虽以传译小乘经典为主，但其译籍中已有大乘经典。东汉光和二年（179），支娄迦谶译出《道行般若经》；曹魏至西晋间，无罗叉、竺叔兰译出《放光般若经》；这些大乘经典开始流行，即与汉文化相结合。当时学者常以佛经与中国道家思想相比附，认为玄学命题和般若理论有密切的联系。承汉之后，天竺、安息、康居的沙门如昙柯迦罗、昙谛、康僧铠等先后来到魏都洛阳从事译经；三国吴时支谦专以译经为务，所译典籍广涉大小乘经律；康僧会译出《六度集经》等。当时译经，大小乘并举。西晋竺法护译出《正法华经》等170多部佛经，包括般若、法华、净土等大乘经典。十六国时期鸠摩罗什、昙无谶，东晋佛陀跋陀罗，南朝求那跋陀罗，南朝陈真谛，北魏菩提流支等，唐代玄奘、义净、不空、善无畏等，大量翻译或重译的都是大乘佛典。大乘经论的传译和僧人、学者竞相研习，成为中国汉传佛教大乘思想发展的主流。

五、佛事仪式与主要节日

佛教仪式原是释迦时代所行的宗教活动，传到中国后演变为应赴社会的经忏、佛事等一套固定仪式。主要有忏法、水陆法会、盂兰盆会、焰口等。忏法原为佛教忏悔罪愆的仪则和做法，起于晋代道安和慧远，历代相沿。盂兰盆会盛行于唐代，为每年农历七月十五日僧自恣日举行供佛及僧超度先灵的法会。宋以后又有水陆法会和瑜伽焰口，用以为众积聚“功德”超度先灵。半月布萨之制，在汉地早已成为习惯，每逢朔望之日，聚集在一起礼佛、供养、诵经。

佛陀诞辰（农历四月初八）、出家日（农历二月初八）、成道日（农历腊月初八）、涅槃日（农历二月十五日）皆为佛教重要节日，其中以佛陀诞辰最为重要。此外，观音和地藏菩萨在汉地民间信仰颇盛，每逢传说中两菩萨的诞辰等节日，亦多举行佛事活动。有佛诞节（亦称浴佛节）、成道节（亦称佛成道日、腊八节）、涅槃节、观音节（中国汉族地区于农历二、六、九3个月的十九日为纪念观音的节日）、世界佛陀节（亦称维莎迦节，即南传佛教将释迦的诞生、成道、涅槃并在一起纪念的节日）、驱鬼节和跳神节（藏族地区佛教节日）、泼水节（傣族佛教节日）等。有些节日已成为民俗。

六、汉传佛教文化

佛教文化艺术包括文学、美术、音乐、建筑等，主要用于表现佛教信仰和宗教生活。古印度佛教文化随着佛教的发展取得了较高的艺术成就，随着佛教的传播而传向世界各地，并与当地文化相结合，成为当地民族文化的组成部分。佛教自传入汉地以来，即与中国传统文化相结合，并逐渐发展为中国文化的重要组成部分，及至隋唐时期，达到了高峰。其中，在绘画方面，历代著名画家大都精于佛画。如三国时吴曹不兴、晋顾恺之和卫协并称为“汉地最初三大佛画家”。南朝梁张僧繇于天监中为武帝所建寺院作画极多，北齐曹仲达与唐吴道子的画被后世称为“曹衣出水”与“吴带当风”。特别是敦煌石窟壁画，集中地表现了中华民族的艺术才华，为世界上现存最大的艺术宝库。唐代盛行变文，用以讲述佛经故事，讲时多配合图画（变相），对后世鼓词、弹词等说唱文学影响很大。在雕塑造像方面，有东汉的孔望山佛教摩崖刻像，自北魏起又有各种石刻、木雕、金镂、漆塑、浇铸等造像艺术，形式多样，气魄宏伟，体现了中华民族艺术的伟大风格，如敦煌、云冈、龙门石窟，均为世界文化之瑰宝。在建筑方面，历代佛教寺院不仅依照宫殿形式，而且多有发展，美轮美奂，为中国建筑艺术的精华。在音乐方面，相传陈思王曹植曾制鱼山梵呗，以后龟兹等地舞乐传入内地，逐渐形成了汉地特有的佛教音乐传统。

佛经的翻译和佛教的发展，对中国音韵学、翻译理论的发展也有很大影响。自鸠摩罗什译《大品般若经》以后，译场组织完密，迄至唐代益臻完善。宋代更有译经院之设，以宰辅为润文使，成为国家正式机构。

此外，伴随佛教传入的医药、历算等知识也对中国这些技术的发展起过一些促进作用。

七、本节小结：佛教社会

两千多年来，佛教的生命轨迹无常无我，既有风和日丽中的悠然自得，又有刀光剑影下的喘息挣扎，而且始终在这种“因果链”中沉浮，难以达到所期求

的“涅槃寂静”的境界。如果说印度佛教从原始佛教、部派佛教到大乘佛教还是重在从出世到入世的理论构筑与阐释，那么，中国佛教从一开始就重在佛教入世理念的实践，重在把具有超脱性特质的佛教融入特别关注现实人生的中国社会文化之中，实现其化世导俗的理想追求。这也是中国佛教引“大乘”以为自豪的理由。确实，就整个佛教的发展形态看，中国佛教凸显出大乘佛教的特点。实际上，被大乘佛教不无贬义地称为“小乘”的南传佛教，也在积极地、有效地造福于社会人群。所以说，社会化一直是佛教最重要的价值取向。我们这里要探讨的古代敦煌的佛教，就是中国大乘佛教的实践，就是入世为人类造福的社会化佛教。

第三节　汉晋敦煌佛教与“敦煌菩萨”竺法护

一、莫高窟与宕泉河流域的早期开发

（一）莫高窟南山沙波墩汉唐烽燧

敦煌佛教圣地莫高窟地处宕泉河流域，这一带很早就有人类活动。但目前尚存的最早的人文遗迹，应该是沙坡墩汉代烽燧遗址。

在莫高窟之南约3千米处的沙丘上，有一处最高的山峰，屹立着一座唐代烽燧遗址，因这一大片地方在地图上叫大沙坡，故在敦煌的相关历史遗迹的记录为沙坡墩烽燧。敦煌研究院和敦煌市博物馆都在那里采集到莫高窟洞窟铺在地面上的同种唐代花砖。目前这座烽燧残骸周围还有唐代花砖残块。

唐代烽燧位于大泉河西岸最高处，远远看去犹如鹤立鸡群，十分醒目。而身处这座残燧，便有一种居高临下、一览众山小之感，举目北望，巍峨的三危山和浩瀚的鸣沙山，东西两山夹着北流而去的宕泉河，仙境一般的莫高窟静静地镶嵌其中，让人心旷神怡；加上千百年的岁月沧桑留在这块大地上的印痕，颇有“前不见古人，后不见来者。念天地之悠悠，独怆然而涕下”的千古情怀，让人们切切实实地体会到当年陈子昂登幽州台的心境。

从唐燧去城城湾，需沿山梁向东北方向顺山势而下，至距唐燧约百米左右为一座汉代烽燧遗址，由沙土、碎石与红柳、芦苇层层压盖、筑垒、夯实而成，虽然只剩底部，但堆积层有七八米之高；这种就地取材，用石块、砂土、芦苇、红

莫高窟南山大沙坡

柳、芨芨草等一层层筑垒起来的大型烽燧遗迹，是敦煌一带现存汉代长城与烽火台建筑的典型构筑形式——即砂石积薪压盖垒筑形式；顶部风沙碎石的薄薄遮盖下，有很厚的褐色生活灰层；在这个建筑遗迹的东、南、西三面斜坡上还可以看到大量的陶片，是典型的汉代灰陶残片。经过粗略丈量，山包上部的人工堆积层的直径10米有余。[①]从遗迹尺寸看，当时这里是一处颇具规模的军事设施，应该可容纳一定数量的军士兵卒驻守防戍。

站在莫高窟的任何一个地方向南边眺望，会看到最高的唐燧旁边，有一处低于唐燧但比其他山丘高的小山包，就是这座汉代的烽燧。而且，两座烽燧犹如姊妹组合，在莫高窟大景区中的位置十分突出。

虽然汉燧低于唐烽，但也仅仅就二者相对而言。在最高处的唐烽上能看到的地方，在汉燧处同样一览无余；在二者前后左右的开阔地带，能看到唐烽也就能看到汉燧。所以无论是从地理位置还是作用讲，它们都处在同一个要塞，东西相距不过百米。汉代就已经在沙坡墩筑垒了烽燧，沙坡墩现存的唐代或五代时期的烽燧遗迹是在汉代遗址上重建的。

① 李并成早年就此做过叙述，引用他人之说以此处汉代遗址为沙坡头烽燧（见李并成：《汉敦煌郡的乡、里、南境塞墙和烽燧系统考》，《敦煌研究》1993年第2期，第75页），且其中相关的数据，如“覆斗型”、与五代烽燧相距“半里”等，有失偏颇。沙坡墩烽燧即指现存的五代烽燧；汉代烽燧现为废墟；而谓烽燧建筑形制为“覆斗型”更不知何据。

（二）从新发现的红山口烽燧看沙坡墩烽燧的交通史标识

敦煌南部的阳关，千百年来颇负盛名。但目前最引人注目的，是阳关镇墩墩山烽燧，已成为敦煌名胜。墩墩山烽燧是汉代阳关的标志和象征，被认为是汉代阳关的门户。

2014年初，敦煌市文物局的专业人员在敦煌市新发现一座汉代烽燧遗址。该遗址位于阳关镇墩墩山烽燧遗址东900米处的红山口砂砾石山顶，东经94° 04′ 15.49″，北纬39° 55′ 44.38″，残损严重，东西长3.6米，南北宽3.2米，残高0.30—0.40米，地面散布夹砂红陶与汉代灰陶片。[①]红山口烽燧隔河与墩墩山烽燧遥相呼应，虽然从高度上讲低于墩墩山烽燧，但二者其实是一组建筑；一高一低，一显一隐，之间虽无通道或屏障连接，但遇到紧急情况时可以相互支援和配合，平时也可以相互照应，低处应该是高处的预备队，这样就使原本作为防御设施的烽燧之间增强了防御功能。同时，红山口烽燧地处野马河谷要道，扼守交通咽喉，在交通管理方面能够发挥巨大作用。因为汉设阳关的具体位置一直未得到学界确认，所以红山口烽燧的发现对研究敦煌汉代交通有重要意义。但有一点需要注意，就是红山口烽燧距离阳关不远，与墩墩山烽燧都属于阳关的附属建筑，是汉初开发河西时代“列四郡、据两关”初期的设施。

从遗址残存看，红山口烽燧的建筑结构与莫高窟南山汉燧完全一致。不仅如此，大环境的布局方面也是如出一辙。两处烽燧的布局皆是西侧一处筑垒在山顶上，东边一处位于比较宽阔的平台上，一高一低相辅相成。可见，沙坡墩烽燧也是汉代开发河西之初的设施。没有与长城相接，是因为早期烽燧还没有与长城一起修筑。

从两处烽燧的周边环境看，烽燧与其他人工设施一样，附近都有水源，这是赖以存在的基本条件。红山口的环境比沙坡墩好一些，山下约200米处便是水源富裕、土地肥沃的野马川，早年应该是游牧民族的栖息之地，开发后成为农业区。但红山口与墩墩山一线地处汉代阳关周围，为交通要道、战略要塞。莫高窟南山沙坡墩约500米处便是宕泉河谷。宕泉河虽然可能自古只是一条涓涓小溪，但河谷内水草丰满，上游还有大片比较肥沃的可耕地，在当时是茂密的草滩湿地，加上这里属于祁连山的支脉，祁连高原大草场，很可能是早年游牧民族经常出没的地区。作为新来的开发者，汉代在这里设立烽燧在情理之中。当然，从现存遗迹看，这里从来也不是什么战略要地，汉燧的规模只是一个哨口，不足以多人驻

① 相关资料及图片由敦煌市博物馆杨俊提供。

扎，而且周围丛草不生，交通不便。大部分驻燧兵卒平时可能生活在距此约500米的宕泉河谷。两处烽燧的境况不同，红山口下的野马川显得喧嚣和热闹，是理想的农牧区；而沙坡墩下的宕泉河谷则是一处幽静、安宁的世外桃源，所以就有了晋代的仙岩寺和莫高窟等佛教圣地。

这里作为战略要塞地位，其军事意义似乎被淡化了。烽燧沿线应该有长城相连接，但两处烽燧之间以及周边的广阔地域内没有发现任何长城或其他屏障的痕迹。这样的烽燧应是作为交通要道上的设施存在的，是为东来西往的经济、文化交流的使者们服务的，是守望者、保护者；它所见证的不是烽火连天、血雨腥风的战争场景，更多的应该是平安祥和环境下的繁荣与宁静。

（三）沙坡墩汉燧的历史意义

沙坡墩汉代烽燧建筑位于宕泉河西岸，而宕泉河谷保存有古代人类居住和生活的地方，离沙坡墩最近者是城城湾，放眼直观，其直线距离约五六百米，通往城城湾的起伏弯绕的崎岖山道上，有多处明显的人为挖凿形成的避风雨石龛和便道痕迹；而烽燧周围除了山下环绕城城湾的宕泉河和更远的莫高窟以外，就是方圆数十千米连绵不断的群山、沙丘和星星点点的戈壁红柳等沙生植物，没有人烟，也没有更近的其他水源。以此推断，当年驻守烽燧的士卒们的生活基地应该在城城湾，汉代驻守烽燧的士卒们是最早活动于城城湾的人群。既然在汉代城城湾就有人居住生活，那么晋代建寺则是顺理成章的了。而宕泉河谷正式有大规模的人文活动，应该是在西晋时期的“敦煌菩萨”竺法护在这里创建仙岩寺之后。

而所有这一切，有赖于汉代对敦煌的开发，特别是对宕泉河流域的开发，开发的标志就是这座早已成为废墟的沙坡墩汉燧。当时驻守在这里的兵卒开发了城城湾这块后来作为中国大乘佛教发祥地的平台，建设了作为敦煌文化起源地的基础；汉燧在这里见证了晋代竺法护译经、昙猷禅修和莫高窟创建与发展的两千年辉煌历史。因是，沙坡墩这两处不起眼的汉燧废墟，却是敦煌文化的开拓者、守护者与见证人。

第一，敦煌莫高窟南山现存的沙坡墩汉唐烽燧，是汉代开发河西之初在宕泉河流域的中心位置设立的二位一体的交通管理建筑，它开辟了莫高窟人文历史的新纪元，是真正意义上的“西部开发”。

第二，沙坡墩烽燧是宕泉河文化和莫高窟艺术的历史见证人和守护者。无论是沧桑岁月，还是辉煌盛世，都在它的眼皮底下走过；无论是作为中国大乘佛教发祥地的仙岩寺，还是作为人类古代文明象征的莫高窟，都依赖于这最初的开端。

第三，沙坡墩一组两座古代烽燧目前尚以汉燧废墟与唐或五代残垣保存于世，说明它们在很早就被废弃，而唐或五代以后重建时只选取西侧最高处的一座，致使汉代痕迹荡然无存，而东侧未被重建的这一座却一直以汉代废墟的面貌保存到今天。

二、东汉浮屠简

大抵与西汉开发河西同时开始，佛教传入敦煌。但关于僧侣在敦煌活动的记载较早见于魏晋时期。魏晋南北朝时期，敦煌成为佛教译经和修习活动的一大基地，来自印度和西域的高僧，与敦煌本地成长起来的高僧一起，翻译了大量的佛教经典，造就了一大批著名的高僧。这些高僧有的成为译经大师，有的成为佛教传播的使者；他们的业绩流传千古，他们的足迹遍及中国的大江南北。

悬泉浮屠简

1987年，敦煌市博物馆在文物普查时，在敦煌市东64千米处火焰山北面冲积台地上发现悬泉置遗址；1990—1992年甘肃省文物考古研究所对该遗址进行了发掘，清理面积2.25万平方米，出土文物7万余件，其中汉简2.3万件。出土汉简中，有一件与佛教有关，编号为Ⅵ91DXF13C②:30，简长24.8厘米、宽1.6厘米、厚0.4厘米，松木，一般称为“悬泉浮屠简”。浮屠简的文字完整：第一行为正文，大字：“少酒薄乐，弟子谭堂再拜请。”第二行为落款，字体较小：“会月廿三日，小浮屠里七门西入。”[①]这是一份请柬，意思是在作为斋日的二十三日（佛教将农历每月之八日、十四日、十五日、二十三日、二十九日、三十日称六斋日），在浮屠里举办斋会活动。也有学者认为“少酒薄乐”是指谭堂准备了酒菜，以弟子身份邀请老师或长者，以期相乐，属于请柬的客套话，与佛教无关。

浮屠简出自坞院内一间用作出恭的小房子（厕所），该小房一共出土128件汉简，其中11件有具体纪年，最早是公

① 郝树声、张德芳：《悬泉汉简研究》，兰州：甘肃文化出版社，2009年，第186页。

元51年、最晚是公元108年，则浮屠简的年代也在这一段时间前后。古代一里约100户（《后汉书·百官志》记载“一里百家”），浮屠里当是信仰佛教之人的居住地。因为出土地点特殊，张俊民认为此简来自洛阳的显贵行客，此小浮屠里也应该在洛阳。①无论如何，浮屠简是目前发现的敦煌最早的佛教资料，也是悬泉置唯一一件佛教资料。约200年后，到了3世纪后期，才有竺法护、竺法乘在敦煌弘扬佛法的历史记载。因此，悬泉浮屠简的发现在佛学研究、中外文化交流研究中具有重要价值。

魏晋时期敦煌高僧辈出、高僧活动频繁，与之相应，作为僧侣集体修行活动场所的寺院和石窟寺亦应运而生，宣告了敦煌僧团的出现。

寺院最先出现。如《高僧传》记载：“（竺法乘）依竺法护为沙弥。清真有志气。护甚嘉焉。……乘后西到敦煌立寺延学。”可见，至迟到晋代，敦煌已经建有寺院。寺院的出现意味着僧团出现，因为一所寺院一般有人数不等的僧侣，这些僧侣集聚于一所寺院修行、生活而组成了一个以该寺院为活动中心的僧团。

从前述僧人在敦煌的频繁活动情况来看，敦煌当时应有多所寺院存在。起码在北朝时期，敦煌已经建有数量较多的寺院了。据《魏书·释老志》记载，北朝时期“敦煌地接西域，道俗交得，其旧式村坞相属，多有塔寺”，说明敦煌的佛教组织与佛教活动已经有相当规模。

三、“敦煌菩萨”竺法护与大乘佛教在敦煌的传播

（一）“经法所以广流中华者，护之力也”

在敦煌著名的高僧中，“敦煌菩萨”竺法护厥功至伟，独占鳌头。

中国的大乘佛教又称“入世佛教”，是外来佛教文化与中国传统文化互相融合，而根植于中国大地上成长起来的适应中国社会进步和发展的意识形态；大乘佛教提倡菩萨行即是为了人世间，为了人类社会的稳定、繁荣和进步、发展。而之所以有这种局面，与“敦煌菩萨”竺法护（Dharmaraksa）密不可分。

《高僧传·竺昙摩罗刹传》载：

> 竺昙摩罗刹，此云法护，其先月支人，本姓支氏，世居敦煌郡。年八岁出家，事外国沙门竺高座为师，诵经日万言，过目则能。天性纯

① 张俊民：《悬泉置汉简“小浮图里简”探微》，《中国秦汉史研究会第十六届国际学术研讨会论文集》（中册），桂林，2022年，第1261—1267页。此征引已蒙张先生授权。

> 懿，操行精苦，笃志好学，万里寻师。是以博览六经，游心七籍。……是时晋武之世，寺庙图像，虽崇京邑，而方等深经，蕴在葱外。护乃慨然发愤，志弘大道。遂随师至西域，游历诸国，外国异言三十六种，书亦如之，护皆遍学，贯综诂训，音义字体，无不备识。遂大赍梵经，还归中夏。自敦煌至长安，沿路传译，写为晋文。所获贤劫、正法华、光赞等一百六十五部，孜孜所务，唯以弘通为业。终身写译，劳不告倦。经法所以广流中华者，护之力也。……护世居敦煌，而化道周给，时人咸谓敦煌菩萨也。

关于竺法护的研究，国内外前贤成果较多。有关中国佛教史的论文论著都对竺法护的贡献极为肯定。20世纪60年代，吕澂在《中国佛学源流略讲》中就对竺法护的历史地位十分推崇，并专文介绍法护事迹；陈国灿1983年也发表过专门文章。2006年出版的任继愈主持、杜继文主编的被认作中国佛教史权威之著的《佛教史》的叙述如下：

> 竺法护……祖籍月支，世居敦煌，8岁出家，万里寻师。除诵读佛经外，还博览《六经》和百家之言。后随师游历西域各国，遍学36种语言，搜集大量胡本佛经……他一生往来于敦煌、长安之间，先后47年（266—313），译经150余部，除小乘《阿含》中的部分单行本外，大部分是大乘经典，包括般若类的《光赞般若经》、华严类的《渐备一切智德经》、宝积类的《密迹金刚力士经》、法华类的《正法华经》、涅槃类的《方等般泥洹经》等等。对早期大乘佛教各部类的有代表性的经典，竺法护都有译介。这些佛籍的内容非常庞杂，既包括有思想深沉的多种哲学流派，又含有形式粗鄙的原始宗教观念，大体反映了当时由天竺到西域的佛教基本面貌。竺法护在沟通西域同内地的早期文化上，作出了卓越的贡献。《高僧传》本传评论说："经法所以广流中华者，护之力也。"[①]

书中所引《高僧传》的评价很具有代表性。还特别强调了竺法护所译《正法华经》的重要意义：

---

① 杜继文主编：《佛教史》，南京：江苏人民出版社，2006年，第136页。

> 《正法华经》10卷，晋泰康七年（286）译于长安。中心思想是“会三归一”“藉权显实”，也就是肯定了佛教在流布过程中广泛吸取别种宗教流派的做法是合理的。它把已经融会于大乘佛教之中而又异于原始佛教的思想信仰，解释成是佛陀教化众生的方便手段，同时也给原始佛教以恰当的地位，看作是同一“佛乘”的不同表现形式。这些说法，调和了佛教内部的派别对立，也为进一步容纳其他民族民间信仰崇拜进入佛教范围开创了道路。[①]

1996年，杨绳信发表《竺法护其人其事》[②]，文章虽然不长，但对于在学术界提升竺法护的历史地位有一定的推动作用。而在所有关于竺法护的研究成果之中，李尚全的《竺法护传略》[③]则最为详尽和丰富。不过专家们对竺法护的生卒及活动年代的论述有少许出入，但大致可以断定：公元230年前后出生在敦煌，后游历西域诸国，公元286年在长安建敦煌寺，公元310年前后去世，享年78岁。

值得注意的是，在竺法护之前，佛经翻译家也不少，译出经典亦丰。但大乘佛典，仅东汉支娄迦谶译出为数不多的几部而已，而且在当时的影响并不大。竺法护能够翻译出众多的大乘佛典，与其自身学养很有关系。据史籍记载和专家研究，竺法护虽然自幼出家为僧，但前半生主要接受的是中国传统的儒家经学教育，学习的是正心修身齐家治国平天下，这一方面正是大乘佛教的入世哲学和菩萨精神的体现，所以除了语言方面的功力之外，对经典思想内容的准确完整的理解也是翻译的重要条件。竺法护基于他前半生的积累和认识，译出促进佛教在中国传播和发展的大乘佛典，对中国的大乘佛教起到奠基作用。因此可以说竺法护是中国大乘佛教的奠基人，诚所谓“经法所以广流中华者，护之力也”。

正因为是敦煌人，竺法护有了一个响亮的名号——“敦煌菩萨”，让敦煌和这位对中国佛教发展贡献巨大的高僧紧紧联系在一起，使敦煌实际上成为大乘佛教的发祥地。而敦煌在竺法护之后的近两千年中又是举世闻名的佛教圣地，所实践的正是大乘佛教。近两千年的历史证明：无论从中国的大乘佛教，还是象征人类古代文明的敦煌文化而言，都可谓竺法护成就了敦煌，敦煌也为竺法护增光添彩。

① 杜继文主编：《佛教史》，第137页。
② 杨绳信：《竺法护其人其事》，《中华文化论坛》1996年第4期。
③ 李尚全：《竺法护传略》，兰州：甘肃人民出版社，2011年。

（二）长安敦煌寺遗迹——竺法护当年的译经场所

杨绳信最早提出竺法护在长安的活动场所"青门外大寺"为汉长安城遗址宣平门外的"敦煌寺"，并就建造年代提出见解。①之后，李利安对"长安青门外大寺"——今敦煌寺的历史掌故及保存现状等做了详细的考察和论述。②

2014年9月下旬，笔者在西安美术学院张宝洲、李永军教授的帮助下，也对敦煌寺作了考察，证实了杨绳信和李利安所论的全面性和系统性，兹不赘述。但需要补充的是，在李利安考察之后，西安市政府采取和正在采取一系列的保护与开发措施：迁走了寺院旧址上的工厂，建围栏保护明代砖塔，修缮了先代碑、塔等遗物，新立保护标志与简单介绍类碑石，努力重现历史盛景。但目前除明代砖塔之外，所谓的"敦煌寺"更像一处农家小院，显然不是历史上名噪一时的敦煌寺的建筑规模和格局。只有明代的砖塔上到处镶嵌的"敦煌塔砖"，在向人们证实这里就是"敦煌菩萨"竺法护曾经建立僧团、主持译经的场所。

寺内现存清末光绪碑文《圣严寺并入广仁寺管理记》，李利安归纳叙述其记载的敦煌寺的历史沿革：隋代曾重修该寺；金代皇统五年（1145）政公法师重建；金代大定二年（1162），赐寺额"胜严禅寺"，故又以"胜严"名之；明代正统年间（1436—1449）、成化十一年（1475），两次扩建；明弘治元年（1488）和弘治十六年（1503）又有两次重修；清康熙四十四年（1705）于原唐长安城西北隅敕建广仁寺作为达赖和班禅进京途中的住锡之地，此后敦煌寺住持为修习藏密的喇嘛，敦煌寺也成为广仁寺的下院。

同时，碑文所及陕西历代文献中关于敦煌寺的记载，都特别强调竺法护翻译《正法华经》一事。其意义如同前述《中国佛教史》所论。《法华经》是中国大乘佛教运用最多的经典，尽管后世多用鸠摩罗什译《妙法莲华经》，但都是以《正法华经》为基础，正应了僧祐的感叹："经法所以广流中华者，护之力也。"正是竺法护大力推广的大乘佛法吹响了佛教社会化的号角，奠定了敦煌佛教社会化的根基。

（三）莫高窟城城湾遗迹——竺法护在敦煌的活动场所仙岩寺

关于竺法护在敦煌的时间和活动地点，史无记载。时间可以根据法护的生卒年代大体认定，这里主要探讨活动地点。敦煌研究院前辈专家贺世哲曾推测应该

① 杨绳信：《竺法护其人其事》，《中华文化论坛》1996年第4期。
② 李利安：《西安敦煌寺考》，《西北大学学报》2004年第1期。

为与其同时代的西晋书法名人索靖（239—303）所题壁之“仙岩寺”，其具体地点应该在莫高窟。此说源于敦煌文献中记载仙岩寺之《莫高窟记》：

1. 莫高窟记
2. 右在州东南廿五里三危山上。秦建元之世［年中］，有沙
3. 门乐僔仗锡西游至此，巡［遥］礼其山，见金光如千佛
4. 之状，遂架空镌岩，大造龛像。次有法良禅师东来，
5. 多诸神异，复于僔师龛侧又造一龛。伽蓝之建肇于
6. 二僧。晋司空索靖题壁号仙严寺。自兹以后，镌造不绝，
7. 可有五百余龛。又至延载二年，禅师灵隐共居士阴祖等造北
8. 大像，高一百卅尺。又开元中乡人马思忠等造南
9. 大像，高一百廿尺。开皇时［年］中僧善喜造讲堂。从初凿窟
至大
10. 历三年戊申岁即四百四年，又至今大唐庚午即四百九十六
11. ［年］。　　　［时］咸通六年正月十五日记。[①]

《莫高窟记》将索靖题壁仙岩寺、乐僔法良创窟、隋代善喜建讲堂与两大像创建等并列为莫高窟历史上之大事。据贺世哲研究，索靖字幼安，敦煌人，为西晋时以草书出名的“敦煌五龙”之首；索靖西晋时在朝为官，公元303年战死，追赠司空。唐代敦煌文献在追述莫高窟早期历史时有云：“虫书记司空之文，像迹有维摩之室。”（《吴僧统碑》）虫书又称鸟虫书，草书之一种，此处即指“晋司空索靖题壁号仙岩寺”之书体。10世纪中期的《董保德功德颂》（S.3329）也作了进一步的肯定：“石壁刀削，虫书记仙岩之文；铁岭锥穿，像迹有维摩之室。” 这里将“司空”作“仙岩”，实际上更明确、具体地说明了晋司空索靖的鸟虫书与仙岩寺的密切关系。所以，就目前所见资料而言，无论是传说还是追忆，答案都是一样的：“索靖题壁仙岩寺”是莫高窟历史上不容怀疑的事实。

贺世哲曾判断索靖题壁及法护译经之地点应该在莫高窟：

索靖时期敦煌佛教盛行，不但集中了一批以竺法护为首的高僧，“立寺延学”，翻译佛经，而且“道俗交得”“村坞相属多有塔寺”。同时，高僧多喜隐居深山，据《高僧传》，法护与弟子法乘等均如此。

① 原文见莫高窟第156窟前室及敦煌遗书P.3720V，录文分行依窟上墨书。

戈壁滩中宕泉河畔鸣沙山麓的绿洲，正是敦煌最适合修行的好地方。因此当时有僧人在此建寺，名人游历至此，题书壁上，也是不足为奇的。①

索靖与竺法护为同一时代活动于敦煌的文化人，而且活动的地区范围十分有限。贺先生的推断有理有据，也为我们进一步研究奠定了基础。

《高僧传》记载竺法护高足法乘后来曾在敦煌从事佛教活动：

竺法乘，未详何人。幼而神悟超绝，悬鉴过人，依竺法护为沙弥，清真有志气，护甚嘉焉。……乘后西到敦煌，立寺延学，忘身为道，诲而不倦。使夫豺狼革心，戎狄知礼。大化西行，乘之力也。后终于所住。

竺法乘在敦煌的活动场所，应该是其师竺法护时代开辟的佛教圣地。

从20世纪80年代起，笔者在从事敦煌莫高窟历史研究的过程中，一直将“索靖题壁仙岩寺”作为重点问题来探讨。当时主要利用常驻莫高窟的便利，对莫高窟及其周围的环境做过多次反复详细的考察，一直认为，莫高窟城城湾，可能就是当年竺法护“微吟穷谷，枯泉漱水”“濯足流沙，领拔玄致”之地、法乘“立寺延学，忘身为道”之地、索靖“题壁仙岩寺”之地，也是后来的是讲堂、崇教寺塔和弥勒院所在，它的历史在敦煌比较早，至少比莫高窟创建时间要早；而且，它作为一处综合性的佛教建筑群，在敦煌存在和被使用了很长的时间。但笔者这一推测最早发表是进入新世纪之后的事。

敦煌遗书P.t.993是一幅风景画：山谷中，小河边，在佛塔与树木环绕的台地上，有一处类似佛寺的建筑院落，内有藏文题书。20世纪80年代初，法藏敦煌遗书缩微胶卷即收此图，法国学者拉露目录作《山屋图》。②1996年，日本与法国联合举办的“丝绸之路大美术展”中展出此图，日本出版展览图录说明作《僧院风景图》，③认为系敦煌地方寺院的印象之作；虽然也提到藏文铭文，但未做译解，只是据其说明该画受到吐蕃影响。笔者也是从20世纪80年代初就注意到这幅图，但关于其中藏文题记一直没有比较合适的翻译。2012年，赵晓星发表《莫高窟吐

① 贺世哲：《从供养人题记看莫高窟部分洞窟的营建年代》，载敦煌研究院编：《敦煌莫高窟供养人题记》，北京：文物出版社，1986年，第196页。

② 转引自王尧主编：《法藏敦煌藏文注记目录》，北京：民族出版社，1999年，第130页。

③ 日本东京国立博物馆编：《丝绸之路大美术展》，大阪：大阪读卖新闻社，1996年，第110页。

P.t.993《仙岩寺图》

蕃时期塔、窟垂直组合形式探析》，将此画定名为P.t.993《吐蕃寺庙图》，以探讨莫高窟塔、窟垂直组合形式的源流和风格特征；该文将图中和藏文题记“Shod kyi bshad kang dang dge Vdun gyi knas khang”翻译为“下部的讲堂和僧舍”①，对本图有了新的认识。此译文经笔者请西北民族大学杨本加教授和青海师范大学才项多杰教授确认。同时，杨本加教授还注意到：图上方山沟处有一字为“shar”（东），应该是指方向。

在总结笔者二十多年研究的基础上，得益于老同事吴荣鉴的帮助，几次进入位于莫高窟以南约2千米处的山谷中的城城湾及周边仔细考察，并找到画家当年选取的角度和可能的具体位置详细观测，可以确定P.t.993所绘即今天的莫高窟城城湾区域的一部分，应该是晋代古刹仙岩寺和隋代讲堂等佛教建筑群遗址。理由如下：

首先，从图中的描绘看，站在南边，由南向北，建筑物的门是朝南开的，前面的河滩与玉带般环绕的小河，对岸的悬崖峭壁及其上的峰峦岩壑，正是城城湾现存的实景。从画面左上角的残塔到右边的河谷，包括山崖上的沟壑都十分吻合；而且，画面中间顶部标为“东”的位置，即敦煌名山三危山——从画家当年

① 赵晓星：《莫高窟吐蕃时期塔、窟垂直组合形式探析》，《中国藏学》2012年第3期。

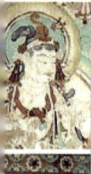

作画所处位置是可以清晰地看到的。

其次，从藏文题词可知，P.t.993绘于吐蕃统治敦煌时期，图中的建筑是当时的讲堂和僧舍。讲堂是僧人们修习的地方，僧舍是僧人们的住所，这些都是僧院必需的建筑。而作为僧人聚居活动之地，应该在比较僻静的场所。城城湾离莫高窟约1000米，在宕泉河谷中向南后又向东拐了个90度的弯；这里群山环抱，林草茂密，流水欢歌，鸟语花香，环境幽雅，视野独特，是一处绝佳的修习之所。

再次，从城城湾遗址现存情况看，平台上有足够的空间建造大型房屋，而现存可能筑于五代的土围子就是当时的楼堂馆舍式建筑。只是作为土木建筑，一般经过一段时间之后不会完整地保存下来；在遗址尚未发掘之前，这一切都是推测。需要说明的是，城城湾的讲堂应该是土木建筑，不可能长久完好地保存下来。隋僧善喜所建应该是在晋代原地之上的重建。

另外还有一点值得注意，此图为一残卷，首尾俱缺。原应该为一长卷，两边还应该有更多画面，是一幅完整的城城湾佛教建筑图卷。这里题中明确为“下方”或者是“低处”，就是说它还有“上方”或“高处”，那就应该是佛殿和其他建筑。

宕泉河城城湾仙岩寺遗址

在印度和中亚早期的佛教寺院建筑群中，有一类山地寺院，多位于远离村镇和城市的山谷中，为满足修习所要求的安静环境而建；寺院建于山坡平凹面，各种功能的建筑依地形而布局，于是也就有了高低上下之分；一般来说，佛殿都在高处，僧舍都在低处。现存佛教遗址中最典型者要数建于2世纪的犍陀罗塔夫提拜山岳寺院。[①]该寺院位于山谷中平坦的台地，依山形地势由南向北、由高到低，高处建塔院，向下是中庭，再向下是僧院，塔院与僧院隔中庭相对；塔院中心现存塔的方形基台，院内三面是敞开的方形小礼拜堂，堂中供奉佛和小塔；僧院内三面是成排居室，即僧舍；僧院西侧是讲堂，另有食堂。从实测图中能明显看出这处建于山谷之中的佛教建筑群和整体布局，分为上、中、下三部分，位于下方连接在一起的僧院（舍）与讲堂更是一目了然。

P.t.993图中所绘风景实为莫高窟以南宕泉河谷中的城城湾遗址的一部分，与建于2世纪的犍陀罗塔夫提拜山岳寺院的地形环境和建筑格局及南北方位等完全一致，这就充分证明了城城湾为敦煌最早的佛教建筑群遗址。而P.t.993所存此图未

① 参见贾应逸：《印度到中国新疆的佛教艺术》，兰州：甘肃教育出版社，2002年，第113—114页。

见塔夫提拜山岳寺院之塔院（应该是佛殿）部分，即上方部分，可能并不是当时城城湾没有佛殿建筑，只是早已毁坏，或是因为本图系残卷，除现存可以定名为仙岩寺僧院图的部分外，还应该有已经不存的两头的其他佛教建筑图卷。

史载，竺法护弟子竺法乘后来率众僧回到敦煌“立寺延学”，最重要的生存与活动场所自然应该是僧舍和讲堂。P.t.993图示与塔夫提拜山岳寺院不同者，是僧舍与讲堂周围多出许多佛塔，这显然不是塔夫提拜寺院中“塔院”之塔，多为当地僧人灵骨之塔；而城城湾法护时代的佛教建筑群中的塔院应该在位置较高之处。吐蕃时代上距塔夫提拜山岳寺院的时期已有七八百年之久，相隔数千里之遥；距法护时代也有六七百年，建筑方面有些变化也是可以理解的。

P.t.993所绘之僧舍，证明城城湾遗址为僧人长期居住与修习之所在：竺法护和他的弟子们最早应该就是在这里翻译佛经。《高僧传》在记载法护的活动场所环境时有云：

> 护以晋武之末，隐居深山，山有清涧，恒取澡漱。后有采薪者，秽其水侧，俄顷而燥。护乃徘徊叹曰：“人之无德，遂使清泉辍流，水若永竭，真无以自给，正当移去耳。”言讫而泉涌满涧，其幽诚所感如此。故支遁为之像赞云：“护公澄寂，道德渊美，微吟穷谷，枯泉漱水。邈矣护公，天挺弘懿，濯足流沙，领拔玄致。”

P.t.993所绘及城城湾遗址的环境正好与《高僧传》记载相吻合。

同时，P.t.993残卷的左上角，残存一塔的檐角和基座，与僧舍和讲堂隔河相望。画中的这座塔，从规模上看，比僧舍和讲堂周围的塔要大很多。根据现在遗迹，城城湾遗址对岸的山坡上保存一处直径约10米的圆形塔座遗址，再往西还有十余座小型的塔座遗迹。看得出，这里古代曾是一处专门埋葬僧人遗骨的“塔林”，就在这里活动过的高僧而言，竺法护无疑是首屈一指的，这座城城湾最大的僧塔当与竺法护有关。一般认为，竺法护当年是在躲避战乱途中死于渑池。李利安已经对此提出质疑。笔者推测竺法护晚年应该是回到敦煌的。但无论死在何处，最后在敦煌建塔是可以肯定的，因为有竺法乘等一干他的弟子在他死后继续回到敦煌“立寺延学”；即使竺法护殁身异地，竺法乘他们也会将其灵骨运回敦煌，葬于寺院附近，或建纪念塔，以护持和保佑弟子们继续弘扬佛教。而且，从地形地貌及建筑格局看，这里地处城城湾的门户，遂使大塔成为城城湾的标志性建筑之一；从莫高窟周围的各个角度，很远就可以看见这座塔。

吐蕃统治时期的画师为什么要绘制这幅城城湾的风景图呢？答案只有一个：

即城城湾是佛教圣地或先贤圣迹。在敦煌石窟唐代以来的壁画中，描绘佛教在中国传播的历史传说、圣迹、人物的画面比比皆是，其中如凉州瑞像和《五台山图》《峨眉山图》等，都是描绘中国境内的佛教圣迹，都是用风景画的形式表现山川地貌，展示佛教建筑群；特别是《五台山图》，从吐蕃时期就多次出现，以至后来成为敦煌壁画形象地图之集大成者。而就莫高窟城城湾讲，它可能是画家所处的吐蕃时代的重要活动场所；而且，作为敦煌最古老的佛教建筑，它见证了佛教从印度和中亚传入中国的历史；作为历史上"敦煌菩萨"竺法护曾经活动过的西晋古刹，可称得上是中国大乘佛教的发祥地；作为历代高僧名僧聚居与活动场所，而且在画作诞生的时期更是众多僧人聚居、修习和生活之地，它理所当然地成为人们心目中的佛教圣地。但"城城湾"作为地名，是近代敦煌当地百姓随意命名的；如果还其本来面目，就应该是前述敦煌遗书P.2963写经题记所记之"宕泉大圣仙岩寺"，即"仙岩寺"；再参照壁画《五台山图》《峨眉山图》等，可将P.t.993命名为《宕泉大圣仙岩寺图》，即《仙岩寺图》。

（四）敦煌仙岩寺的历史变迁管窥

十六国、北朝以来，有别于莫高窟长期大兴土木的喧嚣，隋代建讲堂和舍利塔，以及后来作为写经场所的弥勒院，都考虑了便于聚居的僧人们参拜和修习；而且，吐蕃统治时期这里是一个僧侣聚居活动的场所，可能是一处比较重要的活动场所。

P.t.993《仙岩寺图》之后，没有看到敦煌遗书中晚唐张氏归义军时期的记载。笔者推测，仙岩寺可能在吐蕃统治时期易名；而吐蕃统治结束后在民族情绪的影响下一度被毁，所以就有了曹氏归义军时期的重修与续建。P.2032《后晋时净土寺入破历》记：

> 面一石、粗面二石三斗、油九升、粟一石八斗五升卧酒，窟上讲堂上赤白及众僧食用。

说明讲堂在公元940年前后进行过一次大的修缮，时间上与P.2963《净土今佛观行仪经卷下》末尾写经题记前后相接：

> 时乾祐四年岁次辛亥蕤宾之月蓂雕十三叶于宕泉大圣先（仙）岩寺讲堂后弥勒院写故记。

莫高窟第61窟西壁《五台山图》

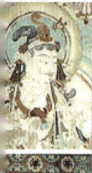

这则题记显示，莫高窟隋建讲堂与仙岩寺为一地，它的范围内还有弥勒院等建筑物，而仙岩寺一名也一直到五代时还在使用。而关于弥勒院，敦煌遗书中有一幅曾经用于悬挂的纸幡，是用“美术字”书写的“大圣弥勒之院”，说明该建筑的存在。

这里有一个问题值得探究，即敦煌遗书中的《吴僧统碑》（P.4640）之“虫书记司空之文，像迹有维摩之室”与《董保德功德颂》（S.3329）之“石壁刀削，虫书记仙岩之文；铁岭锥穿，像迹有维摩之室”的差异与变迁。《吴僧统碑》成书于吐蕃治理敦煌晚期的公元840年前后，《董保德功德颂》成书于宋代初年的10世纪60年代，两者相差120多年。实际上这里也只是将“司空”改作“仙岩”，司空是指索靖，仙岩则是指索靖题壁之内容，二者并无本质区别。但这里似乎透露出一些历史信息，即吐蕃统治时期的城城湾虽然也是佛教圣地（笔者拟另文专述），但“仙岩寺”之名被搁置不用；而到五代、宋初的曹氏归义军时期，恢复了仙岩寺之名，并进行了一定规模的维修和改建、扩建，使之继续发挥着佛教圣地的作用，主要是僧人们平时集中学习和修行的聚居之地。而无论何时，讲堂在这组建筑群中的地位和作用一直十分突出——P.t.993的画和P.2963的写经题记都是证明。

仙岩寺遗址全图

敦煌文献中，与莫高窟讲堂相关的佛教建筑记载，还有佛教史籍所记隋代的崇教寺舍利塔和敦煌文书S.3929《董保德功德颂》记宋初的普净塔。敦煌历史上，见于记载的名塔极少。宋初董保德等人在建塔过程中发现珍珠璎珞等，可能是在由帝王赐建的崇教寺塔基之下。所以笔者认为，隋代和唐代前期莫高窟的崇教寺，应该就是晋代仙岩寺；仁寿塔就建在讲堂与僧舍附近，以便于僧人们礼拜。而董保德于讲堂后所建之普净塔，应该就是至今尚存的城城湾花塔。笔者此前已经做过一些考证和论述，同时，也大体理出城城湾遗址的历史变迁脉络，即西晋仙岩寺在隋唐时期一度改为崇教寺，五代以后又恢复为仙岩寺。

诚然，普净塔的兴建是在P.t.993绘制以后的事，但它是在隋代舍利塔的原址上重建的；P.t.993中应该绘有位于讲堂之后的崇教寺舍利塔，就是图中紧挨着僧院的那座最大的塔，其所处位置也与今花塔的位置相契合。隋代的舍利塔，虽然不是像塔夫提拜山岳寺院那样建在高处，但功能是一样的，而且建于僧舍和讲堂旁边，更方便于聚居在这里的僧人们礼拜和修习。

仙岩寺在地形上与印度王舍城灵鹫山释迦说法处极其相似。印度王舍城灵鹫山释迦说法处是当年佛祖释迦牟尼宣讲《法华经》的地方；而正是竺法护第一个将大乘主要佛典《法华经》译成汉文在中国传播，这就使得仙岩寺更加神秘，也更加神圣！

城城湾现存最大的一处建筑遗址，是位于花塔西南方向的土围子，四周围墙均以土坯垒筑，内部有简单的隔墙。目前也没有任何资料能够说清楚这个土围子的性质和用途以及建筑时代。但从围墙所用土坯看，应该属于五代、宋时期。因此笔者推测此土围子很可能就是五代写经题记记载的讲堂与弥勒院，系五代重建。这也符合S.3929所记普敬塔（花塔）建于讲堂之后的位置。此讲堂和普敬塔都与P.t.993所绘不符，可能是因为前后相差100多年，时间和空间结构都发生了变化。

第四节　敦煌高僧昙猷与莫高窟创建之先声

敦煌石窟作为面向大众的佛教活动场所，所反映的基本都是大乘佛教思想内容。正是因为“敦煌菩萨”竺法护奠定了中国大乘佛教的基础，几十年之后便有了敦煌石窟——这座大乘佛教的活动场所、社会化的佛教基地。因此，竺法护应该算是敦煌石窟的奠基人。虽然他与石窟建造并无直接关系，但他作为“敦煌菩

萨”，却是敦煌佛教的旗帜。敦煌后来成为一个以佛教为主体意识形态的社会，与竺法护的奠基有很大的历史传承关系。

关于敦煌石窟的创建年代，敦煌遗书中有东晋永和九年（353）初建之说，而传统的说法为十六国前秦建元二年（366）乐僔在莫高窟始凿窟，见于唐代碑文。前人的研究中除此之外还有过其他一些说法。笔者在归纳前人研究的基础上，根据多年的考察和推测，认为永和九年说和建元二年说都有一定的依据，只是永和九年的昙猷开龛和建元二年的乐僔凿窟这两次创建不仅在时间上相差十多年，而且空间上也有一定距离。

一、敦煌高僧昙猷的大乘佛教实践

在城城湾寺院遗址西侧的崖体上，保存有一座方型小龛和一座洞口被流沙掩埋得只剩一道缝隙的圆券形龛，龛前部崖体塌毁，但仅就现存窟龛状况看，此龛在敦煌石窟可算得上是中型窟，窟顶贴有较厚的草泥皮。笔者较早注意到这两座窟龛，并与敦煌高僧昙猷及其创建莫高窟联系在一起。

昙猷是东晋时期的著名高僧，作为浙江佛教的六大创始人之一，他在江南做出了突出贡献并留下众多遗迹。《高僧传》记载：

> 竺昙猷，或云法猷，敦煌人。少苦行，习禅定。……先是世高、法护译出禅经，僧先、昙猷等并依教修心，终成胜业。

这里正好将敦煌早期佛教的历史脉络展示出来：法护译出禅经，建立理论；昙猷等从事修习实践，使佛教得到大发展。法护译的禅经和昙猷开的禅窟，就是莫高窟和敦煌石窟历史的先声，是大乘佛教的理论和实践在敦煌的创立和发展。那么家在敦煌的僧人昙猷，他应该在什么地方坐禅修行呢？昙猷的出生年代基本上与法护的活动年代上下相接，应该是法乘“立寺延学”时的学僧之一。而魏晋时期的敦煌，莫高窟宕泉河谷应该是比较集中的佛教活动场所。昙猷遵循法护所译禅经在敦煌从事禅修的实践活动，发生在公元353年前后，比佛教史上的“达摩面壁”早了近180年，应该被认定为中国佛教禅学的奠基人。与达摩稍有不同的是，昙猷是在自己开凿的小龛里修行，而这些小龛作为敦煌石窟创建之先声，成就了敦煌石窟的千年伟业；昙猷后来在浙江天台山等地的佛教活动，也主要是以禅修为主。莫高窟的创建也是禅修的产物，公元366年来到这里的乐僔也是禅僧，也是因为禅修的需要而创建石窟，也比达摩早160多年。专家们在石窟与禅修方面

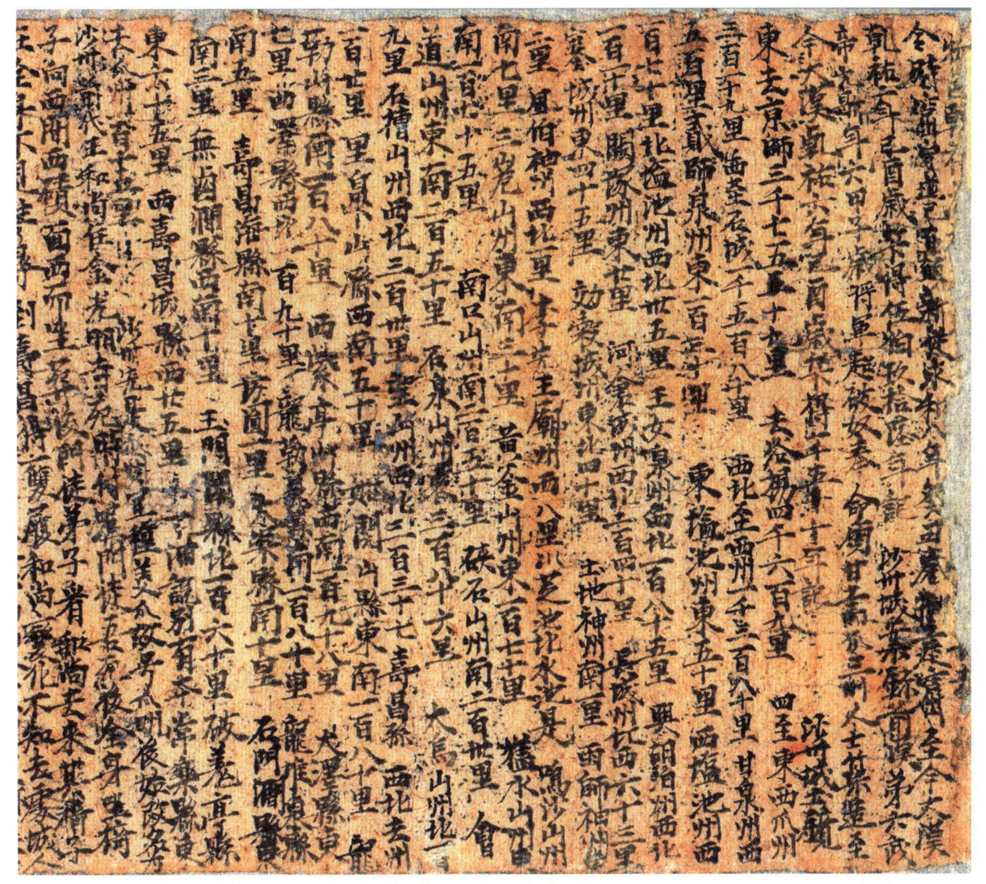

P.2691《沙州城土境》

不乏高、精、深的论述，而贺世哲早年对莫高窟早期石窟与禅观的见解正好印证了佛教禅学的历史情景。敦煌遗书P.2691《沙州城土境》有一处东晋永和九年建窟的追述：

> 从永和八（九）年癸丑岁初建窟，至今大汉乾佑（祐）二年乙酉岁，算得伍佰玖拾陆年记。

永和癸丑为公元353年，五代后汉乙酉为公元949年，相距正好596年。但此说仅此一处，而且是近600年后的追述。笔者先前曾就此作出过一些推测。有一点可以肯定的是：永和九年前后，正是昙猷在敦煌的学习和修禅的年代。因此，按照法护“译出禅经”，而“依教修行”的昙猷在仙岩寺周边凿龛坐禅修行，当顺理成章。而昙猷所开凿的修禅窟龛，应该是宕泉河谷最早的佛教石窟，开莫高窟创建之先声。因此，城城湾现存这两座小窟龛，很有可能是永和九年昙猷法师所

城城湾禅龛遗址

建用于修习禅定的石窟。《莫高窟记》所谓“晋司空索靖题壁号仙严寺。自兹以后，镌造不绝”可能就是从昙猷凿窟算起的。

二、竺法护与昙猷：中国大乘佛教的奠基与莫高窟创建的先声

竺法护和昙猷一前一后，确立大乘佛教的禅学理论并付诸实践，成为敦煌莫高窟创建的历史渊源。换句话说，竺法护译出的大乘理论付诸实践之际，是为敦煌石窟（莫高窟）创建之时。而从地域上讲，昙猷实践竺法护的大乘禅学理论之场所，又是竺法护佛事活动场所的延伸，这个场所就是当时的仙岩寺、今天的宕泉河谷内莫高窟城城湾一带。

至于昙猷后来在浙江创立的佛教建筑群的上中下格局即来自西域早期佛教建筑形式的传承，或是直接借鉴自己从事禅修和其他佛教活动的仙岩寺；他在天台赤城山修行时所凿禅龛，外形与城城湾窟龛极为相近。这就从一个侧面证明城城湾的禅龛极有可能是昙猷所建。[①]禅经及其他大乘佛典的大量汉译，有赖于竺法护。历代佛教史籍对竺法护的贡献和历史地位都推崇备至。其中最值得注意的是，竺法护基于丰富的知识积累和对经典思想内容准确完整的理解认识，译出促

① 参见马德：《莫高窟前史新探》，《敦煌研究》2017年第2期。

进佛教在中国传播和发展的大乘佛典，对中国大乘佛教的传播和发展起到奠基作用，“敦煌菩萨”竺法护使敦煌实际上成为大乘佛教的发祥地。而敦煌在竺法护之后的1700多年中又是举世闻名的佛教圣地，所实践的正是大乘佛教。敦煌后来成为社会化的佛教活动场所和一个以佛教为意识形态主体的社会，与竺法护对于大乘佛教的奠基有很大的历史传承关系。然而应该看到，竺法护当年在莫高窟宕泉河谷修建寺院，也需要社会力量的帮助。

仙岩寺作为敦煌最古老的佛教建筑，见证了佛教从印度经中亚传入中国的历史；作为历史上“敦煌菩萨”竺法护曾经活动过的西晋古刹，可称得上是中国大乘佛教的发祥地；作为中国最早的习禅场所，是敦煌高僧昙猷在竺法护译出禅经的前提下“依教修心，终成胜业”的历史见证。在此意义上，敦煌仙岩寺应该是所有大乘佛教（密教之外）的祖庭，当然包括所谓的“禅宗”祖庭。

竺法护与昙猷在敦煌从事佛事活动的场所，与莫高窟处于同一地域。据敦煌文献记载，莫高窟正式创建于公元366年，此后经历了一千年的不断发展。莫高窟是竺法护与昙猷创建和奠基的大乘佛教事业的延伸和发展。而以莫高窟为中心的敦煌历史文化今天被认作世界人类古代文明的象征和结晶，竺法护和昙猷都厥功至伟。竺法护和昙猷对中国佛教发展的贡献，就是敦煌对中国早期佛教发展的贡献，也是敦煌对世界人类古代文明的重大贡献。

第五节　佛教盛行时代的敦煌

所谓佛教的盛行，实际上就是佛教进入社会，成为社会活动。

从汉代佛教传入敦煌开始，一直到魏晋时期，敦煌虽然出现了佛教僧团，有一批又一批的僧人活动，但佛教活动也只是在有限的人群范围内，即僧人、僧团范围之内，还没有成为全社会的活动。有关西凉以前敦煌佛教活动的记载极少，石窟营造之事更无只言片语可寻。如公元400年，西行求法的著名高僧法显，途中在敦煌夏安居两个月。其时上距莫高窟建窟已有40年左右。法显每到一地，必须要参拜所有的佛教活动场所（包括遗址遗迹），其名著《佛国记》对此记载最详，却只字未提莫高窟及敦煌的佛教活动。目前所见关于十六国时期敦煌石窟营造活动的记载，都是唐代及其以后的追记。通过这些追述，笔者认为：在敦煌，前凉、前秦时期，作为僧人的乐僔和法良在莫高窟凿窟，当是供他们自己坐禅修

行用。而佛教成为全社会的活动，一方面要靠佛教自身的努力，更重要者是需要得到统治者的支持。敦煌佛教的社会化，就是从北凉时期开始，在统治者的大力倡导下发展起来的。

一、十六国西凉、北朝时期的敦煌

十六国时期，敦煌先后属前凉、前秦、后凉、西凉、北凉所统辖。但其时不论由谁治理，这里都相对比较安定，经济、文化也比较繁荣、发达。而且敦煌一度成为西凉的国都。史籍（如《十六国春秋》）关于这方面的记载颇丰，到了北凉占领时期，其最高统治者沮渠蒙逊笃信佛教，亲自倡导和组织在国都凉州进行佛经翻译和石窟营造活动。沮渠氏的身体力行，使佛教信仰和佛教造像在河西地区风靡一时。佛教史籍对此多有记载，近年国内外学者这方面的研究也出了一批成果。

敦煌的北朝时期，从北魏占领敦煌起，到隋朝统一南方止，中间经历西魏、北周等朝代，几近一个半世纪（442—589）。

公元439年，北魏攻占北凉首都张掖及其辖地酒泉，北凉的酒泉太守沮渠无讳奔敦煌，继续与北魏抗衡；三年后，原从北凉逃至伊吾的西凉王李暠之孙李宝乘机打回敦煌，奉表降魏，敦煌始归北魏，李宝被封为“镇西大将军、开府仪同三司、领护西域校尉、沙州牧、敦煌公”，其弟李怀达被任命为敦煌太守。公元445年，北魏招李宝入朝，从此实际控制敦煌，废敦煌郡而置敦煌镇，扩大其治理范围，提高其级别；70多年后，公元525年，北魏在原镇之基础上设立瓜州，下辖敦煌郡在内的20多个郡县，并委派宗室亲王东阳王元荣为瓜州刺史。公元539年，北魏分裂为东魏和西魏，瓜州属西魏，元荣仍为刺史，直至公元542年。公元557年，西魏改换朝代为北周，瓜州亦归属之；北周名臣建平公于义在公元565—576年任瓜州刺史。公元581年，杨坚代周建隋，瓜州属隋朝建制。

与十六国时期相比，北朝时期的瓜州敦煌，从经济上看，虽经各少数民族相继统治，但早已根深蒂固的封建经济并没有受到多大损坏，只是维持农业生产和商业贸易的现状。北周时期在敦煌的中西商业贸易交往有了进一步的发展。从政治上看，前期（北魏）的社会有所动荡，河西一带的农民起义接二连三，敦煌也受到很大影响，到中后期的西魏、北周之际，先任敦煌郡守、后任敦煌太守的敦煌人令狐休，在维护社会安定和组织发展经济方面作出了卓有成效的贡献，敦煌又日益稳定和繁荣。

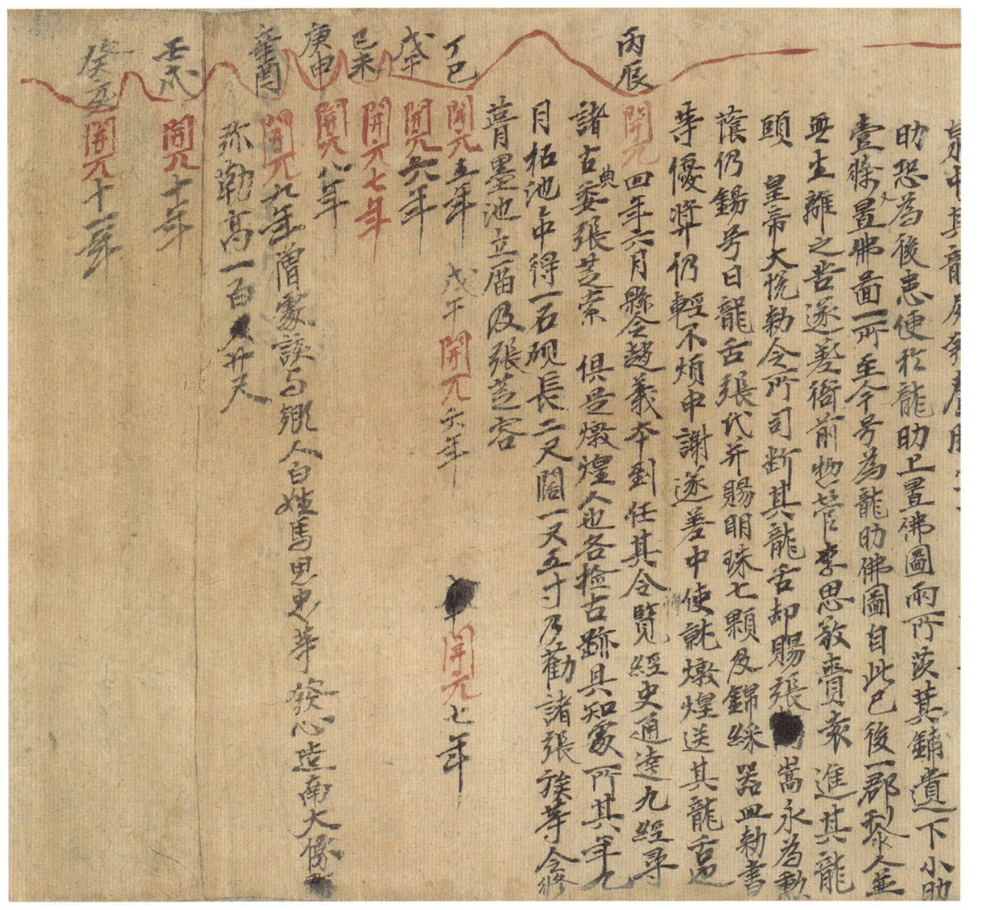

P.3721《敦煌史事系年》

据《魏书·释老志》记载，北朝时期“敦煌地接西域，道俗交得，其旧式村坞相属，多有塔寺”①。又据其他文献记载，敦煌作为中西交通的门户，商人、使者等“相望于道”，为“华戎所支一都会也”。这些都说明当时敦煌商业经济的发达和佛教的盛行。

二、隋朝时期的敦煌

敦煌的隋朝时期，是指隋文帝统一全国（589）开始到唐太宗贞观十四年（640）平定高昌。这样划分，主要是为了真正理解敦煌石窟营造历史的阶段，并按照艺术风格、特点为敦煌石窟艺术断代。

① 此处断句从史苇湘。参见史苇湘：《丝绸之路上的敦煌与莫高窟》，载敦煌文物研究所编：《敦煌研究文集》，兰州：甘肃人民出版社，1982年，第43—121页。

隋朝时期敦煌的建置，依然是瓜州下辖敦煌郡，郡下辖敦煌等县。州都督和郡守均由朝廷派驻。唐朝初年，州的地域范围缩小，武德七年（624）移瓜州至常乐县（今瓜州县境内），而于敦煌置西沙州，后去“西”字，直称沙州。这一时期敦煌的经济仍以农业为主，社会稳定，经济发达。

隋朝十分重视对河西的经营，其主要内容是加强隋朝同西域各国之间的经济文化交往。大业时期在张掖举办的二十七国交易会，就是由宰相裴矩主持。当时不仅来往于敦煌和河西的西域各国人士都普遍信仰佛教，而且佛教作为一种宗教已经在包括河西在内的中国大地上盛行，敦煌更是佛教圣地。

佛教之所以在隋代盛行于中国大地，是因为开国皇帝杨坚从出生到13岁一直生活在尼庵里，造成他对佛教的特殊感情。他上台后大力扶持佛教，广建寺塔，广度僧尼，广写佛经，广交僧侣，亲自从事各种佛教实践活动。到隋炀帝杨广，是亲身被授予“菩萨戒”的信徒，与佛教的关系更为密切。当然，从目的上讲，杨坚、杨广主要还是利用佛教维护其统治。而佛教也抓住这一极好时机，在中国得到发展和变革。

佛教的盛行，是敦煌石窟在隋代大规模营造的前提条件；而敦煌社会的稳定和经济的发展，则是敦煌石窟大规模营造的物质基础。

三、唐代前期的敦煌

唐王朝占有敦煌是在公元619年，但没过多久，先后发生了贺拔行威和张护、李通等人的武力反叛，公元623年以后才趋于稳定。在建置上，先是袭隋为瓜州，公元624年瓜州东移，敦煌为西沙州，公元633年又改称沙州；8世纪中期的天宝年间，曾一度废州设敦煌郡，不久复为沙州，一直沿用至14世纪的明朝时期。而唐朝文化渗透到敦煌，要到公元640年占领高昌以后。所以，敦煌石窟的唐朝时代，当从公元640年算起；到8世纪后期吐蕃占领敦煌前，是莫高窟历史上的唐代前期。这一时期是中国封建社会的极盛期，也是敦煌和莫高窟古代历史上的最盛期。

唐代前期，敦煌虽然地处边陲，一直存有异族入侵的威胁，但由于边界上有精兵良将守护，唐王朝尚能与各民族地区、政权之间和睦相处，敦煌的社会稳定，经济繁荣，同西方的经济文化交流活动也十分频繁。这样，就给莫高窟的大规模营造和敦煌艺术的高超卓绝创造了物质和文化基础。

四、吐蕃统治时期的敦煌

吐蕃统治时期是敦煌历史上一个特殊的时代。有关情况在敦煌汉文文书和藏文文书中各方面的资料都非常丰富。现据中外学者的研究成果综述如下：

8世纪后期，原生息于青藏高原上的吐蕃民族强大起来，与唐朝进行了长达几十年的领土争夺战，唐朝西南、西北的大片土地先后为其所占；公元763年10月，一度攻占了唐朝首都长安；退出后又以风卷残云之势，一路西进，渐次攻占了长安以西的唐陇右道的各个州郡，到公元767年，敦煌以东已全部被吐蕃占领。也就是从这一年的年底开始，吐蕃军队在赞普的指挥下对汉人聚集的敦煌大举进攻，由于敦煌汉唐军民的顽强抵抗，这场争夺战长达10年之久，直到公元777年吐蕃才占领了这块地方。[①]但在占领初期的10多年中，汉唐军民多次举行武力反抗，均遭到吐蕃政权的镇压。吐蕃统治者当时采用的是武力镇压和“歃血寻盟”并行的手段，却未能将汉唐军民治服，以致公元786年发生了吐蕃沙州节儿以及一些贵族被杀的严重事件。这次事件平息后，吐蕃王朝向沙州委派了一位叫论赞息的新节儿，他到任后即对敦煌实行了卓有成效的治理，使敦煌逐步实现了社会的稳定和经济的恢复发展；也是从这时候开始，在战争和动乱期间停止了20多年的莫高窟洞窟营造活动得以继续进行。

吐蕃治理敦煌时期，在瓜州设大节度府衙，管辖包括沙州在内的河西西部地区，将县下原唐朝基层乡依其军政合一的建制改建为部落（千户），同时又将所有在沙州的僧尼集中起来组成一个僧尼部落，并委任汉族官吏及贵族担任各部落使及其以下的百户长之类的基层官员，维持农、林、牧业的发展，兴办在佛教大旗庇护下的文化教育事业，使敦煌一度保持了稳定。

这一时期，作为统治者的吐蕃贵族们也在敦煌进行过佛教建筑的营造活动，敦煌文书中留下一些记录，如P.2765V窦良骥所撰《大蕃敕尚书令赐大瑟瑟告身尚乞律心儿圣光寺功德颂》、Дx.1462《大蕃故沙州行人三部落兼防御兵马使及行营留后某修伽蓝功德记》、Pt.1216《建寺功德记》等。由于敦煌汉人聚居，加之汉族的传统文化根深蒂固，所以吐蕃统治时期的社会形态，仍然是唐朝封建经济文化的延续。比如敦煌石窟的洞窟营造，依旧是汉人僧俗圈里的事。在广大的吐蕃占领区之中，也是敦煌比较完好地保存了唐朝的一切，汉唐民族意识一直深埋在敦煌人心中。所以在几十年以后，公元848年，当吐蕃的统治逐渐衰落之

① 关于吐蕃占领敦煌之年代，学界有说法数种，此处采用笔者自己的看法。参见马德：《敦煌陷蕃年代再探》，《敦煌研究》1985年第5期。

榆林窟第12窟主室甬道北壁五代女供养人三身

榆林窟第12窟主室甬道南壁五代男供养人四身

际，敦煌人最先起事逐走吐蕃，复归唐朝。至此，吐蕃在敦煌70余年的统治宣告结束。

五、张氏归义军时期的敦煌

张氏归义军时期（包括西汉金山国时期），是敦煌历史上颇富特色的地方割据时代。敦煌文献中保存下来的这一时期的资料十分丰富。从20世纪初敦煌文书发现开始到现在，中外专家学者们对此作了大量深入的研究，成果卓著。

公元848年，敦煌人张议潮率领敦煌各族民众推翻了吐蕃在敦煌的统治，进而挥师东征西讨，渐次收复了吐蕃占领多年的河西唐朝失地，并派遣使臣向唐廷献上河西十一州地图以示回归之心；公元851年，唐王朝在敦煌建立河西归义军政权，以张议潮为节度使，开始了敦煌历史上的归义军时期。敦煌民众在张氏归义军政权之下，积极发展生产，重建家园，同时秣马厉兵，抵御外侮，使敦煌一度出现了安定和繁荣的社会景象。但是，长期以来，由于中原王朝的衰落和周围各少数民族的崛起，号称管辖河西十一州的归义军政权实际控制地区仅沙、瓜二州及肃州的部分地区而已，因此被称为“瓜沙归义军政权”。

张议潮之后，先后有其侄张淮深、子张淮兴、婿索勋、孙张承奉相继为节度使。公元911年前后，张承奉在当地豪绅的拥戴下，于敦煌建立了割据小王朝“西汉金山国”。但不久，在对东面的甘州回鹘的侵略扩张战争中遭到惨败，敦煌经济萧条，人民生活痛苦不堪，因而无法维持其政；公元914年，金山国小朝廷灭亡，张氏统治宣告终结。

六、曹氏归义军前期的敦煌

同张氏归义军时期一样，曹氏归义军也是敦煌历史上富有特色的割据政权。敦煌文献中资料也很丰富，中外学术界在这方面成果累累。

公元914年，前后只有几年历史的“西汉金山国”灭亡，瓜、沙二州兵民推举原张氏归义军节度政权之长史曹议金主掌二州军政事务。曹议金采取了一系列措施来维持统治。他恢复了河西归义军节度使的旧称，奉中原王朝为正朔，并努力改善同周围各少数民族政权间的关系；对内则整纲肃纪，笼络幕僚，取悦民众，发展生产，使归义军政权逐步稳固和强盛，瓜沙地区社会日趋安定，经济繁荣。议金之后，其子孙相继，依次有曹元德、曹元深、曹元忠、曹延恭、曹延禄等为节度使，凡三代七任，至公元1002年，将近90年时间，敦煌经历了从内忧外患到繁荣稳定的历史过程。

公元1002年（宋咸平五年），曹宗寿逼杀了其叔曹延禄等，掌握了瓜沙归义军政权，不久得到北宋王朝的承认和加封。这时候的瓜沙归义军政权，仍然保持着与中原王朝的君臣关系，也与北方的辽国有朝贡关系，使瓜沙弹丸之地在周围各少数民族的夹缝中得以生存。尽管如此，曹氏政权外有周围各民族政权的压力，内有新崛起的豪强势力的威胁，在许多情况下已经不能自主。在经济方面，敦煌也在继续发展农业的基础上发展手工业生产，但由于孤悬塞外，在资源、交通、技术等各方面都受到很大限制，所以经济上不但没有什么起色，反而大大落后于中原；加上各种沉重的负担，民众生活渐差。总之，敦煌已经失去了曹氏政权中期那种繁荣、稳定的社会局面。

公元1014年，曹宗寿死，其子曹贤顺继任归义军节度使，直到1036年为西夏所灭。这一时期瓜沙地区的情况文献记载极为少见，但其经济、政治等各方面江河日下的趋势则不难想见。

七、回鹘、西夏、元朝时期的敦煌

回鹘民族自9世纪中期的吐蕃时期开始就在敦煌活动，11世纪前期为西夏所灭，史称“沙州回鹘”。近年由于敦煌回鹘文文书的发现，中外学者们对此进行了发掘和研究，推出了一批成果。元代有关敦煌的记载不多见，这方面的研究只能依赖正史及其他史籍的零星记载。

曹氏归义军后期，由于长期于周边各少数民族的夹缝中生存，本身已无力维持下去，而较为强大的回鹘民族便乘机控制了敦煌。公元1036年，节度使曹贤顺率部投降西夏。西夏曾一度在敦煌设立沙州回鹘与汉人的联合政权，使瓜沙地方与北宋王朝的朝贡关系一直保持到公元1052年；当时称臣于宋的还有一位回鹘的“沙州王子”，因不服西夏的统治而致书宋朝的西北地方军事首领图谋反叛。由此可见，当时瓜沙地区的一切权力实际操控在汉人和回鹘人手中。这大概是西夏统治敦煌初期的情况，但并没有能够维持多久。近年的研究中，有专家提出敦煌历史上应该有一个“回鹘时期”，实际上应该是曹氏晚期和西夏初期，即由曹氏与回鹘共同治理的时期。公元1052年后的一百多年间，敦煌除了石窟上的一些题记之外，几乎没有留下任何关于这段历史的记载。

公元1227年，蒙古攻占了敦煌，从此开始了敦煌历史上的元朝时期。元王朝十分重视敦煌的保卫和建设，置沙州路，驻扎重兵军屯。先是在沙州大力发展农业和手工业，弘扬各种宗教文化，以至于意大利人马可·波罗路过时看到一个安定繁荣的沙州；后来，元王朝将数万民众东迁至甘、肃二州之间从事农耕。从此，元代的敦煌变成单一的军屯区。公元1368年明朝建国后，敦煌还由北元统治了20年。公元1388年北元灭亡。不久，明王朝移民关内并关闭嘉峪关，此后200多年间敦煌疏于治理，直到清初清兵出关。

第二章

敦煌佛教文献的社会属性

第一节　敦煌佛教文献的概念

第二节　敦煌佛教经籍

第三节　敦煌写经与古代社会

第四节　敦煌佛教活动文献的内容和特点

第五节　敦煌草书佛典的内容与价值

第一节　敦煌佛教文献的概念

一、基本概念

敦煌佛教文献，狭义地讲，指敦煌莫高窟藏经洞出土的佛教文献；广义地讲，则包括敦煌石窟和敦煌藏经洞文献在内的全部敦煌佛教文化历史的遗迹遗物。但因为人们一般都将敦煌石窟和敦煌文献分别开来，所以我们这里所讨论的，只限于敦煌莫高窟藏经洞出土的写本和印本文献，少量涉及石窟中的文献（实际上石窟也是另一种形式的文献）。

敦煌莫高窟藏经洞出土的文献，95%以上是佛教文献。自公元1900年敦煌文献问世以来，国内外学者进行了百余年的研究。佛教文献虽然没有像社会文书、经济文书、历史文献、文学文献等那样受重视，但所取得的研究成果并不亚于其他文献。这是因为，佛教文献不仅数量大、内容丰富，而且有大量珍本孤本，有各个时代各个阶层的各类人物佛教活动的真实记载，它反映的也是敦煌乃至整个中国古代社会。

二、文献分类

敦煌藏经洞出土的所有佛教文献（仅限汉文部分），主要可分两大类：

DY.19《大般涅槃经》

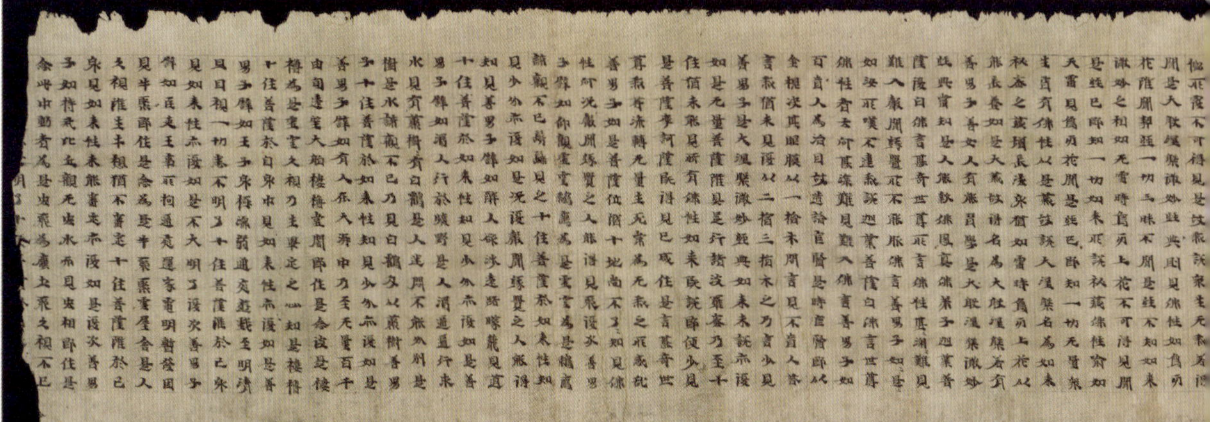

第一类是佛教经籍类文献，即经、律、论三藏与经疏、经释等。这部分佛教文献并不是敦煌独有的，而是普遍的佛教文献，除出土于敦煌的版本外不仅有传世本，而且在其他地方也可以看到，它基本上不反映敦煌佛教的地域特点，只是在敦煌出现的时间和数量可以说明当时敦煌佛教信仰的一些流行性倾向。但在这类文献中，有一部分是孤本，即只有在敦煌文献中才保存下来的佛经。这些佛经本身虽然不一定具有敦煌特点，但因存在于敦煌而填补了佛教史上的空白；另外，有许多在敦煌保存下来的佛经，在中国佛教史上被称为“疑伪经”。

第二类是敦煌特有的佛教文献，即真正意义上的敦煌佛教文献。它记载和反映了敦煌的佛教组织、政教关系、僧团制度、寺院管理、佛窟营造、道场斋会等各类佛教活动及佛教的发展历史。这部分佛教文献亦可称为“敦煌佛教史料”。

从内容上看，上述两类敦煌佛教文献，是性质完全不同的两类文献；前者为理论著作，后者为实践记录；前者有通用或敦煌特有的，而后者基本为敦煌特有的，或者是只在敦煌文献中保存下来的。

三、研究回顾

同敦煌其他各类文献的整理研究一样，120年来敦煌佛教文献的研究成果，主要是关于佛教文献本身的整理，近年来，也有一些专题研究成果不断问世。但需要指出的是，以往的研究中，对敦煌佛教经籍类文献主要是按原始佛教部派和中国佛教的宗派来进行，一般先将这些文献划入各宗各派，寻找这些文献的派系源头和理论根据。即使是佛教活动方面的文献，也是划归佛教宗派系列，如禅宗、密宗等；一部分是按照文献的体裁，如“佛曲”“僧诗”“斋文”“变

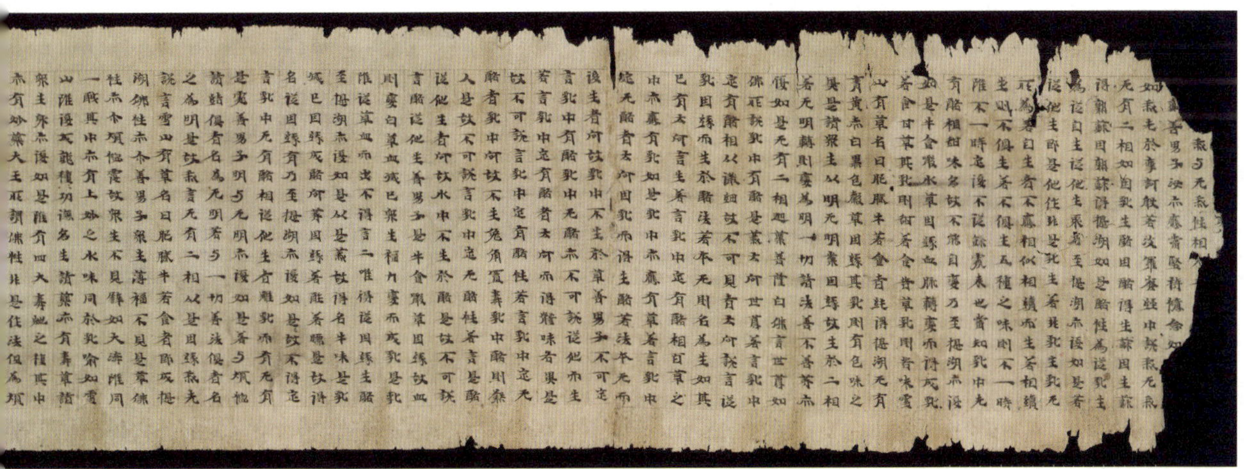

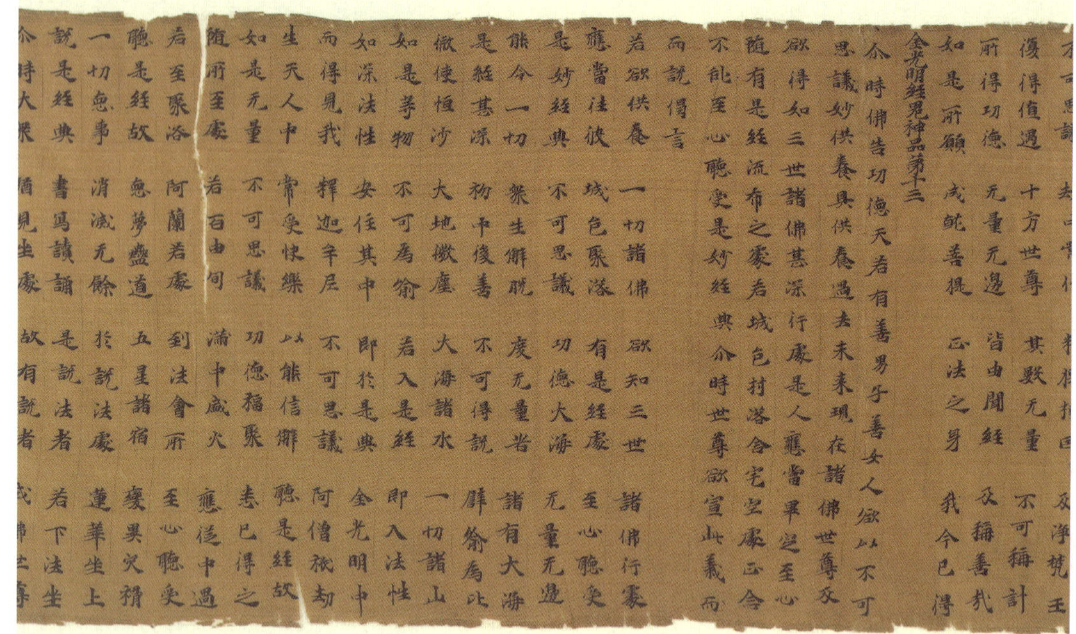

P.4506《金光明经》卷二，绢本写经

文”“愿文”等，基本上都是就事论事，忽视了文献与社会的关系。特别是有关佛教实践活动的文献，分类研究的成果不多，甚至有一些没有纳入佛教文献的范畴之内进行研究。当然，这些研究成果，也为我们今天从社会历史的角度全方位地研究敦煌佛教文献奠定了一些基础，提供了一些借鉴作用。

敦煌佛教文献的分类问题，是对文献的性质进行再认识。就经籍类文献来讲，敦煌写经基本上不反映佛教宗派问题。因为敦煌远离中原，敦煌佛教史上没有形成专门的佛教学派。敦煌所藏佛经，一部分是由中原朝廷赐给的，另一部分是敦煌当地经生们写的；这些经文大部分翻译和抄写于中原佛教宗派形成之前，在它们里面并没有多少宗派的烙印。当然有一些出自古代高僧之手的论、疏、释类典籍，分别阐述净土、唯识类的教义，但并不能作为敦煌佛教宗派的证据。

四、研究展望

（1）综合研究。佛教文献也好，其他历史文献也好，每一份文献所体现的并不是单一的某件事情，而是包含了丰富的人文内容，涉及宗教学、社会学、民俗学、历史学、经济学，以及天文、地理、环境、农业、牧业、手工业等各个学科领域，展示着社会生活的方方面面，体现出多元化的特点。因此，研究每一份敦煌的佛教文献，不能单纯地就事论事，而是全面、深入地从各个方面进行考察和探讨，搞清楚它的本来面目。这就需要我们具备历史、宗教、科学、艺术等各方面的基础知识，运用学科交叉的方法手段综合研究。这也是当今人文科学的潮流，这样才能够全面系统地整理和研究敦煌佛教文献。

（2）背景研究。把敦煌佛教文献置于敦煌及中国古代社会历史的大背景中深入研究。敦煌佛教文献是敦煌乃至整个中国古代社会的产物，它们的价值意义早已远远超出了文献本身。它展示的不仅是佛教发展的历史，也是社会发展的历史。佛教中国化与中国社会，佛教社会化与社会制度对佛教的制约，佛教对社会发展的作用与反作用，等等，一系列重大历史问题，都需要我们做进一步的努力。

（3）佛教文献的研究中还有一个十分重要的问题，就是学界与佛教界的合作。以往的研究很少注意这方面，因此有些成果纰漏较多，甚至往往出现一些在双方看来都是常识性的错误。许多单位已经在这方面作出有益的尝试，呈现学界、佛教界珠联璧合，取长补短，互相促进的新局面。

第二节　敦煌佛教经籍

一、正藏部分

正藏是指中国古代佛教大藏经收纳的、由域外传入华土的翻译经典，严格地说，敦煌出土的佛经正藏部分，与同时期及以后全国各地的正藏并无区别。但由于历史原因，在这些佛经中，有些翻译于敦煌或其以西地区，一直未能流传至中原，只在敦煌保存了下来；而且，唐《开元释教录》所收译于唐开元之前的一些佛经，唐以后陆续亡佚，但因古代敦煌社会相对稳定，战乱较少，加之千年之前就已封存于密室，所以保存了许多已经失传的正藏佛经。即使是有传世本保存到今天的一些佛教经籍，敦煌写本也以其特有的抄写时代和年代，展示了这些经籍比较原始的形态。

据中外学者的研究，敦煌保存下来的孤本佛经有：《诸经佛名》《众经别录》《金刚坛广大清净陀罗尼经》《入无分别总持经》《大乘无量寿宗要经》《般若波罗蜜多心经》《诸星母陀罗尼经》等。还有一些是历代经录均未著录

的，如《善信菩萨二十四戒经》等。

这些佛经当时在敦煌的流传，反映了敦煌社会的佛教信仰趋势；加之许多写经末尾都有题记，反映了当时人们的社会生活、思想感情、风俗习惯以及社会地位等，所以也具有一定的社会意义。

现在通用的、日本编辑出版的《大正藏》的第85卷，取名“古逸部”，集中收录了敦煌所出各种佛经；同时在该书的其他各卷中，也根据内容插入相应的敦煌所出佛经。限于篇幅，恕不一一列举。

而敦煌写本中大部分有传世本的佛教经籍，由于抄写时间比较早，因此保存了最原始的形态，对传世本中一些误传和讹传有重要的校勘意义。这方面的研究成果很多，此不赘。

二、华经部分

华经即所谓“疑伪经”，本身是根据中国社会的需要而由中国佛教信士们编纂的佛经。敦煌文献中的“疑伪经”分两类：一类是大部头的经典，如《报恩

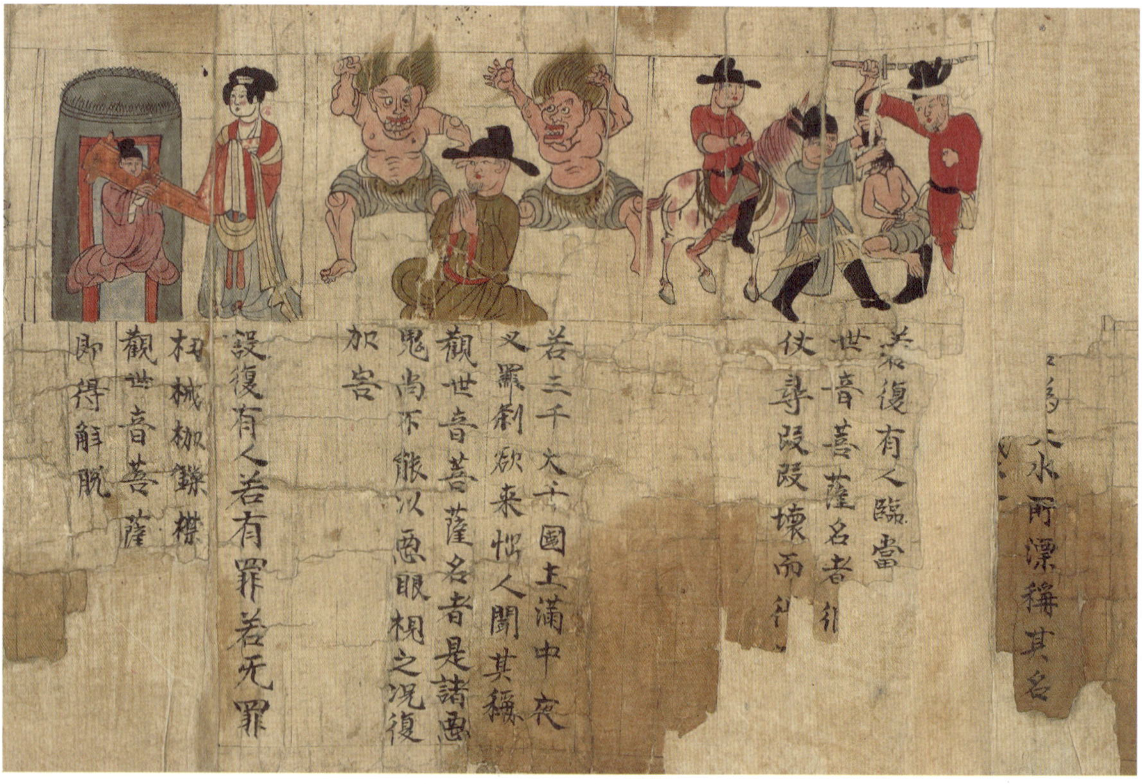

P.2010、P.4513绘本《观音经》

经》等由中国僧人从其他佛教经典中辑录、重新编纂的；另一类如《新菩萨经》《劝善经》《延寿经》《续命经》《祝毒经》等小篇幅的、由中国佛教信士撰写的。这些“疑伪经”实际上是佛教中国化的产物，特别注重在中国社会和广大民众中的适用性。

在中国佛教史上，“真”和“伪”以及“疑”，是发生在历代高僧之间的正统与非正统之争，这样的争论一般都没有比较明确的结果；但人们在观念上自然是取“真”舍“伪”存“疑”；约定俗成，“疑伪经”就成为部分佛教历史文献的特定概念。在当时，因为真与伪的争论者基本是先入为主、持固有的立场和观点，难免一孔之见；一千多年以后，如果我们从社会发展的角度客观地分析，就不难看出，这些所谓的“疑伪经”尚有一定的积极意义：大乘佛教讲的是入世，而这些由中国僧人编写的佛经，是适应了中国社会的需要，一部分还反映了民众心声，对统治阶级构成一定威胁，因此受到禁绝和毁灭。敦煌文献中的这类经文写本，大多是孤本，它向我们展现了中国佛教发展史上的一些本来面目，因此应该得到应有的重视。对这部分佛教文献的研究，前人已经做了大量的工作，成果颇丰；但纵观这些成果，大部分还是把它们作为“疑伪经”来论述，大多还没有摆脱“正统佛教”的一孔之见。我们研究者是用今天的眼光、今天的方法和手段，科学、客观地认识和分析古代的历史文化，不应再画地为牢。笔者以为，今天再以“疑伪经”的眼光去看待这些佛教文献，虽然也可以从某些方面对其作出判断，但总不够公正客观。

敦煌所出佛经最受世人注重的，大概要数《六祖坛经》了。《坛经》是世界佛教发展史上的里程碑式经典，虽然它出自中国僧人之口之手，但没有哪一个人说它是“疑经”或“伪经”；同时《坛经》也是中国思想史上的里程碑式的经典，是佛教中国化、社会化的旗帜。虽然敦煌之外也有经文流传，但一是在境外（高丽），二是时代比较晚。敦煌本《坛经》问世以后，立刻受到人们的推崇，周绍良认为敦煌市博物馆所藏《六祖坛经》为原本。[①]所以笔者提出“华经”这一概念，希望佛教界和学界的师友们批评指正。

三、疏释部分

这类佛教文献包括了各类佛经疏释、义记等，如传世的《华严经疏》《法华玄赞》《维摩义记》《大乘起信论》《楞伽师资记》等。其中《萨婆多宗五事

① 参见周绍良：《敦煌写本坛经原本》，北京：文物出版社，1997年。

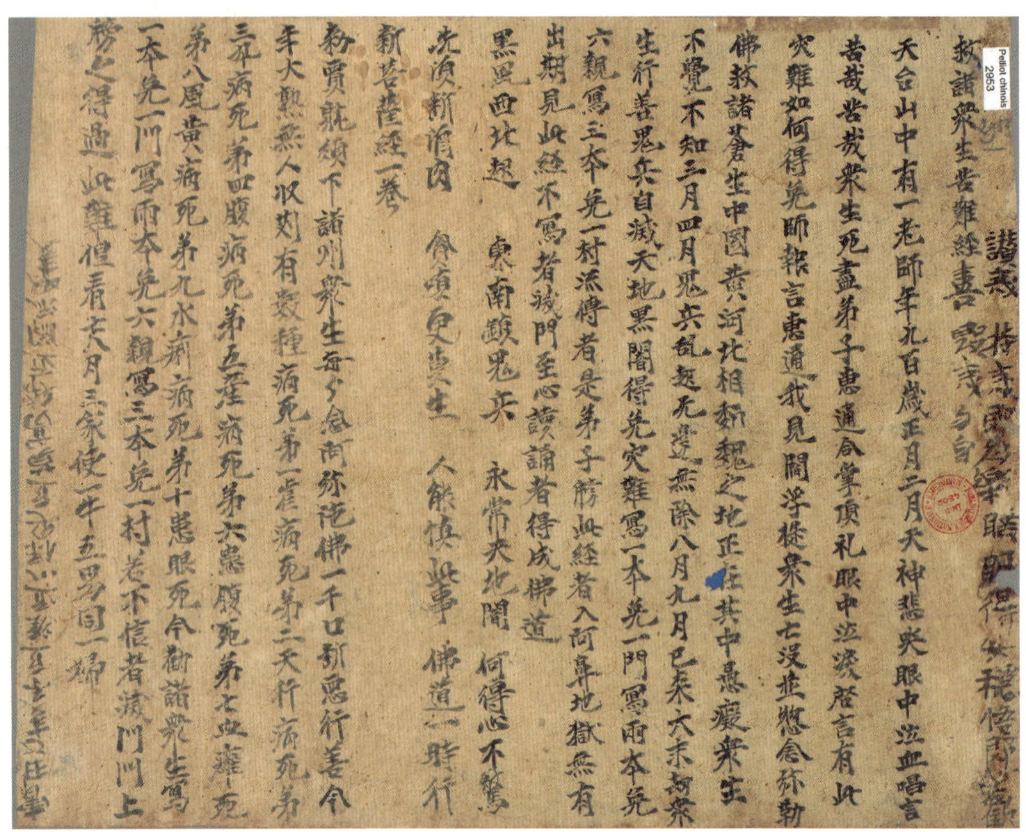

P.2953《新菩萨经》

论》《菩萨律仪十二颂》《八声传颂》《释迦牟尼如来像法灭尽之记》《大乘四法经》《大乘稻秆经》《六门陀罗尼经》《因缘心论颂》《阿毗达磨俱舍论实义疏》等为敦煌独有。

天津博物馆藏敦煌文献津艺011《大智度论》写本残卷，从字体上看为北朝时期写本，与鸠摩罗什译此经时代相隔不久；有趣的是，这个写本的一些专用名词，与罗什译本不同，如“世尊”作“大德”、“德女”作“有德女”、“凡夫”作“小人”，[①]还有部分地方文意为概括之语。此件不仅反映了《大智度论》的早期形态，更为重要者，笔者怀疑在罗什之前，可能已经有《大智度论》的译本在流传，因为这显然不是抄写者所改动（抄经人无权对经文做任何改动）。只是由于残片所存文字较少，有许多问题还无法作出确切的结论。

在这部分文献中，应该包括被日本学者称为《佛教纲要书》（佛经概要）的

① 参见天津市艺术博物馆编：《天津艺术博物馆藏敦煌文献》第1册，上海：上海古籍出版社，1998年，第63页。

写本，如《大乘义章》等；这些文献是对佛经经文要义的简明解释，也属于疏释类文献。

四、史传及相关部分

这部分主要是指有关佛教历史、佛教人物传记等各类文献，如《佛法东流传》《圣僧传》，以及“亡僧尼文”、祭僧文等。在敦煌文献中，这部分文献的数量不大，但其中有一些关于僧人活动的记录，如《慧超往五天竺国传》等，是十分珍贵的佛教发展史文献。

此类文献还包括一部分有关佛教圣迹的志书、记行、赞颂等文献，如《诸山圣迹志》《五台山圣境赞》等。

五、经录部分

敦煌文献中保存的佛经目录类文书，从内容上大致分为两类：一是传世本目录的抄本，如《众经别录》《大周刊定众经目录》《开元释教录》等；另一种

P.3532《慧超往五天竺国传》

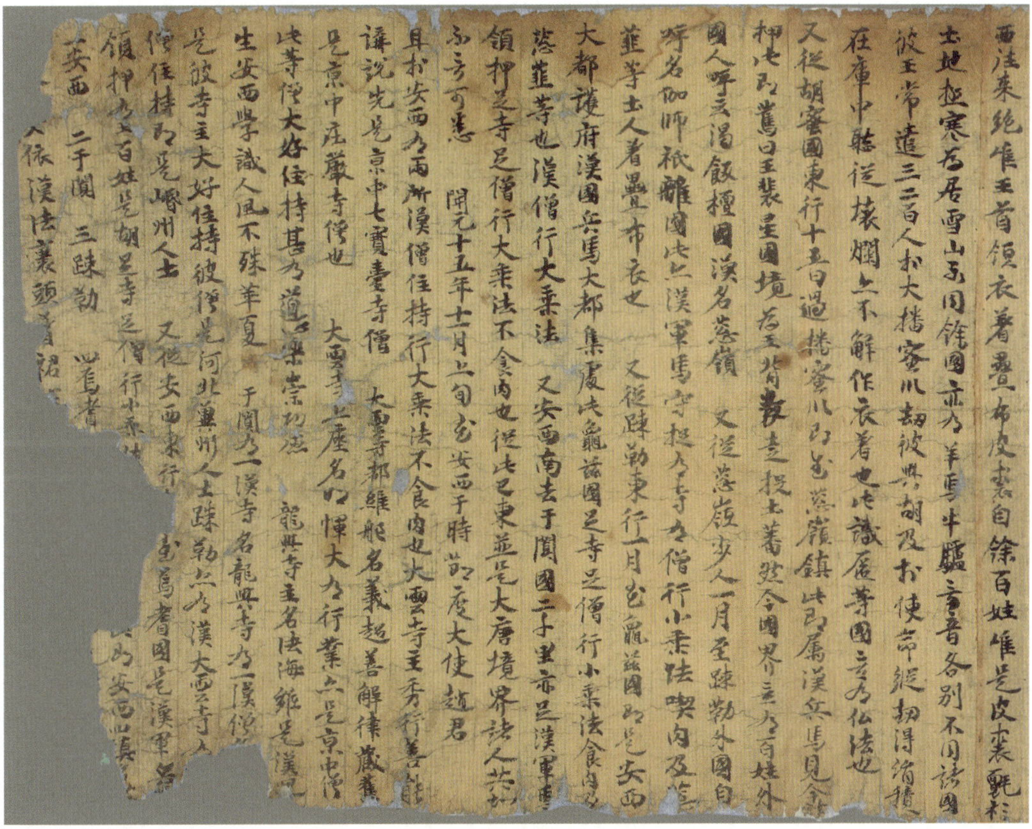

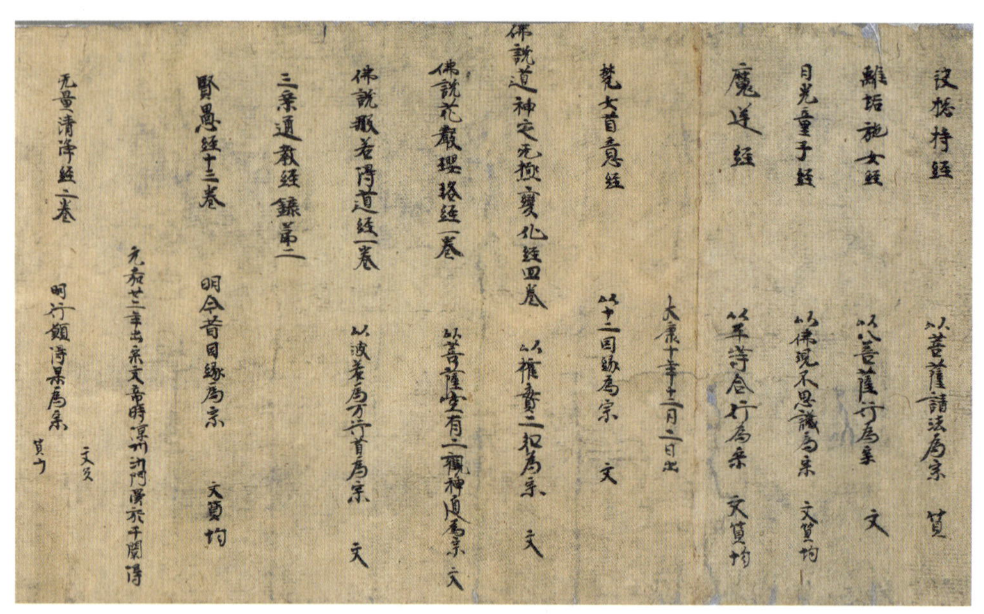

說總持經　以菩薩請法爲宗　質
離垢施女經　以菩薩行爲宗　文
月光童子經　以佛現不思議爲宗　文質均
魔逆經　以平等合行爲宗　文質均
太康十年十二月二日出
梵女首意經　以十二因緣爲宗　文
佛說道神足無極變化經四卷　以權實二相爲宗　文
佛說花嚴瓔珞經一卷　以菩薩空有二觀神通爲宗　文
佛說般若得道經一卷　以波若爲万行首爲宗　文
三乘通教經錄第二
賢愚經十三卷　明今昔因緣爲宗　文質均
元嘉廿二年出宋文帝時涼州沙門曇覺於于闐得
無量清淨經二卷　明行願淨果爲宗

P.3747《众经别录》

是仅存于敦煌的经目，当然这些自己编纂的目录有一些也是根据正规目录简编而成，一部分是自撰的目录。但不论属哪种情况，第二类目录都是传世经目中未曾收录者。方广锠的《敦煌佛教经录辑校》[①]中收录了敦煌写本经录中的几乎所有写本，为研究者提供了翔实的资料。

经录类写本反映了佛教经文在社会上的流传情况，即一个时期内一定地域范围内的佛教信仰流行趋势。有一些经录的题记直接反映了收集编纂佛经目录的社会目的，反映出明显的社会适用性。如敦煌研究院藏349、北新329五代后唐长兴五年（934）《见一切入藏经目录》题记云："长兴五年岁次甲午六月十五日，弟子三界寺比丘道真，乃见当寺藏内经论部帙不全，遂乃启颡虔诚，誓发宏愿，谨于诸家函藏寻访古坏经文，收入寺中，修补头尾，流传于世，光饰玄门，万代千秋，永充供养。愿使龙天八部，护卫神沙；梵释四王，永安莲塞；城隍泰乐，社稷延昌；府主大王，常臻宝位；先亡姻眷，超腾会于龙华；见在宗枝，宠长禄于亲族。应有所得经论，见为目录，具数于后。"[②]

六、佛经故事部分

这部分是指选取佛经经文段落和一些高僧传记所改编的各类故事，如感应故

① 方广锠：《敦煌佛教经录辑校》上、下，南京：江苏古籍出版社，1997年。
② 敦煌文物研究所资料室：《敦煌文物研究所藏敦煌遗书》，《文物参考资料》1977年第1辑。

事、因缘故事、灵验故事等。其中数量最多者为因缘故事和因缘记。如《悉达太子修道因缘》《金刚丑妇因缘》《难陀出家缘起》《欢喜国王缘》《四兽因缘》《祇园因由记》《佛图澄和尚因缘记》《刘萨诃和尚因缘记》《慧远和尚因缘记》《白草院史和尚因缘记》等。[①]这些故事的主题都是强调佛教的因果报应关系，内容短小精悍，情节传奇制胜，形式灵活多样，一经讲颂，广为流布，有较强的生命力和较好的宣传效果。

七、讲颂文献部分

包括各类讲经文、变文、押座文、解座文、诗、词、赋、话本、佛曲、赞、偈颂等文献——即所谓"敦煌佛教文学文献""敦煌文学文献"。

讲经文有《阿弥陀讲经文》《法华经讲经文》《金刚经讲经文》《弥勒经讲经文》《父母恩重讲经文》等，是对佛经经文的通俗性讲解，通常将经文演绎成故事，形式上说唱结合，生动活泼，趣味横生，引人入胜，为广大僧俗信众所喜闻乐见。

变文是敦煌文献中最著名的文学体裁，其形式与讲经文类似。佛教内容的有《佛本行集经变文》《降魔变文》《地狱变文》《目连变文》等。至于敦煌变文中的历史人物故事类的变文，如《张议潮变文》《张淮深变文》，甚至包括《捉季布变文》《秋胡变文》等，实际上已经完全失去了佛教的意义，不属于佛教文献之列。

押座文有《八相押座文》《八关斋戒押座文》《三身押座文》《左街僧录大师押座文》等。押座之义为弹压四座，押座文为讲经的开场白，形式是唱词，用表演和娱乐的方法招徕听众，吸引其注意力。讲经终场的结束致语则为"解座文"，形式为七言打油诗，内容为索取布施或调侃。

佛教内容的其他文学文献如诗、词、赋、话本、佛曲、赞、偈颂等，亦是供讲经诵经用，只是作为文学作品的体裁和形式各有所异，兹不赘。

八、榜书部分

榜书、榜文也属敦煌佛教文献的组成部分。它们大量出现在石窟壁画、绢画

① 参见马德：《敦煌本"媚女缘起"中本土元素的社会意义》，载释妙江、陈金华等编：《亦僧亦俗、自内及外：东亚大视野下的佛教教育国际学术研讨会论文集》，新加坡：世界学术出版社，2020年。

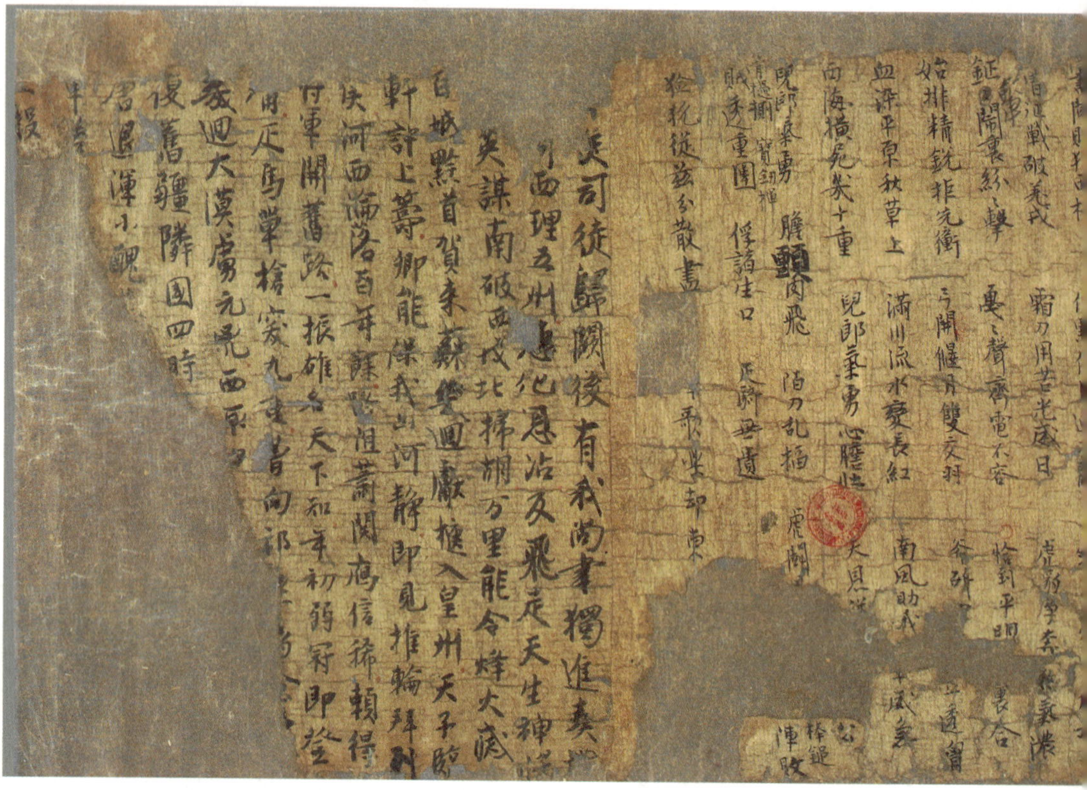

P.3451《张淮深变文》

等绘画作品上，其内容多为佛经经文的移录或摘要；由于受到画面整体布局及榜书文框面积的限制，许多情况下，为了在十分有限的榜书框中将面画的内容表述完整，就不得不对佛经经文做适当的省略和浓缩，这就出现榜书原文与佛经经文原文不太相符的现象，一般都是榜文字数少于经文。在敦煌石窟里，从北魏到宋初，从千佛壁画的《佛名经》榜书，到后来大幅经变画中的经品说明，榜书内容十分丰富，而且很多榜书墨迹均可辨识。目前只有少量经变画的榜书得到记录和整理，但这部分工作量非常大，任务还相当繁重。

同时，在敦煌文献中，保存有一批壁画榜文的抄本，它们有榜文的底稿，也有榜文的记录稿，具体情况则与上所述相同。但有一些榜书底稿似乎是专门为绘画而编写或改写的，如S.2113V《华严九会》稿等。学者们已经注意到这些文献并开展了初步的整理和研究。

以上各部分敦煌的佛教经籍类文献，流传于敦煌的各个时期，反映了不同时期敦煌的信仰内容和形式，具有一定的地域特征。由敦煌僧人自己编纂的佛经目录，在这方面尤为突出。

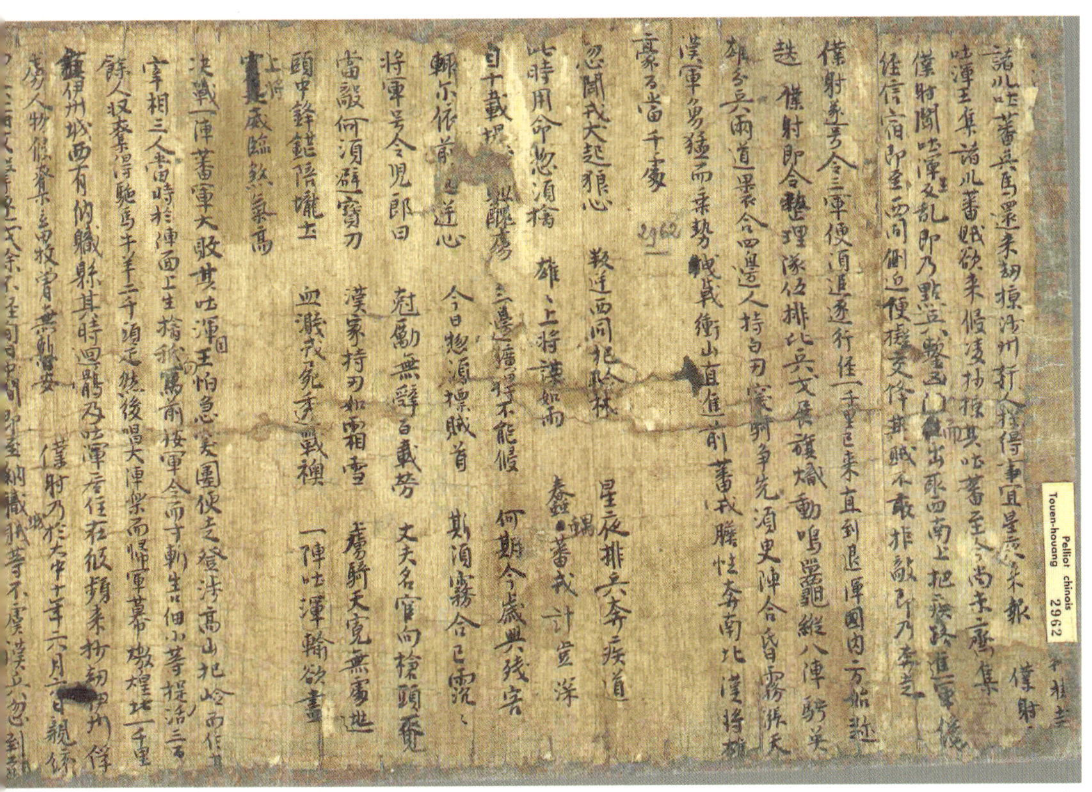

P.2962《张议潮变文》

第三节　敦煌写经与古代社会

一、敦煌写经的来源及题记种类简述

众所周知，出自莫高窟藏经洞的敦煌文献，90%以上是写经，即从西晋到宋代各个时期手工抄写的汉文佛经。这些写经主要分宫廷写经和民间写经两大类，其中民间写经又分为敦煌本地写经和外地写经两类。

敦煌写经中的宫廷写经，主要集中在唐代；而唐代的宫廷写经正是敦煌写经中的精品。关于唐代宫廷写经流入敦煌的原因，施萍婷有如下论述：

> 宫廷写经又可分为“正本”“副本”“贮本”。《唐六典》卷十“秘书监”条下称：“四部之书，必立三本，曰正本、副本、贮本，以供进内及赐人。凡敕赐人书，秘书无本，皆别给写之。”这其中的副本

就是“赐人”之本。副本可多可少，没有了再抄，这就是“皆别给写之”。敦煌藏经洞的宫廷写经，就是朝廷赐给的副本。《续高僧传》卷第三《波颇传》称：“（波颇）初译《宝星经》，后移至圣光（寺），又译《般若灯》《大庄严论》，合三部三十五卷。至（贞观）十六年冬，勘阅既周，缮写云毕，所司详读，乃上闻奏，下敕各写十部流散海内。”这“下敕各写十部流散海内”的佛经，就是一般人所能见着的宫廷写经。①

敦煌藏经洞的民间写经，除写于本地者外，还有一部分写于外地，包括一部分南朝梁、陈年间的写经；但这些写经中尚未发现有任何一部注明流入敦煌的时间和原因。外地写经流入敦煌，不外乎两条渠道：一是直接由写经之地流入，即游方僧人或异地官员带入；二是后来通过朝廷转手（求赐）流入。

不论宫廷还是民间写经，如果保存完整的话，不但首尾俱全，而且一般都有题记。敦煌写经由于历经千余年，今保存有题记者只是少部分，大多数的写经不光是题记没有保存下来，本身首尾也不完整，或有头无尾，或有尾无头，或头尾俱无。题记一般写在经文末尾，有一些不完整的经，只要有尾者，题记都得以保存。

宫廷写经题记，一般只包括写经时间、写经地点、阅读人和审校人及其各自的职衔等内容。这些内容基本不涉及社会问题，但它也具有一定的社会意义，这就是它的散发和流布本身，说明某种佛经某一时期在国内的流行和传播情况，反映出当时社会的文化及政治背景。

而民间写经的题记，无论敦煌本地还是外地，也无论俗众还是僧尼，一般都要说明写经的原因和理由。这些原因和理由，大到全社会的稳定繁荣，小到普通百姓的衣食住行、生老病死等，实际上反映的是十分现实的社会现象和社会问题；题记的篇幅是从十数字到数百字不等。当然也有一些民间写经题记只注写经人名号而并未叙述理由，这些主要是敦煌本地写经，有些还作为教材和学生作业。而这些写经则大多是当时广泛流传于敦煌的，背景意义更为明显。如敦煌遗书S.6229a为一份“写经功德文”类文献，即反映了这方面的内容：

以此写经功德，并将回施，当□圣主，保寿延遐，长使主千秋，万人安乐。又愿四生九类，水陆飞空，一切有情，舍种类身，各获圣

① 施萍婷：《甘肃藏敦煌文献的来源、真伪及其价值》，载甘肃藏敦煌文献编委会、甘肃人民出版社、甘肃省文物局编：《甘肃藏敦煌文献》第1册，兰州：甘肃人民出版社，1999年。

位。未离苦者，愿皆离苦；未得乐者，愿令得乐。未发心者，愿早发；已发心者，愿证菩提。师僧父母，各保安宁。过往先亡，神生净土。囚徒禁闭，枷锁离身。凡是远行，早达乡井。怀胎母子，贤圣衍威，五逆男女，各各孝顺。自遭离战，伤煞孤魂，六道三途，西方见佛。怨家欢喜，更莫相仇，诤讼折词，闻经善处。身无自在，愿得逍遥；热恼之苦，值遇清凉；裸露伤寒，得生衣服。土地龙神，何护所在。愿以此功德，溥及于一切。我等与众生，同生于佛会。[①]

二、写经题记上的社会背景

写经题记上反映敦煌社会情况者多出自敦煌本土的写经，一般作为敬佛崇法的“功德”之一，分为官宦官府、豪强贵族、僧尼寺院、民众家庭及个人等类型。由于写经人（功德主）的身份、地位和所处环境不同，写经题记的内容也就因人、因事、因地、因时而异。

官宦官府写经，其题记多为反映官宦个人的名利、地位和所辖范围内的社会稳定、繁荣，甚至包括对整个国家的关心。

公元525年至542年担任瓜州刺史的元荣，系拓跋统治者宗室。他在敦煌为官期间，经历了北魏和西魏两个历史时期。当时社会动荡不安，农民起义风起云涌，曾几度阻隔了他和朝廷的联系。元荣死后，先是荣子元康继任瓜州刺史；不久荣婿邓彦杀元康夺位。这段历史的概况，在公元527年至543年元荣及其幕僚、子女们的写经题记中反映出来。

公元527年尹波的写经题记《妙法莲华观世音经》（藏地不详）记：

盖至道玄凝，洪修有无之境，妙理家廓，起拔群品于无垠之外，是以如来愍溺昏迷，抗大悲于历劫，故众生无怙，唯福所恃。清信士佛弟子尹波，实由宿福不勤，粗多屯难，扈从主人东阳王殿下届临瓜土，瞩遭离乱，灾妖横发，长蛇竞炽，万里含毒，致使信表罕隔，以径年纪，寻幽寄矜，唯凭圣趣。辄兴微愿写《观世音经》卌卷，施诸寺读诵。愿使二圣慈明，永延福祚，九域早清，兵车息钾，戎马散于茂苑，干戈辍

① 参见施萍婷、邰惠莉：《敦煌遗书总目索引新编》，北京：中华书局，2000年，第193页。本书所引S、P字头写经题记均参考此书，恕不另注。

为农用，文德盈朝，哲士溢阙，锵锵鏘鏘，隆于上国，吾道钦明，忠臣累叶，八表宇宙，终齐一轨。愿东阳王殿下体质康休，洞略云表，年寿无穷，永齐竹柏，保境安蕃，更无虞寇，皇途寻开，早还京国，敷畅神机，位升宰辅，所愿称心，事皆如意，合家眷大小亲表内外参佐家客，咸同斯佑。又愿一切众生，皆离苦得乐。弟子私眷沿蒙此福，愿愿从心，所求如意。大魏孝昌三年岁次丁未四月癸巳朔八日庚子，佛弟子假冠军将军乐城县开国伯尹波敬写。①

另日人中村不折藏《观世音经》也有同一人于同日所写内容相同的题记。

尹波的题记，描述了当时敦煌社会的动荡局面，表达了他希冀国泰民安的愿望，以及对东阳王元荣及拓跋王朝的忠心。

公元530年，以元荣本人名义的写经题记先后出现。

S.4528《（仁王）般若波罗蜜经卷下》题记：

大代建明二年四月十五日，佛弟子元荣既居末劫，生死是累，离乡已久，归慕常心。是以身及妻子奴婢六畜，悉用为毗沙门天王布施三宝，以银钱千文赎。钱一千文赎身及妻子，一千文赎奴婢，一千文赎六畜。入法之钱，既用造经。愿天王成佛。弟子家眷六畜滋益长命，乃至菩提，悉蒙还阙，所愿如是。

守屋孝藏氏藏《佛说仁王般若经》题记：

大代永（安）三年岁次庚戌七月甲戌朔二十三日丙申，佛弟子使持节散（骑）常侍都督岭西诸军事车骑大将军瓜州刺史东阳王元荣生在末劫，无常难保，百年之期，一报极果。窃闻诸佛菩萨天人圣智立誓余化，自有成告，有能禀圣化者所愿皆得。天人将护，覆卫其人。令无衰恼，所求称愿。弟子自惟福薄，屡婴重患。恐贻灰粉之殃，天算难诣。既居秽类，将可以自救。惟庶心天人，仰凭诸佛，敬造仁王般若经三百部：一百部仰为梵天王，一百部仰为帝释天王，一百部仰为毗沙门天王等。以此经力之故，若天王誓不虚发，并前所立，愿弟子晏望延年之

① 参见宿白：《东阳王与建平公》，载宿白：《中国石窟寺研究》，北京：文物出版社，1996年，第246页。

寿，事同前愿。如无所念，愿生离苦也。[①]

这两则题记主要反映出元荣本人做功德，以及为保自身而不断祈祷，但也透露出敦煌社会中有许多对元荣不利的现象。

公元532年，以元荣本人名义的题记，表述的中心意思有两点，一是“冀望叔和（使者）早得回还”，二是“恶贼退散，国丰民安”。这是因为这一时期“天地妖荒，王路否塞，君臣失礼，于滋多载”。

中村不折藏散0753《律藏初分卷第十四》题记：

大代普泰二年岁次壬子三月乙丑朔廿五日己丑，弟子使持节散骑常侍都督岭西诸军事车骑大将军开府仪同三司瓜州刺史东阳王元荣，惟天地妖荒，王路否塞，君臣失礼，于滋多载，天子中兴，是得遣息叔和，早得回还。敬造《无量寿经》一百部，四十部为毗沙门天王，卅部为帝释天王，卅部为梵释天王；《内律》五十五卷，一分为毗沙门天王，一分为帝释天王，一分为梵释天王；造《贤愚》一部为梵释天王；愿天王等早成佛道，有愿元祚无穷，帝嗣不绝；四方附化，恶贼退散，国丰民安善愿从心；含生有识，咸同斯愿。[②]

上海图书馆藏137号（812561）《维摩经疏卷第一》题记：

大代普泰二年岁次壬子三月乙丑朔廿五日己丑，弟子使行节散骑常侍都督领西诸军事车骑大将军仪同三司瓜州刺史东阳王元荣，惟天地妖荒，王路否塞，军事失利，于兹多载，天子中兴，是得遣息叔和诣阙修□。弟子年老疹患，冀望叔和早得回还，敬造《维摩疏》百部供养。[③]

P.2143《大智第廿六品释论》题记：

大代普泰二年岁次壬子三月乙丑朔廿五日己丑，弟子使将（持）节散骑常侍都督领诸军事车骑大将军开府仪同三司瓜州刺使东阳王元荣，惟天地妖荒，王路否塞，君臣失礼，于兹多载。天子中兴，是以遣息叔

① 参见宿白：《东阳王与建平公》。
② 参见王重民等：《敦煌遗书总目索引》，北京：商务印书馆，1962年，第330页。
③ 吴织、胡群耘：《上海图书馆藏敦煌遗书目录（续）》，《敦煌研究》1986年第3期。

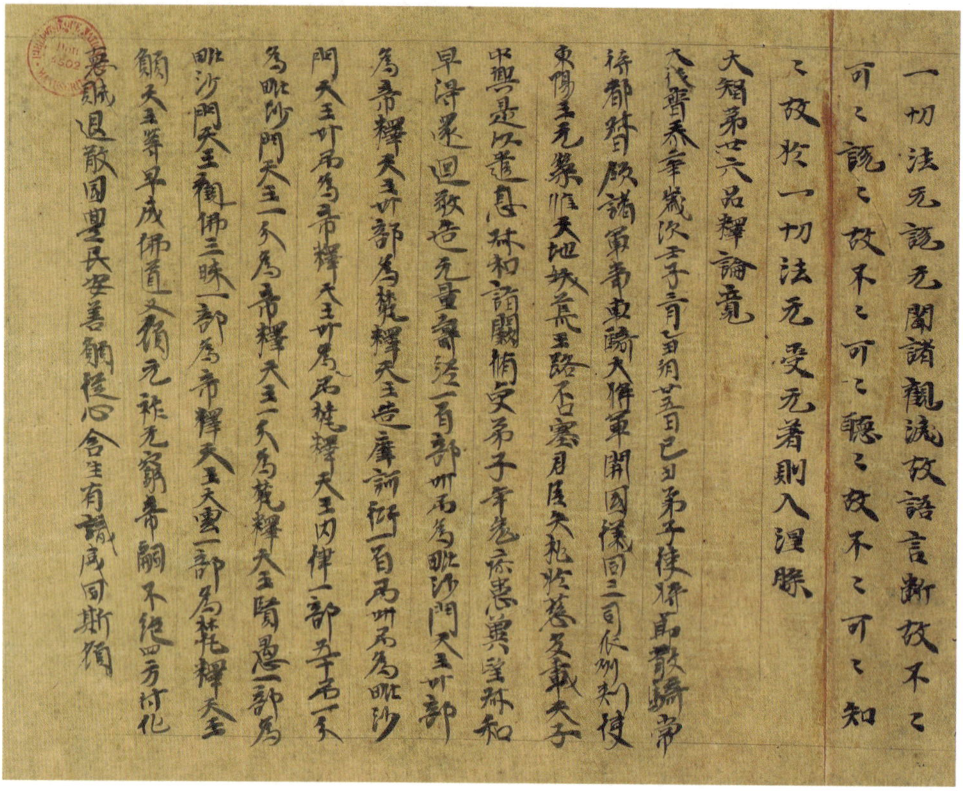

P.2143《大智第廿六品释论》

和诣阙修复。弟子年老疹患，冀望叔和早得还回，敬造《无量寿经》一百部，四十卷为毗沙门天王，卅部为帝释天王，卅部为梵释天王。造《摩诃衍》一百卷，卅卷为毗沙门天王，卅卷为帝释天王，卅卷为梵释天王。《内律》一部五十卷，一分为毗沙门天王，一分为帝释天王，一分为梵释天王。《贤愚》一部为毗沙门天王。《观佛三昧》一部为帝释天王。《大云》一部为梵释天王。愿天王等早成佛道。又愿元祚无穷，帝嗣不绝，四方付化，恶贼退散，国丰民安，善愿从心，含生有识，咸同斯愿。

到第二年，元荣再次写经时，题记中已不复出现前述内容，如S.4415《大般涅槃经卷第卅一》题记：

大代大魏永熙二年七月十五日，清信士使持节散骑常侍开府仪同三司都督岭西诸军事□骑大将军瓜州刺史东阳王元太荣，敬造《涅槃》《法华》《大云》《贤愚》《观佛三昧》《总持》《金光明》《维摩》

《药师》各一部，合一百卷，仰为比（毗）沙门天王，愿弟子前患永除，四体休宁，所愿如是。□一校竟。

而邓彦的写经题记，为我们展现了一个元荣之后的瓜州。

《摩诃衍经》（藏地不详）题记：

大代大魏大统八年十一月十五日，佛弟子瓜州刺史邓彦、妻昌乐公主元，敬写《摩诃衍经》一百卷，上愿皇帝陛下国祚再隆，八方顺轨；又愿弟子现在夫妻男女家眷四大康健，殃灾永灭，将来之世普及含生，同成正觉。①

像元荣时期的这类写经题记，在此后的敦煌很少出现。这一现象大概有两方面的原因：一是在隋唐大一统的时代，敦煌社会基本安定繁荣；二是后来各种佛教行事活动频繁，统治者直接利用佛教活动来表达治理社会的愿望，而当时的社会现象就反映在各类佛教活动的文献中——这已经超出了本章范围，当另作论述。

敦煌晚期的写经中反映社会背景的题记，不是出自官宦而是出自百姓之手。

北羽024（0616）《佛说佛名经卷第三》题记：

敬写大佛名经二百八十卷。伏愿城隍安泰，百姓康宁；府主尚书曹公已躬永寿，继绍长年；合宅枝罗，常然庆吉。于时大梁贞明六年岁次庚辰五月十五日记。

S.4601《佛说贤劫千佛名经卷上》题记：

雍照二年乙酉岁十一月廿八日书写，押衙康文兴自手，并笔墨写。

清信弟子辛婆表（？）愿胜幸者张富定、辛婆、李长子三人等，发心写大贤劫千佛名卷上，施入僧顺子道场内，若因奉为国安人泰，社稷恒昌，四路通和，八方归状。次愿幸者幸婆等，愿以业生净土，见在合宅男女，大富吉昌，福力永充供养。

这则题记透露的当时社会动荡与萧条的情况与其他文献记载相一致。

① 参见宿白：《东阳王与建平公》。

三、写经题记上的社会生活

写经为一项“功德”，出资写经者为“施主”，他们写经的目的只有一个，就是企望得到佛法的保佑。写经题记上所反映的就是祈求保佑的内容，多为人们日常生活中的衣食住行、生老病死等现实社会问题，以求得国泰民安、人寿年丰、消灾除患，包括许多对死者的祈祷；还有一些佛经在名义上是专为死者而写，但实际内容反映出为死者祈福的目的，终究还是为了让健在家眷后代子孙能得到死去的先祖们的庇荫，并没有脱离现实社会。所以，从某种意义上讲，敦煌保存的5—10世纪的写经题记，也可以看作当时的社会生活史的记录。如P.4506a《金光明经卷第二》题记：

皇兴五年，岁在辛亥，大魏定州中山郡卢奴县城内西坊里住，原乡凉州武威郡租厉县梁泽北乡武训里方亭南苇亭北张缫主，父宜曹讳昺，息张保兴，自慨多难，父母恩育，无以仰报。又感乡援，靡托思恋，是以在此单城，竭家建福，兴造素经，《法华》一部，《金光明》一部，《摩维》一部，《无量寿》一部，欲令流通本乡，道俗异玩。愿使福钟皇家，祚隆万代，祐例亡父亡母托生莲华，受悟无生，润及现存，普济一切群生之类，咸同斯愿。若有读诵者，常为流通。

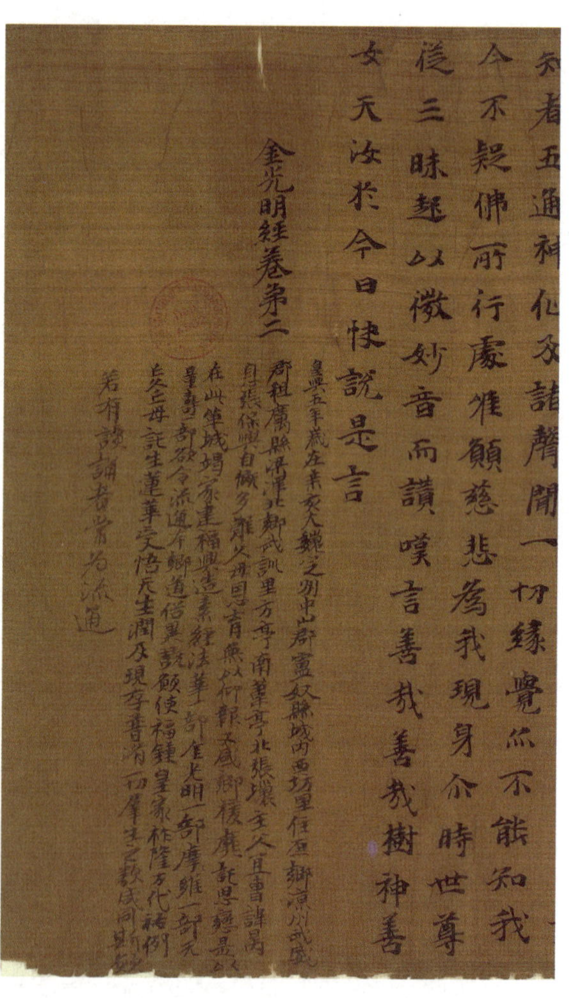

P.4506a《金光明经卷第二》

再如S.2724《华严经卷第三》题记：

夫妙旨无言，故假教以通理，圆体非形，必藉□以表真，是以亡兄沙门维那慧超悟财命难持，识三圣易依，故资竭贿，唯福是务，图金容于灵刹，写冲曲于竹素，而终功未就，倏□异世。弟比丘法定，仰瞻遗迹，感慕遂甚，故莹饰图□，广写众经，《华严》《涅槃》《法华》《维摩》《金刚》《般若》《金光明》《胜曼》，□福钟亡兄，腾神梵乡，游形净国，体无无生，早（出）苦海，普及含灵，齐成正觉。大魏正光三年岁次壬寅四月八日□讫。

题记中反映的社会生活问题，不论是敦煌还是中国其他地区，都是一致的。S.0081《大般涅槃经卷第十一》尾题：

天监五年七月廿五日佛弟子谯良颙奉为亡父于荆州竹林寺敬造《大般涅槃经》一部，愿七世含识速登法王无畏之地，比丘僧伦龚、弘亮二人为营。

天津博物馆藏津12《大般涅槃经卷第十七》题记：

大业四年二月十五日比丘慧休知五众之易迁，晓二字之难遇，谨割舍衣资，敬造此经一部。愿乘兹胜福，三业清净，四实圆明，戒慧日增，或（惑）累消灭；现在尊卑，恒招福庆，七世久远，永绝尘劳，普被含生，遍沾有识，同发菩提，趋萨婆若。清信佛弟子尹嘉礼受持，开九开十开十一年各一遍。[①]

北潜015《大般涅槃经卷第廿八》题记：

夫理深难执，非音教不传；妙果常寂，非积行不阶。是以佛弟子清信女令狐阿咒自惟秽业所招，早罹孤苦，思慕所天情无已已，遂即减割资财，仰为亡夫敬写《大涅槃经》一部四十卷、《法华经》一部十卷、《大方广经》一部三卷、《药师经》一部一卷。冀因此福，愿亡夫神游

① 参见刘国展、李桂英：《天津艺术博物馆藏敦煌遗书目录》，《敦煌研究》1987年第3期。

净乡，历侍众圣，餐教悟玄，万或（惑）摧碎。又愿己身现家眷属宅富人昌，七珍满藏，万恶冰消，众善普会，一切含生，等同斯愿，一时成佛。

S.2838《维摩诘经卷下》题记：

经生令狐善愿写曹法师法惠校法华斋主大僧平事沙门法焕定（高昌）延寿十四年岁次丁酉五月三日，清信女稽首归命常住三宝，盖闻剥皮析骨，记大士之半言，丧体捐躯，求般若之妙旨，是知金文玉牒，圣教真风，难见难闻，既尊且贵。弟子托生宗胤，长自深宫，赖王父之仁慈，蒙妃母之训诲，重沾法润，为写斯经，冀以日近归依，朝夕诵念，以斯微福，持奉父王，愿圣体休和，所求如意，先亡久远，同气连枝，见佛闻法，往生净土。增太妃之余算，益王妃之光华，世子诸公，惟延惟寿，寇贼退散，疫疠消亡，百姓被煦育之慈，苍生蒙荣润之乐，含灵抱识，有气之伦，等出苦源，同升妙果。

P.3788《妙法莲华经序品第一》题记：

（上残）□□，三□□□之因；说听兼忘，四辩假弘宣之力。故龙宫密藏，蕴妙无边；贝牒遗文，传芳未泯。况乃化城微旨，朽宅真筌；跨十宝而曾临，登四衢而广运。踊塔之圣，证随喜于当时；控象之贤，誓守护于来叶。喻星中之满月，回向者永出迷津；譬顶上之圆珠，信受者长升法岸。伏惟先考工部尚书荆州大都督上柱国周忠孝公赠太尉太子太师太原王，风云诞秀，岳渎疏英；赞纽地之宏图，翊经天之景运。先妣忠烈夫人太原王妃，蹈礼居谦，韫七戒而重裕；依仁践义，总四德以申规。柔训溢于丹闱，芳徽映乎彤管。资忠奉国，尽孝承家。媛范光于九区，母仪冠于千古。弟子早违严荫，已缠风树之衰；重夺慈颜，倍切寒泉之慕。霜露之感，随日月而逾深；荼蓼之悲，终天地而弥痛。爰凭法镜，庶展荒衿。奉为二亲，敬造《妙法莲华经》三千部。豪分露彩，还符甘露之门；纸散花编，遽叶贯花之典。半字、满字，同开六度之因；大枝、小枝，并契三明之果。伏愿先慈传辉慧炬，托荫禅云；百福庄严，万灵扶护。临玉池而濯想，践金地以神游。永步祇园，长乘轮座；傍周法界，广匝真空。俱登十善之缘，共叶一乘之道。

在这里，实际上是利用写经题记炫耀祖宗功业。同时，与此相对应者，还有炫耀家族庞大、子孙昌盛的题记，如S.2136《大般涅槃经卷第十》题记：

夫愿复难追，昊天罔极。驰景远感，痛结终身。故知不藉福基，无酬恩造。崇徽、崇暕等不幸薄福，早丧尊亲，泣泉壤以增悲，仰穹旻而何及。况复承恩膝下，早荣花萼之欢。念爱掌中，预沾珠玉之美。追思鞠育，至勤之泽实深。敬荷劬劳，返哺之诚无逮。崇徽、崇暕奉为亡考妣，敬写《涅槃经》一部，罄此微诚，庄严供养。冀使远津灵识，业静福崇，通济幽明，障消德满。

惟大唐景龙二年，岁次戊申，五月壬辰朔，廿六日丁巳，弟子朝议郎成州同谷县令上柱国薛崇徽敬写。夫人阴氏卢舍那供养　弟雍州永乐府左果毅上柱国崇暕供养　弟妻令狐氏大法供养　孙男上柱国英彦供养　英彦妻令狐氏成实相供养　孙女明正信供养　孙男英谅供养　孙男为正供养　孙女小王供养　孙女毋娘供养　孙女明尚智供养　孙男鸿鹤供养

敦煌晚期的写经题记（以9、10世纪为主），更是直接反映社会民众需要的心声。

S.1864《维摩诘所说经》题记：

岁次甲戌年九月卅日沙州行人部落百姓张玄逸奉为过往父母及七世先亡当家夫妻男女亲眷及法界众生，敬写小字《维摩经》一部，普愿往西方净土，一时成佛。

P.3115《佛说续命经一卷》题记：

天复元年五月十六日毋氾辰、女弘相病患资福喜命，计写续命经一本。灵图寺律师法晏写记。

北海061（6255）《观世音经一卷》题记：

壬申年三月廿七日行者倾心慈悲敬写《大圣观音经》一卷，一为先亡父母，二为合家永圣吉昌。愿亡灵神生净土，法界苍生同沾此福。清信子张海晟一心供养。信事僧莲台寺沙弥灵进书写记。

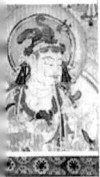

S.6230《阎罗王受记经》题记：

奉为慈母病患，速得诠嗟（痊差），免授（受）地狱，壹为在生父母作福，二为自身及合家内外亲因（姻）等。元知□长，病患不侵，常保安乐，书写次（此）经，免其□□业报。同光肆年丙戌岁六月六日写记之耳。

P.3045《佛说多心经一卷》题记：

天福五年庚子岁十月十六日弟子吴幸通奉为：龙天八部，护陇右之疆埸，我仆射福同海岳，永寿无亏倾。次为先灵考妣，神游净域之宫，往托菡萏华台。现存获泰，永保长春，阖门大小，代无灾横之患，家富门兴，永充虔诚供养。

为亡过父母也好，为健在父母也好，都表现出中国传统的孝道；甚至包括对七代先亡，利用写经尽孝。这是写经题记中表现最明显也最现实的社会问题。

S.0087《金刚般若波罗蜜经》题记，是一位背井离乡、远征在外的小吏所表达的心境：

圣历三年五月二十三日大井拔谷副使上柱国南阳县开国公阴仁协为金轮圣神皇帝及七世父母、合家大小，得六品发愿月别许写一卷，得五品月别写经两卷，久为征行，未办纸墨，不从本愿，今办写得，普为一切转读。

而北李071（6190）《妙法莲华经卷第九》题记，是一个坐牢之人表达的在狱中的心情：

天宝三载九月十七日玉门行人在此襟经廿日有余，于狱写了，有人受持读诵，楚客除罪万万劫记之。同襟人马希晏，其人是河东郡桑泉县上柱国樊客记。

同时，在写经题记中还可以看到，在佛教的祈愿中，出现了佛教之外的杂神。北丽072《金光明最胜王经卷第七（大辩才天女品十五）》题记：

敬写金光明最胜王经一部十卷，右已上写经功德并同庄严。太山府君、平等大王、五道大神、天曹地府、伺命、伺禄、土府、水官、行病鬼王，并役使府君诸郎君及善知识、胡使禄公、使者、检部历官、舅母、关官、保人可转及新三使、风伯、雨师等，伏愿哀垂，纳受功德，乞延年益寿。

P.3135《四分戒》题记：

乙卯年四月十五日弟子索清儿，现为己身忽染热疾，非常困重，遂发愿写此四分戒一卷。上为一切诸佛诸大菩萨摩诃萨及太山府君、平等大王、五道大神、天曹地府、司命司录、土府水官、行病鬼王、疫使、知文籍官、院长、押门官、专使可□官并一切幽冥官典等，伏愿慈悲救护，愿疾苦早得痊平，增益寿命。所造前件功德，唯愿过去未来、见在数生已来所有冤家债主、负财负命者，各领受功德，速得生天。

S.2981《金光明经卷第一至第四》题记：

右以上写经功德，并同庄严，平等大王、五道大神、太山府君、伺（司）命伺（司）录、天曹地府、土府水官、行庄鬼王并役使府君诸（下缺）发心功德李顺子、张瀛写。

从中看出，个人和社会的需要，都可以集中在一面佛教的大旗下；无论是佛教的还是非佛教的神祇，都是为了社会生活。

另外，还有一些写经和印经，题记反映出不是为人（包括活人和死人）而写，而是为给死去的耕牛祈福而写，如S.5544a《金刚般若波罗蜜经》题记：

西川戈（过）家真印本　奉为老耕牛神生净土，弥勒下生，同在初会，俱闻圣法。

S.5544b《佛说阎罗王授记令四众逆修生七斋功德往生净土经》题记：

奉为老耕牛一头，敬写《金刚》一卷，《受记》一卷，愿此牛身领受功德，往生净土，再莫受畜生身。六曹地府，分明分付，莫令更有仇讼。辛未年正月。

这两则题记反映了写（印）经人对老耕牛的感情。耕牛是农民的命根子，中国作为一个农业国家，世世代代的农民们都在这块土地上洒下了汗水；而老耕牛作为农民的忠实伙伴，它的贡献同样不可磨灭。这类题记反映出浓郁的生活气息。

四、写经题记上的各种心态

1. 官贵百态

达官显贵们写经，在题记上首先要标明的是自己的身份地位，其次是表达自己的心愿和目的，而很少有专门作为佛教的功德来写经的。如S.0980《金光明最胜王经卷第二》、P.3668《金光明最胜王经卷第九》是出自皇室的写经，题记内容基本相同，所示写经目的十分明确：

> 辛未年二月四日，弟子皇太子暅为男弘忽染痢疾，非常困重，遂发愿写此《金光明最胜王经》，上告一切诸佛诸大菩萨摩诃萨及太山府君、平等大王、五道大神、天曹地府、司命司录、土府水官、行病鬼王、疫使、知文籍官、院长、押门官、专使可嚧官并一切幽冥官典等，伏愿慈悲救护。愿弘疾苦早得痊平，增益寿命；所造前件功德，唯愿过

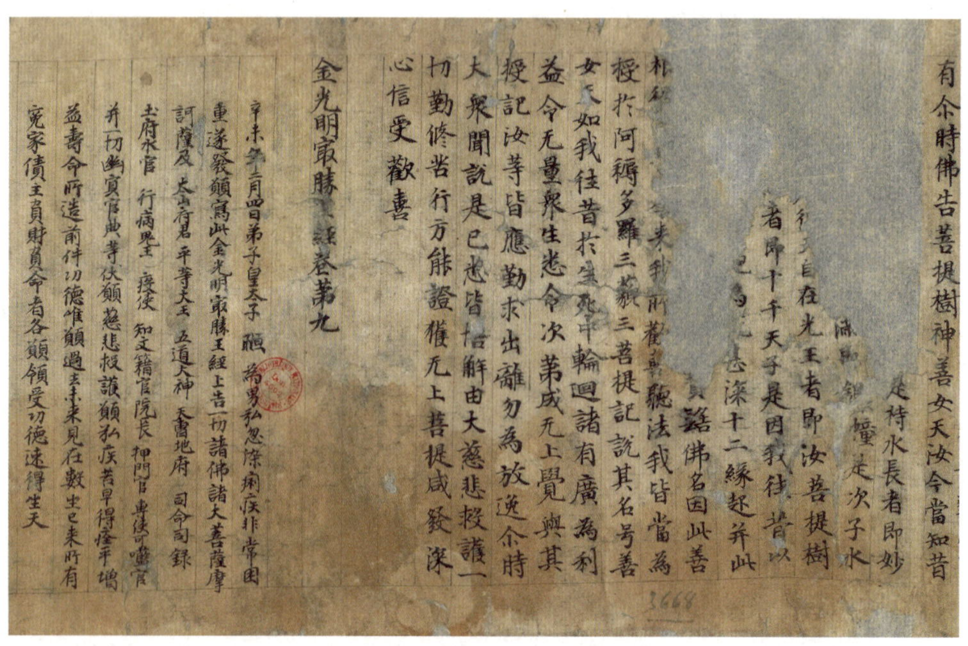

有尒時佛告菩提樹神善女天汝今當知昔
是持水長者即妙
幢是次子水
自在光王者即汝菩提樹
者即十千天子是因我往昔以
十二緣起并此
佛名因此善
聽法我皆當為
授於阿耨多羅三藐三菩提記說其名号善
女天如我往昔於生死中輪迴諸有廣為利
益令无量衆生悉令次第成无上覺與其
授記汝等皆應勤求出離勿為放逸尒時
大衆聞說是已悉皆悟解由大慈悲救護一
切勤修苦行方能證獲无上菩提咸發深
心信受歡喜

金光明最勝王經卷第九

辛未年二月四日弟子皇太子暅為男弘忽染痢疾非常困
重遂發願寫此金光明最勝王經上告一切諸佛諸大菩薩摩
訶薩及太山府君平等大王五道大神天曹地府司命司録
土府水官行病鬼王疫使知文籍官院長押門官專使可嚧官
并一切幽冥官典等伏願慈悲救護願弘疾苦早得痊平增
益壽命所造前件功德唯願過去未来見在數生已来所有
冤家債主負財負命者各願領受功德速得生天

P.3668《金光明最胜王经卷第九》

去未来、见在数生已来所有冤家债主、负财负命者，各愿领受功德，速得生天。

这份题记写于唐代初期，为最早在题记中提及佛教内外杂神者。

S.0996《杂阿毗昙心经卷第六》，写经人冯晋国作为北魏重臣、地方官吏，在标榜自己身份地位的同时，表达对皇帝、太皇太后的挂念；从题记中几乎看不出敬佛的目的：

杂阿毗昙心者，法盛大士之所说。以法相理玄，籍浩博欢，昏流迷于广文，乃略微以现约，瞻四有之□见，通三界之判别，以识同至味，名曰毗昙。是以使待节侍中驸马都尉羽真太师、中书监领秘书画车骑大将军都督诸军事启府洛州刺史昌黎王冯晋国，仰恩感遇，撰写十《一切经》，一《一［切］经》一千四百六十四卷，用答皇施。愿皇帝陛下、太皇太后，德苞九元，明同三曜，振恩阐以熙宁，协淳气而养寿，乃作赞曰：丽丽毗昙，厥名无比，文约义丰，总演天地。咸尊延剖，声类斯视，理无不彰，根无不利，卷之斯苞，见云□帝，谛修□玩，是聪是备。大代太和三年岁次己未十月己巳（朔）二十八日丙申洛州所书写成讫。

P.3918b《佛说金刚坛广大清净陀罗尼经》（沙门昙倩于安西译）是吐蕃占领敦煌初期一位唐朝的“破落官”所写，题记云：

此《金刚坛广大清净陀罗尼经》，近刘和尚法讳昙倩于安西翻译，至今大唐贞元九年，约四十年矣。是诸佛如来大乘秘密了义之胜因，亦乃众生修行解脱之捷径。于阗安西合国今见弘持。自此向东未闻宣布。即有舍官入道比丘僧利贞，俗姓李，字曰孚，顷任西州长安史兼判前□□事日，因遇此经，深生渴仰，作大利益，广欲流通。纸写恐年祀迁变，法教将亏，遂割减俸料之余资，敬于彼州妙德寺宝方，像祇园之买地，创造精室，征召良工，镌砺贞石，崇写斯经，将传之不朽。彦宾为居部属，见此胜缘，聿来随喜，助写碑经。其经本约有廿三纸，字数稍广，欲写恐长短算料不周，数日忧惶，未能题作。忽于夜梦，有一老人报言：你若写此石经，每行书五十五字，不须疑虑。豁然惊悟，寻此梦言，更不计算，决意便书。至“信（守）奉行”唯残两行，题记年月日

> 兼及施主名号，二无一字余剩，信知圣力冥加，善神潜助。据斯感应，足为征验。其经梵本，在于阗藏中。有一小僧，于藏取夹开读，不信毁訾，便唾隔墙枕，弃其夹挂在树上，其夜洞彻放光，举国咸见。其僧悔恨，投于树下，碎身自武（戳？），求哀忏悔。其时有二百余小乘僧，并舍本业，归向大乘。自尔僧俗讽诵弘持。其次，有一僧受持此经，临终于澡濯，口上正念，结跏而逝。诸如胜境，其数实繁，不能具载。其经去年西州顷陷，人心苍忙，收拾不着，不得本来。乃有同行僧广林，先日受持，昨于沙州略有讽诵，僧俗忽闻，欣欢顶戴，咸请留本，相传受持。今次届甘州，未有闻者，遂请广林阇梨，附口抄题，将传未晓见闻之者，普愿弘持，广令流布。癸酉岁十月十五日西州没落官甘州寺户唐伊西庭节度留后使判官朝散大夫试太仆卿赵彦宾写，与广林阇梨审勘校正，并无差谬。普愿宣通作大利益。其广林，俗姓田氏也。乙亥年秋得向西元本，勘头边缺三纸，来不得，余校竟。比丘利贞，比本勘后甚定，受持之者，请无疑虑。

这则题记叙述了此经的流传过程，反映出这位破落官赵彦宾的复杂心境。

S.1177《金光明最胜王经卷第一》题记，是归义军节度使张议潮之女、李明振之妻张氏为死去的儿子所写，丧子之痛及自身难保的风烛残年心境，在题记中表现得比较明显：

> 女弟子太夫人张氏每叹泡幻，芳兰不久于晨昏，嗟呼爱别痛苦，伤心而不见，岂谓天地无悔过，哀回树之先凋；忏我良贤，类高花之早坠。谨为亡男使君、端公、衙推，抄《金光明最胜王经》一部，缮写云毕，愿三郎君神游碧落，联接天仙，质（直）往净方，闻经树下，三涂（途）八难，愿莫相过（遇），花台莲宫，承因（荫）游喜（嬉），阎浮促寿，永舍无来，净土长年，恒生于此。慈母追念，崇斯胜缘，咸此善因，皆蒙乐果。大唐光化三年庚申岁二月九日写记。

2. 僧尼百态

僧尼写经，题记反映出如下几种情况：

一是真正为了写经而写经。如S.1945《大般涅槃经卷第十一》题记：

> 周保定五年乙酉朔，比丘洪珍，自慨摩心集于愚怀，宿障隔于正

轨，仰惟大圣，遂劝化道俗，写《千五百佛名》一百卷、《七佛八菩萨咒》一百卷、《诸杂咒》三千三头（？），写《涅槃经》一部，写《法华经》一部，写《方广经》二部、《仁王经》一部，并《疏药师经》一部，写《药上药王菩萨经》一部，《戒》一卷并律，评□兹福，普为尽法一切众生，用纸十八张，登弥勒初会，一时成佛。

二是祈愿增强僧人自己的能力。如P.2965《佛说生经第一》题记：

陈太建八年，白马寺禅房沙门慧湛敬造经藏，普被含生，同佛性者，开甘露门，示解脱道。愿乘此善，乃至菩提，裂生死网，破无名障，智能神力，次第开发，入法流水，成等正觉。回奉十方六道，为无所得故。

三是为了家族及国家、社会。如S.1317《大般涅槃经卷第一》题记：

保定四年六月戊子朔廿五壬午比丘道济减割衣钵之余，敬写《涅槃经》一部，因此福上钟七世父母，六亲眷属，永离苦原，登陟妙境，现身□泰，万恶去消，众福竟集，舍此秽形，直生兜率，面奉慈颜，□承法教，独悟无生，入于清次。又愿国难早平，万民安乐，风雨应时，苗实滋茂，法界含生，同升法堂，一时成佛。

四是反映僧人自身生活的一些问题，主要出现在抄写有关戒律的经文中。如S.0797《十诵比丘戒本》是一位受戒后的比丘所写，于经文后发感慨云：

建初元年岁在乙巳十二月五日戌时，比丘德祐于敦煌城南受具戒，和上僧法信、戒师宝意、教师惠观。时同戒场者，道辅、惠御等十二人，到夏安居，写到戒讽之趣，成具拙字而已。手拙用愧，见者但念其义，莫笑其字也。故记之。

而S.0102《梵网经卢舍那佛说菩萨心地戒本卷下》题记似乎是一道严守戒律的命令：

右此戒本，前后并广略，乃至远年及近写等，约共勘校一十九本，

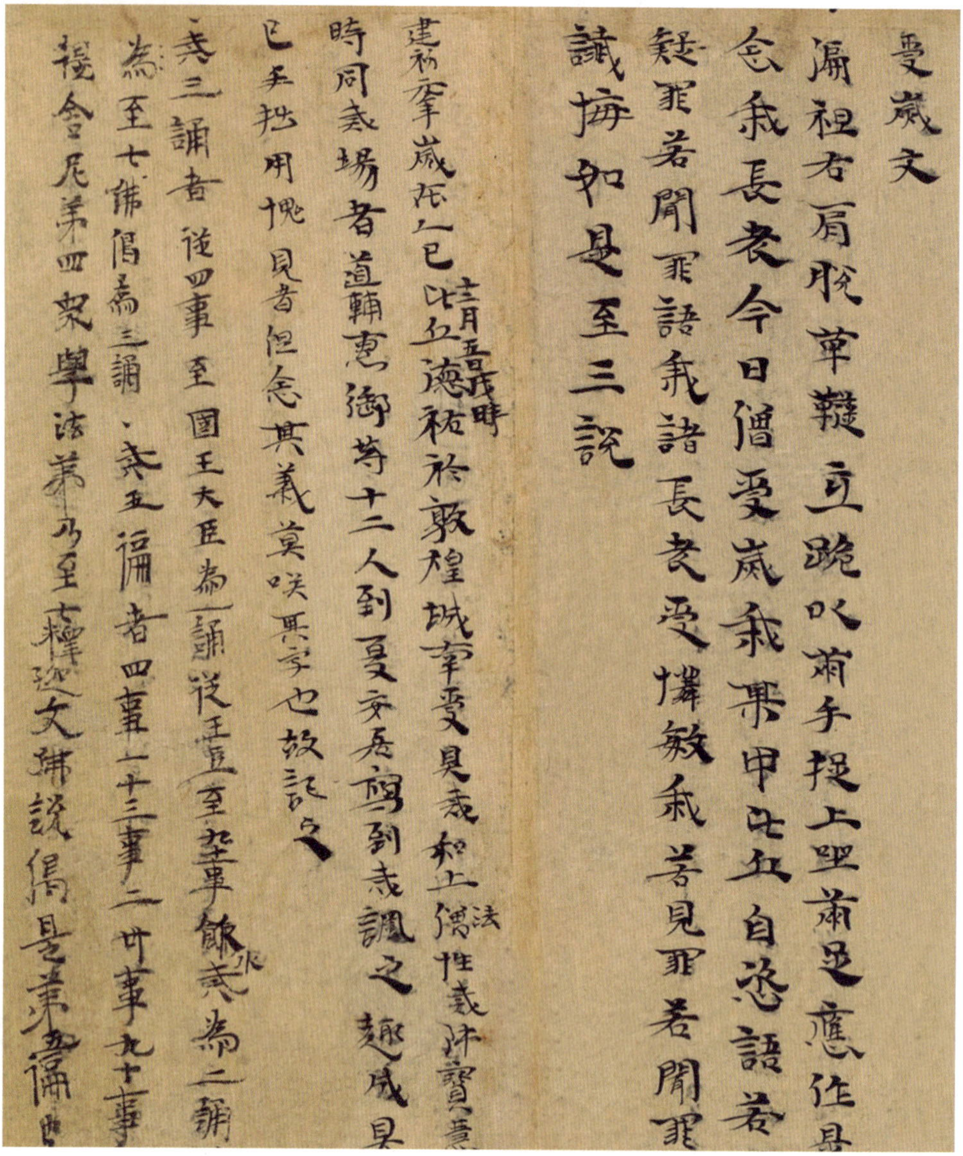

S.0797《十诵比丘戒本》

将为句义圆满，文字楷定，稍具备于诸本，是故文有多少，差别不同，所以然，恐时人见之欲传受者，遂妄致生疑执怪，因兹疑怪则便起机嫌，有爱有憎，或赞或毁，以赞毁故，乃动其三业，动三业故，当即惧坠陷诸宿于恶道邪徒（途）之中，自招殃累，讵保安乐。夫求福利者，以众善普会，持净戒者，用澄肃为资，如上因果既若是，更凭何文思修，愚每惮斯深患情所实莫堪忍，谨奉白先明后哲，幸预详而照揽，庶望杜绝其呵责，凡庸因致谤于圣教真法者矣。但能瞻言顺理，即决将久竟，无怀悔于往误焉。岂不慎之哉！岂非善之哉！其戒经本，于诸名僧大德，或至道俗贤能，或隐居山谷，或混遁人间。处处请求勘校，向余四载，方始毕功。心亡力尽，尚未为满足胜愿，愿当来同学者，咸悉遵崇庆重，惭耻愧，惜光阴，切不虚生，趣舍被无常逼逐，各各自应思省知尔。

3. 百姓百态

一般民众写经，其题记内容反映出的是普通民众所企盼的国泰民安的愿望。如上海图书馆藏051（812399）《妙法莲华经卷第六》题记：

> 义和（北凉）五年戊寅岁十月十一日，清信女夫人和氏伯姬，稽首归命，常住三宝，闻一谛幽味显此九经之文，三空渊旨彰于十二之说。弟子仰维斯趣，敬写《法华经》一部，冀金教永传于千载，玉□不朽于万祀，□以斯福，仰愿国祚永隆，本枝万叶；愿过去先灵，面圣餐音，现在亲因缘眷属，恒履休和，未来见佛，普共有识，同沾斯□。[①]

S.1529《华严经卷第四十九》、上海图书馆藏031《大方广佛华严经卷第十四》、上海图书馆藏033《大方广佛华严经卷第七》均为开皇十七年（597）四月一日清信优婆夷袁敬姿所写，题记内容大同小异，如S.1529《华严经卷第四十九》题记：

> 开皇十七年四月一日，清信优婆夷袁敬姿谨减身口之费敬造此经一部，永劫供养，愿从今已去，灾障殄灭，福庆臻萃，国界永隆，万民安乐，七世久远，一切先灵，并愿离苦获安，无诸障累，三界六首，怨亲平等，普共含生，同升佛地。

这类题记在敦煌写经中比较普遍，如S.4284《大方便佛报恩经卷第七》题记：

> 今贞观十五年七月八日菩萨戒弟子辛闻香，弟子为失乡破落，离别父母，生死各不相知，奉为慈父亡妣敬造《报恩经》一部，后愿弟子父母生生之处，殖（值）佛闻法，常生尊贵，莫经三途八难。愿弟子将来世中，父母眷属，莫相舍离，善愿从心，俱登正觉。

---

① 参见吴织、胡群耘：《上海图书馆藏敦煌遗书目录》，《敦煌研究》1986年第2期。

又如S.2424《佛说阿弥陀经》题记：

景龙三年十二月十一日李奉裕在家未时写了。十二月十一日清信女邓造《阿弥陀经》一部，上资天皇天后，圣化无穷，下及法界众生，并超西方，供同上品之果。

S.1746《金刚般若波罗蜜经》题记：

弟子令狐□为龙王、行病鬼王、冤家债主，敬造像二躯，写《金刚般若》一百部、《法华》一部，于灵安寺寿禅师院内洁净写。

北藏048《金光明最胜王经卷第十》题记云：

弟子李晅敬写《金光明经》一部十卷，乙丑年已前所有负债负命、怨家债主，愿乘慈（兹）功德，速证菩提，愿得解怨释结，府君等同沾此福。

S.5482《佛名经卷第九》题记：

弟子高盈信，心无懈怠，至心持诵，时不暂舍，惟愿如来，伏降慈悲护助，所求遂心。

在一般百姓的写经题记中，还反映出一些特殊心情，有一些相对轻率的心态。如S.2925《佛说辩意经》题记：

太安元年在庚寅正月十九日写讫，伊吾南祠比丘申宗，手拙入已，难得纸墨。

辰046（6986）《四分律删补随机羯磨一卷下》题记：

午年五月八日金光明寺僧利济初夏之内为本寺上座金耀写此羯磨一卷，莫不研精尽思，庶流教而用之也，至六月三日毕而复记焉。

敦煌市博物馆053、S.5451等《金刚般若波罗蜜经》和P.2876b《大身真言》，为唐天祐三年（906）正月至四月间，一位“八十三岁老人刺血和墨手写”，其中P.2876b《大身真言》题记：

天祐三年岁次丙寅四月五日，八十三老翁刺血和墨手写此经，流布沙州一切信士，国土安宁，法轮常转。以死写之，乞早过世，余无所愿。

又S.2577《妙法莲华经卷第八》题记：

余为初学读此经者，不识文句，故凭点之。亦不看科段，亦不论起尽，多以四字为句。若有四字外句者，然始点之；但是四字句者，绝不加点，别为作为（帷委反），别行作行（闲更反），如此之流，聊复分别。后之见者，勿怪□朱，言错点也。

P.2566Va《礼佛忏灭寂记》的抄经生，在页眉和左边的空白处题写的两段杂写：

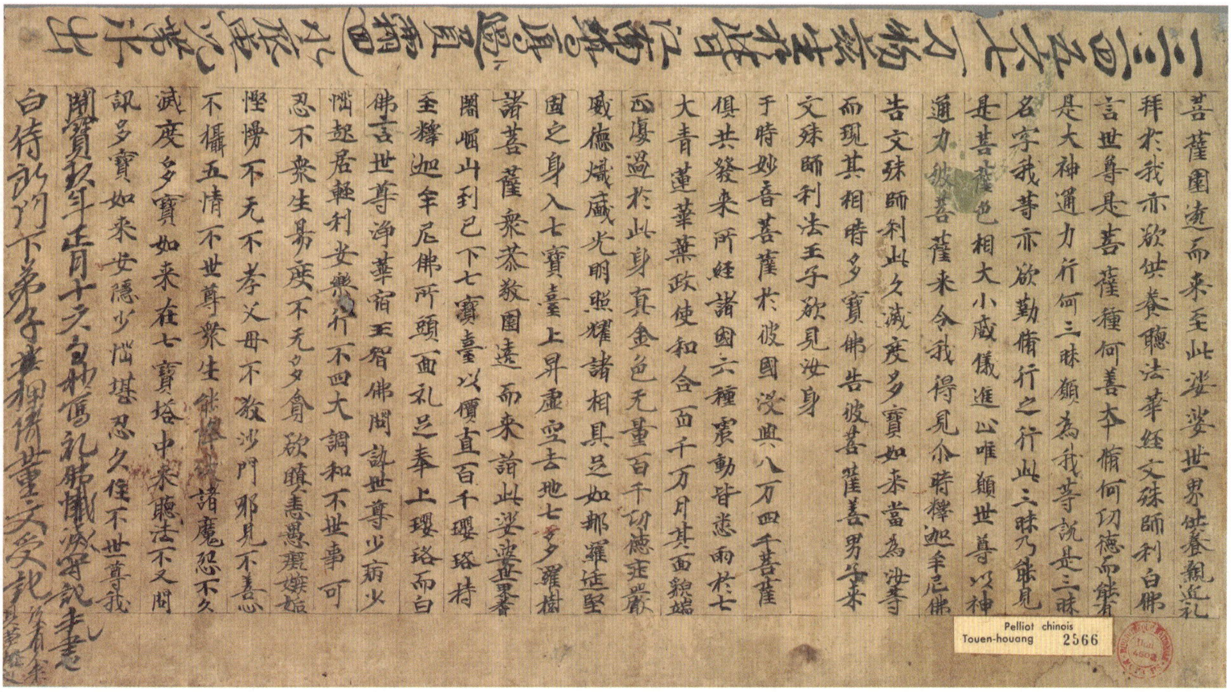

P.2566杂写

一二三四五六七，万物兹生于此日。江南鸣雁负霜回，水底鱼儿带冰出。

开宝九年正月十六日抄写，礼佛忏灭寂记。书手白侍郎门下弟子押衙董文受记（没有人来，其莫怪也）。

佛经是佛教的宣传品；写经活动既是佛教宣传活动，又是一种功德。作宣传也好，做功德也罢，都会在一定的社会环境下进行；写经作为社会的产物，不免要打上社会的烙印。这就是写经题记广泛反映社会问题的原因。敦煌的写经题记为我们提供了中国古代佛教社会化的第一手资料，展示中国佛教发展史研究的更大空间。

第四节　敦煌佛教活动文献的内容和特点

敦煌文献中保存下来的记录敦煌古代社会佛教活动内容的写本、印本等，是真正意义上的敦煌佛教文献；这里包括汉文和各民族文字的文献。主要包括如下几类：

一、入门类

敦煌保存有各类佛教常识读物、佛教普及读物、佛教启蒙知识读物等，主要有《法门名义集》《世间宗见》《八婆罗夷》《三乘五性》《五乘三性》《三宝四谛》《三科》等。有日本学者将这类文书的一部分称为“佛教纲要书”[①]，但实际上，这类文书与叙述佛教经文要义的佛教概要书如《大乘义章》等完全是性质不同的两类文献；同时，概要书之类的文书是出自著名的高僧大德之手、从外地流传至敦煌的经籍类文献，而入门读物类则是根据敦煌当地佛教宣传普及的需要应运而生的民间实用性文献，多为一般佛教概念、术语和名词类的解释。但这类文献的研究成果极少，作为专门的佛教入门读物的研究，仅日本人芳村修基氏早年发表过

① （日）上山大峻：《敦煌汉文字写本の佛教纲要书》，载《龙谷大学论集》，京都，1991年，第300—315页。

一篇《佛教初学入门书残卷考书》[①]，而且仅限于很小的范围。

二、修行类

敦煌文献中的修行类是指僧团内部活动的各类文献，如请佛、叹佛、开经、礼拜、忏悔、劝请、回向、发愿等。根据汪娟的研究，这类文献大体可分为礼佛与礼忏两大类。实际上，礼佛也好，礼忏发愿也好，目的主要还是求得社会的安定繁荣，这是修行类佛教文献的社会意义。这从礼佛文和发愿文的描述中可以一目了然，兹不赘言。

敦煌僧团组织和管理下的礼佛、礼忏活动，实际上是由统治者集团掌握的，例如在敦煌的西汉金山国时期，敦煌地方统治集团还专门发布文告，对所有佛教活动（包括活动内容的行文格式）进行了格式化、规范化管理，P.3405《金山国诸杂斋文范》的全部内容就是这一历史现象的反映。僧团的很多活动，都由都僧统根据地方军政统治集团的旨意颁布实施，如P.6005V《帖诸寺纲管》就是令僧人坐夏安居、住寺修行的通告。

总的来讲，敦煌佛教僧团的修行活动，因为受到社会制度的制约，特别是敦煌地方社会制度的制约，而丝毫没有脱离与社会的联系。

三、仪轨类

自2世纪以来，敦煌就有来自西域和生长于本土的僧人从事佛教活动，产生了僧团组织。敦煌文献中也为我们保存了5世纪以来，特别是8至10世纪的相关佛教组织制度和佛教仪轨类文献。这些文献包括僧团管理、僧官任免、僧尼剃度和受戒等。这些文献反映了历史上中国佛教僧团组织发展的历史痕迹，也展示出佛教组织的敦煌地方特色，历来受到学界和佛教界的重视，研究成果甚丰。当然，许多问题还有待于进一步探讨。

一部分关于僧团组织机构的记录，比如寺院的中下层寺职，其专门的任免文件并不多见，多散见于寺院的管理与各类活动的文献中，记录担当某一职务的僧人的职责履行、收支账目等。我们从中可以窥见敦煌寺院最基层的组织机构和职责。

---

① （日）芳村修基：《佛教初学入门书残卷考书》，载西域文化研究会编：《西域文化研究》（一），京都：法藏馆，1958年，第220—228页。

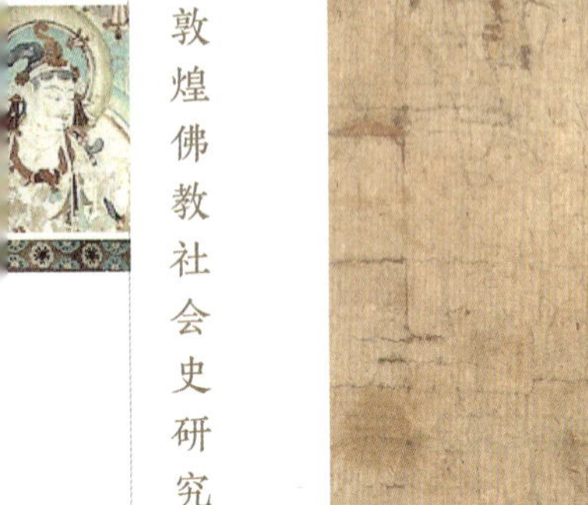

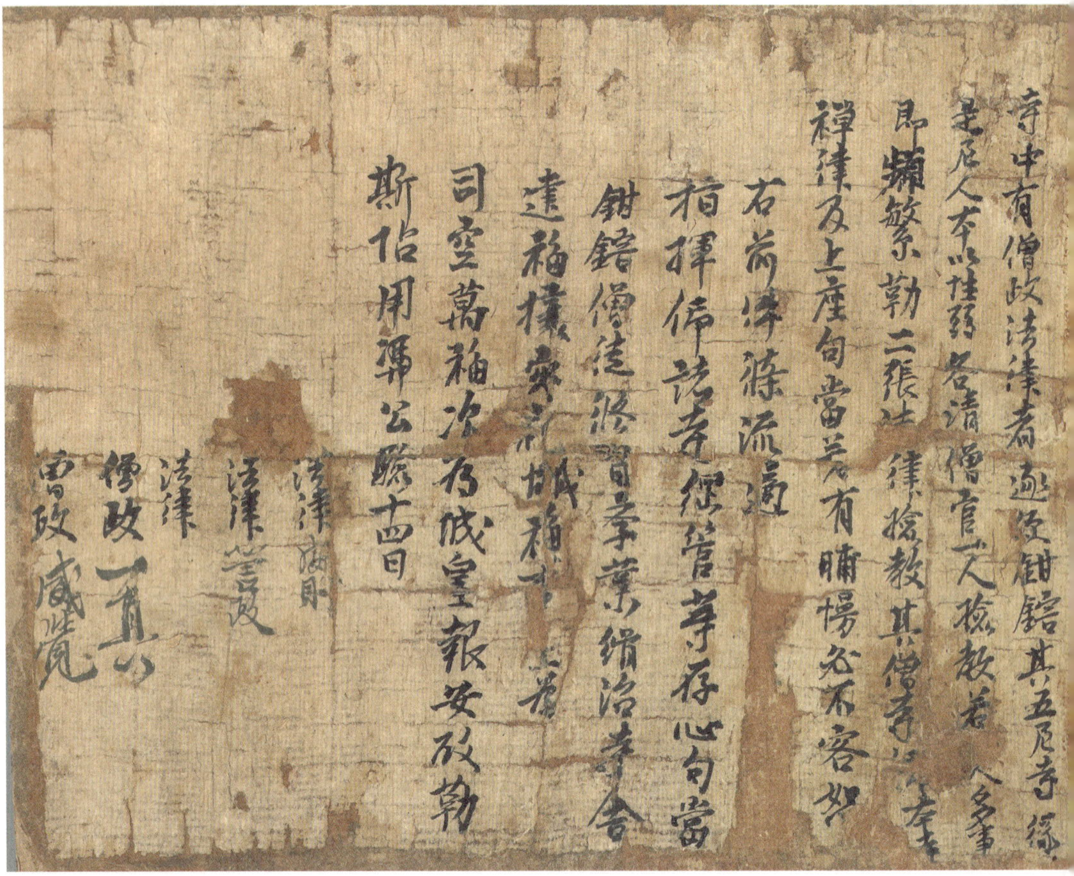

P.6005《帖诸寺纲管》

四、行事类

在古代敦煌，一年之中，从正月十五上元燃灯，二月初八佛陀出家行城行像，四月初八佛圣诞，七月十五盂兰盆，到腊月初八佛成道，以及其他诸佛菩萨出家成道节日庆典等，固定的佛事活动连续不断，留下了丰富多彩的记载，有燃灯文、二月八日文、行像文、行城文、布萨文、竖伞幢文、斋琬文等，全面反映了这些佛教活动的内容、形式与动机、目的。这类活动一般都由僧团组织、广大僧俗信众参与，但也有由官府组织和主持的，特别是由敦煌地方的最高统治机构组织、最高军政首领亲自主持进行的，如正月十五上元节燃灯。所有这些活动实际上都是打着佛教旗号的社会活动。

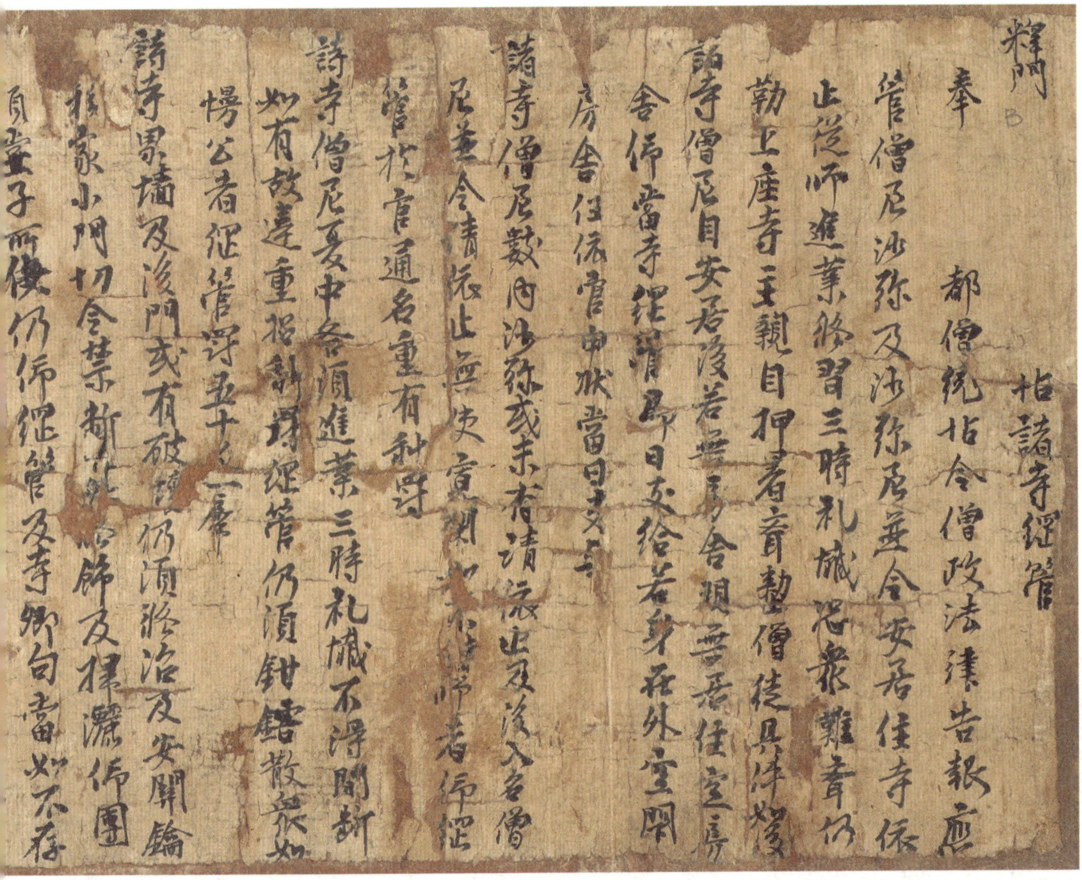

五、功德类

敦煌文献中保存有比较丰富的各类佛教功德活动的文献，如布施、庆经、印沙、造像、营窟、设斋、结坛、建寺、造塔等，这些活动都是作为佛教的功德出现。这类文献有相当的数量，具有极高的史料价值。石窟营造也属于佛教的功德。功德活动实际上也是社会活动。

六、济世（经忏）类

敦煌文献中记录的这类佛教活动，涉及广大民众的生老病死、衣食住行等诸多现实问题，是直接造福于民众与社会的利群、济世活动；同时，也反映了佛教支配下的敦煌民众的社会生活风俗与民族风情。主要有如下一些：

放良文：有官府、贵族及寺院三种类型，这里主要是后者，即僧团分期分批地

解除世袭服务于寺院的奴隶的身份，使之成为平民并书写相关文书。这类文书带有契约性质，但同时又作为佛教的一种功德，与官府及贵族的放良有所不同。

难月文：难月即产妇分娩之月，在此期间，产妇家人要到寺院请僧人设道场并念诵文，其内容为祈愿诸佛神灵保佑母子平安、婴儿健康等，并叙述产妇家人为此“割舍珍财”向寺院舍施事。

贺文：僧团或僧人所写祝贺吉祥喜庆时事之文书，涉及人们社会生活的诸多方面，内容广泛，形式各异。

庆宅文：又称庆新宅文、入宅文等，为庆祝新宅落成或乔迁入住时，宅主于新宅内设道场请僧念诵之贺词，内容为宅主及其家族答谢诸神、祈愿平安富贵之意，当然也少不了讲述宅主“割舍珍财”之类的颂语和赏赐工匠衣食（实为工钱）等事。由于僧团或僧人的参与，这一活动带上佛教的印迹，庆宅文也成为佛

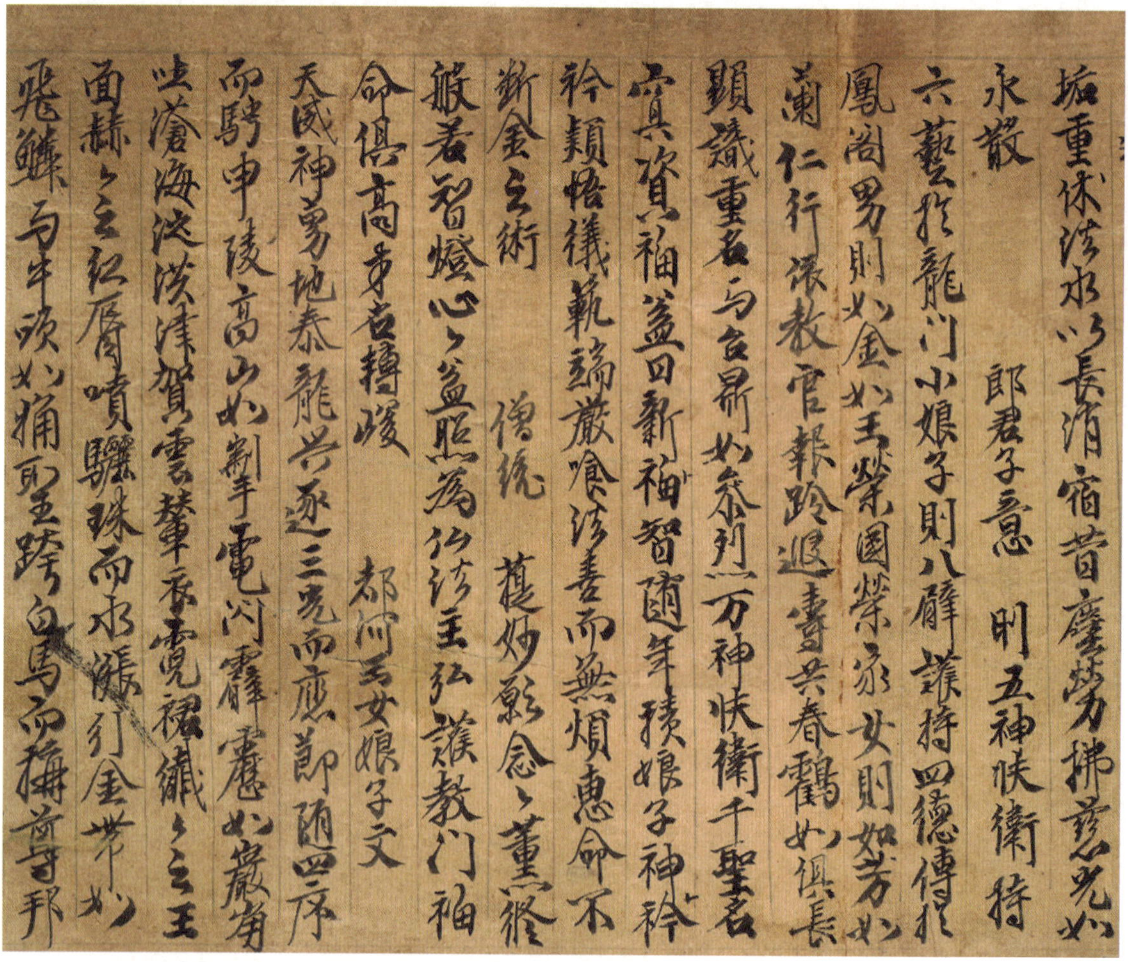

S.0343《愿文范本》

教性质的文献。入住以后，还要经常举行于住宅内安放神符以镇妖避邪之仪式，并念诵安宅文与镇宅文，不过这些仪式和文书与佛教的关系不是很大。

患文：是为祈祷疾病患者早日痊愈、恢复健康的念诵文。

亡文：请僧人为亡故亲人（亡父、母、兄、弟、姐、妹、妻、子及僧尼等）撰写并诵读的荐福文。

临圹文：僧人在埋葬亡人时念诵之追福文。这类文书反映了佛教追求来世的主旨，也包含着希望亡灵们护佑现在世亲属的祈愿。

黄征、吴伟的《敦煌愿文集》，收录了大量行事、济世和功德类文献，为这类文献的整理研究做了一些基础性的工作。

七、传播类

印刷术出现以后，很快就运用到了佛经和佛画的制作方面。敦煌保存了相当数量的印制的佛经和佛画，形成独具特色的佛教文献。现存世界上最早的印刷品就是大乘佛典《金刚经》，制于公元868年。而有一些小木捺佛像的雕印时间更早一些。印刷佛经和佛画为佛教文化的传播发挥了重要作用；而敦煌的佛教印刷品，利用了当时最先进的技术和最快捷的传播速度，最大限度地满足了广大民众各方面的需求，在人类传播史上具有重要的价值意义。

特别需要指出的是，敦煌莫高窟藏经洞出土的130多种木雕板印画，大部分为10世纪出自敦煌当地的作品。敦煌版画中数量最多的内容是木捺小千佛像；最有特色的是观世音菩萨像：除圣观自在菩萨外，还有曹元忠雕刻的观音菩萨像、某氏雕刻的单体观音菩萨像，以及木捺小观音菩萨像（千体观音）等。版画的题材还有文殊师利菩萨、普贤菩萨、地藏菩萨（特别是千体地藏）、毗沙门天王、陀罗尼等。所有这些内容，都是敦煌（主要是敦煌石窟）唐代以来广泛流行的内容和题材。版画中还有一类是需要随身“带持”的陀罗尼，其咒语均用梵文雕刻，而发愿文用汉文雕刻。这些迹象表明，敦煌的佛教信仰已经完全民众化和社会化了。人们根据社会和自己个人精神生活方面的需求，选取佛教诸佛菩萨中最广泛受到人们敬仰的几尊，雕版印刷并广为流布。敦煌版画作为佛教的宣传品，在内容和形式上，都适应了当时敦煌人及其敦煌社会的需要。同时，版画本身还作为敦煌当地的统治者利用佛教信仰来安邦治国的新举措，如曹元忠造观音菩萨像题记云：

弟子归义军节度、瓜沙等州观察处置、管内营田押蕃落等使、特进

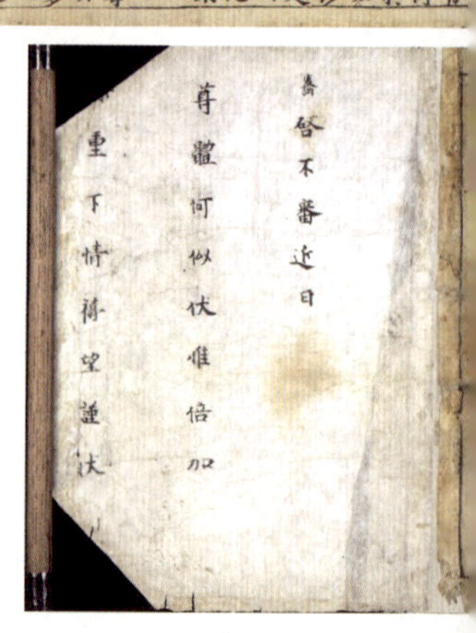
啓不審近日
尊體何似伏惟倍加
重 下情禱望謹狀

敦煌咸通九年印《金刚经》

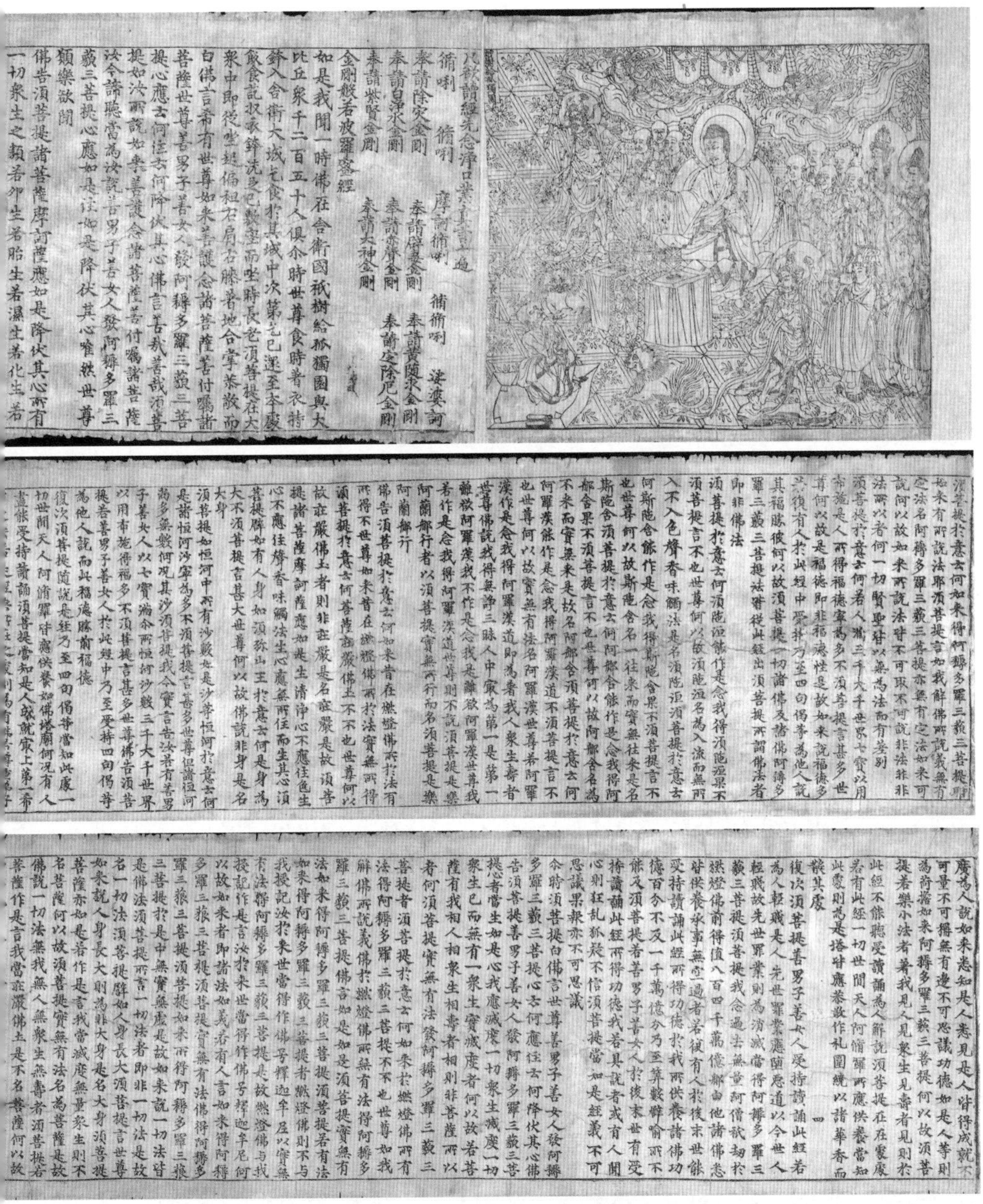
金剛般若波羅蜜經

检校太傅、谯郡开国侯曹元忠雕此印板。奉为城隍安泰、阖郡康宁、东西之道路开通、南北之凶渠顺化、励（疠）疾消散、刁斗藏音、随喜见闻，俱沾福佑。于时大晋开运四年丁未岁七月十五日记。

又，曹元忠造大圣毗沙门天王像题记云：

弟子归义军节度使、特进检校太傅、谯郡曹元忠请匠人雕此印板。惟愿国安人泰，社稷恒昌，道路和平，普天安乐。于时大晋开运四年丁未岁七月十五日纪（记）。

这些题记明确反映了作为敦煌最高统治者的曹元忠的政治目的。

八、题记类

题记类佛教文献，指敦煌文献中的历代写经题记、绢画题记、造窟题记等，多为敦煌人当时从事佛教活动的记录。

写经题记一般都是附于经文之后。写经主要分宫廷写经和民间写经两大类，其中民间写经又分为敦煌本地写经和外地写经两类；写经题记也依此分类。宫廷写经题记一般只述写经、校经人姓名、法号、职务等，内容不是很多；而民间写经题记则多叙述其写经的目的和动机，涉及十分广泛的社会问题。这里所讲的写经题记，主要是民间写经题记；民间写经题记中侧重于敦煌本地写经题记。

目前所见写经以外的题记，主要是敦煌石窟造窟题记与敦煌绘画题记，其中又包括供养人题记与发愿文、功德记题榜。造窟、绘画作为一种“功德”，这在前面功德类文献中已有涉及。但由于这部分文献直接记录了敦煌佛教活动的社会历史，故专门作为敦煌佛教文献的一类，特别是敦煌佛教社会史的重要文献。

石窟供养人及造窟题记，敦煌研究院编《敦煌莫高窟供养人题记》等书已刊布了大量资料。这些资料反映了敦煌各个时代各个阶层的人们从事石窟营造的目的、动机、心态以及营造过程，记录了石窟营造者的身份、地位、职业等。本书将在后面关于石窟营造的论述中另作讨论。

敦煌莫高窟藏经洞出土的佛教绘画，可分为绢画、麻布画、纸画、雕版印画。这些绘画（或印画）作品上也书有大量供养人及绘画发愿文题榜。限于条件，这部分资料一直未能系统地搜集和整理。但从已经刊布的绘画图录可知其大概。它的内容、性质以及价值，可与石窟上的题记资料相提并论。

另外，同一些石窟营造者将佛窟营造成自己个人纪念堂及家族祠堂一样，有些作品实际上是借佛教绘画来为自己绘制“邈真”，绘画发愿文被书写成功德主的“邈真赞”，即绘画供养人个人一生事迹及品行的颂记文书，完全成为社会历史文献（见下文）。

九、人物类

敦煌文献中的人物传记资料，大体有名族名人传、邈真赞、墓志铭、祭文等几类。因为敦煌一直是佛教的“善国神乡”，所以敦煌文献中所载人物除专门的佛教人物之外，其他非佛教人物也大多与佛教有关。如名士、名人传中的佛教人物。在邈真赞中，佛教人物以外的世俗人物不仅都与佛教有关，而且邈真赞这种体裁本身即来源于佛教。

祭文（亡僧尼文）中有一部分也是敦煌本地的佛教人物传记资料。

需要特别指出的是，敦煌文献中的佛教人物传记资料，一般都是赞颂的语言多，实际内容少。在研究中，需要通过这些颂词来考察他们的事迹，但需要有敦煌文献和其他相关文献来印证。

十、寺院文书

敦煌古代寺院管理制度及经济类文献，是很重要的经济史、社会制度史文献，在别的学科已有研究，成果累累。但这类文献，首先也是佛教文献，因为它本身就是敦煌佛教发展历史的记录，特别是佛教最基层的活动的最具体的记录。郝春文的《唐后期五代宋初敦煌僧尼的社会生活》即是从新视角对寺院经济文书的研究，为我们把这类文献作为佛教文献作进一步研究开了先河。

前述10类敦煌佛教活动文献展示了敦煌佛教社会化的诸方面。总体上看，这些文献具有以下性质和特点：一是地域性，即产生于敦煌本地的佛教文献，和虽然产生于外地但只在敦煌保存下来的佛教文献；二是普及性，即面向广大佛教信众；三是实践性，即它的内容主要是佛教实践活动的记录和记述；四是多元性，即它虽然以佛教名义出现，但包含了多种思想、文化成分，特别是中国传统文化的内容，以及多民族的文化融合；五是社会性，即它基本是服务于社会的佛教活动文献，体现了中国大乘佛教的特点。

第五节　敦煌草书佛典的内容与价值

敦煌写本分写经与文书两大类，写经基本是楷书，文书多为行书，而草书写本多为佛教经论的诠释类文献。因为这部分写本整理研究较少，所以单独在这一节讨论。

敦煌草书写本大多属于听讲记录和随笔，系古代高僧对佛教经典的诠释和注解，也有部分抄写本和佛典摘要类的学习笔记；写卷所采用的书体基本是今草，也有一些保存着浓厚的章草遗韵。

敦煌遗书草书写本的内容有两大类：一是佛教典籍类，二是公私文书类。佛教典籍类写本按照其书写的内容，可细分为经抄、经疏、论抄、论疏、律疏、传记、类书、辞书、杂抄9个大类。

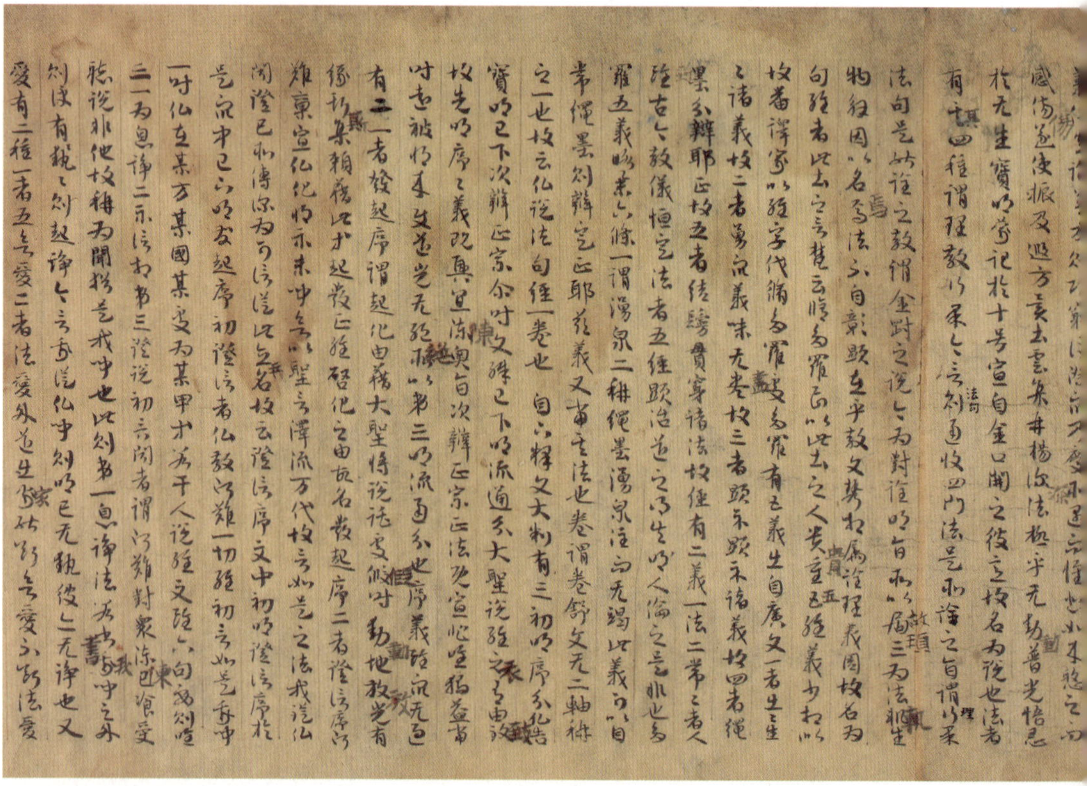

P.2325《法句经疏》

一、经抄

在敦煌遗书中，以草书抄写佛经原文的写本十分罕见，仅有BD01363背1《起世经钞（拟）》、BD15104背《慈童女缘（拟）》、BD15629《舍身求法故事（拟）》和BD05797背2《妙法莲华经序品钞》4个。

二、经疏

P.2325《法句经疏》，BD07387、Дx.08553V、Дx.07636《御注金刚般若波罗蜜经宣演卷上》，S.0721、P.2627V0《金刚般若经旨赞卷下》，S.07911《御注金刚通》，S.2718《御注金刚般若波罗蜜经宣演疏（拟）》，P.3792《御注金刚般若波罗蜜经宣演疏（拟）》，P.3466p1+P.3466p2《金刚映卷上》，BD03548、P.3832、S.2465《妙法莲华经玄赞卷一》，新138065、上博12号（3303）、新150679《妙法莲华经玄赞卷二》，Дx.16412《妙法莲华经玄赞卷三（拟）》，Дx.06961V、Z100《妙法莲华经玄赞卷四》，新137368《妙法莲华经玄赞卷第五》，BD12031、P.2176《妙法莲华经玄赞卷六》，Z079《法华经玄赞卷第七》，Z101《法华玄赞第八》，BD14710《妙法莲华经玄赞一〇》，北三井104（025–14–14）《法华玄赞》，Дx.07948《法华经玄赞要集卷二十疏（拟）》，Z099《法华玄赞义决》，Дx.01341、Дx.03126《法华经疏义缵释残片》，BD01213《法华玄赞钞（拟）》，津艺304（77.5.46.43）《法华经义疏》，BD05811《法华经疏（拟）》，北大D143《法华经释》（出师颂一类章草），上图164（820454）《妙法莲华经疏（拟）》，上图183（827457）A《妙法莲华经疏释》，辽博4978

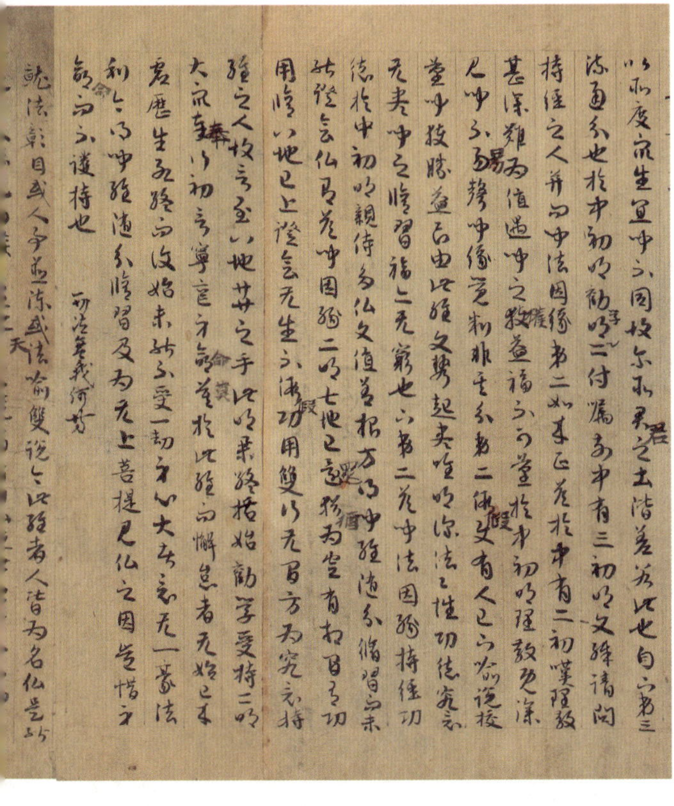

《恪法师第一抄》，P.2118《妙法花经明决要述卷第四》（出师颂一类章草），S.2662《法华问答（拟）》，S.2700《妙法莲经玄赞要集卷五疏（拟）》，P.2092《大般涅槃经疏释》，Дx.12254+Дx.12268《大般涅槃经义记卷四（拟）》，Дx.18441《涅槃经会疏残片》，新137370《华严经探玄记》，新176124《华严经探玄记》，BD15354《华严经探玄记卷八》，南京市博物院藏《观无量寿佛经疏（拟）》，P.2720《观无量寿佛经疏》，SWX.002《净名经关中释抄卷上（拟）》，台中图121《净名经集解关中疏》，S.2342、S.2702《净名经集解关中疏卷上》，P.2414V《净名经集解关中疏释（拟）》，P.2414《维摩诘所说经疏释》，Дx.06943V《说无垢称经疏卷一（拟）》，Дx.05588V《维摩经义疏释（拟）》，BD06499《维摩诘经杂释（拟）》，P.2258、P.2037《百法论疏抄上卷释及解深密经疏抄》，Дx.12847《金光明最胜王经疏释残片》。

三、论抄

S.6020《大乘起信论卷一》，Дx.01315、Дx.01392V《大乘二十二问本》，羽570-2、S.2781、BD15634《大乘法苑义林章卷一》，Дx.18910V《瑜伽师地论残片（拟）》，S.4244《大乘入道次第卷一（拟）》。

四、论疏

一是《大乘百法明门论》论疏，有13件：BD14671、津艺107（77·5·4446）V、羽154号V、S.2731V、S.10487+S.10578《大乘百法明门论开宗义记（拟）》6件，上博60（50677）《大乘百法明门论疏卷下（拟）》，P.2304《大乘百法明门论疏卷下抄》，敦博083《大乘百法明门论疏》，LAL.001《大乘百法论疏残卷》，台中图97《大乘百法论一卷》，S.5258《百法论疏释（拟）》，皖博12273《大乘百法明门论开宗义记残片（拟）》。

二是《成唯识论》疏，有3件：中国文化遗产研究院172《成唯识论了义灯卷一疏》，石谷风《成唯识论了义灯疏残片（拟）》，Дx.12848《成唯识论述记卷七（拟）》。

三是《摄大乘论》疏，有2件：羽333R《摄大乘论释卷第十疏（拟）》，S.2048《摄论章卷第一》。

四是《大乘起信论》疏，有16件：P.2141 、S.2436《大乘起信论略述卷上》，Z064《大乘起信论略述卷上释（拟）》，S.0125《大乘起信论略述卷下》，S.2367、S.2554V《大乘起信论广释卷第三》，Дx.05263《大乘起信论广释卷第三略抄（拟）》，P.2412V0、S.2721V《大乘起信论广释卷第四》，浙敦199（浙博174）、羽604、Z080、S.2512Vb、S.4513《大乘起信论广释卷五》，羽333V《大乘起信论卷一释》，Дx.08241B《起信论疏卷上》。

五是《大乘阿毗达磨杂集论》疏，有2件：BD15633《大乘阿毗达磨杂集论疏》（拟）》，石谷风《大乘阿毗达磨杂集论疏残片（拟）》。

六是《辩中边论》疏，有1件：Дx.09437《辩中边论述记残片》。

七是《因明入正理论》疏，有2件：P.2063《因明入正理论略抄》《因明入正理论后疏》。

八是《大乘庄严经论》疏，有1件：Дx.03353《大乘庄严经论卷十二疏（拟）》。

九是《瑜伽师地论》疏，有1件：Дx.09128《瑜伽论记卷八（拟）》。

十是《大乘入道次第》疏，有4件：SWX.001《大乘入道次第开决残片（拟）》，S.6915、S.4753V《大乘入道次第开决》，皖博13878-6《大乘入道次第开决残片（拟）》。

十一是《净土十疑论》疏，有2件：Дx.01450《净土十疑论随听手抄（拟）》，羽021《〈净土群疑论〉疏（拟）》。

十二是《中观论》疏，有1件：BD15635《中观论疏释（拟）》。

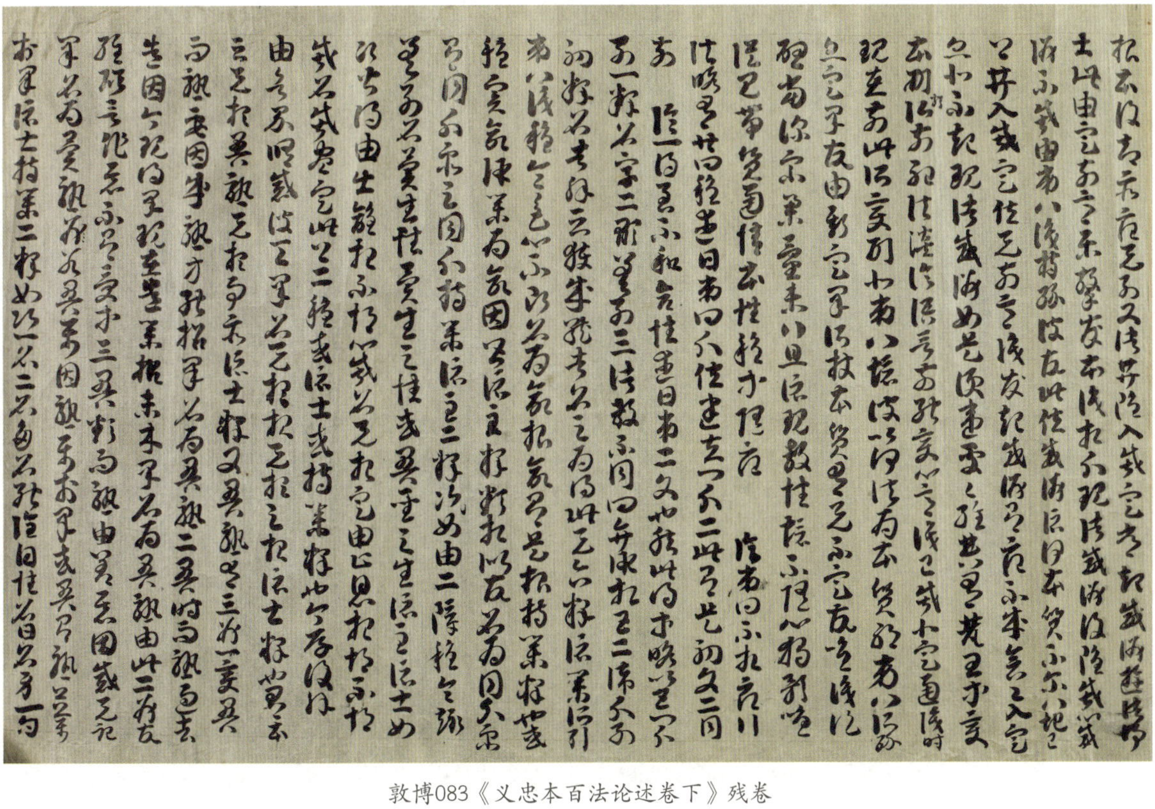

敦博083《义忠本百法论述卷下》残卷

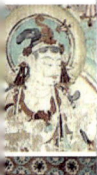

十三是《大乘广百论》疏，有1件：BD16369《大乘广百论疏（拟）》。

十四是《俱舍论》疏，有4件：Дx.08543V、Дx.08648V、Дx.09473《俱舍论颂疏论本卷二四（拟）》，浙敦067（浙博042）《俱舍论颂疏论本卷二九》。

十五是《肇论》疏，有1件：羽015-2背2。

五、律疏

Дx.08899《四分戒本疏卷第三（拟）》，BD05878《梵网经菩萨戒义疏（拟）》，S.2500《菩萨戒本疏》。

六、类书

一是BD15528《经律异相卷四一钞（拟）》。

二是S.6888《诸经杂辑》。

三是《大乘义章》，有3件：北三井105《大乘义章卷第一》，BD07808《大乘义章三十七道品义科分钞》，BD15651《诸经法苑（拟）》。

七、辞书

羽015号2背1《法门名义集卷一略抄（拟）》，是对唐代李师政《法门名义

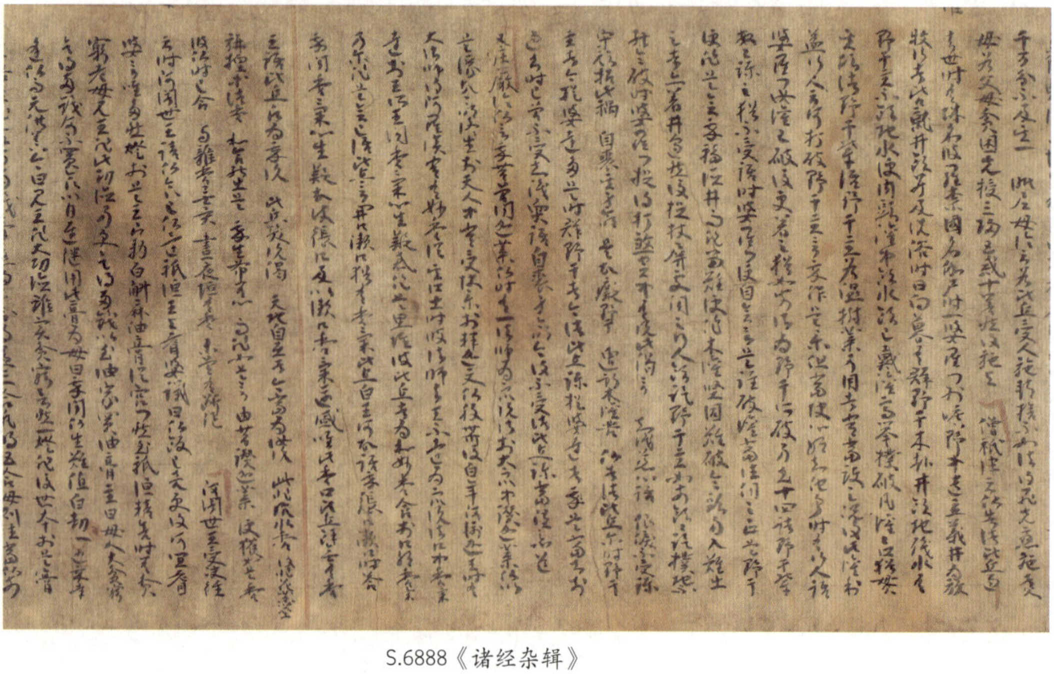

S.6888《诸经杂辑》

集》卷一部分“八解脱”和“七净”内容的简略抄写。

八、杂抄

BD06499背1《杂抄》、BD14808背1《十法行十地三十二相名数钞（拟）》、BD14808背2《论真俗二谛（拟）》、P.2823V0《杂抄（拟）》、S.4515《众经杂抄（拟）》、S.6237《杂抄（拟）》。

九、敦煌草书写本的价值意义①

首先是文献学意义。敦煌草书写本是佛教典籍中的珍贵资料，书写于一千多年前的唐代，大多为听讲笔记的孤本，仅存一份，无复本，也无传世文献相印证，均为稀世珍品、连城罕物，具有极高的收藏价值、文物价值、研究价值。而一部分虽然有传世本可鉴，但作为最早的手抄本，保存了文献的原始形态，对传世本的讹传和误传的校正作用显而易见；更有一部分经过校勘和标注的草书写本，也是其他抄写本的底本和模板。所以，敦煌草书写本作为最原始的第一手资料可发挥重要的勘误校正作用；同时作为古代写本，保存了诸多引人注意的古代异文，提供了丰富的文献学和文化史等学科领域的重要信息。

其次是佛教史意义。作为社会最基层的佛教宣传活动的内容记录，以通俗的形式向全社会进行佛教的普及宣传，深入社会，反映了中国大乘佛教的“入世”特色，是研究佛教的具体信仰形态的第一手资料。对敦煌草书写本文献的整理研究，可窥视当时社会第一线的佛教信仰形态，进而对古代敦煌以及中国佛教进行全方位的了解。

再次是社会史意义。多数草书写本是对社会最基层的佛教宣传活动的内容记录，所讲内容紧贴社会生活，运用民间方言，结合风土民情，特别是大量利用中国历史上的神话传说和历史故事来诠释佛教义理，展现宣讲者渊博的学识和对中国传统文化的认知；同时向世人展示佛教在社会发展中的历史意义，进一步发挥佛教在维护社会稳定、促进社会发展方面的积极作用，也为佛教在当今社会的传播和发展提供历史借鉴。另外有少数非佛典写本，其社会意义则更加明显。

又次是语言学的意义。随听随记的草书写本来源于佛教活动，内容大多是佛经的注解和释义，将佛教经典中深奥的哲学理念以大众化的语言进行演绎。作为听讲记录文稿，书面语言与口头语言混用，官方术语与民间方言共存；既有佛教

① 参见马德、吕义主编：《敦煌草书写本识粹》，北京：社会科学文献出版社，2019—2022年，《总序》。

术语，又有流行口语。敦煌草书写本是没有经过任何加工和处理的原始语言，保存了许多生动、自然的口语化形态，展示了书面文献所不具备的语言特色。

最后还有很重要的一点，就是草书作品在文字学和书法史上的意义。其一，敦煌草书写本使用了大量的异体字和俗体字，这些文字对考订相关汉字的形体演变、建立文字谱系，具有重要的价值，为文字学研究提供了丰富的原始资料。其二，草书作为汉字的书写体之一，简化了汉字的写法，是书写演化的体现。敦煌写本使用草书文字，结构合理，运笔流畅，书写规范，书体标准，传承有序；其中许多草书写卷，堪称是中华书法宝库中的顶级精品。许多字形不见于现存中外草书字典。这些成书于千年之前的草书，为我们提供了大量的古代草书样本，所展示的标准的草书文献，对于汉字草书的书写和传承有正轨和规范的作用，给各类专业人员提供完整准确的研习资料，为深入研究和正确认识草书字体与书写方法、解决当今书法界的一些争议，提供了具体材料，对汉字草书的书写和传承具有模板作用，有助于中华传统文化的传承发展。同时，一些合体字，如“艹艹”（菩萨）、“苷”（菩提）、“卅卅”“卌卌”或“夯”（涅槃）等，个别的符代字如“烦々”（烦恼）等，可以看成是速记符号的前身。

总之，敦煌草书写本无论是在佛教文献的整理研究领域，还是对书法艺术的学习研究，对中华传统文化的传承和创新都具有深远的历史意义和重大的现实意义，因此亟须挖掘、整理和研究。

然而，敦煌遗书出土两个甲子以来，在国内，无论是学界还是佛教界，大多数研究者专注于书写较为工整的楷书文献，而对于字迹较难辨认，但内容更具文献价值和社会意义的草书写本则重视不够。以往的有关成果基本上散见于敦煌文献图录和各类书法集，仅限于影印图片，释文极其罕见，更谈不上研究，因此这部分写本不仅无法展现其内容和文献的价值意义，而且对大多数的佛教文献研究者来讲仍然属于“天书”。因为没有释文，无法就敦煌草书佛典进行系统整理和研究，即使是在文字识别和书写方面也造成许多误导，作为书法史文献也未能得到正确的认识和运用。而曾有日本学者对部分敦煌草书佛典做过释文，虽然每见讹误，但收入近代大藏经而广为流传。每观此景，颇令国人汗颜。敦煌文献是我们老祖宗留下来的文化瑰宝，中国学者理应在这方面做出自己的贡献。三十多年前，不少中国学人因为受“敦煌在中国，敦煌学在外国”的刺激走上敦煌研究之路。今天，中国的敦煌学已经走在世界前列，但是我们不得不承认，还有一些领域，学术界关注仍然不够，对敦煌草书文献的整理研究即是其中之一。这对于中国学界和佛教界来说无疑具有强烈的刺激与激励作用。因此，敦煌草书写本的整理研究不仅可以填补国内的空白，而且在一定程度上仍然具有“誓雪国耻”的学术和社会背景。

第三章

敦煌石窟形成与发展的社会化特征

第一节　敦煌石窟群的形成与发展
第二节　敦煌僧团与敦煌石窟的创建、发展
第三节　历代统治者与敦煌石窟的营造
第四节　世家大族与敦煌石窟的千年辉煌
第五节　庶民百姓与敦煌石窟的发展
第六节　敦煌石窟营造的主体力量：工匠

第一节 敦煌石窟群的形成与发展①

敦煌石窟是集石窟建筑本身、佛教雕塑、佛教壁画为一体的佛教建筑。

佛教建筑的来源可以追溯到佛祖时代：释迦牟尼成佛后，在说法布教时，建立了几处供说法、僧伽修行和“雨安居”的根据地，即最早的佛教建筑。这些建筑中如建在山上的灵鹫山说法台与石室，就是最早的佛教石窟。供修行用的石窟一般有一处洞窟供一位僧人修行，某一地区开凿石窟群供多人修行，或在一个

① 本节内容主要选自拙作《敦煌莫高窟史研究》（兰州：甘肃教育出版社，1996年）及《敦煌石窟营造史导论》（台湾：新文丰出版公司，2003年），恕不一一出注。

大窟之中开凿出若干小窟同时供数人修行等几种。但释迦当时说法时不立文字，又禁止为自己造像，所以，所建石窟只是一种讲堂、教室和单身、集体宿舍的性质。释迦涅槃火化后，其遗骨分为10份由与释迦因缘深的10个国家起塔供养。这些塔和释迦当年活动、成道、说法的遗址、遗迹、遗物等成为佛教徒们尊崇、礼拜的象征物。在这些象征物中，塔是释迦的归宿所在，因此是最主要的礼拜对象，以至于后来的石窟也建成中心塔柱型。

后来，随着强大起来的波斯帝国和对埃及、印度等东方古老文明的吸收和融合，偶像崇拜和造像艺术在南亚次大陆兴起，佛教界也开始为释迦造像，由礼拜塔变为礼拜像，同时将造像和造塔结合在一起，形成独具特色且有一定规模的佛教建筑，窟内雕塑佛像、绘制壁画以表现佛教的内容，石窟的形制由单纯的僧房、教室发展为多种多样的庙堂，其功能远远超出了修行的范畴而成为寺院式的佛教活动场所；窟址也由人迹罕至的穷乡僻壤移到距离繁华的闹市和交通要道最近的地方。早期的佛教建筑与造像有阿育王塔、犍陀罗造像等。从公元前2世纪开始，在佛教发源地印度以及中亚的广大地区，先后出现了巴雅、纳西克、阿旃

莫高窟雪景

坐落于鸣沙山和三危山之间的莫高窟

陀、贝德萨、卡尔拉、巴米羊、捷尔梅兹等佛教石窟群，以及中国新疆天山南北的石窟群。敦煌石窟就是以犍陀罗为起点的中亚佛教建筑和佛教艺术东延的成果。

敦煌石窟是指以敦煌莫高窟为主的佛教石窟群。包括敦煌莫高窟、敦煌西千佛洞、安西榆林窟、安西水峡口石窟、安西东千佛洞、玉门昌马石窟、肃北五个庙、肃北一个庙等石窟群。1600多年后，这些石窟群还为我们保存了中国中古各个历史时期的石窟大约900座、壁画50000多平方米、彩塑3000多身。这些石窟群用艺术图像记录了中国古代1000年间的历史与社会的方方面面，是世界范围内现存规模最大、内容最丰富的历史文化艺术宝库。这些石窟群中，创建最早、规模最大者当数莫高窟。

一、莫高窟石窟群的形成与发展

在距今敦煌市东南25千米的三危山与鸣沙山的交界处，有一条小溪从中间流过，这就是今天的大泉河，古代称为宕泉。敦煌莫高窟就位于宕泉河在北出口冲开的鸣沙山最东麓的断崖上，崖面东向，南北长约1500米、高10—40米不等，分南北两区，南区1000米，北区500米，反映佛教思想内容的洞窟就开凿在崖面上，大到30多米高的大佛，小到不足1个立方米的小龛，分二至四层排列。由于崖体的地质构造为团沙凝结的砾石体，无法雕刻，所以洞窟内的佛教造像为敷彩泥塑；窟顶及四壁均以泥皮装裹，上施表现佛教思想内容的彩绘，是为壁画；加上洞窟本身，形成建筑、雕塑、壁画三位一体的石窟艺术。崖面上现存所有洞窟中，有壁画和塑像者基本上集中在南区，北区只有个别洞窟存有壁画，现编号的南区窟群（加上北区5个）为493个洞窟，保存有4至14世纪1000年间的25000平方米壁画、2400多身彩塑和5座木构窟檐；北区崖面经近年清理发掘，编为243个洞窟。所以，莫高窟是中国、也是世界上现存规模最大、内容最丰富、延续时间最长的佛教艺术和历史文化宝库。

莫高窟之名，最早见于隋代营造的莫高窟第423窟内的墨书题记《莫高窟记》。由于年代久远，该题记已泯灭不清，但标题“莫高窟记”四字仍十分清晰。而在当时，莫高窟被称为“崇教寺”，安置僧侣从事莫高窟的营造、管理以及其他佛事活动。据先辈学者研究，“莫高窟”一词的含义大抵有二：一为沙漠高处的佛窟，这是从字面意义上理解，古代人将“莫”与“漠”混用，另外莫高窟又称“莫高山”，地势比敦煌绿洲高出150余米；二是指至高无上的佛教活动场所，这是从佛教概念上理解，佛教史籍中用“莫高”二字来形容佛教事业及其佛

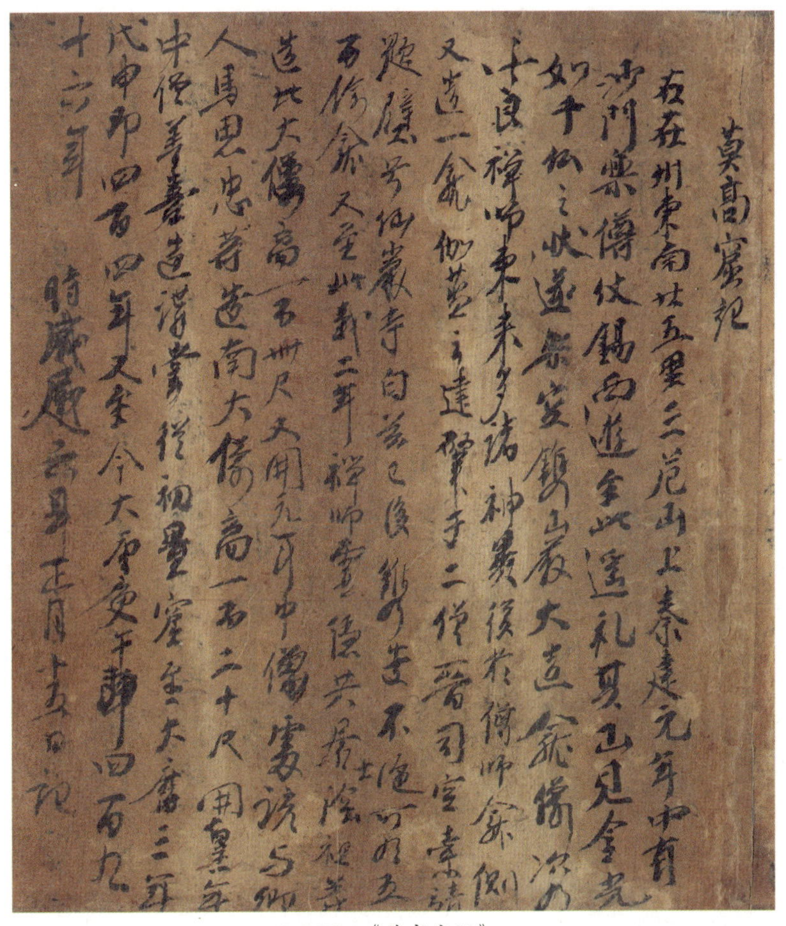

莫高窟记

右在州东南廿五里三危山上秦建元年中有

沙门乐僔仗锡西游至此遥礼其山见金光

如千佛之状遂架空镌岩大造龛像次有

法良禅师东来多诸神异复于僔师龛侧

又造一龛伽蓝之建肇于二僧晋司空索靖

题壁号仙岩寺自兹已后镌造不绝可有五

百余龛又至延载二年禅师灵隐共居士阴祖等

造北大像高一百卌尺又开元年中僧处谚与乡

人马思忠等造南大像高一百廿尺开皇年

中僧善喜造讲堂从初置窟至大历三年

戊申即四百四年又至今大唐庚午即四百九

十六年

时咸通六年正月十五日记

P.3720V《莫高窟记》

教的高僧大德。[①]

公元366年，两位创窟的和尚乐僔和法良，建成莫高窟第268窟和第272窟；以后的50多年时间里，只有这两个洞窟孤悬于莫高窟崖面上。和昙猷时代一样，这时候的石窟还是僧人的禅修基地。北凉时期由于统治者的参与，佛教石窟的性质发生了根本性的变化，即由专门的僧侣修习场所变成社会化的佛教活动场所。

公元421—433年，北凉占据了敦煌，莫高窟开始了第一次大规模的营造。这次营造活动的内容，包括第268、272窟的改建和第275窟的新建，以及3个洞窟按各自的功能统一计划和安排创制了壁画和塑像。这样，莫高窟崖壁上首次出现了一组可供僧侣们禅修、朝拜与进行大众佛教活动的独具特色而又有一定规模的佛教建筑群体。

① 贺世哲：《从供养人题记看莫高窟部分洞窟的营建年代》，载敦煌研究院编：《敦煌莫高窟供养人题记》，北京：文物出版社，1986年。

北朝时期，莫高窟所营造的洞窟，在崖面上以十六国时期的3个洞窟为中心向南北两边扩展延伸，南面接第268窟向南至第246窟，其中第256窟为后代扩建；北面接第275窟向北，分上下两层，上层从第454窟周围开始至第428窟，下层从第285窟开始至第305窟（该层为现存崖面上的一个“夹层”，北至第321窟，南至第65窟）。这三条线上的洞窟加起来共有50多个。另外，这些洞窟都是悬空开凿。当时，莫高窟曾有过在崖面的最底层营造洞窟的尝试，例如第487、488、489窟，与北凉、北魏窟在同一垂直面上，低于现在的地面5米左右，洞窟地面可能与当时的大泉河床底面平行，因无法解除洪水和积冰带来的危害，不久这些洞窟被废弃不用。以后也未曾再于这一平面营造过洞窟。

莫高窟现存北朝时期的这一片洞窟，按其营造时间先后可分为4个时期：第268窟以南的第265窟至第251窟为最早，为第一期；北边上层的第442窟至第431窟为第二期；北边下层的第285、288窟和南边的第249窟至第246窟一段，以及底层的第487、488窟为第三期；最后是北边上层的第428窟和下层的第290窟至第305窟为第四期。如果按照时代划分，第一、二期为北魏时期，第三期为西魏时期，第四期为北周时期——包括隋开皇初年所建第302、305窟。

隋代的莫高窟崖面，是在先代窟群崖面的基础上向南北两头拓展。当时莫高窟崖面上的洞窟是上下两层，上层第248窟至第428窟一段，下层第285窟至第305窟一段。从隋代开始，上层接第428窟向北，营造了第427窟至第376窟一段，接第248窟向南营建了第246、244、242窟；下层即现在崖面上的夹层，接第305窟向北营造了第306窟至第317窟一段，接第285窟向南修建了第282窟至第64窟一段。这里有两个方面的问题需要说明：一是隋代在自己窟群崖面所开凿的洞窟，有一些的塑像和绘画到唐代初期、有的甚至到唐代中期即100多年后才完成；二是隋朝时期除了这些拓展的窟群崖面之外，同时还改修和重修过一些先代小窟。这样，从公元589年到640年的50多年间，莫高窟共营造了近90个洞窟，平均每年将近两个。这样的频率是莫高窟营造史上最高的。

经过隋代的营造，莫高窟窟群崖面已较完整而又颇具规模，上下两层洞窟悬空开凿在600多米长的崖面上，上层南起第242窟，北至第376窟，下层南起第64窟，北至第317窟，约140个窟龛。同今天密密麻麻如同蜂窝似的崖面比起来，当时崖面上的景致是独具一格的。这种情况在敦煌周围其他的小型石窟群中至今还可看到（如水峡口石窟，详后）。

唐代前期的贞观十六年（642），在莫高窟崖面上建成的第220窟，它的北面距离先代崖面上最近的洞窟是140米，就是说，第220窟位于距离隋以前窟群崖面140米处新开辟的崖面，它在营造和建成时，周围还没有洞窟。同前述第285、427窟一样，它在崖面上的出现，标志着莫高窟一个新的历史时期的开始。

一般说来，莫高窟崖面上的洞窟只有上下两层，但在崖面的中部有一个夹层，这就是今天的第56—64窟、第477窟和第276—321窟一段，夹层中的洞窟基本上都是隋代以前开凿的，只有北边第318—321窟属唐代前期；另外，第56—60窟现存画塑也是唐代前期的。夹层以外，基本上是两层洞窟在崖面上横贯南北，当然，部分崖面上层以上或下层以下也有洞窟，但为数不多。唐代前期的洞窟基本上都在这两层里边：上层北面接第384窟向北至第371窟，南面接第242窟一直到第162窟（这一段被第96窟北大像从中间分割开）；而下层南起第130窟、北至第353窟（中间亦有第96窟相隔）的长达800余米的崖面，均由唐代前期开拓。到公元767年前后敦煌李氏家族建成第148窟，作为这一时代和莫高窟崖面上这一区域的终结，又将这个时期的崖面向南拓展了40多米。这就是说，到8世纪后期的唐代前期结束时，莫高窟的窟群崖面已经有850米长。不过，当时第130窟以南至第148窟中间这一段崖面上还没有洞窟；另外，崖面的上层以上和下层以下有许多洞窟是后代营造的，在属于唐代前期及先代的窟群崖面中，亦有一些是后代营造的洞窟。

经过唐代前期的营造，莫高窟崖面上已有300多个石窟，其中一半以上是唐代前期营造的。按以往专家学者们的研究，这个时代的洞窟被分为初唐和盛唐两个时期。这是依中原的历史分期习惯，但根据敦煌的实际情况，不分初、盛二期似乎更妥当；且从崖面上看，也暂时无法排列出这个时代的洞窟营造时间的先后。当然，这个时代是莫高窟营造历史上的盛大时期，也是莫高窟艺术创作上的极盛期。这一时代恰好是中国封建社会的极盛期。

唐代的莫高窟崖面从第220窟率先在远离窟区140米的崖面上凿建，打乱了崖面的发展规律。经过二百多年的营造，至少到9世纪中期时，莫高窟南区近千米长的窟群崖面的洞窟已经达到饱和状态。换言之，莫高窟窟群崖面早在唐代就已形成了今天的规模。至于后来数百年间的继续营造，除了重修前代窟龛外，新建的为数不多的佛窟穿插于崖面之中，并没有突破唐代崖面的范围。

莫高窟的历代营造，本身就是一项社会化的佛教活动，同时也为敦煌提供了一处最大的社会化佛教活动场所。

二、敦煌石窟其他窟群概况

莫高窟之后创建的是敦煌西千佛洞，位于敦煌城西30多千米处的党河北岸，因地处莫高窟（千佛洞）和敦煌城之西而名，史称“西窟”，现存北朝至宋

代佛窟16座；崖面坐北朝南，洞窟位于崖面上层，创建时代为稍晚于莫高窟的北朝时期，现存最早的洞窟是位于窟群崖面最西头的第2窟；最晚者是位于崖面最东头的第16窟，为宋代所建。另外还有已经搬迁的、位于西千佛洞以东约1千米处的南湖店的北朝石窟2个。

瓜州榆林窟建造在安西榆林河岸，因河而名，榆林窟因地处莫高窟以东，史称“东窟”。安西榆林窟实际上包括万佛峡和水峡口两处石窟群，分别地处榆林河的上下游，故称前者为“榆林窟上洞子”，后者为“榆林窟下洞子”；现今习惯称“上洞子”为“榆林窟（万佛峡）”，称“下洞子”为“水峡口石窟”。

榆林窟（万佛峡）的窟群崖面，由中间南北流向的榆林河相隔，分东崖和西崖两处。据有关记载，榆林窟创建于北朝时期，但现存所有洞窟无任何迹象可证。现存以东崖上层北侧的第30窟为最早，约建于唐代初年。东崖的洞窟分上下两层。上层洞窟建于唐、五代、宋时期，从第30窟开始，由北向南，唐代营造了第29、28、27、26、25、24、23、22、21窟，五代、宋营造了第20、19、18、17、16、15、14、13、12窟。西崖上除了北边较远的第38、39窟外，比较集中的第31窟至第37窟7个洞窟，位于崖面上层，均建于五代、宋初。

水峡口石窟亦分东崖和西崖隔榆林河相望。东崖上现存大小石窟20余个，位于崖面中层，整齐排列一行，建于五代、宋时期；西崖只存二窟，建于元代。

东千佛洞位于瓜州县桥子乡南35千米的峡谷两岸，营造时间为西夏至清代，现存洞窟23个，有壁画、塑像者8个，东崖3个，西崖5个。

玉门昌马石窟亦因地而名，现存洞窟6个。

肃北五个庙、一个庙因当地人认为的该处分别所存洞窟数量而得名。五个庙位于甘肃省肃北蒙古族自治县城北20千米处的党河河谷的断崖上，坐西朝东；“庙”是当地人对石窟的俗称，五个庙即五个石窟；该石窟群还包括北距第5窟约20余米处的4个石窟，计两处9个窟龛。据第1窟窟形看，最早可能建于北朝；窟群内现存画塑均为元代遗物。

敦煌石窟作为社会化的佛教活动场所，她的创建与发展完全是由敦煌的社会力量来进行的。敦煌历史上的社会力量可分为6个部分：统治者阶层、大族官贵阶层、民众社团、僧团、过客和占最主要地位的工匠阶层。僧人和僧团对莫高窟的创建、管理和维护作出过重大贡献；大族和官宦是莫高窟薪火相传的中坚力量，广大民众是莫高窟振兴不衰的历史的主体；加上从朝廷到地方的历代统治者都不遗余力地提倡并身体力行，使莫高窟营造成为敦煌历史上的特色和亮点。前人早在1000多年前就做出定论：莫高窟是因“君臣缔构而兴隆，道俗镌妆而信仰”；先有君臣，后有道俗；而“君王万岁，社稷千秋”，则为君臣缔构之目的，道俗镌妆之追求。记载莫高窟发展史的敦煌文献还有两句话："乐僔、法良发其踪，建平、东阳弘其迹"，之后"合州黎庶造做相仍"，讲的也是倾尽敦煌全社会力量营造莫高窟。结合敦煌石窟和敦煌历史的实际情况，从社会化的角度重新审视敦煌佛教，把包括莫高窟营造活动在内的敦煌历史上的佛教活动作为社会活动来研究，开阔了视野，提升了认识；而从历史上敦煌的社会力量对敦煌石窟的作用和贡献去审视，则是为敦煌佛教社会化的研究打开了新的思路。后面就按照敦煌石窟创建和发展的顺序，从僧团创建开始，按社会集团和社会力量依次分类叙述。

第二节　敦煌僧团与敦煌石窟的创建、发展

前面说过，由于"敦煌菩萨"竺法护和他率领的僧团奠定了中国大乘佛教的基础，所以敦煌的佛教一开始就表现为入世的社会化的大乘佛教。史实证明，敦煌僧团一直是作为社会团体在敦煌生存、活动和发展；敦煌的僧侣们作为社会成员，在敦煌社会历史的大舞台上发挥着自己的作用；由敦煌僧团创建的敦煌石窟也就成为社会化的活动场所。

一、乐僔、法良开窟

敦煌石窟的真正创建，是从公元366年乐僔和尚在莫高窟崖面上开凿第一个禅窟开始的。唐代以来的敦煌文献都对这一历史源流有过追述。

莫高窟始建于4世纪的十六国时期。最早记载这一历史事实的文献，就目前所见，当推唐武周圣历元年（698）的《李君莫高窟佛龛碑》，碑云：

> 莫高窟者，厥初，秦建元二年，有沙门乐僔，戒行清虚，执心恬静，尝杖锡林野，行至此山，忽见金光，状有千佛，遂架空凿岩，造窟一龛；次有法良禅师，从东届此，又于僔师窟侧，更即营建。伽蓝之起，滥觞于二僧。

这段文字，对莫高窟创建时的情况描述得十分详细而具体，故一直为后世所

重视，此后的一些记载莫高窟创建历史的文献，如《莫高窟记》等，大都以此为据。当今学术界对此记载亦无争议。

秦建元二年为公元366年，这里所用为十六国时期曾一度统一中国北方的前秦苻坚的年号，而当时敦煌属前凉张氏政权所统辖。敦煌的十六国时期，还包括后凉、西凉和北凉时期，即4世纪初到5世纪中期前后130年。而莫高窟的十六国时期，则以始建窟之公元366年起至北魏灭北凉的公元439年计70多年。当然，截至目前，还未发现这一时期有关莫高窟的记载。

成书于《李君莫高窟修功德记》之前30年的佛教典籍《法苑珠林》，在"北凉河西王沮渠蒙逊"条下，记述沮渠氏"敬佛"事迹云：

> 今沙州东南三十里三危山即流四凶之地，崖高二里，佛像二百八十，龛光相亟发。

透过这一记载，我们可以发现一个历史事实：莫高窟曾得到北凉政权的最高统治者沮渠蒙逊的重视，而且，这一行为曾被作为沮渠氏"敬佛"的内容之一被列入有关记载，这一记载又同沮渠氏其他一些"敬佛事迹"一道，成为后来道世和尚编纂《法苑珠林》的资料。需要说明的是，《法苑珠林》所述莫高窟的面貌，并非北凉时期的状况，而是其成书时代即公元668年前后的状况。

竺法护之后，从昙猷开始到乐僔、法良，尽管他们的开窟活动只是个人修行的需要和作为，但即使是凿开一个仅供坐禅的小龛，在坚硬的石壁上也不可能是和尚们自己凿，还是需要专门的石匠来操作的，而那些石匠就是社会力量。所以说莫高窟从一开始就离不开社会力量的支持。

二、隋僧善喜建讲堂

记载隋开皇中僧人善喜造讲堂一事的是《莫高窟记》，它将讲堂之营造与乐僔法良创窟、东阳建平各造大窟以及唐代营造两大像同列为莫高窟历史上的重大事件。只是文献中未记载讲堂营造的具体时间在隋开皇时期的哪一年，所建讲堂本身也早已不复存在，但它却在莫高窟营造史上起过划时代的作用。根据最近的研究考证，此讲堂应该是在晋代仙岩寺讲堂的基础上改建；10世纪前期又重建过一次，增建了弥勒院；稍后又有建造普敬塔之举。这就是说，原索靖题壁仙岩寺之处与后来的讲堂、弥勒书院、普敬塔等建筑当在同一地方；莫高窟城城湾一带尚存古代建筑的痕迹，或即原竺法护建寺、索靖题壁和后来营造讲堂、弥勒书院、普敬塔之处。

三、僧团主持建窟及僧人新建窟

历代由僧主持建造的寺窟、非家窟僧人石窟，即利用社会力量联合建窟，较为典型者为莫高窟唐代第335窟。此窟从唐垂拱二年（686）至武周长安二年（702），经历了16年的营建过程，应该是由僧人们先开凿好洞窟后，再陆续由施主们出资绘画塑像，[①]这样一来，这个洞窟从初建到最后全部完成所需要的时间就比较长。

僧人新建佛窟者，如莫高窟第198窟是一个小龛，其营造者潜建、妙施是一对出自敦煌一个张姓人家的僧尼兄妹，其双双出家并“罄舍家资”营造窟龛之起因，大概是父母双双下世。第198窟的规模较小，显示张氏僧尼兄妹出自普通庶民家族。

四、敦煌僧团对莫高窟的日常管理与修缮

8世纪后期，由于敦煌汉唐军民与吐蕃之间进行了十几年的争夺战争，加上吐蕃统治初期一段时间的动荡，莫高窟营造活动曾一度中止。前后历经20多年，到吐蕃统治初步稳定后，随着民众造窟热情的重新高涨，敦煌僧团也把造窟作为活动内容之一，其最先是对先代未完成洞窟的补修。这项工作前后进行了200多年，僧团主持营修的洞窟很多并不属于僧团或僧人自己，而是属于社会上的某一家庭或官吏。如南大像（第130窟）的重修发生在公元817年前后，上距南大像建成60多年。敦煌遗书记载了这次重修由僧团都教授乘恩主持并带领众僧出工出力、由窟主家族（马姓）出材料的维修计划和通知。据《宋高僧传》记载，乘恩为长安西明寺僧，天宝末年后避乱游居河西。敦煌遗书Дx.6065《乘恩等重修莫高窟弥勒像帖》即是乘恩组织和主持重修的帖文。

敦煌文书S.3905《唐天复元年金光明寺造窟上梁文》，是公元901年敦煌金光明寺僧众集体重造遭战火焚烧的莫高窟第44窟窟檐的记颂文，详细记载了这次营造的情况，对参与营造活动的该寺僧人道齐、道政、庆达、宝国、道岸、灵寂等进行了歌颂；另外赞扬了从事具体修缮的工匠马都料、任博士等。第44窟

① 参见贺世哲：《从供养人题记看莫高窟部分洞窟的营建年代》，载敦煌研究院编：《敦煌莫高窟供养人题记》，第202页。

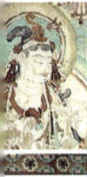

窟内绘有敦煌金光明寺僧人庆达等供养像及题名，发掘出的第44窟窟檐遗址正好建在唐代烧灰层上，这些都与《唐天复元年金光明寺造窟上梁文》所记相一致。

敦煌文献中，有一批9、10世纪敦煌寺院的“入破历”类文书（简称“寺历”）。文书所记，为寺院各项活动中有关食品、纺织品、纸的收入和支出情况。而在石窟上的活动，是寺院僧徒活动的内容之一，也是这些寺历所记支出项目之一。寺历所记窟上活动各项目所支出的，主要是食品和饮品：食品有面、粟及其制成的熟食品，以及油、麻等副食（文书中称“诸色”）。石窟的用途主要分三大类：一是用于石窟营造、修缮、管理及相关的劳作饮食和少量非饮食用品，二是用于在窟上进行各种佛教行事的食品与用品，三是用于窟上的迎来送往之宴席。相关的问题，我们将在后面做进一步讨论。

寺历中关于石窟日常管理与修缮的记载，在敦煌文献的其他各类文书中不见保存；虽然记述十分简略，但是为我们研究莫高窟的历史提供了十分宝贵的资料。其中记载的“窟上”莫高窟的营造、修缮及管理活动中，有一项“下彭”工程，得到僧团的僧官们的特别关注。下彭，又作下棚，棚即棚阁，下棚功曰“缚棚阁”，实际上就是我们今天所说的搭脚手架。排列在莫高窟崖面上的洞窟，特别是中层的和上层的洞窟，在进行窟檐建造和加固、修缮时，首先要进行的就是这一步骤。同时记载的，还有脱墼（以泥土为原料，用特制的模子制作土坯，中

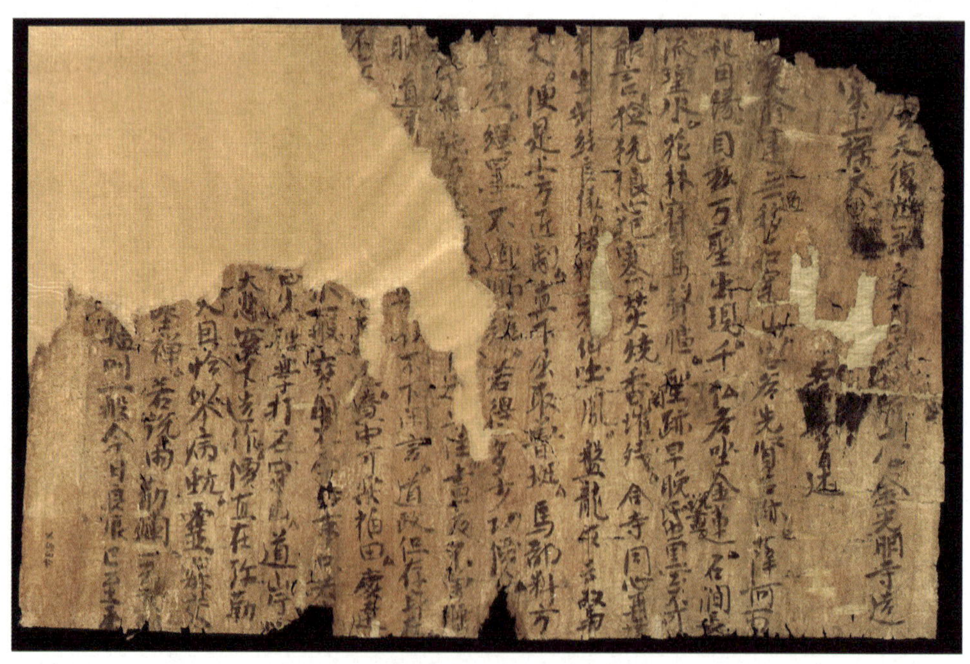

S.3905《造窟上梁文》

国传统的土木建筑的基本工序之一，敦煌民间建筑前些年还用，国内北方一些偏僻地区沿用至今）、垒墙、窟顶上仰泥、窟上调灰泥（制作壁画地仗材料）、安窟门、画窟（即在洞窟上制作壁画）、庆窟（完工后的庆典仪式）等；同时还有易沙（即清除窟前积沙）、伐木、栽树等窟前环境建设。这些活动都是由僧团主持并组织社会力量来进行的。寺院的账目主要记载从事这些活动的生活供应和支出情况，具体地展示了社会力量与莫高窟的关系。

公元966年，曹元忠、翟氏夫妇主持和组织对北大像第96窟楼阁的重修，其人工主力即是由都僧统钢惠所率12所僧寺的240名僧人。CH.00207《曹元忠及凉国夫人浔阳翟氏重修北大像记》记载："助修勾当：应管内外都僧统辨正大师赐钢惠、释门僧正愿启、释门僧正信力、都头知子弟虞侯索幸恩；一十二寺每寺僧十二人；木匠五十六人，泥匠十人。其工匠官家供备食饭；师僧三日供食，已后当寺供给。"这里显示僧众在都僧统的带领下参与莫高窟营造，由各个寺院自己供给饮食，所从事的是一种社会性的义务劳动。

第三节　历代统治者与敦煌石窟的营造

一、涉足敦煌石窟的君主与帝王

第一位是北凉时期的凉王沮渠蒙逊。他亲自主持了河西境内大规模的石窟营造活动，其中包括对莫高窟的一次性扩建和整修。从公元366年开始，乐僔和法良建成第268、272窟后的50多年时间里，这两个洞窟孤悬于莫高窟崖面上。北凉占领敦煌后，沮渠蒙逊大力倡导并身体力行的佛教事业席卷了整个敦煌地区，并且有计划地在莫高窟营造了一组佛窟，包括第268、272窟的改建和275窟的新建，三个洞窟按禅室、佛殿和讲堂的功能统一计划和安排创制了壁画和塑像。第268窟在建筑型制上似乎改动不大，只是按照禅观的需要，在西壁龛内塑交脚佛像一身，龛下绘供养人，窟顶绘装饰图案，整修了第267、269、270、271窟的禅室。第272窟现无北凉改建前的痕迹，可能在法良原建窟的基础上根据佛殿的需要扩建过；西壁龛内塑倚坐佛一身，龛内外绘有装饰图案、供养菩萨、化生等；窟顶为装饰图案、天宫伎乐等；东、南、北三壁均绘千佛，其中南北二壁中部夹绘说法图；该窟为一般的佛殿格局。因为目前尚未发现有关第三个洞窟为谁始建之记载，所以根据现状分析，第275窟是北凉时期新凿的，它是三个洞窟中最大的一个，按整体布局，推断为从事佛教宣传教育活动的场所——讲堂，窟内有较大的活动空间，西壁塑像为佛祖释迦牟尼的一身补处菩萨——弥勒菩萨；南北两壁画塑所反映的内容有，释迦牟尼的"前世"及一生中的种种见闻和善行，人间的各种疾苦和未来世界的天堂、神宫、仙境，等等。这样，莫高窟崖壁上首次出现了一组可供僧侣们禅修、朝拜与进行大众佛教活动的独具特色而又有一定规模的佛教建筑群体。这是在北凉王沮渠蒙逊统治敦煌时期出现的，是沮渠氏的"敬佛"事迹之一；北凉占领敦煌时为公元421年，蒙逊卒于公元433年，由此推算，莫高窟这次大规模的营造活动当在公元421—433年。就是从这个时候开始，莫高窟正式成为社会化的佛教活动场所。

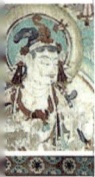

北凉时期敦煌石窟在沮渠蒙逊支持下的营造，开启了石窟作为社会化的活动场所、敦煌佛教社会化的新时代。

第二位与莫高窟发生关系的帝王，应该是隋文帝杨坚。根据《隋书·文帝

莫高窟第275窟内景

纪》和佛教典籍《广弘明集》等记载，仁寿元年（601），隋文帝派僧人将19份佛舍利送至天下三十州，规定于这年八月五日，三十个州同时起塔供养：派往瓜州的僧人名智嶷，瓜州的建塔地点为崇教寺。莫高窟武周年间的《李氏修功德碑》在记述莫高窟创建和发展的历史时说："推甲子四百他岁，建窟室一千余龛。今见置僧徒，即为崇教寺也。"由此可知，崇教寺就是当时莫高窟的又一雅称，仁寿建塔之际，莫高窟和崇教寺是一处。隋文帝杨坚在莫高窟赐建佛塔，在莫高窟营造史上也具有"君臣缔构而兴隆"的重要意义。

从唐贞观二十二年（648）开始，李世民、李治、武则天、李显等先后为译经的高僧撰写"圣教序"多篇，在敦煌遗书中有大量发现。这些"御制经序"虽然与莫高窟没有直接联系，但作为对佛教的推崇与提倡，客观上对莫高窟的营造有很大的推动作用。唐代是莫高窟营造的最盛期，地方官宦与世家大族都在这一时期营造过很多大窟。"御制经序"作为唐代最高统治者认同佛教的表现，及其在敦煌的广泛流传，应该也是莫高窟发展的重大动力。

敦煌历史上还曾经两度建立过单独的小王国，有自己的"国王"：一是5世纪初的西凉国李暠，不过与莫高窟没有发生过关系。二是10世纪初的"西汉金山国"的"白衣天子"张承奉，虽然没有发现他以帝王身份出现在莫高窟的痕迹，但他的供养像在莫高窟保存了下来；而且在他主政金山国时期，就包括营造石窟在内的各项佛教活动做过统一的部署和安排，其中《营窟稿》就是专门为规范莫高窟营造活动的程序而制订的。虽然只是小邦君主，但也属于莫高窟历史上的"君王"形象。

在莫高窟历史上，还得到一些少数民族的君王的关注和参与。其中最著名的就是出现在莫高窟第98窟内的于阗国王李圣天，他以曹氏归义军首任节度使曹议金女婿的身份出现在议金所建第98窟。本来此窟就以曹议金后来冒称"托西大王"而冠名为"大王窟"，再加上李圣天这位由后晋王朝正式册封的国王"即是窟主"，为"大王窟"的名号套上了双保险，更加突出和巩固了其在敦煌石窟的地位。又据敦煌文献记载，敦煌石窟中还有为后来的于阗国王建造的"天子窟"，据考证为以承袭父位的李圣天之子从德国王的名义所建，疑为曹氏发迹地的瓜州榆林窟第31窟，据窟内现存于阗国王李圣天、皇后曹氏及太子供养像（题识不存）看，可能是敦煌文献P.3713记"东窟上"之"天子窟"，天子即李圣天，为窟主，实际主持营造者为长期在敦煌居住的李圣天长子（大太子）从德，建成时间在公元950年前后；此前，"东窟上大太子看天子窟地"，即是从德考察和选择为李圣天营造功德窟的具体地点的记载。[1]该窟地处榆林窟

① 参见沙武田：《敦煌石窟于阗国王天子窟考》，《西域研究》2004年第2期。

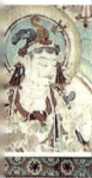

西崖上最南端，因其建成，为榆林窟西崖以南的造窟活动画上了句号，让后来者不能在天子窟边再造新窟。

在敦煌石窟的莫高窟、榆林窟等窟群，还有后来曾一度治理过敦煌地区的回鹘王和王妃、西夏王和王妃的供养像。虽然我们不能确证这些君王亲自到过石窟，但窟内绘制供养像一事说明，他们或多或少与敦煌石窟发生过关系，为“君臣缔构而兴隆”的敦煌石窟营造历史添写了浓墨重彩的一笔。

二、敦煌石窟上作为封疆大吏的重臣窟主

这里的臣，主要是指敦煌地方历代统治者：他们作为朝廷的封疆大吏，有一部分是皇亲国戚，如北魏宗室东阳王元荣和北周皇亲建平公于义。莫高窟《李氏修功德碑》在追述了乐僔、法良造窟的事迹之后云：“复有刺史建平公、东阳王等各修一大窟。尔后合州黎庶，造作相仍。……爰自秦建元之日，迄大周圣历之辰，乐僔、法良发其踪，建平、东阳弘其迹。”东阳王元荣、建平公于义是和沮渠蒙逊一样的莫高窟史上的关键人物，如果说，S.3929《董保德佛事功德记》所概括的莫高窟早期由“君臣缔构而兴隆”中的“君”是指沮渠蒙逊的话，那么这里的“臣”当非元荣、于义莫属。此后，众多受朝廷派遣治理敦煌的官吏，都为敦煌石窟的建设和发展作出重要贡献。当然，敦煌石窟也为维护他们在敦煌的统治起到一定的作用。下面分别叙述。

1. 东阳王元荣与莫高窟第285窟

东阳王元荣系北魏宗室，他于公元525—542年出任瓜州刺史，历北魏、西魏两朝。元荣是一个虔诚的佛教信徒。他在敦煌期间，曾出资请经生为他写过大量的佛经经文，其中保存在敦煌遗书中的就有10余件。当时，莫高窟的洞窟营造活动正是如火如荼，元荣亲自参与此项活动。莫高窟北朝中期的洞窟，基本上

莫高窟第285窟南壁东侧《得眼林故事之作战图》

莫高窟第285窟北壁众供养人及发愿文

都是在元荣任瓜州刺史时期营造的。而他主持营造的“大窟”，根据敦煌研究院专家们的研究，应该是今编莫高窟第285窟，有4处明确的营造记年题记，其中两处为大统四年（538），两处为大统五年（539），其时正是元荣担任瓜州刺史时期；北壁西起第一幅释迦与弥勒并坐像下方有发愿文一方，但字迹无存；发愿文东侧第三身供养人像身着王公服饰，与同窟其他壁画中的国王形象相近，与其相对的女供养人像也是嫔妃装饰，这组供养人可能就是东阳王、王妃及其家族，因为在当时能以供养人身份出现在壁画中的王者，当非元荣莫属。第285窟内的壁画、塑像的艺术风格、特点与它以前的十六国、北朝所有洞窟画塑迥然不同。如果说，它以前的画塑为浓厚的印度和西域风格的话，那么第285窟则是全新的中原风格，是莫高窟史上里程碑式的洞窟之一。形成这一情况的原因，可

莫高窟第285窟内景

能是与元荣招募的画工塑匠来自中原有关，因为当时只有元荣才具备这个条件和能力。第285窟在壁画的题材内容方面，不仅比以前的任何一个洞窟都要丰富多样，而且与元荣时期敦煌及河西地区的社会有很大关系：当时河西一带发生农民起义，元荣在写经题记中多次哀叹“王地妖荒，王路否塞，君臣失礼，于兹多载”，期待“四方附化，恶贼退散，国丰民安”；第285窟出现的《五百强盗成佛故事》壁画则与此相呼应，而这里最能说明问题的是，第285窟北壁八佛分为7组，有7组供养人，除西起第一铺释迦与弥勒并坐为窟主东阳王外，其余6家均为施主，包括阴氏、滑氏等，可能都是窟主元荣的亲友或敦煌乃至河西、西域一带的大族。可见元荣在这里也是广泛动用社会力量。

2. 建平公于义与莫高窟第428窟

建平公于义，据《隋书》记载，其生卒年约在公元534—583年，生于北魏，死于隋，主要活动在北周时期，历任鄜州、瓜州、兖州刺史。《李氏修功

莫高窟第428窟内景

德碑》所记在莫高窟修一大窟事，当是于义在公元565—576年任瓜州刺史期间所为。至于于义所建之大窟，一般认为是今编莫高窟第428窟。供养人画像中有“晋昌郡沙门比丘庆仙”题名，敦煌文书S.2935有比丘庆仙于天和四年（569）六月的抄经题记；天和为北周武帝宇文邕年号，天和四年正当建平公于义任瓜州刺史时期；第428窟为北朝洞窟中规模最大者，在崖面上又独立于北周窟群之外而与北魏窟群相连接；窟内中心柱东向面中部龛沿上的首席供养人像为王公服饰，遗憾的是题记已泯灭，不过在当时，这位王公非于义莫属；窟内四壁及龛四周共绘有1200多身供养人像，其中绝大部分是僧侣，他们来自河西的广大地区，有一条题记至今还清晰地标明“凉州沙门比丘道珍”。为什么凉州的僧人们出现在瓜州的佛窟里？最好的答案是凉州亦为当时于义的势力所及。于义之兄于寔曾在天和时期出任凉州总管，当时河西凉、瓜二州，为于氏兄弟所控制，官员和僧侣互相依赖，于义造窟以全河西的僧侣为施主建成第428窟是全

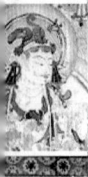

河西的大事，动用了全河西地区的社会力量。

3. 隋唐时期的朝廷重臣与莫高窟

在莫高窟的营造历史上，东阳王元荣和建平公于义发挥了巨大的作用。正是由于他们的身体力行，才使莫高窟开始了普及性的大规模的营造活动。从沮渠蒙逊到于义，奠定了莫高窟“君臣缔构而兴隆”的历史根基。

北周敦煌太守李穆创建了莫高窟第290窟，是专家们近年提出的论断之一，相关的研究还在深入进行之中。隋代大都督王文通，在第281窟留下了记录，应该与该窟的营建有关系。

敦煌遗书S.1523与上海博物馆40相接为《李庭光莫高窟灵岩佛龛碑》，存43行，为该碑文之前半部分。据碑文记载，李庭光为“凉武昭王之茂族”，时任沙州刺史兼豆卢军使。碑文称李庭光在莫高窟“敬造一窟”，但因后文残缺，所造之窟详细情况不得而知；且该碑文以外的史籍和文献以及莫高窟的洞窟中没有发现关于李庭光的只言片语，但按照当时李庭光之身份，他所造洞窟也应该为一大型窟。

4. 归义军时期奉中原为正朔的封疆大吏与莫高窟

张氏归义军时期，先是唐咸通六年（865），张淮深代替官居长安的叔父张议潮建成了今编莫高窟第156窟，窟内绘制了20多幅经变画和2幅历史人物出行图等史料，同时还为我们留下了《莫高窟记》这样的珍贵文献。有关这次营造的情况，敦煌遗书P.2762等《敕河西节度兵部尚书张公德政之碑》中有具体记载。唐广明元年（880）前后，张淮深又在莫高窟营造了属于自己的“功德窟”第94窟，敦煌遗书P.3720V《张淮深造窟功德记（拟）》有详细记载，该窟后来依张淮深职衔被称为“司徒窟”。从乾符元年到中和五年（874—885），张淮深重修北大像第96窟，并将窟前楼阁由四层增建为五层，敦煌遗书P.2762《张淮深碑》有较详记载。

曹氏归义军时期，统治者家族作为敦煌实力最雄厚的社会力量，在莫高窟建造了许多大型洞窟，用石窟谱写和记载了这段不寻常的区域历史。

后唐同光年间（923—925），曹议金建成今莫高窟三大地面洞窟之一的第98窟。因为曹议金后来称“托西大王”，所以该窟在建成后的一段时间内被曹氏后人及僚属称为“大王窟”。敦煌遗书P.3262《河西节度使尚书镌窟发愿文》是在第98窟开工典礼仪式法会上使用的一件发愿文；P.3781—1《河西节度使尚书造大窟功德祈愿文》则为“妆画上层，如同忉利”，即完成第98窟窟顶壁画庆典“福会”上的发愿文。发愿文中所描述的当时的社会背景，也是曹议金初掌权时的状况。第98窟在营造过程中定期举办法会，从一开始就大造声势，这是政治需要，也是社会需要；而窟内众多的敦煌地区大小官吏和众多僧侣的供养像说明，当初建造这座大窟，实际上是运用了敦煌全社会的力量。

后晋天福四年（939），曹无德与其庶母、曹议金的回鹘夫人陇西李氏建成第100窟。敦煌遗书S.4245《功德记》记载了这次营造情况：文中之“国母天公主”即曹议金的回鹘夫人陇西李氏，这是曹议金死后曹氏后人对她的尊称；她是第100窟窟主，故第100窟名号曰“天公主窟”。文中之“司空”即曹氏归义军第二任节度使曹元德，在第100窟甬道南壁的题衔为“敕河西当义军节度押蕃落等使检校司空谯郡开国公曹元德”。

后晋天福五年至七年（940—942），曹元深建成了第454窟，敦煌文书P.3457《河西节度使司空造大窟功德赞（拟）》即是该窟建成后的法会祈愿文。由于该赞文中出现的与前述曹氏诸《功德记》文不同的祈愿语词，显示出曹氏归义军政权由乱到治、瓜沙地区逐步繁荣昌盛的社会背景。元深在初掌权时袭用其兄元德的称号，其时为天福五年（940）前后。

三座大窟的营建，展示了曹氏归义军政权从初期的内忧外患逐步强盛的历史过程。之后，曹元忠及凉国夫人、曹延恭及慕容夫人、曹延禄及于阗李氏夫人等都有过在莫高窟营造大窟的事迹，并留下了像第61窟这样的名窟。特别是曹元忠时期，建造了第61、55窟这样的巨型洞窟。

宋乾德四年（966），曹元忠与其妻凉国夫人浔阳翟氏组织重修北大像第96窟窟檐，敦煌遗书CH.00207《曹元忠及凉国夫人浔阳翟氏重修北大像记》记载：先是“虔告焚香，诱谕都僧统大师，兼及僧俗、官吏，心意一决，更无二三”，尔后“凉国夫人翟氏自手造食，供备工人”，遂成为莫高窟史上的一段佳话。据窟内现存壁画痕迹及后来试发掘的铺地花砖，这次重修在维修完楼阁后还对窟内外的壁画进行了重绘（目前所能看到的大底层的通道内的壁画痕迹，及现第三层暴露出来的壁画颜料痕迹即是宋代初年的壁画），并在底层地面全部铺上八辨莲花图案的地砖。曹元忠、曹延禄时期还组织敦煌全社会的力量对莫高窟进行全面整修。11世纪初，节度使曹宗寿还主持重修了第130窟。

历代敦煌地方的统治者，在他人营造的洞窟中最显要位置上都绘有供养人像，也是他们动员和支持社会力量修窟的历史见证。这方面的例子很多。

综观莫高窟发展史，从朝廷到敦煌地方，各级统治者认识到佛教对社会稳定的作用，从帝王到地方官，都不遗余力地提倡并身体力行。莫高窟的营造活动遂成为敦煌历史上的特色和亮点。

莫高窟第61窟内景

第四节 世家大族与敦煌石窟的千年辉煌

一、敦煌世家大族的历史作用管窥

莫高窟的营造能延续千年之久，其中一个重要原因是敦煌的世家大族集团长期活跃在敦煌的社会舞台上，是敦煌历史上占主体地位的社会力量。莫高窟主要的大型洞窟，基本上是由敦煌各个时期的世家大族所营造的，并成为他们的祖先旧业而世袭相承。①

从西汉到宋初的千余年间，敦煌先后有李、曹、张、索、翟、阴、阎、氾、罗、阚、令、狐、慕容、马、王、宋、杜、吴、康等大族。他们的来源，主要有4个方面：一是受朝廷赐封而“从官流沙，子孙因家，遂为敦煌人也”，如翟氏；二是“徒居敦煌，代代相生，遂为敦煌望族”，如索氏；三是因发配贬谪而亡命敦煌，子孙繁衍，而成为敦煌世家，如李氏；四是归附中原王朝的一些少数民族首领的部落，定居敦煌后很快成为大姓豪族，如令狐氏、慕容氏。他们之中，有汉晋凉州经学世家，如索氏、氾氏、阴氏等；有汉晋敦煌旧族，如曹氏、张氏、翟氏等；也有在各个时期先后崛起的军事贵族，长久地、牢固地保持着他们在敦煌的政治势力和经济实力，成为不同时代的统治者们所依靠的对象：中央王朝的地方官要依靠他们，入侵的吐蕃贵族也要依靠他们，割据的小王国政权更要依靠他们。在这块汉晋世家基址上形成的封建土壤，培植了这些根深蒂固、枝繁叶茂的谱系之树。汉晋南北朝时期，敦煌作为一块文化宝地，在敦煌大族中先后涌现出一批垂青古今中外的文化名流，如书法家张奂、张芝父子和索靖为首的“敦煌五龙”等，天文学家赵匪欠，地理学家阚骃，建筑学家李冲，思想家和教育家郭瑀、宋纤等，医学家张存，音乐家索丞等。同时，由于九品中正制的实行，像索氏这样的高门子弟可直接入仕，如索靖官至司徒，索班、索迈等成为名震西域的政治家和军事家。敦煌地方的历代统治者，也大都出自敦煌大姓。5世纪初在敦煌建立西凉割据王国的李氏，也是当时敦煌的大姓之一。隋、唐以后，由于远离

① 参见史苇湘：《世族与石窟》，载敦煌文物研究所编：《敦煌石窟文集》，兰州：甘肃人民出版社，1982年。

中原，敦煌较少受到农民起义的打击，旧世家大族的政治地位得以保存，以至于张、曹二氏在9、10世纪先后成为设在敦煌的河西归义军政权的主宰。然而，因为敦煌的世家大族在历史上最活跃的时代，即文献资料最丰富的时代，是在唐代以后，具体地说，是在吐蕃统治和归义军时期的8—10世纪，所以根本无法同魏晋时期的门阀士族相提并论。只是出于政治上的需要，攀附高门姓望，希冀自己和妻子有一个高贵而漂亮的邑号，即所谓“茅土定名，虚引它邦”，许多实际上是在南北朝以后到敦煌繁衍生息、成为敦煌郡望的大姓，都跻身于汉晋礼教之门；标榜“夫人立身在世，姓望为先，若不知之，岂为人子？”因之而冒称郡望，不择手段地来抬高自己的门第，任意修改族谱，以保持自己在敦煌的地位。形成这一现象的历史原因是，唐代地主阶级内部已无魏晋时的士籍之别，人们攀附高门旧望，并不是像实行“九品中正”的魏晋南北朝时期那样为了直接入仕，而是按照习惯在必要时安上郡望而已。因此，敦煌的旧族力量不断壮大，而且又不断涌现出新的“名门望族”。我们今天所看到的各类碑、铭、赞、记所记载的各个阶层、各种职业的敦煌人，无一不是自称出自三皇五帝以来的中国历史上的最有名的大族之家。

敦煌历史上出自名门的政治家、军事家和文化人物，为敦煌、河西、西域乃至整个中华民族的强盛和繁荣作出重大贡献。如，唐朝中期吐蕃进攻敦煌时期，军政职务并不高的敦煌豪强阎朝果断杀死不愿抵抗的河西节度使周鼎，自领州事；以敦煌世族为主体的敦煌汉唐民众在阎朝率领下抗击吐蕃达11年之久。又如，吐蕃统治时期，也是依靠敦煌大族，他们的经济利益和政治势力才没有受到大的损害，在一定程度上保存了汉唐文化和传统。而9世纪中期率领敦煌各族民众驱逐吐蕃的张议潮，本身出自敦煌旧族，所依靠的也主要是敦煌地方世家大族的势力。在全国大一统的时代，敦煌世族对中原朝廷似乎不曾构成过威胁；但在地方割据政权时代，比如张、曹归义军时代，像索氏、李氏、慕容氏等家族都可以在一个时期内控制其政权，并敢与张、曹家族平分敦煌天下甚至可取而代之。所以，尽管当时已是9、10世纪，敦煌地方的世族豪强的政治势力在一定程度上似乎仍然可与魏晋时代并论。

从某种意义上讲，敦煌在历史上是世家大族的敦煌，莫高窟的营造历史也实际上是敦煌世家大族的历史的一部分。显赫于敦煌历史上的世家大族都参与过莫高窟的营造，莫高窟的大窟基本上都是敦煌世家大族所造。这里需要说明两点：一是敦煌的历代统治者，中央王朝的地方官也好，割据政权的首领也好，基本上都是敦煌的世家大族；因此，他们对莫高窟的营造，也属于敦煌世家大族莫高窟营造史的一部分。沮渠蒙逊以下，东阳王元荣、建平公于义都是皇族，他们

在敦煌自然是最大的世家豪族；到唐代的沙州刺史李庭光，即为敦煌本地的大族所出；而执掌河西归义军政权的张、曹二家族，更是敦煌土生土长的豪强。二是在莫高窟营造大窟的敦煌世家大族，有一般的大族家族，也有出自这些家族的官宦和高僧；其所造大窟之名号，包括一些以官宦之职务称号命名的大窟，以及以高僧职务命名的大窟，无一不是在前面冠以这些世家大族姓氏的“家窟”；有一些高僧所造大窟则直接冠以窟主之俗姓而称为“家窟”。另外，在张、曹归义军时期，世家大族营造大型佛窟，往往是为了庆祝和纪念窟主本人（官宦或高僧大德）升迁高职和因此而带给其家族的荣耀，同时也显示该家族的政治势力和经济实力。因此，在莫高窟的大窟中要区分其窟主为僧为俗，就没有多大实际意义了。

二、敦煌大族的家窟举例

敦煌莫高窟的“家窟”之名，出现于唐代初期。贞观十六年（642），乡贡明经朝议郎、行敦煌州学博士翟通在莫高窟建成名窟第220窟，窟内大字题写有“翟家窟”三字。100多年后的天宝十三年（753），翟氏家族于莫高窟又造一窟，并留下《浔阳翟氏造窟功德碑》一方[①]；又过了100多年，翟氏家族中出了一位“名驰帝里，誉播秦京，敕赐紫衣，陛阶出众”的大德高僧法荣，他在担任归义军的河西都僧统期间，建造了自己的“功德窟”第85窟，以庆祝和纪念自己的升迁，这就是著称于莫高窟历史上的“翟家窟”；而参与此窟营造的，或者说出资出力的，主要是法荣的弟弟，当时担任敦煌县尉的翟承庆及其官宦子孙。所以，第85窟集敦煌历史上的大姓豪族、官宦、高僧为一体的家族文化，在莫高窟历史上很有代表性。10世纪初，继其先祖之业袭任归义军节度使的随军参谋兼州学博士的天文学家翟奉达，重修了第220窟，并在该窟甬道书写“检家谱”，宣称早在北周时期，敦煌的“浔阳翟氏”就在莫高窟镌龛为“圣容立像”；另外，10世纪中期翟氏一位小姐嫁于节度使曹元忠为夫人，她协助曹元忠主持第61、55、53窟那样的大窟的营造，还于公元966年主持重修第96窟北大像，并亲手为参与营造的工人和僧侣们做饭。敦煌历史上的翟氏家族，不仅与莫高窟有不可分割的关系，而且在“家窟文化”方面有典型意义。

在莫高窟建造家窟最多、留下记载最丰富的是敦煌阴氏。敦煌文书P.2556《敦煌名族志·阴氏》云：“隋唐以来，尤为望族。”据此，敦煌阴氏似乎不是

① 陈菊霞认为此原先即第220窟之功德碑，见《敦煌阴氏研究》，北京：民族出版社，2012年。

形成于门传阀阅、大姓雄张的东汉、魏晋时期，而是在士族衰落的隋唐时期。这就是敦煌的地方特色。目前所见敦煌大族的史料，多为8世纪以后所记当时之大族。如《名族志》所记唐朝初年敦煌贵族阴稠与阴祖两家之事。莫高窟崖面上保存了敦煌阴氏家族从6世纪到10世纪营造的许多佛窟，其中比较著名者有西魏第285窟、唐北大像第96窟、唐第321窟、唐第217窟、唐第231窟、唐第138窟等，都是莫高窟的大窟、名窟，无论规模、内容或各个时期的艺术水平，都具有时代特征和典型意义。如拥有莫高窟第一大佛、中国第二大佛的第96窟，即是由阴祖与其族僧人灵隐于延载二年（695）主持建造，像高34米，前置4层楼阁，最底层窟门两边还塑有七八米高的四大天王像；1200多年来，北大像一直是莫高窟的标志和象征。

南大像第130窟由乡人马思忠与僧处谚建于盛唐开元、天宝年间（721—755）。马氏当时在敦煌算不上鼎族，但能够创建南大像这样的大佛窟，虽然前后用了30多年时间，但还是显示出一定的经济实力。敦煌文书Дx.6065《乘恩等重修莫高窟弥勒像帖》是公元817年前后，担任都教授的乘恩和尚组织敦煌僧团及窟主家族重修莫高窟第130窟的帖文。这是目前所见有关大像重修的最早的记载，距初建时间仅60余年。这份文书为我们提供了莫高窟崖面变迁的第一手资料。帖文中之“窟家”应是莫高窟南大像第130窟原建窟主马思忠之后人，这次重修主要是对窟前的土木结构的殿堂楼阁进行了整修，由马氏家族供应材料，敦煌僧团出人力。

敦煌李氏本为汉李陵之后，属代北李，是中原的旧门大姓。北周时期有李穆一支，其子李操因谪贬而迁居敦煌，子孙繁衍，保持大姓雄威。但所有敦煌的李姓都称“陇西李氏”。最早记载敦煌李氏资料的是《李君修佛龛碑》，碑主李克让在述其先祖时云：“李广以猿臂操奇，李固以龟文表相。”稍后几年的《李庭光碑》，谓庭光为西凉李暠之后，这是敦煌李氏文献中称李暠之后最早者。到《李氏修功德记碑》时，碑主李大宾（李克让之孙），为了说明自己是李暠之“十三代孙”，将其族谱做了彻头彻尾的篡改：先将自己六世祖李文保（系李穆之父）改为李暠之孙李宝，将李文保在6世纪后期的北周、杨隋之际的职务毫无根据地强行套在6世纪前期的北魏重臣李宝头上；又将自己的四世祖李操（李克让之祖父）的职务加在自己祖父李怀操（李克让之弟）头上，使这位生活在唐代敦煌的普通贵族担任了隋朝的“大黄府车骑将军”。100多年后，《李氏再修功德记》碑主李明振（李大宾的重孙）又与李唐皇室攀为宗亲，进一步抬高了李氏在归义军政权和敦煌的声望。由于记载混乱，敦煌李氏到底出自何人何地，恐怕连他们自己也无法搞清楚了。但他们在莫高窟留下极其辉煌的业绩，如前述北周李穆建第290窟，初唐李克让建第332、331窟，大历年间李大宾建第148窟，以及尚未知窟号的“当家三窟”、李庭光窟等。

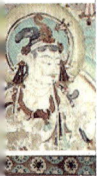

据《吴僧统碑》记载，敦煌吴氏之先吴绪之，是唐代中期在与吐蕃的战争中，率家随军移居敦煌的。绪之和他的几个儿子于吐蕃占领时期在敦煌多营佛事，其第三子即敦煌历史上有名的洪辩和尚。在记录莫高窟崖面的历史文献《腊八燃灯分配窟龛名数》中，记载南大像南边的第152窟及耳窟第153、154窟，此一组三窟虽在后代经过重修，但在第153、154窟内还保存有原修时代的壁画。之后，吴和尚洪辩又营造了第366、365窟（七佛堂）和莫高窟三大地面洞窟之一的第16窟，即吴和尚窟，三窟合称“三层楼”，闻名于世的“藏经洞”就是第16窟甬道原作为洪辩禅室的第17窟。吴氏一门几十年的时间里在莫高窟崖面上留下这么多的大型和巨型洞窟，实乃壮举！

敦煌的“钜鹿索氏”在莫高窟崖面上留下的大窟，主要有建于吐蕃统治时期的第144窟和建于张氏归义军时期的第12窟，前者为索氏家族所修“报恩之龛”；后者窟主为坐落在莫高窟的敦煌金光明寺之高僧义弁，由当时的河西都僧统悟真撰写了《沙州释门索法律窟铭》同洞窟一道留传后世。

敦煌的“太原王氏”是唐朝前期因官而移居的大族。10世纪前期，王氏家族中出了一名担任河西都僧统高职的和尚，这位王和尚大概因年事已高，所以在职时间不过3年，来不及专门营造大窟，而是用重修和改修自己先前所建大窟的方法来庆祝和纪念自己的升迁，这个洞窟就是今编莫高窟第143窟，它以“王家窟”之名著称于莫高窟历史上，给敦煌王氏家族带来无限荣耀。

榆林窟第12窟《慕容氏出行图》

敦煌慕容氏是唐朝前期归附唐朝的吐谷浑的一部分，有比较强大的经济实力，在敦煌定居后迅速接受了先进的汉族文化，也参加到营造莫高窟的敦煌世家大族队伍中来。曹氏归义军初期，慕容氏家族营造了莫高窟崖面上现存二层以上的最大窟第256窟，其后又多次对此窟进行过重修；公元976年前后，慕容氏又协助在位只有3年的曹氏归义军第五任节度使曹延恭（慕容氏之女婿）重修了第454窟，并将其家族祖孙几代的巨身供养像画于该窟甬道北，展示出与曹氏争夺天下的气势；而且，在慕容氏的发迹地瓜州建造的榆林窟第12窟，在窟内仿效张、曹归义军节度使所"出行图"，绘制了《慕容氏出行图》，在整个敦煌石窟显得十分突出。毋庸置疑，在当时及其后比较长的时期内，慕容氏是敦煌很有实力和影响力的一个大族。

敦煌阎氏自称"太原鼎族，应质降诞于龙沙；西裔高枝，实是敦煌之大荫"。著名抗蕃首领阎朝、张氏归义军初期的首席大将阎英达均为其后代。阎氏家族还出过像会恩那样的高僧大德。公元980年，担任曹氏归义军紫亭县令的阎员清主持重修第431窟窟檐；另外，阎子延曾作为杜氏家族之女婿参与杜氏营造第5窟之事。这样，这个显赫于敦煌历史上的世家豪族就在莫高窟留下了痕迹。而敦煌杜氏自称出自京兆，汉晋时期就已在河西和敦煌安居。历史上，文士、武将代不乏人，大德僧尼更是层出不穷。莫高窟有名的"杜家窟"（第76窟）即由杜氏高僧所造；公元960年前后，杜彦思、彦弘兄弟等营造了第5窟，该窟在其后不久又由一位新任大德的杜姓高僧对其窟檐进行了重修。世居敦煌的"清河张氏"在莫高窟营造了第201窟等这样的大窟。根据《腊八燃灯分配窟龛名数》

记载，莫高窟还有如宋家窟（第146、72窟）、陈家窟（第320窟）等大窟，是历史上雄居敦煌的“广平宋氏”“颍川陈氏”等世家大族所营造。限于篇幅，兹不一一列举。

敦煌世家大族在莫高窟的洞窟营造者（窟主）们，无论其为僧为俗，所造大窟一律被称为“家窟”。又，敦煌的历代统治者们在莫高窟营造的许多大窟，多以他们自己的官职或封号来命名，如“大王窟”（第98窟）、“司徒窟”（第94窟）、“天公主窟”（第100窟）、“太保窟”（第454窟）等，我们把这些洞窟称作莫高窟的“官宦窟”；实际上这些洞窟也是“家窟”，即由统治者家族（或后来不再是统治者）世代相承，因为这些统治者家族不论是否为统治者，无一例外的都是敦煌的世家大族，他们的子孙完全消失于敦煌之前，这些洞窟窟主不会易人。另外，莫高窟还有一些以中下层官吏的称呼命名的洞窟，如“张都衙窟”（第108窟），自然也属“家窟”，窟主是曹氏归义军时期的都押衙张怀庆，亦为敦煌大族。

实际上，许多“家窟”原本有自己的名称，如“报恩吉祥之窟”（第379窟）、“报恩君亲窟”（第231窟）、“报恩之龛”（第144窟）等。这些窟名本身就具有非佛教的世俗性质，但敦煌的人们还将它们进一步称为“家窟”，而且这些“家窟”之名统统出自佛教教团的榜文中。所以，在莫高窟的历史上，在敦煌的历史上，“家窟”的佛教意义估计不会过高。虽然有莫高窟的千年营造与佛教的传播发展，但敦煌始终保存了汉晋以来的中华传统文化，即以儒家思想为核心的封建文化，他们在莫高窟营造的“家窟”，实际上起着宗族祠堂的作用，甚至起着一般的祠堂起不到的重要作用，因为在当时的每一个历史阶段，敦煌地方的统治者也好，广大的庶民百姓也好，都毫无例外地至莫高窟朝山礼佛，与其说他们崇奉佛教的神灵，不如说他们震慑于那些世家大族的威力。

三、敦煌大族家窟特征简议

敦煌的世家大族千余年的历史活动，形成一股顽固的保守势力。他们虽然也接受外来的意识形态，但这种接受，是以不损害自己的利益和为自己所用作为前提条件的，如对佛教的接受和对莫高窟的营造即是如此，莫高窟的佛教艺术所反映的思想意识，即敦煌世家大族的思想意识，如“报恩君亲”等。所以，敦煌世族们在莫高窟的“家窟”实际上是这种地方势力的后盾。当然，它似乎并没有对经济的发展造成多大的阻碍作用；比如在生产技术的进步方面，敦煌并没有落后于中原。同时，莫高窟的“家窟”在敦煌历史上也起过不少积极意义，主要表现在它在自己家族、宗族乃至整个敦煌的汉民族中的民族凝聚力。史苇湘早年曾就莫高窟第148窟营造之时首次在窟内出现《报恩经变》问题，对处在唐蕃战争时期的敦煌汉唐军民的民族意识和斗争精神以及结果做过十分精辟的分析。在对抗吐蕃的战争中，正在营造中的这座“李家窟”曾经给了汉唐军民们勇气和力量。我们今天走进这座辉煌的洞窟时，似乎还会感受到当年那刀光剑影的战争气氛和深切感人的号召力。在所有莫高窟的“家窟”中，第148窟所起到过的历史作用最值得称道。即是说，作为社会活动场所的莫高窟，在敦煌历史上也发挥了巨大的社会作用。

还需要强调的是，敦煌世族僧俗们在莫高窟各个时代所营造的“家窟”，实际上是一种纪念性建筑物。当然，作为佛教建筑，虽然它表现的是佛教的神和人的事迹，但它所纪念的并不是这些佛教的祖师或诸神，而正是创造这些神灵的窟主们自己！它不是直接的纪念性建筑物，而是借助于佛教的特殊的纪念性建筑物。

第五节　庶民百姓与敦煌石窟的发展

《李君修佛龛碑》在叙述莫高窟营造历史时精辟地总结道：“合州黎庶，造作相仍。”莫高窟能有今天的规模，在历史上除了历代统治者和敦煌的世家大族大事营造之外，广大庶民百姓的营造也是主要原因之一。如果按照窟龛数量计算，还是由庶民百姓所造小型窟龛为多，且其中不乏在艺术上有代表性者。这就是说，莫高窟历史上造窟最多的时代，是敦煌庶民造窟最多的时代。敦煌庶民从事莫高窟洞窟营造的形式，主要有3种：以社团和僧团为单位进行的团体营造；以家族为单位进行营造；以个别供养人身份参与营造。这3种形式从北凉沮渠蒙逊时期组织营造第268、272、275窟以后就一直并存于莫高窟营造史上，但唐代前期以前的情况文献记载较少，只有残存下来的洞窟供养人题记有零星反映；唐代后期以后的文献则相对来说比较丰富。

一、社团建窟与修窟

敦煌中古时期的庶民百姓，在莫高窟的营造过程中，由于经济力量的限制，许多时候只能靠团体的力量来进行。这就是“结社造窟”或“结社修窟”。

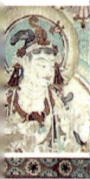

敦煌文献中大量有关“社”的文书基本都是中晚唐、五代、宋初的，即8—10世纪的吐蕃和归义军时期的。这时候的社，经历了魏晋南北朝、隋、唐前期以后，已经发生了很大变化：在组织形式方面，或以居住地域、家族、宗氏姓别为单位，如坊巷社、亲情社、兄弟社；或以职业、分工为单位，如渠人社、行人社、马社、官品社、女人社、修佛堂社等，不一而足。社的性质除少数专业社如渠人社、行人社等在地方政权控制下活动外，其余的社基本上属于私社性质，有些依附于寺院或僧团；许多社都有相当数量的僧尼。社的活动已包括了劳动生产和日常生活的各个方面，如社内成员经济生活的互助和赈济、春秋祭祀、营办丧葬和从事各类佛教活动等，而佛窟营造是其中最主要的内容之一。下面录举敦煌文书P.3544《大中九年某社再立社条》为例：

> 社长王武、社官索顺□、录事唐社奴等，为城煌（隍）贼乱，破散田苗，社邑难营，不能行下。今大中九年九月廿九日，就张禄子家，再立条件为凭：敦煌一群（郡），礼义之乡，一为圣主皇帝，二为建窟之因，三为亡父母近凶就吉，共结量录，用为后验。（下略）

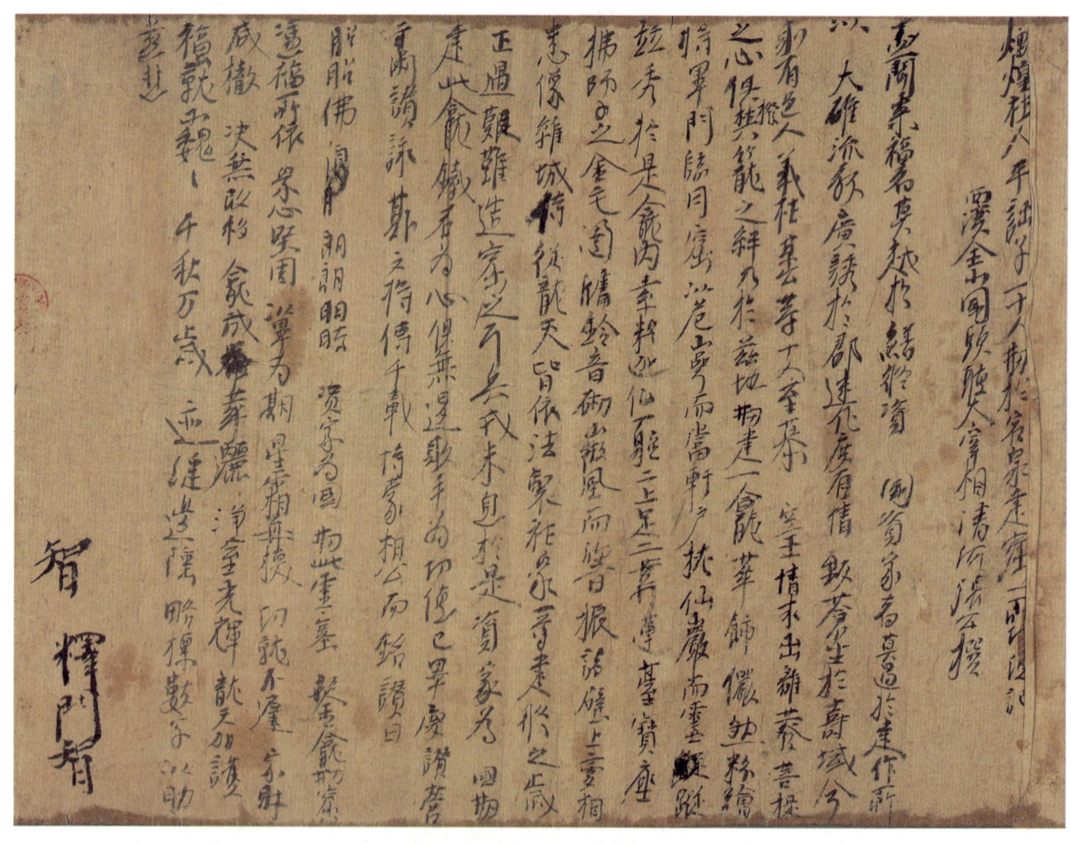

P.2991《平诎子社人修窟记》

在这里，佛窟营造活动实际上已成为这一社团的大事，与社内平时的互助和赈济同样重要。实际上，整个归义军时期（包括曹氏时期）都是如此。

莫高窟营造史的前期（十六国至唐代前期），就崖面上现存洞窟看，北魏以来，西魏、北周和隋代都有庶民团体所造佛窟。如北周时期第303窟为僧俗等联合营造，隋代第404窟由俗家信士们联合营造。但以上是否社团营造尚无法确认，只是其性质类同于社团营造。唐代前期的情况同隋代类似，如第199窟，是一座由敦煌的中下层军政官吏联合营造的佛窟，保存下来的供养人题名有索、王、李、彭、阴诸姓氏。

从张氏归义军时期开始，由于当地统治者们的大力提倡和身体力行，敦煌庶民们的造窟热情也十分高涨，社团、僧团集体造窟很频繁。如公元867年前后，由敦煌清河社社长张大朝、社官朱再靖、录事曹善僧等人组织该社30余人联合建成第192窟，又如公元880年前后由节度小吏康通信、令狐兴晟、赵珊瑚等人联合营造了第54窟；康通信曾为张氏归义军军营小吏，P.4660有其邈真赞，可能是属于“官品社”一类的社团造窟形式。

公元911年前后，敦煌社人平诎子等10人共同营造了第147窟。敦煌文书P.2991V为原西汉金山国关厅大宰相清河张公（文彻）撰《敦煌社人平诎子一十人创于宕泉建窟功德记》，为莫高窟营造史料中至为重要的一件。“西汉金山国”建立于公元911年。立国之初，“金山白衣天子”张承奉率兵东征西讨，由于连年战争，对敦煌的社会经济和人民生活造成极大破坏。公元911年，甘州回鹘可汗之弟狄银率兵大败西汉金山国于敦煌，两家结为“父子之国”，让敦煌民众受尽屈辱，社会经济遭受重创，但即使是在这样艰难的情况下，敦煌人民仍然不忘兴建佛窟，把莫高窟营造活动同国家、民族、社团以及个人的利益紧密地联系在一起。

从9世纪末到10世纪初，吐蕃在敦煌的统治逐步稳定，莫高窟洞窟营造活动以民间社团组织得以开展，这一时期主要是补修和重修先代洞窟。例如大型洞窟第205窟的补修，仅现存该窟西壁的社人供养题记就有近30条；敦煌文书P.2991V《莫高窟塑画功德记》对此做了记录和赞颂。参与造窟的社人当中，有刘、王、李、程、马、雷、张、平、孙、顾、薛、范、樊、胡诸姓，看得出，这是一个比较大的团体。又如以“社长氾光秀”为首的“氾氏戚里”（氾姓亲情社）对第379窟的补修，也是P.2991V《报恩吉祥之窟记》残卷记述了此事。氾氏社众在同一时期还补修了第216窟。

曹氏归义军时期的百余年间，庶民们的佛窟营造活动是敦煌社会生产活动的重要内容之一，这一时期莫高窟崖面上的洞窟差不多全部被重修过，而且崖

面上窟龛之间的空隙处也全部装绘以露天壁画；这其中有相当一部分为庶民社团及僧团所营造：第263窟是大型的北魏时期洞窟，10世纪中期被称为“令狐社众窟”，即是在曹氏初期由令狐氏族“亲情社”的社众重修，窟内现存供养人题记多为令狐氏中下层庶民百姓。第322窟也是这一时期由令狐氏社众重修的唐代早期洞窟。从残存的供养人题名看，社人中有节度使府的小吏，有僧人，更有画匠，可谓人才齐备。敦煌文书P.3276V《结社修窟功德记》残文，记述了曹氏统治者对广大庶民造窟活动的倡导和组织情况，也对敦煌某社社众重修第38窟的情况作了介绍。同一时期，敦煌某社社长武海清与社户王义全、令狐海员、山惠等重修第370窟，该窟内现残存供养人题名即该社众人。另外，社人阎滇儿、曹宾庆、陈岳马等人重修第192窟也在这一时期。根据窟内题记，可以确认是曹氏时期庶民团体营造者还有第32（僧众）、33（社众）、44（僧众）、90（社众）、172（邑人）、278（社人）、322（社众）、363（社众）窟等。除了营造洞窟之外，敦煌社人们还在莫高窟周围联合营造了天王堂、天禧塔等与洞窟崖面相配套的佛教建筑，其中也留下了建造时代的记录。宋开宝三年（970），福惠和尚、马文斌等18人订立一份重修佛窟协约，即敦煌文书S.3540，是敦煌僧俗社团佛窟营造活动中的典型事例；根据调查，其所修当为莫高窟第449窟。

以上关于敦煌社团营造莫高窟的叙述，只限于现存铭文记载的一部分，实际数字远不止此。如S.3929《董保德功德颂》所记董氏与众人结社“权修五龛”，以及经当时重修但未保存下记载的洞窟的情况，还有待进一步调查。

敦煌社团集体联合营造莫高窟，作为中国古代封建社会里的庶民联合生产活动，是一个十分有意义的话题。吐蕃统治时期，社团造窟活动也在一定程度上保存了当时的民族文化和传统。到归义军时期，因为社团所事造窟和其他佛教活动，体现着敦煌“善国神乡”的风貌，对归义军政权有百益而无一害，所以尽管也是私社性质，不过似乎是得到张、曹统治者们的提倡，我们从P3276V《结社修窟功德记》残文所谓“托西大王曹公，……坚修诱劝于众人，助善兴工于处处”可略知一二。以至于出现了如S.3540《福惠等修窟约》所述这类专为重修佛窟而组建、完工后即行解散的临时社团。同时，我们还看到，社团集体联合修窟是敦煌庶民们一项自觉自愿的活动。如前述吐蕃时期社团对先代未完成窟龛大规模的补修，“抽减孽产之余，用报团圆之因”，当作自己分内的事。

二、中下层官吏与民众家族的营造活动

在莫高窟的营造史上，大概从北魏时期开始，世家大族也好，庶民百姓也

好，主要还是以一家一户为单位进行的。同全国其他各地区一样，敦煌的世家大族在民户中所占比例毕竟是少数，所以莫高窟崖面上各个时期的洞窟中，有相当一部分是敦煌的庶民百姓以家庭为单位营造的。只是由于财力、物力、人力等各方面条件的限制，这类洞窟的规模一般都比较小，但其窟龛数量在莫高窟崖面上所占比例最大，留下的记载也最多。

因为年代久远，有关莫高窟早期庶民家族营造的记载资料极少见。目前洞窟上现存最早者，当数敦煌北周时期张氏家族营造第442窟的供养题记。参与者张缌为北周的敦煌郡鸣沙县丞，也算一个中级官吏。

隋开皇五年（585）前后由敦煌某氏家族僧俗营造的第305窟中，留下了一些施主们的题名，如“息女随摩”“息女阿晕”和“比丘僧□□”“比丘尼月知”等，他们应当属于同一家族；其后不久的第307窟是由另一家族所营造的，该窟北壁有男女供养人像分列两边，但其题名无法辨认；建成于大业九年（613）的第282窟，是一位比丘尼及家人为其亡父母营造的；同时代的第62窟是以比丘普济为首的成氏家族营造的，窟内现存以成氏信士为主体的供养人像40多身，其中题名尚可辨认者也有20多身。

唐代前期的洞窟中，从题记看，由庶民家族为单位营造的有第322、334窟。值得注意的是，这一时期虽然也是以一家一户为单位营造，但洞窟的规模都比较大。这说明在唐代前期国力强盛、经济繁荣的社会环境下，庶民百姓们也具有一定的经济实力。而吐蕃时期敦煌庶民一家一户在莫高窟造窟的文献记载很少。就目前所见，有蕃占前期敦煌乾元寺僧人金炫所造的第155窟，这是个小型窟，尽管金炫当时在敦煌佛教界已高居都教授之位，但从所建第155窟的规模可知其出自庶民家族，经济力量十分有限；第191窟是吐蕃时期由庶民某氏营造的，残存的供养人题名有比丘尼、亡母等，这也是一个小型窟。

张氏归义军时期，敦煌的庶民们普遍以一家一户为单位营造佛窟，留下的记载比较多。如第107窟造成于公元871年前后，营造家族的成员除了其父母、兄弟姐妹、子孙以外，还包括作为奴婢身份的喜和母女。张氏归义军时期，蓄有奴婢的家庭从事“放良”活动，是一种很普遍的现象，也被看成同营造佛窟一样的“功德”，敦煌文献中有这一方面的丰富记载；这种现象也在同时期的洞窟上表现出来，说明这些社会最底层的人在社会上也有了一定的地位；第107窟喜和母女的供养题榜中所谓“愿舍贱从良”还表达了她们要求获得人身自由的一种愿望。①无独有偶，第14窟的情况与第107窟相类似，它的营造时

① 参见史苇湘：《敦煌历史与莫高窟艺术研究》，兰州：甘肃教育出版社，2002年。

代与第107窟相同，窟内现仅存的3条供养人题名中，除一位“故母六娘子”之外，其余2人都是“妮子”——一名阿敦悉力，一名延美。妮子在当时又称“家妮子”，也是奴婢身份，而且两名女奴中至少有一名阿敦悉力是当时所谓“胡人”家的女儿。

曹氏归义军时期由于统治者的组织和倡导，敦煌的庶民百姓以家庭为单位的佛窟重修活动十分兴盛，有30多个洞窟内至今还保存有当时营造的记录。如第412窟，隋代原建，公元939年前后由敦煌某氏兄弟重修，窟内现存有重修时期的《功德记》墨书残迹。第127—128窟，唐代原建，约在公元948年前后由敦煌辛氏家族重修，二窟内共绘有辛氏供养人像20多身。第427窟为隋代所建，公元970年由王某重修甬道、前室并新建窟前木构窟檐，窟内绘王代家族已故及健在成员近百名。第66窟为唐代所建，公元939年前后由僧人胜明重修，公元970年后由胡氏家族重修；30余年间两次重修，都有铭文留存至今，似乎说明胜明本人亦出自胡氏家族。第171窟为唐代所建，公元970年后由石氏家族重修，窟内绘石氏家族供养人像20多身，有题名可辨认者约一半。第194窟（唐代所建）由一位禅僧重修，其供养像画在甬道南壁；与他同壁的供养像是一位马姓施主，可知他们原是一家。重修第338窟（唐代所建）的是一个比较大的家族，窟内有30多位供养人的画像，但题记反映其中大部分为亡故者。第468窟由当时在敦煌乾元寺供职的朱慈善创建，大概到11世纪由其孙补修，窟内现存壁画多为补修时期的，绘有朱氏家族的先亡及健在供养人像20多身。公元948年冬天至公元949年夏天，归义军节度小吏安某组织全家人重修了第129窟，即P.2641V1之《推沙扫窟重饰功德记（拟）》所记“南大像北边一所古窟”，窟内四壁底部现存曹氏前期所绘男女老少供养人像40余身，残存的题名有窟主归义军节度小吏安某及其父（已故）、男（子）、女、新妇（子媳）、子聟（女婿）等，其中长子与女婿二人为画匠。很明显，这些供养人像是在清除窟内积沙后，在被积沙剥蚀的底部壁面上补画的。而且，安氏大家族40多人同绘一窟，正好印证了《功德记》所谓（在外地供职的安某）因岁末全家团聚时，礼谒久别思念的莫高窟时发现该窟遭流沙摧毁而发愿重修之记载。

同样的情况出现在榆林窟，如第36窟，主室甬道南北两壁残存宋初绘曹元忠、翟氏夫妇供养像及其家族并题名榜；前室西壁残存同期所绘修窟施主邓义延供养像并题名榜。又如榆林窟第35窟：主室甬道南北两壁残存宋绘曹延禄与于阗公主李氏夫妇、曹延瑞、慕容氏、阴氏等供养像并题名榜；前室甬道、西壁、主室东壁等处存同期所绘修窟施主张安子、宋清儿、武海等供养像。

敦煌石窟中丰富的庶民家族造窟资料反映出中国封建社会长期形成的以一家

一户为经营单位的社会形态，也反映在莫高窟1000余年间洞窟营造活动的过程中，庶民家族占人口比例的多数，决定了其所造窟龛在莫高窟崖面上所占多数，而他们的经济力量，又决定了其所造窟龛规模的微小。同时，庶民家族的敦煌石窟洞窟营造事，更是一种自觉自愿的活动。

三、个人身份参与造窟

庶民百姓（包括一些中下层僧俗、官吏）以个人身份参与莫高窟的洞窟营造事，应该说，是从莫高窟崖面开始大规模洞窟营造的北魏时期就有的，他们不是由自己个人或家族单独营造一座洞窟，而是在别人开凿好的洞窟中，出资占得方寸之地，根据自己的需要绘上佛画和个人及相关人士的供养像。以个人身份参与造窟者，在洞窟中一般都是这种表现形式。但因年代久远，保存下来的记载极少。

莫高窟早期最大窟——北周时期由王族建平公于义所造第428窟中，绘有1000多名僧尼的供养像，从残存的题记看，这些僧尼来自河西各地，他们也有可能都是以个人身份参与第428窟的营造。这种情况在莫高窟营造史上一直存在，如10世纪初年在由曹氏归义军的开山鼻祖曹议金营造的特大窟第98窟中，也绘有近200名中下层僧尼和官吏的供养像，这些人也是以个人身份参与第98窟的营造。当然，在这种情况下，有一个统治者和被统治者之间相互利用、相互依赖的政治问题，同庶民们自发的洞窟营造活动有一定的区别。

隋朝初年，由僧众团体营造的第302窟和由某氏家族营造的第305窟，共残存有近10处僧俗单独绘制佛画的发愿文及其供养像，都是以个人身份参与营造者所为，其中尚可辨认的题名有比丘尼妙口、清信士宋显云香等。营造于唐代武周年间的第335窟中，东壁有优婆夷高某为亡夫及见在男女眷属所绘佛画；北壁有张思艺、南壁有某氏所绘经变画。唐天宝年间营造的第180窟之中，西壁有当时张承庆“为身染患疾发心造二菩萨”，南壁有后来吐蕃统治时期阚日荣“奉为慈亲蕃中别离敬造”之观世音菩萨，北壁还有某佛弟子绘菩萨等。吐蕃统治时期一个名叫真净的女子，在先代所建第176窟的北壁和南壁，“奉为过世父母敬造”了“南无地藏菩萨”；同一时期，也是在先代所建的第225窟东壁，有“王沙奴敬画千佛六百一十躯”，又有“女弟子优婆夷郭氏为亡男画千佛六百一十躯”。

敦煌写本S.3929《董保德功德记》中讲到董保德与众乡侣共同于莫高窟“于此仙岩，共诸施主权修窟五龛，彩绘一一妙毕”，即是在“曹王”时代敦煌全社会的力量参与莫高窟维修中的一个事例，具体展示了社会力量对莫高窟的维修和保护。

敦煌的庶民百姓，参与营造莫高窟，也十分热爱莫高窟，以此作为精神上的寄托，倾注了心血和热情。比如敦煌文书S.3553，是一位小牧主类的人物，在托一位牧驼人给管理洞窟营造的和尚送颜料的信中写道："今月十三日于牧驼人手上付将丹二升半，马牙朱两阿界，金青一阿果，咨启和尚：其窟乃烦好画者。所要色泽多少，在此觅者，其色泽阿果，在面褐袋内，在此取窟上来。缘是东头消息，兼算畜生，不到窟上，咨启和尚，莫捉其过。"这位普通的牧人，利用日常劳作之便为莫高窟提供颜料，托另一位牧驼人带给窟上的和尚，让和尚找一位好画家为自己画窟壁；自己因故不能亲自到窟上来，如果还需要颜料，他会继续寻找。这里生动地反映了敦煌的庶民百姓对莫高窟的热爱和关切，莫高窟在每一位敦煌人的心目中都具有至高无上的地位。

莫高窟北大像第96窟在近代还有过两次重修。一次是光绪二十四年（1898）敦煌人戴君奉钰倡倡导重修窟前五层楼阁。另一次是民国十七年至二十四年（1928—1935）由敦煌"德兴恒"商主刘骥德、乡绅张盘铭和莫高窟主持喇嘛易昌恕等人组织重修，改五层为九层，同时窟内大佛全身妆銮。重建竣工后，九层飞檐倚山而立，兽鸱栿脊，风铎悬鸣；栏槛宫阙，层廊叠垒，巍峨绮丽，殊为壮观，是莫高窟标志性的建筑。这是在莫高窟设立国有管理机构之前由民间社会力量进行的大规模重修，在莫高窟的保护方面有积极意义。

四、过往行客、少数民族与敦煌石窟

作为交通枢纽和经济文化交流重镇，历史上敦煌的社会力量中，"过客"这一部分也是不可忽视的。他们之中有过往商旅、戍边兵士等，也有专门从外地来的手工业者。他们并不长驻敦煌，但只要在敦煌一天，都表现出对石窟的关注和贡献。当然，这方面留下的资料不多，供养人题记中留下的也更多是官贵和工匠。

过往敦煌的异地达官显贵们，有一部分对敦煌石窟给予高度关注，作为施主在洞窟上留下供养像和题名。如隋代第281窟的供养人大都督王文通、唐初第390窟的供养人幽州总管府长史某某、[①]盛唐时期第130窟的供养人晋昌郡守乐廷瓌等，他们大多数并不在敦煌为官，即使在敦煌为官者也是短暂的几年时间。因

① 参见贺世哲：《从供养人题记看莫高窟部分洞窟的营建年代》，载敦煌文物研究院编：《敦煌莫高窟供养人题记》，第200页。

此他们不可能像元荣、于义那样主持建造大窟，而是以施主身份出资（或以其官宦身份为资本）参与一些洞窟的营造，让窟主将自己的供养像绘在洞窟中的显著位置。

普通庶民过客在石窟上留下踪迹者并不多。建于唐开元年间的第166窟内东壁，画有营造之初的各种佛像多身，其下之供养人题名一为“行客王奉仙一心供养”。王奉仙是京兆人氏，开元二十年（731）以行客身份随驮队出使安西，此画疑即途经敦煌时所绘；同时作此“功德”者还有王之同僚。实际上，许多在敦煌为官者也是过客性质的，但有一点可以肯定的，就是即使作为过客，官贵也好，平民百姓也好，都对莫高窟贡献了一份力量。

10世纪以后，敦煌的过往行客中，除了官贵、士卒、商旅之外，很多的手工业劳动者涌入敦煌，其中就包括一批批从事敦煌石窟营造的画匠。如榆林窟第19窟，有五代后汉乾祐四年（950）甘州住户高崇德画窟题记；第12、13窟有元至正二十七年（1367）临洮府后学待诏刘世福画佛殿题记。说明这个时期中原及其他地方的手工业劳动者可以至外地做事。这对当时的敦煌石窟来说，是特别需要的社会力量。

各少数民族民众参与敦煌石窟营造，从莫高窟创建开始就一直存在。这些人主要是各个时期移居敦煌的西域各族，以粟特人为主，曾参与莫高窟、榆林窟等石窟的营造。如莫高窟第322、158、359窟等，都留下粟特人的痕迹。[①]

11世纪以来，敦煌先后由回鹘、党项（西夏）、蒙古（元）等民族政权管辖和治理。从整个敦煌的历史过程来看，这些民族政权的短暂管理，实际上也是过客性质的；出现在这一时期的石窟内的各个民族各种身份的供养人，个体也好，群体也好，都可以和他们的政权一样看作敦煌的过客。如榆林窟第29窟的“国师”，或许是一位可能到过、但也可能没有到过敦煌的过客；除此以外，在莫高窟、榆林窟等地出现的大量西夏时期的供养人，从题名看，多为中下层官吏及百姓，职务最高者为榆林窟第29窟的窟主和施主们，有题衔 “瓜州监军”“沙州监军”等，比较特殊的是，这一时期是敦煌石窟的晚期，所造石窟大多为藏传佛教内容和风格。因此，这是在敦煌特殊的历史时期，由特殊的社会力量对敦煌石窟作出的特殊贡献。

① 参见沙武田：《敦煌石窟粟特九姓胡人供养像研究》，《敦煌学辑刊》2008年第4期，第132—144页。

第六节　敦煌石窟营造的主体力量：工匠[①]

莫高窟在敦煌历史上被看作公共财富得到全社会保护和利用，这一切都是通过历代工匠们的勤劳和智慧实现的，敦煌古代工匠是敦煌石窟艺术的创造者。莫高窟留下了让子孙后代取之不尽、用之不竭的文化财富。几乎每一个看到或了解敦煌石窟艺术的人，都会对创造她的这些艺术家们产生无比的崇敬和怀念。但由于历史原因，古代文献中没有敦煌工匠的专门记载，我们只能从一些零星的资料中，窥知敦煌古代工匠的一些情况。

① 本节内容选自拙作《敦煌古代工匠研究》，北京：文物出版社，2018年，恕不另注。

工匠也是社会上一个有组织的社会团体。古代敦煌的工匠大体可分为两类：第一类是与社会生产及人们生活直接相关的、为人们提供劳动工具和食、衣、住、行需要服务的各行业工匠；第二类是从事文化艺术活动的、也是最具敦煌特色的工匠，如画匠、塑匠、打窟人、纸匠、笔匠等。其中石匠、铁匠、木匠等第一、第二类有交叉。参与石窟营造的第一类工匠中与第二类交叉者如石匠、铁匠、木匠、泥匠、灰匠等，以及第二类的画匠、塑匠、打窟人、纸匠、笔匠等。这里还有两种情况在我们现在看来比较特殊：一是塑匠和泥匠不分，二是木匠和雕版匠不分。

敦煌古代工匠的身份大体可分三种，即官府所属、寺院所属和自由民。其中自由民主要是一些专门从事各种手工行业劳动的民家、民户等，如制造武器的弩家、榨油的梁户、酿酒的酒户等。另外，一部分僧侣也从事工匠的劳动；一部分官家、贵族子弟或已在军政部门为官者也从事工匠劳作，当然，他们主要从事艺术类的劳动。官府所属工匠，担任“押衙”一职，即官府的办事员，是官府对工

莫高窟第465窟《工匠成就者》（底部）

匠地位的认可，也是为了便于控制。因为在10世纪，敦煌的各类工匠已经有了各自的行会组织，而在官府担任押衙者多为工匠行会的头目。

敦煌古代各个行业的工匠们，按技术分都料、博士、师、匠、生等级别：都料是工匠中技术级别最高者，也是本行业工程的规划、指挥者，他们除了具备本行业的设计、规划及组织施工的才能以外，作为高级工匠，一般都具有本专业过硬的、高于其他级别工匠的技术，经常参与施工造作。不过，都料级工匠并不是每个行业都有，一般工程量大、规模大或者是技术要求高的行业，或是艺术家的行业才有都料；不需要进行设计或规划的简单手工劳动不设都料。博士是具备过硬的专业技术、可从事高难度技术劳动并可独立完成所承担工程施工任务的工匠，在各行各业都有；博士之名在开始使用时只是一般匠工的俗称，据专家研究，系从“把式”之名演变而来，与一般的学位或文职有很大区别；敦煌较早也以博士为一般工匠之称谓，但后来大量出现将“博士”与工匠分别记录的情况，表明博士显然是区别于一般工匠的高级工匠。一般被称作“匠”者，当为能独立从事一般技术性劳动者，在工匠队伍中占多数。匠和博士两级工匠，是敦煌工匠队伍中的基本力量。工匠的最低一级，是作为学徒的“生”。工匠们一般隶属于官府、寺院或者大户人家，没有任何人身自由，没有属于自己的土地、家园或财产，而且他们的身份还是世袭的；他们为人随意役使，成为主人之间的交易。敦煌石窟的营造就是工匠们为窟主、施主们所役使而为。

工匠们有对艺术的孜孜追求，也有对佛教的一往信念，更多的是为了养家糊口。工匠们有待业类别和技术等级的区别，但不论哪一类、哪个级别的工匠，都是一日两餐、一餐两块胡饼；作为艺术家的塑匠，平时还要从事泥火炉一类的简单泥匠劳动。但无论如何，严酷的封建法规制度又容不得他们的半点疏忽，他们的作品所显示的艺术水平与同时代的大师们相比毫不逊色，但地位、待遇等却是天壤之别。当然，在晚些时候，敦煌的工匠们也有了一定的人身自由，可以拥有少量土地，可以利用手工业劳动为自己赚取雇价；一部分高级工匠还在官府担任一定的职务或本行业行会的头目，生存条件有了改善。但是，更多的工匠依然衣不蔽体、食不饱肚。他们就是在这样的生活条件下，为我们创造了这样伟大的敦煌艺术。

庆幸的是，我们今天在敦煌石窟壁画上还能看到一些工匠的题名。但早期是以杂写的形式出现的，如北周时期的莫高窟第290窟壁画下层的辛杖和、郑洛仁等，都是利用练笔的机会写上去的，但后来均被绘制好的壁画所覆盖；第205窟的“画师平诎子”题记也是随手书写。而在莫高窟作为供养人出现的工匠极为少见。如第196窟的何姓纸匠都料、纸匠等，是以窟主何法师亲属的身份被绘于

供养人像列。第129窟内的两位画匠本身又是以归义军官府小吏的身份和重修施主出现的。比较而言，在瓜州榆林窟，保存的工匠题名相对多一些。如第32、33、34窟，建于宋初，尽管在甬道南北两壁的供养人主位上绘曹元忠、翟氏夫妇供养像并题名榜；主室内各壁存同期绘瓜沙归义军府衙中下层官吏及绘修窟施主、百姓供养像并题名榜多处，其中就有金银行都料、弓行都料等高级工匠和画匠、伎匠、酒司等特殊行业的劳动者。而在这些题记中，最具史料价值者为榆林窟第20窟前室西壁南侧残存宋雍熙五年（988）沙州押衙令狐信延画窟题记：

1. 雍熙五年岁次戊子三月十五日沙州押衙令狐信延下手
2. 画副监使窟，至五月卅日□具画此窟周□。愿
3. 君王万岁，世界清平，田莹善熟，家□□□，□孙莫绝。值主
4. 窟岩，长发大愿，莫断善心，坐处雍护，行□通达，莫遇灾
5. 难，见其窟岩纪也。[①]

这里讲三月十五日始画，五月三十日完工，共用了两个半月的时间。此为一中型洞窟，由前甬道、前室、后甬道及主室4大部分组成，总壁画（可供绘制壁画的壁面）约100平方米。因为该窟内没有发现其他画匠画窟的记录，所以此窟全部壁画应出自令狐信延一人之手。就是说，一位官府画匠在两个半月时间内完成了一座中型洞窟的全部约100平方米壁画。这则题记为我们提供了绘画工匠的工作量以及石窟营造速度、进程方面的珍贵资料，所反映的佛窟壁画绘制所用时间在整个敦煌地带有可参照性。

① 参见马德：《敦煌工匠史料》，兰州：甘肃人民出版社，1997年，第20—21页。

第四章 末法思想影响下敦煌佛教社会化实践

第一节　敦煌的“末法”与“存法”

第二节　从“疑伪经”在敦煌的流行看佛教的社会化尝试

第三节　三阶教在敦煌的传播

第四节　敦煌本《赞僧功德经》的末法意识

第五节　天高地广的佛道共识

第一节　敦煌的“末法”与“存法”
——以莫高窟两幅《福田经变》为中心

一、末法思想的由来与内容及其在中国的提前传播

末法思想提供了佛教社会化的理论根据。按佛教的教义，佛法分为正法、像法和末法三个时期。佛教的末法思想，是指佛教经过正法、像法、末法三个发展阶段，必然走向消亡。末法思想是佛教发展到一定历史阶段的产物。末法思想具有丰富的哲学内涵，并对中国佛教和传统文化产生重要的影响。散见于诸经典中的末法思想，促使佛信众反省与奋起，思考、寻求挽救佛教生存并进一步发展之方法。有意义的是，中国南北朝时期的慧思大师（515—577）提出了末法思想，并把他生活的时代称为“末法时代”，上据佛教创立刚满千年，让佛教在中国提前于5世纪开始就进入末法时代。此后，中国佛教一直是在末法思想的支配下生存和发展。佛教徒们在末法时代挽救佛法的最具成效的措施和方法，莫过于采取多种形式“存法”，于是就有了刻经，有了造像，有了石窟，有了石经，有了众多的佛教建筑和佛教艺术。

末法思想支配下的佛教事业的进步和发展，实际上就是佛教的社会化，这一点与大乘佛教即入世佛教的主旨是相一致的。在竺法护的努力下，大乘佛教思想首先是与中国传统的经学思想相融合；同时，随着时代发展和社会需要，不断地出现各种适应中国社会并直接介入民众生活的“佛经”，这些由中国僧人编撰的、佛教史上被称为“疑伪经”的“佛经”，反映了中国社会的需求和佛教生存发展的需要。人们可以随时聚集在佛教的大旗下，从事各类社会活动。被世界佛教发展史奉为至圣宝典的《六祖坛经》，虽然也出自中国高僧之手，但1300年来从未有过“疑伪经”的只言片字。而正是《六祖坛经》将大乘佛教的入世思想和普度众生的理念发挥到极致，其众生为佛、佛为众生的理论和实践让佛教完全融入世俗社会，是佛教社会化的重大发展。

二、敦煌石窟与末法思想

敦煌石窟作为佛教建筑，开始时大概只是用于僧侣们禅修，但这种情况并没有在敦煌持续多久。由于北凉王沮渠蒙逊倡导，石窟便成为社会化的活动场所。敦煌文献追述敦煌石窟营造因“君臣缔构而兴隆”首先应该是指北凉时期的盛况。但这一时期的石窟营造主要是在沮渠蒙逊个人意志驱使下的社会行为，与末法思想无关，也与存法毫无瓜葛。且这一时期从事敦煌石窟的营造者多为来自西域的工匠们，虽然在石窟建筑中运用了中国古老的阙、帐一类的建筑形式，但造像和壁画的艺术风格完全是印度和西域式的。西域工匠们是否受到末法思想的影响来修建莫高窟，或者是寄托他们存法的愿望，我们不得而知。从敦煌早期石窟，特别是北凉时期的莫高窟洞窟的内容看，原始佛教与大乘佛教的内容都有，而且当时许多佛经没有译成汉文，是根据梵文或其他文字流播的经文绘制的；从内容看展示出存法的迹象，从建筑形式看是利用中式为主、中西结合的方法，也可能是一种存法的策略。

从北魏后期东阳王元荣主政瓜州敦煌开始，中原和敦煌本地风格的艺术进入石窟。敦煌石窟除形制上适当保留一些印度和西域的原有形式之外，几乎完全中国化了。但无论如何，从北凉时候开始，敦煌石窟的营造实际上就是一项社会活动，敦煌石窟也是作为社会化的佛教活动场所而出现的。末法时代的存法活动在佛教发源地之外的地方，是以本土化和社会化的有效方式进行的，促成了佛教的社会化变革。

末法思想传播以来，敦煌石窟的营造活动较之前有了重大的飞跃。这一点，我们从敦煌北周后期以及隋朝的大规模营造活动中可以看出来；而且众多的僧侣直接参与了石窟的营造：除了为自己的家庭主持营造“家窟”（如莫高窟第290窟由李贤家族的僧人主持营造）之外，很多僧人还组织事先主持开凿好洞窟并制作好地仗，分别由东来西往的各方施主们出资绘画。家窟也好，广大信众共同造窟也好，体现了在僧人们主持下的存法行为，同时也展示了更广泛的社会性。末法思想给敦煌包括石窟营造在内的佛教信仰活动带来了重大的社会变革。可以说，敦煌石窟作为以佛教名义出现的社会化的活动场所，不仅迎合了末法思想，也为存法提供了广阔的平台。

或许是由于有了末法思想的大力推进，以石窟营造为内容和形式之一的佛教信仰才能成为敦煌千余年的社会活动，成为敦煌人民生活不可缺少的一部分；历史上敦煌通过“存法”的行为和手段，实际上保存了敦煌特定历史时期的地理环

境、社会背景、礼法制度、民俗风情，以及中华民族的先民们一千年间的聪明、智慧和创造，留给我们取之不尽、用之不竭、足以让子孙万代引以为骄傲和自豪的精神和文化财富！

三、莫高窟《福田经变》出现的背景

为了存法，佛教提倡广施功德，广种福田。敦煌石窟顺应这一潮流，在6世纪晚期的北周和隋初的壁画中，出现了两幅最典型的反映末法思想的《福田经变》。一幅在第296窟北顶东段，另一幅在隋开皇四年（584）开凿的第302窟人字披西披下层。两幅画在时间上前后相接，绘制风格一脉相承，内容一致，关系紧密。

莫高窟这两幅画，先辈学者史苇湘早年有详细研究。他准确地考证出这两幅《福田经变》是根据西晋沙门法立、法矩共译的《佛说诸德福田经》绘制的。经文如下：

> 佛告天帝："复有七法广施，名曰福田，行者得福，即生梵天。何谓为七？一者，兴立佛图、僧房、堂阁；二者，园果、浴池、树木清凉；三者，常施医药，疗救众病；四者，作牢坚船，济渡人民；五者，安设桥梁，过渡羸弱；六者，近道作井，渴乏得饮；七者，造作圊厕，施便利处。是为七事，得梵天福。"

第296窟是从帐形窟顶的北顶中段开始，从西到东，分两层画了"七法"中的"兴立佛图、僧房、堂阁""园果、浴池、树木清凉""常施医药，疗救众病""安设桥梁，过渡羸弱""近道作井，渴乏得饮"5个场面；第302窟是在人字披西披下端从北到南画了"兴立佛图、僧房、堂阁""园果、浴池、树木清凉""常施医药，疗救众病""作牢坚船，济渡人民""安设桥梁，过渡羸弱""近道作井，渴乏得饮"6个场面。同时，两窟除经上"七法"之外，均在后面依如下经文特别绘制了"道边建立小精舍"的场面：

> 于时，座中有一比丘，名曰听聪，闻法欣悦，即从坐起，为佛作礼，长跪叉手，白世尊曰："佛教真谛，洪润无量。所以者何？我念宿命无数世时，生波罗奈国，为长者子。于大道边，作小精舍，床卧浆粮，供给众僧，行路顿乏，亦得止息。缘此功德，命终生天，为天帝

释，下生世间，为转轮圣王，各三十六反，典领天、人，足下生毛，蹑虚而游，九十一劫，食福自然。”

这里讲的是一个叫听聪的人，向佛祖述说他的“前世”是波罗奈国一长者子，曾在道旁建立精舍，接待僧人食宿，由此而得“命终生天，为天帝释，下生世间，为转轮圣王，各三十六反（次）”的果报。

《佛说诸德福田经》一开始就通过天帝释的口提出一个要求，企图“种丝发之德本，获无量之福”，就是要求自己的布施能“一本万利”，在所谓的“广施七法”中，兴建佛图、僧房、堂阁，是第一件得好报的要事，封建地主阶级把修庙、造塔、画佛、塑佛叫作兴福、荐福，为死去的亡灵做这些事叫作追福，可知佛教艺术有着多么雄厚的社会物质基础。

《福田经变》的独特之处，在于它出于佛教特定的目的，却用表现社会公益事业的生活形象，直观地教人们面对“末法”“末世”，拯救佛教于社会。这种表现手法与用折光的物质形象去反映虚幻的佛国净土，有很大的区别，因为它是像实际生活那样去描绘《佛说诸德福田经》的经义。《佛说诸德福田经》中所谓的“七法”，在佛教早期经典《增一阿含经》和《萨婆多论》中就已提到类似的内容，《僧祇律》《成实论》的偈语中都说“旷路作井”“种植果园”“架桥设船”等布施是“无上福业”，可以“获千倍报”。可见在佛教历史上、大乘、小乘都同样主张佛教徒从事有益于社会的活动。敦煌藏经洞出土北朝僧人自撰的《决罪福经》，把这种布施叫作“广施”，或者叫作“善施”。这两幅《福田经变》在浩瀚、绵长的莫高窟壁画中为什么会成为一个短暂的现象？对此，史苇湘认为与隋文帝禁断三阶教有关。“隋仁寿年间（公元601—604年）杨坚曾颁发过‘建舍利塔诏’，令在瓜州（敦煌）崇教寺（即莫高窟）建塔，说明隋朝统治者曾关注过这里的佛教。也可以想象，宗教命令在这里是得到严格执行的，开皇四年（公元584年）以后，石窟壁画上就再没有见过《福田经变》这个题材了。”

这两幅6世纪70—80年代的《福田经变》，是佛教史上一个重要现象。它是北周、隋代的僧侣们想对预感到即将来临的“末法”“末世”做一些社会修补，虽遭到统治阶级的禁止，但它是中国佛教史上的珍贵资料，并且对后来佛教的发展起到一定作用。

四、《福田经变》“存法”的本质意义

莫高窟这两幅《福田经变》保存的不仅是佛法，更重要的是通过反映佛说

莫高窟第296窟窟顶南披东段《福田经变》

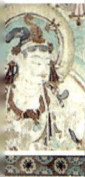

“七法”的内容来展现当时的地理环境、社会背景、礼法制度、风土民情等方面的历史场景。我们不妨通过画面看看这些场景。

1. 兴立佛图、僧房、堂阁

第296窟画面是一组塔殿组合的建筑群体和各类建筑工匠的施工场面：“一开始就是建佛图（塔），六个赤裸上身穿犊鼻裈的泥工，正在修建一座两层砖塔，一人和泥，两人砌砖，两人送料，另一人在扬手指挥。下层正在建筑一座小佛堂，庑殿起脊屋顶，下面有砖砌台基，四周围以栏楯，东面有阶陛直达大门。东西两面各有一身着袴褶的画工正挥笔作画。屋顶上有上身裸体的泥工，正接房下另一泥工用长杆递上来的泥料，预备给即将完工的佛堂做最后的修整。”第302窟则以画伐木图作为立塔、筑堂阁的先声：“三个穿犊鼻裈的伐木工人，正在为营建寺塔备料。运斧斫树、肩扛木材的形象画得十分生动。一座两层，四门，中心置相轮的塔正在施工，塔檐上一人正在修塔檐，另一人正在用滑车吊运材料。塔下一人在抹墙，另一人执矩尺在指挥工作。接着画面上座庑殿起脊的堂阁，檐下有人字拱与梁柱，台阶四周围以朱槛（下端被西夏重修时抹盖，仅余半身的工人正在挥动镘刀砑墙）。”这两幅画把古代敦煌民间修造房屋的过程描绘得活灵活现，保存了1400多年前建筑及劳作、施工的整体面貌，展现了深广的

莫高窟第302窟窟顶《福田经变》

社会背景与民俗风情

2. 园果、浴池、树木清凉

第296窟是一座果园，与佛堂紧邻，3个人在树下休息；第302窟是一座有树木与围墙环绕的浴池，2个人正在池中洗浴。依经文内容绘制，但依然是普通生活场景。

3. 常施医药，疗救众病

第296窟接前两幅在下层画1个病人，由2个人扶坐，正张口接受喂药，身后有人在用药臼捣制药物。第302窟与浴池相邻画分上、下两组，上组画1个病人裸卧席上，有2个人分别执其左右手，医师正对患者施手术治疗；下组画1个羸弱裸体患者由家人扶坐，前面有1个医师正在调制药剂，病人身后站立1个端药少女。两种不同的诊治场景，实际上反映的是内症与外伤两类患者不同的治疗方式，表现了早在6世纪后期敦煌就有了比较发达的医疗技术和手段。

4. 作牢坚船，济渡人民

第302窟“驼车过桥”之下，河面上有2个人划着一艘与锅盆形状一样的小船在摆渡。画师笔下的小河、小桥和骆驼车是大漠戈壁特有的景观，小小渡船应景而生。

5. 安设桥梁，过渡羸弱

第296窟的“设桥”画面上，2个身穿袴褶、头着帕首的北周商人骑押着满载商品的驼队正在过桥，桥对面是1个高鼻深目的西方商人，牵着2只载重骆驼，后面跟着他的商队；两支商队在桥头相遇。第302窟是一队庞大的商旅行列，一个高鼻商人策马在前，身后是一个驮夫牵引着满载货物的骆驼，再后是驮满商品的骡队，驮夫扬鞭呵斥；道旁的树林里拴着一匹马，一个人正提起一只马腿给钉掌；前面的桥头上是一架载人的骆驼车在过桥。在这队商旅中，有西方人和东方人，也有胡人和汉人；交通运输形式也各显其能，生动地反映了6世纪后期东西方经济文化交往的风貌。

6. 近道作井，渴乏得饮

第296窟画一辆卸辕的骆驼车，人畜都在水井旁休息，井的一侧为饮骡马、灌骆驼等情节，其中“灌驼图”也表现出施药疗疾之内容，这是在当时条件下为使长途运输的骆驼保持健壮和耐力的一种预防措施，敦煌到近现代还有施行。第302窟桥侧绘一口井，两人正用一架桔槔汲水，井一边是亢渴的马匹埋头在水槽里痛饮，一边是有人提着水罐递与索水的人。两幅画都表现出干旱地区水井旁特有的轻松愉快气氛，形象地描绘了地处大漠的西北古道上旷路遇井时的活跃情景。

7. 造作圊厕，施便利处

这一内容在此两幅《福田经变》中均未出现。但同时期的北周第290窟的《佛传》故事画中，有一幅一人正蹲在厕所里解大便的画面。

与“七法”画面相接的是“小精舍”。这种小精舍也叫“福德舍”，实为旅馆，专为安歇长途旅客的。第296窟画面上有一幢楼阁建筑，屋后有围墙环绕，屋内有2人在饮酒，1人弹奏琵琶。第302窟画面是一座今天西北地区常见的平顶房屋，内垂幢幔，茵褥上1个踞坐的世俗男人正在饮酒，身边有3个正在演奏的女乐：一挚箜篌，一吹笛，一弹琵琶。屋外树下有一侍者正向屋内饮酒者持奉酒菜。

这里需要强调的是，《佛说诸德福田经》还有很多内容，画师们为什么只选取“七法”和“建小精舍”呢？实际上，这两幅《福田经变》上直接是敦煌社会生产和民众生活的场景。画师们用自己的亲身体验和所见所闻，通过生动、详尽的描绘，如实地反映了1400多年前丝绸之路上的生活风貌。例如在西北干旱地区生活过的人都能体会到，在漫长的大道上，牲畜是最重要的运载工具。为此要爱惜牲口，到一定时期就要给骆驼灌药，给磨损了的马蹄钉掌。壁画上这些情节，都是《福田经变》文字上没有涉及的问题。然而，要描写旷路、沙漠、旅行的艰险，会遇到的干旱、渴乏、风暴、烈日……就必须借用常见的场景来表现旅途上客观存在的困难，有了这些细节描绘，会更增加“广施七德”的重要性。所以这个经变所反映的场景不但现实中存在，而且是常见的。佛教既然要人们在生活中做这样的“好事”，做那样的“善行”，经变壁画就必须画出这些形象。《福田经变》生动地描绘了当时社会生活的部分情景，形象地记录了6世纪时丝绸之路的部分活动，十分可贵。特别是“小精舍”里的情景，长途跋涉的旅行者们能在这大漠戈壁中里得到舒适的歇息和娱乐，说明了敦煌作为中外经济文化交流的要道上的繁华和兴盛，而且早在北朝时期就经营得有声有色，不得不使人联想到北魏温子升的《敦煌乐》诗所吟咏的：“客从远方来，相随歌且笑。自有敦煌乐，不减安陵调。”

第296窟的《福田经变》中“建佛图”“画堂阁”的场景中，出现了两个正在挥毫作画的画家形象，反映了当年佛教艺术活动之盛。1400多年前，不仅敦煌，千里河西，处处开窟造庙，而且“而图寺极壮，穷海陆之财，造者弗恪金碧”。由于统治者的提倡和社会的分工，历史上出现过一个庞大的从事宗教建筑、绘画和雕塑的工匠阶层。让我们推测莫高窟的全盛时期有多少工匠大师，在石窟里争奇斗胜、呕心沥血，用自己的聪明和智慧，把佛教建筑、雕塑和绘画的艺术水平不断地推向新的高度！两幅《福田经变》正是打着“存法”的旗号，为我们保存了珍贵而丰富的历史信息。

第二节　从“疑伪经”在敦煌的流行看佛教的社会化尝试

一、敦煌出土“疑伪经”及其特色

“疑伪经”实际上是由中国本土的僧人们撰写的佛经。中国僧人为了佛教在中国有生存和发展，根据中国社会的需要，假以佛祖的名义和口气，编撰和整理了中国人容易接受的精神和思想意识的文本，赢得了中国社会各个阶层，特别是平民阶层的广泛认可，从而使佛教在中国本土得到进一步发展。“疑伪经”在中国的传播和流行，让佛教直接进入社会生活，是佛教社会化的先声。

早在东晋以前，中国佛教界就出现了“疑伪经”。东晋时释道安在其所撰

佛经目录中设立“疑经录”一类以著录这些经典。从东晋到隋唐，中国佛教“疑伪经”不断涌现；据专家统计，历史上流播的“疑伪经”共有300多部（卷）。佛教文献的整理者在编撰的佛教经录著录了大量的疑伪经典，陆续整理成目录公布，是为了将这些经典排斥在藏经之外；得到认可后又不断被禁止和销毁，致使这些“佛经”大多没有流传下来。十分庆幸的是，敦煌藏经洞出土的写本中保存了50多件被认定为“疑伪经”的写本（包括前文已经涉及的《决罪福经》《所恩经》等），让这些消失千余年的“佛经”重新面世。敦煌藏经洞出土“疑伪经”，前人已经做过很多整理和研究，兹不赘。

“疑伪经”在敦煌的广泛传播和流行，说明它曾经受到敦煌社会的欢迎与认可。由于民间信仰与传统文化的冲击，佛教需要生存与发展的特殊土壤，僧人的社会地位也需要巩固和加强，偏居大漠一隅的敦煌提供了一定的发展空间。特别是后世的敦煌壁画中，众多的“疑伪经”壁画，如传播中国孝道思想的“报恩”类经变、反映中国道教思想的地狱类（地藏十王）经变，更是适应了本地民众的精神需求。敦煌石窟绘制“疑伪经”壁画，与出土“疑伪经”文献相得益彰，体现出敦煌“疑伪经”独特的社会意义。

二、3件“疑伪经”内容试析

早期的“疑伪经”，篇幅不长，都直接切入社会问题与民众生活。敦煌出土的部分“疑伪经”，可能是由于传播范围有限，没有被历代经录所搜集和著录。这里就以敦煌研究院所藏3件“疑伪经”为例，探讨“疑伪经”是如何发挥其社会作用的。

（一）Dy.010B《佛说祝毒经》

1. 佛说祝毒经
2. 南无佛，南无法，南无比丘僧，南无
3. 过去七佛，南无诸佛，南无
4. 诸佛弟子，南无诸师，南无
5. 诸师弟子，南无他比罗鸠
6. 惜罗精舍，礼是已，便说是
7. 祝。令我所咒，皆从如愿：
8. 多逅梨离　摩摩兰泥
9. 迦和罗牟提　殴梨

10. 酸梨枝　摩梨枝
11. 阿迦绨移　贲足少梨移
12. 尼卑提移　　阿那褥罗佁
13. 富咤罗兮　鸠罗罗兮
14. 鸠兰鞞咤罗兮
15. 其有闻神祝者，其人毒蛇
16. 七岁不得啮，毒亦不得行。若
17. 有犯者，头破作七分，如鸠罗
18. 勒菩。若复有特者，毒蛇尽
19. 形寿，不得啮其人，毒亦不行。山北（后缺）

这是一件与治疗因中毒而患疾病相关的“佛经”。苏晋仁认定此经是东晋昙无兰所译《灌顶七万二千神王护比丘经》的另一个传本，历代经录均著录为《咒毒经》。看来，《佛说祝毒经》实际上是由中国和尚改编的“疑伪经”。在中国佛教史上，这样的“疑伪经”为数众多：中国僧人从佛经中挑选出适用于中国社会的内容重新编纂，以得到更加广泛的传播和流行，这类佛典也被划入“疑伪经”类。如各种报恩经，除了自己撰写内容外，还从《贤愚经》等经典中辑录相关或相近的章节内容一起编入。《佛说祝毒经》之经名不见于历代经录，而本卷抄写于《佛说祝毒经》之前的《佛说枟特罗麻油述经》则有记载为昙无兰译。

《佛说祝毒经》“祝”的意义等于其他经文中的“咒”，意为祝愿；“毒”在这里专指蛇毒。“经文”借用“佛说”的名义，念诵佛法僧三宝诸师，能使毒蛇不咬人，或咬了人蛇毒不起作用；并提醒毒蛇不得啮人，如不遵守会头破血流。这是用咒语的形式来清除毒素、驱逐病魔。毒蛇伤人在农业社会是一个普遍现象，严重影响着民众的生产活动和生命安全。佛教僧侣们正是看准了这一直接关乎百姓生命安全的问题，恰如其分地使用佛法来安抚饱受毒蛇困扰的劳作百姓，从而让人们认识并接受佛教，提高僧人的社会地位。中国僧人将大乘佛教融入社会，真正起到入世为民，虽然背上了“疑伪”的罪名，但对佛教的生存发展发挥了巨大的社会作用，实际上就是佛教社会化的实践。

有意思的是，这件《佛说祝毒经》与后来的密教活动文件十分接近。众所周知，印度密教唐代才传入中国，尽管在后来有很大的发展，但在东晋时期，或者此写本所在的南北朝时期，真也好，伪也罢，无论如何也不会出现密教文献。那么我们只能理解为佛教在这个时期已经吸收和融进了许多道教的因素，如这里的

咒毒疗伤，就类似于道教的斋醮仪轨。实际上，印度密教可能也是吸收了中国道教的一些成分，而重新开启的佛教法门。所以，这件《佛说祝毒经》可以说是开密教之先河，在佛教全面社会化的进程中有一定的积极意义。

（二）Dy.007《大慈如来十月廿四日告疏》

1. 大慈如来十月廿四日　告疏
2. 告阎浮地内诸众人民：长多……
3. 九年头，应着勾兰加沙，齐渡……
4. 散，作高绳银坐。汝等人民尽是吾……
5. 衣服。四月八日常出教化，诸众生悉……
6. 布施一飡，受我者，尽听见吾功德……
7. 是报。若得吾书隐而不传者，死入地□□
8. 有脱期。若传与他人者，即得无量无□□
9. 之贤者，见之莫亭；吾不避远近，……
10. 勒佛。一心敬礼，称十方诸佛。一心牟尼佛，白佛
11. 称世尊。一心礼拜，稽首和南。言吾去世后，一
12. 坐奴为沙门，婢为尼僧；五道应亡，留离□谤
13. 弥勒宝王，污吾形体，毁经法时，阎浮地□
14. 教化，河东河西当各出神水，冶一亿人。尒时□
15. 为普修佛法者，门无斯役。若有问知者，诚
16. 莫使断绝，功德无量。告诸贤者，咸使问□
17. 出治百病　　兴安三年五月十日谭胜缘
18. 传教人愿生生之处长直弥勒

这件文献反映的是对5世纪北魏时期的社会需求之呼应。王惠民对此做过研究。[①]“经文”之撰写者假借佛教中关于“弥勒下生”的意义，告诫民众弥勒佛即将在人间出现并施教化，号召人们信奉佛教、尊崇弥勒，并督促大家将此告疏广为传播，同时还强调了倚门卖笑的好处，就是能够给河东和河西的广大地区带来神水，让一亿人受益。河东和河西应该是指今山西和陕西的中北部的广大地区，历史上一直是农业区，但干旱缺水。北朝时期这一带是佛教广为传播和流行的区域。正是看到了这一地区的自然现象和社会需求，《大慈如来告疏》的撰写

① 王惠民：《北魏佛教传帖原件〈大慈如来告疏〉研究》，《敦煌研究》1998年第1期。

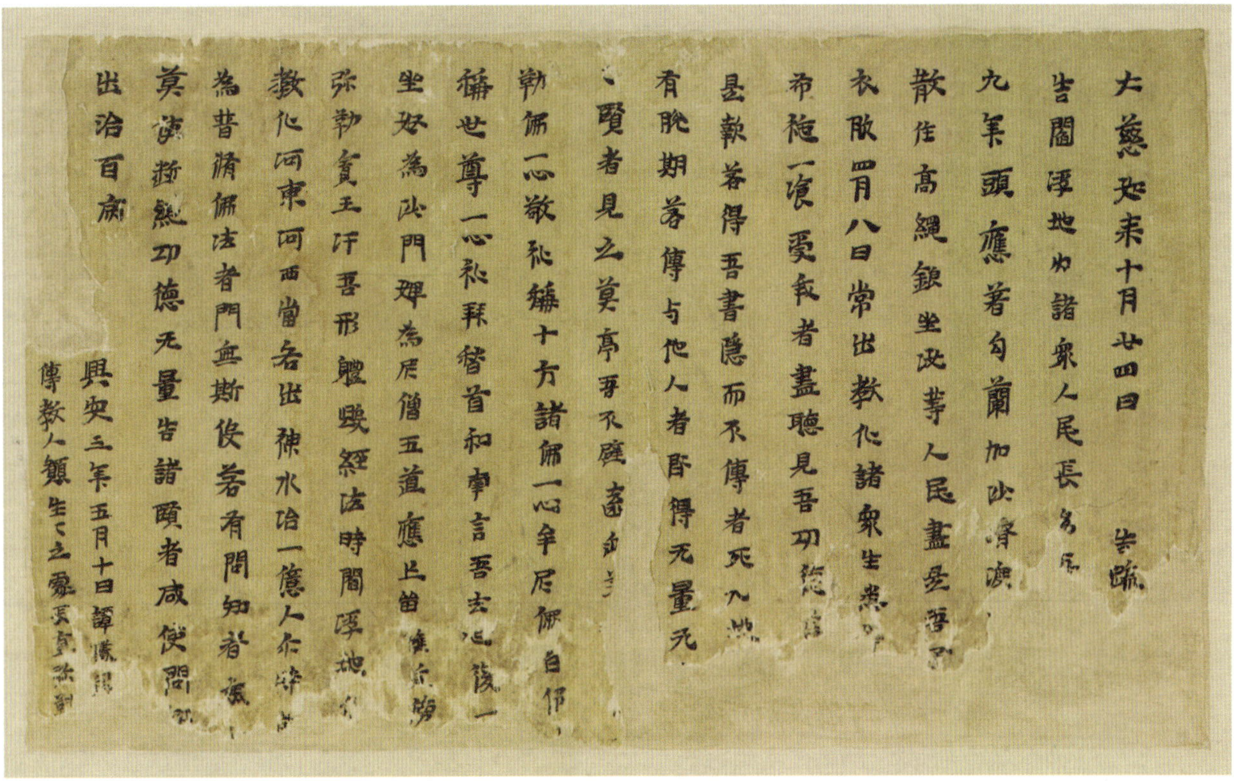

Dy.007《大慈如来十月廿四日告疏》

者通过此告疏号召人们通过信奉佛教来解决生活问题，让佛教在全社会得到普及和推广。这正是佛教社会化的又一种形式的实践和尝试。

（三）Dy.370《佛图棠所化经》

1. 佛图棠所化经

2. 和平四年正月一日，河内缊县刘起之等十五人，入山斫材，卒遇治王天□，飙

3. 风卒起，迷沉失道，经过风山，白日便现。见一鸿鹄从西南来，自投而下，

4. 化为一老公，手提九节杖，而便自谓：吾是佛图棠，故来语汝罪福。

5. 泰山东门崩，泰山遣鬼兵千九万人，提赤枹（袍），持赤绳，取九万男女，三十万人

6. 治东门崩，十千九万女治袍袄。自今以后当行毒肿病，十伤九死，无

7. 门不有。汝急作福，可得度世，三家五家，随村大小，共作龙虎舌饼，人各

8. 持七枚，食之，一日一夜，转经行道，可得度世。期诽谤不信受者，受终

9. 致恶，必作□病厄。右七月八月，想难可度世；男女大小各写一通，仆着肘后，

10. □鬼不来近人，殃精不至，寿命得长，得离此苦。见者写取，其身受福；见者

11. 不写，身寿长病；写不转者，死灭门。见者急急通读，如律令令。

这里讲的是佛教的灵验与感应故事。郤惠莉做过详细研究。①佛图棠即中国佛教史上著名的神僧佛图澄，史载他具诸多神通，特别是能预言未来吉凶。本经叙述了刘起之等15位砍柴人在山林里遭遇狂风后见到自称是佛图澄的神人，告诉他们将要发生的各种灾难与疾病，以及可通过写经传道的方法消灾免难、长寿多福。此中所及，都是关系到每一个人生老病死等切身利益的事，而且合理吸收和运用了中国民间传统的鬼神崇拜与道教“法术”，以达到宣传和普及佛教信仰的目的。实际上也是佛教社会化的方法、手段的具体而生动的尝试。

上述3件“疑伪经”，代表了3种不同的方式：乞求平安、借佛起事、灵验感应，是发生在古代社会中的与统治阶级及民众生活息息相关的身边事。

第三节　三阶教在敦煌的传播②

一、三阶教及其在敦煌的遗存

敦煌保存最有特色的中国佛教史料，当数三阶佛法的文献和图像。三阶教是中国佛教史上末法思想的具体实践，是佛教社会化的尝试。三阶教又称为三阶宗、第三阶宗、三阶佛法，或简称三阶，是隋代僧人信行创立的一个教团，兴起

① 郤惠莉：《敦煌写本〈佛图澄所化经〉初探》，《敦煌研究》1998年第4期。
② 本节内容由张总提供。参见张总：《中国三阶教史》，北京：社会科学文献出版社，2013年。

于6世纪之末，经过7、8世纪的发展，前后约300年。北朝以来佛教盛行“末法住世”之说，佛教徒内部感到佛法将灭的危机，以信行为代表的三阶教别树一帜，企图对佛教进行改革，把佛教从“破我法者是我弟子，实非他人也”的内在危机中解放出来。三阶教将佛法分为普法和别法，以苦行忍辱为宗旨，每天只吃一顿乞来的饭，以吃寺院的饭为不合法。在路上行走，见人不论男女，一概礼拜。竭力提倡布施。死后置尸体于森林，供鸟兽食，叫作以身布施。他们反对净土宗所提倡的念佛三昧，主张不念阿弥陀佛，只念地藏菩萨。他们认为一切佛像是泥龛，不须尊敬；一切众生是真佛，所以要尊敬。这些宗旨与当时佛教界的理论和行持很不协调，被认为异端邪说，因此屡受朝廷的禁止和各宗派的攻击，不断受到打击，乃日趋衰微，终至断绝。值得庆幸的是，敦煌保存了三阶教的遗迹遗踪，包括大量的三阶教文献，生动地再现了这段历史。敦煌的三阶教文献，是研究中国佛教与社会关系的重要历史资料，一直受到学界与佛教界重视。百余年来，国际学界、佛教界的三阶教研究，都以敦煌文献为基础。

信行是生活在北周到隋初的僧人，他经历了周武帝灭法，对佛教受到的打击有痛切之感。当时南北朝上层佛教徒过着宏阁丽宇、锦衣玉食的寄生生活，形式上髡首缁衣、诵经念佛，实际是一群酒色财气、鱼肉百姓的穿着袈裟的地主，他们渗入了封建社会生活的各个方面，成为一个庞大的封建剥削阶层。正如敦煌莫高窟藏经洞所保存的P.2087《佛说像法决疑经》所说：

> 我灭度后千年，恶法渐兴。千百年后，诸恶比丘、比丘尼遍阎浮提，处处充满，还修道德，多求财物，专行非法，多畜八种不净之物……何故未来之世一切俗人轻贱三宝？正以比丘、比丘尼不如法故。身披法服，轻理俗缘。或复市肆，贩卖自活；或复涉路商贾求利；或作画师，工巧之业；或占相男女种种凶吉；或饮酒醉乱，歌舞作乐；或围棋六博；或有比丘谄曲说法，以求人意；或诵咒术治他病；或复修禅不能自一心，以邪定法占睹吉凶；或行针灸种种汤药，以求衣食……

《佛说像法决疑经》为北朝僧人所撰，无情揭露了僧尼的世俗行为。虽然是假借“释迦牟尼所说”，却正是5—6世纪北朝佛教糜烂的一份自供状。面对当时僧俗不分，和尚、尼姑在各种场合与民争利，在民众中名声很坏的现实情况下，僧人信行“蕴独见之明”“以时勘教，以病验人”。要僧尼们恢复托钵乞食，日止一餐，过持律守戒的生活，不住寺院，不勾结权贵，要建立“无尽藏”，要普施一切法。《续高僧传》上说他在相州舍“俱足戒”“亲执劳役、单衣节食，挺

出时伦……”，影响很大，竟使“四方风从”，甚至许多法岁比他高的僧人都“顶受其言”。他节衣缩食建立“无尽藏”干什么呢？以“利己利他”的宗教热忱，刻石经，建立塔寺，修补庙宇，“普法普施”，当然也包括“广施七法”，用此来挽救佛教的“末法”来临。但这些为下层僧人、群众所同情的三阶教法，却为皇室、门阀士族和昭玄统衙门的高级僧人所反对，多次下令禁绝。开皇二十年（600）佞佛的隋文帝杨坚就下令取缔了这个教派。

三阶教产生于北朝至隋，但北朝时传输过来的可能性较小。隋唐时期敦煌的特点是隋代佛教非常发达，莫高窟现存隋窟数量较大，竟有70多座。唐代则分初、盛（二者为前期）、中、晚4期；中唐时期敦煌由吐蕃统治，避过了唐武宗会昌灭法。吐蕃统治时期佛教兴盛，一方面义理讲经都严谨正规，特别是蕃、汉都重视佛教，至此时僧侣数量较多，由此戒律较为松弛。至归义军时期的情况，有继承、有变化。戒律松弛仍若，佛教“疑伪经”非常盛行，多是实用形态交融民俗之经典，较正统经典要庞杂很多。

敦煌出土的三阶教经典，占三阶教总经籍近于三分之二。但是分散到数百年中，也就为数极少了；比起藏经洞中成百上千的《法华经》《金刚经》等大乘经典是微乎其微。当然其中有品质较高的，可属官方抄经写经，或来自皇家朝廷，

P.2087《佛说像法决疑经》

也有较一般品相的作品。但是仅依靠这些经典，很难证明三阶教在敦煌的活动，当然也不能断定在所有时段所有僧人都未依三阶法门行事，但这种活动的程度即使有也不会太高，历时也很难说多久。敦煌所存三阶教经典可以视为中原等地三阶教活动在此的映现。

三阶教的文献，总起来说有写本与石刻两类，存传状况则亦分传世与出土两种。三阶教的创始发展与流传主要是在隋唐，所以没有什么刻印本（除了藏经疑伪目录与僧人传记之外）；写本文献中传世本因日本古寺而存流下来，出土本即是敦煌藏经洞的遗书写卷；石刻本则有陕西淳化金川湾石窟的数种刻经，还有墓志，等等。其中，出土写本无疑最重要，数量既多种类亦全。金川湾刻经当然也重要，但直接出土者仅4种左右，且有1种亦存敦煌写经，确为海内外孤本者3种，数量太少。日本传世实有2种较完整的大部头多卷本《三阶佛法》，分藏于东大寺、法隆寺、兴圣寺与七寺。此外还有一些佛学理论性评介类文献等。

二、三阶教文献与经典概况

三阶教的经典，并不是经而是一种引述大量佛典的论，而且基本可以定为信行撰述，即开创此派的信行所编撰的具有自己观点看法的文献。信行所著大量引用佛教原典，但据自某本经典、某个段落他都加以说明，并加上注语。其文本中随处可见“以上经云，以下人语”，人语就是信行的话，将其观点发挥出来。信行并没有声称“如是我闻”，所以其撰集并不是伪经。三阶教经典之定伪主要是政治上的纠偏矫异，由朝廷定夺为伪经，不听流行、不欲流传。

不过，三阶教派自身将信行所撰奉为圣典，作为教派遵从并奉行的圭臬。从隋代经目中就对此单列独出，唐代继之；三阶教派自身也编有目录——《人集录都目》。所以，对三阶教派之经典的看法已约定俗成，我们今天仍可沿用。现在查考，还要倚重《开元录》所列三阶经目。需要注意的是，还有一些三阶经目之外的文献可以归入此派经典，是信行的信徒弟子所撰；还有对这些“经典”的注疏解说。另外还有一些文献，究竟是属三阶典籍还是僧传，不是很明确。有两件敦煌写卷并不一定名为行状传记，但其中确仍包含了此类材料。虽然三阶僧人的情况，大部分出自《续高僧传》等正统僧传的，但有少许塔铭墓志与写本文献也具有重要的价值。

因此，敦煌出土的三阶教文献典籍主要包括三阶教经目内外信行撰集与信徒撰述、疏注及相关文献。从敦煌社会与三阶教情况来说，还要考查这些写本的来源、年代、抄传情形，在寺院内即经楼阁或经室内的情况，有没有流通传诵，

有没有依此行事。如果掌握这些情况，三阶教在敦煌的状况就明了了。但限于条件，这些情况，尤其是有无僧人依此行事，很难有明确的证据与答案。我们只能依此方向努力，做一些推断，或能稍加清楚、明确认识。

三阶教经典的总数，主要是从佛经目录中反映出来，其经目还有教派之内与教派之外之区分。教派外经典在唐开元年间智升《开元释教录》（公元730年撰成）中，就有三阶教派经典的详目，共35部、44卷。可以说已将其情况呈明列出。此前的武周时期明全《大周刊定众经目录》（公元695年）之三阶详目，所列22部、29卷，始将其划为伪经。再早的唐道宣《大唐内典录》与隋费长房《历代三宝纪》都未将其归为伪经，各只说了两大种类，共35卷或近40卷。《法苑珠林》同《大唐内典录》；此后贞元年间入藏的三阶教经目，日本古寺有存本，实际的目录内容同于《开元释教录》。这些经目可以说是教派外的三阶经目，是佛教目录学专家高僧所撰制。敦煌写本内还有一种《龙录内无名经律录》含三阶经典，而敦煌遗书中则存有三阶教派自订的目录，即法藏P.2412《人集录都目》，共35种（包括《都目》）、44卷、1024纸。从总数至具体详目之《开元释教录》对比，仅少1种（《明八门乞食法》），可以说相当吻合的。智升当年或应见过此类文件，也有可能《人集录都目》是在智升基础上制出。现简要比较两目。

表1　《开元释教录》与《人集录都目》比较

智升《开元释教录》	P.2412《人集录都目》
1.《三阶佛法》四卷（《内典录》云《三阶别集》四卷者即此是） 2.《十大段明义》三卷（《长房录》云《三阶别集》三卷者即此是） 3.《根机普药法》二卷（《大周录》中除此之外更有《三阶集录》二卷者，误） 4.《三十六种对面不识错法》一卷（《明一切三十六种对面不识错》） 右三阶法都有四部。初是四卷三阶，次是三卷三阶，三是两卷三阶，后是一卷三阶。后之三本《人集录》数。 5.《大乘验人通行法》一卷 6.《对根浅深发菩提心法》一卷（上加“明诸经中”四字） 7.《对根浅深同异法》一卷（同前，加四字） 8.《末法众生于佛法内废兴所由法》一卷（上加“明诸经中对根浅深”八字） 9.《学求善知识发菩提心法》一卷（《明世间五浊恶世界末法恶时十恶众生福德下行于此四种具足人中谓当三乘器人依诸大乘经论学求善知识学发菩提心》一卷）	1.《观药王药上菩萨经佛名》一卷，三十一纸 2.《明大乘无尽藏法》一卷，六纸 3.《明人情行行法》一卷，二十五纸 4.《大乘验人通行法》一卷，三十五纸 5.《大乘制法》一卷，十三纸 6.《诸经要集》两卷，五十五纸 7.《大方广十轮经学依义立名》两卷，三十三纸 第一 8.《大集月藏分经明像法中要行法人集录略抄出》一卷，二十二纸 9.《月灯经要略》一卷，六纸 10.《明诸经中对根浅深发菩提心法》一卷，二十五纸 11.《明诸经中对根起行浅深敬三宝法》一卷，十纸 12.《明诸经中对根浅深末法众生于佛法内废兴所由法》一卷，十六纸 13.《明诸经中对根浅深同异法》一卷，十七纸 14.《明诸经中发愿法》一卷，十八纸

（续表）

智升《开元释教录》	P.2412《人集录都目》
10.《广明法界众生根机法》一卷（《广明法界众生根机上下起行浅深法》） 11.《略明法界众生根机法》一卷（《略明法界众生根机上下起行浅深法》） 12.《世间出世间两阶人发菩提心法》一卷（《明诸大乘修多罗内世间出世间两阶人发菩提心同异法》） 13.《世间十种恶具足人回心入道法》一卷（《明十种恶具足人内最恶人回心入道者断恶修善法》） 14.《行行同异法》一卷（《明世间出世间人行行同异法》） 15.《当根器所行法》一卷（《明佛灭度第二五百年以后一切最大颠倒最大邪见最大恶众生当根器所行法》） 16.《明善人恶人多少法》一卷（《明佛灭度一千五百年以后善人恶人多》） 17.《就佛法内明一切佛法一切六师外道法》二卷（《就一切佛法内明一切佛法六师外道法同异》） 18.《明大乘无尽藏法》一卷 19.《明诸经中发愿法》一卷 20.《略发愿法》一卷 21.《明人情行法》一卷 22.《大众制法》一卷 23.《敬三宝法》一卷（《明诸经中对根起行浅深敬三宝法》） 24.《对根起行法》一卷（《明一切众生对根上下起行法于内有五段》） 25.《头陀乞食法》一卷（《依诸经论略抄头陀乞食法》） 26.《明乞食八门法》一卷 27.《诸经要集》二卷 28.《十轮依义立名》二卷（《大方广十轮经学依义立名》） 29.《十轮略抄》一卷（《大方广十轮经人集录略抄出》） 30.《大集月藏分依义立名》一卷（《大集月藏分经明像法中要行法人集录略抄依义立名》） 31.《大集月藏分抄》一卷（《大集月藏分经明像法中要行法人集录略抄出》） 32.《月灯经要略》一卷 33.《迦叶佛藏抄》一卷（《明一切出家人内最恶出家人断恶修善法如迦叶佛藏经说》） 34.《广七阶佛名》一卷（《观药王药上菩萨经佛名》一卷） 35.《略七阶佛名》一卷	15.《明世间五浊恶世界末法恶时十恶众生福德下行于此四种具足人中谓当三乘器人依诸大乘经论学求善知识学发菩提心》一卷，三十六纸 16.《广明法界众生根机上下起行浅深法》一卷，三十三纸 17.《略明法界众生根机上下起行浅深法》一卷，三十一纸 第二 18.《明诸大乘修多罗内世间出世间两界人发菩提心同异法》一卷，三十一纸 19.《明一切众生对根上下起行法于内有五段》一卷，九纸 20.《明十种恶具足人内最恶人回心入道者断恶修善法》一卷，十五纸 21.《明一切出家人内最恶出家人断恶修善法如迦叶经佛藏经说》一卷，十九纸 22.《大集月藏分经明像法中要行法人集录略抄》一卷，二十纸 23.《大方广十轮经人集录略抄出》一卷，三十一纸 24.《明世间出世间人行行同异法》一卷，三十纸 25.《明佛灭度第二五百年以后一切最大颠倒最大邪见最大恶众生当根器所行法》一卷，十三纸 26.《明佛灭度一千五百年以后善人恶人多少法》一卷，两纸 第三 27.《就一佛佛法内明一切佛法一切六世外道法同异》两卷，八十二纸 28.《依诸经论略抄出头陀乞食法》一卷，十二纸 29.《略七阶佛名》一卷，五纸 30.《明一切三十六种对面不识错法》一卷，二十纸 31.《根机普药法》两卷，九十六纸 32.《略发愿法》一卷，六纸 第四 33.《三阶佛法》四卷，一百三十八纸 34.《人集录明十种恶具足人邪正多少及行行分斋法》三卷，五十一张 《都目》一卷，两张

《人集录都目》列35种44卷。《开元录三阶经目》列35种44卷，少《都目》，多《明乞食八门法》。合两种目录为36种，并注重其中存佚情况，再明了敦煌遗书等加出数种经本，应可掌握流传演进情况。而敦煌文献内存此教派内部所撰目录，其排列与智升本似相反。目前尚无法得知此件及此目录编成的时代。

不仅于此，敦煌文献中还有一个三阶教之外的目录。此录性质是一种教派外的经目，实质即敦煌龙兴寺藏经内不属标准入藏录的经典。但其所据标准为《大唐内典录》，其中并未将三阶教典籍划入，属于一种点勘录。有两件敦煌卷子即P.3202之《龙录内无名经律论》共17部经籍，约有10部、15卷关涉三阶教：

> 《三阶》，四卷。《私记录》，一卷。
> 《又私记》，卷第三五。《两阶发心》，一卷。
> 《对根机浅深》，一卷。《同异浅深》，一卷。
> 《人集录十二段一陪（倍）颠倒法》，一卷。《三阶佛法密记》。上、中、下三卷。
> 《废兴所由》，一卷。《回心入道》，一卷。
> 《大方广华严经总目》，一卷。《首罗比丘经》，一卷。
> 《浴像功德经》，一卷。《随求陀罗尼经》，一卷。
> 《略述禅师本末》，一卷。《佛说金刚坛广大清净陀罗尼经》。
> 《大乘起信论疏（略述）》卷下。

点勘是检查龙兴寺藏经与目录中的情况，所谓“龙录内无名”应是龙兴寺藏经中有但目录中无名者，或即龙兴寺未正式入藏者。寺院藏经本与正式入藏目录不同，但敦煌的龙兴寺具有官方色彩，其经藏亦是，所以其目录经比较严谨，或是由上方发传而来。但实际藏用之经与目录必有一些差别，且因此无名经律论不会限于一派一宗，所以其中《大方广华严经总目》《首罗比丘经》《浴像功德经》《大乘起信论疏略述》等，明显与三阶教无关；《私记录》《又私记》，也可能不属于三阶教；《略述禅师本末》，矢吹庆辉怀疑此禅师应与信行无关，确是，但也可能是《对药治病方》或《麻禅师行状》之禅师。

另外，日本永超集《东域传灯录》中分布有几种（据《贞元释教录》）：《十轮经依义立名》三卷（隋沙门信行撰），《同经略抄》一卷，《月藏分依义立名》一卷，《同抄》一卷，《头陀乞食法》一卷，《明乞食八门法》一卷。其最后释梵寺（东寺）之下又有“《十轮经略抄》一卷”，不知是否同上述注明信行本。高丽义天《新编诸宗教藏总录》（公元1091年）列：《出世入道法》一卷（或二卷），《三阶集录》四卷，以上信行述。此两种应为信行撰述，但《出世入道法》不知与何种原名对应（或是彼用名或是新出）。

表2　三阶教经典存留、佚失、增加情况

存15种	佚21种
1.《人集录都目》P.2412R 2.《三阶佛法》敦煌本 3.《三阶佛法》日本传 4.《对根浅深发菩提心法》杏雨537金石刻本 5.《学求善知识发菩提心法》 6.《世间出世间两阶人发菩提心法》一卷 7.《明大乘无尽藏法》一卷 8.《略发愿法》一卷 9.《大众制法》一卷 10.《对根起行法》一卷（《明一切众生对根上下起行法于内有五段》）有多种残本对应 11.《头陀乞食法》一卷（《依诸经论略抄头陀乞食法》） 12.《明乞食八门法》一卷（或可对应） 13.《大集月藏分抄》一卷（《大集月藏分经明像法中要行法人集录略抄出》），金川湾石刻本 14.《略七阶佛名》一卷，金川湾石本，敦煌S.59等 15.《广七阶佛名》一卷（《观药王药上菩萨经佛名》一卷） 存疑：《大乘验人通行法》一卷，三十五纸（正仓院《通行》）	1.《明人情行行法》 2.《诸经要集》两卷，五十五纸 3.《大方广十轮经学依义立名》两卷，三十三纸 第一 4.《月灯经要略》一卷，六纸 5.《明诸经中对根起行浅深敬三宝法》一卷，十纸 6.《明诸经中对根浅深末法众生于佛法内废兴所由法》一卷，十六纸 7.《明诸经中发愿法》一卷，十八纸 8.《广明法界众生根机上下起行浅深法》一卷，三十三纸 9.《略明法界众生根机上下起行浅深法》一卷，四十一纸 第二 10.《明十种恶具足人内最恶人回心入道者断恶修善法》一卷，十五纸 11.《明一切出家人内最恶出家人断恶修善法如迦叶经佛藏经说》一卷，十九纸 12.《大集月藏分经明像法中要行法依义立名》 13.《大方广十轮经人集录略抄出》一卷，三十一纸 14.《明世间出世间人行行同异法》一卷，四十纸 15.《明佛灭度第二五百年以后一切最大颠倒最大邪见最大恶众生当根器所行法》一卷，十三纸 16.《明佛灭度一千五百年以后善人恶人多少法》一卷，两纸 第三 17.《就一佛佛法内明一切佛法一切六世外道法同异》两卷，八十二纸 18.《明一切三十六种对面不识错法》一卷，二十纸 19.《根机普药法》两卷，九十六纸 第四 20.《人集录明十种恶具足人邪正多少及行行分齐法》三卷，五十一张 21.《出世入道法》
增出新撰造	
1.《三阶佛法密记》卷上P.2412R1，651年（宝120法13）；2.《第三阶佛法广释》（矢《普法四佛》）S.5668，9世纪，册子+梵荚（宝44）；《第三阶观法广释》北8275，宝111；3.《三阶观法略释》S.2268，宝118法10，西本录	
《大乘法界无尽藏法释》S.721V4，粗（宝6）	

（续表）

1.《佛性观修善法》北8386号，《藏外九录》北新1002号；2.《佛性问答》；3.《佛性观》台99号，《穷诈辩惑论》P.2115（宝114法64），西本录，《示所犯者瑜伽法镜经》S.2423（宝19），正85卷，矢14
敦研藏，不明，P.3374；S.8290AB 附《麻禅师行状》P.3035（含三阶名词释） S.5791、P.4510为有关文献

由上表中可知，敦煌遗书及石刻等所存者13或14种（《明乞食八门法》归入），存疑1种，居《目录》的1/3强，但有不少经本不全，还有一些或未比定。《目录》佚失21种，居2/3弱。此外新增有注疏本《三阶佛法》《无尽藏法》《两阶人发菩提心同异法释》等；新撰《穷诈辩惑论》，编译《瑜伽法镜经》；还有善恶观与善恶法（《佛性观修善法》），等等。总之，存留本虽然少于佚失本，但大部头的《三阶佛法》仍存（主要是日本四卷本、五卷本），加上新增注撰等，总数也近同于原来数量，即30余种。

信行所撰及信徒补造的这些经籍的组合大致有规律可循，可分类归纳入表，以使三阶教经典的情况更清楚。通过对三阶教经籍的分析与掌知，可以更好地把握其自身特点。

表3　信行所撰及信徒补造的经籍

类别	内容	保存出处	备注
目录类	《人集录都目》 《龙录内无名经律论》 《贞元录》古本 《东域传灯录》 《新编诸宗教藏目录》	P.2412R2，上限651年（宝120法13） P.3202，上限651年（宝126法22） 日本藏（同《开元释教录》） 据《贞元释教录》约6种 2种	藏经中《历代三宝记》《大唐内典录》为简目。《开元释教录》卷十八有详目
三阶佛法及注疏类	《三阶佛法》卷二 《三阶佛法》 《三阶佛法》 《三阶佛法密记》，卷上 《第三阶佛法广释》（矢《普法四佛》） 《第三阶观法广释》 《三阶观法略释》	S.2684 P.2959，卷三天福五年（940）（宝113法4） 日本东大寺、法隆、七寺 P.2412R1，651年（宝120法13） S.5668，9世纪，册子+梵荚（宝44） 北8275号，宝111 S.2268，宝118法10，西本录	敦煌本，年代早 内容不一 日本传世，年代晚

（续表）

类别	内容	保存出处	备注
对根杂集上	《对根起行法》	S.2446、S.0832、S.5841，Дx.1813、Дx.1883、俄藏5301不明。又，S.4592，矢12，宝44	
		龙大本（十二部经验出）	隋末唐初
	《明诸经中对根浅深发菩提心法》	金川湾石刻本，杏雨本411即散537，有隋开皇六年题记	
	《学求善知识学发菩提心法》	P.2283，宝118法11，西本录	
	《明诸大乘修多罗内世间出世间两阶人发菩提心同异法》	石刻本	
	《信行口集真如实观起 序卷一》	S.212，7世纪写本	
	《大集月藏分明像法中要行法》	石刻本	注疏
	《明诸大乘修多罗……同异法释》	Дx.10425，西本录	
对根杂集下	《明恶法》残片	P.3413V，武周时期矢17，宝128法24	
	《明恶法》	S.3962，《众经要略集》倒5行，700年（宝32）	
	恶观	Дx.92，北新773V，《如来身藏论》	
		S.4658，（宝37）有增	
实践修行	《明大乘无尽藏法》	S.190，S.9139	
	《明无尽藏法》	S.2137，6世纪后期写本（宝16）	《对应制法》残片，S.1315，7世纪写本，（宝10）
	《无藏法略说，信行遗文》	S.190，7世纪写本	
	《当根破病药》	P.2550	
	《禅法》	S.7450B	
	《依诸大乘经略发愿法》	背后8706，津艺312	
	《大众制法》	P.2849R1，宝124法19，西本录	
	《七阶佛名》	S.59，S.236，S.1306，石刻本	
	《受八戒法》	P.2489R3，宝124法19，西本录	
	《乞食法》	P.2489R2，宝124法19，西本录	
	《依诸经论略抄头陀乞食法》	北新351	
	《大乘法界无尽藏法释》	S.721V4，粗（宝6）	
新译撰造	《佛性观修善法》	北8386	
	《藏外九录》	北新1002	
	《佛性问答·佛性观》	台99	
	《穷诈辩惑论》	P.2115，宝114法64，西本录	
	《示所犯者瑜伽法镜经》	S.2423，宝19，正85卷，矢14	
附	《三阶观法略释》	敦研0135	
	内容不明	P.3374，S.8290AB	
	附《麻禅师行状》	P.3035（含三阶名词释）	
	有关文献	S.5791，P.4510	

三、敦煌三阶教经典的年代排序概况

我们掌知了三阶教经典的存佚与演进情况，如果要与敦煌的佛教相结合，就要尽力看其中有无接合点。如敦煌经本的排年断代及与寺院的关系；经本在敦煌原创还是传来，若是传来，是原本还是抄写，传抄的程度、范围如何，有应用，还是仅仅作为知识性的了解；在敦煌寺院藏经中的地位与状况，等等。这些对我们掌知、推论敦煌的三阶教状况很有帮助。

当然，从三阶教发生与演变的情况来看，这些经本原创于敦煌的可能性很小。但是经本的时代跨度不小。现在能掌知的仅为蛛丝马迹，不过罗列出来，确也大有裨益。

1. 6世纪写本

（1）日本大阪杏雨书屋藏羽411（0537），尾题为《人集录明诸经中对根浅深发菩提心法一卷》，并具有“大隋开皇六年历次丙午四月十五日在相州法藏寺撰”之识记。虽然没有直接署名，但无疑出于信行，为其创教入京之前即公元586年的重要著作，且有陕西淳化金川湾初唐刻经本可以对勘。此卷原件是否出于隋代甚或信行之手呢？这种可能性极小。首先，僧传中已有说认为信行撰经并不一定是他自己写成的，而是有本济等弟子的帮助。其次，从字体与卷子本身情况来看，也应是唐代抄本。《杏雨书屋敦煌秘笈》作品说明条记里，未判年代，但已说明此卷为“极上麻纸”并染黄色。由25纸接成，每纸27列、17字，是标准格式。其前缺10行无首题，全卷共达665列，尾题记后有19行为《乞食法》的内容，所以此经存646列。由于纸精墨妙，书写为很成熟的楷体，不似北朝隋代字。因此，此卷应是未遭禁时写于京城的初唐之本，携传带至敦煌的可能性较大。

（2）日本兴圣寺本《三阶佛法》，具有“开皇十二年信行撰于真寂寺”题记。虽已是信行入京后之著，亦不大可能为原件渡去，应是转抄之本，但是反映出了原作撰述的时间与地点。

（3）S.0832《对根起行法》残件，37列，6世纪写本，有北朝隋味。

（4）S.2137《无尽藏法略说·信行遗文》，85列23字，6世纪后期写本。

（5）S.0212《信行口集真如实观·九重观》，162列22字。卷后有“破烂不堪”4个大字，原因未明。一部分尾题“惟心观一卷”，《九重观》仅列出各观的名目。其中涉及末法年代为一千六百七十三年，与慧思说相合。

2. 7世纪写本

（1）P.2059《三阶佛法》卷三，唐本。

（2）龙大图书馆《对根起行法》，隋末唐初。

（3）P.2412R2《三阶佛法密记》，781列19字，公元651年后。

（4）P.2412R1《人集录都目》，49列15字，公元651年后。

（5）P.3202《龙录内无名经律论》，17列，公元651年后。

（6）S.190《无尽藏法略说》，96列17字，唐本。与杏411相近，但“无尽藏法略说尽”没有另起一行，应是小标题，不是大标题经题。

（7）S.2446《对根起行法》残件，1088列。

（8）S.59《七阶佛名》。翟理斯认为是7世纪。尾题，唐本。

（9）S.1315《对应制法》残片，27列17字。

（10）P.3413V《明恶法》残片，25列15字，武周时期。

3. 8世纪写本

（1）S.3962《明恶法〈十大段明义〉》，67列15字。《敦煌宝藏》同册《诸经要略集》有相同5列，公元700年写本，应为宝藏定《华严经十地品十不善业道疏》，并非三阶教典籍。S.8290AB应是三阶教文献，S.3962《众经要略集》《四分戒本》应是《华严十地品十不善业道疏》。

（2）S.7450B《制法》中禅法（原定为《禅法》），方广锠认为属于三阶教文献。“上根者得在静室端坐闭目，用心作无相三昧观。次根者亦得在静室端坐闭目，用心观现在形象佛，从少至多。何以故？由次根故。下相（根）者［唯得行，唯得立，唯得］，举头开目，用眼观现在形象佛，不得位（低）头，不得闭目。唯除行、立极疲懈者，得暂在明处，人眼见处坐，亦须举头开目，［何］以故。由最下下根故。”

（3）S.2423《示所犯者瑜伽法镜经》，503列17字。太极元年（721）师利译编。此本前列，不知是否为宫廷本。日本安然的目录里也有此经，应是传到日本之文献。

4. 9世纪写本

（1）S.5668《第三阶佛法广释》（原普法四佛），111列19字，册子+梵荚。

（2）P2059《三阶佛法卷三》，417列21字。下限背书天福五年（940）。

综合以上情况来看，敦煌本三阶教文献年代较早。以中国国家图书馆为例，6世纪的写卷至少有3件，7世纪的写卷达12件以上，其件数似已逾半。

当然，这些卷子抄写于敦煌还是来自中原或京城大邑，还较难说。至少有一部分笔墨精妙自然、纸佳蜡上。其内容也无疑是十分丰富的，内中理论性与实践性的写卷皆具全有。其中实践性文本是否得到过践行，尚待进一步的发现和研究。

张总在《中国三阶教史》中对敦煌本S.2423《示所犯者瑜伽法镜经》有详细分析。刘震《〈赞法界颂〉源流考》一文，从近年发现的《赞法界颂》梵文原本进行查考，比较了不同历史时段此经的数次翻译。该文详细校勘梵汉，证明了原有论断且更深入。

敦煌本前残，序言与第一品不存，所以智升阐明改自《法住记》第一品已无法查考。第二品可比定于不空所译《地藏菩萨所问法身赞》。但此本的译出更早，是此梵文段译的首译。至于第三品，改之于《像法决疑经》。与传本的《像法决疑经》也颇有不同，不排除译出的可能。刘震据《像法决疑经》与《瑜伽法镜经》中词句等的不同的比定，倾向于《瑜伽法镜经》第三品也是译出，根据是早前形成于西域的某个梵本，略不同于原知的《像法决疑经》。这在疑伪经的观点上，有较大的不同。与不空所译的梵本相比，缺了一组偈颂。此经后来又在西藏拉萨地区发现了藏文、梵文版本。梵本存残的情形复杂，不排除其是较早经本的可能性。刘震认为师利最后组三品（经）为一经，并使具有末后《瑜伽法镜

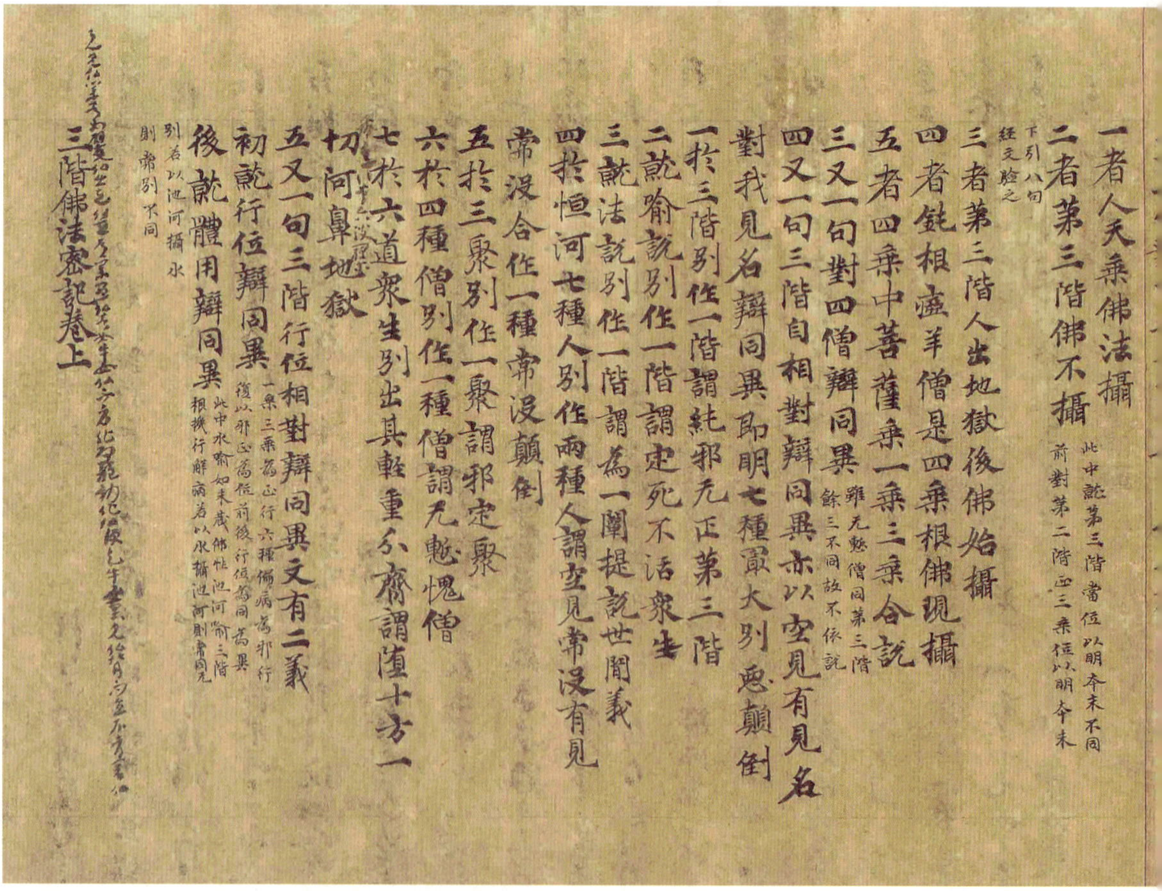

P.2412《三阶佛法密记卷上》

经》《世界最下悲田胜》的经名。他通过考释梵文原本的情形，经本与名称的一些变化，探讨其起源是否与龙猛有关等问题，从而说明一部经典在不同时期不同派别处得到不同的用途。

智升所说两种（两卷本或一卷具序本），序言无有片言只语留存。但是敦煌本的尾题部分，是具室利末多（妙惠）之名。富安敦已有讨论，此室利末多为某译人。但是此中并无菩提流志，更无宝思惟，可能更具原貌。很可能智升所驳斥的经本，是不太流行或较少见，甚或是原本不存本或原本不存的序，因为政治上的原因。

又，敦煌此本是极佳的写本，是否为宫廷写本？能传至敦煌，说明其原先入藏程度水准很高，也说明8世纪即有信众在敦煌活动。

三阶教经典的制法，即《大众制法》，是三阶教信众修习实践的约束文本。据此可以对三阶教信仰的实践法门有比较深入的了解。但是敦煌信众有无实践则是一个新的研究角度。

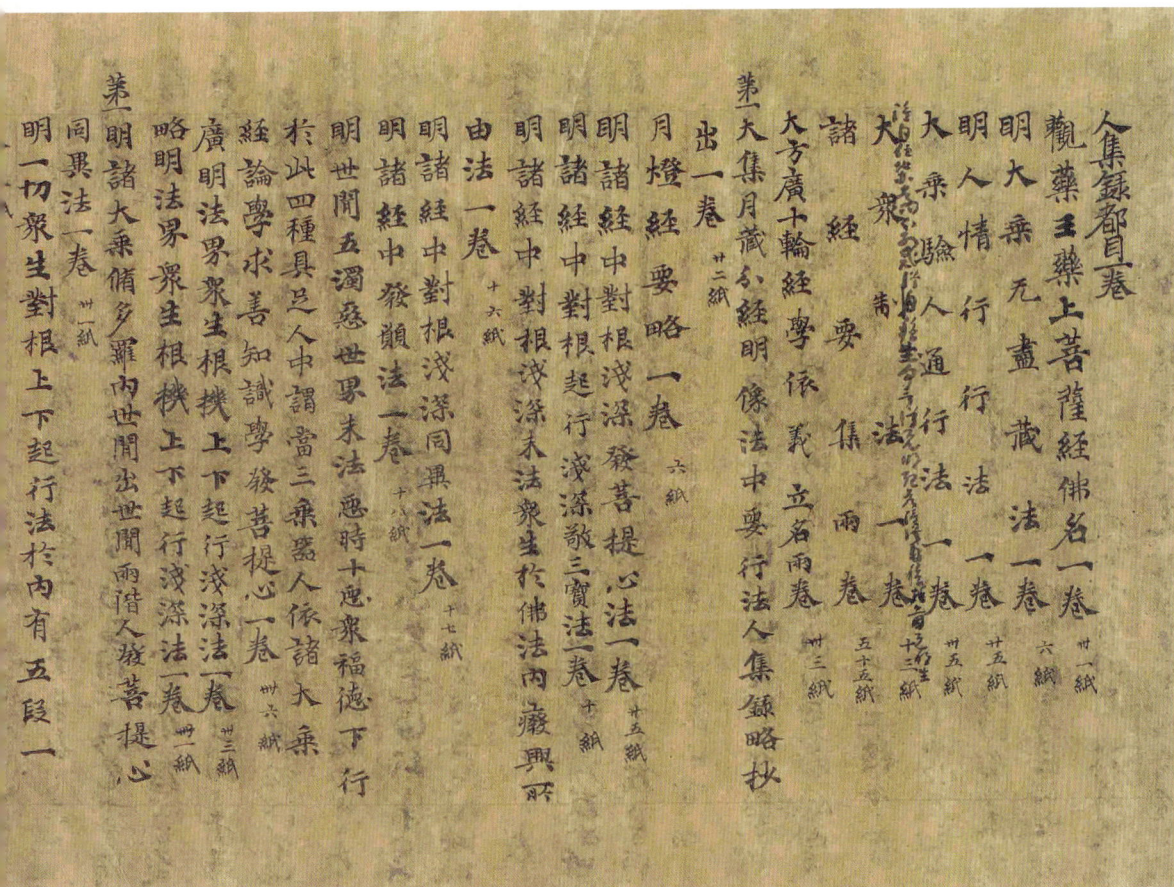

人集錄都目卷
觀藥王藥上菩薩經佛名一卷 卅一紙
明大乘无盡藏法一卷 六紙
明人情行行法一卷 廿五紙
大乘驗人通行法一卷 卅五紙
大衆制法一卷 十三紙
諸經要集兩卷 五十五紙
大方廣十輪經學依義立名兩卷 卅三紙
第一大集月藏分經明像法中要行法人集錄略抄
出一卷 廿二紙
月燈經要略一卷 六紙
明諸經中對根淺深發菩提心法一卷 廿五紙
明諸經中對根起行淺深敬三寶法一卷 十紙
明諸經中對根淺深末法衆生於佛法內癈興所
由法一卷 十六紙
明諸經中對根淺深同異法一卷 十七紙
明諸經中發願法一卷 十八紙
明世間五濁惡世界末法惡時十惡衆福德下行
於此四種具足人中謂當三乘器人依諸大乘
經論學求善知識學發菩提心一卷 卅六紙
廣明法界衆生根機上下起行淺深法一卷 卅三紙
略明法界衆生根機上下起行淺深法一卷 卅一紙
第一明諸大乘脩多羅內世間出世間兩階人發菩提心
同異法一卷 卅一紙
明一切衆生對根上下起行法於內有五段一

P.2412《人集录都目》

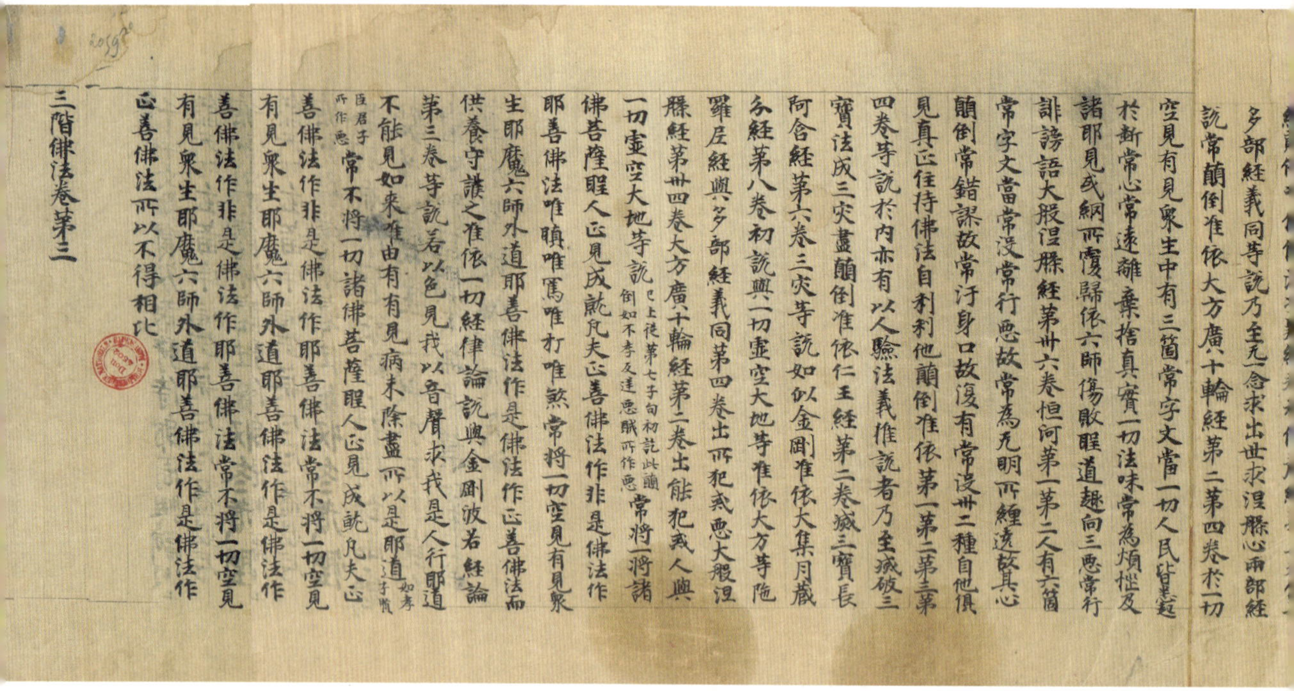

P.2059《三阶佛法卷第三》

四、画史余载

在敦煌石窟中，前面提到的《福田经变》壁画，实际上也集中反映了三阶教的俗世思想。画面上有众多的表现《像法决疑经》中建寺、造塔、施贫、救治以及自营商贾、画业、占相、咒术、针灸等情节，从正反两方面宣传末法思想和三阶教的意义。《福田经变》可以被看作是敦煌本地三阶教活动的形象记录。

壁画之后，中国绘画史书中有关三阶寺、三阶院的记载相当突出，典型如段成式《寺塔记》（会昌三年，843）、张彦远《历代名画记》（大中二年，847），其成书已至开元禁令百年之后，恰在会昌灭法前后（845），其时三阶教已呈衰势，但寺中仍有不少盛唐大师杰作，配合明确的三阶院之说，至少可证其教说仍有流行。特别是其中一些关于画师的记载，与敦煌壁画上出现的画师图像史料相得益彰。

段成式《酉阳杂俎·寺塔记》记载：“赵景公寺……南中三门里东壁上，吴道玄白画地狱变，笔力劲怒……三阶院西廊下，范长寿画西方变及十六对事。宝池池尤妙绝，谛视之，觉水入浮壁。”

《历代名画记·记两京外州寺观壁画》记载：“净域寺。三阶院东壁，张孝师画地狱变，杜怀亮书榜子。院门内外神鬼，王韶应画。化度寺。殷仲容题额。杨廷光、杨仙乔画本行经变，卢棱伽画地狱变，今残两头少许耳。……大云寺。……三阶院窗下旷野杂兽，似是张孝师。西南净土院绕殿僧至妙，失人名。”据《寺塔记》，净域寺在宣阳坊，本是唐高祖李渊太穆皇后窦氏家宅，舍出为寺。又有一说云此寺为开皇五年（581）立，隋恭帝禅位后死于此（《长安志》），三阶名僧法藏居此，内有三阶院与禅院。东都福先寺即三阶院，“吴画地狱变，有病龙最妙。寺三门两头亦似吴画”。东都敬爱寺得到了更详描的细述：“（大殿）西壁……十六观及阎罗王变。刘阿祖描……禅院内西廊壁画，开元十年吴道子描、日藏月藏经变及业报差别变。吴道子描，翟琰成。罪福报应是杂手成，所以色损也。……东禅院殿内十轮变。武静藏描。……大院纱廊壁行僧……其日藏月藏经变，有病龙，又妙于福先寺者。殿内则天真，山亭院十轮经变，华严经，并武静藏画。龙王面上蜥蜴及怀中所报鸡，尤妙。”

李德裕镇守浙江时，将会昌灭法时诸多寺院名迹画作集中到甘露寺，内有“唐凑十善十恶，在三门外两头”。十善十恶为佛教基本说法，三阶教也特别重视。金川湾刻《世间出世间两阶人发菩提心异同法》，即为世间“十种恶”具足人，出世间“十种善”具足人。麦积山第127窟北魏壁画就有十善十恶图，俄罗斯与英藏敦煌画也有题“十恶之人”之图。甚至大足南宋宝顶小佛湾，也有十恶受报雕造。此题材是否见于三阶寺院还不明。讨论早期地藏图像之时，常将其归于三阶教影响，但图像未必起于三阶教。三阶教确曾尊地藏，但也有反对一切泥像、不事尊拜偶像之说。三阶院、华严院等，画史载三阶院中亦有范长寿画《观无量寿经》变相。至初唐金川湾石窟，仍未以地藏菩萨为主尊，或以三阶教所倡普佛为主尊。

因为三阶教并非一教，而是佛教中观念独特的一派，所以其在寺院窟像的表现与一般潮流共通，其教义观念与艺术形态并非呈现独立体系。

唐时三阶五寺等佛艺颇盛，多有名家高手。但题材多样，已非专属。其中地狱变较为突出。如化度寺、赵景公寺以及净域寺、福先寺都有地狱变相。张孝师、吴道子、卢楞伽都有绘于三阶相关寺院。吴道子画地狱代表作即在赵景公寺壁。老僧说，因此画京师诸屠沽都惧报应，不敢持业了。净域寺与光明寺张孝师所绘、福先寺吴道子所绘，就在三阶院壁面上。两京之外的地狱画仅有慈恩寺塔外张孝师、宝刹寺廊陈静眼画一二处。在敦煌壁画之中，地狱变相较为罕见。敦煌以及长安、洛阳（唐两京）的寺院等，有与地狱变相相关的地藏菩萨图像，但就此确立其为三阶教寺院、洞窟图画等，仍要审慎。敬爱寺壁画内容很丰富，其山亭院有《十轮经变》《华严经》，为武静藏所画，被赞“尤妙”的“龙王面

上蜥蜴及怀中抱鸡”也出其手，以及刘行臣画的震亶神、支提神等。其东禅院的《十轮经变》为武静藏所描画，同院西壁有《西方变》，院中还有般若台。其寺中还有影响很大的王玄策携来之弥勒菩萨塑像等，可知其内容之包容丰厚与庞杂。此寺西禅院之西壁有吴道子开元十年（722）所画的《日藏月藏经变》与《业报差别变》。若知《大集经·月藏分》即专讲末法事相之经典，就可明了《日藏月藏经变》与三阶教亦有渊源。淳化金川湾三阶刻经窟中，题为信行禅行撰的《大集经·月藏分略抄出》，就是《大集月藏分·法灭尽品》内容之精选。《大集经》于三阶教意义并不在十轮之下，金川湾刻经中虽全文铭出北凉本《十轮经》，但其《月藏分略抄出》却出自信行之手撰，现为海内外的存世孤本。

因为佛教经典是中国佛教各宗各派的共同资源，所以，无论《十轮经变》，抑或《日藏月藏经变》等，甚至将《日藏月藏经变》与《十轮经变》加在一起，也不能定其为三阶寺院或三阶教壁画，只能视其与三阶教思想有一定关系。敦煌石窟壁画也反映出类同情况，如莫高窟第74窟《十轮经变》的对面画千佛。尽管三阶寺若赵景公寺中有吴道子画地狱变，该寺还有范长寿画西方变及十六对事（即《观无量寿经变》），但其年代晚于莫高窟第74窟不少。众所周知，唐代净土宗与三阶教观念不一，初唐时期矛盾尤盛。三阶观念是反对念一佛一名一经的，尽管不是全除尽排净土思想，但其基本观念很是抵牾。所以，怀晖对三阶教说持强烈批判态度。净土图像与三阶图像共存，当然不必绝对摒除。地狱变相也不会只与三阶教相关。在地藏信仰与思想中，虽然三阶教说起了很大作用，却也不能全包替办。

三阶教所关涉艺术图像、中原佛教宗派流传至边地问题，都很复杂，需要审慎考察。敦煌莫高窟壁画中出现《十轮经变》的题材，对三阶教和地藏信仰之研究都有很大意义，虽然可以说是与三阶教密切相关之题材，但不能遂定莫高窟有三阶教信众开凿之洞窟。

若依现存文献来加以对比，应会发现一个相当矛盾的现象。最贴近三阶思想与尊奉经典的艺术变相表现，却没有出现在三阶寺庙中，而是在其他寺庙出现。《日藏月藏经变》得到很高赞誉，福先寺病龙也就画在三阶院的地狱变中。而《业报差别变》（即《福罪报应经》），由吴道子作此画，因杂手染色而受损。

总的来讲，反映三阶教经典与净土思想等内容的佛教美术品同处一窟、一寺或一壁，实际上体现的还是一种社会需求。

第四节　敦煌本《赞僧功德经》的末法意识

一、《赞僧功德经》写本及整理研究概况

敦煌写本《赞僧功德经》目前共发现12件：中国国家图书馆5件（北昃70－BD00970行2句，北生40－BD03940行3句，北海78－BD06278行4句，北服62－BD08262行2句，北衣22－BD08322行3句）；英国国家图书馆7件（S.1549行4句，S.2420行3句，S.2540行4句，S.2643行2句，S.5912，S.5954行4句，S.6115行4句但残存2句）。以上诸写卷中，完整者有BD00970、BD08322、S.2643诸卷；BD03940、BD08262、S.2420、S.5954等有不同程度的残缺；BD06278存前半大部，S.1549存后半部分；S.5912残存内容最少，仅存开首数句；S.2540前半部甚残，S.6115残存部分下半段。除敦煌本外，另有佛教协会刊印于1945年的《九种经文合刊》见收。

最早注意到这份文献的是日本学者，于1935年出版的《大正藏》[①]第85卷中录文发表。从现存12件写本看出，《大正藏》所依据的是S.2420写卷，保留了其首部的残缺情况。

1989年，北京大学出版社出版了周绍良、白化文、李鼎霞编著的《敦煌变文集补编》，收《赞僧功德经》于其中，涉及写本9件，其中中国国家图书馆5件，英国国家图书馆4件；同时又将《大正藏》第85卷释文作为另一件[②]。书中对《赞僧功德经》的内容和出处以及所反映的思想进行了考证、分析和研究；此书于2016年再版时，前置白化文的《新版补充说明》，专门讲到前辈学者对《赞僧功德经》写本的性质即“词文”或“伪经”问题的研究，并表明作者自己倾向于后者。[③]即使如此，将《赞僧功德经》作为“变文”，还是有许多可商榷之处。佛教史上，中国僧人从汉译的佛教经典中辑出需要的内容重新梳理编纂的都被划在“伪经”之列，故称《赞僧功德经》为“伪经”则无大错。另外“补

① （日）高楠顺次郎等编：《大正新修大藏经》，大正一切经刊行会，1934—1935年。
② 因《大正藏》注错卷号，作者未与其他各卷对照所致。
③ 参见周绍良、白化文、李鼎霞编：《敦煌变文集补编》，北京：北京大学出版社，2016年，《新版补充说明》，前言第5—6页。

编”中尚有英国国家图书馆3件（S.2540， S.5912，S.5954）未计入。

鉴于《赞僧功德经》的文献价值及其所具有的历史和现实意义，笔者在周绍良等前辈学者整理研究的基础上，重新审读，并谈一点自己学习的体会，以求教方家。

二、《赞僧功德经》原文对勘

现以BD00970为底本，与其他各本合校如下。

开经偈：无上甚深微妙法，百千万劫难遭遇，我今见闻得受持，愿解如来真实义。[①]

1. 赞僧功德经　词辩菩萨译[②]
2. 阿含经中[③]略集出，叹大德僧听我说[④]。
3. 世尊出广长舌相[⑤]，以大梵音赞僧宝。
4. 如地坚牢承万物，住持有情非情类。
5. 我末法中出家人，常住僧宝亦如是。
6. 诸愿誓重不退者，志求菩提微妙果。
7. 于浊苦恶世界中，常在如来清净众。
8. 僧中或有求四果，或以证果在僧中。
9. 此等八辈诸上人，和合僧中常不断[⑥]。
10. 或有头陀行[⑦]乞食，或有山间乐寂静。
11. 乃至于微细戒中，不犯如来严命教。
12. 或有深广学智慧，或有息虑习诸禅。
13. 并皆集在僧众中，犹如百川归大海。
14. 殊胜妙宝大德僧，长养众生功德种。
15. [⑧]能与人天胜果者，无过佛法僧宝众。
16. [⑨]善心僧中施掬水，获福多于大海量。

---

① 敦煌诸本无此偈，系《九种经文合刊》因念诵需要另加。
② S.2420此处残缺。而致《九种经文合刊》认定“译者已佚名”。
③ S.5954由此始。
④ 《九种经文合刊》此句为：叹大福田诸僧宝。
⑤ 《九种经文合刊》此句为：大梵天王及帝释。
⑥ S.5912止于此。
⑦ 行，S.2540为“常”。
⑧ S.2540由此始。
⑨ BD03940由此始。

17. 微尘尚可有算期，僧中施宝无有尽。
18. 若人当来求远离，越于生死贫穷河。
19. 应当速疾志诚心，于僧宝中竖[①]因果。
20. 于此最妙良福田，若有种植功德子。
21. 当来收获无边畔，由如云中含大雨。
22. 施者不筹[②]量度者，平等奉施无二心。
23. 是人方可能堪任，受人天中胜如果。
24. 无量功德具庄严，大悲世尊弟子众。
25. 凡人肉眼难分别，由如灰覆于火上。
26. 或有外现犯戒相，内秘无量诸功德。
27. 应当信顺崇重之，贤圣愚凡不可测。
28. 或有外现具威仪，或示未能舍其欲。
29. 外相人观谓凡夫，不妨内即是其圣。
30. 内如四种庵罗果，生熟难分不可别。
31. 如来弟子亦如是，有戒无戒亦难辨。
32. 是故殷勤劝诸人，不听毁骂僧宝众。
33. 若欲不沉[③]沦苦海，常当敬重植良田。
34. 若[④]欲天中受乐者，亦当供养苾刍僧。
35. 勿以凡夫下劣心，分别如来弟子众。
36. 若有清信士女等，能于一[⑤]念生信心。
37. 平等供养苾刍僧，是人获得无量报。
38. 若于僧中起邪见，当来定堕三恶道。
39. 世尊亲自以梵音，金口弘宣诚不妄。
40. 宁以利刀割其舌，或以钻[⑥]杵碎其身。
41. 不应一念嗔恚心，谤毁如来净僧众。
42. 宁以吞大热铁丸，宁使口中出猛焰。
43. 不应戏论以一言，毁骂出家清净众。
44. 宁以利刀自屠割，残害支节毁肌肤。
45. 不应戏笑调凡愚，何况打骂苾刍众？

① 竖，S.2540为“树”。
② BD08322由此始。
③ 沉，S.2540为“沈”。
④ 若，S.2540为“常”。
⑤ 一，S.2540为“十”。
⑥ 鑚，S.2540为“捻”。

46. 宁以自手挑两目，宁于多劫受生盲。
47. 其于习行离欲人，不应恶眼而瞻视。
48. 宁毁精舍及制多，宁焚七宝舍利塔。
49. 勿于僧中出恶言，诽谤如来清净众。
50. 毁塔之人自堕落，经无量劫受诸苦。
51. 好说众僧短长者，自堕亦引无量众。
52. 是故智者善思量，勿于僧中起轻慢。
53. 善自防护口业非，莫谈此持彼犯戒。
54. 若一恶言骂①沙门，当堕泥犁受极②苦。
55. 从地狱出得人身，即招聋盲瘖症③报。
56. 世间多有愚劣人，谈说僧尼诸过恶。
57. 因兹堕落恶道中，永劫沈沦没苦海。
58. 大悲世尊礼大众，尊敬和合大德僧。
59. 诸佛尚自致殷懃，何况凡夫④轻慢众？
60. 世间多有信心人，崇重世尊弟子者。
61. 闻说三宝短长时，怨于僧中起邪⑤见。
62. 因此退败诸善人，毁坏如来清净众。
63. 不见贤劫千世尊，是故智者应思忖。
64. 昔有俱迦离苾刍，以一恶言骂僧众。
65. 犹落钵头磨地狱，舌被犁耕数万段。
66. 亦有迦叶佛弟子，谤毁无量世间人。⑥
67. 承斯恶业舍残刑⑦，还受耕舌地狱苦。
68. 沙门怀忿毁诸人，尚招无量口业报。
69. 何况无戒白⑧衣人，骂僧免堕恶道者？
70. 是故智人不应骂，乃至草木砖瓦等。
71. 况毁清净出家人，习行离欲善法者？
72. 纵使欲火炽烧心，点污⑨尸罗清净戒。

---

① 骂，S.2540为“毁”。
② 极，底本作“众”，依S.2549等改。
③ 症，底本作“亚”，依S.2549等改。
④ BD08262由此起。
⑤ 邪，底本作“耶”，依S.2549等改。
⑥ S.6115止于此。
⑦ 刑，S.2549作“形”，误。
⑧ 白，底本作“自”，误，依S.2549等改。
⑨ 污，底本作“汙”，误，依S.2549等改。

73. 不久速能自忏除，还入如来圣众位。
74. 如人暂迷失其道，有目还能寻本路。
75. 苾刍虽犯世尊禁，虽然暂犯还能灭。
76. 如人平地蹶脚时，有足还能而速起。
77. 苾刍虽暂缺尸罗，虽犯不久还能补。
78. 犹如世间金宝器，虽破其价一种贵。
79. 木器纵然全不漏，不可比于破宝器。
80. 破禁苾刍虽无戒，初心出家功德胜。
81. 百千万亿白衣人，功德纵多不及彼。
82. 出家弟子能堪任，继嗣如来末代法。
83. 万德无量在俗人，不能须臾弘圣教。
84. 最下犯禁破戒僧，供养由获万亿报。
85. 是故世尊赞胜因，天上人中受尊贵。
86. 是故殷勤劝诸人，勿毁如来僧宝众。
87. 今生习恶因缘故，当来业成亦毁佛。
88. 缘兹身口意业支，永断世间人天种。
89. 当堕三涂恶道中，亿劫沈沦无休息。
90. 若于清众起正信，无有毁谤名僧罪。
91. 常能防护口业过，不谈如来僧宝众。
92. 若人于僧有骂詈，应须志诚速求忏[①]。
93. [②]于僧勿起憍慢心，来生受苦必当悔。
94. 如僧[③]刹那有功德，其福不容于大地。
95. 何况经月累岁年，坚持如来严禁戒。
96. 是人持戒功德报，佛于一劫说不尽。
97. 况余凡俗知其边，福等虚空无有量。
98. 当知功德广庄严，释迦如来僧宝众。
99. 是故不听在家者，毁辱打骂出家僧。
100. 纵见沙门犯戒时，当宽其意勿嫌毁。
101. 如入芳丛采妙花[④]，不应摘选枯枝叶。

① BD06278止于此。
② S.1459由此起。
③ 僧，底本阙，依S.2549等补。
④ 花，底本作“华”，依S.2549等改。

102. 广大清净佛法海，多有持戒精修者。
103. 其中纵有犯威仪，白衣不应生毁谤。
104. 譬如田中新苗稼，于中亦有稗莠草。
105. 应可一种敬良田，不应拣选生分别。
106. 是以世尊制诸人，不听毁谤沙门众。
107. 唯当尊重生敬心，同此受胜诸天报。
108. 佛日灭没虽久远，僧宝连晖传法灯。
109. 由如龙王降甘雨，大地萌芽普洽润。
110. 和合僧宝亦如是，雨于如来妙法雨。
111. 滋润枯渴诸群生，长养善牙功德种。
112. 于多劫中宿植因[①]，得为如来弟子众。
113. 处在贤圣法海中，饮妙解脱甘露味。
114. 传持世尊末代教，流化十方诸国土。
115. 利益一切诸众生，令佛法轮恒不绝。
116. 佛法久后灭没时，伽蓝精舍毁成聚。
117. 龛塔尊像并荒良，设欲供养难可得。
118. 壁画僧形不可见，何况得闻于正法？
119. 人身难得生人中，佛法难逢今已遇。
120. 如何于妙良福田，不种当来功德种？
121. 冥路悬远[②]不可达，当辨资粮备前所。
122. 善福田中不种植，当来崄路之资粮。
123. 是故诸人应善思，闻经僧中应惠施。
124. 依经我略赞僧宝，功德无量遍虚空。
125. 回施一切诸群生，愿共当来值弥勒。
126. 赞僧功德经一卷[③]

妙智圆明海，惠水洗法埃。如如乏性位，觉满是菩提。
慈悲观世物，六道便留名。有缘皆感应，拔苦度迷津。
执空将为色，执色以为空。了空识妄体，了妄是真宗。[④]

---

① 因，S.2549作“田”，误。
② 远，底本阙，依S.2549等补。
③ 一卷，底本无，据BD08322、S.1459、S.2420、S.2540、S.2643等补。
④ S.1549末尾偈语。

三、《赞僧功德经》的“译者”

《赞僧功德经》一开始标榜“阿含经中略辑出”。经周绍良、白化文、李鼎霞诸前辈先生考证，部分内容来自四部阿含经中的《长阿含经》《中阿含经》和《增一阿含经》，主要体现在本录文之第8—113行之间，实际上也涵盖了《赞僧功德经》的全部内容和要表达的思想。此处不再赘述。

《赞僧功德经》首行标题下注“词辩菩萨译”。词辩菩萨，不知何许人也，貌似与阿含经诸本的翻译者无关，应该是辑录和编纂《赞僧功德经》的中国僧人，但不是真名或法号，而是托名。

“词辩”实际上是一个术语，“词”即言词，“辩”即辩论。众多佛教典籍对这一词汇均有记载，下面略举数例：

《佛说长阿含经》卷第八（后秦弘始年佛陀耶舍共竺佛念译）：“复有四法，谓四辩才：法辩、义辩、词辩、应辩。”①

《俱舍论颂疏论本》第二十七：“无碍解有四：谓法、义、词、辩者。一法无碍解。二义无碍解。三词无碍解。四辩无碍解。”②

《法苑珠林》（西明寺沙门释道世撰）卷第五十三：“如《四分律》云：舍利弗具足四辩。一法辩。二义辩。三词辩。四了了辩。若具此辩而外道不伏者。无有是处。又胜思惟论云。菩萨有七种德。皆依乐说辩才。”③

《释氏要览》（钱塘月轮山居讲经论赐紫沙门释道诚述）卷中：“［律虎］隋高僧法愿，大明律藏，词辩高亮，彭亨难敌，号律虎。”④

《大唐大慈恩寺三藏法师传》（沙门慧立本释彦悰笺）卷第八：“其词辩，其义明，其德真，其行著，已沐八解之流，又悟七觉之分，影响成教，若净名之诣庵园，闻道必求，犹波仑之归无竭。意在弘宣佛教，立破《因明》之疏。若其是也，必须然其所长；如其非也，理合指其所短。”⑤

敦煌本P.2066等《净土五会念佛诵经观行仪》（南岳沙门法照撰）卷中：“若赞佛时，现世为人恭敬仰瞻，命终之时佛来迎接，定生极乐世界；身真金色，舌相广长，词辩纵横，得无碍智；世界庄严，尽皆七宝，名闻广大，普遍十方。一切众生无不尊重赞叹。”⑥

① 参见《大正藏》第1册，第51页。
② 参见《大正藏》第41册，第967页。
③ 参见《大正藏》第53册，第683页。
④ 参见《大正藏》第54册，第293页。
⑤ 参见《大正藏》第50册，第264页。
⑥ 参见《大正藏》第85册，第1244页。

值得注意的是，这里“舌相广长，词辩纵横”即经文第三句“世尊出广长舌相”，提示词辩的前提条件。广长舌相为佛祖三十二相之一，又作广长轮相，略称长舌相、广长舌、舌相。诸佛之舌广而长，柔软红薄，能覆面至发际，如赤铜色。此相具有两种表征：语必真实；辩说无穷，非余人所能超越者。《大智度论》（鸠摩罗什译）卷八：“若人舌能覆鼻，言无虚妄，何况乃至发际？我心信佛必不妄语。”[①]《观佛三昧海经》卷三记佛之广长舌相甚详：“此相系由十波罗蜜、十善报所感得，其舌根下及舌之两边有二宝珠，流注甘露，滴润舌根；诸天、世人、十地菩萨皆无此舌相，亦无此味；又诸佛舌上有五画，犹如宝印之纹，此味入于印纹中则流注上下，入琉璃筒；诸佛笑时，动其舌根，以此味力之故，舌出五光，五色分明，绕佛七匝，还从顶入；佛出舌时，如莲花叶，上至发际，遍覆佛面；舌下亦有众杂色脉，此味流入脉中，以其味力之故，变成众光，有十四色，一一光上照无量世界。”[②]《妙法华经神力品》（鸠摩罗什译）：“现大神力，出广长舌，上至梵世。”[③]《佛说阿弥陀经》（鸠摩罗什译）：“恒河沙数诸佛各于其国，出广长舌相，遍覆三千大千世界，说诚实言。”[④]又据《中阿含经》《太子瑞应本起经》卷上等之记载，除诸佛之外，转轮圣王亦具有此相。《大般若波罗蜜多经》卷五、《菩萨地持经》卷十、《三十二相显要钞》卷中等一众佛典对此都有详细记载。

而《中阿含经》卷十一、卷四十一《梵摩经》，《增一阿含经》卷八等关于“世尊出广长舌相”的记载，让《赞僧功德经》感到最强依赖并甩锅阿含经，以示正统。周绍良等编书中早就尖锐地指出这一点。不过，不知何故，在近人印行的《九种经文合刊》中，这句话被改为“大梵天王及帝释”，与亮出三十二相之广长舌相的佛祖相比，明显降低了《赞僧功德经》的分量。

四、《赞僧功德经》内容拾缀

第一，《赞僧功德经》是僧人用第一人称对自己的讴歌。一开始重点叙述僧人的神圣地位与行为：“如地坚牢承万物。”“志求菩提微妙果。”“于浊苦恶世界中，常在如来清净众。僧中或有求四果，或以证果在僧中。”“或有头陀行乞食，或有山间乐寂静。乃至于微细戒中，不犯如来严命教。或有深广学智慧，

① 参见《大正藏》第25册，第115页。
② 东晋天竺三藏佛陀跋陀罗译，参见《大正藏》第15册，第657页。
③ 参见《大正藏》第9册，第51页。
④ 参见《大正藏》第12册，第347页。

或有息虑习诸禅。并皆集在僧众中，犹如百川归大海。殊胜妙宝大德僧，长养众生功德种。能与人天胜果者，无过佛法僧宝众。”“佛日灭没虽久远，僧宝连晖传法灯；犹如龙王降甘雨，大地萌芽普洽润。和合僧宝亦如是，雨于如来妙法雨；滋润枯渴诸群生，长养善芽功德种。”

第二，《赞僧功德经》认为，供僧、护僧的好处无量报：“应当速疾志诚心，于僧宝中竖因果。”“若欲天中受乐者，亦当供养苾刍僧。”“平等供养苾刍僧，是人获得无量报。”“于多劫中宿植因，得为如来弟子众；处在贤圣法海中，饮妙解脱甘露味。”“依经我略赞僧宝，功德无量遍虚空；回施一切诸群生，愿共当来值弥勒。”

第三，不应该诋毁、辱骂和诽谤僧人，否则贻害无穷：“宁以利刀割其舌，或以钻杵碎其身；不应一念嗔恚心，谤毁如来净僧众。宁以吞大热铁丸，宁使口中出猛焰；不应戏论以一言，毁骂出家清净众。宁以利刃自屠割，残害支节毁肌肤；不应戏笑调凡愚，何况打骂苾刍众？宁以自手挑两目，宁于多劫受盲生；其于习行离欲人，不应恶眼而瞻视。宁毁精舍及制多，宁焚七宝舍利塔；勿于僧中出恶言，诽谤如来清净众。”“若于僧中起邪见，当来定堕三恶道。”“好说众僧短长者，自堕亦引无量众。”“何况无戒白衣人，骂僧免堕恶道者？”“若人于僧有骂詈，应须志诚速求忏；于僧勿起憍慢心，来生受苦必当悔。”“若一恶言骂沙门，当堕泥犁受极苦；从地狱出得人身，即招聋盲瘖痖报。世间多有愚劣人，谈说僧尼诸过恶；因兹堕落恶道中，永劫沈沦没苦海。”并举例说明：昔有俱迦离苾刍，以一恶言骂僧众，犹落钵头磨地狱，舌被犁耕数万段。

第四，《赞僧功德经》对敬重僧宝大众的承诺：“若人当来求远离，越于生死贫穷河；应当速疾志诚心，于僧宝中竖因果。于此最妙良福田，若有种植功德子；当来收获无边畔，犹如云中含大雨。”“佛日灭没虽久远，僧宝连晖传法灯；犹如龙王降甘雨，大地萌芽普洽润。和合僧宝亦如是，雨于如来妙法雨；滋润枯渴诸群生，长养善芽功德种。于多劫中宿植田，得为如来弟子众；处在贤圣法海中，饮妙解脱甘露味。”

第五，《赞僧功德经》内容最多的部分，是对犯戒僧众的宽容和保护及其理由：“最下犯禁破戒僧，供养由获万亿报；是故世尊赞胜因，天上人中受尊贵。”“纵见沙门犯戒时，当宽其意勿嫌毁；如入芳丛采妙花，不应摘选枯枝叶。广大清净佛法海，多有持戒精修者；其中纵有犯威仪，白衣不应生毁谤。”“譬如田中新苗稼，于中亦有稗莠草；应可一种敬良田，不应拣选生分别。”“破禁苾刍虽无戒，初心出家功德胜；百千万亿白衣人，功德纵多不及彼。”

五、《赞僧功德经》的时代背景与社会意义

敦煌诸本《赞僧功德经》均无任何成书或抄写时间的信息，我们只能从历史上敦煌社会发展的大背景下来推测其辑录和抄写时代。

背景之一是北朝晚期的中国北方社会，末法思想广泛传播，周武灭佛，僧人受挫。《赞僧功德经》应该就是在这个时候出现的；文中描述的“佛法久后灭没时，伽蓝精舍毁成聚。龛塔尊像并荒良，设欲供养难可得。壁画僧形不可见，何况得闻于正法？人身难得生人中，佛法难逢今已遇。如何于妙良福田，不种当来功德种？”正是这个时期的社会景象。

背景之二应该是佛教在敦煌社会普及，众多出家僧人需要保护，僧人们需要自身的规范约束而得到全社会的尊重。敦煌自唐代中期（吐蕃占领时期）开始僧人居多，一直延续到归义军消亡时代；即推断《赞僧功德经》应为9—10世纪产生于敦煌本地的作品。而从经文抄写的字体的时代风格，最早者也可以看出是中唐时代。

敦煌本《赞僧功德经》基本为单行本。目前所见两件与其他经文在同一卷上：一是S.2540接《赞僧功德经》（首残）后抄写有《佛说无常经》（亦名《三稽经》，大唐三藏法师义净奉制译）、《佛说回向轮经》（于阗三藏尸罗达摩于北庭龙兴寺译）、《佛说盂兰盆经》（西晋“敦煌菩萨”竺法护译）等完整的经文；二是S.2643与此经后粘接署名西晋竺法护译的《佛说八阳神咒经》。抬出了“敦煌菩萨”竺法护这位老祖宗，倒是体现出敦煌佛教的地域特色。

《贞元新定释教目录卷・总集群经录上之十七》（西京西明寺沙门圆照撰）：“又至北庭，被节度使御史大夫杨袭古与龙兴寺沙门大震等，请于阗三藏沙门尸罗达摩译出《回向轮经》一卷、《十地经》九卷；至贞元六年二月来届上都，左街功德使窦文场缮写进奉讫；其本见在，准十五年十月二十三日敕，编入《贞元新定释教目录》。”[①]这里间接地告诉我们可以参考的大概时代，就是与贞元六年（791）在北庭译出的《回向轮经》抄写在一起，但也只是S.2540抄写时间的上限。

另一方面的社会背景是，从8世纪晚期开始，敦煌僧人数量增加，成分复杂，虽然设立了僧团各级管理机构，但戒律方面的疏松现象比较普遍；敦煌文献中也有各类戒律写本流传，敦煌石窟壁画中先后出现许多戒律方面的内容，《赞僧功德经》就是在这种大环境下出现的，一方面是提倡保护僧人，另一方面含蓄

① 参见《大正藏》第55册，第896页。

地对僧人提出戒律方面的要求。此经可能是在敦煌佛教界与世俗出现一些不良现象的背景下辑录出来。

佛教戒律产生于佛教初创时期，是因为僧团出现犯戒行为，佛祖相应地制定一些戒规律条。但纵观佛教史上，僧人犯戒的太多，而且这些犯戒僧人都对佛教、对社会有不同程度的贡献，所以众人对其犯戒行为也就看淡了。佛教始终认为：罪孽是可以忏悔的，罪人是可以改过的，错误的人和事更是可以纠正的。出自僧人之手的《赞僧功德经》有为自己贴金辩护的成分，但换个角度也可以看到佛教的包容。而人类社会历史发展证明，包容精神是强大的象征，一个人是这样，一个民族、一个国家也是这样。当然，包容犯戒并不是提倡僧人犯戒，僧人们仍需要做好自己，以赢得民众的尊重。同时，《赞僧功德经》包含了许多做人的道德规范与律法约束。

第五节　天高地广的佛道共识

——敦煌本《法华经度量天地品》相关问题初识

一、《妙法莲华经度量天地品》[1]的出现年代

《妙法莲华经度量天地品》一卷，又名《妙法莲华度量天地经》《妙法莲华经度量天地品第二十九》《妙法莲华经第九》《妙法莲华经第八》《度量天地经》《法华度量》《妙法莲华经度量天地品第二十五》等。根据存世的佛教文献

① 历代对于此经的著录有：隋沙门法经《众经目录》卷二（《大正藏》第55册，第126页下）、卷四（《大正藏》第55册，第137页下），《（仁寿）众经目录》卷三（《大正藏》第55册，第171页上）、卷四（《大正藏》第55册，第173页中），《（静泰）众经目录》卷三（《大正藏》第51册，第205页）、卷四（《大正藏》第51册，第211页），《大唐内典录》卷十（《大正藏》第55册，第3344页下），《大周刊定众经目录》卷十二（《大正藏》第55册，第457页下）、卷十五（《大正藏》第55册，第473页上），《开元释教录》卷十八（《大正藏》第55册，第675页中），《贞元释教录》卷二十八（《大正藏》第55册，第1020页上）均将此经收入伪经之“别生录”或“阙本录”；费长房《历代三宝记》卷十四（《大正藏》第49册，第119页上），将此经作为失译经收入“入藏录”，《弘赞法华传》卷二（《大正藏》第51册，第14页下）、《法华经玄赞要集》卷六（《卍续藏经》第53卷，第587页），均提到或引用此经。

记载，《妙法莲华经度量天地品》的出现与南齐末年太学博士江泌之女僧法尼诵出经典有直接关系。

（一）僧法尼诵出经

“疑伪经”的来历主要有“宿习”[①]与“冥授”、抄录成书、伪造经典3类。[②]南齐末年太学博士江泌之女僧法尼，曾先后闭目诵出21部、35卷经典，这是历来公认最具代表性的“宿习”类“疑伪经”。

梁僧祐的《出三藏记集》卷五中最早[③]且最为详尽地记录了“江泌女子静坐诵出经”这件事。现将《出三藏记集》卷五的有关经录引录如下：

> 僧法尼所诵出经入疑录。
> 《宝顶经》，一卷。永元元年出，时年九岁。
> 《净土经》，七卷。永元元年出，时年九岁。
> 《正顶经》，一卷。永元元年出，时年九岁。
> 《法华经》，一卷。永元元年出，时年九岁。
> 《药草经》，一卷。永元二年出，时年十岁。
> 《太子经》，一卷。永元二年出，时年十岁。
> 《伽耶波经》，一卷。永元二年出，时年十岁。
> 《波罗奈经》，二卷。中兴元年出，时年十二岁。
> 《优娄频经》，一卷。中兴元年出，时年十二岁。
> 《益意经》，二卷。天监元年出，时年十三。智远承旨。
> 《般若得经》，一卷。天监元年出，时年十三。智远承旨。
> 《华严璎珞经》，一卷。天监元年出，时年十三。智远承旨。
> 《踰陀卫经》，一卷。天监四年台内华光殿出，时年十六。
> 《阿那含经》，二卷。天监四年出，时年十六。
> 《妙音师子吼经》，三卷。天监四年出，时年十六。借张家。

---

① 所谓“宿习”，即某位佛教信众将其“前生”所熟悉的经典背诵出来，并记录成书。

② 王文颇：《佛典疑伪经研究与考录》，台北：文津出版社，1997年，第25页。

③ 方广锠认为：在《出三藏记集》前，在敦煌遗书中发现的《众经别录》已经涉及僧法诵出经。《众经别录》，上下两卷，共分10篇。首见著录于隋费长房的《历代三宝记》卷十五，当智升撰写《开元释教录》时，已经“寻本未获”。敦煌藏经洞开启后，人们从中发现了两件南北朝写经残卷，正是该亡佚千年之久的《众经别录》，分别是S.2872与P.3747。在P.3747第一部分的最后著录“《佛说花华严璎珞经》一卷、《佛说般若得道经》一卷”，这两部经属于僧法在天监元年（502）诵出的经。《众经别录》对于上述两部经典的记录，从另外一个方面印证了《出三藏记集》对僧法诵出经事件的记事，证明了僧法诵出经当时的确曾经流通。详见方广锠：《关于江泌女子僧法诵出经》，载方广锠主编：《藏外佛教文献》第九辑，北京：宗教文化出版社，2003年，第386—388页。

《出乘师子吼经》，一卷。天监三年出，时年十五。

《胜鬘经》，一卷。永元元年出，时年九岁。

《优昙经》，一卷。永元元年出，时年九岁。

《妙庄严经》，四卷。永元元年出，时年九岁。

《维摩经》，一卷。江家出。

《序七世经》，一卷。

右二十一种经，凡三十五卷。

经如前件。齐末太学博士江泌处女尼子所出。初，尼子年在龆龀，有时闭目静坐，诵出此经。或说上天，或称神授。发言通利，有如宿习。令人写出，俄而还止。经历旬朔，续复如前。京都道俗咸传其异。今上敕见，面问所以，其依事奉答，不异常人。然笃信正法，少修梵行。父母欲嫁之，誓而弗许。后遂出家，名僧法，住青园寺。祐既收集正典，捡括异闻，事接耳目，就求省视。其家秘隐，不以见示，唯得《妙音师子吼经》三卷，以备疑经之录。此尼以天监四年三月亡。有好事者得其文疏，前后所出经二十余卷。厥舅孙质以为真经，行疏劝化，收拾传写。既染毫牍，必存于世。昔汉建安末，济阴丁氏之妻忽如中疾，便能胡语，又求纸笔，自为胡书。复有西域胡人，见其此书，云是经莂，推寻往古，不无此事。但义非金口，又无师译，取舍兼怀，故附之疑例。[①]

僧法尼"宿习"诵出经一事在当时产生很大的影响。"京都道俗咸传其异"，梁武帝还召见过僧法尼，处于同时代的僧祐也参访过僧法尼。僧法尼从永元元年（499，9岁）直至天监四年（505，16岁），诵出21部经，共35卷。值得关注的是文中出现了"《法华经》，一卷。永元元年出，时年九岁"，这里的《法华经》很有可能就是隋代《法经录》中所载的《妙法莲华经度量天地品一卷》。[②]

① 《大正藏》第55册，第40页上至中；［梁］释僧祐撰，苏晋仁、萧錬子点校：《出三藏记集》，北京：中华书局，1995年，第229—231页；王文颜：《佛典疑伪经研究与考录》，第25—27页；方广锠：《关于江泌女子僧法诵出经》，载方广锠主编：《藏外佛教文献》第九辑，第383—385页。

② 对于这一问题主要有如下观点：绥远、智兴批判了《法华经玄赞要集》中关于"妙法莲华经度量天地经是南齐末永元二年僧法尼诵出"的记载，指出在僧祐的《出三藏记集》中并没有《妙法莲华经度量天地品》的记载，参见绥远、智兴整理：《妙法莲华经度量天地品》，载方广锠主编：《藏外佛教文献》总第16辑，北京：中国人民大学出版社，2011年，第312页；方广锠认为僧法所诵出《法华经》"在僧法以后不久亡佚"，参见方广锠：《关于江泌女子僧法诵出经》，载方广锠主编：《藏外佛教文献》第九辑，第402页；曹凌认为"僧法尼所出经典目录中没有《妙法莲华经度量天地品》，但僧法尼确实诵出过《法华经》一卷"，参见曹凌编著：《中国佛教疑伪经综录》，上海：上海古籍出版社，2011年，第153页。

（二）历代佛教文献的记载

《妙法莲华经度量天地品》首见于隋代《法经录》[①]之中，隋法经所撰的《众经目录》卷二作“《妙法莲华经度量天地品》一卷”，列入“众经伪妄”。其后仁寿录、内典录、大周录、开元录、贞元录均承袭记录。《妙法莲华经度量天地品》还见于《法华经玄赞要集》卷六：

> 路府云：所译之经，有真有伪。伪者，有《妙法莲华度量天地经》一卷。又有《妙法莲华经天地变异经》一卷。此二本经，并是南齐末永元二年[②]，大学博士江泌出家女子，时年九岁，名僧法，闭目念出此两卷，兼前后都合二十一部经，计三十余卷，扬州道俗咸云神受。《长房录》云：宿习力，生而知之者上也，学而知之者次也。问争得知是伪耶，答道理中间是伪，此经宗明一乘，彼经品说星大小也，又无来处也。[③]

经过对《出三藏记集》《法华经玄赞要集》《法经录》的考察，可以初步推断《妙法莲华经度量天地品》的出现年代，上限为永元元年（499）僧法尼诵出《法华经》，下限为载有《妙法莲华经度量天地品一卷》的隋代《法经录》成书的开皇十四年，即公元594年。但根据僧祐《出三藏记集》载：“此尼以天监四年三月亡”，僧法尼16岁去世，天监四年即公元505年，也就是公元505年以后僧法尼不可能再“诵出经”了，再加之《妙法莲华经》很多时候也简称《法华经》，僧法尼所诵出《法华经》为一卷，与《妙法莲华经度量天地品》的卷数也是吻合的，因此可以认同《法华经玄赞要集》记载的“《妙法莲华度量天地经》一卷。……是南齐末永元二年，大学博士江泌出家女子，时年九岁，名僧法，闭目念出此两卷”这一观点。再结合僧祐《出三藏记集》中“《法华经》，一卷。永元元年出，时年九岁”的记载，可以认为《妙法莲华经度量天地》产生于公元499年。

① 《法经录》，隋开皇十三年（593），大兴善寺翻经沙门法经等人奉敕修撰，并于开皇十四年（594）完稿，《法经录》完成于隋朝统一天下之后，因此其所收录的经典代表了南北朝时期佛经流通概况的总结。因此可知《妙法莲华经度量天地品》至迟在公元594年以前已经出现。

② 根据《出三藏记集》载“永元二年”，应为“永元元年”。

③ 《卍续藏经》第53册，台北：新文丰出版公司，1995年，第586页下—587页上。

二、敦煌本《妙法莲华经度量天地品》的存世

（一）敦煌本《妙法莲华经度量天地品》所存卷号

《大唐内典录》载："诸伪经论，人间经藏，往往有之，其本尚多。"[①]这一现象可以从对敦煌本存世的"疑伪经"中得到印证。据统计，仅在斯坦因所掠6000余件经典中，就有"疑伪经"1000多件，在伯希和、北京等其他收藏的敦煌经典中也有不少"疑伪经"。[②]从数量众多的敦煌"疑伪经"传抄本中，可以看出民间并不因为经录学家的排斥而放弃对"疑伪经"的信仰。随着敦煌遗书的不断公布，很多以前在文献上只见到名称的材料不断出现，日本学者根据S.1298将《妙法莲华经度量天地品》收录于《大正藏》第85册中，遗憾的是该卷为残缺本。[③]根据考察，收入《大正藏》第85册的文本仅为全文的1/10。在敦煌遗书有限公布的时期，我们未能知道其全貌，幸运的是随着敦煌遗书的不断公布可以得见该经全貌。

根据近年来的研究，《妙法莲华经天地度量品》在敦煌遗书中共存31件，现存卷号为：BD13839、BD2218、BD2463、BD3917、BD4027、BD4025、BD4525、BD5100、BD5671、BD8449、BD9555、BD9595、BD13409、BD16345A－B，S.1298、S.4334、S.4490、S.4885、S.5389、S.6588、S.12210、P.2234－2、P.3401，Дx.899、16193、上图179、津图156、WJ.002、中散0371。[④]

这些经卷从完整程度来看，有4卷首尾完整（BD13839、BD3917、P.2234—2、上图179），其余卷号均有残缺。从抄写的时代看，有南北朝写本，也有7—9世纪唐代写本、8—9世纪吐蕃统治时期的写本以及9—10世纪归义军时期的写本。从现存的文本和抄写的年代不难看出，该经在敦煌长期流行。

专家们将敦煌本《妙法莲华经天地度量品》分为两个系统，其区别主要在于对诸天论述时的侧重有所不同。第一系统在描述诸天时，对第一天至第二十天从"寿命、身长、衣食、得生条件"方面进行详细描述，而描述第二十一天至第

① 《大正藏》第55册，第366页。
② （日）牧田谛亮：《疑经研究》，京都：京都大学人文科学研究所，1976年，第2页。
③ 《大正藏》第85册，第1355页c。
④ 曹凌认为此经现在敦煌遗书中保存有全经，共有28号。参见曹凌编著：《中国佛教疑伪经综录》，第149页；绥远、智兴研究认为，《妙法莲华经度量天地品》有写本30号，参见绥远、智兴整理：《妙法莲华经度量天地品》，载方广錩主编：《藏外佛教文献》总第16辑，北京：中国人民大学出版社，2011年，第313页；马德、段鹏认为现存敦煌卷本《妙法莲华经天地度量品》有31号，参见马德、段鹏：《新见敦煌写经二件题解》，《敦煌学辑刊》2017年第1期，第92—99页。

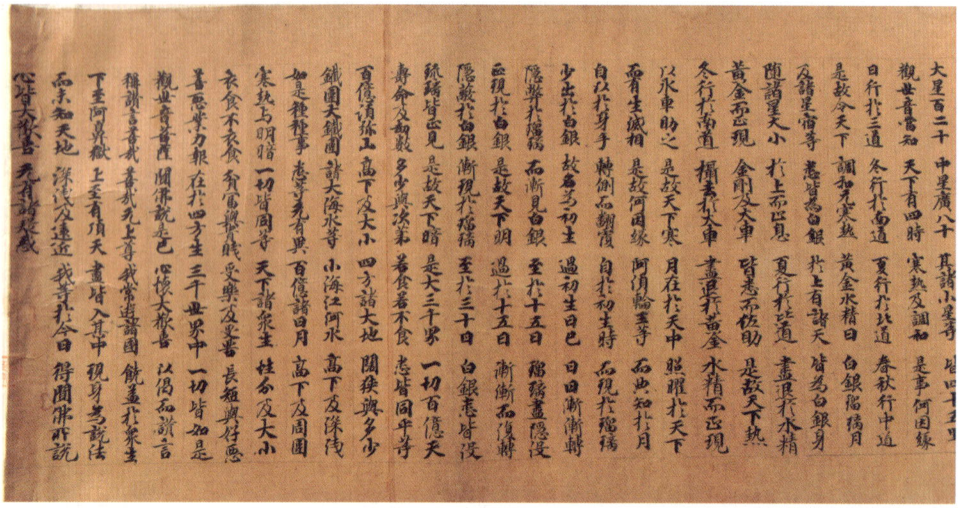

某氏藏《度量天地品》

三十三天时一笔带过，将第二十一天至第三十三天归为一类，认为其中“于是中间，无有天人，唯为诸佛菩萨”。这一系统以P.2234-2、上图179、BD2218、BD2463、S.5389为典型。第二系统对第一天至第十九天依然进行详细描述，并且在第二十一天至第三十三天对寿命进行描述，认为在第三十三天中“于是中间，无有天人，唯为诸佛菩萨”。这一系统以卷本BD3917、BD13839、BD4525、BD5100、S.6588为典型。[①]为了更加全面地认识经文全貌，本书在考察中将卷本两个系统综合考察。

（二）《妙法莲华经度量天地品》在敦煌的传抄

敦煌的“疑伪经”，大多见于诸经录，所以与《一切经》一样，这些“疑伪经”大多应是中原产生，然后传入敦煌，但也不排除有些是在敦煌产生的。[②]还有一种情况，就是有中原传入，然后在敦煌传抄。

BD5671-1卷尾有题记：

> 天宝三载九月十七日，玉门行人在此襟（禁），经廿日有余，于狱写了。有人受持读诵，楚客除罪万万劫，记之。同襟（禁）人马希晏，其人是河东郡、桑泉县。上柱国樊客记。[③]

① 参见曹凌编著：《中国佛教疑伪经综录》，第152页；绥远、智兴整理：《妙法莲华经度量天地品》，载方广锠主编：《藏外佛教文献》总第16辑，第313—314页。

② 殷光明：《敦煌壁画艺术与疑伪经》，北京：民族出版社，2006年，第26页。

③ 《国家图书馆藏敦煌遗书》第76册，北京：北京图书馆出版社，2008年，第120—129页。

这一则题记，可以看到了天宝年间此经在敦煌的流传情况，而且呈现了一些非常重要的信息，从抄写人“玉门行人”、抄写的时间“天宝三载九月十七日”，抄写的地点“于狱写”可以看出，《妙法莲华经度量天地品》至迟在唐天宝年间依然在敦煌流行，而且在敦煌得到了传抄。又从“有人受持读诵，楚客除罪万万劫”可以看出，人们认为受持诵读《妙法莲华经度量天地品》，具有消灾免祸的现实社会功能，这也是该经在敦煌社会中长期流行的原因。由此可见，所谓的“疑伪经”在民间具有很强的影响力。

（三）《妙法莲华经度量天地品》反映的主要思想

佛教产生于古代印度社会，其伦理系统便是那个社会环境的产物，不可能符合中国社会的具体情况，在使用过程中有冲突不足为奇，所以佛教必须予以加工、改造，使之适应中国古代社会需要。“疑伪经”是佛教中国化的重要形式，也是不可或缺的必然步骤。[1]

一部“疑伪经”的形成和发展的历史，可以看作是佛教中国化的一个缩影。这些“疑伪经”最能体现佛教在中国的融入和中国人对佛教的解释。5世纪末、6世纪初出自中国信众的“佛经”，一直到了8世纪依然在敦煌传抄，这

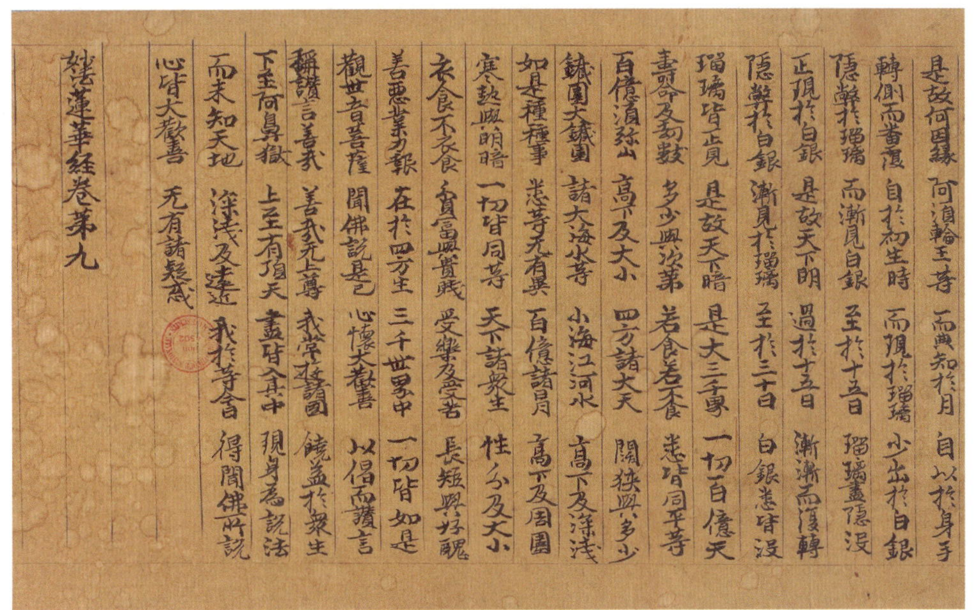
是故何因緣 阿須輪王等 而無知於月 自以於身手
轉側而蕃復 自於初生時 而現於瑠璃 少出於白銀
隱蔽於瑠璃 而漸見白銀 至於十五日 瑠璃盡隱沒
正現於白銀 是故天下明 過於十五日 漸漸而復轉
隱蔽於白銀 漸見於瑠璃 至於三十日 白銀悉皆沒
瑠璃皆正見 是故天下暗 是大三千界 一切百億天
壽命及劫數 多少與次第 若食若不食 悉皆同平等
百億須彌山 高下及大小 四方諸大天 闊狹與多少
鐵圍大鐵圍 諸大海水等 小海江河水 高下及深淺
如是種種事 悉等無有異 百億諸日月 高下及周圍
寒熱與明暗 一切皆同等 天下諸衆生 性分及大小
衣食不衣食 貧富與貴賤 受樂及受苦 長短與好醜
善惡業力報 在於四方生 三千世界中 一切皆如是
觀世音菩薩 聞佛說是已 心懷大歡喜 以偈而讚言
稱讚言善哉 善哉無上尊 我常於諸國 饒益於衆生
下至阿鼻獄 上至有頂天 盡皆入其中 現身為說法
而未知天地 深淺及遠近 我於今會 得聞佛所說
心皆大歡喜 無有諸疑惑
妙法蓮華經卷第九

P.2234《度量天地品》

---

① 潘桂明：《中国佛教思想史稿·第一卷·汉魏两晋南北朝卷》，南京：江苏人民出版社，2009年，第559页。

也反映了佛教对古代中国伦理系统的接纳。众多的“疑伪经”广泛地表现了印度佛教基本教义在中国语境中的转化和中国信仰者在中国文化背景下对佛教的理解和解释。

三、《法华经》思想的承袭

《妙法莲华经度量天地品》为何要冠之以“妙法莲华经”之名？绥远、智兴认为：“《度量天地经》为什么要冠以‘妙法莲华经’这一名称呢？我认为，这无非是为借用《妙法莲华经》的名头以扩大自己的影响，所谓‘狐假虎威’。”[①]笔者认为，《妙法莲华经度量天地品》冠之以“妙法莲华经”之名并非简单的“借名头扩大自己的影响”，更不是“狐假虎威”，而是有以下原因：

（一）《法华经》的影响

《妙法莲华经》简称为《法华经》，是印度大乘佛教的重要经典。古代中国僧人对《法华经》非常重视，称之为“经中之王”。《法华经》可以说是自公元406年兴起风潮，而自公元256年为开端到公元550年就一直在中国占据着主流地位。《法华经》是西晋到南北朝，流行于中国的重要佛经。南北朝时期，《法华经》成为佛教徒的主要教材。《法华经》的影响不仅见于佛教内部，还对道教也产生重要影响，对道教《灵宝经》《度人上品妙经》等产生影响。[②]《法华经》对道教的影响，还可以通过张融和陶弘景[③]的“临终遗令”看出：“三千买棺，无制新衾，左手执《孝经》《老子》，右手执《小品》《法华经》。”[④]

由于《妙法莲华经》流传的因缘殊胜，出现了此经的伪作，早在隋代的《众经目录》中就有《妙法莲华经度量天地品》等3种伪经。[⑤]依托《妙法莲华经》之名，还有《妙法莲花经马明菩萨品》《妙法莲花天地变异经》等一些中国人撰述的经文。《妙法莲华经》传入中土以后，有过6次翻译，现存有3种译本，最早有西晋竺法护译《正法华经》十卷，姚秦鸠摩罗什译《妙法莲华经》八卷，阇

① 绥远、智兴整理：《妙法莲华经度量天地品》，载方广锠主编：《藏外佛教文献》总第16辑，第311页。

② （日）小林正美：《刘宋时期灵宝经的成立》，《东方文化》1982年第62期，第122页。

③ 陶弘景，字通明，丹阳秣陵（今江苏南京）人。生于南朝宋孝建三年（456），卒于梁大同二年（536），享年81岁，是南朝道教改革的集大成者。参见任继愈主编：《中国道教史（增订本）上卷》，北京：中国社会科学出版社，2001年，第176页。

④ 《南齐书》卷四十一《张融传》，北京：中华书局，1972年，第729页；又《南史》卷三十三，北京：中华书局，1975年，第837页。

⑤ 中国佛教协会编：《中国佛教》（三），北京：东方出版社，1989年，第142页。

阇那崛多和达摩笈多译《添品妙法莲华经》七卷。《法华经》汉译本今天流行最广的是鸠摩罗什译本，此经共分二十八品。《妙法莲华经度量天地品》名称中虽然为“妙法莲华经”但未见于任何一个版本的《妙法莲华经》中，而《妙法莲华经度量天地品》又有“二十九品”“卷八”“卷九”之称，是为了获得接续正本《法华经》“二十八品”“七卷”“八卷”，其反映的是获得正统性。

（二）《妙法莲华经度量天地品》对《法华经》思想的继承

《法华经》之所以得到广泛流行，除了它在理论上有自己的阐发外，还把佛描绘成救世主，除了可以保证成佛外，还可以解救当时现实生活中遇到的苦难，满足现实生活中迫切的需求。[①]《法华经》主张众生平等，且由菩萨行渐次深广的实践过程，认为一切法界众生皆可成佛，所以在民间有很大的影响力。《法华经》还宣扬护持、诵读、书写《法华经》可以获得无量功德。“众生人人可成佛”和“诵读《法华经》获得功德”这一思想，被《妙法莲华经度量天地品》很好地继承，在文本第一系统中有7处出现诵读《妙法华经》，在文本第二系统中有5处出现诵读《妙法华经》。

《妙法莲华经度量天地品》对道教《太上中道妙法莲华经》第十五品也产生过重要影响，以后另行讨论。

四、《妙法莲华经度量天地品》三教合一的哲学思维

（一）《妙法莲华经度量天地品》与中国传统思想的调适

在古代中国严密的宗法制度下，忠孝观念受到整个社会的普遍重视。佛教传入中国以后，其出世思想与儒家传统的孝道伦理，极度不容，佛教中国化过程中首先要克服这一障碍，在这一过程中，“疑伪经”将这些因素非常巧妙地调适。

在佛教中国化过程中，对佛教沙门剃头、抛妻子、无跪拜礼，违背了中国古代关于身体发肤受之于父母不敢损毁的教导，这些发问主要集中在《牟子理惑论》《喻道论》，在6世纪上半叶的刘勰《灭惑论》中引述并反驳的《三破论》，还是重提这些话题：“入家而破家，是父子殊事，兄弟异法，遗弃双亲，孝道顿绝，忧娱各异，歌哭不同，骨肉生仇，服属永弃，悖化犯顺，无昊天之报，五逆不孝，不复过此。”[②]

---

① 任继愈：《魏晋南北朝佛教经学》，北京：国家图书馆出版社，2013年，第143页。

② ［梁］僧祐编撰，刘立夫、胡勇译注：《弘明集》，北京：中华书局，2011年，第276页。

孝道既是传统伦理原则的出发点，又是最高的道德规范。集中体现宗法观念的《孝经》一度成为儒家反对佛教的重要经典武器。涉及古代中国伦理的根本基点“孝”的问题，中国人常常不能接受佛教的观念。在古代中国思想世界中“家”“国”是不言而喻的实在。以“孝”为核心的血缘亲情是一种自然的感情，这种根深蒂固的伦理不仅历史悠久而成为传统，而且拥有人们已经熟悉并生活于其中的一整套规则和习俗，2、3世纪大规模进入中国的佛教无法直接对抗这种被人们确认为天经地义的伦理，于是只能采用迂回的方式维护宗教的神圣。[①]通过翻译经典的方式，佛教与古代中国个人伦理没有了冲突，渐渐趋同于古代中国的主流意识。《妙法莲华经度量天地品》提倡的“孝敬父母、恭敬师长”这些观念，很明显是中国传统伦理观念，可见在佛教中国化的过程中佛教的伦理观和中国传统固有的伦理观互相融合。

（二）《妙法莲华经度量天地品》对佛教习俗的整合

“疑伪经”在佛教走向民间社会的过程中具有特殊的价值与地位。[②]“疑伪经”的出现为佛教在民间社会的传播提供了经典依据与思想基础，“疑伪经”将中国固有的思维理路、文化传承、风俗习惯与佛教的戒律结合，因此很适合中国普通民众的思想。

正月、五月、九月原是佛教的斋月，信徒要在这三个月的初一到十五之间食素持戒，称之为“三长斋月”。三长斋在佛教中有悠久的历史，早在西晋时竺法护所译的《佛说普曜经》中有“岁三月六斋，守禁法施戒”[③]。《妙法莲华经天地度量品》中，将“受持三归五戒、受持十善”等佛教习俗与中国传统的“孝养父母、恭敬师长”进行整合，为佛教走入中国民间扫除了障碍。

（三）“度量天地品”的宇宙观试析

从经名《妙法莲华经度量天地品》可以看出，“度量天地”问题是该经的一个主要问题。对于宇宙论的本体“天地”的认识，是人类永恒探索的话题。在中国古代的哲学体系中，“天”有着至高的地位，因此又与“帝”产生关联。古代中国对于世界空间的认识，最初主要保留在天地的层次中，而且天地都只有水平方向的延伸，所谓五方、九州、九天，只是天地的一个水平方位。道世《法苑珠

① 葛兆光：《中国思想史》（三卷本），上海：复旦大学出版社，2016年，第393页。
② 李四龙：《中国佛教与民间社会》，郑州：大象出版社，2009年，第5页。
③ 《大正藏》第3册，第533页中。

林》“《易》称玄天，《庄》说苍天”只是说明天的幽深或深远而已，并没有说明宇宙的结构。印度曾经有相当发达的宇宙本体论和天文地理知识，这些宇宙本体论和天文地理知识也曾作为佛教的知识背景，这种对宇宙本原的想象和对宇宙天象与地理的描述，却与古代中国有相当差异，比如说构成宇宙的基本要素“四大”、大地的平面结构“四洲”、关于宇宙周期毁灭与再生的“劫”等，都与古代中国的阴阳五行、九州和历史实践观念不同。《妙法莲华经天地度量品》通过对话的形式论述了宇宙的平面结构，以须弥山为中心，结合周围四天王的讨论，四天王分别为东方的提头赖吒天王、南方的毗娄勒天王、西方的毗娄博叉天王、北方的毗沙门天王，他们的任务是守护佛法、护持四方天下，令诸恶鬼神不得侵害众生，并展示了各个天的高度“均高达到四万二千由旬”①，说以须弥山为中心的四大洲是一国土，即一世界，如此一千世界构成小千世界，一千个小千世界构成中千世界，一千个中千世界构成大千世界。有小、中、大三种“千世界”，合名为“三千大千世界”②。该经对天地的认识进行了深入的讨论，认为天有许多纵深的层次和名称，忉利天，居于须弥山顶，有三十三天宫，故称为三十三天，忉利天王为释提桓因，即帝释天，位居中央，其四方各有八天，共三十二天，合称为三十三天，全面地展现了一个立体的“天”。一切众生往来轮回的世界分为欲界、色界、无色界，包括天上、人间、地狱等不同境界。天界又有所谓欲界六天、色界十八天、无色界四天等，修行者可依其修行功课达于诸天之不同境界，直至超越三界，免脱轮回之苦。

《妙法莲华经天地度量品》是在印度佛教宇宙论的影响下由中国人撰述的关于宇宙构成的著作，从经文中可以看到当时人们对印度佛教理论的学习、理解，并非生搬硬套到中国，而是将其与中国的传统思想融合。从天的立体空间来说，印度佛教哲学的进入，无疑拓展了中国人对于“天”的空间维度认识。

五、余论：三教调适的社会意义

南北朝时期是佛教进入中国以来的重要调适时期，这一时期佛教遭受了北魏太武帝和北周武帝两次“法难”。通过对《妙法莲华经天地度量品》的研究可以看出，佛教在应对冲突时采取了及时的适应和配合，调整佛教与古代中国固有的

① 由旬，梵语音译，印度的距离单位，约相当于40里。
② 《法苑珠林》卷二，《大正藏》第53册，第278页上。道世认为，三千大千世界，是一佛所统之处，即是一个佛如释迦牟尼佛教化的域界。

思想体系之间的矛盾。敦煌的“疑伪经”不仅对中国“疑伪经”的研究提供了重要的资料，也对研究中国佛教思想、佛教传播以及佛教与中国传统文化的关系等有重要的资料价值，可以看到“疑伪经”在佛教中国化、社会化的过程中扮演了一个极为重要的角色。《妙法莲华经度量天地品》正是这一时代的产物，经文中通过“度量天地”，将印度佛教哲学中的立体“天地观”展现，再者经文中对南北朝时期儒家、道教的关于“孝道”的批判进行了巧妙的调适。对疑伪经的考察往往能看出其编造时代的佛教思潮及社会思想界的实际动态，因此进一步对疑伪经研究有助于我们从一个新的角度认识佛教中国化、社会化问题。

第五章 敦煌石窟社会历史场景举要

第一节　敦煌石窟展示的中国社会
第二节　敦煌唐代石窟营造展示的综合国力
第三节　弥勒下生信仰与佛教的社会化
第四节　敦煌石窟佛教的社会功利
第五节　敦煌石窟佛教无宗派说
第六节　佛教政治活动
第七节　敦煌石窟的民族精神

第一节　敦煌石窟展示的中国社会

敦煌石窟作为社会化的佛教活动场所，无论是建筑、彩塑还是壁画，都具有浓郁的社会生活气息。佛教艺术对佛国世界的追寻，其实是对人间社会的再现和升华，壁画中的僧人、行者、官吏、侍女、伎乐，包括其衣冠、建筑、交通、旌节、舞蹈、乐器及装饰图案，是历代社会生活的再现。

一、敦煌石窟营造是敦煌社会发展的需要

敦煌石窟是集石窟建筑、佛教雕塑、佛教壁画为一体的佛教建筑。敦煌自汉代开发以来，一直是中原通往西域的门户。敦煌有了中原汉族地区先进的生产方式和发达的封建文化，成为中世纪敦煌经济、文化发展的基础。敦煌在中原和西方各国与民族的各个阶层、各种职业的人们频繁的来往和交流中，不断吸收和融合外来文化的合理部分，形成敦煌独特的地方文化。佛教传入以后，特别是佛教建筑和佛教造像随着佛教传入敦煌以后，敦煌石窟的出现是历史的必然，是以犍陀罗为起点的中亚佛教建筑和佛教艺术的东延，有着浓厚的中外历史文化交流的背景。

从4世纪到14世纪，敦煌石窟艺术历经千年经久不衰，是因为它在一定程度上适应和满足了各个历史时期、各阶层人们的各种社会需要；当然首先是满足了统治阶层的需要。同时，敦煌佛教石窟艺术作为一种民族的意识形态，它有强大的号召力和凝聚力，通过艺术的形式提倡佛教信仰，其目的是让人们关心社会、献身社会。

敦煌石窟的营造活动是一项社会活动。从公元420年北凉占领敦煌开始，开启大规模营造石窟的历史新时期；接着统治敦煌的拓跋鲜卑宗室东阳王元荣、北周宗室建平公于义先后在莫高窟营造大窟；“尔后合州黎庶，造作相仍”。莫高窟崖面上几乎所有的洞窟，在10世纪由敦煌的地方割据政权归义军组织和号召民众进行重修和维修。所以敦煌石窟的佛窟营造活动，自始至终都是一项社会活动，是中古敦煌人民社会生活的一个组成部分。敦煌石窟是千余年间谱写出“君臣缔构而兴隆，道俗镌妆而信仰”的历史篇章。

敦煌石窟上的各项佛教活动也大都是为现实服务的社会活动，以最大限度满足人们的社会需要。石窟上有一些固定的佛事活动，为敦煌的统治者阶层提供了社会活动平台，他们充分利用广大民众对佛教的信仰，在佛教的大旗下从事一些维护社会稳定、促进地方经济发展，以及维护自身统治的措施。如每年正月十五日由敦煌地方的最高统治者举办的“岁首窟上燃灯”仪式，即是一项颇有社会意义的活动。《燃灯文》内容本身就透露了它所处时代的一些社会背景，在正文中未出现对亡过祖宗和已故亲族的悼念、追福之词语，而是祈愿在新的一年里能够国泰民安。这正是当时更注重现世社会的表现，反映出窟上燃灯活动更深层的人文和社会内涵。窟上还有其他的佛教节日活动，都带有普遍的社会性。敦煌石窟群的诸处石窟，作为佛教圣地和胜境佳景，也被作为迎来送往的场所。每年接待的外地使臣，有来自中原王朝的天使，更有周围各民族政权的使臣。所以，敦煌石窟在古代西北地区各民族之间友好交流和团结合作的过程中起到了重大的历史作用。

敦煌石窟的日常管理和维修属于手工业的生产劳动，都是最基本的社会活动。石窟的主要功能之一是向世人宣传佛教，给广大善男信女们提供表达自己信仰的场所。敦煌各个阶层的人们，统治者、地主贵族、平民百姓；敦煌之外方广大地区的各种人物，商旅、士卒、使臣等，都要在这里朝山拜佛，根据自己的需要进行祈求，或通过石窟了解佛教的内容和教义。

二、石窟是敦煌乃至中国千年历史与社会的资料库、档案馆

敦煌石窟艺术是中国古代千年历史与社会的记录，佛窟中全面反映了各个创建时代的社会面貌，记录了人们和各种社会活动，全方位地展示了敦煌乃至整个中国古代的社会历史背景，表现了中华民族的精神和传统，集中地反映了佛教社会化的变革历史。

就石窟群本身而言，佛教艺术是佛教理论的一种表现形式，同时也是一笔文化财产，其创造需要一定的经济基础作后盾。敦煌佛教石窟艺术是一种综合性的文化，比较明确地反映了包括经济发展在内的敦煌历史与社会，反映人与社会的需求，反映社会经济发展的程度。

我们可以从石窟中的人物形象及社会生产、生活场面进一步认识和理解这一问题。石窟中的人物大致可分为两类，一是佛教人物，即菩萨、弟子、天王、力士等；二是现实人物，上至帝王将相，下至平民百姓。当然，大部分佛教人物也是以现实为蓝本的，都是以各个历史时期的人物为原型。石窟壁画中保存有丰富

镶嵌在大漠深处的敦煌莫高窟（航拍外景）

的反映古代社会衣食住行、生老病死、婚嫁丧葬、娱乐等画面；在北朝到元代的石窟壁画中具体描绘了敦煌文献记载的数十种手工业；记录了各个时代农业、牧业的生产劳动工具等。

敦煌地处古代中西交通的要冲。敦煌石窟壁画为我们保存了从西汉张骞出使西域、开拓丝绸之路到北朝至隋唐时期，即6—10世纪500年间，各个时代丝绸之路上的道路、桥梁、运输、来往商旅、交通管理、商品贸易，以及交通运输方式、运载工具等内容，体现出敦煌的社会与历史特色。

敦煌石窟艺术反映了中国人对外来佛教文化的吸收和改造。佛窟通过佛教的尊神及各类人物的中国风貌，佛教建筑及人物服饰各方面的中国形式等，表现中国人的民族气质与民族精神。比如石窟中表现的孝道，与佛经本意有所不符；又如敦煌石窟艺术在制作方面，从石窟的建筑形制，如帐形窟、龛，到塑像的排列、经变画的构图等，都受到中国古代礼法制度的制约。建筑形制上中国特有的覆斗帐形窟顶，加上正壁又为帐形佛龛的“帐中帐”型佛窟，实际上就是中国古代帝王宫殿的再现。石窟佛龛或佛坛上塑像的排列、布局，等级层次十分明晰，显然是中国封建君主制度下的产物。大幅经变壁画以佛祖为核心的构图形式同样也体现了唐代社会制度的烙印。

三、家窟凸显中国社会特征

唐代初年开始，敦煌石窟出现了“家窟”之名：贞观十六年（642）由敦煌大族翟通建成的莫高窟第220窟，题名“翟家窟”。此后，莫高窟历代洞窟的营造者们所建洞窟依其姓氏被称为“家窟”，并由其子孙后代世袭相承。虽然也有

敦煌莫高窟

许多大德高僧营造过大窟，但这些洞窟无一例外地依其俗家姓氏而冠以家窟名号，官宦所建之窟更是家窟。另外，由于窟中绘有原建窟主及建窟以来历代先祖们的供养像及题名，使佛窟具有祠堂的性质。家族是中国古代社会的基本构成单位，一个官宦或贵族家庭就是一个社会的缩写，敦煌也不例外，而敦煌石窟的创建和发展的历史，更是受到这种社会制度的制约，作为家窟的佛教石窟也是这个社会的一部分；反过来，这种社会结构又是敦煌石窟形成和发展并延续千年的社会历史原因。家族观念也是敦煌佛教石窟的中国特色之一。同时，在一座座家窟的营造过程中，同属这一家族的窟主与施主间的相互协作关系也体现了当时这种家庭协作的封建社会化特征。敦煌石窟的家窟进一步表明了佛窟的社会性质。

敦煌石窟中比较有名的家窟，有张家窟、李家窟、王家窟、翟家窟、宋家窟、陈家窟、阴家窟等。这些家窟都建于唐代，每一座家窟都有一段辉煌而曲折的历史。通过敦煌石窟的家窟可以了解敦煌的家族，进而认识敦煌的社会。中国人的意识形态，中国社会的特征，深刻反映在敦煌石窟之中，这就是佛教的中国化，也是佛教的社会化。

第二节　敦煌唐代石窟营造展示的综合国力

敦煌佛教石窟艺术是一种综合性文化，它的规模和水平并不只是反映敦煌历史上人们对佛教的信仰程度，还反映包括经济发展在内的敦煌历史与社会状况。社会动荡、经济萧条时，人们想的和做的更多是如何生存、如何尽快地安定和繁荣，石窟的营造和艺术的创造自然不会太景气；而当社会安定、经济繁荣时，人们想的和做的更多是精神上的追求。因此，佛教艺术反映和表现的是一种经济和文化的综合实力。这一点在敦煌石窟表现得特别突出。敦煌石窟艺术是中国古代千年历史与社会的记录，佛窟全面反映了其创建时代的社会面貌，记录了人们的各种社会活动，全方位地向我们展现了中国古代社会。

现以唐代敦煌为例，对石窟营造展示的综合国力做专门论述。

一、唐代前期及以后的莫高窟崖面

敦煌石窟唐代前期的划分，是从贞观十四年（640）平高昌，实际控制敦煌

莫高窟第323窟北壁全图

开始，到公元777年陷于吐蕃，共有137年。[①]在此期间，莫高窟崖面上共营造了150多个洞窟。这些洞窟中，有20多个记载有具体的营造年代。著名的两大像以及许多具有划时代意义的、里程碑式的洞窟都是在这一时期营造的。

唐麟德元年（664），终南山释道宣撰《集神州三宝感通录》，卷中记载：

> 今沙州东南三十里三危山（即流四凶之地）崖高二里。佛像二百八十。龛光相亟发云。

总章元年（668）道宣之弟西明寺沙门释道世撰《法苑珠林》卷第十三全文移录这段文字。这是唐代佛教典籍唯一关于敦煌莫高窟崖面的记载。

① 参见拙作：《敦煌石窟营造史导论》，台北：新文丰出版公司，2003年，第156页。其中关于吐蕃占领敦煌的年代，采取笔者研究所得唐大历十二年（777）的推论。

当时，莫高窟崖面上的洞窟只有上下两层，但在崖面的中部有一个夹层，这就是今天的第56—64、477、276—321窟一段，夹层中的洞窟基本上都是隋代以前开凿的，只有北边第318—321窟属于唐代前期；另外，第56—60窟现存的也是唐代前期的画塑。夹层以外，基本上是两层洞窟在崖面上横贯南北，当然，部分崖面上层以上或下层以下也有洞窟，但为数不多。唐代第220窟率先在远离窟区140米的崖面上凿建，打乱了崖面的发展规律。经过二百多年的营造，至少到9世纪中期，莫高窟南区近千米长的窟群崖面的洞窟已经达到饱和状态。换言之，莫高窟崖面早在唐代就已形成了今天的窟群规模。至于后来数百年间的继续营造，除了重修前代窟龛外，新建的为数不多的佛窟也没有突破唐代崖面的范围。唐代前期的洞窟，也基本上都在这两层里边：上层北面接第384窟向北至第371窟，南面接第242窟一直到第162窟（这一段被第96窟北大像从中间分割开）；而下层南起第130窟、北至第353窟（中间亦有第96窟相隔）的长达800余米的崖面，均在唐代前期开拓。到公元767年前后敦煌李氏家族建成第148窟，作为这一时代和莫高窟崖面上这一区域的终结，又将这个时期的崖面向南拓展了40多米。这就是说，到8世纪后期的唐代前期结束时，莫高窟崖面已经有850米长。不过，当时第130窟以南至第148窟中间这一段崖面上还没有洞窟；另外，崖面的上层以上和下层以下有许多洞窟是后代营造的，即是在属于唐代前期及先代的崖面中，亦有一些是后代营造的洞窟。

经过唐代前期的营造，莫高窟崖面上已有300多个石窟，其中一半以上是唐代前期营造的。按以往专家学者们的研究，这个时代的洞窟被分为初唐和盛唐两个时期。这是依中原的历史分期习惯，但根据敦煌的实际情况，不分初盛二期似乎更妥当一些；从崖面上看，也暂时无法排列出这个时代的洞窟营造时间的先后。当然，这个时代是莫高窟营造历史上的盛大时期，也是莫高窟艺术创作上的极盛期。

二、贞观风采——莫高窟第220窟

莫高窟第220窟的建成，不论是在莫高窟的营造历史上，还是在敦煌艺术的发展史上，都是转折点，是里程碑，具有继往开来的划时代意义。

1. 独立开辟新的崖面，开创全新的时代

莫高窟第220窟建于唐代前期的贞观十六年（642），它的北面距离先代崖面上最近的洞窟140米，就是说，第220窟是在距离隋以前窟群崖面140米处新开辟的崖面，在营造和建成时，周围还没有洞窟。同前述第285、427窟一样，它

莫高窟第220窟南壁全图

在崖面上的出现，标示莫高窟一个新的历史时期的开始。

第220窟建成前两年，李唐王朝平高昌，收复河西全境，实际控制敦煌，开始了敦煌历史上真正意义上的唐朝时代。

2. 开创家窟的格局，明确了家窟的性质

根据窟内发愿文题记可知，第220窟建成于唐贞观十六年（642），窟主为翟通，字思远，敦煌望族，窟内西龛下墨书题写“翟家窟”三个大字，标明了此窟的家窟性质；此后，该窟由翟氏子孙后代精心管理和不断维修。10世纪前期的五代后唐同光年间，翟通第九代孙、敦煌著名的天文学家翟奉达博士重修了甬道，并书写了翟氏“检家谱”，追述该窟的营造和演变历史过程。①

家富是国强的具体体现。一个强大的国家，就是靠千千万万个富裕的家族共同支撑着。因此，敦煌石窟家窟的意义远远超出了家族和石窟本身。而敦煌莫高窟第220窟开敦煌石窟家窟之先河。

3. 开创全新的艺术风格

莫高窟第220窟的壁画风格向世人展示了一个新时代的开始。第220窟的艺

① 参见敦煌研究院编：《敦煌莫高窟供养人题记》，北京：文物出版社，1986年；贺世哲：《从供养人题记看莫高窟部分洞窟的营建年代》，北京：文物出版社，1986年，第101、201页。

术风格是全新的中原唐风，壁画和塑像的所有人物均为中原唐人形象，从中看不到任何先代艺术的影子，后来的石窟中也没有再出现过，真可谓是空前绝后。专家们推测，制作此窟壁画者可能是一位“过客式”的画坛高手，应该是唐平高昌时随军旅而行的高级画师。而且这种全新的艺术风格，是敦煌石窟艺术史上的里程碑式的佛窟之一。石窟建筑形式已经完全是中国式的殿堂窟形；彩塑和壁画也全部由唐人和敦煌本地的画家制作。尽管石窟造像及壁画表现的人物形象是各国各族、各种肤色、各种姿态，但他们都出自敦煌的唐人艺术家之手。

三、武周辉煌——莫高窟北大像为代表的武周诸窟

北大像即莫高窟第96窟。据《莫高窟记》记载，北大像是周延载二年（695）由灵隐禅师与居士阴祖所建[①]。敦煌文书P.2556《敦煌名族志》中有阴祖及其后人活动的简略记载。第96窟在后来经过多次重修，现已面目全非。从当时的情况看，公元695年是北大像的始建年代。北大像的营造和建成，是莫高窟历史上的伟大创举，也是唐代前期国家强盛、社会稳定和经济繁荣的象征。

北大像是敦煌莫高窟第一大佛，建于武周时期，有很深刻的社会背景：中国历史上此前没有女皇帝，但如今出现了一个武则天，她当皇帝之前要造舆论，就说自己是弥勒降生；所以，在武则天当皇帝时，出现了各种“佛经”，莫高窟就出现了弥勒大像以及表现这些“佛经”内容的《宝雨经变》等。[②]武周时代敦煌石窟营造活动的兴盛，同做了皇帝的武则天在全社会大力提倡佛教信仰有很大关系。

围绕着北大像的营造，莫高窟第321、328、329、331、332、334窟先后建成。其中第332窟即《李君莫高窟修佛龛碑》（《圣历碑》）所记李达、李克让父子于圣历元年（698）建成之窟。碑文对窟内塑像和壁画的内容作了详细的记述。同时，《圣历碑》是研究莫高窟历史的重要文献，特别是对于莫高窟的创建的记载，一直为后世所重。第332窟建成和《圣历碑》立碑之时，北大像第96窟已动工兴造三年之久。可见这一时期石窟营造的兴盛。

敦煌文书S.1523为《李庭光莫高窟灵岩佛龛碑》之开首，存25行；上海博物馆40号残文18行正好与其相接，两卷合并43行，为该碑文前半部分。[③]碑文记

① 敦煌遗书P.3720及莫高窟第156窟前室北壁题书，参见贺世哲：《从供养人题记看莫高窟部分洞窟的营建年代》，第72—73、209—210页。

② 史苇湘：《莫高窟中的〈宝雨经变〉》，载史苇湘：《敦煌历史与莫高窟艺术研究》，兰州：甘肃教育出版社，2002年，第367—389页。

③ 参见拙作：《三件莫高窟营造文书述略》，《敦煌研究》1994年第4期。

敦煌莫高窟第329窟《弥勒经变》

李庭光为“凉武昭王之茂族”，时任沙州刺史兼豆庐军使。据史籍记载，豆庐军为河西节度使所辖军之一，驻沙州，设置于唐神龙元年（710），终于吐蕃占领敦煌的公元777年左右。20世纪70年代在吐鲁番阿斯塔那225号墓，发现了大量的写于武周圣历二年（699）前后、并加盖多方“豆庐军经略使之印”的文书，说明沙州豆庐军早在公元699年就已存在；[①]另一方面，碑文原卷中现存3个“国”字，其中2个是武周新字“圀”；碑文云李庭光为凉（武）昭王之后。凉武昭王即西凉王李暠，他被李唐皇族认作其“先祖”（实际上不是）后曾多次被追封，“武昭王”是唐初的封号，到天宝二年（741）被李隆基加封为“兴圣皇帝”；又，碑文中有“将军授略，崇勋传累代之名；我后杰时，余庆列宗盟之序”云云，这些都可以说明碑文建立及其所记李庭光在莫高窟造窟均为武周时事。敦煌曾是西凉王李暠的开国之都，李庭光无论是作为真正的李暠之后，还是作为敦煌地方的最高统治者，他身体力行在莫高窟建造大窟，对武周时期敦煌石窟营造事业的兴盛都无疑有一定的作用和意义。

而莫高窟第217窟的建成，对武周时代的石窟营造做了总结，又开启了新时代的造窟之风。这座由阴嗣玉、阴嗣瑗兄弟于武周末及开元初营造的阴家窟，[②]至今依然金碧辉煌、五彩缤纷。据相关的敦煌遗书记载，敦煌阴氏发迹于武周时期，莫高窟第217窟见证了敦煌阴氏的辉煌，也见证了武周、开元之际的盛世辉煌。

四、盛世浩歌——莫高窟南大像为首的开元诸窟

莫高窟的第二大佛和榆林窟唯一的大佛都建造于唐开元时期。敦煌石窟之外，著名的乐山大佛也造于唐开元时期。这些都是佛教艺术对中国封建社会极盛期的具体展示。

莫高窟第二大佛即今第130窟，古称南大像。公元865年的历史文献《莫高窟记》云“开元年中僧处谚与乡人马思忠等造南大像高一百廿尺”，半个多世纪之后的P.3721《瓜沙史事系年》则云“开元九年僧处谚与乡人马思忠等发心造南大像弥勒高一百廿尺”，由此可知，南大像之始建当在开元九年（721）。20世纪60年代曾在该窟顶部壁画地仗与崖体之夹缝间发现书写有“开元十三年”题

① 陈国灿：《武周瓜沙地区的吐谷浑归朝事迹》，载敦煌文物研究所编：《1983年全国敦煌学术讨论会文集·文史遗书篇上》，兰州：甘肃人民出版社，1987年，第1—26页。

② 参见贺世哲：《从供养人题记看莫高窟部分洞窟的营建年代》，载敦煌研究院编：《敦煌莫高窟供养人题记》，第203—204页。

莫高窟第328窟西龛全景

记的发愿文幡一条，证明该窟在开元十三年（725）时尚未开始壁画的绘制。根据甬道北壁所绘晋昌郡太守乐廷瑰供养像，可推知该窟的建成时间当在唐代设置晋昌郡的天宝元年至乾元元年（742—758）。由此可见，第130窟南大像从开凿到最后完成，经过了30年左右的时间。[①]同北大像一样，南大像的建成，是莫高窟营造史上的又一伟大创举，也是开元、天宝时期国力强盛、社会稳定、经济繁荣的象征。

莫高窟第45、46、172、320、445窟等盛唐洞窟，虽然其营建始末没有明确记载，但灿烂辉煌的艺术结晶为后人展现了盛唐时代的繁荣和兴盛。一座座神圣庄严的佛窟，一件件精美绝伦的作品，让大漠戈壁响彻荡气回肠的盛唐浩歌！

五、余韵神威——莫高窟第148窟

大历年间，敦煌李氏家族僧俗共建莫高窟最大的涅槃像窟第148窟。窟内现

① 参见贺世哲：《从供养人题记看莫高窟部分洞窟的营建年代》，载敦煌研究院编：《敦煌莫高窟供养人题记》，第204—205页。

莫高窟第148窟甬道顶《报恩经变》

存大历十一年（776）镌立《大唐陇西李氏功德记》（简称《大历碑》），记述该窟营造事项。以往的研究中以立碑之年为该窟建成之年。笔者经研究认为，洞窟建成于前（大历初年），刻石立碑在后。晚唐历史文献《莫高窟记》以大历三年（768）为线划分莫高窟历史之前后段，此界限当指第148窟建成与吐蕃进攻敦煌之时；[①]第148窟的里程碑作用和划时代意义，不仅划开莫高窟的唐代前期与后期，而且划开了莫高窟千年历史的前期与后期。

莫高窟第148窟面宽20多米，横卧南北的涅槃像长达18米，体积上为敦煌石窟同类造像之最；而西壁的《涅槃经变》与东壁窟门两侧的《净土变相》，面积上也是敦煌石窟巨幅经变壁画之最！壁画集隋唐巨型经变画之大成，前无古人，

① 参见拙作：《敦煌石窟营造史导论》，第184页。

后无来者。

莫高窟第148窟在抗蕃战争中曾起到过振奋士气的作用；该窟在敦煌石窟最早绘制《天请问经变》《报恩经变》等，是因鼓励敦煌汉唐军民抗击吐蕃入侵而出现的，在战争中能够鼓舞人心。[①]在中国封建社会中盛到衰的转折时期，一座佛窟还能够发挥如此社会作用，说明佛教作为一种意识形态对社会的支配程度。佛窟在这里展示的是佛教和佛教艺术的民族凝聚力。

六、佛窟里的唐朝盛世——佛教对综合国力的文化作用分析

社会上出现的任何事物，应社会需要而生，反过来又对社会产生作用，这一过程互为因果。敦煌石窟艺术在一定程度上，适应和满足了各个历史时期、各阶层人们的各种社会需要；当然，首先是满足了统治阶层的需要，石窟营造活动是为统治阶级服务的。另一方面，敦煌石窟艺术之所以历经千年经久不衰，就是它在敦煌的历史上，确实起到了稳定社会、使人们安居乐业的作用。

唐代前期的敦煌石窟实际上折射了唐代社会的历史场景：佛窟作为神宫，成为皇宫的缩影，菩萨则是皇宫里的“宫娃”。壁画中，从金碧辉煌的佛殿到高低得所的大宅小院，从峰峦叠嶂的山林到广袤无垠的田野，从佛国仙境的诸神众仙到人间尘世的衣食男女，从豪庭深院达官显贵到忙碌在田园场舍的农夫村妇，从守卫边陲要塞的军旅将士到奔波于千里征程的行脚商旅……好一个大唐盛世！佛窟里百姓安居乐业、国家繁荣昌盛的景象正是人们的向往和追求。

唐代前期国家强盛，经济繁荣。经济繁荣是国家强盛的基础，经济繁荣的前提是社会稳定；而佛教和佛教艺术在社会稳定方面发挥了重要作用，这就是唐代前期的敦煌石窟给我们的启示。国家和社会繁盛的时代，人们会有更多的精神追求。佛教正是适应了人们的这种追求。六十余年间，唐王朝的帝王和太后们先后为翻译佛经的大师们撰写出多件《圣教序》，极大地推动了佛教信仰的普及。敦煌遗书中也保存了多份由帝后们撰写的“御制经序”抄本。[②]敦煌石窟在这一时期的兴盛和辉煌正是社会稳定的必然产物。

① 参见史苇湘：《敦煌历史与莫高窟艺术研究》，第72—73页。
② 详见本书第六章。

第三节　弥勒下生信仰与佛教社会化

一、弥勒信仰的“出世”与“入世”

弥勒信仰以弥勒菩萨为信奉对象，在印度出现较早，如《增一阿含经》卷四十五、《贤劫经》卷七《佛兴立品》等，皆以弥勒为未来出现之第一佛；《阿毗昙八犍度论》卷二十七亦记当来弥勒成佛之事。弥勒造像在印度出现也比较早，据《名僧传抄·法盛传》载，佛灭度后480年（公元元年前后），呵利难陀罗汉上升兜率天绘弥勒之像，至忧长国（佛国记之陀历国）东北，造牛头旃檀弥勒大像；《大唐西域求法高僧传》卷下《灵运传》载，那烂陀寺供有弥勒像；《大唐西域记》卷七、卷八亦载战主国都城西北之伽蓝供奉弥勒像；摩揭陀国佛陀成道之菩提树东方有精舍，以白银铸十余尺高之弥勒像。

中国关于弥勒信仰之译经，自西晋竺法护开始，先后有鸠摩罗什、沮渠京声、菩提流支、义净、菩提流志等共译出十余种译本，可归纳为“上生”“下生”“本愿”三系统。中国东晋时开始，弥勒信仰逐渐盛行，亦据经文教义分为上生、下生二派：上生信仰现今于兜率天说法之弥勒菩萨，而欲往生兜率天；下生信仰，相信弥勒将来下生此世界时，于龙华树下三会说法以救度众生，而自己亦能生此世界，于龙华树下听受说法而成佛，故有龙华三会之说。上生信仰者，始有道安（314—385），据《梁高僧传》卷五《道安传》所载，前秦苻坚遣使西域，携回弥勒结珠像等，道安开席讲法时，常罗列尊像；继有戴颙，据《法苑珠林》卷十六记载，东晋戴颙依据梦告，造立弥勒像，后安置于会稽龙华寺。道安之后，弥勒信仰逐渐普及，到南北朝时期达到极盛，即成为后来的弥勒净土信仰，佛教史籍《法苑珠林》《名僧传抄》等有丰富记载。至唐代，玄奘、窥基亦弘扬兜率上生信仰，而成为法相宗之传统。而下生信仰亦甚为普及，《出三藏记集》卷十二《法苑杂缘原始集目录序》载，刘宋明帝撰《龙华誓愿文》，周颙作《京师诸邑造弥勒三会记》，齐竟陵文宣王作《龙华会记》，南岳慧思作《立誓愿文》，皆倡弥勒下生阎浮提之说。又据《名僧传钞》载，南朝刘宋元嘉九年（432），法祥建弥勒精舍。唐代，武则天于永昌元年（689）命法朗等伪作《大云经》，谓武后系弥勒下生。五代时之布袋和尚（契此），更被传为弥勒化身。

由于弥勒信仰普及，历来弥勒造像多不胜数。南北朝时期，南齐建武年中，僧护曾发愿于剡县石城山雕凿千尺弥勒像，然愿未果而入寂，后由僧佑历时30年于天监十五年（516）才全部完成，为江南早期石窟造像代表作。世称三世石佛、剡县大佛，即今新昌石城山大佛寺石佛，位于新昌县城西的南明山中。佛像高大巍峨、气势磅礴，经测定，石佛座高2.4米，正面趺坐像高13.2米，阔15.9米，两膝相距10.6米，耳长2.7米。南朝文学家刘勰誉之为“不世之宝，无等之业，旷代之鸿作”，后世称之为“江南第一大佛”。大佛寺西北约300米处还有一小刹名“千佛院”，院内有佛千尊，每尊长约7寸，宽近5寸，排列整齐，个个神采飞扬，充分反映了中国古代工匠的智慧与艺术水平。传说，石城山大佛寺创始于东晋永和元年（345），故又有“石城古刹”之称。北魏献文帝时期，约公元466—470年，凿造大同云冈第13窟弥勒洞，安置16米高之倚像，迁都洛阳后，又造龙门石窟，内有太和、景明、永平等年间所造之大小弥勒佛像数百尊。此外，山东历城黄石崖、千佛山亦有许多北朝所造弥勒像。至唐代，所造四川乐山大佛为世界第一大佛。位于甘肃省永靖县西南方向的小积石山中的炳灵寺石窟，以保存中国石窟最早纪年题记而闻名于世，始建于西秦建弘元年（420），

榆林窟第25窟北壁《弥勒经变》

之后历代多有修建，直至明代。其中第171窟佛龛内造上半身依山石雕、下半身泥塑、通高27米的弥勒大像，建造于唐开元十九年（731），宋、元、明、清各代有修缮，佛顶原有七层阁楼建筑，后毁于战乱。另外，甘肃省甘谷县大像山的弥勒大佛，坐落于高约200米的崖壁间，是全国相对地面高度最高的大佛，整个身躯为半圆雕，高23.3米，宽10.2米，为石胎泥塑，传说石胎雕于北魏时期，泥妆塑于盛唐年间。

敦煌石窟的创建比新昌、云冈、龙门都要早，十六国、北朝时期就造有为数不少的弥勒菩萨造像，如著名的莫高窟第275窟交脚弥勒等；但北朝时期的造像似乎多表现弥勒上生的内容。唐代建造了两尊弥勒大像，即今第96窟北大像和第130窟南大像。北大像建于武则天时期，南大像建于开元时期。[①]

据历代史书记载，借弥勒下生信仰，曲解经文，聚众叛乱者亦不少。隋大业九年（613），宋子贤自称弥勒出世，聚众叛乱，袭击炀帝乘舆被捕。又，陕西扶风人向海明自称弥勒出生，号召谋反。唐代开元初年，贝州（河北）王怀古自称新佛（解作弥勒佛），举事被捕。唐僖宗（873—888年在位）时，弥勒教徒于西蜀地方扩展势力，组织弥勒会。北宋仁宗（1022—1063年在位）时，贝州之王则率领弥勒教徒叛乱。南宋及元代之白莲教亦混入弥勒教，假借弥勒下生之名谋反，迄至明清时期，尚流行于各地。实际上这种情况在敦煌遗书的记载中还有更早的，即敦煌研究院藏北魏兴安三年的《大慈如来告身》，就是借弥勒之名聚众起事的广告，也伪托是弥勒下生。[②]

从国内多处中古的弥勒造像看，很明显地展示出弥勒下生信仰。弥勒上生信仰多为佛教僧团内部之信仰，而弥勒下生信仰则深入民间，深入社会。如果从佛教的入世和出世观来看，正是佛教出世与入世的两种信仰观。

以往在敦煌佛教的研究中，对敦煌弥勒信仰问题，研究对象多以壁画为主。谈及敦煌弥勒造像者较少。敦煌石窟唐代《弥勒经变》壁画一些细节的描写，特别是对未来的描写，非常生动丰富，艺术水平更是美妙绝伦。实际上，弥勒大像才是真正表现弥勒信仰的标志、展示弥勒信仰的主体，更应该得到关注。

---

① 据敦煌唐代文献《莫高窟记》，原文见莫高窟第156窟前室及敦煌遗书P.3720。
② 敦煌研究院藏敦煌遗书DY.007。

二、敦煌唐代弥勒像的历史信息

（一）莫高窟北大像（第96窟）

1. 唐武周时期初建

据前述敦煌历史文献《莫高窟记》记载，北大像是由灵隐禅师与居士阴祖始建于武周延载二年（证圣元年，695）。敦煌文书P.2625《敦煌名族志》中有关于北大像建造者阴祖及其后人活动的简略记载。

阴祖因年高而得板授。P.2625《敦煌名族志·阴氏》条下记：

> ……阳（阴）祖，乡间令望，州县轨仪，年八十四，板授秦州清水县令、上柱国。祖子守忠，唐任壮武将军、行西州岸头府折冲，兼充豆卢军副使，又改授忠武将军行左领军卫、凉州丽水府折冲都尉、摄本卫郎将、借鱼袋，仍充墨离军副使、上柱国。以父老请侍，孝诚恳切。蒙凉州都督郭元振判录奏：谋略克宣，勤劳久著，当王凉之西面，处四镇之东门。弹压山川，控御缓急，寇不敢犯，尘不得飞。将士有投醪之欢，吏人承挟纩之惠。防授既众，功效实多，利润倍深，孽课尤剩。赵充国之为将，省而成功；甘延寿之居边，惠而能利。长子修已，右卫勋，二府勋卫，材兼文武，蹈礼依仁，少习父风，乡间挹以其干略，节度使差专知本州岛岛军兵马。次子修义，见任文州平府别将。①

这里将阴祖之子阴守忠与汉代名将赵充国相提并论，可见其功勋卓著。但守忠是因献祥瑞而得官职。P.2005《沙州都督府图经·祥瑞》条下记：

> 白狼右大周天授二年，得百姓阴守忠状称：白狼频到守忠庄边，见小儿及畜生皆不伤，其色如雪者。刺史李无亏表奏："谨检《瑞应图》云：'王者，仁智明悊，即至；动准法度，则见。'又云：'周宣王时白狼见犬戎服者。'天显陛下仁智明悊，动准法度，四夷宾服之征也。又见于阴守忠之庄边者，阴者，臣道，天告臣子并守忠于陛下也。"②

问题是，阴守忠官居"唐任壮武将军、行西州岸头府折冲，兼充豆卢军副

① 参见拙作：《敦煌莫高窟史研究》，第42页。
② 参见郑炳林：《敦煌地理文书汇辑校注》，兰州：甘肃教育出版社，1989年，第19页。笔者稍有校改。

使，又改授忠武将军行左领军卫、凉州丽水府折冲都尉、摄本卫郎将、借鱼袋，仍充墨离军副使、上柱国”的时间，在这里明确为唐，应当在武周立国之前，即公元689年前，这里也透露豆卢军的设置当在武周之前。公元691年阴守忠身为百姓向武则天献祥瑞白狼，此时已经在家侍父。并在此后不久（公元695年）与其父一起建造莫高窟北大像。而郭元振判录阴守忠的时间，为郭任凉州都督的公元701—705年，为武周后期，守忠重新出山为官。至于阴祖获得板授的时间，应该在复唐之后，即公元710年之后。这样看来，阴祖一家建造北大像的目的和动机就有点眉目了。阴守忠原本为唐将，后因武氏篡唐而以服侍老父为名辞官；但又不甘百姓生活，故寻找机会重新出山，即有献祥瑞白狼之举。可能是此举并未给守忠带来重新为官的机会，故有公元698年阴祖建造北大像一事。这一切所展示的功利目的是非常明显的。然而阴守忠一直等了十几年，才由郭元振推荐重新为将。倒是守忠的两个儿子在河西节度使时期（公元710年复唐之后）都顺利为将，使阴祖一家再显荣耀。阴祖也因之在84岁高龄时获得板授。

至于阴祖建莫高窟北大像的动机，一般认为是为武则天造像。武氏篡唐，称则天为弥勒下生（出世），这是人所共知的史实。从阴祖及其子孙的家族兴衰史来看，认为其建造北大像的动机是为武则天造像树碑，亦可说通。第96窟在后来的时代里经过多次重修，现已面目全非。所以无法断定是否就是按武则天的形象而造。明代以来，一般认为龙门宾阳洞卢舍那佛造像为武则天肖像。而从敦煌保存下来的北大像最早的图片看，似乎确实与龙门卢舍那佛有点相像。

2. 晚唐重修

敦煌遗书P.2762《张淮深碑》记：

> ……爰因搜练之暇，善业遍修，处处施功，笔述难尽：乃见宕泉北大像，建立多年，栋梁摧毁，若非大力所制，诸下孰敢能为？退故朽之摧残，葺玲珑之新样。于是杍匠治材而朴斵，郢人兴役以施功：先竖四墙，后随缔构。曳其栿檩，凭八股之辘轳；上墼运泥，斡双轮于霞际。旧阁乃重飞四级，靡称金身；新增而横敞五层，高低得所。玉豪扬采，与旭日而连晖；结脊双鸱，对危峰而争耸。[①]

张淮深这次重修北大像的时间在唐代乾符元年（874）到中和五年（885）之间，主要是将窟前瞻四层楼阁增建为五层，使之更为雄伟壮观。现窟内东壁门北露出晚唐壁画，当为张淮深重建时所绘制。

① 参见拙作：《敦煌莫高窟史研究》，第301页。

莫高窟第96窟大佛内景

3. 宋初重修

宋代乾德四年（966），归义军节度使、托西大王曹元忠与其妻凉国夫人浔阳翟氏避暑莫高窟，因见北大像窟檐“建立年深，下接两层撑木损折”，发愿修复。这次重建只拆换了下两层撑木，窟檐仍为五层。敦煌遗书CH.00207《凉国夫人浔阳翟氏重修北大像记》记载：

大宋乾德四年岁次丙寅五月九日，敕归义军节度使、特进检校太师兼中书令、托西大王曹元忠，与敕授凉国夫人浔阳翟氏，因为斋月，届此仙岩……遂睹北大像弥勒，建立年深，下接两层，材木损折，大王、夫人见斯颓毁，便乃虔告焚香，诱谕都僧统大师，兼及僧俗、官吏，心意一决，更无二三，不经旬时，缔构已毕。梁栋则谷中采取，总是早岁枯干；椽柃乃从城斫来，并仗信心檀越。工人供备，实是丰盈，饭似积山，酒如江海。可谓时平道泰，俗富人安，尽因明主以陶熔，皆由仁君而造化。……凉国夫人翟氏自手造食，供备工人。其月廿一、廿二两日换柱，材木损折较多，不堪安置。至廿三日下手折。大王、夫人于南谷住。至廿四日折了，夜间大王、夫人从南谷回来。至廿五日便缚绷阁、上材木、缔构；六月二日功毕；四日入城。助修勾当：应管内外都僧统辨正大师紫赐钢惠、释门僧正愿启、释门僧正信力、都头知子弟虞侯索幸恩；一十二寺每寺僧十二人；木匠五十六人，泥匠十人。其工匠官家供备食饭；师僧三日供食，已后当寺供给。①

据窟内现存壁画痕迹及后来试发掘发现的铺在花砖，这次重修在维修完桉阁后还对窟内外的壁画进行了重绘（目前所能看到的大底层通道内的壁画痕迹，及现第三层暴露出来的壁画颜料痕迹即是宋代初年的壁画），并底层地面全部铺上八瓣莲花图案的地砖。整个维修和重修工程结束稍晚一些。文书的主要内容是为来莫高窟避暑的曹氏夫妇歌功颂德，文中透露出曹氏夫妇离开时，整个重修工程似乎还没有完结。虽然是维修窟前土木建筑，但势必会影响窟内大佛塑像及四壁壁画的损伤而进行补修补绘。而所有这一切，包括这项工程的全部收尾，写于工程收尾之前的这份文书没有丝毫反映。

在第96窟窟内底部的地面上，紧贴西壁凿建的连接南北两壁的通道从大佛佛座底下穿过，中间大佛两腿之间还凿有两孔作采光之用的明窗；此通道原凿建

① 参见拙作：《敦煌莫高窟史研究》，第143—144页。

与大佛初造为同时期，因为道壁上也暴露出与窟内各壁同样的数层各时代的壁画痕迹，其中最明显者为两端入口处内顶上的宋代火焰纹与云纹壁画，与莫高窟第25窟的壁画几乎可以认为出自同一人之手，是典型的曹氏中晚期（宋初）壁画。莫高窟第96窟窟前底层殿堂地面与窟内地面所铺设的八瓣莲花花砖，与窟内壁画一道，为公元966年重修北大像的“二期工程”，其时当在曹元忠夫妇离开莫高窟后不久。

4. 清末重修

据立于1906年的《重修千佛洞三层楼功德碑记》记载：“丁酉之岁，邑从九戴君奉钰倡首续修，聚众善之赀力，营艰大之工程；左提右挈，其运意为独挚矣！始构大雄之殿，继兴大士之宫，畴昔荒刹萧索，不蔽风雨；今则洞宇峥嵘，观瞻辄资景仰。苟非竭诚补葺，即阅五六年，殊难告厥蒇功。”[①]这里记载的戴奉钰重建似乎没有成功。1936年《重修千佛洞九层楼碑记》所载“大佛一尊，余身尽山，高十八丈。年久山圮，法相暴露。光绪二十四年，商民戴奉钰建未成”[②]相同。然从1908年法国人伯希和所拍“北大像”窟外的五层楼照片看，似乎又是在唐代改建的五层基础上施为，即光绪二十四年（1898）戴奉钰所建。但与崖面留下的遗迹相比较，清代所建五层楼阁的规模远比唐代要小。

5. 民国重修

据《重修千佛洞九层楼碑记》记载：民国十七年至二十四年（1928—1935），敦煌“德兴恒”商主刘骥德、敦煌乡绅张盘铭和莫高窟主持喇嘛易昌恕等人，“集合官绅农商各界，发愿重修”，“起民国戊辰至乙亥，八易春秋，用金一万二千余元”，改五层为九层，“而工程巩固，巍峨壮观”，同时曾对“北大像”全身妆銮。重建竣工后，九层飞檐倚山而立，兽鸱楸脊，风铎悬鸣；栏槛宫阙，层廊迭垒，巍峨绮丽，殊为壮观。但规模仍依清代楼阁。

（二）莫高窟南大像（第130窟）

1. 初建

前述《莫高窟记》云“开元年中僧处谚与乡人马思忠等造南大像高一百廿尺”；晚于此半个多世纪的P.3721《瓜沙史事系年》记“开元九年僧处谚与乡人马思忠等发心造南大像弥勒高一百廿尺”；由此可知，南大像之始建当在开元九年（721）。20世纪60年代曾在该窟顶部壁画地仗与崖体之夹缝间发现书写有

① 碑存莫高窟第16窟甬道北壁。
② 原碑已毁，后复刻立于莫高窟第96窟前室。

“开元十三年”题记的发愿文幡一条，证明该窟在开元十三年（725）尚未开始壁画的绘制。该窟的建成时间，根据甬道北壁所绘晋昌郡太守乐廷瑰供养像可推知当在唐代设置晋昌郡的天宝元年至乾元元年（742—758）。[①]由此可见，第130窟南大像从开凿到最后完成，经过了30年左右的时间。同北大像一样，南大像的建成，是莫高窟营造史上的又一伟大创举，也是开元、天宝时期国力强盛、社会稳定、经济繁荣的象征。

开元时期造弥勒大像者不止莫高窟一处，榆林窟第6窟高达24.7米的弥勒大佛也建造于这一时期，但没有留下相关的记载，现存面貌为清代重修所致。而以巍峨雄伟的气势闻名中外的世界第一大佛的四川乐山石刻弥勒坐像的建造，有比较可信的史料记载。乐山大佛地处四川省乐山市东，岷江、青衣江、大渡河三江汇合的凌云山上，是依凌云山栖霞峰临江峭壁凿造的一尊弥勒坐像，与乐山城隔江相望。青衣江、大渡河于凌云山下汇集为岷江，据传当年水灾频繁，为害甚烈。唐玄宗开元元年（713），凌云寺僧释海通为减杀水势，造福民众而发起募集人力物力修凿的。海通禅师圆寂以后，工程被迫停止，多年后，先后由剑南西川节度使章仇兼琼和韦皋续建。至贞元十九年（803）竣工，前后历时90年，耗资数以亿贯。可见乐山弥勒大像的建造具有明显的社会目的和意义。大佛通高71米，头高14.7米，发髻有1021个，耳长6.72米，鼻长5.33米，眼长3.3米，肩宽24米，手的中指长8.3米，脚背宽9米，长11米，比曾号称世界最大的阿富汗巴米扬大佛（高53米）还要高出18米。有“山是一尊佛，佛是一座山”之称。

有人据莫高窟北大像的相关信息认为，既然北大像是为武则天造像，那么开元时期的莫高窟南大像就是为唐玄宗李隆基造像了。这种说法纯属主观臆断：没有任何记载能说明南大像是为唐玄宗李隆基造像，前述乐山大佛的建造已经说明了问题。唐玄宗执政初期的开元二年（713），连颁五道诏令阻碍和禁止佛教的发展；开元十八年（730）于花萼楼召开释道二教论议后才开始崇佛，之后于开元二十三、二十四年（735、736）亲注《金刚经》颁行天下普令宣讲；开元二十六年“敕天下诸州立龙兴、开元二寺”，第二年颁诏令天下僧道遇国忌日就龙兴寺开道散斋，千秋节（玄宗生日）就开元寺祝寿；这样，开元寺实际上成了全国民众为李隆基个人祝寿的“道场”。最能说明问题的是天宝三年（744）“敕两京、天下州郡取官物以金铜铸帝身及天尊各一躯，送开元观及开元寺”。天尊即元始天尊，为道教三清之首，送入开元观顺理成章；而“帝身”无疑为玄

① 参见贺世哲：《从供养人题记看莫高窟部分洞窟的营建年代》，载敦煌研究院编：《敦煌莫高窟供养人题记》，第204—205页。

莫高窟第130窟倚坐弥勒像（南大像）

宗自身，入开元寺者非此莫属。而且，敦煌唐代不仅建造了龙兴、开元二寺，而且开元寺的玄宗"圣容""御座"一直到一百多年后，经历了吐蕃统治又重新归唐的乾符年间（874—879）还保存完好；当时唐僖宗派天使一行到敦煌授敕封后，在张淮深的陪同下到开元寺：

> 尚书授敕已讫，即引天使入开元寺，亲拜我玄宗圣容。天使睹往年御座，俨若生前。叹念炖（敦）煌虽百年阻汉，没落西戎，尚敬本朝，余留帝像。其于（余）四郡，悉莫能存。又见甘凉瓜肃，雉堞雕残，居人与蕃丑齐肩，衣着岂忘于左衽。独有沙洲一郡，人物风华，一同内地。天使两两相看，一时垂泪，左右骖从，无不惨怆。①

这段描述十分感人。但这里有一个问题，就是在敦煌的开元寺里，专门供有唐玄宗的"圣容""御座"。因此，不可能再以弥勒大像指代玄宗了。况且，莫高窟南大像及四川乐山大佛都兴建于开元初期和前期，当玄宗还在崇道抑佛，虽然敦煌不曾受到玄宗禁佛令的影响，但绝对不可能以玄宗为弥勒而造大佛。

2. 吐蕃时期对南大像的重修

敦煌文书Дx.6065《乘恩等重修莫高窟弥勒像帖》全文如下：

> 1.（前缺）月廿一日，诸寺尊宿、教授、法律就灵图寺……
>
> 2. 高窟弥勒像。所要色、彩、麻、胶等物，仰……
>
> 3. 所要人工，仰诸寺尊宿、禅、律有徒弟者……
>
> 4. 其林木、白土，仰窟家供。亲赴窟检校大德：宋教授者梨二人、
>
> 5. 李教授者梨二人、张者梨二人、唐者梨一人、索教授者梨一人、杜法律者梨二人、
>
> 6. 康者梨二人、阴法律二人、照法律二人、英法律二人、照律师二人、宋律师二人、
>
> 7. 法圆律师、洪孴律师二人、真法师、哲法师、严法师、孴惠法师、
>
> 8. 张上座应管窟头僧，除老病小者仰当寺排合五人为一蕃，从起

① 敦煌遗书P.3451《张淮深变文》，转引自王重民等：《敦煌变文集》，北京：人民文学出版社，1957年，第124页。

首日至

9. 终，一蕃上五人，除本居窟者，终而复始。其法律大德应

10. 有名者，并限令今月廿四日夜窟头取齐。道光禅师、智超准

11. 上限须到窟头，并据一。

12. 乘恩

【以上为正面；以下为背面】

13. 传桷配勾当：訔惠法师、法圆律师、法寂、惠净、谈显、

14. 神怗、神宝、道珍、智寂、法镜、谈阐、法珪、惠舟、

15. 胜訔、智惠海、谈远、灵德、怀净[①]

据《宋高僧传》记载，乘恩为长安西明寺僧，天宝末年后避乱游居河西。但本文书与敦煌文书P.3730、Дx.2959等所记载之乘恩，活动于公元815年之后，二乘恩恐非一人。而本文书之成书及其所记重修莫高窟弥勒像之年代，据帖文中宋（正勤）教授者梨（公元821年起担任敦煌僧团之都教授）、洪訔律师（公元820年起担任敦煌僧团都法律兼摄副教授）、徒弟法訔（S.1475《本年（817）曹茂晟遍麦契》云“保人男沙弥法訔年十八”）等人的活动年代，应在公元817年前后。帖文中之“窟家”应是莫高窟南大像第130窟原建窟主马思忠之后人，因为此时北大像第96窟原建窟主阴祖似乎已经不在敦煌，或因阴祖“板授秦州清水县令”而举家东迁，北大像已无“窟家”在敦煌，已交由敦煌官府或僧团管理。这次重修主要是对窟前的土木结构的殿堂楼阁进行了整修，由马氏家族供应材料，敦煌僧团出人力。所以，ДX.6065《乘恩等重修莫高窟弥勒像帖》是公元817年前后，担任都教授的乘恩和尚组织敦煌僧团及窟主家族重修莫高窟第130窟的帖文。这是目前所见有关大像重修的最早的记载，重修时间上距初建时间仅60余年。这份文书为我们提供了莫高窟崖面变迁的第一手资料。

3. 宋初曹宗寿时期的重修

曹氏时义这后期的曹宗寿时期，南大像经过一次大规模的重修，包括窟内壁画的和窟前殿堂的重建。这次重修的痕迹至今依然有存，[②]兹不赘。

（三）其他相关信息

敦煌石窟的弥勒大像在建造时因地制宜，北、南大像分别采取不同的凿建

① 参见拙作：《敦煌莫高窟史研究》，第96—97页。

② 参见贺世哲：《从供养人题记看莫高窟部公洞的营建年代》，载敦煌研究院编：《敦煌莫高窟供养人题记》，第210页。

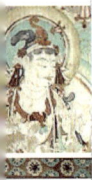

方法：

北大像所在崖体倾斜度大，虽然也可以开龛，但崖面高度不足，会降低佛像的高度；另外，要是崖面进深太深，工程量大，而且不能保证崖顶的坚固性；因为佛像的高度不能改，所以只能在崖面上想办法。这样就有了弥勒像的头部及上半身先置于于露天的设计。我们从20世纪初佛像暴露的照片上看，佛像头顶几与崖顶相齐。四层楼阁为大像凿成后始建，实际上就是刚好将佛头罩在里面。后来改成五层，是在第四层上面又加盖了一层，即今日九层楼之第8、9二层。

南大像一开始就建在室内，崖壁上分为三层，除最上层在开凿时没有留下岩体甬道（可能是考虑到出渣）外，二层和底层的窟门都有比较长的甬道，而且在底屋甬道的南北两壁靠近顶部，分别开有盛唐时期流行的敞口形佛龛，内有一佛二菩萨组像，龛顶和左、右、后三壁都绘有壁画。

莫高窟第23窟《雨中耕作图》

三、弥勒下生信仰的功利性与佛教的社会化

弥勒下生信仰，主题就是对未来美好世界和民众生活的向往。但当这种信仰进入中国社会之后，却展示出明显的社会功利性。

武周时建弥勒大像，人们总是把它和武则天联系到一起，认为是为迎合武则天皇帝而造。可能有点道理。因为敦煌莫高窟北大像的营造者（窟主）为敦煌阴祖，其子唐将阴守忠武周初年辞官在家成为百姓，但又向武则天献祥瑞，随后营造弥勒大佛，都是其个人和家族的功利行为。至于阴祖也因唐代板授高年之制，在84岁那年领到一个“秦州清水县令”的虚衔，似乎是李唐复国之后的事，与弥勒大佛的营造已无多大关系。因此，阴祖在得到“板授”之后加之其子守忠也为官河东，可能已经举家离开敦煌。北大像后来交由敦煌僧团管理。

有种说法认为，至唐代后，由于阿弥陀经之译出，发愿往生西方净土者亦多，故弥勒信仰已不如以前盛行。实际上，这只是从文献的一些不完整的记载中得出的简单臆测。或者说，这只是就佛教内部而言，而忽视了佛教与社会的关系。唐代的弥勒信仰并不比前代任何时候逊色。如四川乐山大佛就凿建于唐开元年间，那时正值中国封建社会的极盛期。历史证明，敦煌的封建社会的极盛期，正是弥勒信仰的极盛期。当然，这种信仰与当时的社会需要密切相关。

弥勒信仰已成为社会需要，无论是早期的利用和是后来的崇敬，都是为了未来，但这种对未来的向往明显带有很强的功利性。上至唐朝皇帝，下至平民百姓，无不如此。这也正是佛教社会化的具体体现。如果从佛教义理方面讲，敦煌弥勒大像的营建，属于弥勒下生信仰。在敦煌石窟众多的《弥勒经变》壁画中，弥勒下生来到人间，人间变成天堂，一切都是那么美好。这些经变画与弥勒大像相呼应，展示了全社会的弥勒信仰。

所以，笔者以为，中国的弥勒信仰，一直是带有功利性质的，与佛教教义相去甚远。南北朝时期以来的弥勒造像，是追求弥勒下生的太平盛世；武周时期有歌颂则天皇帝的意图，此后也是为了国泰民安。敦煌唐代的弥勒大像就传递了这方面的历史信息。

中国的弥勒下生信仰固然是有曲解佛教教义之嫌，但能够让佛教深入社会，直接进入民众生活，也是大乘佛教所提倡的入世佛教之路。敦煌的弥勒大像的建造，正是这一佛教思想的社会化实践。

第四节　敦煌石窟佛教的社会功利
——莫高窟第205窟“新东方三圣”小议

一、莫高窟第205窟现况概览

1. 第205窟的位置与营造时代

敦煌莫高窟第205窟位于莫高窟南区崖面的上层，南北与同一层位的第202—204和第206—210相邻，北距北大像第96窟约20米。从现存壁画风格看，这一组洞窟开凿的时间应该在隋末唐初。而这一组洞窟开凿之时，这一片崖面上还没有洞窟，当时的洞窟基本都集中于崖面北部，靠南头的应该是第60窟，北距第205窟约150米。这是一片新开辟的崖面。中间无窟，与左右两边诸窟形成一个新的空间。

从现存面貌看，第205窟在隋末唐初创建时只完成了窟顶壁画和中心佛坛上的大部分彩塑，窟顶内容包括莲花藻井和四坡千佛，中心佛坛塑一佛二弟子二菩萨群塑；盛唐时代完成南北两壁全部及西壁下部南北角的壁画；吐蕃占领的中唐时期，绘制完成了西壁和东壁壁画，又在中心佛坛上增塑了二天王像；最后是五代时期，重修了前室、甬道。①从这个意义上讲，第205窟装载了数百年的历史，具有与一般洞窟不同的跨时代特征。

2. 第205窟的营造者僧团与僧人主持造窟的情景与内容

从6世纪开始，莫高窟崖面上的大部分洞窟有了窟主，成为私有财产，由窟主家族继承和管理。但也有一部分洞窟一如既往由专业的营造团队或寺院开凿好并确立主题，向全社会招募施主，并按施主的要求绘制壁画内容；这些施主们一般为没有能力建造洞窟的家族，和来往于敦煌的过往行客。留在洞窟上的遗迹表明，第205窟即属于后者。在隋末唐初创建之时，可能是由僧团主持和组织专门的石窟营造团队事先开凿好的洞窟。不仅没有家族造窟痕迹，后来的重修者们也是社众；而且时间跨度大，内容不成体系，施主也是好几个时代的信众。

① 参见贺世哲：《从供养人题记看莫高窟部公洞窟的营建年代》，载敦煌研究院编：《敦煌莫高窟供养人题记》，第210页。

3. 第205窟的窟形与主题

第205窟为覆斗帐形窟，这是自北魏后期以来流行的汉化窟形。而且窟内的马蹄形中心佛坛也是敦煌石窟群中出现最早者。中心佛坛的形式应该是早期由印度传来的中心塔柱的中国式变革。帐与坛的组合，即覆斗形帐与马蹄形中心佛坛的结合，完成了敦煌石窟建筑完全中国化的历史使命。

窟顶中心为莲花藻井[①]，四坡为千佛是传统的石窟内容，表现的是净土佛国；佛坛上的一佛二弟子二菩萨的组合，也是北魏后期以来的通行题材，表现的也是西方净土世界的情景。窟顶和佛坛的画塑所表现的快速成佛的净土思想，是第205窟的主题。

南北两壁的壁画绘制于盛唐时代。南壁共绘四幅，东起依次为：一、上说法图，下千佛；二、上为说法图，下为一佛二菩萨（药师、观音、地藏）；三、观音变；四、上说法图，下一佛二菩萨。综合这些画面内容，除了第三幅观音变外，说法图和千佛、一佛二菩萨等，实际上都表现的是佛国净土。而这些表现形式都是围绕隋末唐初中国佛教界流行的快速成佛的净土思想而展开，僧人们在这里营造了一个净土世界，实际上是开辟了一处社会化的活动场所，以适合大众口味的佛教思想体系来吸引全社会的信众。说法图都是净土变的缩写。

单独出现的观音变，也属莫高窟出现得最早。这时候的法华经不一定是天台思想，而更应该是净土思想的表现。

一直到吐蕃时代的重修，这种快速成佛的思想一直在延续。弥勒下生成佛以成太平盛世，借吐蕃将军守护，反映了百姓的愿望。

二、新出现的“新东方三圣”

这里作为特例，重点谈一下对药师佛、观音菩萨和地藏菩萨组合的认识。

首先是能拯救人间疾病的药师琉璃光佛如来，俗称“大医药王佛”。《药师琉璃光如来本愿经》记载，药师佛的胁侍为日光、月光菩萨，药师琉璃光佛如来是东方净琉璃世界的掌管者，日光遍照菩萨和月光遍照菩萨同为药师佛的二大胁士，作为左膀右臂与药师佛共同管理着东方净琉璃世界。药师佛于过去世行菩萨道时，曾发十二大愿，愿为众生解除疾苦，使具足诸根，趋入解脱，故依此愿而成佛。住净琉璃世界，其国土庄严，如极乐国。被称为“大医王”，可消灾延寿降吉祥、得富贵，一切顺遂。药师佛通身透彻，蓝色如琉璃，清净无染出柔光，

① 参见敦煌文物研究院编：《敦煌莫高窟内容总录》，北京：文物出版社，1981年。

莫高窟第205窟展开图

故以“琉璃光”为功德名，其成就和主管的净琉璃世界也处处是琉璃净光。药师佛法相所现为螺发型，左手持药壶，右手结施无畏印（或与愿印），日光、月光二菩萨胁侍左右，并称为药师三尊。佛教讲“华严三圣”（卢舍那佛与文殊、普贤菩萨）、“西方三圣”（阿弥陀佛和观音、大势至菩萨）和“东方三圣”；“东方三圣”就是药师佛和其两位胁侍——日光菩萨、月光菩萨；他们一同掌管着一个与西方极乐世界相对的东方净琉璃世界。修持药师法门可往生药师佛所掌管的净土世界，故而药师佛信仰的也是“净土法门”。在敦煌，东方三圣也受到信众的普遍喜爱。莫高窟壁画中就有大量与西方净土变对应的东方药师净土变，药师佛的胁侍菩萨即日光、月光菩萨；壁画中也有单独的东方三圣图，最典型的有如莫高窟第321窟东壁的唐初壁画。

“大慈大悲救苦救难观世音菩萨”是大家非常熟悉的佛教神祇，按照《妙华莲花经—观世音菩萨普门品》（后来直接命名为《观世音经》）的说法，观音菩萨具有13种化身，能救33种大难；无论何人何时何地遇到何种艰难险阻，只要合掌念诵观音菩萨名号，一切都会遂人所愿，吉祥平安。敦煌莫高窟自隋代就绘制观音救难和化身，在敦煌更是深入人心。观音形象在第205窟仅南壁出现6次，其中一幅为专门的观音变相；上栏的说法图中和下栏药师胁侍两次出现。因为紧连着《观音普门品》，所以在这里应该另有含义。

地藏菩萨之名源于北凉时期佚名译8卷本《大方广十轮经》，又称《方广十轮经》或《十轮经》；全经计15品，内容系赞叹地藏菩萨之功德，并叙述如来依地藏菩萨之问，而由本愿力成就十种佛轮，能破除末世之十恶轮。隋代信行所提倡的“普佛普法”之三阶教义，主要即是根据北凉译本立论。信行所著《三阶佛法》4卷中，共引证北凉译本120多次。此经所揭示“十种王轮”之说，为后世地藏十王信仰之由来。此经后由玄奘于唐永徽二年（651）重译，全称《大乘大集地藏十轮经》，共8品，与隋朝天竺国三藏法师菩提灯译《占察善恶业报经》、托名唐于阗国三藏沙门实叉难陀译（疑为中国僧人所造）《地藏菩萨本愿经》合称“地藏三经”。佛云在自己涅槃、弥勒未成佛之前这段时间，就是有地藏菩萨主事，负责教化芸芸众生。

初唐以来，地藏信仰在中国大地普及。敦煌莫高窟第205窟南壁地藏菩萨是敦煌石窟出现最早的地藏菩萨尊像，和观音菩萨一起作为药师佛的胁侍，不仅是最早的而且也是唯一的；加上上部的说法图，应该是由中原来的施主要求绘制的。其他的壁画内容，哪怕是一幅说法图，一幅小的故事画都有佛经依据，然而这幅药师观音地藏组合，却找不到任何佛典依据。

《佛说灌顶经》云：“佛言：若四辈弟子，比丘、比丘尼、清信士、清信

莫高窟第205窟南壁《药师、观音、地藏三尊》

女，常修月六斋、年三长斋，或昼夜精勤一心苦行，愿欲往生西方阿弥陀佛国者，忆念昼夜，若一日、二日、三日、四日、五日、六日、七日，或复中悔，闻我说是药师琉璃光佛本愿功德，尽其寿命欲终之日，有八菩萨，其名曰：文殊师利菩萨、观世音菩萨、得大势菩萨、无尽意菩萨、宝坛华菩萨、药王菩萨、药上菩萨、弥勒菩萨，是八菩萨皆当飞往迎其精神，不经八难生莲华中，自然音乐而相娱乐。”[①]这里讲佛教的四众弟子往生净土世界时，来迎接他们的8位菩萨中，就有配合药师佛的大慈大悲救苦救难的观音菩萨。但第205窟画中的观音菩萨，肯定不是来迎接这位施主往生净土的，而应该是希望菩萨拯救现实中的苦难。

如前所述，药师佛与日光、月光菩萨有组合为“东方三圣”，这在敦煌石窟的《东方药师净土变》（简称《药师经变》）中被大量绘制；同时也有单独绘出药师佛与日光、月光菩萨的《东方三圣图》，如同为初唐时期的莫高窟第321窟东壁所绘即为代表作。既然药师佛为东方琉璃光如来，加上胁侍菩萨即为“东方三圣”；在这里，可以将莫高窟第205窟这幅以药师佛为主尊、以观音菩萨和地藏菩萨为胁侍的组合，在没有找到任何佛典依据的情况下，暂时命名为“新东方三圣”。

三、佛窟性质的社会化变革

史苇湘早就指出，了解壁画内容，除了从佛教典籍中检索之外，也需要从历史中寻找壁画绘制的原因和背景。这就是人间社会对佛的需要。无论是佛教典籍的记载还是中国人的信仰实践，都说明了药师佛、观音菩萨和地藏菩萨，是最贴近人间社会生活的佛教神祇。

（一）药师法门的社会利益

药师佛是北传佛教、南传佛教和藏传佛教共同尊崇的佛祖，全称是“药师琉璃光如来”，又称“大医王佛”“药师如来”“十二愿王”。药师佛与本师释迦牟尼佛、阿弥陀佛是“横三世佛”，又称“三宝佛”，药师佛是东方净琉璃世界教主。据说药师佛在成佛之前曾发下12条大愿，以解救众生。修习药师法门的主要益处有如下几个方面：

---

① 参见《大正藏》第21册，第533页。

1. 除灾延寿

这是最广为人知的一条，是为人们消除一切疾病和灾难，让众生安乐健康，延年长寿。传说只要念药师佛的名号，“随所乐愿，一切皆遂。求长寿得长寿，求富饶得富饶，求官位得官位，求男女得男女”[①]“令诸有情，皆得无尽所受用物，莫令众生有所乏少”“一切皆得端正黠慧，诸根完具，无诸疾苦”“我之名号，一经其耳，众病悉除，身心安乐，家属资具，悉皆丰足”“若诸有情，王法所加，缚录鞭挞，系闭牢狱，或当刑戮，及余无量灾难凌辱，悲愁煎逼，身心受苦，若闻我名，以我福德威神力故，皆得解脱一切忧苦”“若诸有情，饥渴所恼，为求食故，造诸恶业，得闻我名，专念受持，我当先以上妙饮食，饱足其身”“若诸有情，贫无衣服，蚊虻寒热，昼夜逼恼，若闻我名，专念受持，如其所好，即得种种上妙衣服”“若见男子女人，有病苦者，应当一心为彼病人，常清净澡漱，或食，或药，或无虫水，咒一百八遍，与彼服食，所有病苦，悉皆消灭，若有所求，至心念诵，皆得如是，无病延年”。因此药师佛通常被称为“消灾延寿药师佛”，由于是“延”长现世的“生”命，所以又称为“延生法门”，在药师经中强调得最多。

2. 得福增财

药师法门中有唯一专属的财神心法，得到药师佛及财神护法的加持，进而消灾解难，得福增财：“或有因此生于天上。虽生天中而本善根亦未穷尽。不复更生诸余恶趣。天上寿尽还生人间。或为轮王统摄四洲。威德自在安立无量百千有情于十善道。或生刹帝利婆罗门居士大家。多饶财宝仓库盈溢。形相端严眷属具足。聪明智慧。勇健威猛如大力士”“愿我来世得菩提时。以无量无边智慧方便。令诸有情皆得无尽。所受用物。莫令众生有所乏少”。十二大愿中这方面的内容最多。

3. 往生有定

凡是修习阿弥陀佛的“往生法门”，但是最后还是没有把握确定自己临终能够往生西方极乐世界的修持者，应该称念药师佛。传说只要称念药师药名号：“临命终时，有八大菩萨，其名曰：文殊师利菩萨、观世音菩萨、得大势菩萨、无尽意菩萨、宝檀华菩萨、药王菩萨、药上菩萨、弥勒菩萨，是八大菩萨，乘空而来，示其道路，即于彼界（西方极乐世界），种种杂色众宝华中，自然化生”。因此，念药师佛名号，能够决定往生阿弥陀佛的西方极乐世界。药师法

① 本文所引《药师琉璃光如来本愿功德经》原文，见《大正藏》第14册，第405—414页，恕不一一出注。

门同时也是往生法门：东方世界“彼佛土一向清净，无有女人，亦无恶趣及苦音声。琉璃为地，金绳界道，城阙宫阁，轩窗罗网，皆七宝成，亦如西方极乐世界。功德庄严，等无差别。……是故曼殊室利，诸有信心善男子善女人等，应当愿生彼佛世界”“命终之后，生彼世界，得不退转，乃至菩提”。说明东方世界也是可以往生的。

4. 持戒有护

“若有无量无边有情，于我法中，修行梵行，一切皆令得不缺戒，具三聚戒。设有毁犯，闻我名已，还得清净，不堕恶趣”“若有净信善男子、善女人等……受持禁戒，若五戒、十戒、菩萨四百戒、比丘二百五十戒、比丘尼五百戒。于所受中，或有毁犯，怖堕恶趣。若能专念彼佛名号，恭敬供养者，必定不受三恶趣生”。学佛从受戒开始，但是，受戒易守戒难，是广大学佛者之通病，而只要称念药师佛名号，就可以放心大胆受戒，即使有所违犯，亦可凭药师佛力消除性罪、戒罪，还得清净。而持戒之功德依然存在，仍然可以作为成佛之资粮。

5. 成佛有助

众生“皆当引摄，置于正见，渐令修习诸菩萨行，速证无上正等菩提”“得正见精进，善调意乐，便能舍家，趣于非家。如来法中，受持学处，无有毁犯。正见多闻，解甚深义。离增上慢，不谤正法，不为魔伴。渐次修行诸菩萨行，速得圆满”。由此可见，以上多次说到“正见”，可以说，一念药师佛，修行无偏差，因此，自然可以速得圆满，速证菩提。

由此可见，药师法门是佛陀在三个世界中最后介绍的终极法门，也是最完整的法门，是既修今生也修来世的法门，是既依他力——延生往生、也凭自力——持戒证悟的圆满法门。

（二）观音法门的众生利益

1. 观世音菩萨与众生最为默契

观世音是大慈大悲救苦难形象，为众生或苦难众生寻求安宁的依靠。在大众观念中，观世音是慈悲、端庄，圣洁、祥和的化身，观世音也是8万多位菩萨众首。观音是充满慈悲、普门示现的救度者，任何人只要出声求救，据说他都会闻声救苦，无论求助者的出身、性别、际遇。

2. 观世音菩萨能够引领众生脱离苦厄

观世音是大乘佛教里代表诸佛的菩提心，有慈悲的胸怀。凡事世间众生遭受了任何的苦难，只要恳求向菩萨祈求救济，传说观世音就会寻声救度，引领众生脱离世间苦厄，给予物质上的满足，并圆满“善终”和死后得度的愿望。

3. 观世音菩萨与众生有大因缘

《地藏经》记载：“佛告观世音菩萨：汝于娑婆世界，有大因缘。若天若龙，若男若女，若神若鬼，乃至六道罪苦众生，闻汝名者、见汝形者、恋慕汝者、赞叹汝者，是诸众生，于无上道，必不退转；常生人天，具受妙乐；因果将熟，遇佛授记。”

4. 观世音菩萨不仅是美丽端庄的象征，并且相传法力无边

菩萨主张随类化度，救济人不分贵贱贫穷，这满足了大多数世俗百姓的需求，诚心持诵观音名号者都能得救，脱离七难和三毒，且可以满足两个愿望。这种具体而实际的利益不是借助高深的知识或禅定而获得，而只需称念观音圣号，这是最常用、最大众化的法门，也是最平等的修行法门之一。因为完全没有任何阶级、身份或性别的限制，千百年来，受到大众普遍的欢迎，信众通过这个法门试图感通观音，以获得世俗利益与究竟解脱。所以老百姓更愿意相信自己身边最近的观世音菩萨。

（三）地藏法门的本土福利

和药师佛、观音菩萨一样，地藏菩萨也是一位总会尽力满足众生的愿望的佛教尊神，他的社会功能主要表现在两个方面：

1. 地藏菩萨以孝闻名，和中华文化不谋而合

传说当年佛祖的母亲去世，佛祖为母说法，并且以此为契机讲经说法，介绍地藏菩萨的孝道故事，因此就有了《地藏经菩萨行愿经》。地藏菩萨的一世为婆罗门女，其母不信佛法，走入邪道，因此死后进入地狱。为了救母，地藏菩萨变卖家财，布施供养，因为功德无量，其母得救。地藏菩萨还在觉华定自在王如来面前立弘誓愿：“愿我尽未来劫，应有罪苦众生，广设方便，使令解脱。”地藏菩萨还有一世为光目，其母杀生堕在地狱，为救母发大愿“所有地狱及三恶道，诸罪苦众生，誓愿救拔……”中国自古崇尚孝道，“百善孝为先”，地藏菩萨的精神正好与此相契合。

2. 地藏菩萨的愿望大，愿意舍己为人

经书中记载：地藏菩萨看众生罪孽深重，在地狱中受苦，就发下大愿“地狱不空，誓不成佛”。地狱之中，众生无数，辛苦教化，长年累月，可是前人刚刚得度，后人又入地狱，可以这样说，地狱不可能空，地藏菩萨发此大愿，其实就是放弃了成佛，甘愿在地狱辛苦度人，慈悲如此让人潸然泪下。这等精神、这等胸怀特别少见。佛法可以理解和领悟，但实践起来却比较困难，能为别人牺牲自

己更难，没有一定境界就做不到。地藏菩萨以牺牲自己践行佛法，自然是深受人们佩服的，所以在众人心中地位崇高。

综上所述，药师佛、观音菩萨和地藏菩萨同时出现，一切都是为了现世众生，最大限度地满足社会需要和大众需求。这大概就是施主和画工在认识上达成高度统一，在技法上又表现淋漓尽致的主要因素。再回顾一下莫高窟第205窟的营造历史，实际上从初建开始就是社会活动，所有的内容都是为了世间众生的现世利益和未来追求。这幅“新东方三圣”图完整地表现芸芸众生对平安和健康这种最基本的也是最重要的生活状态的祈求，可以说是敦煌石窟作为社会化佛教场所的结晶，展示佛教服务于社会的集大成之作！

药师佛、观音菩萨和地藏菩萨，是一种为社会的牺牲精神，与中国自先秦以来不断发展的传统思想具有一致性。虽然古人限于认识，可能更多的是考虑每个人自己在任何时候任何情况下都可以“抱佛脚”的意识，很少有人会从精神侧面去理解这幅画；但无论从哪个方面讲，这幅“新东方三圣”图作为佛教社会化的真情演绎，在敦煌石窟的历史上，乃至在佛教中国本土化的进程中，都具有重大的变革性意义。

第五节 敦煌石窟佛教无宗派说

佛教在佛祖时代并无派别之分，后来在发展的过程中受到社会各方面的制约和影响，佛教信徒们试图采取各种方法进行适应社会发展和佛教自身的生存发展的改革，各宗派的祖师们根据佛经创立专修法门，出现了不同的形式和手段，然后由弟子们代代相传，后人将这些不同的形式和手段称为“派”或“派别”。我国自唐朝以后，佛教分为“宗门”和“教下”。“宗门”专指禅宗，“教下”通指其他宗派。早期佛教有称“小乘”或“部派”佛教，实际上也是后人加上去的。之后的大乘佛教，就是在方法和手段上改进的结果，让佛教适应社会而得以生存和发展。中国分佛教为各宗各派，原本也是佛教信徒们自立门户，以我为尊的结果。中国的大、小乘佛法共有10个宗派。小乘有成实、俱舍两宗，在唐末已衰微而不复见。大乘有天台、华严、法相、三论、净土、禅、密、律八宗。以上的“宗”“教”之分，是指在修学佛法时的门径不同，其本质并无大的区别。那些所谓各宗各派的祖师，即现在被奉为各宗派初祖的那些祖师们，几乎都

莫高窟第159窟西壁龛内全图

没有认为自己创立了宗派这一回事；他们原本都是为佛教的生存、发展的进步孜孜不倦地追求和改革的佛教大师，在探索适应社会和佛教发展的方式方法，并为此做出终生的努力，成就斐然。可以肯定的是他们对佛教事业做出了伟大贡献，但按照他们的本意，并不是要创立一个属于自己的宗派，而是让佛教得到更大的发展。

关于这一点，佛祖早就讲得很清楚，即“八万四千法门”，又称“八万四千法蕴”“八万四千法聚”“八万四千法藏”“八万四千度门”或“八万法蕴”“八万法藏”。为对治众生八万四千烦恼所施设的法门（八万四千法是表示法门之多，并非实数）。修行佛法共有八万四千法门，且法门平等，无有高下。“譬如八万四千法门，终归胜义。”[①]

“有无量阿僧祇求大乘菩萨不谄曲不幻伪端直者，令彼菩萨以一句音得八万四千法门、八万四千三昧、七万五千陀罗尼，以是功德诸菩萨摩诃萨，以大

① 《大方广佛华严经》，参见《大正藏》第10册，第716页。

庄严而自庄严，令勇发不可思议妙愿，令菩萨不可思议知见功德以自庄严。”[①]

“受化有情有八万行，为对治彼八万行故，世尊为说八万法蕴，彼诸有情依佛所说八万法蕴，入佛法中，作所应作各得究竟。”[②]

敦煌出土的“伪经”中也有同样的记载：

更复演说者，上已明体，今欲美况，此果之第二义也。得一切佛法者，是果法也。八万四千法门者，是因法也。雨众色雨者，此譬正法，能出众善雨有青黄之色。善有万种之异，上雨是法，下雨被人。及种种宝者，是果也。雨无量福报者，合果也。及无量善根者，合因也。有大水聚者，此明正法能有成益也。大千界藏者喻大乘也，四百亿者喻二因二果也。[③]

徒众眷属，八万四千，寂寞清虚，湛然清净。（八万四千烦恼，名为“眷属”。行人悟之，悉皆清净。即是八万四千波罗蜜，亦名八万四千三昧，亦名八万四千法门，亦名八万四千菩萨，亦名八万四千宝塔，亦名八万四千师子之座也。）各各护持，菩萨净戒。（清净无生，是菩萨戒。）[④]

以禅宗为例，祖师达摩面壁修行，寻求一种新的修持方法，而不是为自己建宗立派，祖师的称号是后人加给他的。以致有后人以为达摩不是第一代祖师，第一代祖师是佛祖的大弟子迦叶尊者！这就更是牵强附会了。慧能大师清楚地认识到这个误导，极力倡导佛教在世间，使得禅宗的袈裟不再往下传递，目的就是不需要再分宗派。可是后来的情况与大师的初衷正好相反——不光是有了宗有了派，而且还是“花开五叶”，分成五个宗派！实际上，禅的原意就是修行，就是佛教的理论和实践，并不是宗派的名号；后来作为中国佛教最大的派系，完全曲解了佛教的本意。就是在今天，我们还是习惯于以禅寓佛，禅即是佛教。

净土本来不是宗派，是一种教育方法或修持手段，现在大家基本上都称其为净土教。佛教信众多，出家的高僧多，杰出人才也多，因此教育形式方法也就百花齐放，但万变不离其宗，这就是佛教的基本和基础理论（教义），众生皆苦，

① 《大乘悲分陀利经》，参见《大正藏》第3册，第269页。
② 《大毗婆沙论》，参见《大正藏》第27册，第385页。
③ 《胜鬘经记》，参见《大正藏》第85册，第254页。
④ 敦煌遗书北新1569号《佛为心王菩萨说头陀经》（附注疏），载《藏外佛教文献》第1册，北京：宗教文化出版社，1995年，第287—288页。

莫高窟第454窟北壁东起第一幅《楞伽经变》

涅槃最乐，因果报应，轮回转世；天台、华严等无不如是。学习的方法不同，成佛的途径不同，最后的结果也就不尽一致。这就是所谓的“宗派”间的区别，实际上也就是方法的区别。净和禅的区别，就是“净”字单独提出来的时候，不能代表佛教，也就是说净只是其中的方法之一。

而“律宗”一说就更荒谬——本来戒律是佛教信徒们最基本的行为规范，当年道宣律只是为了规范僧团和僧人们的行为，佛教内部也需要实行统一的戒律以加强组织，要求所有佛教信众“诸恶莫作”“众善奉行”，何来宗派之说呢？[①]

至于密宗，本来也不是宗派，是一种方法，开始称为“密教”，是一种全新的佛教传播形式，吸收了民间各种信仰的形式，直接让佛教进入民众生活。和整个社会融为一体，得到更好的生存和发展。实际上在密教出现之前，佛教就有过

① 已有佛学专家对此提了疑义。

这方面的尝试，如中国历史上大量出现的“疑伪经”、隋代前后的三阶教等，都是倡导佛教与民众生活相结合。唐代密教的推广应用，让佛教进一步得到发展。

敦煌石窟所展示的佛教文化，让许多人着迷。但也有一些人老是提出这样的问题：为什么在同一座洞窟的壁画上，绘有十几种经变，净土、华严、法华、金刚、楞伽、所恩、天请问……把各宗各派的经典都绘在一起，到底属于什么宗啊？殊不知，在敦煌石窟这样一个家族和社会化的佛教活动场所寻找佛教的宗派，那不是水中捞月吗？

有一位心道法师，自称“融汇禅、净、律、密、天台诸宗的一代高僧法幢宗初祖——丹巴增贝堪布佛·心道法师”[①]。这里先称心道融会各宗各派，又给自己封个“法幢宗”的“初祖”尊号。资料中没有介绍这个宗派是否传承下来，可能是因为心道在动乱年代里的非正常离世而没有香火吧？但有一点可以肯定的，就是心道法师本人不拘泥于一宗一派的方法，而是在佛教的基本理论指导下，利用各种方式方法弘扬佛教。这也说明佛教本来就不应该分宗别派。

有一些宗派之间，其实并无明显的不同，就是所在地点不一样，寺院名称不一样，而以其所在地名或寺名为宗派名号，其实算不上什么宗派，只是具备一些地方特点罢了，大的原则并没有什么不同。至于每一个地方、每一座寺院都具备一些特色，或有了一些专业方面的特长，那已经是形成了一种文化现象，文化的传承现象，与佛教宗派没什么关系。相反的，本来标榜为同一宗派的寺院或僧团，都有很多不同的文化传承。如所谓的“禅宗”旗下的各地的寺院，崇文宣武，重农扶桑，各有千秋，相互间区别很大，但这并不是因为宗派造成的，而是在佛教的旗帜下采取不同的经营方式而已。现代佛教提倡八宗并举，实际上也是理论上的统一和方法手段上的多样性。同时也明确了佛教的发展趋势，就是世界大同、天下一家的道路。

近代佛教大师太虚法师早就指出：“宗派之所以兴起者，差不多都是以古德在佛法中参研之心得为根据，适应时机之教化上而建立的。中国性、相、律、密各宗，为传承印度的宗派；台、贤、禅、净等，为创立的宗派。日本继承中国，复有日莲宗、净土真宗等之开创；诸宗派至今，皆各有其系统的传承，非常严格。而本人在佛法中的意趣，则不欲专承一宗之徒裔。以为由佛之无上遍正觉所证明之法界性相，为度生应机而有种种施设，法流多门，体源一味，权巧无量之方便法，无不为度生而兴；古德开创宗派，其妙用亦在乎此。”[②]

---

① 王运天编著：《心道法师年谱》，兰州：甘肃民族出版社，2006年，扉页。
② 太虚：《新与融贯》，载《太虚集》，北京：中国社会科学出版社，1995年，第71页。

太虚大师进一步说明了理由："由此看法，无上大觉海中流出来的教法，为了传持者及入世应机的各有偏胜：由迦叶、阿难等承持，则成初期小乘；由龙树、无著、世亲等弘传，则成中期大乘；由龙智、善无畏、莲花生等传承，则成后期密法；印度佛法，因之可分为三期了。后来到了佛灭度后千二百余年的当儿，印度的佛法已由衰落而销声匿迹；在印度奔放的佛法鲜花，不能不转移到异地去开放！锡兰、暹罗、缅甸等地所盛传之巴利文佛法（以锡兰为代表），就是印度的初期小乘佛法；从中国到高丽、日本等地所盛传之佛法（以中国的汉文为代表），就是印度的中期大乘佛法；而由西藏及再传于蒙古、尼泊尔等地所盛行之密法（以中国的西藏文为代表），即为印度的后期密法。此为印度三期佛法的二千余年来支流的大概。其于诸法性相一味平等中之各宗派法门，皆可随人根机所宜而修学，藉以通达究竟觉海。所以本人观察佛法之五乘共法、三乘共法及大乘不共法，原为一贯；在教理解释上，教法弘扬上，随机施设而不专承一宗或一派以自碍。"①

起源于唐密的云南白族佛教，依赖于吐蕃统治时期的传播，得益于口传心授的世代传承。唐代密教也属于汉传佛教的一部分，但却只在白族地区保留了有如此系统的理论和方式，虽然随着历史的进程而产生了一些变化，但基本上还是唐代密教本来的真实面貌；不过已经成为白族特有的文化，因此被称为"白族密教"或"白族佛教"。密教不能称密宗，白族佛教也不能称"阿吒力教派"，它是佛教生存、传播和发展的一种独特的信仰形式和方法，即"八万四千法门"之一种。著名的白族佛教"药师科"经典对此也有精辟阐述："切闻八万四千法门，门门利济；五千四十八卷，卷卷玄微。无非接物利生，尽乃应机与药。其或发心恭敬，依教奉行，岂惟臻百福嘉祥，可使殄千灾朕兆。于△日△夜，金乌始没，玉兔初传；尘中之飞走暂停，门外之轮蹄乍息；轩屏严净，像设峥嵘；七层灯而鹤焰辉煌，五德重而炉烟庠序。香云荡散，佛韵虚徐。"②

敦煌佛教的宗派情况是需要澄清的要点。佛教宗派是中国佛教的重要特色，但以宗派史为主线来撰写中国佛教史则有很大问题。已有学者明确地指出这一点。在中国隋唐时期即宗教最盛的时期，佛教自身并不意识到和认同于宗派。如当时没有法相、唯识宗这样的称呼，六百卷《大般若经》即出自玄奘之手，虽然可能耗费其归国后译经最大最多的精力，但并不能算作唯识经典。其实很多认识是后代产生，特别是从日本佛教宗派明确的情况下，回溯中国佛教从而得到加强

① 太虚：《新与融贯》，载《太虚集》，第72页。
② 《佛说消灾延寿药师灌顶章句仪》，载《藏外佛教文献》第7辑，北京：宗教文化出版社，2000年，第125页。

莫高窟第85窟内景

宗派色彩之印象。在敦煌情况即是如此，隋唐佛教种种宗派在敦煌佛教中都有反映，从经典到行事，但是不能认为敦煌佛教是分属宗派的。这也应该是探讨敦煌佛教中三阶教情况的一个基本认识。诸宗诸派如禅宗特别是其中的北宗，还有天台、华严，既有经典又有画面，《妙法莲华经变》《华严经变》等，但并不能说敦煌寺院僧人是很明确地归属于某宗某派，并以之为名义进行法门仪式、宗教活动。

写经文献尚如此，石窟就更不用多说了，从一开始它就是一处社会化的佛教活动场所，与佛教宗派无任何关系。敦煌石窟千年的营造过程中，在题材内容、形式与配置方面，开创性地创造了新模式，众多附从性石窟使其更加丰富多样。这些题材内容反映了佛教发展演变的潮流，但并不一定从佛教宗派来区分，即便其中有一些佛教宗派的形态映现。例如《西方净土变》当然反映出净土宗的信仰样态，但是为禅僧所用禅窟却可能没有任何壁画粉饰。初唐第323窟壁画故事等多关道宣，但却难以遂定为律宗窟室。[①]种种佛菩萨信仰，都可以形成窟室内容与题材形式的组合配置。

① 巫鸿：《莫高窟323窟内容解析》，载胡素馨主编：《佛教寺院物质文化》，上海：上海书画出版社，2003年。

石窟表现的就是人间社会的万象，就是作用于社会和大众，是大乘佛教的本意，也是佛祖普度人间众生的具体实践。而且，敦煌石窟之所以形成目前的规模，在创建和发展的历史进程中自始至终依靠的是社会力量。前人早在1000年前就做出定论："君臣缔构而兴隆，道俗镌妆而信仰"；营造目的是"君王万岁，社稷千秋"，是君臣缔构的效应，道俗镌妆的追求。从朝廷到敦煌地方，各级统治者认识到佛教对社会稳定的作用，从帝王到地方官，都不遗余力地提倡并身体力行。石窟营造成为敦煌历史上的特色和亮点，是由于敦煌石窟在古代满足了广大民众精神需求，这一点与佛教的宗派可以说没有任何关系。

总之，历史上的敦煌佛教属于民众和社会的佛教，没有宗派之分。

第六节　佛教政治活动
——岁首窟上燃灯[①]

唐宋时期，敦煌地方每年正月十五、腊八等节日固定在莫高窟举行遍窟燃灯活动。莫高窟第192窟主室东壁唐咸通八年（867）书《发愿功德文》有云：

> 又年岁至正月十五日、□七日、腊八日悉就窟燃灯，年年供养不绝。

后面将要讨论的几件有关正月十五日在莫高窟燃灯的文书即有如下记载：

> 情归十号，虔敬三尊，每岁初阳，灯轮不绝。（P.3497）
>
> 年支一度，倾城趋赴于仙岩；注想虔诚，合郡燃灯于灵谷。（P.3461）

10世纪，敦煌官府和寺院的《入破历》中有多处关于正月十五日窟上（莫高窟）燃灯破用诸色物之记载，如P.2049V《长兴二年净土寺直岁愿达牒》：

① 本节引文参见拙作《敦煌遗书莫高窟岁首燃灯文辑识》，《敦煌研究》1997年第3期，第59—68页。这里不再一一出注。

麦一斗，卧酒，正月十五日窟上燃灯领顿用……面二斗五升，正月十五日上窟燃灯僧食用。

P.3405是10世纪初期敦煌佛教活动的斋文范文辑录，其中《正月十五日窟上供养》全文如下：

1. 正月十五日窟上供养
2. 三元之首，必燃灯以求恩；正旦三长，
3. 盖缘幡之佳节。宕泉千窟，是罗汉
4. 之指踪；危岭三峰，实圣人之遗迹。
5. 所以敦煌归敬，道俗倾心，年驰妙供
6. 于仙岩，大设馨香于万室，振虹（洪）钟于笋
7. 芦，声彻三天。灯广车轮，照谷中之
8. 万树；佛声接晓，梵响以（与）箫管同
9. 音。宝铎弦歌，唯谈佛德。观音妙
10. 旨，荐我皇之徽猷；独煞将军，化
11. 天兵于有道。

从以上可知，燃灯是当时敦煌莫高窟每年正月十五日固定的佛事活动；而“窟上岁首燃灯文”即是这一活动的记录。

在燃灯文中，作为燃灯地点的莫高窟被称作“窟上”“宕泉”“宕谷”“仙岩”“灵岩”“灵窟”“灵龛”等，这也是区别于莫高窟燃灯和在其他地方燃灯的标志。因为每年正月十五日的燃灯活动，作为敦煌民间固定的节令仪式，其地点并不限于莫高窟一处，所有寺院、官府、民宅都可从事这一活动；敦煌文书中的各类燃灯文也多为正月十五日燃灯文。

正月十五日上元，在中国称“三元之首”，燃灯文中对这一天有各种各样的称谓：

年初肇律，首岁元晨（辰），青阳告阳于中旬，正寅运朔于瑞月。（S.4625）

新年上律，肇启嘉晨（辰）。（P.2058、P.2854、P.3172、S.4506等）

新春上律，肇启嘉晨（辰）。（S.6417）

青阳瑞朔，庆贺乾坤。（P.2058）

这里的元辰、嘉辰、青阳以及前引文中的初阳等，都是正月十五日上元的其他称谓。

古代敦煌莫高窟正月十五日燃灯之俗，即是中国民间传统的上元灯节之俗。唐徐坚《初学记》载：“《史记·乐书》曰汉家祀太一，以昏时祠到明，今人正月望日夜游观灯，是其遗事。”又欧阳询《艺文类聚》载：“史记曰：汉家以望日祀太一，从昏时到明。今夜游观灯，是其遗迹。”这就是说，唐初的灯节，是西汉时期祭祀太一神的延续，而祀太一神之俗，早在2200年前战国时代的楚国就已经有了，著名诗人屈原及宋玉都描述过此事。到东汉永平年间（58—75），明帝为提倡佛教，于上元夜在宫廷、寺院“燃灯表佛”，令士族庶民家家挂灯。此后相延成俗，成为民间盛大节日。到唐代将张灯时间由一夜改为三夜；至宋代又增至五夜，其况更甚。所以，上元灯节实际上就是佛教的节日。

另外补充说明一点：燃灯活动作为在莫高窟礼佛的内容之一，并不限于前面提到的“□七（可能是二月七日，见敦煌文书P.3234V）、腊八等几个固定的节日”，而是常年都在举行。CH.00207《乾德四年曹元忠、翟氏重修北大像记》云：

大宋乾德四年岁次丙寅五月九日……龕龕而每爇银灯，光明彻于空界；窟窟而常梵宝馥，香气遍于天衢。

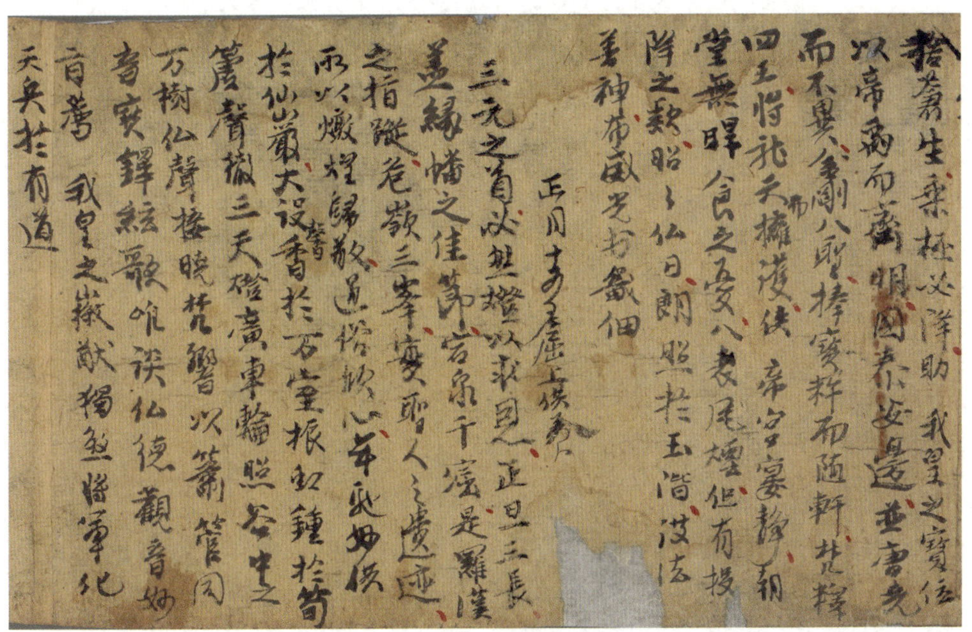

P.3405《正月十五日窟上供养》

其他造窟文书也多记载燃灯事，如：

厥今初夏临节……焚宝香以虔诚，燃银灯于八圣之侧。（P.32662）

舍珍财于万旬之前，炳金灯于千龛之内。（S.4245）

厥今白藏将末，仁王钦慕于仙岩；玄英欲临，宫人散诞于灵窟。舍珍财于金地，祈恩于大尊之前；焚宝香以虔诚，燃银灯于八圣之侧。（P.34577）

下面就10世纪敦煌曹氏归义军时期的几件“窟上岁首燃灯文”谈一些体会。

一、P. 3263《令公窟上燃灯文》

1. 厥今春晖发动，令公钦慕于仙岩；雪彩初融，宫人
2. 练想于灵窟。大监启颡，同诣星宫；舍人连镳，
3. 倾心恳切。舍珍财于金地，祈恩于大尊之前；焚宝香
4. 以虔恭，殷勤侧席者，为谁施作？
5. 加以崇重贤善，〔□〕凭取赏，福凌三生，正信居怀。仰慈
6. 尊而安莲府，大持瑞伞，悬垂于八部之前；广设
7. 香油，燃千龛银烛晃耀。今者令公治化，意在安人；
8. 望乐业于畿中，静搀枪于塞表。每善之本，莫大于

【背面】

9. 倾心；去祸除灾，无回于宕泉建福。是时也，丽日初长，鲜云
10. 乍举，始开发生之叶，百卉举蕊之初。王公仕女，威
11. 仪队队出城；简鹊重装，锦绣馥而映日。春风不畏，
12. 远届灵岩；寮佐交驰，同增胜会。陈珍舍珠，披肝
13. 于宝〔□〕之前；弃位澄心，露脑于千龛之侧。金炉叆叇，
14. 上熏香积之宫；五乐和鸣，下扼道铧之界。

（中空）

15. 躬弘受，应山岳而保西陲；大监舍人，获安回骑，早临
16. 大湖；天公主、夫人吉庆，长同合韵之欢；郎君玉叶琼
17. 枝，贵荫永长无竭；支罗亲族，富乐长年；释俗群官，
18. 〔□〕扶忠义；合郡黎庶，各保延令；疫殄消除，□童□□，

19. 伤魂幽识，舍愿结〔□〕速值莲台；□命负寸□，

20. 总归净土，山川云云。四方开太（泰），使〔人〕不滞于关山；垄

21. 亩加禾，牧童加雨歧之喜；蝗飞保境，满愿府主

22. 之诚；霜雹元因，以保农夫之业。

文中之“令公”指曹氏归义军首任节度使曹议金，公元914—935年在位，公元928—931年“兼中书令”；天公主、夫人指曹议金回鹘夫人陇西李氏（号天公主）和另一位夫人广平宋氏。由此可见，本件《燃灯文》及其所记曹议金在莫高窟主持举办的燃灯活动发生于公元929—931年三年之间的某一个正月十五日，或者是此三年间通用的燃灯文，因为这类文书当时在敦煌一般都会被多次使用。另外，文中“释俗群僚”云云，指曹氏归义军政权管辖下的僧团和幕僚，这一点与曹议金在自己的“功德窟”所绘敦煌的高僧及僚属200多人供养像出现在同一社会历史背景之下。

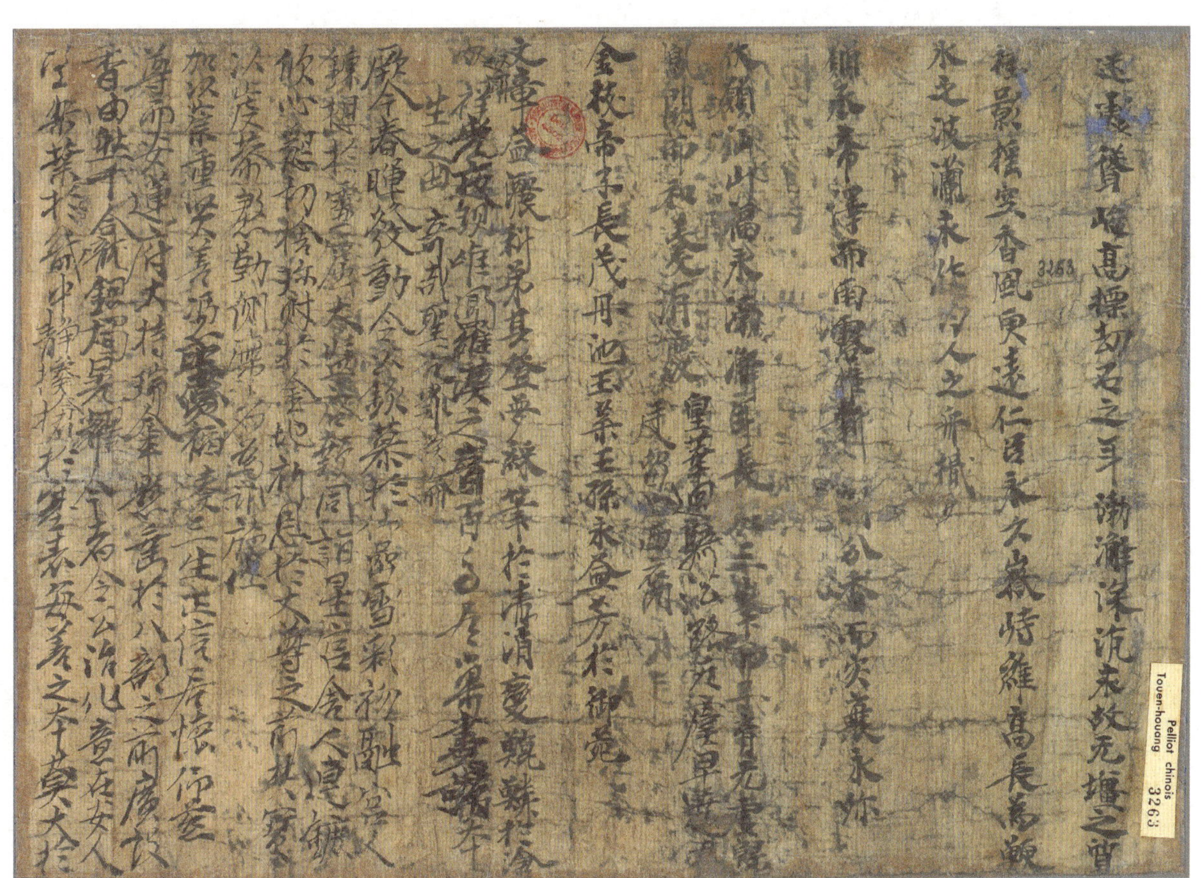

P.3263《令公窟上燃灯文》

二、P.3461《河西节度使某官窟上燃灯文》

1. 厥今青阳上朔，官寮钦仗于仙岩；太蔟幽旬，士庶崇投于圣谷。燃灯千

2. 树，食献银盘，供万旨于幽龛，奉千尊于灵窟。八音清亮，遍林花

3. 以旋行；六铢馨香，望能人而法意。启加愿者，为谁施作？时有我归义军

4. 节度厶官，先奉为龙天八部，降瑞福于敦煌；梵释四王，注休祯于黑

5. 水；东途开泰，父子早见于团圆；西路无危，人使速还于桑梓；当今帝

6. 主，治人辐凑于八荒；班佐公卿，侍主永延于五等。次为使主厶官延佑，皇□

7. 以佛荫而加新；国母天公主长年，宠泽共仙岩而转秀；牧鬻刺使、留后，□

8. 固无乖；娘子郎君，永祧之业方大；两班大将，长承雨露之恩；一郡□□，

9. 永奉重天之化；凶神怪鬼，奔归海之南隅；疫病非灾，送趣山之西伴。〔是时〕

10. 也，伏惟我厶官，乃龙胎挺特，膺文星统握河湟；凤骨奇能，标□

11. 宿再清陇右；机行获泰，五郡复值而烟消；计动无亏，四疫休征而□□，

12. 遂得加以倾心奈菀，敬佛教而汉梦思真，惠镜居怀，崇法门而周昭□

13. 阐。遂使年支一度，倾城趋赴于仙岩，注想虔诚，合郡燃灯于灵谷。

14. 于是丝竹济济，上通二十八天；铃钹轰轰，傍遍三千世界。供陈千味，何

15. 别香积之谷；炉爇百和，岂殊毗耶世界？其灯乃良宵发焰，

16. 若宝树之花开；静夜流晖，似天边之布月。故得铁围山内，赖此灯

17. 明；黑暗狱中，蒙斯光照。是时也，初元顺节，青阳膺时，农

夫缀种

18. 于东皋；犖士兴功于北府。总斯多善，无限胜因，先用奉资：上

19. 界四王，下方八部，伏愿威光盛、福力昌，四时无襄耗之忧，八节有康宁

20. 之乐；三边息浪，高烽永保于平安；五胜无危，境内咸称于清泰。又持是福，

21. 次用庄严，当今帝主贵位，伏愿永垂阐化，四海一家，尧云重起于金阶，虎节复

22. 挂于玉塞，又持是福，次用庄严：使主厶官贵位，伏愿百神助佑，千圣呈祥，

23. 长为五岳之尊，永作关西之主。又持是福，次用庄严：国母天公主贵位，伏〔愿〕如松

24. 之盛，似桂之贞，同劫石镇定金楼，等沧溟而安主室。又持是福，次用庄严：刺

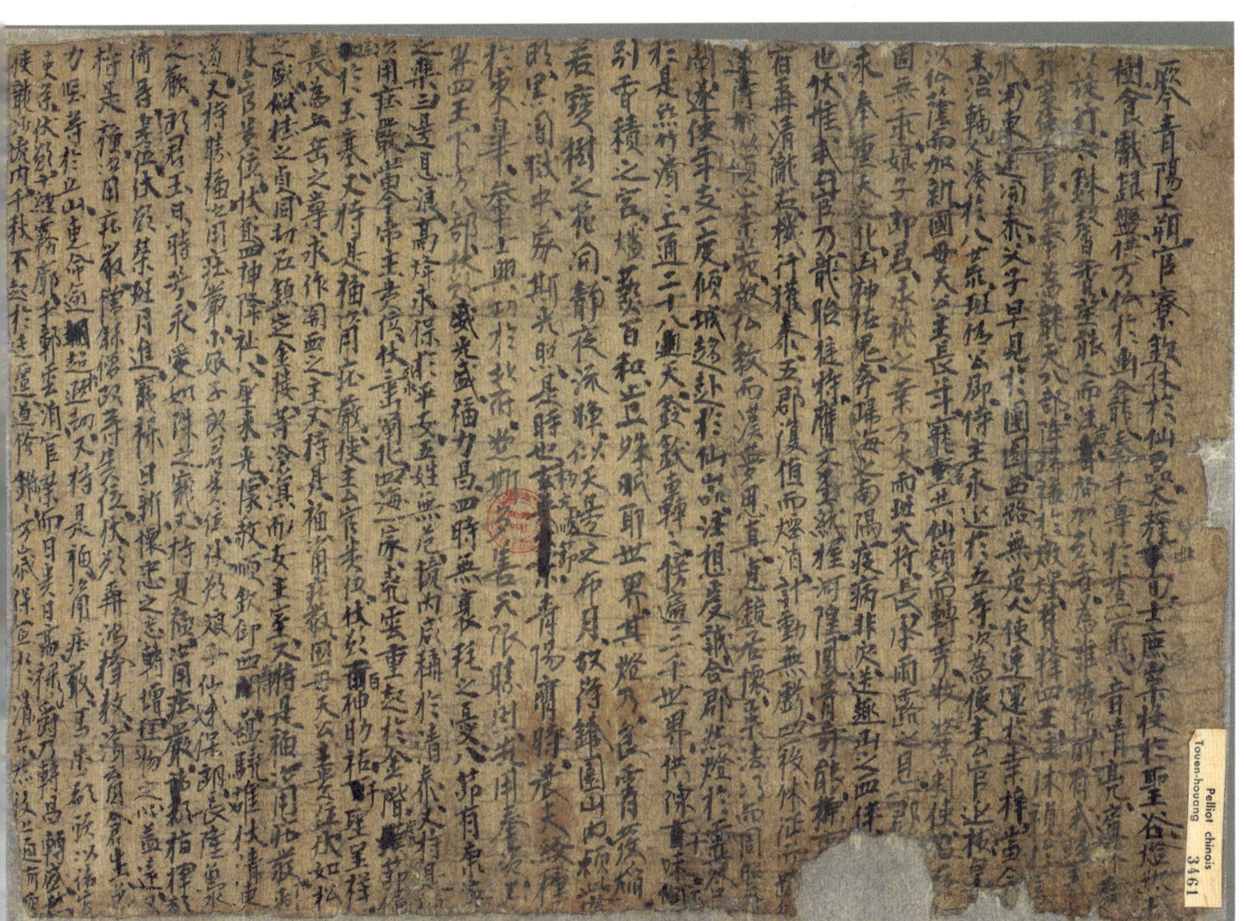

P.3461《河西节度使某官窟上燃灯文》

25. 使某官贵位，伏愿四神降祉，八圣来光，怀敬顺钦仰西尊，蕴骁雄伏清东

26. 道。又持是福，次用庄严：小娘子、郎君贵位，伏愿娘子仙娥保朗，长隆鱼水

27. 之欢；朗君玉貌时芳，永受如珠之宠。又持是福，次用庄严：指挥、都

28. 衙等贵位，伏愿荣班月进，宠禄日新，怀忠之志转增，理物之心益远。又

29. 持是福，次用庄严：僧禄、僧政等贵位，伏愿再鸿释教，济育苍生，色

30. 力坚等于丘山，惠命逾超于遐劫。又持是福，次用庄严：马步都头以〔下〕诸官

31. 吏等，伏愿十熏雾廓，千障云消，官荣而日贵日高，爵禄乃转昌转盛，□

32. 使龙沙境内，千秋不起于□□，道保锵锵，万岁保□于清吉。然后上通有道，

背1. 慢恬十方。赖此福胜因，咸登佛道。摩诃般若。

文中“归义军节度某官”，当指曹氏第二任节度使、曹议金长子曹元德，公元935—939年在任。“某官”是指归义军的最高统帅节度使本人，因为祈文中所称之“使主某官”列于“国母”前及百官之首；不直称节度使可能是因为尚未得到朝廷正式任命。基此，本文书所记当为曹元德掌握归义军政权后的第一个正月十五，即公元936年正月十五在莫高窟主持举办燃灯活动事。文中“国母天公主”即曹议金的回鹘夫人李氏，在义金死后被其后人及僚属、百姓们尊为“国母”。“刺史某官”指议金次子、三子即二弟元德、三弟曹元深、曹元忠，当时分别担任沙州刺史和瓜州刺史职务。“指挥”可能是指时在曹氏归义军担任“应管内外诸司马步都指挥使”的罗盈达；押衙即前述张怀庆。“马步都头以下诸官”当时有张明德、阴善雄、薛善通、闫胜全、张安信、闫海员等人。

三、S. 4625《河西节度使令公灵岩燃灯文》

敦煌文书S.4625，存文一篇，正反两面书写，无标题。《敦煌遗书总目索引》拟名《燃灯文》；高国藩在1989年出版的《敦煌古俗与民俗流变》中全文转录并论述了自己的观点；黄征、吴伟《敦煌愿文集》亦收录此文，并在“题解”中指出了高著在校勘和时代判断上的错误，认为“篇主当指曹元忠或曹延禄”。高、黄等录文均从《敦煌遗书总目索引》之拟题。

在敦煌文书中保存的数十篇《燃灯文》中，S.4625是比较有代表性的一件，它涉及十分广泛的历史和社会问题，颇有研究价值。全文如下：

1. 厥今年初肇律，首岁元晨（辰），青阳告阳于中甸，正寅运朔于瑞月。百

2. 官返骤，望仙台步步虔诚；万户奔驱，仰灵岩行行顶谒。

3. 朝陈净食，花开而（如）香积初来；夜显神光，晃耀以（似）灯王再朗。

4. 千龛普照，吉祥身重备银轮；万寺俱瞻，善财士倍添金烛。巡

5. 山念佛，声声振兜率之宫；遍谷焚香，队队满娑婆之境界。

6. 八音合响，请十方诸如来；四众倾心，告三民之应现者，有谁

7. 施作？时则有我河西节度使令公，先奉为龙天八部，

8. 拥护敦煌，土地灵祇，保坚社稷。次伏惟令公己躬延寿，

9. 以劫石而同长；团练、司空，等金石□□□。安边静塞，合宅安和。

10. 比贞松而永茂之福会也。伏惟我令公，德深海岳，艺备风云；

11. 施慈爱以安民，溥均平而治物。龚清改式，虎负子而移

12. 川；黄政临人，凤集祥于此府。遂使东西戎党，俱怀献款之

13. 诚；南北蛮夷，共贺来降之望。加以情皈佛日，大扇玄风，

14. 每岁元初，灵岩建福；灯燃合境，食献倾城；福事已圆，

15. 众善遐集。其灯乃神光晃耀，炯皎而空里星攒；圣

16. 烛耀明，朗映而灵山遍晓。银灯焰焰，香油注玉盏霞开；

17. 宝火炜炜，素草至金瓶雾散，千龛会座，傥然创砌

18. 琉璃；五阁仙层，忽蒙共成下壁。遂使铁围山内，竟日月

19. 而通祥；黑暗城中，迎光明而离苦。上彻三十三天之众，

20. 叹不思议；下及一十八之泥黎，皆蒙获益。故之（和）慈力苦行，

21. 求无上之菩提；灯指燃臂非常，愿度恒沙之有识。于

22. 是幽岩应响，和不二之音；宝树鸣条，演一如之实理。

23. 祥鸟昏集，唯鸣苦空之声；瑞鹊朝臻，共叩无常之理。是

24. 时也，银河开浪（朗），萌芽喜经岸之春；玉涧玲珑，柳絮

25. 舞南极之蕊。总斯多善，莫限良缘，先用庄严：梵释

26. 四王，龙天八部，伏愿威光转盛，福力弥增，兴运慈悲

27. 救人护国。使四时运泰，保稼穑而丰盈；八节调和，定戎烟

28. 而永息。亦愿蝗飞台卯，移眷属於他乡；石（弥）勒护持，

29. 行灾殃于异域。又持胜福，次用庄严：当今帝主贵位，（下空一行）

30. 又持胜福，次用庄严：则我令公贵位，伏愿宝兴禄位，镇净遐方；福

31. 比山乐（岳）以齐高，寿等海泉而深远。国母、夫人贵位，伏愿长降延泰之欢。朗君、小娘子芳兰，并芬芬如盛

32. 叶。【持炉都头，各尽节于轩（辕）门，阖郡输忠，保涂（深）诚而效主。】①

33. 持炉都头贵位，伏愿叶（荣）班岁厚。然后廓周法界，普及有情，

34. 赖此胜〔□〕，俱登佛果。

根据文中所述，此次燃灯之“功德主”为“河西节度使令公”某人，燃灯时间为某岁岁首，燃灯地点为“灵岩”之“千龛”，基此，拟其名为《河西节度使令公岁首灵岩燃灯文》。现就其有关问题略述如下：

1. 人物与年代

S.4625《河西节度使令公岁首灵岩燃灯文》中出现了“河西节度使令公”“国母”“夫人”“团练”“司空”“持炉都头”等人物职务，我们下面可通过对这些职务所指人物的判断来认识这份文献的写作年代：

令公：在曹氏归义军诸节度使政权中，首任曹议金、第四任曹元忠、第五任曹延恭、第六任曹延禄都曾被称为“河西节度使令公”。

国母与夫人：即曹议金的回鹘夫人陇西节氏及另一位夫人广平宋氏，已见前述；两位夫人在公元950年前后莫高窟第61窟建成之前均已作古。而且，既然称“国母”，那就说明不是曹议金在世时期。

从这份《燃灯文》看出，当时“国母”与“夫人”还在世；同时代的“令公”只有曹元忠；因此，可以认为《燃灯文》是曹元忠在任、李氏与宋氏均在世时期，即公元944年至950年的作品。

但问题是，曹元忠称“令公”的时间，一般认为在公元956—964年。这个时间与《燃灯文》所记情况有较大距离，而且也同我们下面对“司空”和“团

① “【】”内一段，原卷抄写后又涂抹删除。

练”的考证不相吻合。

曹氏祖孙三代人中，曹议金、曹元德、曹元深、曹元忠、曹延恭等都曾有过“司空”的称号；曹延恭在曹元忠时期、曹延瑞在曹延禄时期都曾任“瓜州团练使”职。但曹延瑞之“团练”显然不可能与已故世多年的“国母”“夫人”同堂而语，而延恭的“团练”一职也仅见于公元955年的记载，这不是《册府元龟》卷一百七十《帝王部·来远门》与卷九百七十二《外臣中·朝贡五》两处所记同一事件：

世宗显德二年五月，沙州留后曹元忠、知瓜州军州事曹元（延）恭各遣使进方物。以元忠为归义军节度使检校太保同平章事，以元（延）恭为瓜州团练使，仍各铸钱以赐之，皆旌其来王之意也。

倒是“太师兼中书令”曹元忠与其侄“司空”曹延恭的供养像同立于榆林窟第7窟前室甬道南壁，同《燃灯文》之“令公”与“司空”同出一纸相一致：

推诚奉国保塞功臣敕归义军瓜沙等州节度使特进检校太师兼中书令谯郡开国公食邑一千五百户实封七面户曹元忠一心供养

侄……检校司空……曹延［恭］……

因此，榆林窟第7窟曹氏供养人题记的年代，也被认为是公元962—964年所题写。

能够明确的是，曹延恭任“瓜州团练使”，又称“检校司空”，可以说明《燃灯文》之“团练”“司空”为同一人，即曹延恭。

在瓜沙曹氏归义军的历史上，节度使本人的称号并不一定都由中原朝廷加封，而是自封、自称一段时间后才由中原王朝承认并加封，甚至有一些称号，如“大王”等一直就未得到过加封而只在敦煌地区使用，这是众所公认的史实。因此，曹元忠的“令公”与曹延恭的“团练”“司空”也不一定是从公元955年以后才使用，完全有可能在公元950年前就开始使用了。敦煌文书P.2641V《戊申至己酉岁推沙扫窟重饰功德记》云：

伏愿当今帝主，永坐蓬莱；十道争钦，八方募化。次为我府主令公，长隆宝位，命寿延年，为绝塞之人王，作苍生之父母，荣同舜日，化布尧时，继业临人，承祧秉世。

戊申岁至己酉岁指公元948—949年，此时已称曹元忠为令公。所以，我们可以依据“国母”“夫人”与“令公”同出一纸事，将S.4625《河西节度使令公岁首灵龛燃灯文》的成书时间，推定为公元945年至950年。

2. 关于莫高窟现状的描述

《燃灯文》中之“仙台”“灵岩”“灵山”“千龛普照，吉祥身重备银轮；万寺俱瞻，善财士倍添金烛。巡山念佛，声声振兜率之宫；遍谷焚香，队队满娑婆之界”“千龛会座，傥然创砌琉璃；五阁仙层，忽蒙共成下壁。遂使铁围山内，竟日月而通祥；黑暗城中，迎光明而离苦”等词句，是对燃灯当时的莫高窟情状之描述。当然，这些描述多为溢美夸大之形容，空洞无物，同其他窟上燃灯文书所述并无差异。唯“五阁仙层”一语，尚有所指，并为其他文书所未载。

“五阁仙层”系莫高窟北大像（第96窟）前的五层木构楼阁。北大像原建于7世纪末，窟前原建有四层楼阁；9世纪后期，张淮深将其改建为五层，敦煌文书P.2762《张淮深碑》有如下记述：

> （张淮深）爰因练之暇，善业遍修，处处施功，笔述难尽：乃见宕泉北大像建立年深，栋梁摧毁，若非大力所制，诸下孰敢能为？退故朽之摧残，葺玲珑之新样，于是杍匠治材而朴斲，郢人兴役以施工：先竖四墙，后随缔构，拽曳其栿檩，凭八股之辘轳，上墼运泥，斡双轮于霞际。旧阁乃重飞四级，靡称金称；新增而横敞五层，高低得所。玉豪所采，与旭日而连晖，结脊双鸦，对危峰而争耸。

从《燃灯文》看出，10世纪中期北大像前木构阁楼仍然是五层。这种建制一直保持到20世纪30年代改建为今九层楼。我们今天能见到的法人伯希和1908年拍摄的照片上也是五层楼，但不是昔日的唐宋原貌，据有关记载，为20世纪末敦煌人戴某主持重修。

《燃灯文》关于北大像前“五阁仙层”的记载，为我们提供了莫高窟崖面变迁的历史资料。

四、P. 3497《河西节度使大王宝刹燃灯文》

（前缺）

1. 圣德慈尊，降迹娑婆之界，献金容于丈六，白毫相以腾
2. □。□山竟八字之言，龙宫阐三乘之教。谈色尘之不

3. 月，假缘合而非无；度性海不侧（测）其践（浅）深，采宝山□

4. □之远近。忧朋寂寞，无始无终；理绝百飞，不生不灭。

5. 人所陈请（情），天何与加？厥今宏敷岩圣，顶竭金窗，

6. 宴净食于千龛之嶒，燃玉盏于宝刹之前。弃位澄心，

7. 启加愿者，有谁施作？时则有我河西节度使大王，

8. 先奉为龙天八部，拥护疆场，梵释四王，加威

9. 神力；当今皇帝，圣寿遐长；四海休戈，八方晏

10. 静；次为我大王，己躬延寿，禄位以日月齐肩；社

11. 稷恒昌，秀三农而永宝；合邑清泰，百福盈门，

12. 谒仰圣梵，之所作也。伏惟我大王，承时契运，继

13. 业灯皇，道迈百王，圣禹千佐，弯弓按检（剑），落

14. 日龙惊；万主献款而子来，日蛮稽颡而臣伏。

15. 加以情归十号，虔敬三尊，每岁初阳，灯轮

16. 不绝。斯则庄严丽盏，并注香油，高树灯合，续明

17. 逼福。于是灯花焰散，若空里之分星；刁炬流晖，

18. 似高天之布月。神通普运，接大众而灵空；妙力

19. 忧深，移此界而无极。三千刹度，化通琉璃；八方

20. 尘劳，咸归寂灭。总斯多善，莫限良缘，先用

21. 奉资：梵释四王，龙天八部，伏愿威光转盛，福

22. 力弥增，兴运慈悲，救人护国。使风调雨顺，四时

23. 运泰而和宁；五稼丰盈，八节转康而获庆。

24. 亦愿药叉大将，扫时气而国富人安；世（势）智（至）观音，

25. 净妖分（风）而逞坚。又持胜福，此（次）用庄严：我大王贵［位］，

26. 伏愿南山作寿，同王母之千秋；北极标尊，比麻姑

27. 之万岁。又持胜福，此（次）用庄严：我都僧统、内僧统和尚贵位，

28. 伏愿道得一轨，周济四生；福命为高，助光佛日。又持

29. 胜福，此（次）用庄严：我都衙以下诸官理（吏）等，伏愿福

30. 禄弥猴，宠已为增，成人贺清贞之□，底阙播歌

31. 遥（谣）之从。然后四方晏请（清），五谷丰灯（登），度（疫）励（疠）消除，普

32. 天安乐，磨（摩）诃般若。

文中未出现天公主和宋氏夫人，说明此二人已故，因为在所有的窟上燃灯文书中，都没有像其他佛教斋文那样出现过对已故者的祈祷和祝愿。而此时之“河西节度使大王”应即曹元忠，他在公元964—974年就使用的称号。因此，这份文献所记曹元忠在莫高窟主持的燃灯活动发生在公元964—974年的某一个正月十五日。文中有专门对都僧统和尚的祈愿，公元964—974年，担任归义军河西都僧统职务的高僧为钢惠和尚。“都衙”可能是指时任“归义军管内衙前都押衙”的某人，待考。

作为民间的佛教一大节日，正月十五燃灯活动除了节日本身的欢乐和喜庆意

P.3497《河西节度使大王宝刹燃灯文》

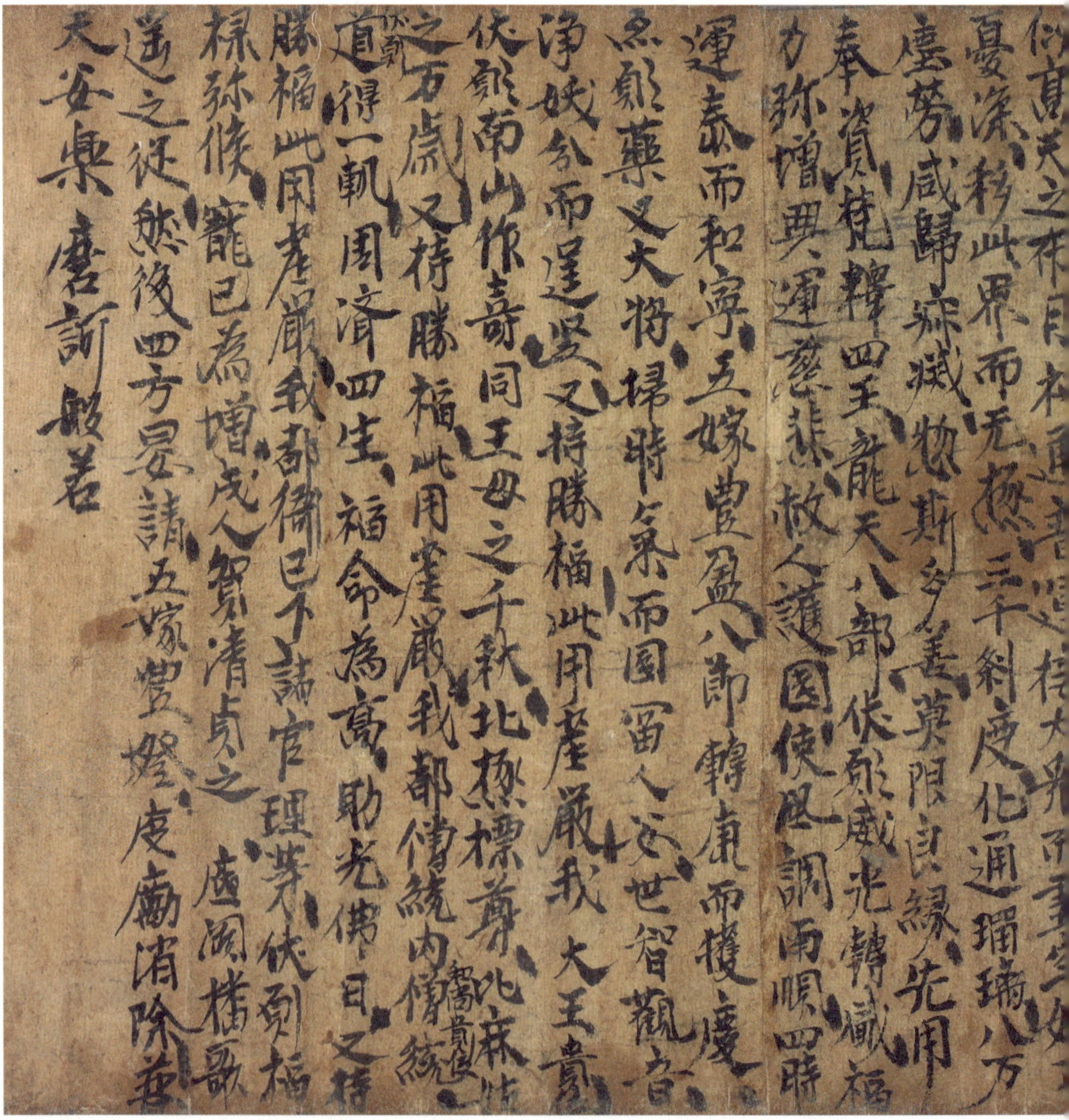

义以外，还应该有更广泛的社会意义，特别是曹氏归义军时期的包括燃灯在内的所有佛教活动。

同其他佛教活动文献一样，《燃灯文》本身透露了它所处时代的一些社会背景。

敦煌的瓜沙曹氏归义军政权从公元914年建立起，经历了从内忧外患到稳固繁荣而又逐渐衰落的过程。描述曹氏诸节度使每年正月十五在莫高窟主持举办燃灯活动的上列几件“燃灯文”，从一个方面讲，就是这一历史过程的记录。

P.3263《令公窟上燃灯文》所记录的，是曹议金时期的内忧外患；P.3461《河西节度使某官灵窟燃灯文》所反映的，是曹元德替父执政时期的担忧。曹氏

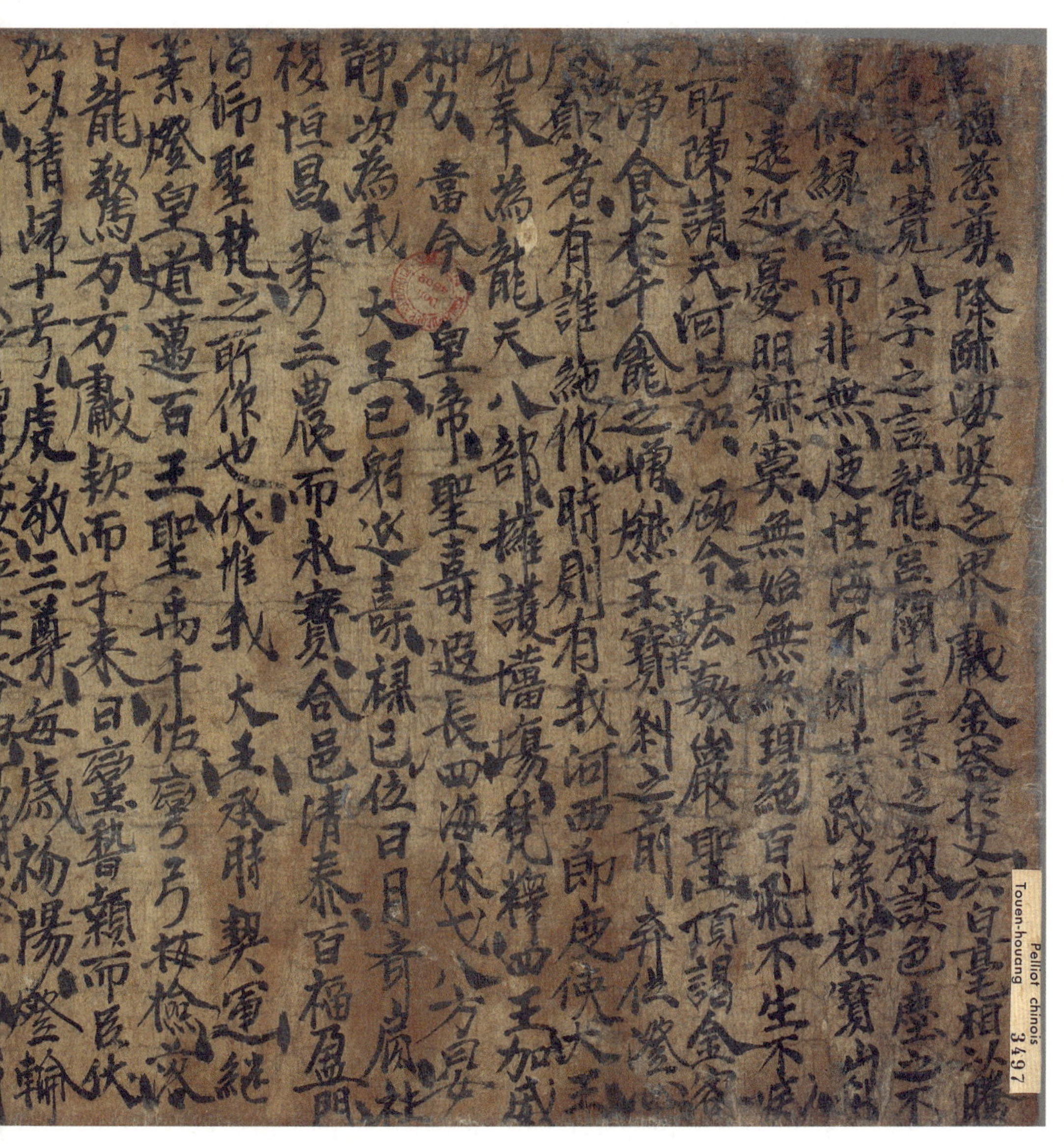

政权初期和前期的一些佛教活动的祈愿文中，都是关于希望消除内忧外患方面的词语，其中包括对僚属们的“输忠”“尽节”方面的企盼，这同上述诸《燃灯文》所述是一致的。

曹元忠执政的公元944—974年的30年间，是曹氏归义军最辉煌的时期，社会稳定，经济繁荣，奉中原王朝为正朔并保持密切联系，与周围各民族政权和睦相处。这一点在DH.00207《乾德四年重修北大像记》中记载的十分生动而具体：

> 工人供备，实是丰盈，饭似积山，酒如江海。可谓时平道泰，俗富人安，尽因明主以陶熔，皆由仁君而造化。不唯此际功德，如今福田，遍谷而施力施勤，处处而舍财舍宝，将斯胜善，资益群生。伏愿世界清平，人民乐业。道途开泰，一方无烽烟之害；路径通流，七部有稣舒之喜。

当然，这种局面是经过曹氏几代人的努力经营后才有的。

从S.4625《河西节度使令公灵岩燃灯文》也能看到前期的蛛丝马迹，如文中第32行被涂去的内容：

> 持炉都头，各尽节于轩（辕）门，阖郡输忠，保涂（深）诚而效主。

S.4625《燃灯文》出自一位稚童之手，他可能是作为学童抄写前代文范中的套语。但他所抄写的有些内容已经不适合当代的情景，所以写上后又被涂抹掉。这一迹象，正好反映了曹氏归义军政权变革时期的一些迹象。到了P.3497《河西节度使大王宝刹燃灯文》，其所谓“四海休戈，八方晏静”“合邑清泰，百福盈门”“风调雨顺，四时运泰而和宁；五稼丰盈，八节转康而获庆”“五谷丰登，疫疠消除，普天安乐”等，与上述《乾德四年重修北大像记》所述比较接近，是曹元忠时代各类斋文的套语。

前面已经讲过，窟上燃灯文还有一个明显的特点，就是没有出现对亡过祖宗和已故亲族的悼念、追福之词语。这正是《燃灯文》更注重现世社会的表现。反映了作为佛教活动的窟上燃灯更深层的人文内涵。

第七节　敦煌石窟的民族精神

敦煌石窟作为佛教文化艺术，留给了我们太多太多的财富。它用艺术图像记录了中国古代1000年间历史与社会的方方面面，是世界范围内现存规模最大、内容最丰富的历史文化艺术宝库。但敦煌首先是一种精神。几千年来，敦煌几十代的劳动人民，特别是从事各种手工业劳动的工匠们，用他们的聪明和智慧，用他们的生命和鲜血筑造了敦煌石窟这座历史的丰碑。在创造光辉灿烂的敦煌历史文化的同时，把他们的精神一道留给了我们。这种精神就是中华民族的民族精神，体现我们中华民族的先民们聪明智慧、吃苦耐劳和海纳百川的创造、奉献与包容的精神。了解敦煌的历史文化，最重要的就是要了解创造了敦煌历史文化的历代列祖列宗。敦煌石窟营造活动培养和造就了敦煌精神和民族精神，同敦煌宝库一样属于中华民族的宝贵财富。无论社会的发展和进步到什么程度，这种精神永远是促进社会进步发展的动力，而且在发展中不断得到升华。

一、海纳百川

敦煌石窟体现出来的中华民族精神，首先就是包容精神。佛教是外来文化。以汉文化为根基的敦煌，用自己博大宽广的胸怀，容纳、吸收了来自西方的佛教文化，让佛教深深地植根于敦煌的大地上，开出绚丽的花朵，结下丰硕的果实。

敦煌地处亚洲腹地，历史上一直是中国与西方各国进行经济、文化交流的中心地带。人类的埃及文明、两河文明、印度文明、中华文明、希腊文明等在这块土地上神奇地进行了交汇和融合，形成了集东西方世界古代文明为一体的人类古代文明的象征。敦煌历史文化是在中华民族传统文化的基础上，吸收了来自东南西北各地的优秀文化，所形成的具有世界性的文化，因此敦煌又被誉为是人类古代文明的中心。而在敦煌大地上保存下来的敦煌石窟，就是这个中心的标志和见证，是人类古代文明的结晶。这一切，首先有赖于敦煌这片土地上世世代代的敦煌人宽广的胸怀和博大的包容精神，敦煌石窟这座历史的丰碑永远高高耸立在世界民族之林！

我们从敦煌石窟的佛教造像中可以看到，外来的佛教诸神形象，各个时期都

有不同。早期的第275窟、北魏的第259窟、隋代的第419窟和唐代的第45窟，逐一进行比较的话，就不难看出，虽然表现的都是佛祖，不仅是根据时代不同而发生变化，更主要的是他们一起出现在同一崖面上，适应着各个时期各方人士的各种需求。就是因为有了敦煌石窟的包容，才使得佛祖的形象丰富多彩，更加悲天悯人。

在壁画中，有一类题材叫“各国王子听法图”和“各国王子举哀图”，更是具体地绘制了各种肤色和各种装束的各国“王子”，大家共处一室，这里体现了佛教文化的世界性，也是敦煌石窟包容精神的展示。

我们还可以从一个侧面去看待这个问题。看一下石窟壁画上中国人特别喜欢的观世音菩萨救难的情景之一：商人遇盗，壁画上的外国商人与中国“强盗”。北周时期就有大量胡人形象出现在壁画上，隋代亦然。从第302窟开始，到第420窟的观音普门品，再到唐代盛期第217、45、444等窟，商人是胡人，“强盗”是汉人，而且是全副武装的汉人（第45窟除外）。不仅反映了封建史学家们津津乐道的隋唐盛世的另一面，更主要的是体现了画家作为中国人的宽广胸襟，敢于直面盛世的另一面。这也是一种包容，一种敢于自我批评的精神。

也许有人会说，这画不是汉族人画的，是外国人画的吧？的确在敦煌石窟的早期营造中，有大量的西域人参与，这本身也是一种包容；而从莫高窟北周第290窟汉人画工的题名看，此后的画工主体也是汉人，画风亦与中国画史所记相同。如果说隋代壁画还有一点西域画风的痕迹的话，盛唐壁画就是全汉式的了，如第217、45、444窟等不会是汉族以外的人画的。这里体现的博大胸襟更是值得称道的。

二、智慧的绽放

敦煌自汉代开发以来，就是中国封建经济文化较为发达的地区之一。汉晋时期，敦煌不仅有先进的农业和手工业，而且也有灿烂的文化，包括书法艺术、音乐舞蹈、医药卫生、科学技术、教育、学术等都十分发达。这一切，都源于敦煌人民的创造精神；佛教传入更是给这种创造精神注入了极大的活力。这是因为，佛教在启迪人生智慧方面的作用是无法估量的。从敦煌石窟营造历史和艺术活动来看，敦煌石窟建筑一开始就是创造性的改造，阙形龛的出现，就是对中国传统建筑形式的创造性运用，如莫高窟最早的佛窟——北凉第275窟。再如北魏佛窟里的木构斗拱与人字坡的椽形装饰（第254、251窟等）。大乘佛典给工匠们提供了充分发挥聪明才智的平台，让他们尽情尽智地发挥创作。工匠们利用自己所熟悉的社会生活，描绘出天国的理想境界。壁画和塑像方面的中国化，是不断适应中国人品味和需要的再创造。

在这一方面，敦煌石窟艺术研究专家、敦煌研究院资深研究员史苇湘曾做过深入研究，先后在多篇文章里有过的阐述。总括起来，主要分为下三个方面：

（一）中国人创造的属于自己的佛和菩萨诸神

众所周知，佛教最初的教义是禁止塑造释迦的形象的。《阿含经》就说过，“佛形不可量，佛容不可测”。早期的佛教文物，被大家公认的桑溪大塔，就只雕刻了佛的纪念物而无佛像。从大乘佛教在北天竺和今巴基斯坦地方兴起，希腊人的后裔在北沙瓦地方开始造佛像，佛、菩萨就出现了具体的形象，同时在理论上也产生了一些规定。从《观佛三昧海经》到《造像度量经》，从尺寸到“相、好”都说得具体而详尽。须知，既然神学的本质是人学，神的形象必须是人的形象，人类在塑造自己崇拜的对象时，实质上是自我心灵、自我形象的对象化、异化。具体地说：尽管有“三十二相，八十种随形好”的严格规定，不仅是在敦煌石窟，在我们所见到的所有的佛教造像中，就没有两身面貌、神态完全相同的佛或菩萨的像。敦煌石窟不过是表现得集中、明显和突出一些。同时代洞窟已经如此，不同时代、不同民族的佛、菩萨造像差异就更大。佛经上记载有人对此也曾发生过疑问。《大智度论》卷88载：“复次有人言，佛菩萨相不定。”事实也正是这样，众多佛、菩萨像的面型、表情、体态千差万别，即使是在同一个范模里翻制出来铜像或泥像，经过涂泽加工等具体的手工操作，也有细微的区别；这些操作在一般情况下可能是无意的，但是也有可能是工匠们有意为之。这些佛像据说都体现了“三十二相”“八十种好”，都被尊为佛。《观无量寿经》如是解释：“是故汝等心想佛时，是心即三十二相，八十种随形好，是心作佛、是心是佛。”《大智度论》说佛是“随众生所好、可以导其心者为现”。这个“通圆无碍”的解释，给佛教艺术工匠留下了广阔的创作条件。因此各时代、各地区、各民族到各家族，同一家族的各代子孙所造的佛、菩萨像也当然有所不同。因为“众生所好”是因时、因地、因人而异的，当然“众生”理解的“三十二相、八十种好”必然要出现千差万别，而这些差别又正是各个历史时期、各阶层的思想意识和审美观念的具体反映。[①]“对照经典就会发现，石窟里所有的艺术品无一不是创作；因为在浩瀚的《大藏经》里，无论经、律、论、史都没有提供壁画

① 史苇湘：《敦煌佛教艺术的基础》，载任继愈、季羡林、蔡尚思等：《中国佛学论文集》，陕西人民出版社，1984年。

敦煌绢画《树下说法图》

上的这些细节。”[①]佛经未限制，画塑制作中又不受限制，给予了从事石窟制作的工匠们一定的创作自由，可以发挥他们的主观能动性。而神的形象和佛国世界的境况，是现实世界的折射。敦煌石窟正是古代工匠们从自己的生活体验中撷取形象与精神创造出来的神的形象和“神的世界”。

（二）表达向往美好未来的丰富想象力

敦煌壁画所展示的天上也好，人间也好，各个时期都有所不同，它表达着不同时期人们对自然和社会的认识，以及对未来的需求和向往。幻想可以变为理想，理想可以变为现实，人类社会就是在不断地寻求和探索中进步和发展，需要的就是人们勇于探索的精神，以及在探索中毫无保留地发挥自己所有的聪明和智能。按中国人自己的观念来理解佛教教义，创作佛教的神；以中国人喜闻乐见的形式宣传佛教思想，表现佛教内容；在创造和表现中极大地发挥工匠们的聪明和智能，这就是石窟中所展示的敦煌历代工匠们伟大卓越的创造精神。

史苇湘指出：“创造敦煌石窟的世世代代的人民群众……世世代代把他们的愿望、想象、祈求用形象表达出来，又把他们对生活的憧憬寄托在这些艺术品上。”[②]敦煌石窟各时代壁画中最富魅力的飞天，现在的西方净土世界，未来的弥勒净土世界，飞天带起的驰骋的思绪，乐舞颂扬的太平盛世，对未来的幻想，对美好生活的向往……这一切，即使是置身佛窟、面对壁画和彩塑的我们现代人，也会感到超凡脱俗，心驰神往。如果不是目睹，很难想象在一千多年前社会生产力十分低下的时代里，我们的祖先们会有如此丰富的想象力，而且是那样专注，那样真诚，没有任何的藏掖和躲闪，不掺杂任何虚假和自私，将他们的聪明才智表现得淋漓尽致！

（三）古代工匠们的创造，展现出千年的中国社会

正因为社会生活是艺术创作的素材和源泉，所以艺术工匠们的想象发挥，离不开他们生存的社会，他们各自所处的时代。艺术来源于生活，又反过来表现生活。敦煌古代工匠们在石窟上的创造精神，也表现在从社会生活中撷取形象的同时，又记录和反映社会生活。从工匠们创造的石窟艺术中可以看到了中国古代社会的方方面面，又反过来从历史的角度认识石窟艺术。

敦煌石窟艺术是中国古代千年历史与社会的记录，佛窟全面反映了它创建时代的社会面貌，记录了人们和各种社会活动，全方位地向我们展示了敦煌乃至整个中国古代的社会历史背景，表现了中华民族的精神和传统。

---

① 史苇湘：《敦煌历史与莫高窟艺术研究》，第676页。
② 史苇湘：《敦煌历史与莫高窟艺术研究》，第678页。

莫高窟第320窟南壁《散花飞天》

首先，就石窟群本身讲，佛教艺术是佛教理论的一种表现形式，同时又是一笔文化财产，它的创造需要一定的经济基础作后盾。敦煌佛教石窟艺术是一种综合性的文化，它的规模和水平似乎并不能直接反映敦煌历史上人们对佛教的信仰程度，从前面的分析中可以看出，它更多的是比较明确地反映了包括经济发展在内的敦煌的历史与社会，反映人与社会对精神世界需要的程度，反映社会经济发展的程度。社会动荡、经济萧条时，人们想的和做的更多是的如何生存、如何尽快地安定和繁荣，石窟营造和艺术创造自然不会太景气；当社会安定、经济繁荣时，人们想的和做的更多是精神上的追求。

其次，敦煌石窟是古代敦煌人表达佛教的信仰、从事佛教活动的场所。佛教这一关于社会和人生的哲学的理论，一直建立在人们精神需求的基础上，并且随着历史与社会的进步不断发展和完善。敦煌石窟艺术在敦煌的历史上适应和满足了各个历史时期、各阶层人们的各种社会需求：各类净土变相，表现出人们所追求的理想世界；维摩诘的形象为中国士大夫所钟爱；描绘一种七收场景的壁画，

是现实的写真，也可能是人们对美好事物的向往。在一个洞窟内绘了十几幅大幅经变画，即所谓“方丈室内，化尽十方；一窟之中，宛然三界”[①]，则全面反映了人们的各种各样的需求。

再次，从石窟中的人物形象及其社会生产、生活场面进一步认识和理解这一问题。石窟中的人物大致可分为两类，一是佛教人物，即菩萨、弟子、天王、力士等；二是世俗人物，上至帝王将相，下至平民百姓，包括各国、各民族在内。当然，佛教人物大部分也是以现实中的世俗人物为蓝本的。至于石窟壁画中所反映的社会生产、生活场景，内容十分丰富和具体。在建于公元538—539年的莫高窟第285窟壁画中，作为统治者的鲜卑族官吏身着汉族官服，而当地的汉族平民百姓却身着鲜卑族裤褶；故事画中国王、大臣与贵族供养人的衣冠服饰同属一式，强盗、刽子手与平民供养人的衣冠服饰同属一式。“这种现象正说明拓跋氏

① 敦煌文书P2762《张公德政碑》，参见拙作：《敦煌莫高窟史研究》，第302页。

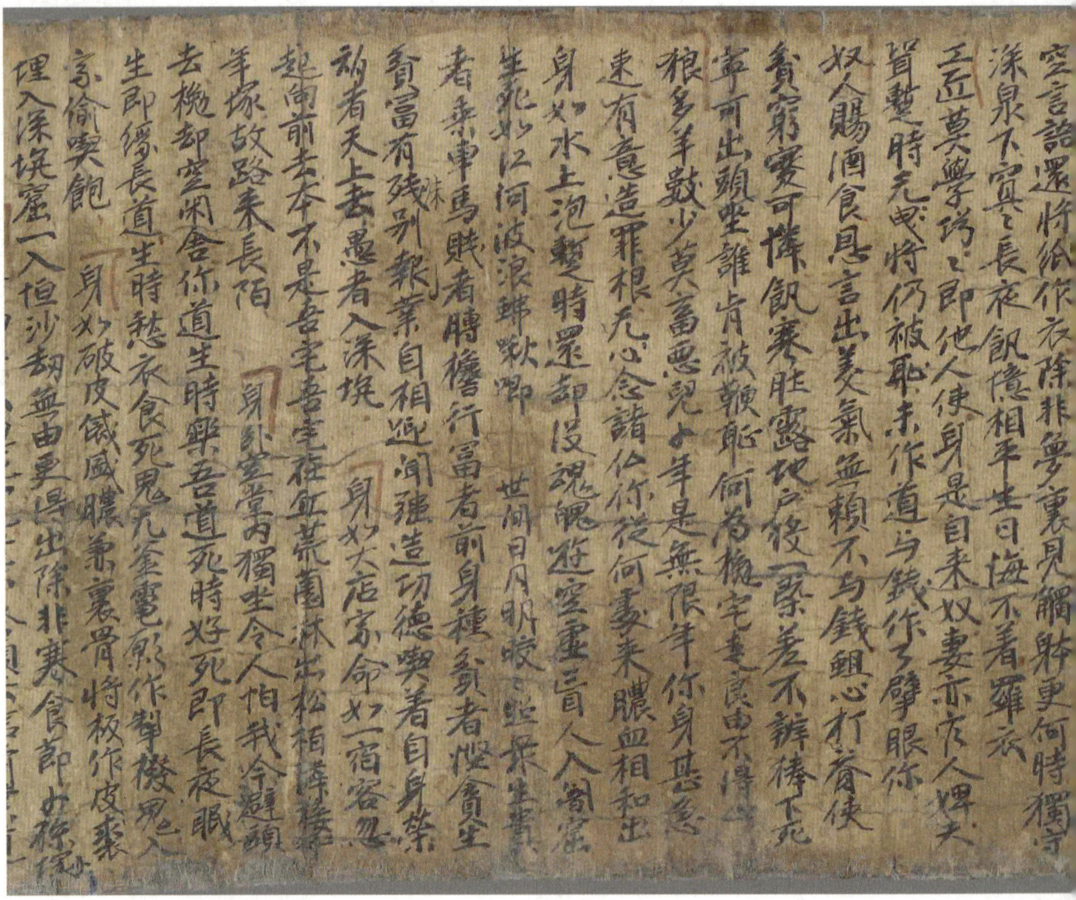

虽然统治着中国北方，用民族统治管理民众，而统治者们自己却醉心于汉文化，服膺于汉族统治者的‘治术’，凡衣冠、服饰、礼乐、建筑、车舆等，无不遵循汉制。”[①]北周时期用人们熟悉的社会生活情景的细节表现佛经故事的内容，是佛教面对毁灭性的打击而采取的求得生存和发展的方式。隋代《福田经变》《观音普门品》中对经文内容进行了极大发挥的壁画细节的描写，更多的是为了丝绸之路上东来西往的商旅行人。“画师们是实事求是地昭示人们：要作好准备，前面漫长的旅途上有恶风、干渴、饥寒、疾病，有被抢劫的种种危险；但是也一定会有山泉、水井、驿站、旅舍，激励人们勇往直前。”[②]唐代以后，佛窟进一步社会化，家窟大量出现，使佛窟起到敦煌官贵们家族祠堂的作用，佛教经典和佛教艺术进一步为统治者所用，特别为最高统治者服务，如莫高窟第321窟的《宝雨经变》就是为武则天的统治大造舆论的历史证据。从吐蕃占领末期开始，一窟

① 史苇湘：《敦煌历史与莫高窟艺术研究》，第473页。
② 史苇湘：《敦煌历史与莫高窟艺术研究》，第479页。

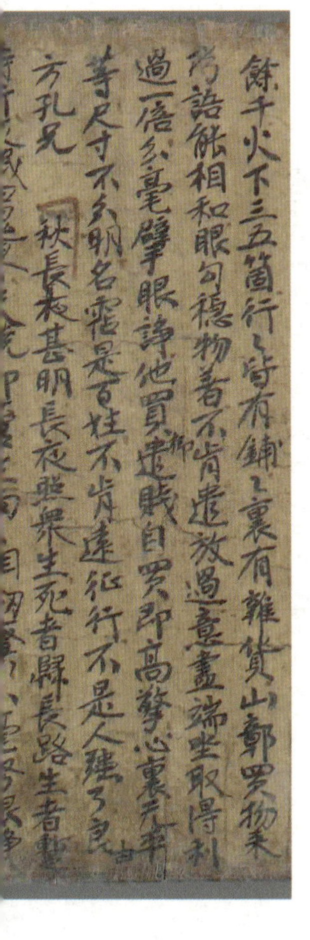

P.3211《王梵志诗卷第二》

之中出现10多幅大幅经变画，反映了异族统治下灾难深重的敦煌人民对佛教的依赖感和精神寄托。归义军时期的石窟艺术及所有的佛教活动，均受制于世俗生活的支配。其中莫高窟第61窟的《五台山图》，不仅是一般人认为的历史地理资料，更是“反映了远在边塞的敦煌民众表达对中原山河的向往和热爱，它包含着浓厚的浸染着佛教色彩的民族感情”[①]。敦煌石窟就是这样一座装载着中国古代社会1000年历史的宝库。

三、信仰与信念

敦煌石窟本身就是一座不朽的丰碑，是敦煌艺术的历代创造者们奉献精神的历史见证。

敦煌壁画中有一些反映各个时代的工匠们劳作的画面，如莫高窟第296窟的

① 史苇湘：《敦煌历史与莫高窟艺术研究》，第490页。

莫高窟第72窟南壁《刘萨诃因缘变相》

“建塔、画壁图”、第302窟的“筏木、修造图”、第323窟的“建屋图”、第85窟的“制陶图”、第72窟的“修塑大佛图”、第55窟的“拆宝幢图”等。无论哪个时代的画面，参与施工的工匠们都是赤裸着上身，衣不蔽体，暴骨露肋。这表明了敦煌古代工匠们生活的贫困和窘迫，与唐代官员张廷珪《谏表》中所描述的“通世工匠，率多贫窭，朝驱暮役，劳筋苦骨，箪食标饮，晨饮星饭，饥渴所致，疾病交集”的情况是一致的；敦煌文献《王梵志诗》也吟道：“工匠莫学巧，巧即他人使。人是自来奴，妻是官家婢。”①

敦煌古代的工匠们，是在生活极端贫困、社会地位极端低下的处境下，创造出这样伟大卓绝的敦煌石窟艺术的。当然，在中国封建社会里，工匠作为手工业劳动者，普遍地位低下、生活贫困。唐代的官员们曾注意到这一现象，但敦煌的记载更具体，更让人触目惊心。工匠们一般隶属于官府、寺院或者大户人家，没有任何人身自由，没有属于自己的一寸土地，没有家园和任何属于自己的财产，而且他们的身份还是世代相传的；他们为人随意役使，沦为他们的主人之间的交易品。敦煌石窟的营造就是工匠们为窟主、施主们所役使而为。工匠们有行业类别和技术等级的区别，但不论哪一类、哪个级别的工匠，都是一日两餐、一餐两块胡饼；作为艺术家的塑匠，平时还要从事泥火炉一类的简单泥匠劳动。

工匠们要依赖自己微薄的收入糊口养家，不得不拼命地去劳作；工匠们也可能有一部分信仰佛教，全身心地投入佛窟营造之中。作为艺术工匠，对艺术孜孜追求，痴心于艺术创作，陶醉于艺术想象，才让他们把自己的一切都奉献给了敦煌石窟艺术事业。普通工匠们在严酷的封建法规制度下不得有半点疏忽，在作为手工业产品的艺术品制作方面更是一丝不苟。与同时代的大师们相比，虽然他们的身份、地位和待遇等有着天壤之别，但他们的作品所显示出的艺术水平却毫不逊色，以至于我们今天好多人都认为敦煌石窟艺术的创造者们都是艺术大师而不是普通工匠。

当然，在晚些时候，敦煌的工匠们也有了一定的人身自由，可以拥有少量土地，可以利用手工业劳动为自己赚取雇价；少部分高级工匠还在官府担任一定的职务或本行业行会的头目，使自己的生存条件有了一定的改善。但是，更多的工匠们依然是衣不蔽体、食不饱肚。而有一点可以肯定的是，工匠们无论是贫穷还是富有，他们对敦煌艺术的创造和奉献精神是一致的。

所有这一切都说明，敦煌石窟艺术对它的历代创造者来讲，是一种信念，是一种信仰，是一种担当，是一种精神追求，是一种无私的奉献！

① 参见拙作：《敦煌工匠史料》，第33、34页。

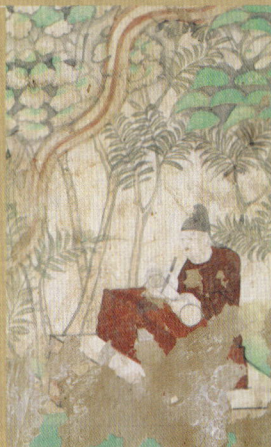

第六章

唐代帝王与敦煌佛教的社会化

——以敦煌本『御制经序』为中心

第一节　《大唐三藏圣教序》与《皇太子臣治述圣记》
第二节　《大唐后三藏圣教序》
第三节　“大周”三序
第四节　《大唐中兴三藏圣教序》

有唐一代，统治者们如李世民、李治、武则天、李显等都为佛经翻译大师们撰写过序言，按规定，这些译文在当时都应该抄写在所译佛经之前。敦煌唐代写经中就保留了部分“御制经序”，如《大唐三藏圣教序》《皇太子臣治述圣记》《大唐三藏圣教后序》《大唐后三藏圣教序》《大周新翻三藏圣教序》《新译大乘入楞伽经序》《大唐中兴三藏圣教序》等，以及玄奘、日照、义净、实叉难陀等所译佛经的最初抄本。这些“御制经序”在后代的大藏经中大都被删除或改动，但在敦煌写经中保存了部分内容，珍贵之处不言而喻。

第一节 《大唐三藏圣教序》与《皇太子臣治述圣记》

一、敦煌写本保存《大唐三藏圣教序》与《皇太子臣治述圣记》

唐太宗李世民《大唐三藏圣教序》及当时还是太子的李治《皇太子臣治述圣记》专为玄奘法师译经而写，均撰述并宣读于贞观二十二年（648）六月。众多佛教史籍均详记此事。较早者如《大唐故三藏玄奘法师行状一卷》：

> 二十二年．驾幸玉华宫。六月敕追法师。……法师更请经题，恩敕方许。……制序讫，凡七百八十言，题云《大唐三藏圣教序》，通冠新经之首。于明月殿命弘文馆学士上官仪以所制序对群僚宣读，霞烂锦舒，光赞兼极，凡厥百僚，喜跃庆贺。今上在春宫，又制《述三藏圣教序》讫，凡五百七十言。二圣序文出后，法师又陈表谢蒙敕。[①]

按当时的规定，《大唐三藏圣教序》和《皇太子臣治述圣记》都要抄写在玄奘法师经文之前。敦煌遗书中有P.2323、北新1443（15243）、北玉92（04292）、北鳞87（06687）、北李43（05643）及S.0343、S.4612、P.2780、P.3127抄写此二序，但有一部分没有抄写于经文之前（或因后来人将序文与经文分开，不得而知），其中P.2323由杜行顗于贞观二十二年十月抄写，抄

① 佚名：《大唐故三藏玄奘法师行状一卷》，载《大正藏》第50册，第214页。

写时间上距撰述时间仅三月有余。S.4612为一废弃本，卷中有“兑”字；S.0343混杂于一些佛事活动的应用文书中[①]，时代较晚。但这些写本在文献校勘方面还是有一定的价值意义。

这里选取保存比较完整的P.3127：

1. 大唐三藏圣教序

2. 盖闻二仪有像，显覆载以含生，四时无形，潜寒暑以化物。

3. 是以窥天鉴地，庸愚皆识其端；明阴洞阳，贤哲罕穷其数。然而

4. 天地包乎阴阳而易识者，以其有像也；阴阳处乎天地而难穷者，以

5. 其无形也。故知像显可征，虽愚不惑，形潜莫睹，在智犹迷。况乎佛道崇

6. 虚，乘幽空（控）寂，弘济万品，典御十方，举威灵而无上，抑神力而无下。大之则

7. 弥于宇宙，细之则摄于毫厘。无灭无生，历千劫而不古；若隐若显，运

8. 百福而长今。妙道凝玄，遵之莫知其际；法流湛寂，挹之莫测其源。故知

9. 蠢蠢凡愚，区区庸鄙，投其旨趣，能无疑惑者哉。然则大教之兴，基乎

10. 西土，腾汉庭而皎梦，照东域而流慈。昔者分形分迹之时，言未驰而成化；

11. 当常现常之世，人仰德而知遵。及乎晦影归真，迁仪越世。金容掩色，不

12. 镜三千之光；丽像开图，空端四八之相。于是微言广被，拯含类于三途；

13. 遗训遐宣，导群生于十地。然而真教难仰，莫能一其旨归；曲学易遵，邪

14. 正于焉纷纠。所以空有之论，或习俗而是非，大小之乘，乍沿时而隆替。有

15. 玄奘法师者，法门之领袖也。幼怀贞敏，早悟三空之心，长契

① 郝春文主编《英藏敦煌社会历史文献释录》第二卷对S.343有录文，但没有经过仔细校对，按原卷粘接顺序抄录，结果将《大唐三藏圣教序》和《皇太子臣治述圣记》标题及内容错置。

乘聖教歟而復全蒼生罪而還福濕火宅之
乾燄共拔迷途朗愛水之昏波同臻彼岸是
知惡因業墜善以緣昇昇墜之端惟人所託
譬夫桂生高嶺雲露方得泫其華蓮出渌波
飛塵不能汙其葉非蓮性自潔而桂質本貞
良由所附者高則微物不能累所憑者淨則
濁類不能沾夫以卉木無知猶資善而成善
況乎人倫有識不緣慶而求慶方冀茲經流
施將日月而無窮斯福遐敷與乾坤而永
大
皇太子臣治述　聖記
夫顯揚正教非智無以廣其文崇闡微言非
賢莫能定其旨蓋真如聖教者諸法之玄宗
眾經之軌躅也綜括宏遠奧旨遐深極空有
之精微體生滅之機要詞茂道曠尋之者
不究其源文顯義幽履之者莫測其際故知

P.2323《大唐三藏圣教序》尾、《皇太子臣治述圣记》首

神情，先包四

16. 忍之行。松风水月未足比其清华，仙露明珠讵能方其朗润。故以智通无

17. 累，神测未形，超六尘而迥出，只千古而无对。凝心内境，悲正法之陵迟；栖虑

18. 玄门，慨深文之讹谬。思欲分条析理，广彼前闻，截伪续真，开兹后学。

19. 是以翘心净土，往游西域，乘危远迈，杖策孤征。积雪晨飞，涂间失地，惊

20. 沙夕起，空外迷天。万里山川，拨烟霞而进影；百重寒暑，蹑霜露而前踪。诚

21. 重劳轻，求深愿达。周游西宇，十有七年，穷历道邦，询求正教。双林、八水，

22. 味道餐风；鹿苑、鹫峰，瞻奇仰异。承至言于先圣，受真教于

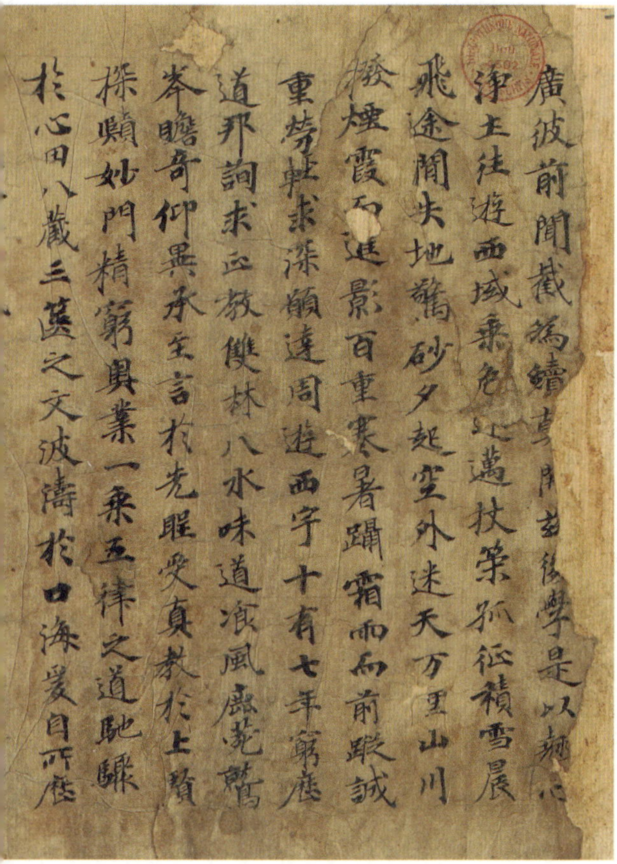
廣彼前聞截僞續真開茲後學是以翹心
淨土往遊西域乘危遠邁杖策孤征積雪晨
飛途間失地驚砂夕起空外迷天万里山川
撥煙霞而進影百重寒暑躡霜雨而前蹤誠
重勞輕求深願達周遊西宇十有七年窮歷
道邦詢求正教雙林八水味道飡風鹿菀鷲
峯瞻奇仰異承至言於先聖受真教於上賢
探賾妙門精窮奧業一乘五律之道馳驟
於心田八藏三篋之文波濤於口海爰自所歷

上贤，探赜

23. 妙门，精穷奥业。一乘五律之道，驰骤于心田；八藏三箧之文，波涛于口海。

24. 爰自所历之国，总将三藏要文，凡六百五十七部，译布中夏，宣扬胜业。引

25. 慈云于西极，注法雨于东垂，圣教缺而复全，苍生罪而还福，湿火宅之

26. 干焰，共拔迷途；朗爱水之昏波，同臻彼岸。是知恶因业坠，善以缘升，

27. 升坠之端，唯人所托。譬夫桂生高岭，云露方得泫其华；莲出绿波，飞尘

28. 不能污其叶。非莲性自洁而桂质本贞，良由所附者高则微物不能累，

29. 所凭者净则浊类不能沾。夫以卉木无知，犹资善而成善，况乎

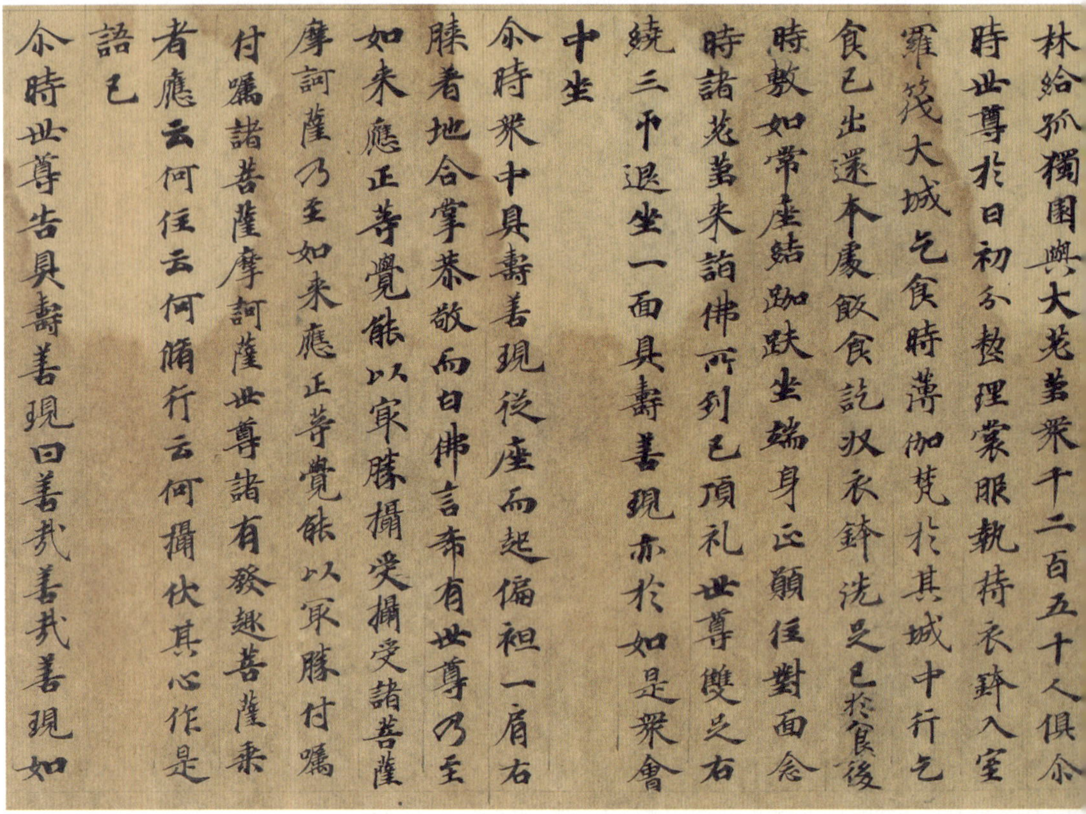

P.2323《大唐三藏圣教序》

人伦有识，

30. 不缘庆而成庆？方冀兹经流施，将日月而无穷，斯福遐敷，与乾坤而永大。

31. 皇太子臣治述［圣记］，夫显扬正教，非智无以广其文；崇阐微言，非贤莫能

32. 定其旨。盖真如圣教者，诸法之玄宗，众经之轨躅也。综括宏远，奥旨遐深，

33. 极空有之精微，体生灭之机要。词茂道旷，寻之者不究其源；文显义深，履

34. 之者莫测其际。故知圣慈所被，业无善而不臻；妙化所敷，缘无恶而不剪。开

35. 法网之纲纪，弘六度之正教，拯群有之涂炭，启三藏之秘扃。是以名无翼而

36. 长飞，道无根而永固。道名流庆，历遂古而镇常；赴感应身，经尘劫而不朽。

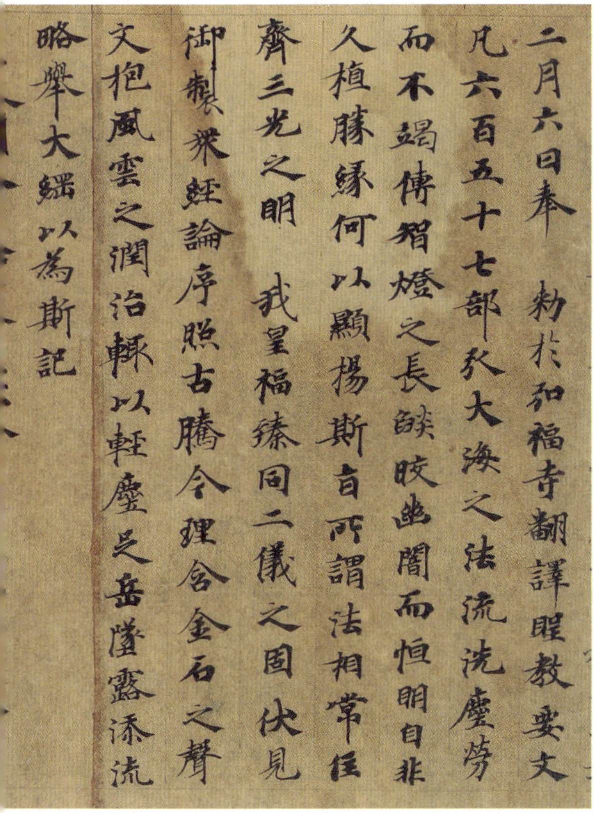
二月六日奉敕於弘福寺翻譯聖教要文
凡六百五十七部引大海之法流洗塵勞
而不竭傳智燈之長燄皎幽闇而恒明自非
久植勝緣何以顯揚斯旨所謂法相常住
齊三光之明 我皇福臻同二儀之固 伏見
御製衆經論序照古騰今理含金石之聲
文抱風雲之潤治輒以輕塵足岳墜露添流
略舉大綱以為斯記

37. 晨钟夕梵，交二音于鹫峰；慧日法流，转双轮于鹿苑。排空宝盖，接翔

38. 云而共飞；庄野春林，与天花而合彩。伏惟皇帝陛下，上玄资福，垂拱而

39. 治八荒；德被黔黎，敛衽而朝万国。恩加朽骨，石室归贝叶之文；泽及

40. 昆虫，金匮流梵说之偈。遂使阿耨达水通神甸之八川，耆阇崛山接

41. 嵩华之翠岭。窃以法性凝寂，靡归心而不通；智地玄奥，感恳诚而遂显。

42. 岂谓重昏之夜，烛慧炬之光；火宅之朝，降法雨之泽。于是百川异流，同

43. 会于海，万区分义，总成乎实。岂与汤、武校其优劣，尧、舜比其圣德者

44. 哉！玄奘法师者，夙怀聪令，立志夷简，神清龆龀之年，体拔

浮华之

45. 世，凝情定室，匿迹幽岩，栖息三禅，巡游十地。超六尘之境，独步迦

46. 维；会一乘之旨，随机化物。以中华之无质，寻印度之真文。远涉恒

47. 河，终期满字；频登雪岭，更获半珠。问道往还，十有七载，备通释典，

48. 利物为心。以贞观十九年二月六日，奉敕于弘福寺翻译圣教要

49. 文，凡六百五十七部。引大海之法流，洗尘劳而不竭，传智灯之长焰，皎

50. 幽暗而恒明，自非久植胜缘，何以显扬斯旨。所谓法性常住，齐三光

51. 之明；我皇福臻，同二仪之固。伏见御制众经论序，照古腾今，

52. 理含金石之声，文抱风云之润。治辄以轻尘足岳，坠露添

53. 流，略举大纲，以为斯记。①

《大唐三藏圣教序》和《皇太子臣治述圣记》最权威的抄本不是敦煌诸写本，而是褚遂良书《大唐三藏圣教序》与《大唐皇帝述三藏圣教序记》（即《皇太子臣治述圣记》）。《大唐大慈恩寺三藏法师传》卷第七：

> 三年春三月，法师欲于寺端门之阳造石浮图，安置西域所将经像，其意恐人代不常，经本散失，兼防火难。浮图量高三十丈，拟显大国之崇基，为释迦之故迹。……塔有五级，并相轮、露盘，凡高一百八十尺。……南面有两碑，载二圣《三藏圣教序》《记》，其书即尚书右仆射河南公褚遂良之笔也。②

现存褚遂良书、万文韶刻二序之二石，位于陕西西安南郊慈恩寺大雁塔底层，分立塔门之东、西龛。东龛内为《大唐三藏圣教序》碑，书写行次从右排向左；西龛内为《大唐皇帝述三藏圣教序记》碑，书写行次从左排向右。两碑

① 据法国国家图书馆网页所刊彩色图片，并以褚遂良本为底本校改。最后2行在背面。

② ［唐］沙门慧立本、释彦悰笺：《大唐大慈恩寺三藏法师传》，载《大正藏》第50册，第257页。

对称，又称《雁塔圣教序》或《慈恩寺圣教序》。《大唐三藏圣教序》隶书题额，21行，行42字，共821字，文左行，褚遂良的官名为中书令，题书写年月日为永徽四年岁次癸丑十月己卯朔十五日癸巳；《大唐皇帝述三藏圣教序记》篆书题额，20行，行40字，共642字，文右行，褚遂良的官名为尚书右仆射，题书写年月日为永徽四年岁次癸丑十二月戊寅朔十日丁亥。二者前后相差不足两个月，且时间都上距贞观二十二年六月制序五年之久。但褚遂良书与敦煌二贞观抄本保存部分相校，无一差别；褚遂良为唐代名臣和大书法家，所抄两序自然应该是正本。褚本19年后，有咸亨三年（672）沙门怀仁从王羲之书法中集字刻制成碑文，称《唐集右军圣教序并记》或《怀仁集王羲之书圣教序》，并兼收其他内容，兹不赘。

二、敦煌写本《大唐三藏圣教序》《皇太子臣治述圣记》与《能断金刚经》

在敦煌所有的《大唐三藏圣教序》和《皇太子臣治述圣记》抄本中，以P.2323和北新1443《能断金刚经》最早。二写本均为卷轴装，轴首题“能断金刚经一卷　金马”，卷首《大唐三藏圣教序》后半部分和《皇太子臣治述圣记》全文，接下来就是《能断金刚般若波罗蜜多经》经文正文，首题：

能断金刚般若波罗蜜多经一卷　三藏法师玄奘奉诏译

尾题：

能断金刚般若波罗蜜多经一卷
贞观廿二年十月一日于雍州宜君县玉华宫弘法台三藏法师玄奘奉［诏译］
直中书长安杜行顗笔受
弘福寺沙门玄谟证梵语
大总持寺沙门辩机证文

以上题记中的贞观二十二年（648）为《能断金刚经》的译出时间，这一点与后代的佛教史籍所载相一致。如《开元释教录》卷第八记载，玄奘译经76部（1347卷经律论记传），其中有《能断金刚般若波罗蜜多经》（以下简称《能

断金刚经》）一卷，并云：

见内典录第四出，与姚秦罗什等出者同本，贞观二十二年十月一日于坊州宜君县玉华宫弘法台译，直中书杜行顗笔受。[①]

李世民《大唐三藏圣教序》和李治《皇太子臣治述圣记》是唐代御制经序中最早的两件，均撰述并宣读于贞观二十二年（648）六月，而敦煌此二本记译经时间为同年十月一日，上距皇帝制序的时间仅三个多月，所以可能是真正的贞观初版单行本的写卷（详下节）。又有题记为我们提供了杜行顗、辩机等名人的一些历史信息，至为重要。如杜行顗，《开元释教录》卷第九记载为唐代译经居士，京兆人，主要活动于仪凤年中（676—679），任朝散郎行鸿胪寺典客署令，通晓各国语言，兼善文藻，尤精天竺语书。时有罽宾国僧佛陀波利携梵经来奉献，帝诏令行顗翻译，于仪凤四年正月译出《佛顶尊胜陀罗尼经》一卷。其余事迹及生卒年均不详。二敦煌写本记杜行顗笔受时为贞观二十二年（648）十月一日，早于他仪凤译经三十多年，是他青年时期的活动记载，加上和玄奘的关系，特别引人注目。

关于玄奘译《能断金刚经》，即鸠摩罗什译《金刚经》的别译本；罗什（第一译）之后有北魏菩提留支（第二译）、南朝陈真谛（第三译）、唐玄奘（第四译）及大唐天后代三藏义净（第五译）。《开元释教录》所载玄奘译《能断金刚经》的时间、地点及笔受人等与敦煌本完全一致。同时，《开元释教录》卷第十一、十九、二十都提到此经，并注明室罗筏第四译。

《贞元新定释教目录》卷第十一基本上是《开元释教录》卷第八的移录。但在卷第二十，却记录了相关的详细说明：

金刚般若波罗蜜经，一卷，舍卫国，姚秦三藏鸠摩罗什译，第一译。

金刚般若波罗蜜经，一卷，婆伽婆，元魏天竺三藏菩提留支译，第二译。

金刚般若波罗蜜经，一卷，祇树林，陈天竺三藏真谛译，第三译。

能断金刚般若波罗蜜多经，一卷，室罗筏城，大唐三藏玄奘译，出内典录，第四译。

能断金刚般若波罗蜜多经，一卷，名称城，大唐天后代三藏义

① 《大正藏》第55册，第555页。

净译，新编入录，第五译。

右五经同本异译。其第四本能断般若，贞观二十二年沙门玄奘从驾于玉华宫弘法台译，后至显庆五年于玉华寺翻大般若，即当第九能断金刚分，今本编入更不重翻。准诸经例，合入大部者即同别生。此录之中不合重载，为与沙门义净译者名同，恐有差错，故复出之（三师造论同释此经）。[①]

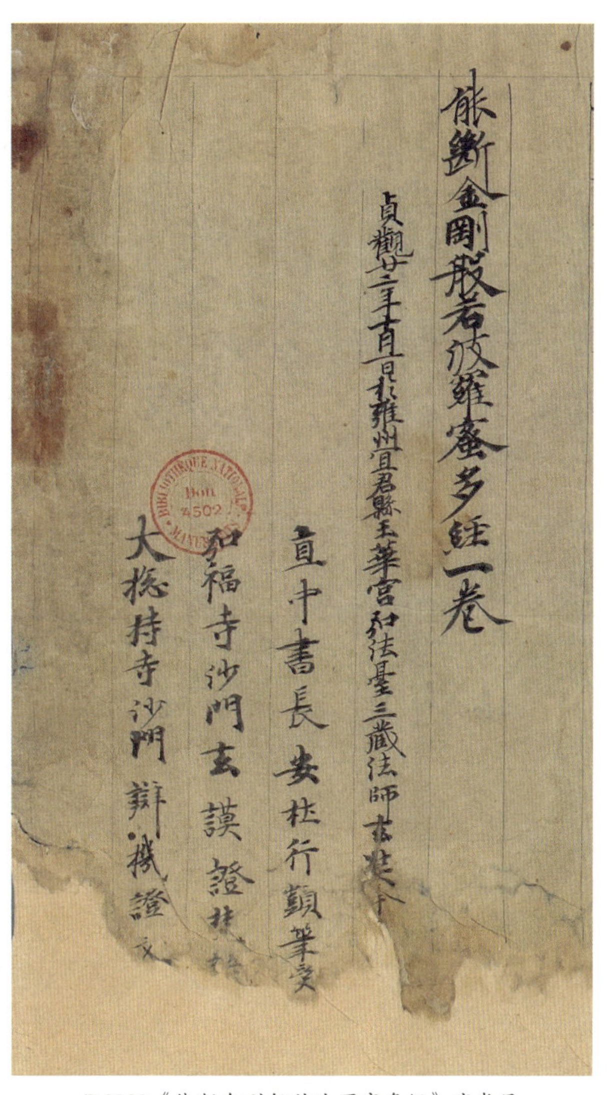

P.2323《能断金刚般若波罗蜜多经》残卷尾

这里明确指出，玄奘于贞观二十二年（648）译的《能断金刚经》，理论上早在显庆五年（660）时就已并入《大般若波罗蜜多经》（以下简称《大般若经》），此后应该无单行本流传。所以，后世大藏经大多将玄奘译《能断金刚经》作为《大般若经》的“第九能断金刚分”编入。如现在通用的《大正藏》第7册第220号《大般若经》（第401—600卷）有“大般若经第九会·能断金刚分”，西明寺沙门玄则撰序，首题“大般若波罗蜜多经卷第五百七十七，三藏法师玄奘奉诏译”，品题“第九能断金刚分”。[②]而敦煌写本虽然不能肯定为贞观二十二年（648）十月一日抄写，但可以断定其抄写时间应在显庆五年（660）此经并入《大般若经》之前，因为敦煌此二卷明显属于由长安流传到敦煌的宫廷写经。[③]又，敦煌二三

① 《大正藏》第55册，第911—912页。
② 《大正藏》第7册，第980页。
③ 敦煌藏经洞所出唐代前期写经（佛经）基本为宫廷写经，为敦煌从长安请来。

残存之《大唐三藏圣教序》与《皇太子臣治述圣记》的正文和褚遂良本完全一致，且保存了最原始的《皇太子臣治述圣记》标题“皇太子臣治述圣记”；而褚遂良书题为李治登基后的称呼“大唐皇帝述三藏圣教序记”，据此可推测敦煌二本的抄写时间应该在玄奘译成《能断金刚经》的贞观二十二年（648）十月之后，至褚遂良书写《大唐皇帝述三藏圣教序记》的永徽四年（653）十二月之前的数年间。

敦煌本《能断金刚经》是极少保存序、记的写经之一。同时在译出后不几年由单行本并入《大般若经》本而不再单独流通，这就使敦煌本成了孤本。我们无法知道当时抄写了多少份玄奘译《能断金刚经》，但可以肯定的是，敦煌本P.2323是我们目前所见唯一一份抄写于贞观二十二年（648）的玄奘译《能断金刚经》，加上经文之前李世民、李治父子的序文，其版本价值彰显无疑。

三、其他相关信息

《贞元新定释教目录》卷第二十云：“右五经（即前述五译金刚经）同本异译。其第四本能断般若，贞观二十二年沙门玄奘从驾于玉华宫弘法台译，后至显庆五年于玉华寺翻大般若，即当第九能断金刚分，今本编入更不重翻。准诸经例，合入大部者即同别生。此录之中不合重载，为与沙门义净译者名同，恐有差错，故复出之（三师造论同释此经）。”这里明确指出，玄奘于贞观二十二年（648）译《能断金刚经》，原则上在显庆五年（660）就已并入《大般若经》，此后应该无单行本流传。所以，后世大藏经大多将玄奘译《能断金刚经》作为《大般若经》的“第九　能断金刚分”编入。如《大正藏》第7册第220号《大般若经》（第401—600卷）有“大般若经第九会·能断金刚分”，西明寺沙门玄则撰序，首题“大般若波罗蜜多经卷第五百七十七　三藏法师玄奘奉　诏译”，品题“第九　能断金刚分”。而敦煌本P.2323、北新1443号抄写于贞观二十二年（648）十月至永徽四年（653）十二月之间，早于此经显庆五年（660）并入《大般若经》之前多年。当然，说是并入，但后来的大藏经有些还是作为单行本收录了此经，如《积砂藏》《开宝藏》等。

有一点需要说明一下：二序之诸抄本标题为“皇太子臣治述圣记”时，未加任何注释和说明；但在标明“大唐皇帝述圣记”时，后面特别缀上“在春宫日制”。“春宫”意即太子宫，这里特意说明《大唐皇帝述三藏圣教序记》是李治在还是太子的时候撰写的。

另外，由沙门怀仁从王羲之书法中集字刻制成碑文，称《唐集右军圣教序并记》或《怀仁集王羲之书圣教序》，因碑首横刻有七尊佛像，又名《七佛圣教序》。唐咸亨三年（672）十二月八日京城法侣建立，文林郎诸葛神力勒石，武骑尉朱静藏镌字；行书，30行，行85、86字不等。碑原在陕西西安弘福寺，后移西安碑林。《怀仁集王羲之书圣教序》较雁塔褚遂良正书本晚19年，内容多出文王答敕、皇太子笺答、又般若波罗蜜多心经等（在敦煌写本中没有出现过）。怀仁功力精湛，又能谨慎从事，终能各尽其势，集王书历二十五年乃成。《怀仁集王羲之书圣教序》完好地再现了王羲之书法的艺术特征，成为王字的一大宝库。

第二节 《大唐后三藏圣教序》

武则天为太后时，为中天竺国沙门地婆诃罗译经所撰《大唐后三藏圣教序》（以下简称《后序》）。《宋高僧传·周西京广福寺日照传》记载：

> 释地婆诃罗，华言日照，中印度人也。洞明八藏，博晓五明，戒行高奇，学业勤悴，而咒术尤工。以天皇时来游此国，仪凤四年五月表请翻度所赍经夹，仍准玄奘例，于一大寺别院安置，并大德三五人同译。至天后垂拱末，于两京东西太原寺（西太原寺后改西崇福寺，东太原寺后改大福先寺）及西京广福寺译《大乘显识经》《大乘五蕴论》等凡一十八部：沙门战陀般若提婆译语，沙门慧智证梵语，敕诸名德助其法化，沙门道成、薄尘、嘉尚、圆测、灵辩、明恂、怀度证义，沙门思玄复礼缀文笔受。天后亲敷叡藻制序冠首焉。①

敦煌遗书P.2155、P.2179、P.2261、P.3586、LB.003等，其中P.2179、P.2261为《大乘密严经》卷上，P.2155及LB.003为单独抄写的经序。

一、《大唐后三藏圣教序》与日照及其译经

敦煌遗书P.2261为唐初中天竺国沙门地婆诃罗译《大乘密严经》卷上抄本。

① ［宋］赞宁：《宋高僧传》，载《大正藏》第50册，第719页。

抄本之首，有一篇《大唐后三藏圣教序》，全文如下：

1. 大唐后三藏圣教序　御制
2. 朕闻：真空无像，非像教无以译其真；实际无言，
3. 非言绪无以筌其实。是以龙宫法镜，圆照
4. 匝于三千；鹫岭玄门，方广周于百亿。师无师
5. 之智，必藉修多；学无学之宗，终资祇夜。自金
6. 人感梦，宝偈方传。贝叶灵文，北天之训逾远；
7. 贯花微旨，西秦之译更新。大乘小乘，逗根机
8. 而演教；半字满字，逐全实而相晓。　叡
9. 唐之御寓，载叶昌期。代传三圣，年将
10. 七十。舜河与定水俱清，尧烛与慈灯并照。缁
11. 衣西上，宁惟法显之流；白马东来，岂直摩腾
12. 之辈。大弘释教，谅属兹辰。朕爰自幼龄归心
13. 彼岸，务广三明之路，思崇八正之门。往者夙
14. 遘闵凶，遽违严荫；近以孝诚无感，复背

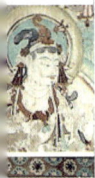

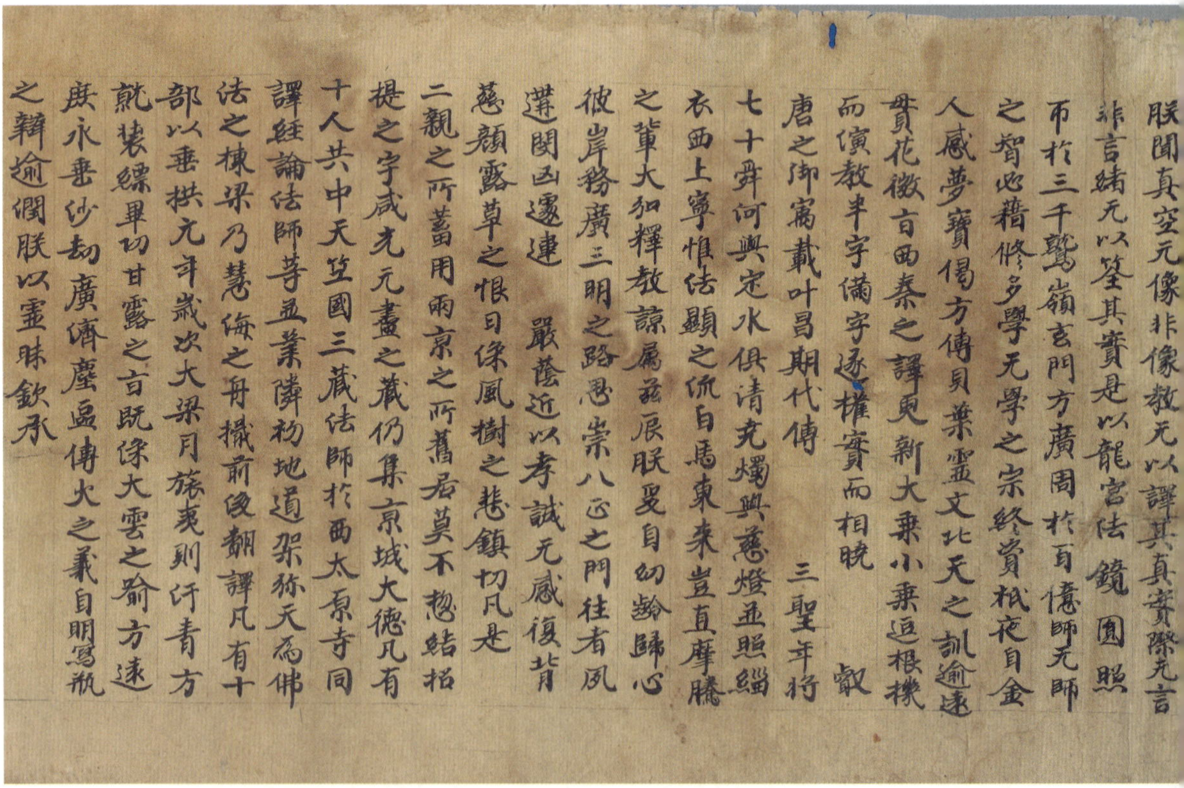
朕聞真空无像非像教无以譯其真實際无言
非言緒无以筌其實是以龍宮法鏡圓照
帀於三千鷲嶺玄門方廣周於百億師无師
之智必藉修多學无學之宗終資祇夜自金
人感夢寶偈方傳貝葉靈文北天之訓逾遠
貫花微旨西秦之譯更新大乘小乘逗根機
而演教半字滿字逐權實而相曉　叡
唐之御寓載叶昌期代傳　三聖年將
七十舜河與定水俱清堯燭與慈燈並照緇
衣西上寧惟法顯之流白馬東來豈直摩騰
之輩大弘釋教諒屬茲辰朕爰自幼齡歸心
彼岸務廣三明之路思崇八正之門往者夙
遘閔凶遽違　嚴蔭近以孝誠无感復背
慈顔露草之恨日深風樹之悲鎮切凡是
二親之所蓄用兩京之所舊居莫不捴結招
提之宇咸充无盡之藏仍集京城大德凡有
十人共中天竺國三藏法師於西太原寺同
譯經論法師等並業隣初地道架弥天爲佛
法之棟梁乃慧海之舟檝前後翻譯凡有十
部以垂拱元年歲次大梁月旅夷則仟青方
就裝縹畢功甘露之旨既除大雲之喻方遠
庶永垂沙劫廣濟塵區傳火之義自明寫瓶
之辯逾闡朕以虛昧欽承

P.2261《大唐后三藏圣教序》

15. 慈颜。露草之恨日深，风树之悲镇切。凡是
16. 二亲之所蓄用，两京之所旧居，莫不总结招
17. 提之宇，咸光无尽之藏。仍集京城大德，凡有
18. 十人，共中天竺国三藏法师，于西太原寺同
19. 译经论。法师等并业邻初地，道架弥天，为佛
20. 法之栋梁，乃慧海之舟楫。前后翻译，凡有十
21. 部，以垂拱元年岁次大梁，月旅夷则，汗青方
22. 就，装缥毕功，甘露之旨既深，大云之喻方远。
23. 庶永垂沙劫，广济尘区，传火之义自明，写瓶
24. 之辩逾润。朕以灵昧，钦承
25. 顾记。常愿绍隆三宝，安大宝之鸿基；
26. 发挥八圣，固先圣之丕业。所以四句微
27. 言，拯提河之深致；一音妙义，尽庵园之奥
28. 旨。击大法鼓，响震于无间；吹大法螺，声通于
29. 有顶。为暗室之明炬，实昏衢之慧日。菩提了
30. 义，其在兹乎？部帙条，流列之于后。

紧接序文后抄写：

大乘密严经密严会品第一　卷上　中天竺国沙门地婆诃罗奉诏译

……

大乘密严经卷上。[①]

查佛教史籍，有关此《后序》的唯一一条记载，是《金藏》第98册所收的《大唐开元释教广品历章》第3—4卷在记述地婆诃罗所译经籍时提及：

金刚般若论一部二卷（四十纸　单本　功德施菩萨造　一名功德施论）

大唐后三藏圣教序　皇太后御制

金刚般若波罗蜜经破取着不坏假名论卷上　功德施菩萨造（唐永淳年中天竺国沙门地婆诃罗奉敕译）

① 据法国国家图书馆网页所刊彩色图片。

金刚般若波罗蜜经破取着不坏假名论卷下　功德施菩萨造（唐永淳年中天竺国沙门地婆诃罗奉敕译）

右大唐永淳二年九月十五日中天竺三藏地婆诃罗于西京太原寺归宁院译见大周录[①]

《大唐开元释教广品历章》记述的《后序》的作者为皇太后，为我们提供了一些相关的信息。《后序》中提到的“垂拱元年”为公元685年，当时掌握朝廷大权的是皇太后武则天，几年后武后登基，改国号为大周。由此可见，《后序》当是武则天为皇太后时所制。《后序》中所谓中天竺国三藏法师，即日照法师（地婆诃罗），武太后此序是专为日照三藏译经所撰。按规定，此《后序》在抄写于日照所译各种佛经经文之前。这就有了垂拱元年（685）所撰序文抄写于永淳二年（683）日照所译《金刚般若论》之前，并明言“皇太后御制”（永淳二年时武则天还是皇后）。当时的皇太后武则天实际上已经行使着皇帝的一切权力，史学家们通常把光宅、垂拱、永昌和载初都作为武则天的年号，习惯上称武后某某年。所以，武则天为日照作序就顺理成章了。

唐代译经僧地婆诃罗为梵名音译，汉名日照，中印度人。广通三藏，兼善五明，又称日照三藏。高宗仪凤初年至唐，至武后垂拱年间，共译出《密严经》《华严经入法界品》《佛顶最胜陀罗尼经》《大乘显识经》等18部34卷。垂拱三年（687）十二月于洛阳东太原寺入寂，享年七十五。[②]

《密严经》，全文凡三卷，全称《大乘密严经》。除了日照三藏译本外，还有稍后几年的唐代不空三藏所译，两本后皆收于《大正藏》第16册。从敦煌保存的情况看，两本的上、中、下各卷各有数十件写本，可见当初此经在敦煌十分流行。除《密严经》外，日照所译其他诸经，如《佛顶最胜陀罗尼经》《大乘显识经》等，敦煌遗书中有大量的抄本，《密严经》《佛顶最胜陀罗尼经》还在敦煌唐代众多石窟中被绘制成巨幅经变。

敦煌本P.2261接《后序》后抄写了卷上的全部内容。细观此写本，为典型的初唐楷书，没有出现武周新字。当为《后序》及《密严经》的初译版抄本，有较高的版本价值。但佛教史籍中尚未发现将武则天皇太后的《后序》置于《密严经》之前的相关记载；而且就《后序》本身讲，P.2261可能是目前发现唯一的抄本。这就使敦煌本P.2261成为孤本，彰显版本价值。从时间上讲，武太后之序此

---

① 《金藏》第98册所收的《大唐开元释教广品历章》第3—4卷。参见《中华电子佛典》。

② 原见《宋高僧传》卷第二《日照传》，参见慈怡法师主编：《佛光大辞典》“日照”条，北京图书馆出版社，2004年。

篇为最早，较完整地保存了原貌，抄写时间距原序文撰写时间相近。

敦煌遗书P.3586残卷，首尾俱缺，所存内容为中间部分，《敦煌遗书总目索引》及《敦煌遗书总目索引新编》均依P.2155（详后）定名为《大唐新译三藏圣教序》（以下简称《新序》）。因为是单独的经序抄本，缺了前面，故其为《后序》还是《新序》不得而知。

列P.3586残卷录文为下：

1. 言……
2. 匝……
3. 师之……
4. 金人感……
5. 远；贯花微旨，西秦之译更新。大乘小乘，逗根
6. 机而演教；半字满字，逐全实而相晓。
7. 叡唐之御寓，载叶昌期。代传三圣，年将七
8. 十。舜河与定水俱清，尧烛与慈灯并照。缁衣
9. 西上，宁惟法显之流；白马东来，岂直摩腾之
10. 辈。大弘释教，谅属兹辰。朕爰自幼龄归心彼
11. 岸，务广三明之路，思崇八正之门。往者夙遘
12. 闵凶，遽违严荫；近以孝诚无感，复背慈颜。
13. 露草之恨日深，风树之悲镇切。凡是二亲之
14. 所蓄用，两京之所旧居，莫不总结招提之宇，
15. 咸充无尽之藏。仍集京城大德，凡有十人，共
16. 中天竺国三藏法师，于西太原寺同译经论。
17. 法师等并业邻初地，道架弥天，为佛法之
18. 栋梁，慧海之舟楫。前后翻译，凡有十部，以
19. 垂拱元年岁次大梁，月旅夷则，汗青方就，
20. 装缥毕功，甘露之旨既深，大云之喻方远。庶永
21. 垂沙劫，广济尘区，传火之义自明，写瓶之
22. 辩逾润。朕以灵昧，钦承顾记。常愿绍隆三
23. 宝，安大宝之鸿基；发挥八圣，固先圣之
24. 丕业。所以四句微言，拯提河之深致；一音妙义，[①]

（后缺）

① 据法国国家图书馆网页所刊彩色图片。

P.2179《密严经序》文残，仅存7个半行。但经序后的《大乘密严经》上、中、下三卷首尾俱全。可以肯定经文之前残缺的经序是《后序》。但经文抄写格式不同于一般抄经，卷中有多处校改标记，据此可知其抄写时间在唐代后期（吐蕃统治时期）。

（前残缺）

1. ……乃慧［海］之舟……
2. ……汗青方就，装……
3. ……济尘区，传火之义……
4. ……愿绍隆三宝，安大宝之……
5. ……微言，拯提河之深致；……
6. ……响震于无闻；吹大法螺，声通于……
7. 实昏衢之慧日。菩提了意在兹乎？……[①]

至于收入《大正藏》第16册第681号的日照译《密严经》，开首经题即与敦煌本有异：

大乘密严经卷上
唐天竺三藏地婆诃罗奉　制译
密严会品第一[②]

经文之前也没有武后的序文。经文中更存在多处异文，兹不赘。

新发现的山东博物馆藏LB.003 保存较完整：

1. 大唐后三藏圣教序　御制
2. 朕闻：真空无像，非像教无以译其真；实际无
3. 言，非言绪无以筌其实。是以龙宫法镜，圆照
4. 匝于三千；鹫岭玄门，方广周于百亿。师无师
5. 之智，必藉修多；学无学之宗，终资祇夜。自
6. 金人感梦，宝偈方传。贝叶灵文，北天之训逾
7. 远；贯花微旨，西秦之译更新。大乘小乘，逗根机

① 据法国国家图书馆网页所刊彩色图片。
② 《大正藏》第16册，第681页以下。

8. 而演教；半字满字，逐全实而相晓。
9. 叡唐之御寓，载叶昌期。代传三圣，年将七
10. 十。舜河与定水俱清，尧烛与慈灯并照。缁衣
11. 西上，宁惟法显之流；白马东来，岂直摩腾
12. 之辈。大弘释教，谅属兹辰。朕爰自幼龄归心
13. 彼岸，务广三明之路，思崇八正之门。往者夙遘
14. 闵凶，据违严荫；近以孝诚无感，复背慈颜。
15. 露草之恨日深，风树之悲镇切。凡是二亲
16. 之所蓄用，两京之所旧居，莫不总结招提之
17. 宇，咸光无尽之藏。仍集京城大德，凡有十人，
18. 共中天竺国三藏法师，于西太原寺同译经
19. 论。法师等并业邻初地，道架弥天，为佛法
20. 之栋梁，慧海之舟楫。前后翻译，凡有十部，
21. 以垂拱元年岁次大梁，月旅夷则，汗青方就，
22. 装缥毕功，甘露之旨既深，大云之喻方远。庶
23. 永垂沙劫，广济尘区，传火之义自明，写瓶
24. 之辩逾润。朕以灵昧，钦承顾记。常愿绍
25. 隆三宝，安大宝之鸿基；发挥八圣，固先
26. 圣之丕业。所以四句微言，拯提河之深致；一音妙
27. 义，尽庵园之奥旨。击大法鼓，响震于无闻；
28. 吹大法螺，声通于有顶。为暗室之明炬，实
29. 衢之慧日。菩提了义在兹乎？[①]

鲁博本《后序》之后没有抄写任何经文，但却有两处十分醒目：一是文末加盖“瓜沙州大王”印，二是在原文最末一句话的位置有明显的挖改痕迹。从字迹上看，属于五代抄本，与“瓜沙州大王”印为同一时期。看来当为曹氏归义军时期专门抄写的，作为单行本保存。

二、《后序》更名为《新序》及相关敦煌写本

敦煌遗书P.2155第三件，题名为《大唐新译三藏圣教序》，首尾俱全，全文

① 据原卷彩色照片，由山东博物馆提供。

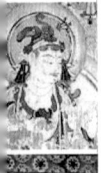

如下：

1. 大唐三藏　大唐新译三藏圣教序　朕闻真空无像，非像教无

2. 以译其真；实际无言，非言绪无以筌其实。是以龙宫法镜，圆照匝于

3. 三千；鹫岭玄门，方广周于百亿。师无师之智，必藉修多；学无学之

4. 宗，终资祇夜。自金人感梦，宝偈方传。贝叶灵文，北天之训逾远；贯花

5. 微旨，西秦之译更新。大乘小乘，逗根机而演教；半字满字，逐权实

6. 而相晓。叡唐之御寓，载叶昌期，代传三圣，年将七十。

7. 舜河与定水俱清，尧烛与慈灯并照。缁衣西上，宁惟法显之流；白马东

8. 来，岂直摩腾之辈。大宏释教，谅属兹辰。朕爰自幼龄，归心彼岸，

9. 务广三明之路，思崇八正之门。往者夙遘闵凶，遽违严荫；近以

10. 孝诚无感，复背慈颜。露草之恨日深，风树之悲镇切。凡是

11. 二亲之所蓄用，两京之所旧居，莫不总结招提之宇，咸充无尽之藏。

12. 仍集京城大德凡有十人，共中天竺国三藏法师，于西太原寺同译经论。法师

13. 等并业邻天地，道架（驾）弥天，为佛法之栋梁，乃慧海之舟楫。前后翻译，凡

14. 有十部。以垂拱元年岁次大梁，月旅夷则，汗青方就，装缥毕功。甘露

15. 之旨既深，大云之喻方远，庶永垂沙劫，广济尘区。传火之义自

16. 明，写瓶之辩逾润。朕以虚昧，钦承顾托，常愿绍隆三宝，安大宝之鸿基；

17. 发挥八圣，固先圣之丕业。所以四句微言，极提河之深致；一音妙义，尽庵

18. 园之奥旨。击大法鼓，响振于无间；吹大法螺，声通于有顶。

P.2155《大唐新译三藏圣教序》

为暗室之明

19. 炬，实昏衢之慧日。菩提了义，其在兹乎？部帙条流，列之于后。①

P.2155背面书有“归义军节度使特进检校太傅兼中书令曹元忠状”，其字亦与鬼画符面经序相近，正背两面当为同时代之文献。瓜沙归义军节度使曹元忠曾于后周、宋之间有过太傅、中书令之称，据此可知此文献抄写于60年前后。此时流传敦煌的《大唐后三藏圣教序》（即《后序》）已经更名为《大唐新译三藏圣教序》（即《新序》）。但在P.2155中，《新序》之后没有抄写任何经文。

《金藏》第98册所收第《大唐开元释教广品历章》卷第五记载：

大乘显识经一部二卷（二十九纸　第二译）

① 据法国国家图书馆网页所刊彩色图片。

大唐新译圣教序

大乘显识经卷上（中天竺国沙门地婆诃罗等奉敕于东太原寺译）

大乘显识经卷下

右大唐永隆元年天竺三藏地婆诃罗唐言日照于东都东大原寺译见大周录①

《金藏》第98册所收第《大唐开元释教广品历章》卷第十记载：

大乘离文字普光明藏经（七纸　第二译）

大唐新译圣教序　皇太后御制

大乘离文字普光明藏经（中天竺沙门地婆诃罗奉诏译）

右大唐永淳二年天竺沙门地婆诃罗于西京太原寺归宁院译见大周录

上二经同卷

……

大方广师子吼经一卷（七纸　第二译）

大唐新译圣教序　皇太后御制

大方广师子吼经（中天竺罽沙门地婆诃罗等奉敕于东都东太原寺）

右大唐水隆元年天竺沙门地婆诃罗于东都东太原寺译见大周录

大唐开元释教广品历章卷第十②

因为《新序》也是附在日照三藏所译经文之前，同时又没有发现武则天为皇太后时为日照写过第二篇序，所以可以认定其与《后序》为同一篇东西。同《后序》一样，抄写于日照所译佛经经文之前，这里包括日照翻译于高宗永隆、永淳时期的各种经文。《后序》提到的日照等人在西太原寺所译10部经论，但日照后来移住东太原寺并继续译经，所译经文在抄写时仍然置则天太后之《新序》于前。遗憾的是，同《后序》一样，我们在佛教典籍中也没有发现《新序》的全文。敦煌遗书为我们解决了这一问题。

《新序》与《后序》在文字上有个别出入。P.2155《新序》之后没有抄写日照所译经文，而是在前面分别抄写了《唯识二十论序》和李百药的《大乘庄严论序》，三份文献的抄写排列无论是作者身份还是时代先后等方面都没有严格

① 《金藏》第98册No.1276《大唐开元释教广品历章》卷五；参见《中华电子佛典》。
② 《金藏》第98册No.1276《大唐开元释教广品历章》卷十；参见《中华电子佛典》。

的次序，可能是随意抄写；其抄写时间晚于P.2261《后序》两个半世纪左右。而P.3586残卷抄写时代则介于《后序》和《新序》之间，其后有无日照所译佛经经文，不得而知。

将《后序》改为《新序》，实际上在《大唐开元释教广品历章》就有了两种版本，而且其所记《新序》均抄写于在高宗时期所译经文之前。看来P.2261之《后序》及日照所译《密严经》《金刚般若论》等抄写时间较早，是将《后序》更名为《新序》之前所抄，又有抄本传世，所以《大唐开元释教广品历章》就根据原抄本记录。但《后序》更名为《新序》并抄写于日照所译其他经文如《大乘离文字普光明藏经》《大方广师子吼经》等经文之前，并均明言“皇太后御制”，说明更名的时间也就在《后序》写好后不久，日照法师还在世并译出诸经之时，即垂拱三年（987）十二月之前，则天还是名义上的皇太后，更名之事亦当为则天皇太后自己之所为。因此，敦煌本P.2261之《后序》就是作为更名之前抄写并保存到今天的稀世之珍了。就《后序》本身来讲，敦煌本P.2261应该是目前发现的唯一的抄本。当然，《新序》也只有两个抄本，而且一个还是首尾俱缺的残卷，在没有发现其他的相同史料之前文献价值也是十分重要的。

三、《全唐文》之《方广大庄严经序》

清人编纂的《全唐文》在第97卷收录了武则天皇太后的这篇序文，从内容上看，即当为《新序》；但标题却既不是《大唐后三藏圣教序》，也不是《大唐新译三藏圣教序》或《大唐新译圣教序》，而是写成《方广大庄严经序》。此事现存最早的记载是唐慧琳《一切经音义》卷第二十四：

> 大唐新译方广大庄严经　三藏圣教序　慧琳撰　皇太后御制

又，清人辑《乾隆大藏经》第155-01部辑日照译《方广大庄严经》经文前置此序，称“方广大庄严经序　唐武则天制”[①]。

看来，《大唐后三藏圣教序》原本也抄写于《方广大庄严经》之前，这可能就是《全唐文》的编纂者们看到的本子，所以直接写成《方广大庄严经序》。但慧琳在这里又注明是皇太后御制的《三藏圣教序》，可能慧琳依据的是《方广大庄严经》的最早的抄本，而《全唐文》与《乾隆大藏经》为同时代，编纂者们未

① 《乾隆大藏经》第155—01部。

见到过名为《后序》或《新序》的本子，为直接转载而致。

同是在《乾隆大藏经》，大乘五大部外重译经第192部日照译《佛说证契大乘经卷》上、下两卷经文前亦置此序，更名《登契大乘经序》，注明“唐武则天制”。据此可知日照所译经文之前多置武则天此《后序》。

四、《后序》相关问题试析

《后序》的内容，很值得仔细阅读和理解。

序文开首是对佛教的赞颂，也可以说是武则天自己对佛教的认识。同李世民、李治所作序一样，是套用的格式。这里还特别强调了佛教自西汉武帝夜梦“祭天金人”开始传入中国后的发展，特别是西秦译经。这里是要提示本序文的主题是为译经而写。值得注意的是，武则天作为皇太后，在这里使用了“朕”这一自秦始皇以来的帝王专用自称。史书上也记载有皇太后听政或下诏时亦自称“朕”，[①]这一点很符合武则天当时的身份。不过，这样的称谓在中国历史上不多。

之后是对大唐盛世及其佛教繁荣的描述：“代传三圣，年将七十”指唐朝自公元618年立国，历高祖、太宗、高宗三世，至公元685年已近70年；“舜河与定水俱清，尧烛与慈灯并照”是对佛教的重视；“缁衣西上，宁惟法显之流；白马东来，岂直摩腾之辈。大弘释教，谅属兹辰”，表明佛教到唐代已兴旺发达。

而接下来，与先辈序文不同的是，武则天在这里直接讲到自己与佛教的关系及其动机：“朕爰自幼龄归心彼岸，务广三明之路，思崇八正之门。”又讲到武则天在唐太宗去世后曾出家感业寺为尼的经历写照：“往者夙遘闵凶，遽违严荫；近以孝诚无感，复背慈颜。露草之恨日深，风树之悲镇切。”而御制此序的动机则是为了尽孝：“凡是二亲之所蓄用，两京之所旧居，莫不总结招提之宇，咸光无尽之藏。”

再后面就是组织日照法师等10位高僧译经以及武则天的一些愿望。实际上是武则天的代唐宣言或登基宣言。

武则天效法李世民为玄奘法师译经所作《大唐三藏圣教序》并步其后尘，为来自中印度的译经生地婆诃罗写序。同李世民一样，抄写于一些经文之前。但问题是，李世民的《大唐三藏圣教序》及李治的《皇太子臣治述圣记》，都收录在

① 《汉书·郊祀志下》：“皇太后诏有司曰：‘……春秋六十，未见皇孙，食不甘味，寝不安席，朕甚悼焉。’”又《汉书·王莽传上》：“太后以为至诚，乃下诏曰：‘王氏女，朕之外家，其勿采。’”

《全唐文》及相关的佛教史籍如《佛祖历代通载》《大唐大慈恩寺三藏法师传》《广弘明集》中；另外，李治为皇太子时还奉太宗之命为玄奘法师写过一篇《三藏圣教后序》，标题下有注“在春宫日制”；敦煌遗书中目前尚未发现抄本，但收录在《全唐文》中。武则天当年虽然掌握朝廷大权，但名义上还是皇太后。按先代传制，为圣僧译经写序，都是以皇帝的名义而制。但当时的唐睿宗李旦实际上已经没有人身自由，就更谈不上为高僧译经作序了。武则天自己又不能滥用皇帝名义。所以当时只注明“御制”，未能名言为太后所制。

李唐立国，历高祖、太宗、高宗“圣传三代”，自武德元年至垂拱元年（618—685）“年将七十”，开太平盛世，尧天舜日，一片歌舞升平，为佛教的发展提供了良好的社会环境。撰书者武则天曾经出家为尼，与佛教结下不解之缘。加之为报答父母之恩，所以组织以日照三藏为首的多位高僧，在位于西安的西太原寺进行大规模译经活动。在这里，武则天把日照三藏看作圣僧，堪与当年的玄奘法师相提并论。故效仿太宗和高宗皇帝，在《大唐三藏圣教序》和《三藏圣教后序》之后，为日照三藏撰制此《后序》，一同成为唐代乃至整个中国佛教史上的重大事件。

众所周知，武则天早在唐高宗后期就实际上已经执掌唐朝宫廷大权。高宗去世后，成为皇太后的武则天先是逼杀了自己的儿子章怀太子李贤，立三子李显为帝，即中宗，但不久即废，再立四子李旦，即睿宗。这一切几乎都发生于公元684年。这一年，武则天接连换了三个年号，到第二年又改为垂拱，一直到载初元年（690）九月，则天都是名义上的皇太后，但唐王朝的实际大权全部掌握在她一人手中。《后序》是在此期间（武后垂拱年间）所制。问题是敦煌本P.2261在抄写中只注明“御制”，未能如《大唐开元释教广品历章》注明“皇太后”。从字迹上看，P.2261当为初唐写本无疑，其中也没有出现在武周新字，应该就是公元690年则天登基并改国号为大周之前的写本。而按太宗旧制，此序亦应以皇帝名义来制，但实际上由皇太后制，所以当时在抄写中不方便注明，可能还有碍于傀儡皇帝睿宗李旦。而《大唐开元释教广品历章》在编目录时则天、李旦均已作古，故可照实编写。因此有了“皇太后御制”之注。

武则天改《后序》为《新序》，就是为了标新立异。首先，在她之前为高僧译经作序者是皇帝，而自己是皇太后，应该标新立异；其次，太宗之《大唐三藏圣教序》和高宗的《三藏圣教后序》，是先后写给玄奘法师一个人的，既然前面有了先后，又加上是给另一位高僧写序，经也是这位高僧新翻译的，自己又不是皇帝身份，标新立异也在情理之中。《后序》后来没有再流传。而其内容是随着更名后的《新序》流传下来的。

武则天将一篇序文几易其名（后序、新序、三藏圣教序等），和她在一年中改几个年号的举动发生在同一时期，这就体现了武则天本人的特点。作为皇太后，掌握朝廷实权，显然不符合祖制。包括后来改国号登基为皇帝，实际上也是战战兢兢地进行。佛教是她可以利用的工具，所以她大力支持佛教，但也是战战兢兢的，并不那么理直气壮。我们从这篇序文的几易其名就可以看出这一点。

武则天作为一代女皇，为扶持、发展和利用佛教有过一系列重大举措，在中国佛教史上起到过重要作用，历来为佛教史家所重视。目前所见有关武则天与佛教的研究成果，基本上都是讲武氏登基为皇、改国号为周以后的所作所为。而其为皇后、皇太后期间的佛教行为，除洛阳龙门奉先寺外，很少提及其他；对日照三藏译经与武则天的关系，也一直未有研究成果。所以，敦煌本P.2261《后序》写本的发现，对武则天与佛教，以及唐代佛教的研究提供新的材料。

敦煌石窟和敦煌遗书中都保存有与武则天相关的历史遗迹遗物，前辈专家已经做了很有价值意义的专门研究，而《后序》写本将进一步丰富这方面的研究。

第三节　“大周”三序

武则天改国号为周并当上皇帝之后期，从圣历二年（699）开始到长安四年（704），先后为于阗国三藏实叉难陀译经而撰写了《大周新译大方广佛华严经序》和《新译大乘入楞伽经序》，以及专门为义净法师撰写《大周新翻三藏圣教序》。这三篇“御制经序”在敦煌遗书中都有保存。现依问世年代分述如下：

一、《大周新译大方广佛华严经序》

《宋高僧传》卷第二《唐洛京大遍空寺实叉难陀传》：

> 释实叉难陀，一云施乞叉难，华言学喜，葱岭北于阗人也。智度恢旷，风格不群；善大小乘，旁通异学。天后明扬佛日崇重大乘。以《华严》旧经处会未备。远闻于阗有斯梵本。发使求访并请译人。叉与经夹同臻帝阙。以证圣元年乙未。于东都大内大遍空寺翻译。天后亲临法座焕发序文。自运仙毫首题名品。南印度沙门菩提流志沙门义净同宣梵

本。后付沙门复礼法藏等。于佛授记寺译成八十卷。圣历二年功毕。至久视庚子驾幸颍川三阳宫诏叉译《大乘入楞伽经》。天后复制序焉。[①]

据此可知，于阗国三藏实叉难陀（汉名学喜），唐于田（今新疆和田）人，以通大小乘学和外论著名。武周时，则天皇帝听说于田有完备的《华严经》梵本，即遣使访求并聘请译人，实叉难陀便以此因缘，带着《华严经》梵本来华。他于证圣元年（695）到达洛阳，住内廷大遍空寺，重译《华严经》。则天皇帝很重视，开始还亲自参加。难陀后来又在洛阳三阳宫、佛授记寺、长安清禅寺等处续译诸经。实叉难陀来华的主要工作，就是翻译于田所传的大本《华严经》。他在大遍空寺主译《华严经》时，由普提流志和义净同读梵本，参加笔受、证义的有弘景、圆测、神英、法宝、法藏等，缀文为复礼，至圣历二年（699）完毕，共计80卷。于久视元年（700）在洛阳三阳宫重译《大乘入楞伽经》7卷，由沙门复礼、法藏等笔受、缀文，至长安四年厘定。以上两经，则天皇帝都亲制序文弘扬。长安四年（704），他以母亲年老，请求归省，朝廷特派御史霍嗣光送他回归于田。唐中宗即位，再度邀请他到长安，住大荐福寺。未遑翻译，即患病，睿宗景云元年（710）十月卒，年五十九。他的遗体于死后一个月焚化，骨灰由他的门人悲智和唐使哥舒道元，护归原籍。后人在长安焚化难陀的遗体处建起七层浮图以为纪念，号称华严三藏塔。

敦煌遗书P.2481抄有《大周新译大方广佛华严经序》的单行本：

1. 盖闻造化权舆之首，天道未分；龟龙系象之初，人文始着。

2. 虽万八千岁同临有截之区，七十二君讵识无边之义。由是人迷

3. 四忍，轮回于六趣之中；家缠五盖，没溺于三途之下。及夫鹫岩

4. 西峙，象驾东驱。慧日法王，超四大而高视；中天调御，越十地以居尊。

5. 包括铁围，延促沙劫。其为体也，则不生不灭；其为相也，则无去无来。

6. 念处正勤，三十七品为其行；慈悲喜舍，四无量法运其心。方便之力

7. 难思，圆对之机多绪。混太空而为量，岂算数之能穷；入纤芥

① ［宋］赞宁：《宋高僧传》，《大正藏》第50册，第718页。

之微

8. 区，匪名言之可述。无得而称者，其唯大觉欤！朕曩劫植因，叨承

9. 佛记。金山降旨，大云之偈先彰；玉扆披祥，宝雨之文后及。加以积善余

10. 庆，俯集微躬，遂得地平天成，河清海晏。殊祥绝瑞，既日至而月书；贝

11. 牒灵文，亦时臻而岁洽。逾海越漠，献琛之礼备焉；架险航深，重译

12. 之词罄矣。《大方广佛华严经》者，斯乃诸佛之密藏，如来之性海。

13. 视之者莫识其指归，挹之者罕测其涯际。有学无学，志绝窥

P.2481《大周新译大方广佛华严经序》

觎；二乘

14. 三乘，宁希听受。最胜种智，庄严之迹既隆；普贤文殊，愿行之因斯满。一句

15. 之内，包法界之无边；一毫之中，置刹土而非隘。摩竭陀国肇兴妙会之

16. 缘，普光法堂爰敷寂灭之理。缅惟奥义，译在晋朝，时逾六代，年将四百。

17. 然一部之典，才获三万余言，唯启半珠，未窥全宝。朕闻其梵本，先

18. 在于阗国中，遣使奉迎，近方至此。既睹百千之妙颂，乃披十万之正文。粤

19. 以证圣元年，岁次乙未，月旅姑洗，朔惟戊申。以其十四日辛

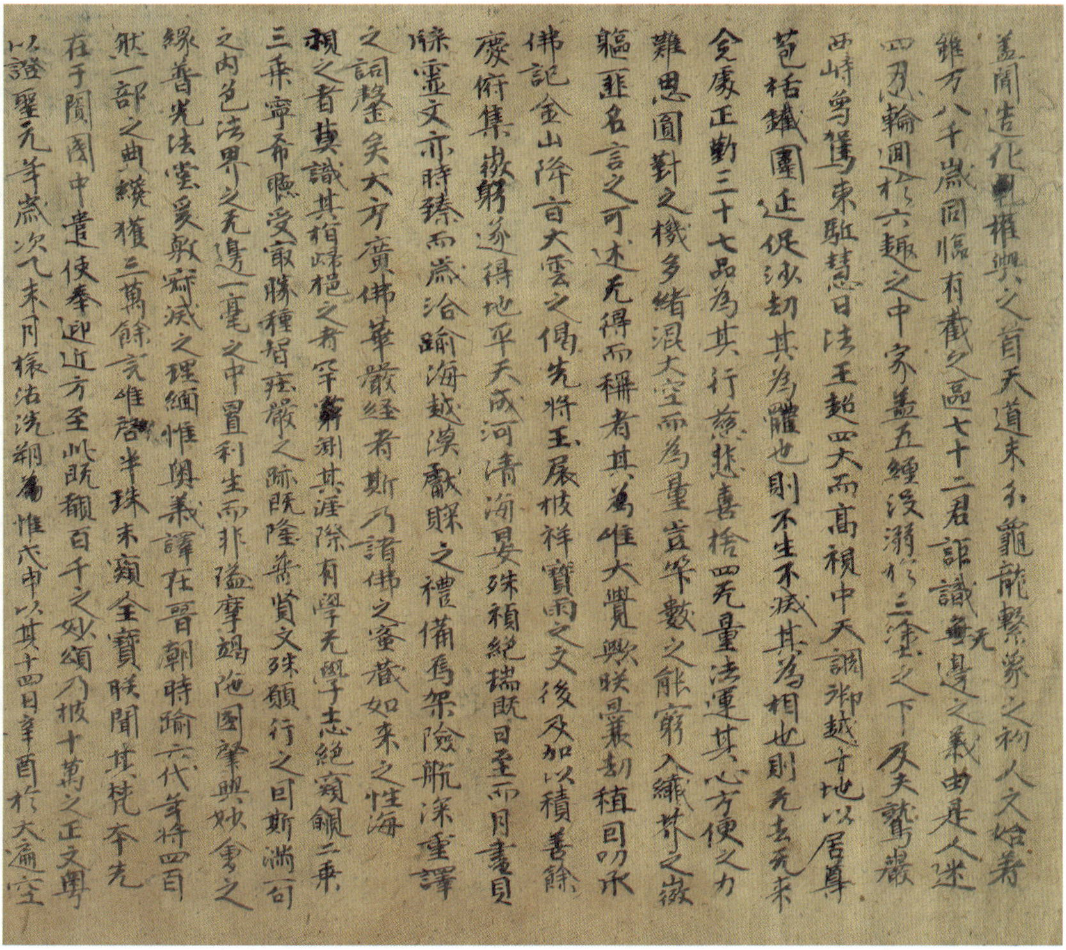
蓋聞造化權輿之首天道未分龜龍繫象之初人文始著
雖万八千歲同臨有截之區七十二君詎識無邊之義由是人迷
四忍輪迴於六趣之中家纏五蓋沒溺於三塗之下及夫鷲巖
西峙象駕東驅慧日法王超四大而高視中天調御越十地以居尊
苞栝鐵圍延促沙劫其為體也則不生不滅其為相也則無去無來
念處正勤三十七品為其行慈悲喜捨四無量法運其心方便之力
難思圓對之機多緒混太空而為量豈算數之能窮入纖芥之微
區匪名言之可述無得而稱者其唯大覺歟朕曩劫植因叨承
佛記金山降旨大雲之偈先彰玉扆披祥寶雨之文後及加以積善餘
慶俯集微躬遂得地平天成河清海晏殊禎絕瑞既日至而月書貝
牒靈文亦時臻而歲洽踰海越漠獻賝之禮備焉架險航深重譯
之詞罄矣大方廣佛華嚴經者斯乃諸佛之密藏如來之性海
視之者莫識其指歸挹之者罕測其涯際有學無學志絕窺覦二乘
三乘寧希聽受最勝種智莊嚴之跡既隆普賢文殊願行之因斯滿一句
之內包法界之無邊一毫之中置剎土而非隘摩竭陀國肇興妙會之
緣普光法堂爰敷寂滅之理緬惟奧義譯在晉朝時逾六代年將四百
然一部之典纔獲三萬餘言唯啟半珠未窺全寶朕聞其梵本先
在于闐國中遣使奉迎近方至此既睹百千之妙頌乃披十萬之正文粵
以證聖元年歲次乙未月旅沽洗朔惟戊申以其十四日辛酉於大遍空

> 酉，于大遍空
>
> 20. 寺亲受笔削，敬译斯经。遂得甘露流津，预梦庚申之夕；膏雨洒润，
>
> 21. 后覃壬戌之辰。式开实相之门，还符一味之泽。以圣历二年，岁次己亥，十月壬
>
> 22. 午，朔八日己丑，缮写毕功。添性海之波澜，廓法界之疆域。大乘顿教，普
>
> 23. 被于无穷；方广真诠，遐该于有识。岂谓后五百岁，忽奉金口之言；
>
> 24. 娑婆界中，俄启珠函之秘。所冀阐扬沙界，宣畅尘区，并两曜而长悬，弥
>
> 25. 十方而永布。一窥宝偈，庆溢心灵；三复幽宗，喜盈身意。虽则无说无示，
>
> 26. 理符不二之门；然因言显言，方阐大千之意。辄申鄙作，爰题序云。①

这篇序文在后来的大藏经所收实叉难陀的《华严经》新译本前都有冠置。《大周新译大方广佛华严经序》和《新译大乘入楞伽经序》都没有出现对译者实叉难陀的详细介绍。这也是此二序与其他“御制经序”的不同之处。序文对佛教理论及所荐经文的推崇，反映出一定的专业水平。

二、《大周新翻三藏圣教序》

久视元年（700）武则天皇帝为义净法师所译佛经所撰序文《大周新翻三藏圣教序》（《全唐文》亦收录此序）。据《宋高僧传》记载：

> 释义净，字文明，姓张氏，范阳人也。髫龀之时辞亲落发，遍询名匠，广探群籍，内外闲习，今古博通。年十有五便萌其志，欲游西域，仰法显之雅操，慕玄奘之高风；加以勤无弃时，手不释卷，弱冠登具，愈坚贞志。咸亨二年年三十有七，方遂发足，初至番禺得同志数十人，及将登舶，余皆退罢。净奋励孤行，备历艰险，所至之境皆洞言音，凡

① 据法国国家图书馆网页所刊彩色图片。

遇酋长俱加礼重，鹫峰鸡足咸遂周游，鹿苑祇林并皆瞻瞩，诸有圣迹毕得追寻，经二十五年，历三十余国。以天后证圣元年乙未仲夏还至河洛，得梵本经律论近四百部，合五十万颂；金刚座真容一铺，舍利三百粒。天后亲迎于上东门外，诸寺缁伍具幡盖，歌乐前导，敕于佛授记寺安置焉。初与于阗三藏实叉难陀翻《华严经》，久视之后乃自专译。起庚子岁至长安癸卯，于福先寺及雍京西明寺，译《金光明最胜王》《能断金刚般若》《弥勒成佛》《一字咒王》《庄严王陀罗尼》《长爪梵志》等经，《根本一切有部毘柰耶》《尼陀那目得迦》《百一羯磨摄》等，《掌中取因假设》《六门教授》等论，及龙树《劝诫颂》，凡二十部，北印度沙门阿儞真那证梵文义，沙门波仑复礼慧表智积等笔受证文，沙门法宝法藏德感胜庄神英仁亮大仪慈训等证义，成均太学助教许观监护，缮写进呈，天后制圣教序令标经首。[①]

这里的“天后制圣教序令标经首”即指此序。敦煌遗书P.3831残卷保存了这篇序文的后半部分，全文如下：

（前缺）[②]

1. ……俨尊……
2. ……所以地……
3. 经之兆；空悬宝殿，爰标阐法之征。八万四千，
4. 分布阎浮之境；三十六亿，庄严平等之居。敷
5. 演一音，则随类而解；广陈三句，则劫寿难穷。
6. 自夜掩周星，宵通汉梦。玉毫流彩，式彰东渐
7. 之风；金口传芳，遂睹后秦之译。修多祇夜之秘
8. 躅，因缘譬喻之要宗，授记之与本生，方广之
9. 与论议，虽立名差别，而究理不殊。同归实相
10. 之源，并凑涅槃之会。朕幼崇释教，夙慕归
11. 依。思欲运六道于慈舟，迥超苦海；驱四生于彼
12. 岸，永离盖缠。穷贝牒之遗文，集蜂台之秘

① ［宋］赞宁：《宋高僧传》，载《大正藏》第50册。

② 前文所缺部分为：“大周新翻三藏圣教序 御制 盖闻大乘奥典，光秘赜于琼编；三藏玄枢，著灵文于宝偈。斯乃牢笼系象，演畅幽深。虽第一义空，名言之路双绝；诸法无相，听说之理兼忘。然则发启善根，实资开导；弘宣妙旨，终寄显扬。至若鹿野初开，俨尊容于常住；龙宫载辟，缄舍利于将来。所以地涌全身，为证说……”

P.3831《大周新翻三藏圣教序》

13. 箓，今于大福先寺翻译院所更译斯经。所言

14. 入定不定印经者，此明退不退之心，前二后

15. 三，虽有迟速，如来设教，同趣菩提。既显神咒

16. 之功，庄严最上；爰述下生之记，说法度人。三

17. 藏法师义净等，并缁俗之纲维，绀坊之龙象。

18. 德包初地，道轥弥天，光我绍隆之基，更峻住

19. 持之业。以久视元年，岁次庚子，五月五日缮写

20. 毕功，重开甘露之门，方布大云之荫。所冀芥

21. 城数极，乌笔犹传，拂石年穷，树经无泯。宏济

22. 覃于百亿，迁拔被于恒沙，部帙条流，列之于左。

《大正藏》第15册所收义净译《入定不定印经》之前冠以此序全文。[①]

《金藏》第98册《大唐开元释教广品历章》记载了经首标有此序的义净所译诸经：卷第八《入定不定印经》一卷（第二译　二十纸），《大周新翻三藏圣教序》，御制；卷第九《弥勒下生成佛经》一卷（第六译　七纸），《大周

① 《大正藏》第15册，第706页。

新翻三藏圣教序》，越古金轮圣神皇帝制；卷第十四《妙色王因缘经》一卷（五纸），《大周新翻三藏圣教序》，御制。

但敦煌写本中目前未见更多的此序抄本。有传中所云《金光明最胜王经》，敦煌写本所见经首多为中宗之《大唐中兴三藏圣教序》（后改《大唐龙兴三藏圣教序》，详见下节）。

三、《新译大乘入楞伽经序》

长安四年（704）《新译大乘入楞伽经序》是武则天写的最后一篇经序，如前所述，是则天皇帝专门为实叉难陀所译《新译大乘入楞伽经序》而写。

敦煌遗书P.2235、北淡85（6585）、北皇89（7689）、北秋94等都有保存。其中P.2235序文之后抄写实叉难陀译《大乘入楞伽经卷第一》，首尾俱全。这里以南京博物馆藏写本为例介绍：

1. 新译大乘入楞伽经序　御制　大周于阗国三藏沙门（法师）实叉难陀奉［敕译］

2. 盖闻摩罗山顶，既最崇而最严，楞伽城中，实难往而难入。先佛弘宣之地，曩圣修行

3. 之所。爰有城主，号罗婆那，乘宫殿以谒尊颜，奏乐音而祈妙法，因鬘峰以表兴，指

4. 藏海以明宗。所言《入楞伽经》者：斯乃诸佛心量之玄枢，群经理窟之妙键，广喻幽旨，

5. 洞明深义，不生不灭，非有非无，绝去来之二途，离断常之双执，以第一义谛，得最上妙

6. 珍。体诸法之皆虚，知前境之如幻，混假名之分别，等生死与涅槃。大慧之问陈，法王之旨斯发，

7. 一百八义，应实相而离世间；三十九门，破邪见而宣正法。晓名相之并假，祛妄想之迷衿，依

8. 正智以会真如，悟缘起而归妙理。境风既息，识浪方澄，三自性皆空，二无我俱泯，入

9. 如来之藏，游解脱之门。原此经文，来自西国，至若，元嘉建号，跋陀之译未弘；延昌纪年，流支之

10. 义多舛。朕虔思付嘱，情切绍隆，以久视元年岁次庚子，林钟

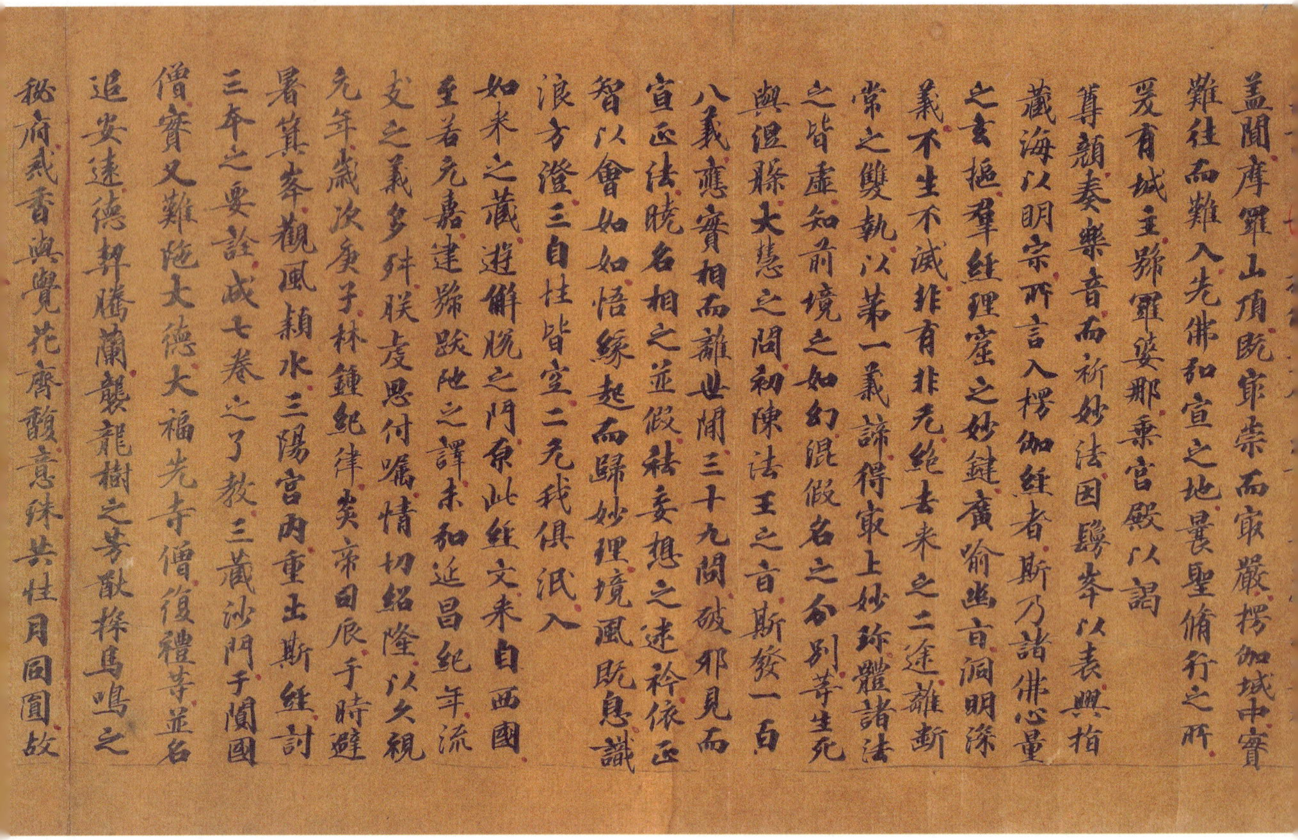

P.2235《新译大乘入楞伽经序》

纪律炎帝司辰，于时避

11. 暑箕峰，观风颍水，三阳宫内，重出斯经，讨三本之要诠，成七卷之了教。三藏沙门于阗国僧

12. 实叉难陀大德，大福先寺僧复礼等，并名追安、远，德契腾、兰，袭龙树之芳猷，探马

13. 鸣之秘府，戒香与觉花齐馥，意珠共性月同圆，故能了达冲微，发挥奥赜，以长安四年正月

14. 十五日缮写云毕。自惟菲薄言谢珪璋，顾四辩而多惭，瞻一乘而罔测，难违缁俗之请，强申

15. 翰墨之文。词拙理乖，弥增愧恧，伏以此经微妙，最为稀有，所冀破重昏之暗，传灯之句不

16. 穷，演流注之功，涌泉之义无尽。题目品次列于后云。[1]

---

① 据原卷彩色照片，由南京博物院提供。

序文之后抄写实叉难陀译《大乘入楞伽经罗婆那王劝请品第一》。

《金藏》第98册《大唐开元释教广品历章》卷第九记载：大乘入楞伽经一部七卷（第四译凡十品一百四十七纸），新译大乘入楞伽经序（御制　新译）。后接《大乘入楞伽经罗婆那王劝请品第一》。历代大藏经均收录此序并冠于经文之前[①]，与敦煌抄本同。

第四节　《大唐中兴三藏圣教序》

一、“中兴序”的敦煌写本概览

神龙元年（705）唐中宗李显为义净法师撰写《大唐中兴三藏圣教序》，又称《大唐龙兴三藏圣教序》。据《宋高僧传》记：

> 暨和帝神龙元年乙巳，（义净）于东洛内道场译《孔雀王经》，又于大福先寺出《胜光天子香王菩萨咒》《一切庄严王经》四部，沙门盘度读梵文，沙门玄伞笔受，沙门大仪证文，沙门胜庄利贞证义，兵部侍郎崔湜、给事中庐粲润文正字，秘书监驸马都尉杨慎交监护。帝深崇释典，特抽叡思制《大唐龙兴三藏圣教序》。[②]

《续古今译经图记》《开元释教录》等均有相同记载。

敦煌遗书中保存完整者有S.462、北翔50、北玉92、北字19（8019）、北律54（2654）、北制27（7827）、P.2899、P.3154、Дx.00293、LB.002（单行本）等。新发现的山东博物馆本LB.002全文如下：

1. 大唐中兴三藏圣教序　御制
2. 盖闻苍苍者天，列星辰而着象；茫茫者地，奠
3. 川岳以成形。仰观天文，既如彼也；俯循地理，

① 参见《大正藏》第16册，第587页。
② ［宋］赞宁：《宋高僧传》，载《大正藏》第50册，第710页。

4. 又若斯焉。夫以妙旨幽微，名言之路攸绝；真
5. 如湛寂，性相之义都捐。然则发启心聋，资法
6. 雷之激响；奖导迷众，俟觉首以司方。故知假
7. 名不坏于常名，乐说乃诠于无说。至若象外
8. 之象，独称三界之尊；天中之天，爰着六通之
9. 圣。法王利见，孕育于七十二君；梵帝乘时，牢
10. 笼于万八千岁。周星阅彩，言符诞降之征；汉
11. 日流祥，载叶通神之梦。故能威扬沙劫，化被（彼）
12. 尘区，玉毫舒耀而除昏，金口宏宣而遣滞。破
13. 烦恼之贼，讵藉干戈；坏生死之军，惟凭慧力。
14. 辟圆明之界，广纳于无边；开常乐之门，普该
15. 于有识。纵使浮天欲浪，境风息而俄澄；涨日
16. 情尘，法雨沾而便廓。归依者销殃而致福，回
17. 向者去危而获安。可谓巍巍乎其有成功，荡
18. 荡乎而无能名者矣。但四生蠢蠢，未悟无常；
19. 六趣悠悠，俱缠有结。讵智空华不实，水月非
20. 坚，驰逐于五阴之中，播迁于三界之域，纳诸
21. 品汇，终俟法门。自白马西来，元言东被，
22. 世尊则随类敷演，众生乃逐性开迷。马鸣擅
23. 美于琼编，龙树腾芳于宝偈。于是遥通震旦，
24. 远布阎浮，半满之教区分，大小之乘并骛。澄
25. 安俊备，接武于胜场；琳远高人，骈踪于法宇。
26. 遂使微言着范，历千古而畅英声；至赜
27. 流规，周十方而腾茂实。顷属后周膺运，大扇
28. 魔风，遂使天下招提，咸从毁废；寰中法侣，并
29. 混编氓。嗟乎！阒寂禅居，空留宴坐之处；荒凉
30. 慧苑，无复经行之踪。爰洎开皇，重将修建，旋
31. 逢大业，又遇分崩。鬼哭神吟。山鸣海沸，既遭
32. 涂炭，宁有伽蓝。正法消沦，邪魔增长，于是人
33. 迷觉路，遭回于苦集之区；俗蔽真宗，羁绊于
34. 盖缠之内。我大唐之有天下也。上凌巢燧，俯
35. 视羲轩，三圣重光，万邦一统。威加有截。泽
36. 被无垠，掩坤络以还淳，亘干维而献款。再悬

37. 佛日，重补梵天，龙宫将八柱齐安，鹫岭共五
38. 峰争峻。大宏释教，谅属
39. 皇朝者焉。大福先寺翻经三藏法师义净
40. 者，范阳人也，俗姓张氏。五代相韩之后，三台仕
41. 晋之前。朱紫分辉，貂蝉合彩。高祖为东齐郡守，
42. 仁风远扇，甘雨随车，化阐六条，政行十部。爰
43. 祖及父，俱厌俗荣。放旷一邱，逍遥三径，含和
44. 体素，养志恬神。摘芝秀于东山，挹清流于南涧，
45. 可谓寻幽丹峤，栖偃白云。皋鹤于是吞声，
46. 场驹以之縶影。法师幼挺明悟，夙彰聪敏。才
47. 逾辩李之岁，心乐出家；甫过游洛之年，志寻
48. 西国。业该经史，学洞古今。总三藏之元枢，明
49. 一乘之奥义。既而闲居习静，息虑安禅，托彼
50. 山林，远兹尘累。三十有七，方遂雅怀。以咸亨
51. 二年行至广府，发踪结契，数乃十人，鼓棹升
52. 航，惟存一己。巡南溟以遐逝，指西域以长驱。
53. 历岩岫之千重，凌波涛之万里。渐届天竺，次
54. 至王城。佛说法华，灵峰尚在；如来成
55. 道，圣躅仍留。吠奢城中，献盖之迹不泯；给孤
56. 园内，布金之地犹存。三道宝阶，居然目睹；八
57. 大灵塔，邈矣亲观。所经三十余国，凡历二十
58. 余载。菩提树下，屡攀折以淹留；阿耨池边，几
59. 濯缨而藻鉴。法师慈悲作室，忍辱为衣，长
60. 斋则一自资，长坐则六时无倦。又古来翻译
61. 之着，莫不先出梵文，后资汉译，摭词文凭于
62. 学者，铨义别禀于僧徒。今兹法师，不如是
63. 矣。既闲五天竺语，又详二谛幽宗，译义缀文，
64. 咸由于己出；措词定理，匪假于旁求。超汉代
65. 之摩腾，跨秦年之罗什。所将梵本经仅四百
66. 部，合五十万颂，
67. 金刚座真容一铺，舍利三百粒，以证圣元年
68. 夏五月方届都焉。
69. 则天大圣皇帝出震膺期，乘干握纪，绍隆为

金光明最勝王經卷第一
大唐中興三藏聖教序
蓋聞蒼蒼者天列星辰而著象浩浩者地奠
川岳以成形仰觀天文既如彼也俯循地理又若
斯焉夫以妙有幽微名言之路斯絕真如湛寂
性相之義郁然則發揮心韻資法雷之激
響將導迷衆俟覺首以司方故知假名
不壞於常名樂說乃詮於無說至若象外之
象獨稱三界之尊天中之天爰著六通之聖
法王利見孕育於七十二君梵 帝乘時宰
籠於万八千歲周星闕彩啓符降誕之徵漢
日流祥載叶通神之夢故能威揚沙劫化被
塵區玉毫舒耀而除昏金口初宣而遣滯破
煩惱之賊詎藉干戈壞生死之軍唯憑惠力
闢圓明之界廣納於無邊開常樂之門普詔
於有識縱使浮天欲浪境風息而俄澄漲日
情塵法雨霑而便廓歸依者銷殃而致福迴向
者去危而獲安可謂巍巍乎其有成功蕩蕩
乎而無能名者矣但已四生蠢蠢未悟無常六趣
悠悠俱纏有結知空花不實水月非堅馳逐

P.3154《大唐中兴三藏圣教序》首

務知濟為心爰命百寮薰勢四衆虹幡懸日
鳳吹遏雲香散六銖花飄五色鏘鏘濟濟煒煒
煌煌迎于上東之門置于授記之寺共于闐
三藏及大福先寺主沙門復禮西崇福寺主
法藏等翻花嚴經後至大福先寺與天竺
三藏寶思惟多及授記寺主惠表沙門勝莊
慈訓等譯根本部律其大德等莫不四禪凝
慮六度冥懷懸法鏡於心臺朗戒珠於性海
詞林挺秀將覺樹而連芳惠炬揚輝澄桂
輪而合景渾金璞玉譲居其人誠梵宇之棟
梁寔法門之龍象已翻諸雜經律二百餘卷
繕寫云畢尋並進內其餘戒律諸論方俟後
詮五篇之教具明八法之因倫曉鵝珠尚護蟲
命無傷浮囊必取於不虧油鉢終期於靡覆
崇聖教之綱紀啓含生之耳目伏願上資先
聖長隆
七廟之基下逮後昆恒佐九天之命遷懷生
於壽域致薄俗於淳源歲稔時和遠安迩肅
顧以萬機務總四海事殷爰憑乙夜之餘式
資彌天之德課虛和斯聊題序云

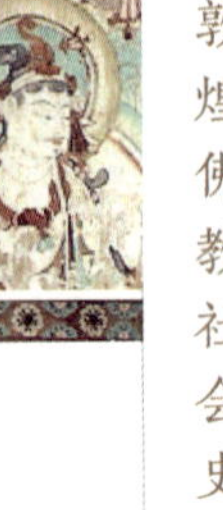

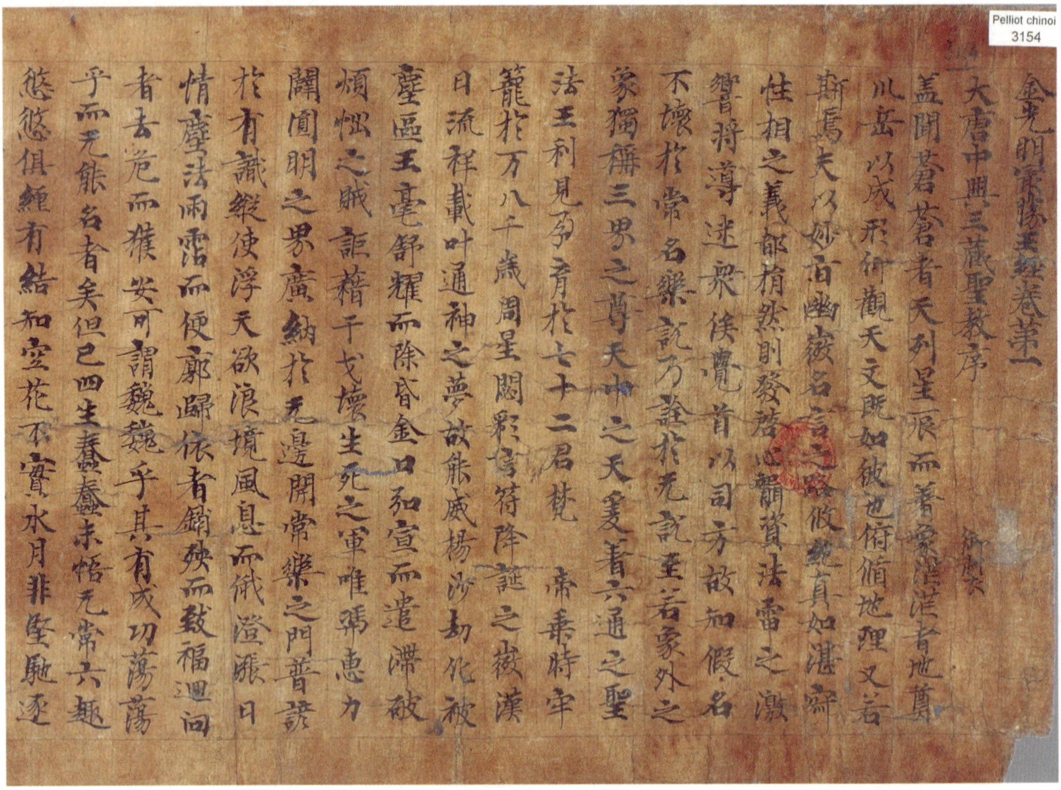

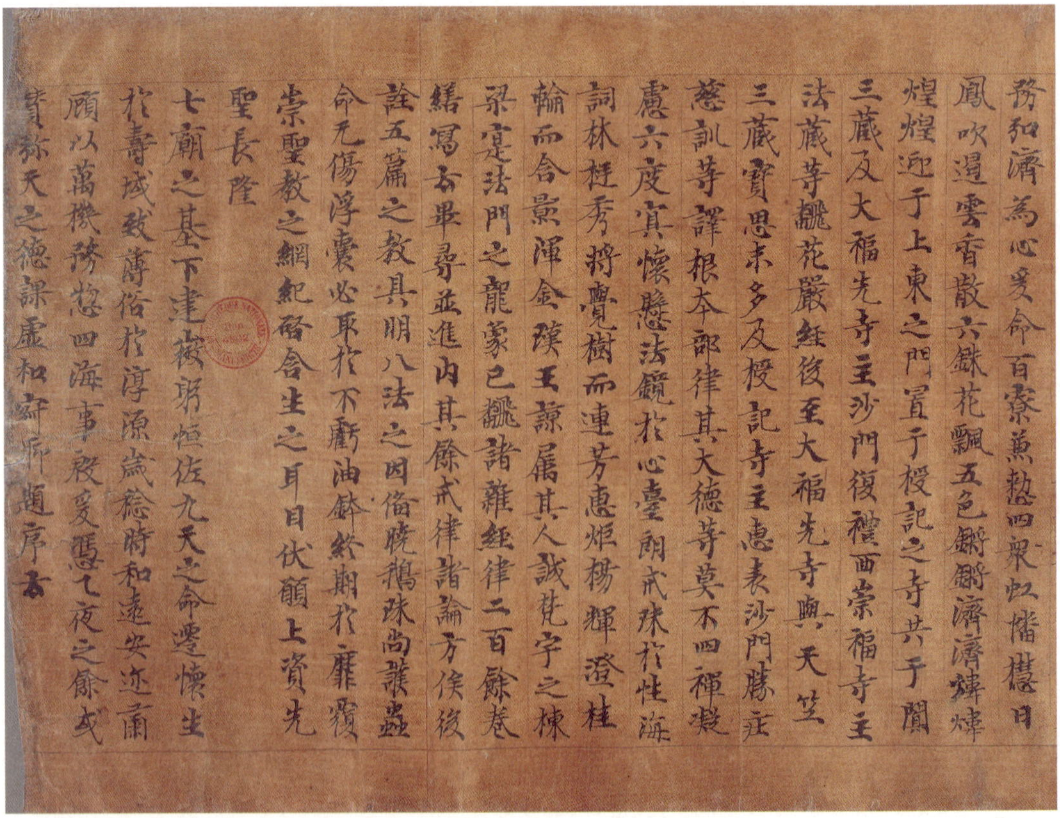

P.3154《大唐中兴三藏圣教序》尾

70. 务，宏济为心。爰命百寮，兼整四众，虹幡揭日，
71. 凤吹遏云，香散六铢，华飘五色，锵锵济济，炜
72. 炜煌煌，迎于上东之门，置于授记之寺。共于
73. 阗三藏及大福先寺主沙门复礼西崇福寺主
74. 法藏等翻《华严经》，后至大福先寺，与天竺
75. 三藏宝思未多及授记寺主惠表沙门胜庄
76. 训等译《根本部律》。其大德等莫不四禅凝
77. 虑，六度冥怀，悬法镜于心台，朗戒珠于性海。
78. 词林挺秀，将觉树而联芳；慧炬扬辉，澄桂轮
79. 而合影。浑金璞玉，谅属其人。诚梵宇之栋梁，
80. 实法门之龙象。已翻诸杂经律二百余卷，缮
81. 写云毕，寻并进内。其余戒律诸论，方俟后诠。
82. 五篇之教俱明，八法之因备晓，鹅珠尚护，虫
83. 命无伤。浮囊必取于不亏，油钵终期于靡覆。
84. 崇圣教之纪纲，启含生之耳目。伏愿上资先
85. 圣，长隆七庙之基；下逮微躬，恒佐九天之
86. 命，迁怀生于寿域，致薄俗于淳源。岁稔时
87. 和，远安迩肃，顾以万几务总，四海事殷，用凭乙
88. 夜之余，式赞弥天之德。课虚扣寂，聊题序云。[①]

敦煌遗书P.2803有残存抄本片段，题“大唐中兴三藏圣教序”，首全，存35行，至“大福先寺翻经三藏法师义净者，范阳人也，俗”止。全文抄写于一份唐代的纳税牒长卷上，字迹稚拙潦草，但尚可辨认。

二、相关历史文献信息

慧琳《一切经音义》卷第六十《根本说一切有部毘奈耶》记：大唐中兴三藏圣教序，御制。

《金藏》第98册《大唐开元释教广品历章》卷第九：《药师琉璃光七佛本愿功德经》卷上（《大唐中兴三藏圣教序》御制三藏义净译）；……右大唐神龙三年夏三藏法师义净于大内佛光殿译见《开元录》，和帝亲御法筵笔授。卷

① 据原卷彩色照片，由山东博物馆提供。

第十：《大孔雀王祝经》一部三卷（第八译　六十九纸）《大唐中兴三藏圣教序》，御制；……右大唐神龙元年三藏法师义净于东都内道场译见《开元录》。卷第十七：《成唯识宝生论》一部五卷（亦云《二十唯识愿释论》七十五纸护法菩萨造），《大唐龙兴三藏圣教序》，应天神龙皇帝御制；……右大唐景龙四年四月十五日三藏法师义净于大荐福寺翻经院译见《开元录》，沙门玄伞智积等笔受。《观所缘论释》一卷（护法菩萨造单本　十九纸），《大唐龙兴三藏圣教序》，御制；……右大唐景龙四年四月十五日三藏法师义净于大荐福寺翻经院译见《开元录》。卷第十九：《三转法轮经》一卷（六纸　有《圣教序》），《大唐龙兴三藏圣教序》，御制；……右大唐景龙四年三藏法师义净于大荐福寺翻经院译见《开元录》（沙门玄伞等笔受）。卷第二十：《八有暇无暇经》（五纸），《大唐龙兴三藏圣教序》，御制；……右大唐天后大足元年九月二十三日三藏法师义净于东都大福先寺译见《开元录》。

从上述记载不难看出，产生于神龙元年（705）的《大唐中兴三藏圣教序》，在景龙四年（710）义净所译诸经首易名为《大唐龙兴三藏圣教序》，易名原因不得而知，推测可能与终止武周女皇时代、恢复唐朝天子有关："龙兴"似乎更符合当时人们的心理状态，但敦煌写本及佛教史籍所记，多用"中兴"，似乎更贴近原意。

《大唐中兴三藏圣教序》（《大唐龙兴三藏圣教序》）是所有唐代经序里文字最多，也就是最长的一篇，1600字左右。内容及格式还是一样，分两部分，前面讲佛教起源及传入中国发展的历史，后面讲法师的译经和贡献，就是详细了一点。与其他御制经序不同的是，此序中关于义净法师的经历的记载比较详细，甚至比《宋高僧传》的内容还多一些。

三、本章小节

唐代的"御制经序"，反映了唐朝历代帝王与佛教的密切关系，是中国式的宗教与皇权结合。在帝王至上的中国古代封建社会里，这样的"御制经序"对佛教的传播和发展会起到重大的社会历史作用。敦煌遗书中大量保存了这些经序，特别是单行本的"御制经序"抄本，就是这种社会历史作用的直接证据。它是帝王们吹响的佛教信仰的号角，在佛教的信仰普及方面意义非凡，而且远远超出佛教信仰及宗教意义本身，值得进一步深入探讨。

第七章

密教与敦煌佛教的全面社会化

第一节　密教及其传入敦煌

第二节　敦煌中唐密教文献

第三节　敦煌中唐密教石窟

第四节　敦煌本《四十九种坛法仪则》与《坛样图》

第一节　密教及其传入敦煌

佛教在传播的过程中，对于那些初次接触佛教、信仰体系相对原始，或是文化水平相对落后的地区，往往不是靠佛教精深的义理，而是靠各种灵验的“神通”来吸引信众。这促使佛教不断地进行适应社会的改革，于是出现了密教。

佛教在自身传教与发展的过程中，为了适应信众的需要，不断地吸纳其他信仰体系中的神灵，并将他们纳入自己的神系，特别是将一些在民间信仰中比较流行的神置于佛教较底层的天界当中。对民间信仰的吸纳在密教中特别突出，因为密教更注重现实与世间的利益。在密教中，从民间信仰中吸纳来的神灵被置于比在大乘佛教中更重要的位置，消灾祛病、延寿祈福、护国护法等现实的功用得到了前所未有的强调，相应的法术与“神通”盛行，这些大多是通过吸纳民间信仰的内容来完成的。印度密教体系比起原始佛教，提升了民间信仰护法神的地位，拉近了与信众之间的距离，使得密教传入汉地之后更加社会化。密教从一开始，就带有满足各种社会需求的特色，这些社会需求被称为“世间的利益”。

大约2世纪，印度形成了陀罗尼密教。陀罗尼，最初作为一种记忆术，早在部派时代就已流行。在大乘佛教时期，经典中出现了专门的“陀罗尼品”，之后更与明咒结合，形成了具有特殊功能的“神咒”。在这一过程中，原来作为总持句的陀罗尼与婆罗门教中的明咒之间的界限被模糊了，陀罗尼从原来拥有记忆佛经功能的法术转变成带有神奇力量的咒语。从4世纪开始，陀罗尼密教在西印度发展成为持明密教，出现了将手印与陀罗尼相结合的新式密教经典，以《持明咒藏》为代表。后来，在此基础上，又增加了供养法、像法、护摩法、灌顶法及曼荼罗法等，逐渐形成了一套完备的密法体系，完整形态的密教基本建立。持明密教发展到晚期，标立“真言”以区别传统密教，盛行成就法，吸纳更多的世间方术，密法仪轨更为复杂。对世间方术的吸纳，也是为了满足大众的信仰需要，所以在印度密教的发展过程中，能解决信众的实际需要是密教能够顺利发展的原因之一。

约6世纪末、7世纪初，密教进入中期发展阶段，在中北印一带流行的晚期持明密教的基础上形成了真言乘，其代表经典为《大日经》。在真言密教广为流行时，瑜伽密教（又称金刚乘）开始在南印一带兴起，代表经典为《金刚顶经》。真言乘与金刚乘两种密教形式的确立标志着密教进入了完全成熟的阶段，确立了以大日如来为教主的新的佛教神系，完备了手结印契、口诵真言、心作观想的身、口、意三密相应即身成佛的修持方式，以及胎藏部与金刚界两部大法。这一时期，密教进入纯密阶段，相比之前的陀罗尼和持明密教，《大日经》和《金刚顶经》两部大法的出现意味着真正意义上有体系的密教成熟阶段的到来。

流传在汉地的密教，史称“汉密”。陀罗尼密教最早于东汉末年传入中国，以三国时期东吴支谦传译的《微密持经》为其代表经典，从时间上看，几乎与佛教传入中国是同步进行的，密教的法术在这一传播过程中起到了重要的作用。作为外来宗教的佛教，起初可能并不能被中国的广大信众了解和接受，如何赢得信众，成为早期僧人主要思考的问题之一。从《高僧传》的记载可以看出，无论是摄摩腾讲《金光明经》可以得地神护佑、竺法兰解释昆明池底的黑灰，还是安世高遇到湖神大蟒①，这些早年来到中国的高僧都具有神奇的法术或超乎寻常的能力。而这些带有密教色彩的传奇，使他们能够得到统治者的尊重和平民百姓的信任。

《微密持经》传入中国后，其他的陀罗尼密典也被陆续引入，并在东晋十六国及南北朝流行。经过三四个世纪的流传，陀罗尼密教形成了3个中国化的新特点：陀罗尼密教与咒术完全合为一体；陀罗尼密教深受中国传统宗教文化的影响；陀罗尼密教的内容越来越庞杂。②约在6世纪后半叶，持明密教开始传入汉地，以《牟梨曼陀罗咒经》的传译为最早。唐代，持明密教前期以唐高宗时《陀罗尼集经》的传译为代表，其后密教观音法门与佛顶尊胜法大行于中国，并出现大批持明密教造像。此时，密教在汉地已渐趋兴盛。

在唐代密教形成之前，汉地的密教在传播方式上并不“秘密”，是可以公开传教的。之所以被称为“密教”，是因为其所采用的法术、仪轨带有神秘主义的特征，并在传播的过程中不断吸纳中国本土原来就有的咒术、符箓等带有神秘主义的仪式方法。而这些带有方术性质的传法手段，如晋代高僧佛图澄敕龙降雨③、耆域治病救人④等所采用的密教法术，往往都是最能够满足信众实际需要的手段。所以，密教在中国的传布过程中，解决信众需求的宗旨，一直伴随始终。也就是说，密教在中国传播的过程就是一个中国佛教社会化的过程。

8世纪初唐玄宗在位时，代表新派密教的善无畏和金刚智先后来到中国，分

① ［梁］释慧皎：《高僧传》，参见《大正藏》第50册，第322—323页。
② 参见吕建福：《中国密教史》，北京：中国社会科学出版社，1995年，第115—120页。
③ ［梁］释慧皎：《高僧传》，参见《大正藏》第50册，第384页。
④ ［梁］释慧皎：《高僧传》，参见《大正藏》第50册，第388页。

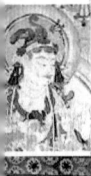

别传授以《大日经》为代表的胎藏部与以《金刚顶经》为代表的金刚界两部密教大法。他们共同的弟子一行，不仅同时接受两部大法，还开创了唐密胎（胎藏部）、金（金刚界）、苏（苏悉地）三种密法并行合流的传统，为唐代密教的形成做出了重要贡献。而密教最终成为唐代最重要的佛教法门之一，就不得不归功于金刚智的弟子不空。从不空传教的时代开始，显密被作为一组对应的概念，明确对应现代意义上的大乘佛教和秘密佛教。虽然之前的不少密教高僧也与当朝统治者来往密切，但唐代密教大师们已经突破了祈雨、治病这类满足信众日常生活需求的界线，甚至直接用密教法术为国家大事效力。

早在武则天时期，就曾请华严宗大师法藏设十一面观音道场，帮助唐朝击败契丹。唐玄宗时，密宗大师不空在唐与吐蕃的战争中发挥出重要的作用。天宝年间，安西城被吐蕃军队围困，应不空之请，毗沙门天王于城北门楼上出现，大放光明。此时，“金鼠”咬断敌军弓弦，三五百名神兵穿金甲击鼓，声震三百里，地动山崩，蕃军大溃，安西表奏，玄宗大悦，令诸道州府于城楼西北隅置天王像供养。[①]一时毗沙门天王声威大震，香火极盛。天宝十二年（753），河西节度使哥舒翰上奏唐玄宗，请求让密教大师不空到河西“请福疆场”，不空从岭南回到长安，停留数月后即赴河西，此后到达武威，住开元寺，设坛灌顶，开翻译场，大事弘密，后来又西去安西，直至天宝十五年（756）。安史之乱爆发，唐朝平叛十分吃力，更加乞灵于佛教。唐肃宗时，僧人惠干为《仁王经》作集解，请王维代为撰表进奉朝廷，“俾廓妖氛，得瞻慧日，三千世界，悉奉仁王，五千善神，常卫乐土”[②]。唐代宗时，叛臣引吐蕃、回纥入寇。为了退敌，唐代宗一方面组织军队抵御，一方面派人化装成菩萨、鬼神，以音乐和仪仗队引导，遣百官在光顺门迎候，将皇宫所藏《仁王经》分送资圣寺、西明寺，请不空置百尺高座讲经，自己到现场行香礼敬。可以说，唐代是密教全面社会化的开始。这些情况说明，唐代在国家层面上的推崇对佛教的社会化起到了重要的作用。

敦煌遗书中保存了较多的北魏以来的密教经典，如《大方等陀罗尼经》《杂咒经》等，且多为本地经生所抄，说明密教进入敦煌的时间比较早。从隋代开始，敦煌石窟就出现了零零星星的密教遗迹（如第305窟，有道场或曼荼罗的寓意）和表现密教内容的壁画（如第284窟《多臂菩萨》）。入唐以后，由于密教经典的大量翻译和传播，密教在敦煌流传起来。敦煌遗书中保存的唐代写本密教经典主要有《十一面神咒心经》《佛顶尊胜陀罗尼经》《不空羂索神咒心经》

① ［宋］赞宁：《宋高僧传》，参见《大正藏》第50册，第714页。
② ［唐］王维：《为干和尚进注仁王经表》，载赵松谷注：《王摩诘全集笺注》，北京：北京图书馆出版社，1936年，第240页。

莫高窟第305窟内景

《千手千眼观世间菩萨陀罗尼身经》《如意轮陀罗尼经》等；壁画中出现了较多的十一面观音图像。随后，密教大师不空所译的《金刚峻经金刚顶一切如来深妙秘密金刚界大三昧耶修行四十九种坛法作用威仪法则》《金刚顶一切如来真实摄大乘现证大教王经深妙秘密金刚界大三昧修习瑜伽迎请经》《大毗卢遮那金刚心地法门法界规则》等众多密教经典在敦煌传播；大量密教题材如毗卢舍那佛、千手千眼观音经变、如意轮观音经变、不空羂索观音经变、地藏菩萨、毗沙门天王等在石窟壁画中频繁出现，其中最典型的、同时也是唐代前期石窟密教题材内容的集大成者——莫高窟第148窟，除东壁门顶绘《千手千眼观音变》之外，在南北两壁的龛内分别塑如意轮观音和不空羂索观音像（现皆不存），并完整、系统地绘制了《如意轮观音陀罗尼经变》和《不空羂索神咒心经变》，以及金、胎两部曼荼罗相关图像，开敦煌石窟密教壁画之先河。相关的问题，将在后文详细叙述。

吐蕃占领敦煌的中唐时期（786—848），正是唐代密教开始全面社会化的时期，而吐蕃对敦煌的占领又使敦煌佛教的发展走上了与中原截然不同的道路，并促成了敦煌佛教更快地向全面社会化的方向前进。密教最初传入吐蕃并流行的时期，即从7世纪中叶到9世纪中叶约200年的时间里，正处于吐蕃佛教的前弘期。前弘期的密教在藏传佛教史上也称为“旧译密教”，区别于后弘期的密教，后弘期的宁玛派较多地继承了吐蕃密教的传统，故而吐蕃密教史带有宁玛派前史的性质。吐蕃佛教从一开始就是显教与密教并行的。传说，早在拉托托日年赞（4世纪）时，天降的佛教圣物中就有密教经典。7世纪中叶，松赞干布统一青藏高原，分别从唐代的中原地区和尼泊尔吸收佛教文化，史书有松赞干布派人到锡兰请来十一面观音像的记载[①]，这是密教传入吐蕃的象征。

8世纪后半叶，赤松德赞时期，印度密教大师莲花生入藏，密教从此才真正在吐蕃流行。莲花生大师在吐蕃传播的密教以陀罗尼与持明密教为主，特别是持明密教中的成就法；也传授了金刚乘密法，其中可能有一些大瑜伽密法的内容。莲花生之后，辛底噶巴来藏传授持明密教。此后，又有藏·特南达、占迦·穆底和郭洽三译师来藏传播《大日经》与佛密的著作，真言乘密教传入吐蕃。与此同时，吐蕃南喀宁波和毗卢遮那等人到印度学习密法，回藏后传译了以金刚乘为主的密法，其中包括一些有极端倾向的大乐法，遭到时人反对，虽未能广泛流行，但说明大瑜伽密教与无上瑜伽密教在这一时期也已传入吐蕃。此后，无垢友入藏

① 参见达仓宗巴·班觉桑布著，陈庆英译：《汉藏史集》，拉萨：西藏人民出版社，1986年，第92页。

传播大圆满法与无上瑜伽密教的内容，在吐蕃统治时期虽未广为流传，却对后弘期宁玛派产生重大影响。在前弘期最有影响的莲花生密教，从一开始进入吐蕃就以降服吐蕃本土神鬼而著称，其传播过程中又不断吸纳吐蕃原来的本教神灵，以解决信仰佛教的吐蕃君臣遭遇的现实问题为己任，同样是通过法术解决百姓面临的最为常见的自然灾害，由此也形成了极为社会化的宗教体系。

因此，在吐蕃占领敦煌之后，无论从唐代继承而来的原有的汉传密教体系，还是从吐蕃新传入的吐蕃及印度密教内容，都包含着极为丰富的解决现实社会需求的信仰内容，大到护国护法、抵御自然灾害，小到治病延命等，体现出佛教社会化的一面。在这一时期，从大的历史背景来看，上至唐蕃君臣、下至平民百姓，佛教特别是密教，成为大多数人生活的一部分。佛教的社会化，上至国家大事，下至生老病死，方方面面都有体现，这在敦煌现存的文献和石窟中亦有反映。

第二节　敦煌中唐密教文献

密教最早传入敦煌可追溯到西晋时期，被称为“敦煌菩萨”的高僧竺法护曾翻译《决定总持经》《海龙王经》和《密迹金刚力士经》等多部杂密经典[①]，其中突出宣传咒陀罗尼及其功用，推动了陀罗尼密教在中国的发展，应该也对当时的敦煌产生过一定的影响。敦煌文献敦研009号《灌顶经》卷十二题记：“太和十二年五月五日，佛说灌顶章句拔除过罪生死得度经。”《灌顶经》，又称《大灌顶经》《大灌顶神咒经》，东晋帛尸梨蜜多罗译，共12卷。此经包括12部小经，自《三归五戒经》至《生死得度经》，12部经之开头均有“佛说灌顶”四字，故名《灌顶经》。此经的第12卷即《药师经》；太和为北魏年号，太和十二年为公元487年。此件文献说明，至迟在北魏时期，敦煌已有密教经典流行，同时说明敦煌的密教文献最早是带有密教性质的大乘经典。

到了中唐时期，陀罗尼密典和持明密典大行其道。吐蕃统治敦煌时期，在敦煌文献中保存了数件“佛教经录”与记录汉藏经名的 “佛学字书”，基本上可以反映出吐蕃统治时期密教经典在敦煌的收藏与流通情况。关于敦煌遗书中的

① 参见吕建福：《中国密教史》，第105—108页。

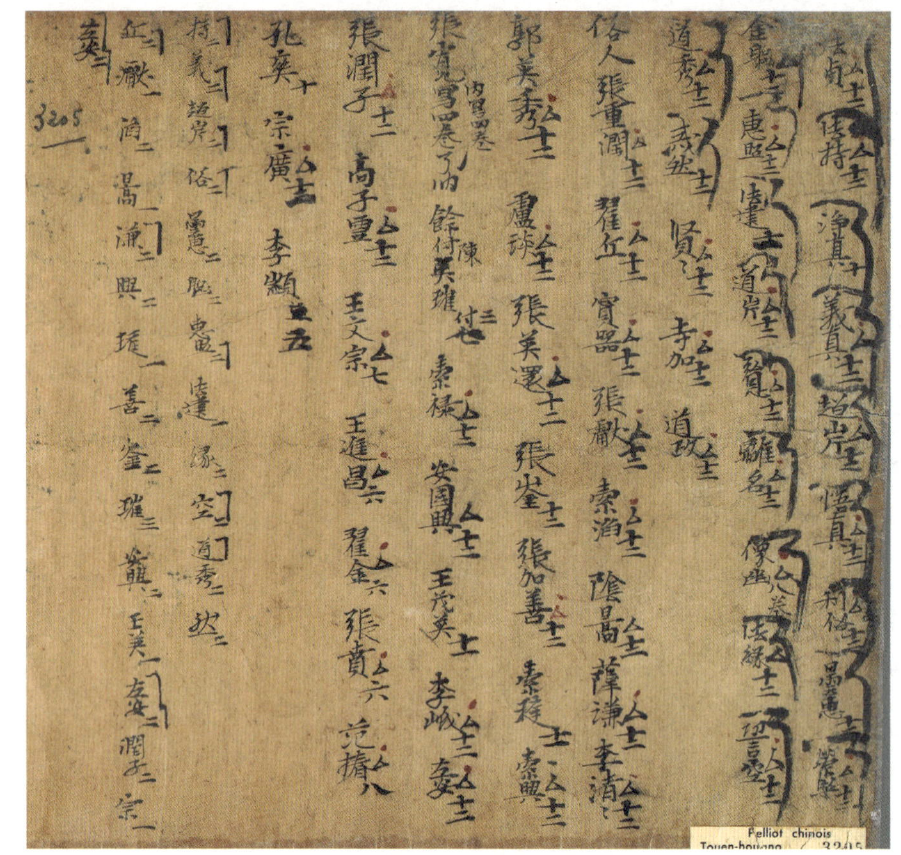

P.3205V《诸寺付经历》

"佛教经录"，方广锠《敦煌佛教经录辑校》①是现今这一领域研究最为全面的著作，书中将敦煌遗书中的"佛教经录"分成"全国性经录""品次录""藏经录""点勘录""流通录""转经录""配补录""抄经录""杂录、签条"9个类型，除"全国性经录"之外，其余8种均可反映出敦煌地方佛经的收藏与流通情况，其中那些确定为吐蕃统治时期的"经录"可以直接反映出中唐时期敦煌密教经典的收藏与流通情况。方先生《〈吐蕃统治时期敦煌龙兴寺藏经目录〉研究》②对吐蕃统治时期龙兴寺藏经目录的整理与研究，直接反映出了这一时期敦煌官方收藏佛经的情况，也成为反映敦煌保存密教典籍情况最为清楚的资料。笔者《敦煌文书〈诸寺付经历〉刍议》③一文，对日本国立国会图书馆藏敦煌文书WB32（3）1《诸寺付经历》（原系滨田德海旧藏115V）做了专门探讨，并在文后附录《吐蕃时期敦煌诸寺付经历类文书举要》；除了日本国会图书馆收藏的这件《诸寺付经历》外，文中收录的敦煌写本S.3071、P.3205V两件文献也是方先生在书中没有收录的，应属方先生所列之"转经录"类。

① 方广锠：《敦煌佛教经录辑校》（上、下），南京：江苏古籍出版社，1997年。
② 方广锠：《中国写本大藏经研究》，上海：上海古籍出版社，2006年，第145—193页。
③ 原文见《敦煌学辑刊》1999年第1期。

在以上研究的基础上，可确定敦煌文献中时代大致为吐蕃统治时期的“佛教经录”约45件，具体如下：1. 全国性经录：（1）《大唐内典录》，P.4673；（2）《大唐内典抄》，P.3877Va、P.3877Vb、S.10604V、S.6298V、P.3877Vc、P.3877Vd、P.3898V；2. 品次录：（1）《大般若经会、卷、品对照录》，P.2361V，（2）《进新译大方广佛花严经表（附总目）》，P.2314，（3）《大般涅槃经帙、卷、品及首尾经文录》，P.3105、P.3105V，（4）《维摩诘经品名录》，P.2222V；3. 藏经录：（1）《龙兴寺藏经目录》，P.3807、S.2079，（2）《龙兴寺供养佛经目录》，P.3432，（3）《寺名不清藏经录》，P.4664+P.4741、P.4664V、P.3060b、P.3060Va、Φ179（？）；4. 点勘录：（1）《亥年四月二十九日勘教经附五月二日付经录》，BD11493（L1622），（2）《酉年三月十三日于普光寺点官〈大般若经〉录》，P.2727，（3）《戌年十月十六日谈颙律师出〈般若经〉录》，P.2727V，（4）《寺名不清〈大般若经〉点勘录》，S.6314、BD09332V（周043），（5）《点勘杂录》，S.5676；5. 流通录：（1）《诸僧欠经历》，S.1364，（2）《壬寅年灵图寺索法律欠经历》，P.4754V，（3）《诸寺转经欠经历》，P.3654、P.3654V，（4）《归真借经函》，P.4707，（5）《光璨催经状》，S.3983，（6）《交剖藏经手

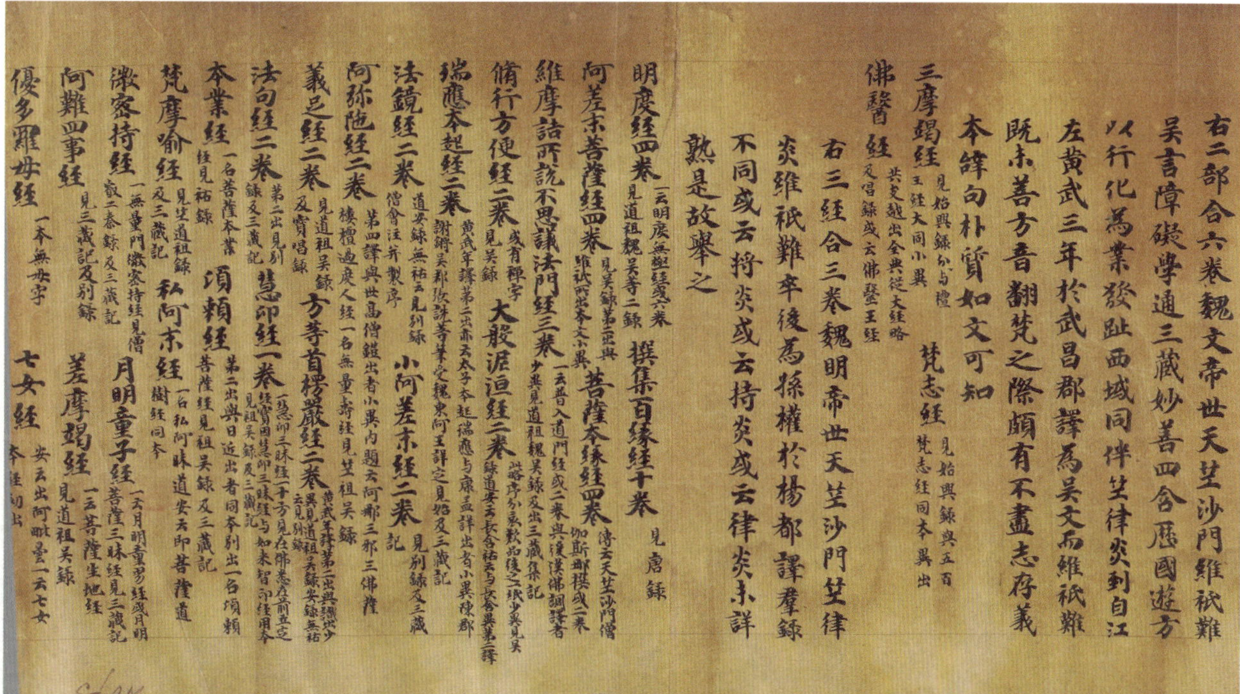
右二部合六卷魏文帝世天竺沙門維祇難
吴言障礙學通三藏妙善四含歷國遊方
以行化為業發趾西域同伴竺律炎到自江
左黄武三年於武昌郡譯為吴文而維祇難
既未善方音翻梵之際頗有不盡志存義
本辭句朴質如文可知
三摩竭經 見始興錄
佛醫經
梵志經 見始興錄與五百梵志經同本異出
右三經合三卷魏明帝世天竺沙門竺律
炎維祇難卒後為孫權於楊都譯羣錄
不同或云持炎或云持炎或云律炎未詳
孰是故舉之
明度經四卷 一云明度無極經或六卷 見道祖魏吴等二錄 撰集百緣經十卷 見唐錄
阿差末菩薩經四卷 菩薩本緣經四卷
維摩詰所說不思議法門經三卷
脩行方便經二卷 或有禪字 見吴錄 大般泥洹經二卷
瑞應本起經二卷 小阿差末經二卷 見別錄及三藏記
法鏡經二卷 僧會注并製序
阿彌陀經二卷
義足經二卷 見道祖吴錄及寶唱錄 方等首楞嚴經二卷
法句經二卷 第二出見別錄及三藏記 慧印經一卷
本業經 一名菩薩本業經見祐錄 須賴經
梵摩喻經 見竺道祖錄及三藏記 私阿末經
微密持經 月明童子經
阿難四事經 見三藏記及別錄 差摩竭經 見道祖吴錄
優多羅母經 一本無母字 七女經

P.4673《大唐内典录》

帖》，S.2447，（7）《归真致师兄书》，S.8566；6. 转经录：（1）《诸寺付经历》，滨田德海旧藏115V，（2）《诸寺转〈大般若经〉录》，P.3336，（3）《子年后六月十三日赞普新加水则道场付诸寺维那官〈大般若经〉录》，BD15473（北简68104），（4）《卯年九月七日当寺转经付经历》，S.4914，（5）《未年灵树寺慈灯等为节儿、节儿娘福田转经历》，BD06539V—3（北0500、咸059），（6）《转经杂录》等，P.3060a、P.3060Vb；7.配补录：（1）《龙兴寺历年分配补藏经录》，P.3010、P.3010V。实际上，中唐敦煌遗书中的“佛教经录”远不止上述的40余件，但为了严谨起见，仅以这些有明确纪年或吐蕃特征的文献为研究资料。其中前两类，全国性经录不能体现敦煌在中唐时期的藏经情况，品次录中没有密教典籍，也不在本文的研究范围之内，其他类型中包含密教经典的文献共有8种。

1. 敦煌文献P.3807+S.2079《龙兴寺藏经目录》，时代为中唐后期，其中记录佛教经典696部（包括名称重复者，以下统计同），包括密教经典43部，即《阿弥陀鼓音声陀罗尼经》《十二佛名神咒经》《八吉祥神咒经》《八阳神咒经》《大云轮请雨经》《金刚上味陀罗尼经》《金刚场陀罗尼》《药师琉璃光经》《无量门破魔陀罗尼经》《大云请雨经》《虚空藏菩萨神咒经》《大方等大云请雨经》《无崖际持法门经》《药师如来本愿经》《尊胜菩萨所问经》《孔雀王咒经》《阿难目佉尼呵离陀邻尼经》《善法方便陀罗尼经》《出生无量门经》《舍利弗陀罗尼经》《小无量寿经》《无量门微密持经》《金刚秘密陀罗尼经》

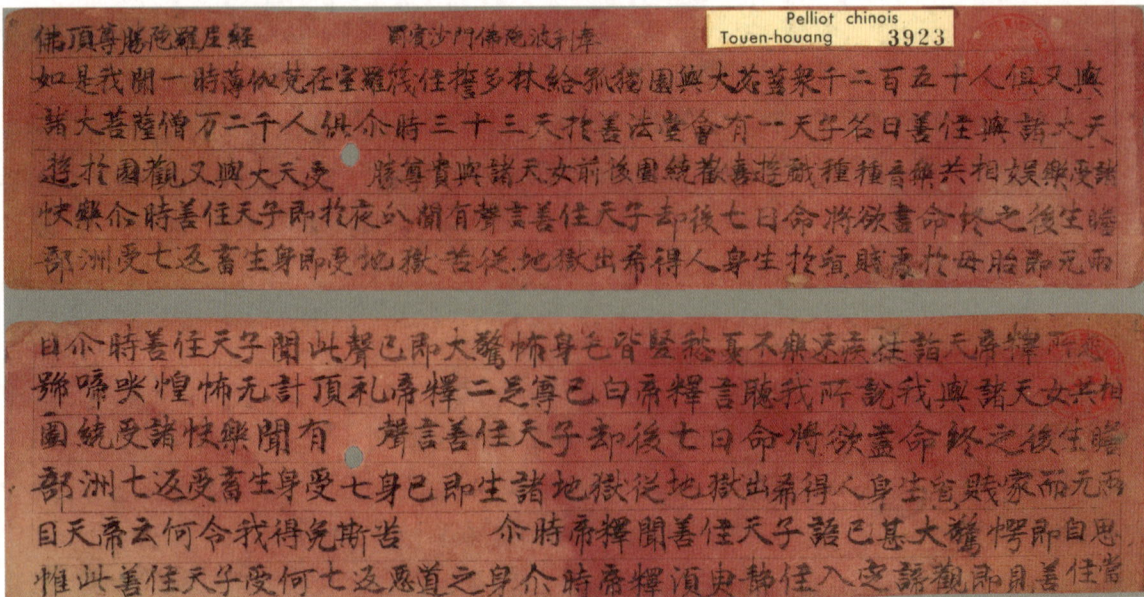

P.3923《佛顶尊胜陀罗尼经》

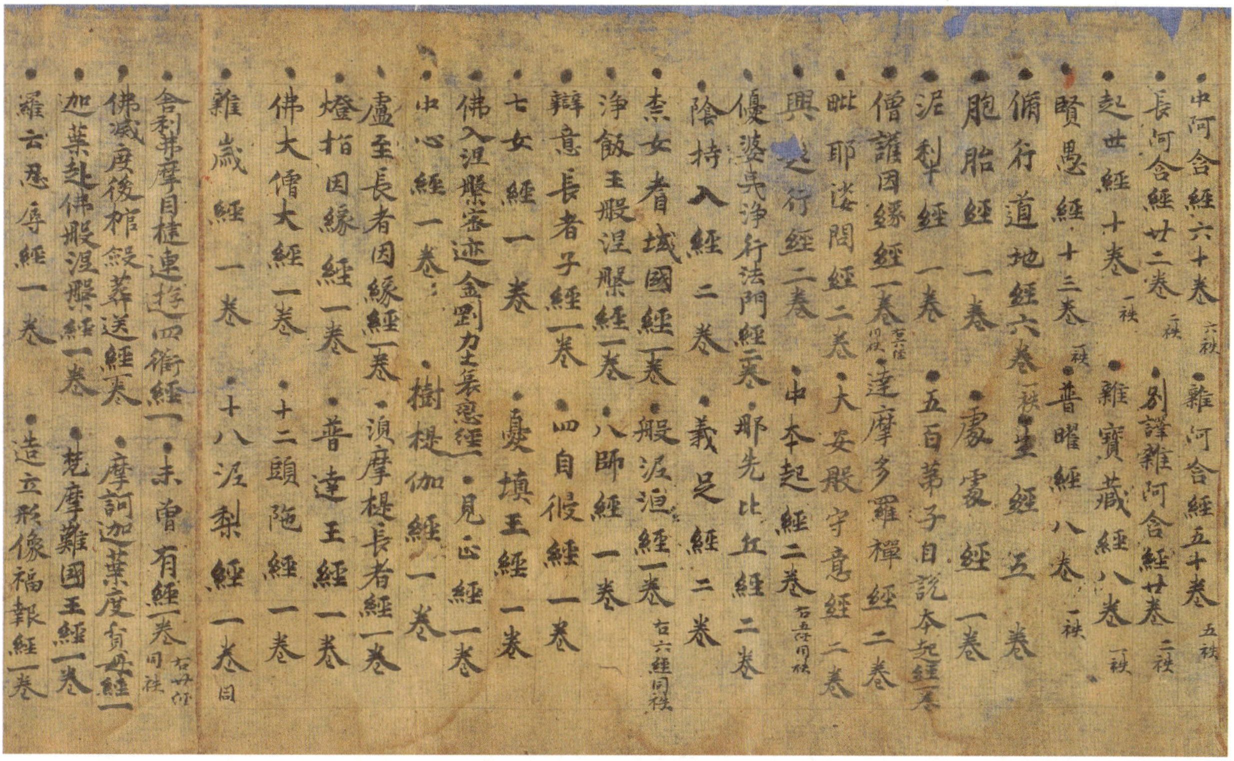

P.3807《龙兴寺藏经目录》

《师子奋迅菩萨问经》《华积陀罗尼经》《华聚陀罗尼经》《摩登伽经》《舍头谏经》《陀罗尼集》《新翻药师经》《新翻药师经》《不空羂索经》《十一面神咒心经》《受持七佛名号所生功德经》《拔济苦难陀罗尼经》《宝星经》《大乘密严经》《准提陀罗尼经》《大法炬陀罗尼经》《佛顶尊胜陀罗尼经》《诸佛集会陀罗尼经》《阿吒那致咒经》《如意陀罗尼咒》。

2. 敦煌文献P.3010+P.3010V《龙兴寺历年分配补藏经录》，时代为中唐时期，约公元808年至823年，其中记录佛教经典391部，包括密教经典51部，即《大法炬陀罗尼经》《大灌顶经》《七佛所说神咒经》《大云请雨经》《大吉义神咒经》《无崖际持法门经》《金刚上味陀罗尼经》《金刚场陀罗尼经》《药师琉璃光如来本愿功德经》《药师如来本愿经》《不空羂索咒》《大方等陀罗尼》《孔雀王咒经》《尊胜菩萨问一切诸法入无量陀罗尼经》《大云轮请雨经》《虚空藏菩萨神咒经》《大云经请雨品第六十四》《孔雀王咒经》《佛说花积陀罗尼神咒经》《诸佛心陀罗尼经》《拔济苦难陀罗尼经》《胜幢臂印陀罗尼经》《八名普蜜陀罗尼经》《持世陀罗尼经》《花聚陀罗尼咒经》《阿弥陀鼓音声王陀罗尼经》《宝星陀罗尼经》《无垢净光大陀罗尼经》《佛顶经》《十一面神咒心经》《佛说善法方便陀罗尼经》《佛说出生无量门经》《佛说灌顶拔除过罪生死

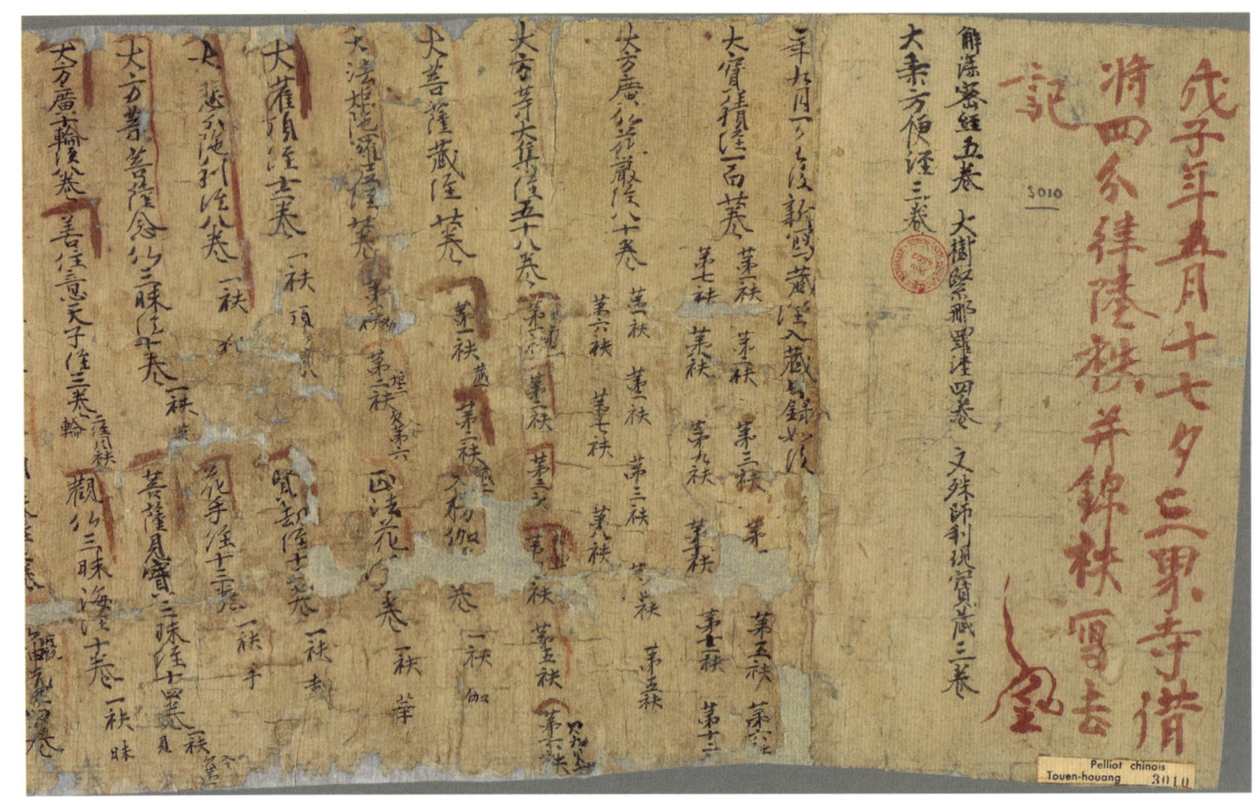

P.3010+P.3010V《龙兴寺历年分配补藏经录》

得度经》《大威德陀罗尼经》《一向出生菩萨经》《佛说阿难陀经》《无量门破魔陀罗尼经》《佛顶尊胜陀罗尼经》《八吉祥神咒经》《无量门微密持经》《师子奋迅菩萨问经》《舍利弗陀罗尼经》《佛说救护疾病经》《佛说七俱胝佛母心大准提陀罗尼经》《八阳神咒经》《归命一切佛菩萨经》《八阳神咒经》《最胜灯王如来经》《密严经》《请观世音消伏毒害陀罗尼经》《大法炬》。

3. 敦煌文献P.3060Va《寺名不清藏经录》，时代为中唐后期，约9世纪上半叶，其中记录佛教经典45部，包括密教经典2部，即《大灌顶经》和《如来方便经》。

4. 敦煌文献P.4664+P.4741《寺名不清藏经录》，时代为中唐后期，约9世纪上半叶，其中记录佛教经典58部，包括密教经典1部，即《陀罗尼杂集》。

5. 敦煌文献P.3432《龙兴寺供养佛经目录》，时代为中唐时期，约8世纪末或9世纪初，其中记录佛教经典116部，包括密教经典6部，即《大法炬陀罗尼经》《大灌顶经》《小灌顶经》《大云经》《诸佛心陀罗尼经》《药师琉璃光如来本愿功德分别缘起经》。

6. 敦煌文献S.5676《巳年七月十四日点付历》，时代为吐蕃占领敦煌时期，其中记录佛教经典50部，包括密教经典3部，即《大法炬》《大灌顶经》《药师如来经》。

7. 敦煌文献S.3983《某年十二月五日光璨催经状》，时代为吐蕃占领敦煌时期，约9世纪上半叶，其中记录佛教经典18部，包括密教经典1部，即《东方最胜灯王如来经》。

8. 敦煌文献BD06359V-3（北0500、咸059）《未年灵树寺慈灯等为节儿、节儿娘福田转经历》，时代为吐蕃占领敦煌时期，其中记录佛教经典12部，包括密教经典2部，均名为《无量寿咒》。

以上8种文献，可以反映出中唐时期敦煌密教经典收藏、供养和使用的情况。敦煌文献P.3807+S.2079《龙兴寺藏经目录》与P.3010+P.3010V《龙兴寺历年分配补藏经录》说明吐蕃时期敦煌的官方寺院龙兴寺收藏的密教经典约50部，P.3432《龙兴寺供养佛经目录》说明有6部密教经典曾作为供养经使用，S.5676《巳年七月十四日点付历》和S.3983《某年十二月五日光璨催经状》说明《大法炬》《大灌顶经》《药师如来经》和《东方最胜灯王如来经》4部经典曾实际流通使用，BD06359V-3（北0500、咸059）《未年灵树寺慈灯等为节儿、节儿娘福田转经历》说明《无量寿咒》在转经时曾使用。其中，体现密教经典流行的是后3件文献中提到的6部密典，因为这些经典是实际使用过的。此外，汉藏对译经名文献中记录的密典也应是应用较为广泛并被汉人和吐蕃人共同尊奉的。

敦煌文献P.2046（P.t.1257）是一件汉藏对译的重要资料，其中包括两个重要的部分，即“汉藏经名对照”与“佛教词汇对照”，《法藏敦煌藏文文献解题目录》记录此文献：“由10叶组成的一本书卷（29.5×39），无页码，只写了一面。缝合在两根竹棒之间。用玫瑰色纸镶的边饰。用一长条部分着有黄色的纸把整个书都包了起来。似乎完整。其中3叶为用藏文和汉文写作并校对过的一些佛教著作的标题。7叶为藏—汉词汇。用汉文写有MahāmeghaVihāra（Ta Yun SSeu）的名字。此卷即伯希和敦煌汉文写本特藏目录第2046号。”[①]《法藏敦煌藏文文献解题目录》中提到的“MahāmeghaVihāra”指文献中部的汉文杂写的“大云寺”，这段杂写位于“汉藏经名对照”与“佛教词汇对照”两部分的中间，主要写了“大乘百法明门论开宗义记”的几句话，句首则书“大云寺张阇利上”，透露出此件文献的一点历史信息。此件文献在古藏文与汉文佛教用语对译

① 参见王尧主编：《法藏敦煌藏文文献解题目录》，北京：民族出版社，1999年，第168页。

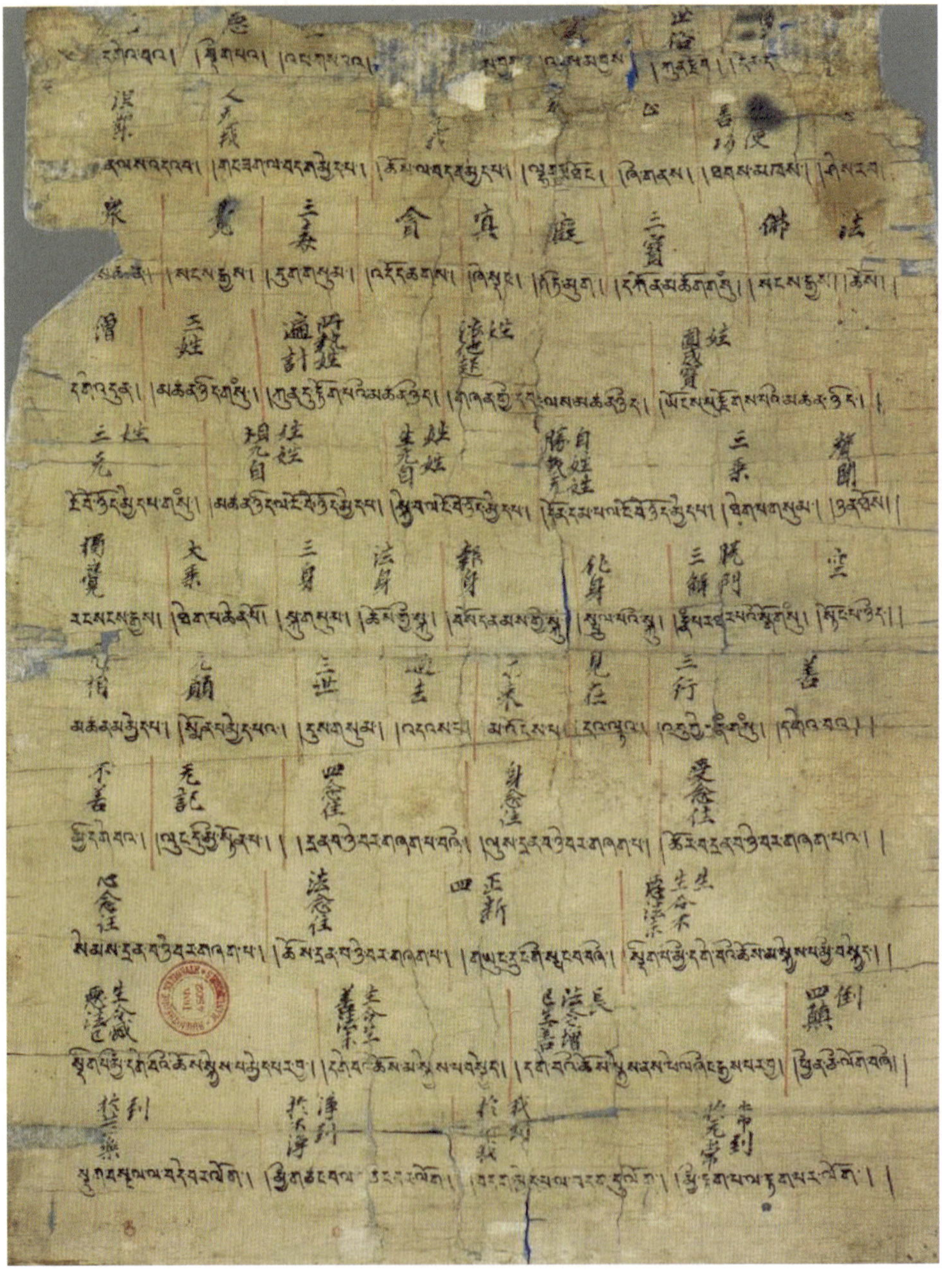

P.2046（P.t.1257）汉藏经名与佛教词汇对照

方面极为重要，因此多位学者对其进行过专门研究[①]。其中所涉及的经名，既然需要汉藏对照书写，可见这些经名在当时应为时人所知，属于在当时流通的经典，此件文献前半部所记密教经名共11个（见表1）。

表1　敦煌遗书P.2046佛学字书中的密教经名

类别	经名简称	汉译经名全名	汉文译者	藏译经名[②]	藏文译者
大乘类共3部	八吉祥神咒经	佛说八吉祥神咒经	支谦	八吉祥经	耶喜德
	药师琉璃光如来本愿经	药师琉璃光如来本愿功德经	玄奘	药师琉璃光昔愿功德经	耶喜德
	密严经	大乘密严经	不详	圣密严大乘经（又名大乘密严经，此经只译完四卷余）	不详
密教类共8部	大灌顶经	大灌顶经	帛尸梨蜜多	–	–
	首楞严经	大佛顶如来密因修证了义诸菩萨万行首楞严经	般刺蜜帝	大佛顶（首楞严）经（第九品中魔品部分由汉文本译出）	耶喜德
	孔雀王陀罗尼咒经	孔雀王咒经	僧伽婆罗	大孔雀王陀罗尼	耶喜德
	六门陀罗尼经	六门陀罗尼经	玄奘	六门陀罗尼经	伯哲（吉祥积）
	金刚场陀罗尼经	金刚场陀罗尼经	阇那崛多	金刚藏陀罗尼经（又名金刚道场陀罗尼经）	耶喜德等
	无量门破摩陀罗尼经	无量门破魔陀罗尼经	功德直、玄畅	圣无边门陀罗尼经	伯哲
	大方等大云请雨经	大方等大云经请雨品	阇那崛多	请雨品第六十四仪轨等	耶喜德
	不空羂索经	不空羂索咒经	阇那崛多	不空羂索十地陀罗尼	却珠（法成）

敦煌遗书P.2046所载经名共85个，其中密教经典共8部，即《大灌顶经》《首楞严经》《孔雀王陀罗尼咒经》《六门陀罗尼经》《金刚场陀罗尼经》《无量门破摩陀罗尼经》《大方等大云请雨经》《不空羂索经》，不到全部经名的

① 李方桂：《敦煌的一本汉藏词汇集》，《通报》，1961年；（法）今枝由郎、麦克唐纳著，耿昇译：《〈敦煌吐蕃文献选〉第二辑序言及注记》，载西藏人民出版社编：《国外藏学研究译文集》第3辑，拉萨：西藏人民出版社，1987年；（法）石泰安著，耿昇译：《敦煌写本中的印—藏和汉—藏两种辞汇》，载耿昇主编：《国外藏学研究译文集》第8辑，拉萨：西藏人民出版社，1992年。

② 本件文献中所有经名都有藏译名，本表经名采用布顿大师《佛教史大宝藏论》（郭和卿译，北京：民族出版社，1986年）中的译法。

1/10，如果算上含有密教性质的大乘经典《八吉祥神咒经》《药师琉璃光如来本愿经》和《密严经》的话，密教经典的数量则超过1/10。除《六门陀罗尼经》外，其他10部经典在蕃占时期龙兴寺的藏经目录中均有出现，说明这10部经典是敦煌当时比较流行的密教经典。其中《大灌顶经》和《药师经》在上文的汉文文献中也频繁出现，可见这两种经典在蕃占时期是最为流行的密教经典。从布顿大师的《佛教史大宝藏论》记载来看，这些经典的藏译本多为吐蕃译师耶喜德、伯哲和法成所译，这些经典均存在汉、藏两种译本，并在中唐时期同时流行于吐蕃和敦煌。

中唐时期还有一些密教经典非常流行，并大量保存于敦煌文献中，如《金有陀罗尼经》《大乘无量寿经》和《诸星母陀罗尼经》，为什么这些经典在以上的汉藏文献中都没有提及？这里，我们不得不注意敦煌藏经目录与实际流通经典间存在的差异。敦煌遗书P.2046中提到的11种经典在敦煌文献中均有收藏。敦煌文献P.3807+S.2079《龙兴寺藏经目录》、P.3432《龙兴寺供养佛经目录》、S.5676《巳年七月十四日点付历》和P.2046“汉藏经名对照”4种文献似乎都与《大唐内典录》关系密切。有关敦煌龙兴寺藏经目录与《大唐内典录》之间的关系，方广锠在《八一十世纪佛教大藏经史》[①]中已有详细论述，并指出吐蕃统治时期敦煌龙兴寺藏经目录是以《大唐内典录·入藏录》的组织形式为蓝本的。《大唐内典录》由道宣于唐麟德元年（664）编成，将所有佛经分成“大乘经一译”“大乘经重翻”“小乘经一译”“小乘经重翻”“小乘律”“大乘论”“小乘论”和“贤圣集传”等类。除了敦煌龙兴寺藏经目录采用了同样的组织方法外，S.5676《巳年七月十四日点付历》和P.2046“汉藏经名对照”两种文献中经名的缩写和顺序也与《大唐内典录》一致，说明这些目录或字书都是依照《大唐内典录》编写的。那么，由于《大唐内典录》编撰的时间早于敦煌陷蕃百余年，以此为范本的敦煌藏经目录中没有及时补入《金有陀罗尼经》《诸星母陀罗尼经》《大乘无量寿经》（法成译本）等吐蕃统治时期才翻译的经典就很正常。特别是当时佛经的分类，并没有单独分出密教类，敦煌中唐时期的密教经典都是归入相应的大小乘经典类别的，这种分类形式直到元代布顿大师的《佛教史大宝藏论》中仍是如此。在布顿大师的《佛教史大宝藏论》中，这些陀罗尼密典主要被归入了“大乘诸经类”而非密教类，因此书依据了吐蕃统治早期的译经目录，说明在吐蕃统治早期这些密教经典仍是作为大乘经典的一部分，这与早期汉、藏《大藏经》一致。

---

① 方广锠：《八—十世纪佛教大藏经史》，北京：中国社会科学出版社，1991年。

以上文献记录的敦煌中唐时期的密教经典主要属陀罗尼和持明密教类，可见这两种密教是当时最为流行的密教类型。其中没有纯密经典与晚期藏传密教的经典，说明后两种密教形式在此时并不普遍流行，因此在藏经目录与汉藏对译的经名中都没有体现。这与保存至今的敦煌汉藏文献所反映的情况基本一致，纯密经典与晚期藏传密教经典在敦煌文献中的数量非常少。这点也能说明吐蕃占领对敦煌密教典籍的影响，因为在开元三大士入华之后，中原的密教进入了密宗时期，密宗经典在中原开始流行。而敦煌由于吐蕃的占领，中断了原来密教发展的进程，没有像中原那样进入汉传密教的密宗时期，而是更多地保留了陀罗尼密教与持明密教的特色。在经典方面，密宗经典不占主流，但敦煌名僧法成在这一时期翻译的密教经典《金有陀罗尼经》《诸星母陀罗尼经》却非常流行，并成为敦煌密教信仰的主要经典，这是中原所没有的。此外，根据吐蕃时期编撰完成的《旁塘目录》和《钦浦目录》，在吐蕃王朝翻译的事部、行部、瑜伽部和无上瑜伽部4部密典[①]中，有数种密典在敦煌的古藏文写本中均有收存，如事续部的《顶髻尊胜陀罗尼》和观音类经续、无上瑜伽续部的《呬噜迦续》和《金刚橛续》。事续部的《顶髻尊胜陀罗尼》和观音类经续存在汉、藏两种写本，在敦煌曾经比较流行，这些佛顶与观音类的密法存在汉、藏的相互影响。无上瑜伽续部的《呬噜迦续》和《金刚橛续》的出现说明吐蕃翻译的密教经典传到了敦煌，其所包摄的密法可能也一度在敦煌传持，也就是说吐蕃密教对敦煌产生过一定影响，只是影响面要小于上述汉、藏共有的经典与密法。

从以上汉、藏文献中密教经典所占的比例来看，对于文献中的全部佛经来说，密教经典的比例不大，几乎都不到十分之一，甚至更少。特别是在敦煌吐蕃时期盛行的转经活动中，现存仅见到《无量寿咒》，其他均为《大般若经》等大乘经典。但是，时代不明的敦煌文献P.3854《转经录》值得注意。这件文献与其他转经录不同，在涉及的53部佛经中，包含《药师经》《六门陀罗尼》《尊胜咒》《如意轮》《无垢净光》《药师咒》《大佛顶》《密严》《般若无尽藏咒》《如意轮》《尊胜》《五髻文殊陀罗尼》《金刚罕强陀罗尼》《香王菩萨陀罗尼》《大轮金刚》《灭恶趣》《药师》《七俱胝咒》《密严经》《药师经》《大佛顶陀罗尼》《尊胜陀罗尼》《如意轮陀罗尼》《阿弥陀陀罗尼》《药师陀罗尼》《阿閦佛陀罗尼》《金刚罕强陀罗尼》《五髻文殊陀罗尼》《香王陀罗尼》《七俱胝佛母陀罗尼》《大轮金刚陀罗尼》《大威德陀罗尼》和《金胜陀罗尼》共33种密教经典或陀罗尼，占了转经的大部分。这件文献中还特别指出其中一部

① 参见索南才让：《西藏密教史》，北京：中国社会科学出版社，1998年，第181—183页。

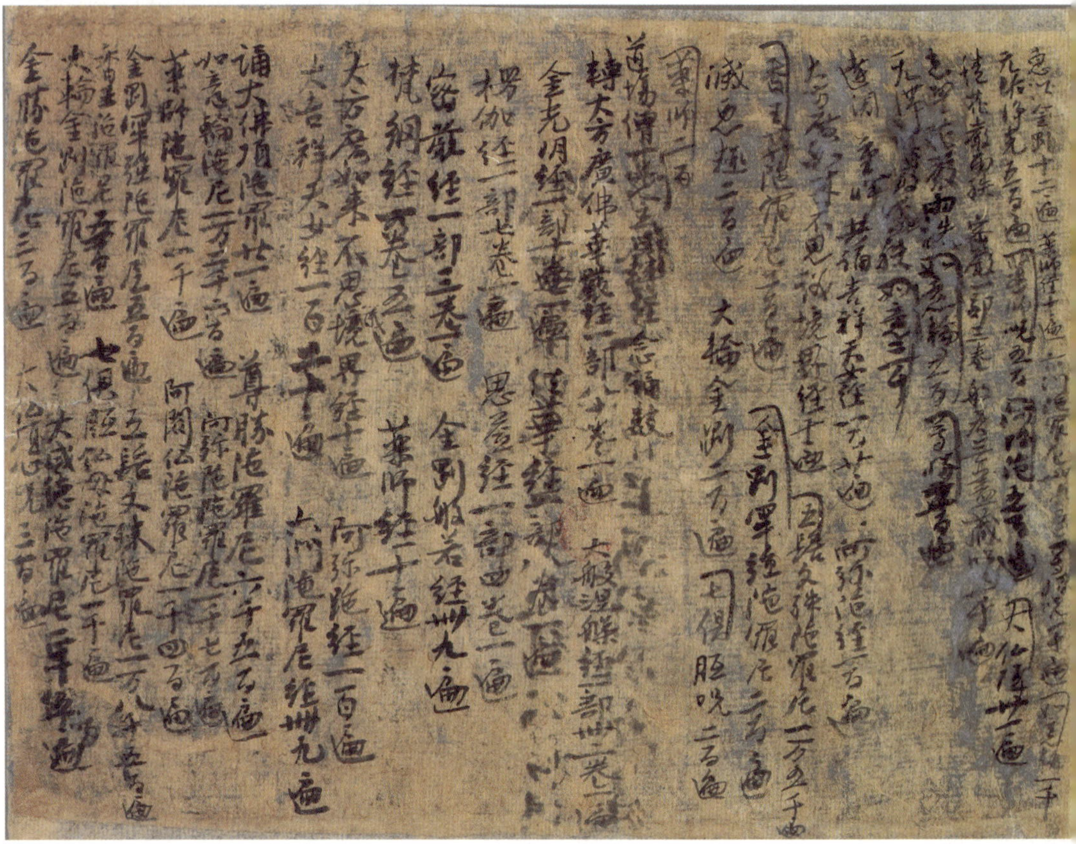

P.3854《转经录》

分是在道场中转经念诵的，说明这些密教经典或咒语是应用于实际佛事当中的，这种大量应用密教经典的情况可能是为了特殊的法事活动。而这种大量诵读陀罗尼与咒语的情况，让我们联想到吐蕃时期开始以汉文和古藏文大量汇抄密教咒语，可能与这种法事活动有关。这件文献至少可以说明，密教文献在转经活动中有大量的应用，但可能只是针对特定的法事。而且，在这件文献中某些陀罗尼如《金刚罕强陀罗尼》是在传世的汉文经典中完全没有记录的，从一个侧面反映了敦煌被吐蕃占领后在密教典籍方面与中原的差别。

根据以上的分析，基本上可以理清蕃占时期敦煌密教经典的情况，此时敦煌收藏的密教经典有50余种，比较常用的有10余种，最为流行的可能是《大灌顶经》和《药师经》。但这应是吐蕃统治敦煌前期的情况。根据《吐蕃统治敦煌时期的陀罗尼密典》[①]和《吐蕃统治敦煌时期的持明密典》[②]两文的研究，除《大灌顶经》和《药师经》外，在中唐敦煌大量流行的密教经典还有陀罗尼类的

① 赵晓星：《吐蕃统治敦煌时期的陀罗尼密典》，《敦煌研究》2012年第6期。
② 赵晓星：《吐蕃统治敦煌时期的持明密典》，《敦煌研究》2014年第2期。

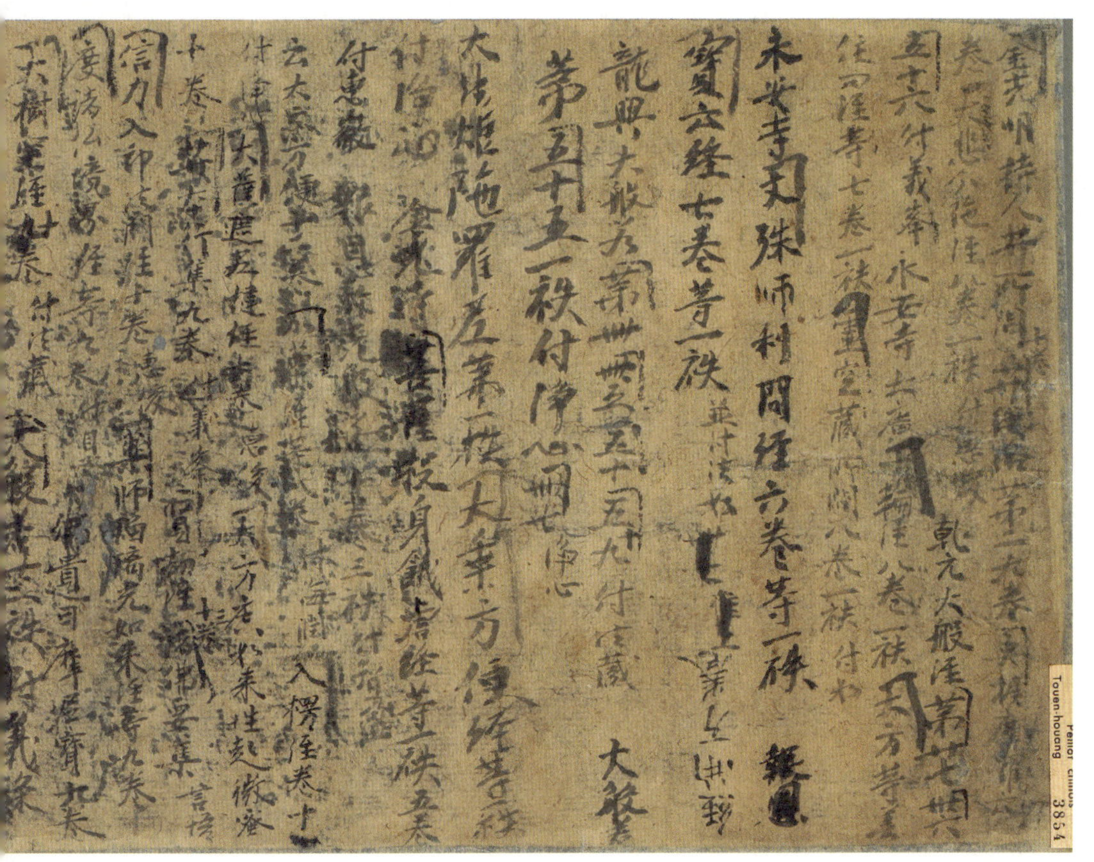

《六门陀罗尼经》《金有陀罗尼经》《大乘无量寿经》和持明类的《佛顶尊胜陀罗尼经》《大佛顶如来密因修正了义诸菩萨万行首楞严经》《诸星母陀罗尼经》《千手千眼观世音菩萨广大圆满无碍大悲心陀罗尼经》《佛说出生一切如来法眼遍照大力明王经》和融入中土道教信仰的《佛说八阳神咒经》等密教经典。可以看出，吐蕃的占领对敦煌密教典籍的收藏与流通有重大的影响，此时的敦煌密教典籍仍以陀罗尼和持明密教经典为主，并加入了此时在敦煌及周边地区新译的密教经典，甚至包括无上瑜伽的藏译密教经典。但是，这些中唐最为流行的密教经典，没有一部是关涉复杂仪式的，反而都是以治病延寿、护家护国为功用的关注世间利益的社会化经典。正如赖富本宏在《敦煌文献在中国密教史上的地位》一文中所说："以上所述经典，都不是讲述难懂的密教教义，而是涉及人们生活中切身利益的经典。"①

① （日）赖富本宏著，孙学雷译：《敦煌文献在中国密教史上的地位》，《北京图书馆馆刊》1997年第4期，第87页。

第三节　敦煌中唐密教石窟

一、敦煌密教石窟的分期

从现存的敦煌石窟密教遗存来看，敦煌密教文献的流传情况与之大致相符。在莫高窟西魏第285窟与隋代第284窟中已出现了多头多臂的诸天形象，初唐时敦煌石窟中流行的十一面观音标志着持明密教图像在敦煌的正式流行。盛唐晚期，莫高窟第148窟东壁门上出现了千手千眼观音变，南北两壁出现了分别以如意轮和不空羂索观音为主尊的佛龛，甚至其中还包含纯密金、胎两部曼荼罗中的密教尊形。中唐时期，千手观音、不空羂索观音和如意轮观音三尊组合的持明类图像极为盛行。此时，榆林窟第25窟出现了与胎藏部密切相关“卢舍那并八大菩萨”，莫高窟第361窟等出现了与金刚乘密切相关的千手千钵文殊曼荼罗，这两种图像是金、胎两部密法正式确立前的晚期持明密法的标志图像。到了晚唐时期，莫高窟第14窟出现了毗卢遮那并八大菩萨与金刚萨埵曼荼罗，说明这一时期已进入汉传密教的纯密阶段。北宋初期，是敦煌汉传密教的另一个重要时期，汉密图像的比例与种类都有增加。只是，敦煌始终没有出现真正规范意义上的唐密纯密金、胎两部坛城图像。到了西夏、元朝时期，汉传密教衰落，藏传密教异军突起，留下了如莫高窟第465窟这样的藏密经典洞窟。敦煌石窟现存密教遗迹，正如多年专门从事敦煌石窟密教图像研究的彭金章为其所做的分期，按时代可分为早、中、晚三期：

早期：包括隋代、初唐和盛唐时期的密教遗迹，属于汉传密教的初创期；

中期：包括中唐、晚唐、五代、北宋初期的密教遗迹，属于汉传密教的鼎盛期；

晚期：包括西夏和元代的密教遗迹，这是汉传密教衰落期，而藏传密教异军突起，甚至很快达到鼎盛阶段。[①]

吐蕃统治时期在敦煌营建的数十个洞窟当中，密教题材在洞窟中的比例各不相同，特别是在莫高窟，出现了密教洞窟比较集中的区域。对这些洞窟进行分

① 参见彭金章主编：《敦煌石窟全集10·密教画卷》，香港：商务印书馆，2003年，第8—9页。

榆林窟第25窟东壁北侧药师佛

区、对密教图像进行分类，找出其中的规律是密教石窟研究的基础。中唐时期，被认为是敦煌密教鼎盛期的开始，这时的密教石窟上承盛唐末期的遗绪，在蕃占时期兼收并蓄，呈现多元化的发展。正是在这样的历史条件下，中唐敦煌石窟的密教出现了诸多新特点，并推动敦煌密教走上了具有自身特色的发展道路。

二、莫高窟吐蕃洞窟的分布

吐蕃统治时期的洞窟，大致可分成三大部分，一是“盛唐未完工、中唐补绘”的洞窟，二是吐蕃统治早期新开凿的洞窟，三是吐蕃统治晚期营建的洞窟。樊锦诗、赵青兰《吐蕃占领时期莫高窟洞窟的分期研究》对吐蕃统治时期莫高窟营建洞窟的情况做过梳理，其中早期“新开洞窟的分布大致分三组，第一组位于盛唐末期所开之大型涅槃窟（第148窟）之左右两侧，第二组分布较为零散，插在南、北大佛之间的盛唐洞窟中间；第三组位于北大佛北侧的最下层。基本上都与盛唐洞窟毗邻。这正与莫高窟洞窟的开凿时代与分布规律一致，后期洞窟基本上是围绕前期洞窟，由中部向两侧，由中层向上下开凿”，晚期“其中第141、143、144、145、147窟分布于盛唐末期大型涅槃窟之南侧，与早期洞窟相邻；第157、159、160窟分布于南大佛北侧的第三层上，其下两层均为盛唐洞窟；第231、232、237、238、240窟位于北大佛之北侧中层上，其下接前期洞窟；第365、360、369、358、359、361、7窟分布于南区窟群之北端中层，其南邻唐前期洞窟。可见此期洞窟的开凿仍然按其分布与时代的规律进行”。[①]

关于洞窟在崖面分布的问题上，马德[②]、沙武田[③]都做过详细研究。根据多种研究方法相结合做出的莫高窟吐蕃统治时期的洞窟分期来看，中唐时期的崖面关系虽然已体现不出同期洞窟营造的先后，但此时的洞窟区域性分布的特征十分明显，主要集中在如下几个明确的区域之内，从南向北依次为：A区，位于莫高窟南区最南端的一组洞窟，包括第133、134、135、144窟4个洞窟；B区，位于南区南段中部，包括第468、151、153、154、155窟5个洞窟和第157、158、159窟3个洞窟；C区，位于莫高窟九层楼南侧，包括第112、186、191、197、200、201、222、226窟8个洞窟；D区，位于莫高窟九层楼北侧，包括第92、93窟与第231、234、237、238、240窟两组共7个洞窟；E区，位于南区北

① 参见樊锦诗、赵青兰：《吐蕃占领时期莫高窟洞窟的分期研究》，《敦煌研究》1994年第4期，第79、82页。

② 马德：《敦煌莫高窟史研究》，第43页。

③ 沙武田：《吐蕃统治时期敦煌石窟研究》，北京：中国社会科学出版社，2013年，第187页。

莫高窟第14窟内景

部中段，包括第471、472、473、474、475、478、479、467、53、69、258、447、449、43、21窟15个洞窟。F区，位于南区最北端，包括第7、357、358、359、360、361、363、365、366、368、369、370窟12个洞窟。除了新开凿的洞窟外，此时重修洞窟也是分别围绕以上各区域展开的。从吐蕃统治时期洞窟的实际情况来看，的确形成了一些区域，各区域间的开窟风格有较大的差异，而每一区域内部各窟风格上又趋向统一。这些区域上的差别是代表修建的不同时间，还是代表背后不同的佛教势力？这须再进行讨论。正是从吐蕃统治时期开始，形成了以密教思想为主导的F区，并对以后的时代产生了影响。①此后，以密教思想为主的洞窟多凿建于此，其延伸甚至可能包括窟顶的“天王堂”与北区的第465窟等。由此也可看出，莫高窟密教洞窟选址有两个特点，一是趋于集中，二是位置边缘。

三、吐蕃统治时期莫高窟密教石窟题材的分类

在上面所分的6个区中，有3个区的洞窟与本文密切相关，即B、D、F3个区。其中，最为重要的是F区，因为这一区是以密教思想为主导的；其次是B区，其中密教占有重要地位，但洞窟主旨是突出大乘显教的；D区则是以显教为主、含有密教内容的洞窟。各种密教形象的出现应联系整个洞窟乃至窟区的大环境，而不是孤立地进行探讨。由此，洞窟中的密教题材实际上又可分为三大类，即零散的密教题材、辅助性密教题材与主导性密教题材。所谓零散的密教题材，是指那些几乎不涉及洞窟主题，在洞窟中可有可无，完全可以被其他题材所代替的内容，这些密教题材在盛唐之前的洞窟中比较多见。辅助性密教题材是指整个洞窟以显教为主题，但密教内容在其中具有辅助主题的功用，B、D两区的密教题材多属此类。主导性密教题材是指可以主导整个洞窟主题的密教题材，多出现于以密教思想为主的洞窟当中，F区洞窟中的密教题材多属此类。按照以上的方法进行归类后，同一密教内容由于所处的背景不同，将被归入以上三种不同的类别。

从遗存本身的密教内容来看，可与经典做相似的分类，具体可分为陀罗尼图像、持明图像、密宗图像（包括胎、金两部及大瑜伽、无上瑜伽类）、含有密教思想的显教经变、单体密教尊像5大类。吐蕃时期暂未发现陀罗尼图像，因此只

① 参见赵晓星：《莫高窟第361窟与周边中唐洞窟之关系》，《敦煌研究》2013年第5期，第22—30页。

有后四类，加上单独密教法器图像共5大类。其中，持明类图像包括十一面观音经变、千手千眼观音变、不空羂索观音变、如意轮观音变、十二天曼荼罗、毗卢遮那并八大菩萨曼荼罗等，密宗图像有千手千钵文殊变、寂静四十二本尊，含有密教思想的显教经变主要为金光明最胜王经变、药师经变和密严经变，单体密教尊像主要为毗沙门天王像，单独密教法器图像主要是羯磨杵。

四、莫高窟吐蕃洞窟对盛唐晚期密教题材的继承

莫高窟第148窟，是现存敦煌石窟中有明确纪年的陷蕃前营建的最后一个洞窟，在这个洞窟中出现了很多盛唐末期才有的新因素，其中包括首创大型涅槃窟的洞窟形制、新出现的经变画与屏风画形式，此窟在密教方面的创新更加值得关注。

在新的美术题材方面，东壁门上的千手千眼观音变，是敦煌石窟首次出现的较为完整的密教观音曼荼罗，其中包括21位尊形，主尊千手千眼观音居中，周围围绕歌、舞、嬉、鬘内四供养菩萨，香、花、灯、涂外四供养菩萨，伊舍那天、水天、火天、风天、婆薮仙、功德天、君荼利、火头金刚、毗那勒迦、毗那夜迦等密教诸天。如此完整的密教观音曼荼罗在盛唐时期属首次出现，千手千眼观音变到了中唐时期变得较为盛行，是中唐时期流行的密教题材。

在新的经变画形式方面，第148窟药师净土变是莫高窟首次出现的真正意义上的东方药师净土变。敦煌的药师经变最早出现于隋代，但构图较为简略，初唐第220窟以七佛为主尊的药师变在以后并没有流行。第148窟的药师变选择了当时较为流行的观无量寿经变的构图，正中绘药师说法，两旁以条幅画表现“十二大愿”“九横死”等。初唐、盛唐仅有第220、148窟这两铺药师变，中唐时期保存了23铺药师变，其构图虽略有变化，但绘药师法会、“十二大愿”与“九横死”等主要内容成为相对固定的模式。

在屏风画方面，第148窟首次绘制了不空羂索和如意轮观音的密教内容。在盛唐时期，屏风画绘制较为简单，多为弟子像或点缀极小故事情节的山水画面，到中唐时期屏风画开始画较多的佛经情节。在第148窟的南北两龛当中，屏风画已开始描绘与不空羂索和如意轮有关的情节，这种特征与以往的盛唐屏风画大大不同。有关这两龛屏风画的内容，彭金章[①]、公维章[②]的书中都有详细的考证，

---

① 彭金章主编：《敦煌石窟全集10·密教画卷》，香港：商务印书馆，2003年，第38—39页。
② 公维章：《涅槃、净土的殿堂——敦煌莫高窟第148窟研究》，北京：民族出版社，2004年。

南壁屏风画是唐菩提流志译《如意轮陀罗尼经》的图解，主要绘制了“序品”和“破业障品”；北壁屏风画基本上依据唐玄奘译《不空羂索神咒心经》，主要表现了自在天、大自在天等诸天神守护供养不空羂索神咒和持咒的功德，以及一系列修持供养神咒之法，由此免灾除难、获得功德的场景。

在密教观音配置方面，第148窟开创了敦煌石窟千手千眼观音配不空羂索与如意轮三尊，或不空羂索与如意轮观音相对出现的先例。此窟东壁门上绘千手千眼观音变，南、北两壁开凿不空羂索与如意轮观音为主尊的龛，这种彩塑如意轮与不空羂索观音的形式虽是昙花一现，但这三尊密教观音的组合在后代石窟中却极为常见。中唐时期，莫高窟第386窟中千手千眼、不空羂索与如意轮三尊成组出现，更为常见的是不空羂索与如意轮成对出现的情况，如第117、129、200、285、358、384窟的中唐壁画。

在纯密图像方面，东壁门上、南北两侧龛顶的密教题材，其中大多数都是在第148窟中首次出现的内容，经刘永增考证，这些图像应属胎藏与金刚两部[①]，也就是说在这一窟中首次出现了纯密类图像。中唐时期被认为是敦煌密教鼎盛期的开始，这一时期绘制了大量的密教新题材，像榆林窟第25窟出现了卢舍那并八大菩萨组合，莫高窟第361窟等多个洞窟出现了千手千钵文殊变这些属于早期胎藏与金刚两部的纯密图像，这种发展最早应是从莫高窟第148窟开始的。

为何在莫高窟第148窟中出现了如此多的密教新元素，并对中唐敦煌石窟产生如此重大的影响？其中，有两个原因值得重视：其一，从大的时代背景来看，莫高窟第148窟营建的时代，正处于中原汉传密教的鼎盛期，公元716年至719年，开元三大士善无畏、金刚智、不空先后入唐，从此开启了密宗时代。不空在河西弘密，一直被认为对河西密教的发展起到了很大的推动作用。不空在河西开坛灌顶，主要传授的应是金刚界密法。在敦煌汉文文献中，现存不空翻译的密教经典有《佛说救拔焰口饿鬼陀罗尼经》《佛说大吉祥天女十二契一百八名无垢大乘经》《佛顶尊胜陀罗尼经》《千手千眼观世音菩萨大悲心陀罗尼》《佛母大孔雀明王经》《金刚顶经一切如来真实摄大乘现证大教王经深妙秘密金刚界大三昧耶修习瑜伽仪》《大乘密严经》。从这些文献来看，不空所译的陀罗尼、持明及金刚乘密教经典在敦煌都有传布。所以，大历初年（767年前后）建成的莫高窟第148窟出现大量密教新题材是与这种历史背景相符合的。其二，从敦煌本地的历史背景来看，莫高窟第148窟是在吐蕃占领敦煌前夕营建的大型洞窟。当时吐

① 刘永增：《敦煌莫高窟第148窟金·胎两部曼荼罗相关图像解说》，《首届中国密教国际学术研讨会论文集》，陕西师范大学宗教研究中心、法门寺博物馆联合主办，2010年，第260—267页。

蕃已开始一步步拉开战事，敦煌外围形势紧张，在这个社会相对动荡的特殊背景下，大量绘制密教图像体现了护国护法护世的愿望，这是与当时当地社会背景相契合的。动荡的背景下往往容易出现变革，中唐敦煌石窟的一些重要变革实际上在盛唐晚期已经开始。莫高窟第148窟对中唐敦煌石窟有重大的影响，中唐敦煌石窟在密教方面对盛唐晚期新元素的继承性非常明显。

但是，莫高窟第148窟中大历年间的密教样本并没有被中唐敦煌石窟完全继承下来，这一点也值得注意。中唐时期虽然大量流行不空羂索观音与如意轮对称出现的密教观音图像及曼荼罗，但表现《如意轮陀罗尼经》和《不空羂索神咒心经》的屏风画却再没有出现，第148窟成为莫高窟中昙花一现的孤例；更让人费解的是第148窟南龛龛顶、南披出现的胎藏部图像在整个中唐时期都没有绘制，而却在莫高窟晚唐时期第156窟西壁正龛龛顶再次出现。这种情况或许表明，吐蕃的占领不仅打断了敦煌原来的历史进程，同时也中断了敦煌密教原来的发展进程，中唐时期的敦煌有选择地继承了盛唐晚期的密教内容，但密教的轨迹并没有按照盛唐晚期原有的道路平顺地走下去，而是在继承的基础上加入了受到吐蕃认同的新题材。

五、吐蕃统治时期敦煌密教石窟艺术的特点

有关吐蕃统治敦煌时期石窟的新特点，樊锦诗、赵青兰《吐蕃占领时期莫高窟洞窟的分期研究》、沙武田《吐蕃统治时期敦煌石窟研究》等著述中均有详细论述，现仅就其中密教方面的特点做补充说明。吐蕃统治敦煌时期的莫高窟可分为早、晚两期，而从密教在当时流行情况来看，一些密教题材从早期到晚期是有变化的，另一些密教题材则始终流行于整个吐蕃时期。早期新开凿的洞窟规模较小，并同时大量补绘盛唐时期未完工的洞窟，无论是凿建还是重修，都突出了消灾护世的密教思想。吐蕃统治中后期，敦煌社会相对稳定，加上吐蕃统治者笃信佛教，洞窟修建全面复兴。此时的洞窟已有统一的设计，仍以盛唐时期延续下来的汉风为主，兼及吐蕃乃至印度的一些题材风格，在协调与融合上功绩突出，密教色彩加重，出现了密宗题材。总体上，吐蕃时期敦煌石窟在密教方面呈现出以下特点：

1. 在重修前代未完工洞窟方面，大量补绘观音与地藏两大菩萨的单体尊像。由于吐蕃对敦煌的占领，许多盛唐时期的洞窟在政权易手之后都未能完成，所以吐蕃早期以补绘前代洞窟为主。在这些补绘的洞窟中，几乎都没有按照前代设计继续绘制，而是比较随意地补绘一些内容。其中，最为突出的就是补绘观音

与地藏的单体尊像，有时还绘上药师佛。观音和地藏常常被组合在一起，这并不是根据经典或传统而绘，形象也是显教的形象。但这一组合突出的是救世思想，观音被简化成一个救现世苦的符号，而地藏则被简化成一个救死后苦的符号。这样一来，这一生一死凸显以神通救世的形象就带有了密教元素，特别是与药师佛绘在一起的时候，这种功能就更加突出。

2. 在正龛屏风画中绘制观音经变的内容。这种情况在吐蕃统治早期和晚期都有出现，早期的洞窟有莫高窟第154窟和第93窟，晚期的有莫高窟第359窟和第7窟。其中，莫高窟第359窟和第93窟正龛内屏风画原被认为是“九横死”，近年来由张元林、夏生平《“观音救难”的形象图示——莫高窟第359窟西壁龛内屏风画内容释读》[①]和赵蓉《莫高窟第93窟龛内屏风画内容新释》[②]两文考证其原应为观音经变内容。观音是显、密两教共同尊奉的大菩萨，这些屏风画主要描绘的是观音救苦救难的情节，所以有学者认为可能是密教的救八难观音图像，说明这种屏风画的出现可能与观音的密教身份有关。特别是在莫高窟第93窟正龛的屏风画中，还出现了多身吐蕃装人物和T形榜题条，表明了这种观音救难的屏风画同样受到吐蕃人的认同。

3. 金光明最胜王经变的出现。《金光明经》有多种汉译本，敦煌文献中主要是北凉昙无谶所译的《金光明经》与唐义净所译的《金光明最胜王经》，藏译本由法成从汉文译出，在敦煌文献中汉藏两种写本数量都很大。《金光明最胜王经》是“护国三部经”之一，宣扬四大天王与鬼神护国的思想，此经变首次在吐蕃统治早期的敦煌石窟中出现，反映了敦煌借此经“护世护国”的意图。这一经变在中唐时期共有4铺，早期的有莫高窟第133窟（1铺）和第154窟（2铺），晚期的有莫高窟第158窟（1铺）。

4. 密严经变的出现。《大乘密严经》有唐地诃婆罗与不空两种汉译本，敦煌文献中存有汉藏两种写本。此经变最早出现于中唐晚期的莫高窟第158窟[③]，描绘密严净土，带有浓厚的密教思想。但整个中唐时期，此经变仅此一例，说明这是此时才传入的全新密教题材，并未广泛流行。

5. 待定名密教曼荼罗的出现。此种曼荼罗以往被称为“释迦曼荼罗”，这是沿用宿白的定名[④]，但宿白在文中已在“释迦曼荼罗”后加上“？”，可见当

① 张元林、夏生平：《“观音救难”的形象图示——莫高窟第359窟西壁龛内屏风画内容释读》，《敦煌研究》2010年第5期，第36—46页。
② 赵蓉：《莫高窟第93窟龛内屏风画内容新释》，《敦煌研究》2012年第1期，第25—32页。
③ 参见贺世哲主编：《敦煌石窟全集11·楞伽经画卷》，香港：商务印书馆，2003年，第184页。
④ 宿白：《敦煌莫高窟密教遗迹札记》（上、下），《文物》1989年第9、10期。

时也并不确定，后来的学者沿用时忽略了问号，使“释迦曼荼罗”的称法一度被固定下来。这种图像一直以来都未找到绘制的经典依据，因此只能暂称为“待定名密教曼荼罗”。其在莫高窟最早出现在中唐早期的第186窟中，在中唐晚期的第360窟中再次出现，并一直延续到晚唐时期的第156窟。

6. 千手千钵文殊变的出现。依据不空所译的《大乘瑜伽金刚性海曼殊室利千臂千钵大教王经》，同时参考《金刚顶经瑜伽文殊师利菩萨法一品》绘制的，属于晚期的持明图像或早期的金刚乘图像。这一经变在中唐时期的莫高窟第144、238、258、360、361窟共5铺，均为中唐晚期作品。千手千钵文殊变，还常常与千手千眼观音变相对绘制，形成一种新的组合。

7. 十二天曼荼罗的出现。根据不空所译的《供养十二大威德天报恩品》绘制，由佛教中的十二天组成的小型坛城，即四方、四维、上下等十护方天，加上日天与月天。这一图像出现在中唐晚期后段，仅见于莫高窟第361窟和第7窟，此后再未出现。

8. 出现单独的密教法器羯磨杵图像。羯磨杵，即十字金刚杵（梵文VishVa—Vajra），是由4个带莲花座的金刚杵组成，4个金刚杵的杵头从中心点向四大方位散射，象征着绝对的定力。吐蕃晚期的一些洞窟窟顶中心藻井出现了密教法器羯磨杵图像，如莫高窟第7、361、370窟和西千佛洞第18窟。

9. 出现带有密教性质的文殊普贤会图像。高僧澄观认为“文殊主智，普贤主理，二圣合为毗卢遮那，万行兼通，即大华严之义也”①。故“文殊普贤会”可体现“大日如来”的主旨，可归入密教内容。中唐时期，文殊普贤会的密教性质加重，有时在文殊、普贤率众赴会的图像背景中加入五台山和圣迹图（如莫高窟第361窟西壁正龛外层龛），有时将他们作为密教主尊的眷属（如敦煌绢画S.p.32、Ch.xxxVii.004 密教组像）。

10. 密教主尊的出现。从现存的洞窟遗迹来看，此时的主尊变得多样化，除了以传统的释迦佛为主尊外，还出现了以药师七佛为主尊的新形式，这种新式属于密教系统。莫高窟第365窟主尊即为表现密教内容的“药师七佛”彩塑，窟内还有赞普可黎可足时的藏文题记。②

① ［宋］赞宁撰，范祥雍点校：《宋高僧传》卷五《唐代州五台山清凉寺澄观传》，北京：中华书局，1987年，第105页。
② 参见黄文焕：《跋敦煌365窟藏文题记》，《文物》1980年第7期，第47—49页。

莫高窟第361窟

六、敦煌吐蕃密教图像的功用

从整个吐蕃敦煌石窟的密教图像来看，处处透露出与信众的时代要求相契合的社会化特征。吐蕃占领初期，大量盛唐洞窟因吐蕃攻陷敦煌而未能完成，对于这些“开窟有人、图素未具”的洞窟，敦煌人采用补绘的办法完成未完的素壁。这时，补绘最多的是观音、地藏与药师佛的单体尊像，对这三尊形象的选择，明显受到了敦煌与吐蕃多年战争的影响。观音是救现世苦难最重要的神灵，地藏是地狱的主神，是解救死去之人的最主要的神灵，而药师佛则是能够祛病延命的主佛。敦煌抵御吐蕃多年，长期的守城及吐蕃占领敦煌初期的残酷政策以及社会的动荡无疑对敦煌百姓造成了巨大的心理阴影，内心渴求平安、希望借助神力从苦难的现实中解脱出来，救苦救难的观音菩萨就成为理想的偶像。对救难观音的信仰在整个中唐时期都有延续，以至后来在洞窟主室的正龛屏风画中绘制观音经变，并同时大量绘制千手千眼、不空羂索和如意轮等观音的密教形象。战争带来的人口的锐减、死亡人数的激增，使能够安置亡灵的地藏菩萨自然成为信仰的对象。对于活着的人来说，药师佛治病延寿的功能在动荡的现实社会中得到了强化，之后还影响到敦煌和吐蕃的上层，甚至在吐蕃统治敦煌末期出现了以药师七佛为主尊的莫高窟第365窟。

随着吐蕃统治者调整统治政策，利用敦煌地方大族治理敦煌，敦煌社会日趋稳定，与唐代大背景一致的护国思想题材的图像开始流行。金光明最胜王经变和密严经变都是具有护法护国思想的图像题材，特别是《金光明经》作为护国三部经之一，强调四天王护国的思想。到了吐蕃统治的晚期，出现了更注重世间现实利益的十二天曼荼罗。对供养十二天功德与坛城功用描述最为详细的典籍，是不空所译的《供养十二大威德天报恩品》，经的前半部分几乎都在讲十二天喜怒之时所分别产生的二利益和二损，具体如下：

> 其数几何？谓彼天数有十二也，地天、水天、火天、风天、伊舍那天、帝释天、焰魔天、梵天、毘沙门天、罗刹天、日天、月天也。地天喜时有二利益，一者人身坚固色力增长，二者器界地种味力增长；此天瞋时亦有二损，一者人身乱坏色力减少，二者器界地味力皆违本。水天喜时有二利益，一者人身不渴，二者雨泽顺时；此天瞋时亦有二损，一者人身干渴，二者器界旱魃万物干尽，或雨大雨世界满水流损草不及与众生。火天喜时有二利益，一者人身热气随时增减，二者时节不逆；此天瞋时亦有二损，一者人身热气非时增减，二者自然散火焚烧诸物。风

天喜时有二利益，一者人身轻安举动随心意，二者器界安隐无有倾动，而随世间有冷风和不损情非情等；此天瞋时亦有二损，一者人身及音而不随意，二者大风吹满散破世间，或不吹风草木不顺时也。……伊舍那天喜时，诸天亦喜，魔众不乱也。旧名摩酰首罗也，佛言若供养摩酰首罗（唐云大自在）已为供养一切诸天。此天瞋时，魔众皆现国土荒乱。天帝释者，地居之主，注记众生所作善恶。此天喜时，国土安稳、人民不乱；此天瞋时，刀兵相战，地居诸王皆悉安。焰魔天喜时，人无横死、疫气不发；此天瞋时，人非时死，疫气充满。梵天者，上天之主，众生之父。此天喜时，器世间安稳，无有乱动。……此天瞋时，世间不安，有种种病，至于草木皆悉恼落，众生迷惑名如醉人。毗沙门喜时，药叉众喜，不害人民，不行毒肿，瞋时皆乱。罗刹天喜时，诸嗷完鬼随亦喜，不唾毒气，不作恶行。此天瞋时，皆悉乱现。日天喜时，光不损物，人瞋不钝，有情非情，皆悉快乐。此天瞋时，失度无光，虽有眼目，不能见物，寒苦忽逼。月天喜时，冷光增物，人无热病，瞋时皆舍矣。日月互照，有大利益，时节和融。①

十二天曼荼罗，具有强烈重视世间利益的色彩。除了上述供养四方天王之功德外，《供养十二大威德天报恩品》还提到："若欲除怨灾用风天，并于此天祈风难等。若欲调人用梵天王，水难用火天，火难用水天，降魔用伊舍那或用火天。镇恶处用地天，并祈五谷也。若求官位帝释天。若求智日天，若求定用月天。若欲除热寒病，随用日月天（日天除寒，月天除热）。若有四大病，随用四大精天。如是为首，余次第回顺供之。为富用昆沙门，为贵更用梵天。"供养十二天除了除灾之外，还包括"为富用毗沙门，为贵更用梵天"等世俗利益。可见，十二天曼荼罗特别重视获得世间的利益，这也是中唐敦煌佛教社会化的突出标志。

总体上看，中唐敦煌密教文献及图像所记载的密教的传播和流行的历史说明，密教特别注重佛教与民间信仰相结合，深入人们的日常生活之中，帮助众人解决现实社会中的各种问题，是敦煌佛教社会化的重大变革。因此，密教在中唐的流行，标志着敦煌佛教全面社会化的开始。

① ［唐］不空译：《供养十二大威德天报恩品》，载《大正藏》第21册，第384页。

第四节　敦煌本《四十九种坛法仪则》与《坛样图》

敦煌本《坛法仪则》内容涉及多种密教坛场、坛法。此经典未见于各版本的《大藏经》及历代经录，目前仅在敦煌文献中出现。除《坛法仪则》写卷外，还有与《坛法仪则》相对应的坛场图稿P.2012、P.4009《坛样图》。二者是敦煌密教坛场设置的文献资料。《金刚峻经金刚顶一切如来深妙秘蜜（密）金刚界大三昧耶修行四十二种坛法经作用威仪法则　大毗卢遮那佛金刚心地法门密法戒坛法仪则》和《金刚峻经金刚顶一切如来深妙秘蜜（密）金刚界大三昧耶修行四十九种坛法经作用威仪法则　大毗卢遮那佛金刚心地法门密法戒坛法仪则》，简称《四十二种坛法仪则》和《四十九种坛法仪则》。

一、坛场的源流

坛场，又称曼荼罗，是密教修行者作法修行的场所，多见于密教经典和造像题材中。坛场的形制多为方形或内方外圆形，并有内院、中院及外院之分。内院的中心主要安置主尊，其他各尊神则依据地位高低安置在各自的方位。关于坛场，大多数学者认为是源于古印度的婆罗门教，但也有学者认为是受中国道教的影响而形成。

道教坛场，有着悠久的历史渊源。《尚书·金縢》载周公“三坛同墠”。《礼记·祭法》载“燔柴于泰坛，祭天也”。《国语·楚语》载“坛场之所，上下之神”。西汉时期，汉文帝在霸陵立五帝坛。汉武帝时又设太一坛。先秦及秦汉时期的坛场，多以阴阳五行、方位、服色、神祇等配合坛场祭仪，并一直被后世沿用，道教坛场也多沿承其制。

道教经典《元始五老赤书玉篇真文天书经》记载：

> 东方安宝华林青灵始老九天炁青天赤书玉篇真文……南方梵宝昌阳丹灵真老三天炁丹天赤书玉篇真文……中央玉宝元灵元老十二炁黄天赤

书玉篇真文……西方七宝金门皓皇老七炁白天赤书玉篇真文……北方洞阴朔单郁绝五灵玄老五炁玄天赤书玉篇真文。

经文中记述了道教五方天帝的方位、名称、术数、颜色等多个内容。将五帝与青赤黄白黑五色相配，并分属东西南北中五方位。

密教坛场与道教坛场一致，对神祇的方位、阶次、服色等也有严格的规定。胎藏界五佛及身色分别为中央大日佛身白色、南方开敷华王佛身黄色、西方无量寿佛身青色、北方鼓雷音佛身黑色、东方宝幢佛身赤色。同道教五方天帝一样，密教五佛也分属东西南北中五方位，服色也与赤青黄白黑相配。

在坛场设置方面，道教和密教都有其自身的仪法规则。道教坛场一般分为内坛、中坛和外坛，与密教坛场一致。坛场地点的选择方面，依照道教教义，坛场需选择净地。宋陆时中《无上玄元三天玉堂大法》记载：

建坛立靖，当择无尸冢及烧骨去处，不在高堂广宇。凡在市朝，则择宽静街衢，苟近闹市，尤宜择净处建坛，不得杂事神祇，盖身为人天之师，地下鬼神，尽服役使，苟私香火，三官纠罪。

密教坛场，同样也须将坛场中不干净的物品，如毛发、骷髅、朽木、砂砾等清除，再根据仪法建坛。善无畏《大毘卢遮那成佛神变加持经》记载：

秘密主！彼拣择地，除去砾石碎瓦破器、髑髅毛发、糠糟灰炭、刺骨朽木等，及虫蚁蜣螂毒螫之类、离如是诸过。遇良日晨定日时分宿直，诸执皆悉相应。于食前时值吉祥相，先当为一切如来作礼。

密教坛场与道教坛场不仅在场地的选择方面相一致，在坛场界域设置方面也较为一致。

不空《金刚顶一切如来真实摄大乘现证大教王经》记载了关于坛场界域的设置：

次当我遍说，胜大曼荼罗，由如金刚界，名为金刚界。如教应安座，于曼荼罗中……以新线善合，应量以端严，以线智应抨，随力曼荼罗，四方应四门，四刹而严饰，四线而交络，缯彩鬘庄严，隅分一切处，明户于合处，钿饰金刚宝，应抨外轮坛，彼中如轮行，应入于中

金剛峻經金剛頂經一切如來深妙祕密金剛界大三昧耶修行四十二種壇法作
用威儀法則 大毗盧遮那佛金剛心地法門祕法戒壇法儀則 大興善寺三藏沙門大廣
智不空奉 詔譯
爾時佛於初現蓮花藏世界供會諸天菩薩八方侍佛告諸天菩薩吾今聞說最上大乘深
妙祕密金剛界大三昧耶也持大教王尼佛經佛告諸天菩薩吾今聞吾此最上大乘深
祕密金剛界大三昧耶大毗盧遮那佛稟受奉行現身是佛天諸聞說豁然而起
不能信受辭退而去金剛藏菩薩起立合掌白佛言世尊聞佛所說最上大乘不能
信受諸天菩薩為是小乘不作信受所以豁然而起莫以為過爾佛慈悲為我宣
說最上大乘我能信受當來得無上菩提廣度眾生皆是佛諸威力度化我等
佛告金剛藏菩薩諸善哉善哉善哉甚深 不可思儀甚是果滿託屬佛告金剛藏菩
薩諦聽諦聽善思念之於汝當為汝分別解說深妙祕密最上大乘金剛界大三昧耶也
持大教王尼佛經非吾所說是過去九十九億恒河沙諸佛弟代相傳度化今天乃至過去

P.3913《四十二种坛法仪则》

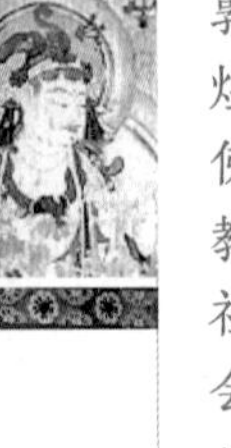

宫，金刚线遍抨，八柱而庄严，于金刚胜柱，应饰五轮坛，于中曼荼罗，安立佛形象。

《隋书·经籍志》也记载了道教坛场界域的设置：

其洁斋之法，有黄箓、玉箓、金箓、涂炭等斋，为坛三成，每成皆置绵蕝之中，鱼贯面缚，陈说愆咎，告白神祇，昼夜不息。或一二七日而止。其斋数之外有人者，并在绵蕝之外，谓之斋客，但拜谢而已，不面缚焉。

密教以线来设定坛场界域，道教用绳、茅来设定坛场界域。两者对坛场界域的设置都以绳、线为主，可见二者在坛场仪法规则方面是一致的。

除坛法布局相一致外，密教坛场所用器物也与道教坛场较为一致。密教坛场所供器物主要有香、灯、花、涂、幡、盖、杵、瓶、炉、剑、镜、铃、尘尾、如意、白拂等。其中铃、剑、镜是道教经常使用的器物，香炉、尘尾、如意、白拂等也是出自中国的器物。

道教中的铃、剑、镜等常用来降妖除邪，进行各种术仪，同时也是道士随身所带的法器。道教《上清高上灭魔玉帝神慧玉清隐书》记载："左配神符，右策金兵，九天征伐，焕掷火铃，灭魔破妖，剪邪校精，风火亦震，六天摧倾……"《正一敕坛仪》记载："夫敕坛，先办水剑，安地户上，具坛简行道，就剑水所先存思本师在西，次存思三将军，次存思有一真官绛衣乘斗而至……"

密教中的铃、镜、剑、香炉、白拂等同样也用来庄严坛场以及进行各种仪轨。僧伽婆罗《孔雀王咒经》记载："五尺刀五口、五色幡五枚、箭二十一枚、灯二十一盏、镜五面、安息香……"菩提流志《佛心经》记载："欲定邪正者，取一铜镜，无问大小咒，经万遍持行，乃至邪正必定决了……"

道教用铃、剑、镜等器物降妖除魔，修仙证道。密教亦重视这些器物，并加之香炉、如意、白拂等物品庄严坛场。从上述分析可知，密教的坛场仪式深受道教的影响。一直以来，道教被认为受密教的影响较多，道教教理不如密教教理深远。但细究之，道教固然有借鉴密教之处，但密教受道教影响更为明显，如道教的占卜、风水、星斗、符咒、坛场仪式等也出现在密教仪轨经文中。密教典籍不仅使用这些道教名目，吸收道教思想，还采用了道教的灵符及咒语"急急如律令"等。这些仪轨在道教中出现的时间远远早于密教，可以肯定道教对密教有一定的影响。

二、敦煌本《坛法仪则》

（一）《四十二种坛法仪则》

全名《金刚峻经金刚顶一切如来深妙秘密金刚界大三昧耶修行四十二种坛法经作用威仪法则　大毘卢遮那佛金刚心地法门密法戒坛法仪则》，略称《金刚峻经》或《坛法仪则》，密教经典，4卷。中国僧人编集，作者不详，署“大兴善寺三藏沙门大广智不空奉诏译”。本文献未为历代《大藏经》所收，也未见历代经目载录，目前仅见于敦煌文献中。内容主要叙述各种坛法仪则和传法世系，共分4卷。前3卷叙述各种坛法仪则，以“部”为内容分节，分为35部。除个别情况外，每部的序号写在该部之末。卷4叙述传法世系，不分部。每卷有首尾题，卷次仅见于各卷尾题。但今存诸本均未见卷3尾题和卷4首题。由于本文献乃佛教法事仪轨，故有的写本后附有《结坛散食回向发愿文》。将现存本文献诸敦煌遗书分别归类排比后，可发现它们分属3个不同的写本，即：

（1）伯3913，4卷首尾完整，但无《结坛散食回向发愿文》。文中“部八”的序号被涂删，“部九”至“部二十七”的序号抄完后改为“部八”至“部二十六”，故“部八”至“部三十四”序号前内容与他本不同，无“部三十五”的序号，并在无卷3尾题和卷4首题的情况下将“卷二”改为“卷三”。

（2）北敦15147、甘博015，纸张保存和抄写情况较好。从纸张、字体及字行间有朱文批注等抄写风格来看，它们原属同一写本。就内容而言，北敦15147为该写本的第一段（卷1），中间一段（卷2）缺失，甘博015为最末一段（卷3和卷4），无卷3尾题和卷4首题。亦无《结坛散食回向发愿文》。

（3）北敦02301背、斯2316背+北敦02431背、北敦06329背、斯2144背。上述5件均抄写于前人写经的背面，就内容和字体进行比较排列后可以看出它们属于同一写本，除斯2316背+北敦02431背可以缀接外，其余写卷因有残缺，无法缀接。其中北敦02301背抄写卷1后部分与卷2前部分。斯2316背与北敦02431背缀接后的存文相当于从卷2的后部分到卷3之末尾。北敦06329背首尾均残，所抄为卷4中部文字。斯2316背所抄则为卷4的后部分，并附有《结坛散食回向发愿文》。

上述有的卷号曾在前人讨论《坛法仪则》时被提及，但当时未发现它们属于同一种写本。李小荣因为未发现斯2316背所抄卷2之卷尾最末一个部序号有误，误以为其祖本与前两种写本不同。此前人们之所以未发现它们属于同一种写本，是因为只注意到北敦02301背卷1部分的字体与其他写本不是出自同一人之手，却未注意到它们都抄写在背面，而且北敦02301背紧接卷1抄写的其他部分，其

字体与斯2316背、北敦02431背、北敦06329背、斯2144背诸写本风格相同，显然出自同一人之手。因此，这一写本的抄写，是由两个人先后完成的。本文献避“民”“治”字讳，故最早当成书于盛唐。第四卷提到“天宝”年号，称“从永徽五年至天宝十五载，计一百三年矣”；又提到“大唐光化二年”，称“自永平十年教至此，迄今大唐光化二年己未岁，凡八百三十八年矣”。上述资料对研究本文献的形成发展历程，应有一定的参考价值。但卷4又有“唐朝高宗”之类的提法，并罗列禅宗六祖惠能以后的若干资料，且现存抄本均为敦煌归义军时期（9—11世纪）所抄，则其目前的形态最早定型于晚唐，也可能在五代。

本文献署“大兴善寺三藏沙门大广智不空奉诏译”，但历代经录之“不空译经录”中均无载，且卷4记叙了不空圆寂后才出现的中国禅宗传法谱系，因此本文献不可能是不空所译。不过，由于前3卷所述法会坛法仪则的不少内容与唐代不空所传密教金刚部有密切关系，故有以下这种可能：唐末、五代中国僧人出于行持法会的需要，根据密教金刚部经典、禅宗灯史和自己对密教的理解编成本文献，并把文献作者假托到不空名下。因此，本文献是研究禅宗密教化、华严宗密教化、密教中国化和早期中国佛教科仪的重要依据。

本文献中有关水陆坛法的文字，以及斯2144背所附的《结坛散食回向发愿文》的文字，还可见于中国国家图书馆藏敦煌遗书北敦05298（夜098）、英国大英图书馆斯3427等文献，从而为进一步解读这批文献提供了新的思路。它们都是现存较早的水陆法会科仪资料之一，对了解中唐至宋代的瑜伽教以及佛教水陆法会科仪的发展演变均有重要价值。

（二）《四十九种坛法仪则》

《四十九种坛法仪则》在敦煌文献中只存有BD02074一件抄本。此写卷正反两面书写，首全，尾缺。主要叙述安坛之法以及佛、菩萨的名字、声色、座位之处等。文中描述有水陆之坛、天王护国之坛、五佛加持身成佛十身之坛、普贤菩萨三昧之坛等。尊像除五佛、十六大菩萨外，还有特有的“四结界、四供养、四无量”等菩萨和护法金刚。四结界菩萨大部分名为忏悔菩萨、净地菩萨、结界菩萨、净界菩萨，四供养菩萨则以地藏、风藏、火藏、水藏命名，四无量金刚主要以佛教教义中的慈、悲、喜、舍来命名。

《金刚峻经金刚顶一切如来深妙秘密金刚界大三昧耶修行四十九种坛法经作用威仪法则　大毗卢遮那佛金刚心地法门密法戒坛法仪则》，密教经典，1卷，中国僧人编集，作者不详，署“大兴善寺三藏沙门大广智不空奉诏译”。

本文献未为历代《大藏经》所收，也未见历代经录著录。目前仅见于敦煌文献北敦BD2074（冬74）。正反两面书写，背面文字与正面文字不能相接，共计993行。以“部”为内容分节，每部前有序分，部的序号在每部之末。正面507行，有首题。内容从“部第一”抄至“部第八”，因尾部数纸脱落，故“部第八”仅抄前部文字，残缺后部文字及尾题。另，正面“部第四”分成两个部分抄写，故有两个尾题；背面486行。内容从“部第十五”抄至“部第二十六”。因背面首部纸张脱落，“部第十五”首缺；“部第二十六”后虽有余纸，但抄写者没有把“部第二十六”抄写完整，相反，采取略写大意的方式结束全文，故文献实际尾缺。本文献抄写后缺少认真校对，故背面文字脱漏“部第二十”整部。此外，部第一、部第五、部第六、部第十五、部第十六、部第二十二、部第二十三、部第二十四、部第二十五、部第二十六均有明显抄脱或错简的地方。本文献的名称与《金刚峻经金刚顶一切如来深妙秘密金刚界大三昧耶修行四十二种坛法经作用威仪法则　大毘卢遮那佛金刚心地法门密法戒坛法仪则》（以下简称《四十二种坛法仪则》）相比，只有“四十二种”“四十九种”之别，内容也有相近的地方。只是《四十二种坛法仪则》偏重叙述坛法的组成、行持和传承，而本文献偏重记述安坛之法、佛菩萨名字、身色、座位之处。因此它们属于同一种法会坛场科仪的不同部分。两者需要与《最上大乘深妙秘密金刚界大三昧耶总持大教王成佛经》等其他材料一同组合起来，才能构成行持一场金刚瑜伽教法会的完整文本。

本文献与《四十二种坛法仪则》一样，均署“大兴善寺三藏沙门大广智不空奉诏译”，但《四十二种坛法仪则》卷4包含有中国禅宗传法谱系等相当多不空圆寂之后才出现的中国佛教的内容，说明该文献并非不空所译。从其中包括的内容比较混杂来看，《四十二种坛法仪则》很可能是唐末、五代中国僧人出于行持法会的需要，根据密教金刚部经典、禅宗灯史和自己对密教的理解编纂而成，并把文献作者假托到不空名下。本文献的性质与《四十二种坛法仪则》相同，均属于受不空所传金刚部密教影响而形成的瑜伽教坛场科仪。不空之后出现的瑜伽教坛场科仪，是中国僧人结合当时佛教显密诸派典籍的撰述，并非传译本。就本文献内容来看，是研究密教中国化和早期中国佛教科仪的重要资料，对了解中唐至宋代的瑜伽教尤其是水陆法会科仪的发展进程有重要价值。

《四十九种坛法仪则》中诸坛法对坛场尊像的安置，一般依东南西北四门由里到外为佛、菩萨、金刚诸神等。写卷中坛场中央安卢舍那佛；东南西北四门分别安阿閦佛、宝生佛、阿弥陀佛、不空成就佛；次安四结界、四供养、四无量等菩萨、护法金刚等，其方位对应如表2所示：

表2 《四十九种坛法仪则》尊像方位对应表

方位	尊像名称			
	佛	四结界菩萨	四供养菩萨	四无量金刚
中央	卢舍那佛	—	—	—
东门	阿閦佛	忏悔菩萨	地藏菩萨	大慈金刚
南门	宝生佛	净地菩萨	风藏菩萨	大悲金刚
西门	阿弥陀佛	结界菩萨	火藏菩萨	大喜金刚
北门	不空成就佛	洁净（净戒）菩萨	水藏菩萨	大舍金刚

三、敦煌本《坛样图》

（一）P.2012《坛样图》

P.2012《坛样图》是一幅坛场白描画稿。画稿的正面画有4个不完整的坛场，画面中有佛、菩萨、金刚等尊像，并在其旁书写有相应的名称、座位及身色等。画稿的背面画《三界九地》佛教宇宙论图和一组只写有佛、菩萨名录、座位及身色等的简略坛样图。

本画稿以坛场为中心，从右至左分为四部分，画面描述与榜题释录如下：

1．坛场图一

坛场形制内圆外方，对称布局：坛中心画八叶莲花，并标注“绿、青”；第二层圆内画三组八角火轮，火轮内画莲花，并标注“轮五色”，在圆内标注“地黄”；最外一层画有四门，在南侧门内标注“绿四门同”，门两侧画有五朵莲花，标注“地五色”。坛场南北两侧所绘应为按东、南、西、北4个方位从里到外安置菩萨和金刚像并以榜题形式标注名号：南侧画有上下两身供养菩萨及七身金刚像，坛场北侧无画像（应该是没有完成），只书写有榜题。

东门：第一东门香藏菩萨身白色　第一东门大慈金光（刚）白色
南门：第四南门风［藏］菩萨青花　第二南门大悲金刚身青
西门：第三西［门］惠藏菩萨身赤色灯　第三西门大喜金刚身赤色
北门：第二北门水藏菩萨身绿　第四北门大舍金刚身绿色

2．坛场图二

坛场形制内外均为方形，对称布局：坛中心画八叶莲花，旁边标注“黄”；第二层画有八角火轮，并标注“绿地”；火轮四周画有若干莲花，有的莲花标注“赤”，有的莲花标注“青”，有的莲花标注“白”；第三层内标注

"绿线"，画若干莲花，莲花内标注"青""赤"等；第4层和第三层大致相似。第三、四层中画有四门，门口处画瓶、轮、剑、饭等物品，四门处标注"绿""赤""青""白"四色（从右至左逆时针旋转），从四门的色标题记可知四门的方位关系分别为：门北、门西、门南、门东。因4个坛场在一幅画稿中，而其他3个坛场的方位没有明确标出，因此据坛场图二可以推断出其他3个坛场的四门方位。

坛场南、北依次画供养菩萨、佛、金刚等，但五佛画像没有书写榜题，只在门北侧的一身坐佛旁书写"背身黄带（戴）五佛冠""地绿色"等字。尊像榜题依次为：

东门：第一东门香藏菩萨白色　第一东门大慈金刚身白色
南门：第二南门空藏菩萨青色　第二南门大悲金刚青
西门：第三［西门］惠藏菩萨赤色　第三西门大喜金刚赤色
北门：第四北门水藏菩萨绿色　第四北门大舍金刚绿

3. 坛场图三

坛场形制内圆外方，对称布局：坛中心画八叶莲花；第二层画八角轮，周围装饰莲花和杵；第三层画八角火轮，火轮内画莲花；第四层画若干莲花，四角处的莲花内画火剑，四门门口画剑、轮、饭等物品。坛场南北两侧所绘为按东、南、西、北4个方位从里到外安置菩萨和金刚像并以榜题形式标注名号，榜题依次为：

东门：第一东门香藏菩萨白色　第一东门大慈金光（刚）白
南门：第四南门风藏菩萨青色　第二南门大悲金光（刚）青色
西门：第三西门火藏菩萨赤　第三西门大喜金光（刚）身赤色
北门：第二北门水藏菩萨绿色　第四北门大舍金光（刚）绿色

4. 坛场图四

坛场形制为方形，四角、四层对称布局；每层都画四门，有瓶、轮、箭、饭等物品；最里层中心画八叶莲花，四角各画一莲花；第二、三、四层相似，都画若干莲花和杵。坛场南北两侧所绘应为按东、南、西、北四个方位从里到外安置菩萨和金刚像并以榜题形式标注名号，榜题依次为：

东门：第一东门阿閦佛身白色　第一东门净地菩萨白色

P.2012《坛样图》

第一东门香藏菩萨白色　第四北门（东门）大慈金光（刚）绿色
南门：第三南门宝生佛身青色　第四南门水藏菩萨青色
第二南门风藏菩萨青色　第三西门（南门）大悲金光（刚）赤色
西门：第三西门阿弥陀佛赤色　第二西门忏悔菩萨赤色
第三西［门］火藏菩萨赤色　第三西门大喜金光（刚）青色
北门：第四北门不空成就佛绿色　第四北门结界菩萨绿色
第四北门水藏菩萨绿色　第四北门大舍金光（刚）绿色

在P.2012背面，同样画有坛样图稿，此图稿未画坛场，仅画有简单的图像并标注各尊像名称及身色，与正面画稿相比，较为简单。

以主尊“毗卢尊”为坛场的中心，画稿的尊像方位关系分别为：

中心榜题“第一中心安毗卢尊身黄色”；其下方画一身结跏趺坐佛像，头戴五佛冠，双手于胸前作智拳印。

东门榜题：

“第一东门阿閦佛白”；榜题下画宝杵。

“第五东门忏悔菩萨白”；榜题下画一双手，一手执香炉，一手作兰花指状。

南门榜题：

“第二南门宝生佛身青色”；榜题下画火焰宝珠。

“第六南门净地菩萨身青”；榜题下画一身胡跪菩萨像，左手执金刚铃，右手执金刚杵。

西门榜题：

“第三西［门］阿弥陀佛身赤色”；榜题下画一朵未开的莲花。

“第三西门结界菩萨身赤色”；榜题下画结界手印。

北门榜题：

“第四北门不空成就佛绿”；榜题中间画一朵花。

“第四北门净界菩萨身绿色”；榜题下画作兰花指状的手。

（二）P.4009《坛场人物画稿》

P.4009《坛场人物画稿》不绘坛场，也不书写榜题，只绘有一些简单的佛、菩萨、金刚等画像。画稿中佛、菩萨、金刚等都是两两对称出现，尊像的姿势、手印及所持之物与P.2012画稿中的尊像相似。画面大致可分为三部分：

第一部分正背两面都绘有菩萨、金刚等。菩萨有的呈结跏趺坐式，有的呈胡跪式，有的呈站立式；胡跪式供养菩萨手中所持之物有香炉、灯、金刚杵、金刚铃等；结跏趺坐式菩萨或作金刚缚、合掌、结界等手印，或手中持莲花、刀、剑、铃等物；金刚主要以站姿为主，从画中的姿势可以看出脚下应踩有莲花或火轮，但画面中未画出；金刚手中持绳索、环形锁、斧、铃、杵等物；正面画稿中间书写有两行文字“佛于伽维那国付与普贤菩萨三昧坛法”“尔时佛住王舍城金刚座付与普贤菩萨座禅坛”，两行文字旁的两尊菩萨手作普贤三昧耶印。

第二部分正背两面画有佛、菩萨及金刚等。画稿正面所绘的主尊佛呈结跏趺坐式，头戴佛冠，双手或作金刚拳、结界印等，或手持莲花、宝珠等；菩萨也以结跏趺坐为主，双手或作各种手印，或持各种物品，其中有持弓者，有持弓射箭者，还有弹奏乐器者；金刚则以站姿为主，手中持有斧、绳、杵、环等。画稿一侧书写有“今者佛手结之坛”“南无东方十二上愿佛”“戊寅年二八月日某”等文字。画稿背面只画有少数的佛和菩萨，三身坐佛，头戴佛冠，旁边各有胁侍菩萨，其中有二位胁侍菩萨呈站立式，手中拿香炉和金刚杵；其他菩萨或呈胡跪式，或呈结跏趺坐式，双手或作手印，或持环、托盘等；其中有一身菩萨较为独特，双手持一棵小树，似在栽种。

第三部分画稿与前两部分没有太大区别，正背两面同样以佛、菩萨、金刚为主，各个尊像的手印和手持之物也与前两部分画稿相似。正面画稿主要以菩萨和金刚为主，菩萨或呈坐式，或呈站立式、胡跪式，画面中的菩萨或作结界、合掌等手印，或持香炉、供盘等器物；在个别菩萨处写有“菩”字，应该是画工标注所画之物；金刚主要以站姿为主，有的金刚脚踩莲花，双手或作手印，或持绳、剑、杵、铃、斧、环等器物。背面画稿中佛呈结跏趺坐式，头戴佛冠，手中持莲华、金刚杵、金刚铃等器物，个别佛旁写有“佛”字，以辨别所画之物；菩萨有坐式、有站立式及胡跪式，双手或作各种手印，或持香炉、供盘、杵、铃等各种器物；四身金刚以站姿为主，双手或作手印，或持器物。

四、《坛法仪则》与《坛样图》的文图同一性

（一）《四十九种坛法仪则》部第二十三“五佛加持身成佛十身之坛”与《坛样图》中坛场图二相对应

《四十九种坛法仪则》记载“五佛加持身成佛十身之坛”：

> 尔时佛住王舍城金刚座，佛五佛加持身成佛十身之坛……其坛方，阔十二肘，高二肘。用净土、香泥、七宝金刚界、七宝末涂……轮上安

> 卢舍尊佛，身黄色，结跏趺坐……轮外地莲，四门绿色。次安十身佛名字、座位之处。第一坛中心安本尊，身黄色；第二东门不动佛，身黄色……
>
> 次安四结界身色、名字、座位之：第一东门忏悔菩萨，身黄色，并足立；第二南门净地菩萨，身青色，结跏趺坐；第三西门金刚结界菩萨，身赤色；第四北门洁净菩萨，身绿色，并足立……此安四供养身色、名字、座位之：第一东门香藏菩萨，身白色；第二北门定香菩萨，身绿色；第三西门惠香菩萨，身赤色；第四南门解脱菩萨，身青色……次安四无量身色、名字、座位之处：第一东门大慈金刚，身白色；第二南门大悲金刚，身青色；第三西门大喜金刚，身赤色；第四北门大舍金刚，身绿色……

从写卷记载可知，主尊为卢舍尊佛，坛场形制为方形，内安佛十身，身色均为黄色，坛场其他尊像为“四结界、四供养菩萨及四无量金刚”。

坛场图二的坛场形制为方形，两侧各画结跏趺坐佛五身，共十身佛。只是不知尊像名称，其中一身尊像旁写有“背身黄带（戴）五佛冠”。上述写卷中记载坛为“方形”，十佛均“身黄色，结跏趺坐”，可知文图是一致的。写卷记载“四层金刚界，第一层地绿色，第二层赤色，第三层青色、第四层莲四门地绿色”与前述坛场图二中颜色的标注是一致的。画稿中的四供养菩萨与四无量金刚也与写卷记载大致相似。

（二）《四十九种坛法仪则》部第四“水陆之坛”与《坛样图》中坛场图四相对应

《四十九种坛法仪则》部第四记载：

> 佛告诸天菩萨：吾今开说水陆之坛，度脱众生，吾灭度后，谁能受持度化众生……安此坛时，其坛四方，阔十二肘，高三肘。四层金刚界。中心一层，黄莲花东色安八角之轮，黄底地上安八佛顶，白色。每门安瓶六所并道具，剑两口，箭十二双，饭十二分。
>
> 中心轮安普贤菩萨……第二院金刚界莲，两门青色，安八大菩萨、四供养……四结界菩萨……十六大士名字、座处之位并身色相……东门大慈金刚……北门大舍金刚。

从写卷记载可知，“水陆之坛”为四方形，中心是莲花并八角火轮。有四门，门口处有瓶、剑、饭等物品。“水陆之坛”的主尊为普贤菩萨，其他尊像有四结界、四供养菩萨及四无量金刚。

坛场图四的坛场形制为方形，坛中心绘有八叶莲花，坛场的每层都有四门，门口处有瓶、剑、箭、饭等物品，这些与写卷“水陆之坛”中的记载大致相似。写卷中记载的四供养、四结界菩萨及四无量金刚等尊像的名称、身色、座处也与坛场图四的描写大致相似。

（三）《四十九种坛法仪则》部第十九“普贤菩萨三昧之坛”、部第二十一“禅定总持安坛之法”及部第二十二“开禅修行安坛之法”与《坛场人物画稿》相对应

从P.4009《坛场人物画稿》的文字“佛于伽维那国付与普贤菩萨三昧坛法”“尔时佛住王舍城金刚座付与普贤菩萨座禅坛”记载可知，此画稿的主尊为普贤菩萨。其他画稿虽未明确标注出普贤菩萨，但在画稿中发现有做“普贤三昧耶”印的菩萨画像。因此，可以断定P.4009《坛场人物画稿》是以普贤菩萨为主尊的坛样图稿。

《四十九种坛法仪则》部第十九载：

> 尔时佛住伽维那国……普贤菩萨起立合掌，白佛言：我闻世尊三昧之坛……

部第二十一载：

> 尔时佛住王舍城金刚座，共会诸天菩萨万两千人俱。端然入定。普贤起立合掌，白佛言：我闻世尊座禅入定总持坛法……轮中心安普贤菩萨……

部第二十二载：

> 尔时佛住王舍城耆阇崛山中，与大菩萨众万两千人俱……佛告诸天菩萨，汝等谁能受持度化众生？普贤菩萨起立合掌，言我能受持，愿佛慈悲，为我宣说开禅修行安坛之法……第一坛中心安八角火轮，地是黄色，上安普贤菩萨，身白色，五色字中坐白象……

写卷中“普贤菩萨三昧之坛”“禅定总持安坛之法”及“开禅修行安坛之

法”的主尊均是普贤菩萨，并且“普贤菩萨三昧之坛”中“佛住伽维那国”及“禅定总持安坛之法”中“佛住王舍金刚座”与P.4009《坛场人物画稿》中的文字记载是一致的。

从上述分析可以断定P.4009《坛场人物画稿》是“普贤三昧之坛”“禅定总持安坛之法”及“开禅修行安坛之法”的尊像练习画稿。

（四）《坛样图》背面的画稿，虽然未绘坛场，但五佛、四结界菩萨的名录、身色、座处都与写卷中的记载一致。同时图中所绘画像也与写卷记载一致，如：阿弥陀佛下画的莲花与写卷中“阿弥陀佛，二羽执于莲花”一致；宝生佛下画的火焰宝珠与写卷中“宝生佛，左羽执于宝”一致；结界菩萨下画结界印与写卷中“结界菩萨，檀惠相钩结，进力二相柱，是名结戒印”一致。可以推断此图稿也是与《四十九种坛法仪则》相对应的坛场图稿

通过对《坛法仪则》与《坛样图》的内容分析，推断出P.2012《坛样图》中的坛场图分别可以对应《四十九种坛法仪则》中所记载的各个坛场。其中坛场图二是“五佛加持身成佛十身之坛”的坛样图稿，坛场图四是“水陆之坛”的坛样图稿。P.4009《坛场人物画稿》是“普贤菩萨三昧之坛”“禅定总持安坛之法”及“开禅修行安坛之法”的尊像练习画稿。《坛法仪则》与《坛样图》的文图同一性，进一步说明P.2012《坛样图》、P.4009《坛场人物画稿》是按照《四十九种坛法仪则》的部分文本绘制的图样，二者同时作为举行法会时各种坛场设置与各种尊像安置的依据。

第八章

融入社会的敦煌僧团

第一节　关注社会的人情事理

第二节　服务社会的生命关怀

第三节　源于社会的经济收入

第四节　面向社会的经济支出

第五节　敦煌寺院财产的管理及特征

第六节　敦煌寺院经济发展的社会意义

第七节　活跃于石窟上的敦煌僧团

8—10世纪的吐蕃统治、归义军时期，敦煌佛教僧团与敦煌社会各方面均有紧密联系，实际上已经完全融入敦煌社会，体现出敦煌佛教与世俗社会加强联系、互相影响的特征，是敦煌佛教进一步社会化的表现。敦煌佛教僧团的社会化是体现在诸多方面的，如关注社会的人情事理、服务社会的生命关怀、寺院经济收支的社会化等。

第一节　关注社会的人情事理

作为入世的佛教，敦煌佛教僧团非常注重与僧俗社会的人情往来等各种关系，本节则专门对敦煌佛教僧团的吊孝和人事活动进行讨论说明。

一、吊孝活动

吊孝作为一种哀悼亡者并慰问其亲属的礼仪，从古至今绵延未绝。从敦煌文书的记载来看，吊孝活动也是归义军时期敦煌社会一项重要的礼俗活动，是构成晚唐五代宋初时期敦煌社会礼仪的一个主要方面。这些记载主要保存于两类文书之中：一类是书仪，如P.2622《新集吉凶书仪》、P.3691《新集书仪》、P.3442《吉凶书仪》、S.1725等，周一良、赵和平、吴丽娱等利用这些文书对唐五代敦煌的吊孝礼仪进行了深入细致的研究；[①]另一类是寺院会计文书，如入历、破历、入破历计会等，为研究晚唐五代宋初时期敦煌寺院乃至整个敦煌社会的吊孝礼仪提供了宝贵的资料。如果说前者是用书面的形式对吊孝礼仪的细节进行了规定，那么后者则是对活生生的吊孝实例的记载，是对前者从实践上的印证。

（一）吊孝对象

这里所说的吊孝对象是指丧亡者。寺院会计文书中记载的吊孝对象相当广泛，按其身份的不同，大致可以归纳为如下几类：

---

① 周一良、赵和平的相关论文收入两人合著的《唐五代书仪研究》（北京：中国社会科学出版社，1995年）；对书仪的整理录校和初步研究又见赵和平《敦煌写本书仪研究》（台北：新文丰出版公司，1993年）和赵和平《敦煌表状笺启类书仪辑校》（南京：江苏古籍出版社，1997年）；吴丽娱的研究见《唐礼摭遗——中古书仪研究》（北京：商务印书馆，2002年）。

1. 一般世俗人或不明身份者

P.2049V《后唐长兴二年正月沙州净土寺直岁愿达手下诸色入破历算会稿》记载："布八尺，张家阿婆亡时，吊都头及小娘子用""布三尺，康博士女亡吊孝用"。S.4120《壬戌—甲子年某寺布褐等破历》："土布尺五石郎亡吊孝翟法律用""甲子年正月，布三尺，史兴子亡吊孝住子不勿用""布五尺，石幸者亡，吊孝翟法律用"。P.2040V《后晋时期净土寺诸色入破历算会稿》记载："布二丈，史军举发时，吊孝诸郎君及小娘子及郭僧正等用。布一丈三尺，阎家娘子亡时，吊尚书都衙及小娘子等用""布二尺五寸，康都料孙子亡吊孝用。布二尺，王应子亡时吊孝义员用""布九尺，小骨亡时吊僧政行像汉儿贺博士等用"。P.2032V《后晋时期净土寺诸色入破历算会稿》记载："布二尺，康都料姐亡时吊用""布一十八尺，阴家小娘子亡时吊天公主县令孔目等用""布三尺，油梁博士母亡吊用""布二尺，憨儿亡时吊再定用""布五尺，十郎亡时吊和尚用""布三尺，七郎亡时吊和尚用""布一丈四尺，张家小娘子亡时吊都衙用。布三尺，氾家四郎亡时吊和尚用"。P.3234V（7）记载："布二尺，梁户郭怀义妻亡吊用。"

2. 僧人或其亲属

首先是僧官。P.2049V《后唐长兴二年正月沙州净土寺直岁愿达手下诸色入破历算会稿》记载："布三尺，氾阇梨亡时吊僧政用。"S.4120《壬戌—甲子年某寺布褐等破历》记载："土布三尺，赵老亡吊孝用。"这里赵老可能应为"赵老宿"。P.2032V《后晋时期净土寺诸色入破历算会稿》记载："布四尺五寸，僧统亡时吊宋法律依愿用""布八尺，僧绿亡时吊善惠愿达等三人用"。僧统、僧绿均为僧官，但从这些记载来看吊孝用布数量并不大。

其次为普通僧人。S.4120《壬戌—甲子年某寺布褐等破历》："同日（十二月三日）布五尺，善胜亡吊孝新戒用。"P.2032V《后晋时期净土寺诸色入破历算会稿》记载："布二尺，愿真亡时吊不勿用。"关于寺院为死亡僧人进行吊孝的记载于文书中并不多见，这可能与僧人的死亡率有关，因为引用的资料是寺院在某一会计核算年度内的相关记载，时间跨度不是很大，在此期间内亡殁的僧人人数可能并不多。郝春文在《唐后期五代宋初敦煌僧尼的社会生活》一书中曾推算出晚唐五代宋初敦煌僧人的年死亡率约为1.8%。[1]同时也不能排除寺院在非本寺院僧人死亡后不再进行吊孝的因素。

① 郝春文：《唐后期五代宋初敦煌僧尼的社会生活》，北京：中国社会科学出版社，1998年，第13页。

上面所引亡僧善胜、愿真本为净土寺僧人，死亡后新戒、不勿可能代表寺院或其个人前去吊孝，这说明善胜、愿真的丧事活动可能是由其俗家亲属主持，并在其俗家操办的。俗家亲属主持亡僧丧葬活动的情况于敦煌文书中可征明确记载，如P.4525《宋太平兴国八年养女契（稿）》记录了某僧人为了养老送终而收养异姓女的情况："其女作为养子尽终事奉。如或孝顺到头亦有留念衣物。"又如S.2199《咸通六年沙州尼灵惠唯（遗）书》记载："灵惠只有家生婢子一名威娘，留与侄女潘娘，更无房资。灵惠迁变之日，一仰潘娘葬送营办"等。关于僧人丧事操办的详细情况可参考郝春文的有关论述。①

最后为僧人亲属。P.2049V《后唐长兴二年正月沙州净土寺直岁愿达手下诸色入破历算会稿》记载："布四尺，吴法律弟亡吊用。"S.4120《壬戌—甲子年某寺布褐等破历》云："土布一尺五寸，善因阿嫂亡吊孝用""布四尺五寸，索僧统新妇亡吊孝及王上座用""布二尺，马僧录侄男亡吊孝用""布二尺，又布尺五，李僧正阿姨亡吊孝及沈法律用"。P.2040V《后晋时期净土寺诸色入破历算会稿》记载："布九尺，高僧政新妇亡时，吊孝索校拣索僧政高僧政等用""布二尺五寸，善胜新妇亡时，吊孝用""布二尺，愿胜父亡吊孝用。布二尺，法深妹亡吊孝用"。P.2032V《后晋时期净土寺诸色入破历算会稿》记载："布四尺，宋法律侄女亡时吊法律及祥应用。布二尺五寸，应启姐亡时吊用""布二尺，保镜父亡吊用。布二尺，进员母亡吊用。布二尺，愿通父亡吊用。布三尺，高阇梨母亡吊用。布二尺，吊应进父亡用。布二尺五寸，张僧政兄亡吊用""布二尺五，保会阿臼亡吊孝用。布二尺，法深兄亡吊孝用""布三尺，吴僧政侄亡吊孝用""布三匹，愿真兄亡吊孝用"。P.3234V（7）记载："布尺五，吊祥会弟亡用""布二尺，吊保应父亡时用""布二尺，高法律大阿娘亡吊用""布二尺五寸，王僧政兄亡吊用"。从以上记载来看，僧官亲属死亡后的吊孝用布一般为2—3尺，而普通僧人用布一般不会超过2尺，唯独P.2032V中所记愿真兄亡时吊孝用"布三匹"，堪称特殊。

3. 世俗官员或其亲属

S.4120《壬戌—甲子年某寺布褐等破历》记载："布三丈五尺，暮容县令亡吊孝诸娘子用""布三尺，曹乡官亡吊孝阴家娘子用""布三尺，邓马步亡吊孝用""布尺五，孔都头阿娘亡吊孝用"。P.2040V《后晋时期净土寺诸色入破历算会稿》记载："布一丈二尺，索校拣母亡时，吊孝校拣郎君及小娘子等""布九尺，张乡官小娘子亡时，吊孝水官张郎君乡官等用。布一丈五尺，索乡官亡

① 郝春文：《唐后期五代宋初敦煌僧尼的社会生活》，第375—390页。

时，吊孝长史水官陈都头长史娘子等用”。P.2032V《后晋时期净土寺诸色入破历算会稿》记载：“布三尺，孔将头亡时吊宋法律用”“布二丈九尺，太保亡时吊公主郎君小娘子等用”“布七尺，孔乡官亡时，吊僧统及高僧政用。布三尺，曹押衙亡吊孝用。布六尺，张都头亡时，吊新妇及男用”“布一丈五寸，张乡官亡时，吊和尚张法律阳孔目阿婆等用。布三尺，阳押衙妻亡时吊和尚用。粟三斗，高家吊孝时沽酒看僧官用”“布三尺，孔乡官母亡时，吊僧统用”“布二丈一尺，索都衙亡时，吊小娘子诸郎君僧政等用。布六尺，阴都头亡时，吊和尚及一娘子用。布二尺，吊法进用。布七尺，罗指撝亡吊小娘子郎君用。布二尺五寸，吊王都头用”“布三尺，邓都头亡吊小娘子用”。这些世俗官员及其亲属死亡后，吊孝用布一般在3尺以上，高于普通僧人及其亲属吊孝用布。

从以上记载来看，晚唐五代宋初时期的敦煌佛教不再以“不拜君亲”的唯我独尊的态度来处世，而是积极地投入到世俗社会的吊孝礼仪中去。当时寺院的吊孝对象是相当广泛的，基本上反映了P.2622《新集吉凶书仪》等中所记载的吊人父母亡、吊人翁婆亡、吊人伯叔姑兄姐亡、吊人弟妹亡、吊人妻亡、吊人姨舅亡、吊人小孩亡、姑亡吊姑夫、姐妹亡吊姐妹夫、吊人妻父母亡、吊人女婿亡、吊人子在外亡等情况。此外，书仪中还有吊小殓、吊二殓、吊成服、吊临葬、吊临圹、吊殡埋毕、葬回吊、诸追七吊、百日吊、小祥吊、大祥吊、除服吊等吊词，这些场合的吊仪活动于文书中不多见，但并不意味着这些记载只是书面规定、没有起到实际意义。如Дx.01425+Дx.11192+Дx.11223《辛酉年吊仪用布历》记载：“十五日达家大娘子葬就墓头吊夫人（中缺若干字）娘子亲表等用布两匹一丈。”即是对书仪中吊临葬、吊临圹等记载的反映。这一切俱证明书仪中的种种规定在当时敦煌社会中切实发挥着礼仪规范作用，同时也反映了当时吊孝礼俗的实际情况。寺院在吊孝对象上有别于其纳赠对象的狭窄性，具有广泛性，因为晚唐五代宋初时期敦煌都僧统等高级僧官及一般僧官亡殁后所有寺院都要为其纳赠；而普通僧人亡后，一般只有其所在寺院要纳赠助葬，其他寺院则不再纳赠。[①]

（二）吊孝活动的执行者

吊孝活动的执行者也是寺院吊孝布匹支出的使用者。一般而言，寺院在纳赠活动中支出织物、食品、酒等的同时，也负责执行纳赠活动。但在吊孝活动中并不完全如此，吊孝布匹的支出有些是以寺院名义进行的，如前引文书P.2040V中

① 参见郝春文：《唐后期五代宋初敦煌僧尼的社会生活》，第375—386页。

"布二尺五寸，善胜新妇亡时，吊孝用""布二尺，愿胜父亡吊孝用。布二尺，法深妹亡吊孝用"，P.2032V中"布二尺五寸，应启姐亡时吊用""布三尺，吴僧政侄亡吊孝用""布三匹，愿真兄亡吊孝用"等；有些是本寺僧人的个人行为，这时僧人应该是代表自己所属寺院进行吊孝礼仪，故而寺院吊孝布匹的支出构成了寺院财产支出的组成部分。寺院或隶籍于该寺的僧人在吊孝时破用本寺院布匹于理可通，无须多加疑惑，但从当时寺院吊孝用布支出的记载来看，有些吊孝用布并非本寺院或其属僧人支用，而是被其他非本寺人员使用，这些人大致有如下两类：

一类是都司僧官。如ДX.01428记载："布二尺，氾押牙亡，吊孝僧政用。布三尺，杨押衙妻亡，吊孝张僧统用""布三尺，曹都头娘子亡，吊孝张僧统用"。P.2032V《后晋时期净土寺诸色入破历算会稿》中"布七尺，孔乡官亡时，吊僧统及高僧政用""布三尺，孔乡官母亡时，吊僧统用"等。

另一类是世俗官员及其亲属，如公主、郎君、小娘子等。相关记载于前引文书中处处可见，此处撷取几例。如P.2049V中"布八尺，张家阿婆亡时，吊都头及小娘子用"，P.2040V中"布九尺，张乡官小娘子亡时，吊孝水官张郎君乡官等用。布一丈五尺，索乡官亡时，吊孝长史水官陈都头长史娘子等用""布一丈三尺，阎家娘子亡时，吊尚书都衙及小娘子等用"，P.2032V中"布一十八尺，阴家小娘子亡时，吊天公主县令孔目等用"，等等。

多数情况下，僧官与世俗官员及其亲属是同时参与吊孝活动的。如Дx.01428中"布一丈，沈押衙亡，吊孝夫人及小娘子、都衙、翟法律等用"，Дx.01425+Дx.11192+Дx.11223《辛酉年吊仪用布历》中"辛酉年正月五日翟押衙亡，吊翟僧正都头二杨都头顾□法律□官等用布四十尺"，又如前引文书P.2040V中"布二丈，史军举发时，吊孝诸郎君及小娘子及郭僧正等用""布九尺，高僧政新妇亡时，吊孝索校拣索僧政高僧政等用"，P.2032V中"布一丈五寸，张乡官亡时，吊和尚张法律阳孔目阿婆等用"，等等。

从上引文书的记载来看，僧俗两界官员的吊孝对象一般均为僧俗官员或其亲属，有些亡者的身份尽管没有明确说明，如张家阿婆、张家小娘子、阎家娘子、阴家阿婆等，但张、阎、阴等姓均是当时敦煌的大姓，故其应俱是敦煌的贵族阶层。僧俗官员为建立人情关系进行吊孝活动，却都从寺院得到数量不等的吊孝用布，而且这些布似乎是无偿所得，因为从相应的寺院会计文书如入历、入破历算会等文书中不见相关的收入记录，这种现象说明当时寺院与敦煌上层社会保持着密切的关系，但是僧俗官员的这种行为无疑会造成寺院财产的流失，给寺院带来沉重的负担。从文书记载情况来看，晚唐五代宋初时期都司官员和世俗各级官员

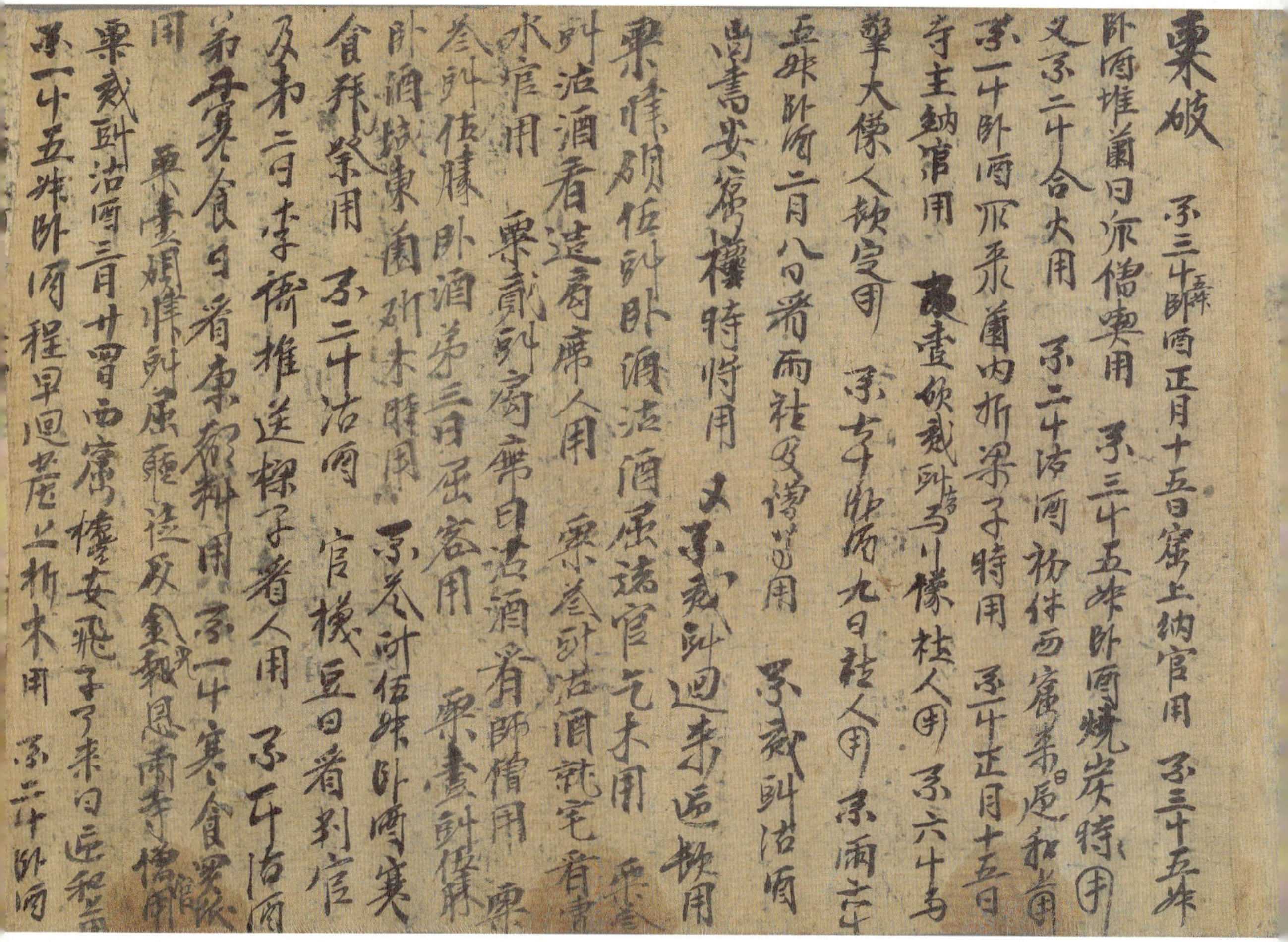

P.3763V《净土寺诸色入破历算会稿》

从寺院无偿得到吊孝用布只不过是造成寺院财产流失的一个方面，实际上他们通过多种途径侵蚀着寺院财产。

有时，僧人或其亲属亡殁后，寺院要支出大量的吊孝用布。如前引文书P.2032V《后晋时期净土寺诸色入破历算会稿》中“布三匹，愿真兄亡吊孝用”。如此大数目的吊孝布，除用来制作亡者殓服、丧服、吊服等外，可能亦用来购置丧葬事务中所需的物品。晚唐五代宋初，敦煌厚葬之风盛行，丧葬支出往往成为人们的沉重负担。[①]同时，布具有货币的职能，常用来代表物品的价值。[②]故从这个意义上来说，吊孝也是一种助葬行为而具有双重性质。

① 参见宁可、郝春文：《敦煌社邑的丧葬互助》，见谢生保主编：《敦煌民俗研究》，兰州：甘肃人民出版社，1995年，第85—103页。

② 参见郑炳林：《晚唐五代敦煌贸易市场的等价物》，见郑炳林主编：《敦煌归义军史专题研究续编》，兰州：兰州大学出版社，2003年，第430—442页。

敦煌僧团不仅参与吊孝活动，而且进行助葬活动，但两者在性质上是有所区别的。吊孝用布数量很小，而助葬用布一般数量比较大，如S.1845《丙子年四月十七日祝定德阿婆身故纳赠历》中“程阇梨饼粟，张阇梨饼粟，白斜褐一丈二尺，白斜褐一丈一尺”，S.2472V《辛巳年十月廿八日荣指挥使葬巷射纳赠历》中“僧高继长饼油柴，生绢绯棉绫一丈五尺，当处分付主人”。此外，吊孝所用织物主要是布，而助葬主要用白罗、紫绁、绯绸等较昂贵的织物。这种现象说明了吊孝与助葬的性质是不同的，前者是一种礼仪交往，后者是一种救助行为。当然，有时吊孝活动中也会用到数量较大的布与价值较高的绫、罗、緤等，此时吊孝活动亦具有了助葬性质。更重要的是，僧团的吊孝对象较为广泛，几乎遍及当时各个阶层，上到节度使和都司僧官，下到普通世俗人员和普通僧人，甚至寺属劳动人员；而纳赠对象一般仅限于僧官和本寺僧人。

敦煌僧团的吊孝活动表明当时寺院与世俗社会，特别是与上层社会关系密切，寺院不但没有遁迹于俗世之外，反而积极地参与到民间礼俗活动之中，与世俗社会进行礼仪往来。这一切均体现了当时敦煌佛教社会化及地域化的特性。

二、人事活动

吐蕃归义军时期敦煌寺院的财产收支中有一类特殊的项目，名曰“人事”。“人事”一词，从古至今有着诸多含义[①]，其含义之一即是指赠送的礼物或酬物，如韩愈《奏韩弘人事物表》云：“右臣先奉恩敕撰《平淮西碑文》，伏缘圣恩以碑本赐韩弘等。今韩弘寄绢五百匹与臣充人事，未敢受领，谨录奏闻，伏听进止。谨奏。”[②]在不同时期，“人事”也指代为升迁而进行讨好贿赂的行为，如《后汉书·黄琬传》记载：“时权富子弟，多以人事得举。”甚至发展到唐代，在诸道州府的非财政支出中就有一项名为“人事用度”。据李锦绣的研究，“人事支出成为唐代地方固定支出项目，为唐后期财政史上的独特现象。人事支用应始于肃代之际”，而且“长庆之后，人事风气愈演愈烈，中央不但允许人事

① 《汉语大词典》释之为：人之所为；人力所能及的事；人情事理；人世间事；人为的动乱；指仕途；说情请托，交际应酬；指赠送的礼品；男女间情欲之事；官员的任免升降等事宜；指人与人之间的关系。《辞海》解释类似。

② 《谢许受韩弘人事物状》《谢进王用碑文状》《谢许受王用男人事物状》等均有“人事”的记载。参见［唐］韩愈著，钱仲联、马茂元点校：《韩愈全集》，上海：上海古籍出版社，1997年，第332—333页。

存在，还颁令定额，力求限制”。[①]正是由于人事风气的泛滥，从而导致了其性质的变异，故《唐会要》卷七十九《诸使杂录下·大中三年四月敕文》对“人事”做了如是解释：“如闻朝臣出使外藩，皆有遗赂，是修敬上之心，或少或多，号为人事。”这里的人事即为贿赂，超出了普通意义上的礼物或酬物的范畴。作为“礼物或酬物”意义上的人事行为不仅盛行于上层社会，而且普遍存在于民间；不仅出现在中原地区，而且流行于边远地区，甚至渗透到脱离尘世的佛教界。吐蕃统治、归义军时期的敦煌寺院经济文书中即保存下来了大量关于敦煌僧团从事“人事”活动的记载。

（一）寺院人事收支类别

从目前所见的资料来看，吐蕃统治、归义军时期敦煌寺院的人事收支大致可以归为以下几类：

1. 庆贺

首先是庆寺。P.3763V《年代不明净土寺诸色入破历算会稿》第3—4行记载：“又布一十二匹，起寺设时官私及诸寺人事入。”P.2638《后唐清泰三年沙州儭司教授福集等状》第44—45行记载：“生绢二匹，大云、永安庆寺人事用。”又第50行记载：“绵绫一匹，圣光寺庆钟用。”又第51—52行记载：“绵绫一匹，安国寺庆寺人事用。”P.2040V《后晋时期净土寺诸色入破历算会稿》第94行记载：“绁破：官布一匹，高孔目起兰若人事用。”又第243行记载：“粟七斗，卧酒乾元寺写钟人事用。”又第496—503行记载：“布入：……布一匹，大众起钟楼人事入。布一匹，官家人事入。布一匹，杨孔目人事入。布二十尺，索校拣人事入……布一匹，三界寺人事入。”又第506—508行记载：“绁入：……细绁二十五尺，粗绁五十尺，大众起钟楼人事入。粗绁二十五尺，莲台寺人事入。粗绁二丈五尺，报恩寺人事入。”又第509—510行记载：“褐二丈五尺，大众人事入。褐二丈，安生人事入。”P.3234V（7）《年代不明诸色入破历算会稿》第24—25行记载：“官布一匹，乾元寺写钟人事用。”P.2032V《后晋时期净土寺诸色入破历算会稿》第197—198行记载：“粟七斗卧酒，官布一匹，莲台寺起钟楼人事用。”又第395—396行记载：“面四斗，造蒸饼，粟一石一斗沽酒，粗绁一匹，报恩寺起幡设人事用。”从这些记载来看，庆寺不只是在修建新的寺院或兰若时进行，但凡寺院内部的建造活

① 李锦绣：《唐代财政史稿（下卷）》第二分册，北京：北京大学出版社，2001年，第1116—1118页。

动如修造钟楼、鼓楼等均属于庆贺的对象。由于建造寺院以及寺院中的钟楼、鼓楼等均是一种功德，其他寺院或个人一般都会进行庆贺，故寺院有较多关于这方面的收支记载。

其次是庆婚嫁与生育。婚嫁与生育是人生的重大喜事，敦煌文书亦有对此等事宜进行庆祝的记载，不但世俗人乐此不疲，佛教界亦加入其中。如P.2638第45—46行记载：“又生绢二匹，郎君小娘子会亲人事用。”又第51—61行记载：“绵绫一匹，开元寺南殿上梁用。绵绫一匹，甘州天公主满月人事用……细绁一十七匹，天公主满月及三年中间诸处人事等用。粗绁五十七匹，三年中间诸处人事、七月十五日赏乐人、二月八日赏法师禅僧衣直、诸寺兰若庆阳等用。布二千七百一十尺，三年中间沿僧门、八日法师、七月十五日设乐三窟禅僧衣直布萨庆阳吊孝等用。”此件文书所记载的是儭司的人事活动，但因儭司与寺院均属佛教教团，故实际上亦反映了寺院在该方面的人事活动。

最后是上梁。上梁是唐五代时期敦煌盛行的一种风俗，是在修建房屋和开凿洞窟上大梁时举行的一种驱邪求吉的民俗。上梁时亲戚朋友要对建造者行人事以示庆祝。P.2638第51行记载：“绵绫一匹，开元寺南殿上梁用。”又第49行记载：“生绢一匹，天公主上梁人事用。”P.2040V第238行记载：“粟七斗，卧

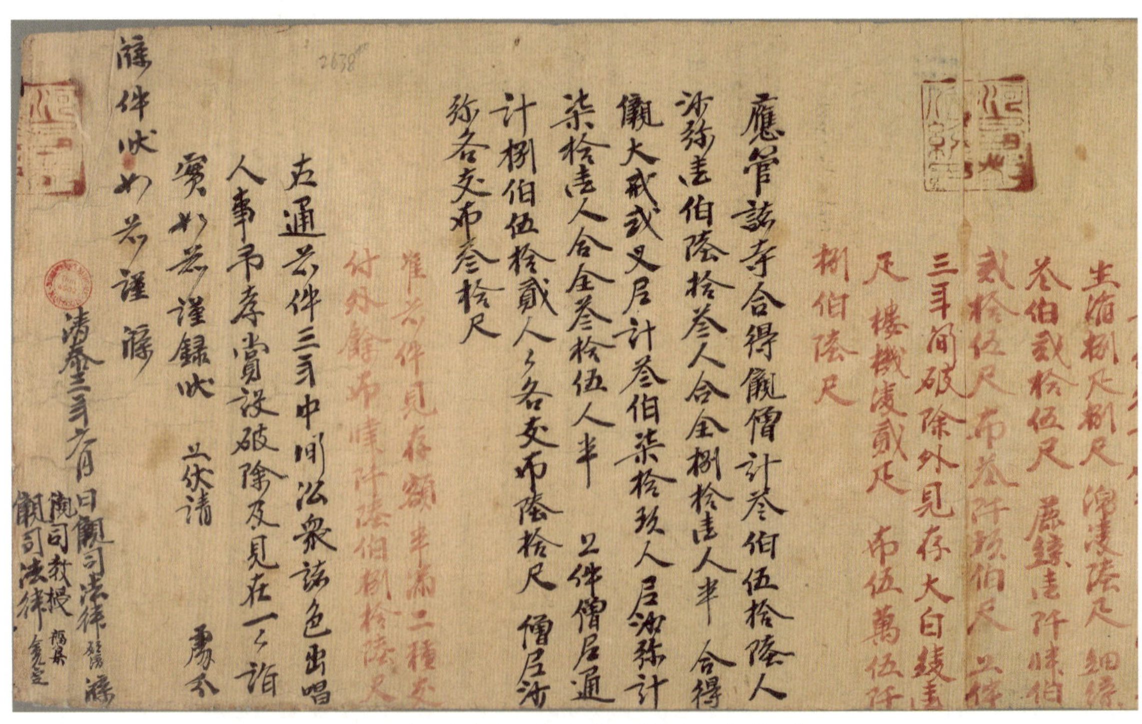

P.2638《后唐清泰三年沙州儭司教授福集等状》

酒宋都押窟上梁人事用。”P.3234V（7）第23—24行记载：“布一匹，宋都押窟上梁人事用。”P.2032V第119—120行记载：“布一匹，水官上梁人事用。”敦煌文书中保存下来的几件上梁文如S.3905《唐天复元年辛酉岁一月十八日金光明寺造窟上梁文》、P.3302《维大唐长兴元年癸巳岁二十四日河西都僧统和尚依宕泉灵迹之地建龛一所上梁文》等对当时的上梁活动有较详细的记载。[①]

从以上资料来看，庆贺人事所用物品一般皆为织物，也存在同时使用食物与织物的情况，这一点从一定程度上反映了当时敦煌民间庆贺的习俗。

2. 送路人事

“送路”在古代文献中是较为常见的一项活动，近似于饯行、送行。当时的送路似乎具有特殊的文化意义，故文献对此多有记载。如《入唐求法巡礼行记》记载：“李侍御送路物：少吴绫十匹、檀香木一、檀龛像两种、和香一瓷瓶、银五股、拨折罗一、毡毛帽两顶、银字《金刚经》一卷（见内里物也）、软鞋一量、钱二贯文、数在别纸也。”同书又记载：“刺使施绢两匹，诸人皆云：‘此处是两京大路，乞客浩汗，行人事不辨，若不是大官，是寻常衣冠措大来，极是殷勤者，即得一匹两匹，和尚得两匹，是刺使殷重深也。’”[②]可见，送路人事是以赠送礼物为前提的，礼物的多寡、是否行人事等则取决于双方的关系等因素。送路的物品可以称为“信物”，如“八月九日，得张大使送路信物，数在别”[③]。敦煌文书特别是寺院经济文书中记载了大量有关迎送活动的资料。寺院的迎送对象主要为往来外地的使客、统治阶层及其家族、僧官与寺院高层等三类人，迎送支出亦成为寺院支出中的一部分，尽管迎送支出在寺院诸多支出项目中所占比例很小，但出现频率却相对较高，更重要的是寺院送往迎来所发挥的功能及代表的意义很大。[④]迎送活动中有一项称为送路人事，如P.2912《丑年正月已后入破历稿》（二）记载：

1. 四月已后，儭家缘大众要送路人事及都头用使破历。
2. 五月十五日，上宋教授七综布一十五匹。
3. 十七日，瓜州论乞林没热儭绢一匹，慈灯收领。
4. 廿四日，奉教授处分，付都头慈灯七综布十匹。

① 参见高国藩：《敦煌民俗学》，上海：上海文艺出版社，1987年，第433—442页。
② （日）圆仁著，顾承甫、何泉达点校：《入唐求法巡礼行记》，上海：上海古籍出版社，1986年，第186—188页。
③ （日）圆仁著，顾承甫、何泉达点校：《入唐求法巡礼行记》，第202页。
④ 参见罗彤华：《归义军期敦煌寺院的迎送支出》，《汉学研究》2003年第1期，第193—223页。

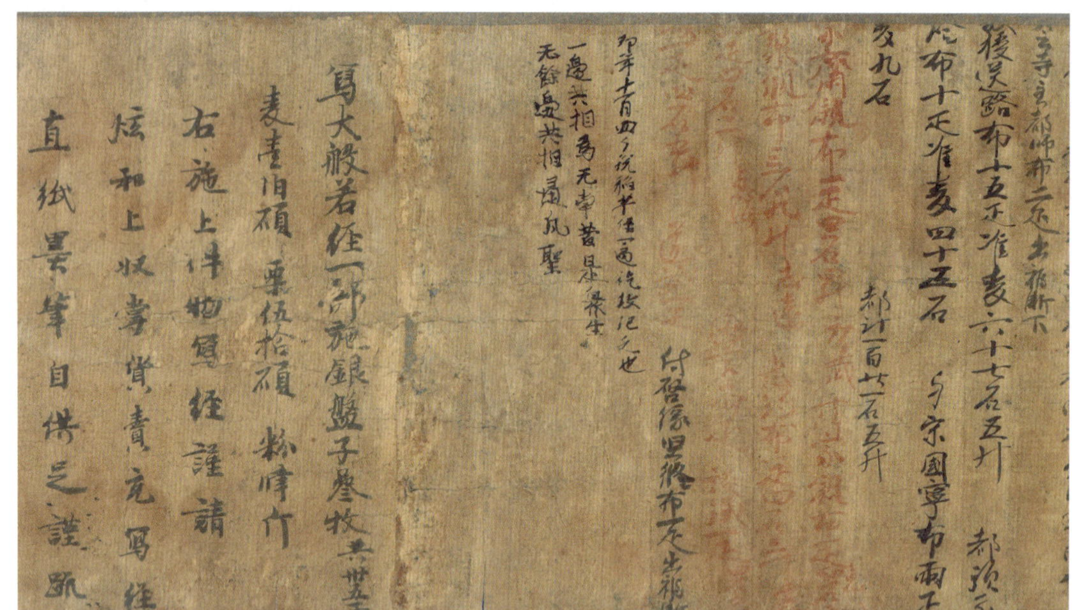

P.2912《丑年正月已后入破历稿》

5. 奉教授处分，送路宋国宁两匹，

6. ［大］云寺主都师布二匹出福渐下。

7. □教授送路布十五匹，准麦六十七石五斗。都头分付。

8. ［慈］灯布十匹，准麦四十五石。与宋国宁布两匹。

9. ［准］麦九石。都计一百廿一石五斗。

本件文书是吐蕃统治时期儭司的账目记录。第1行为布的支出原因，第2—6行为布的实际支出数，第7行后为布折合成小麦的数目。从前后记录来看，“送路人事”或称为“送路”，或称为“人事”，这说明“送路人事”可以简称为“送路”。

但是，同时又有这样一种现象：寺院在送路时一般以食物（包括酒）为主，只有偶尔才会出现以织物送路的现象。罗彤华对P.2049V《后唐同光三年正月沙州净土寺直岁保护手下诸色入破历算会牒》及《后唐长兴二年正月沙州净土寺直岁愿达手下诸色入破历算会牒》、P.3763V《净土寺壬寅年入破历算会稿》和P.3234V（9）《癸卯年正月一日已后净土寺直岁沙弥广进面破》4件文书中的迎送支出做了统计，结果表明4件文书中麦的支出数55笔，粟的支出数211笔，油的支出数108笔，面的支出数227笔，而织物仅有紬，且仅有1笔（共26尺）。[①]这种现象可能与出行信仰有关，因为唐宋之际敦煌人在出行前往往要通过写经、道场施舍、设斋等诸多方式来祈福，[②]由于这些出行者可能在出行前到寺院祈求佛神保佑自己出行顺愿、平安归来，故寺院同时用食物为之招待送行。这种仅用食物的“送路”与附送织物等的“送路人事”性质是否相同呢？对此难以给予明确的答案。或许有礼物的送路可以称为“送路人事”，简称为“送路”，但不是所有的送路都可以称为“送路人事”。

3. 其他

敦煌寺院经济文书中还有一些关于人事收支的记载，但其性质暂时难以确定，这里只好姑且将其归入此类。

首先是句意不明或难解。如P.2642《年代不明诸色斛斗破用历》第5—7行记载：“七日，粟一硕二斗沽酒梁和尚旋车人事用……十六日，粟一硕二豆斗沽酒衙内人事用。”衙内即归义军节度使衙。P.3490《辛巳年某寺诸色斛斗破历》第4—5行记载：“油二胜氾法律起衣人事用。面四斗氾法律起衣人事用。”P.2049V第256—257行记载：“粟七斗，吴法律旋车人事用。”P.2032V第119—120行记载：“粟七斗卧酒，安平水举发人事用。” 第309—310行记载：“吴僧统和尚收灰骨人事用。粟七斗，高□□上席人事用。”又第818—819行记载：“面五斗，造蒸饼，高法律上席延局人事用。”又第852行记载：“面二升，造高法律人事蒸饼时女人用。”P.4957《申年某寺诸色入破历算会牒残卷》第30—32行记载：“荜豆二升，煮粥参瓮，内一瓮王阇梨亡日人事（用），两充官灵真及索帐人事用。”其中“起衣”“旋车”“举发”等不知何意。

其次是与招待有关。P.2049V《后唐长兴二年正月沙州净土寺直岁愿达手下诸色入破历算会稿》第231—232行记载：“粟一硕一斗，莲台寺设人事用。”P.2040V第510行记载：“褐八尺，看卜师人事入。”设、看、迎、供、屈等词在敦煌文书中有招待之意，[③]故这些人事支出应为寺院招待时的费用支出。

最后是与劳作有关。如P.2049V第230—231行记载：“粟一硕一斗，报恩寺垒北园墙沽酒人事用。”P.2040V第290—291行记载：“油三升，报恩寺垒园人事用。”P.2032V第811—812行记载：“面七斗，报恩寺垒园时人事用。”又第848行记载：“面一斗，荣报恩寺垒园时人事女人用。”

① 罗彤华：《归义军期敦煌寺院的迎送支出》，第216—218页。

② 参见余欣：《神道人心——唐宋之际敦煌民生宗教社会史研究》，北京：中华书局，2006年，第330—354页。

③ 参见施萍婷：《本所藏〈酒帐〉研究》，《敦煌研究》1983年创刊号，第151页。

总之，这类人事似乎可以看作是劳作时的人力或费用支出，亦可以理解为敦煌民间人事活动的另一种含义，因为这些支出均非本寺院劳作时的支出，而是针对其他寺院或个人事务的支出，故可能反映了当时敦煌民间因贫困而注重人事实用性的一面，亦即“资助”。关于这一点，将在后文论述。

以上分类梳理了吐蕃和归义军时期敦煌寺院经济文书记载的人事收支项目，这些记载基本上反映了寺院与敦煌社会各阶层，包括佛教界、官府、上层社会、普通民众间的人事往来。寺院人事收支所用的物品主要有两类：食物（包括酒）与织物。它们的数量似乎并不是很大，但却有着重要的意义，同时也是寺院财产收支的重要组成部分。

（二）人事的性质

敦煌寺院经济文书中记载的人事活动是认识古代民间人事性质的重要资料，既有与传统史料记载的官府上层人事性质相同的一面，又有民间人事活动注重现实性的一面。下面结合敦煌文书的相关记载对人事性质做进一步的分析：

首先，吐蕃和归义军时期敦煌寺院与敦煌社会各阶层之间的人事往来是一种礼仪活动。在这种活动中要赠予对方诸如褐、绫、绁、布之类的织物作为礼品，故这时的人事应与前面所述以赠送礼物为出发点的人事性质是一致的。

这种具有礼仪性质的人事活动又有其特殊性，故在敦煌文书中往往与吊孝等其他礼仪活动分别记载。敦煌寺院经济文书中记载了大量寺院进行吊孝时的财产支出，与人事活动的支出区别开来。如前引文书P.3234V（7）《年代不明诸色入破历算会稿》就对因各种人事及吊孝活动而破用布、绁的情况进行了记载，集中体现了二者的不同。如：“布破：布尺五吊祥会弟亡用，布一匹宋都衙窟上梁人事用，官布一匹乾元寺写钟人事用，布二尺吊保应父亡时用，布二尺高法律大阿娘亡吊用，熟布一匹送路高法律张阇梨东行用，布二尺五寸王僧政兄亡吊用，布二尺梁户郭怀义妻亡吊用。计一百三十尺。绁破：立绁一匹送路官家用……”这种现象在其他文书中屡有反映，如P.2638《后唐清泰三年沙州儭司教授福集等状》记载：“右通前件三年中间，沿众诸色出唱人事、吊孝赏设破除及见在，一一诣实如前，谨录状上，伏请处分。”S.2472V《辛巳年十月三日勘算州司仓公廨斛斗前后主持者交过分付状稿》云：“辛巳年十月三日，算会州司仓公廨斛斗……内除一周年迎候阿郎、娘子及诸处人事、吊孝买布、拜节、贴设肉价并修仓供工匠，计用得麦三十五硕四斗七升、粟四十四硕三斗。”从礼仪的角度来讲，吊孝亦可称为“人事”，但这里明确将二者独立并列记录，说明二者在性质上是不一致的。从前面征引的事例来看，人事一般针对的是喜庆之事，而吊孝活动恰好相反。

其次，敦煌文书中的人事既可以认为是一种庆贺活动，也可以视为是一种资助行为。正因为如此，敦煌寺院经济文书中还经常有“人助”的记载。S.6452（3）《壬午年净土寺常住库酒破历》记载：“八月六日，显德寺人助酒一瓮……十七日，酒一瓮，安国寺人助用”“廿二日，酒一瓮，酒一瓮，翟家人助用”。P.2930（1）《年代不明诸色破用历》记载：“绍建麦五斗，粟七斗，沽酒乾元寺起钟楼日人助用。”S.4120《壬戌—甲子年（962—964）某寺布褐等破历》记载：“昌褐一匹李僧政造车人助用”“昌褐一匹，李集子男修新妇人助用”。S.6981《年代不明诸色斛斗破历》记载：“面五斗，乾元寺上梁人助用。”P.2049V《后唐同光三年正月沙州净土寺直岁保护手下诸色入破历算会牒》记载：“粟七斗，亦与马家付本卧酒报恩寺起钟楼人助用。”P.3763V《年代不明净土寺诸色入破历算会稿》记载：“粟七斗卧酒，高孔目起经楼人助用。”从这些材料来看，“人助”的内容与“人事”基本一致，两者均含有造寺、修钟楼与鼓楼、上梁、嫁娶等事项。这说明人事具有资助性质，有时亦被称为“人助”。

人事活动所用的物品主要是食物与织物，特别是食物于人事中的频繁体现了其资助性质，这种性质正是民间人事活动普遍存在的一个主要原因。这一点在敦煌民间结社的情况中得到印证。S.6537V《十五人结社社条》记载：

……若有立庄修舍，要众共成。各各一心，阙者帖助。更有荣就，男女人事，合行事不在三官之中，众社思寸（忖）。若有东西出使，远近一般，去送来迎，各自总有……①

从该社条来看，社人之间的互相帮助、社人出使时的去送来迎与人事是不同的。其不同之处在于前者为社官组织下社员必须要尽的义务，而后者为社员的自愿行为，社官不予干预，即“男女人事，合行不在三官之中”。但是，当修建与送路时的资助为自愿行为时，它们之间则似乎没有区别，均可以称为“人事”，这正是我们在前述寺院账目中将相关活动称为“人事”的原因。

晚唐五代宋初时期的敦煌寺院不仅与佛教界，而且与世俗社会之间保持频繁的具有庆贺与资助性质的人事关系，这种人事关系进一步体现了当时敦煌佛教的社会性。

① 宁可、郝春文：《敦煌社邑文书辑校》，南京：江苏古籍出版社，1997年，第49—52页。

第二节　服务社会的生命关怀

救度苦难众生本是佛教倡导的主要思想之一，僧尼们在帮助受诸苦难的芸芸众生的同时，亦为自己营得一份善业，以便于最终能够修成正果，为了实现这一宏愿，他们总会力所能及地践行这一福田。

一、祛病医疾

疾病是人生的苦难之一，替病人解除病痛是佛徒们践行救苦救难福田的重要内容。"苦谛"是佛教基本教义"四谛"之一。《增一阿含经·四谛品》云："彼云何名为苦谛？所谓苦谛者，生苦、老苦、病苦、死苦、忧悲恼苦、怨憎会苦、恩爱别离苦、所欲不得苦，取要言之，五盛阴苦。是谓名为苦谛。"[①]可见，疾病是构成"苦谛"的一个方面。面对疾病对病人的折磨，9—10世纪的敦煌僧侣通常以转经的方式从精神上、心理上对患者进行安慰、疗治，以解除痛苦，使其重享人生乐趣。P.2837V《辰年支刚刚等施入疏》中有14件文书记载了支刚刚、李小胡、张意子、雷志德等14人，为染患的母亲、父亲或苦疾缠身的自己在道场请僧念经祛病而布施的情况。如支刚刚就是"为慈母染患，未能痊减。今投道场，请为念诵"，其他13件大体内容与之相仿。[②]又如P.2583《申年比丘尼修德等施舍疏》中有13件文书有比丘尼明谦等人为自己或亲人施物请僧转经祛病的记载。P.3541《年代不明施舍疏》等亦有相关记载。总之，当时敦煌的僧侣通过转经方式替病人消减痛楚的现象非常普遍，其对象有僧有俗，有庶民百姓，有官僚显贵，就连归义军节度使也不例外，如P.2704《后唐长兴四至五年曹议金回向疏》第二件诵经祈祷曰："大王微疾，如风卷于秋林。"

转诵经文本是佛徒们日常修习的课目之一。9—10世纪敦煌僧团的转经活动非常频繁，有僧团集体的转经活动，有某一寺院的转经活动，也有三五为伴的转经活动，甚至还有僧人个人进行的转经，如S.1612《丙午年比丘愿荣转经历》反

---

① 《大正藏》第2册，第631页。

② 唐耕耦、陆洪基编：《敦煌社会经济文献真迹释录（三）》，北京：全国图书馆文献缩微复制中心，1990年，第59—63页。

映的就是僧人个人转经活动。[①]当时的敦煌僧侣们将日常修习的转诵经文的活动与替患者攘灾祛病的目的结合了起来，给病患者以莫大的精神安慰，在一定程度上满足了其心理需求，缓解了痛苦。而世俗信众在疾病缠身时也将摆脱病痛的希望寄托于佛的佑护上，除了请僧念经祛病外，开窟造像、写经等活动在民间也非常盛行。如莫高窟第180窟西壁龛外南侧菩萨像旁供养人题记云“清信佛弟子张承庆为身染患发心造两菩萨　天宝七载五月十三日毕功”[②]，北图收字52《维摩诘经卷上比丘尼莲花心题记》（9世纪前）云“比丘尼莲花心为染患得痊，发愿写”[③]，北图收字45（8257）《阎罗王授记劝修七斋功德经》题记曰：“安国寺患尼弟子妙福发心敬写此经一七供养一心供养”，等等。

面对严重的疾病灾害给人们生活带来的威胁，敦煌佛教界有时还要举行集体转经活动，齐心协力加入与疾病作斗争的行列中来。P.3405《国有灾疠合城转经》即体现了这一福田活动，该文诵曰：

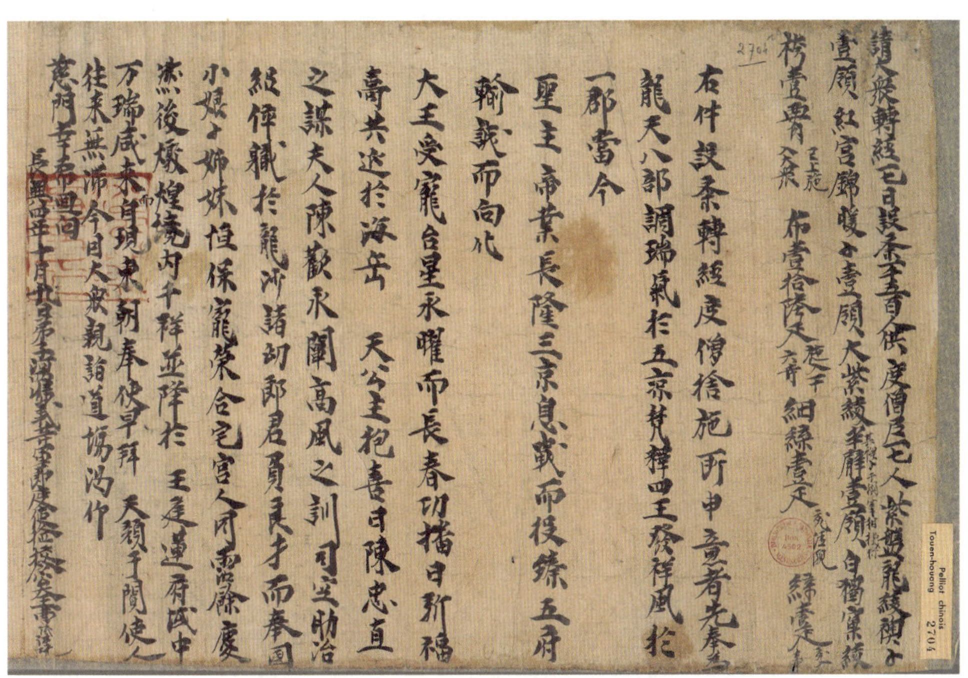

P.2704《后唐长兴四至五年曹议金回向疏》

① 方广锠：《敦煌佛教经录辑校》，南京：江苏古籍出版社，1997年，第826—829页。
② 敦煌研究院编：《敦煌莫高窟供养人题记》，北京：文物出版社，1986年，第81页。
③ 杨富学、李吉和编：《敦煌汉文吐蕃史料辑校》，兰州：甘肃人民出版社，1999年，第282页。

天垂灾殄，则水旱相仍，疾疫流行，昏众生之共业。昨以城隍厉疾，百姓不安，不逢流水之医，何以济兹雕瘵，是以我皇轸虑，大阐法门，绕宝刹而香气氛氲，列胜幡而宝幢辉曜。想龙天而骤会，柳塞庐空，天皇梵天，震威光而必至。二部大众，经声洞晓于阖城；五部真言，去邪魔之疾厉。使灾风永卷，不害于生民；瘴气漂除，息千门之氛浸。然后人安乐业，帝祚唯祯。以（与）二曜而齐辉，并三光而洁朗。

有时，僧侣为病人转经祛病禳灾时还要自资饭食。如S.4642（1—8V）《年代不明某寺诸色入破历算会牒残卷》云“面一硕三斗五胜，百尺上转经僧料用”，P.3032V《后晋时代净土寺诸色入破历算会稿》云“面八斗、油三升，张家小娘子患时，诸寺转经了日，众僧斋时用”，等等。

通过转诵经文拯救患者的同时，敦煌的僧人们还从事医事活动，运用医术为患者治病排忧，解除痛苦。《四分律删繁补阙行事钞》云：“若和尚父母在寺疾病，弟子亦得为合药。又父母贫贱，在寺内供养；净人兄弟、姐妹、叔伯及叔伯母、姨舅，并得为合药。无（药）者，自有，亦得借用。不还者，勿责。”[①]可见，不管是在寺出家的僧人还是其亲属患疾，寺院、僧侣均须为其调药治病，甚至净人的亲人染疾有恙也受到寺院的救治、照料。这一切均体现了大乘佛教倡导的慈善、博爱精神。9—10世纪敦煌的寺院、僧侣即是这种精神的实践者。从敦煌文书中可以看到当时有许多精通医术的高僧，如翟法荣、索崇恩、索法律、索法律智岳4位僧医。[②]这些位尊职显的高僧不但精通佛教义理，而且医术精湛，在当地享有盛誉，备受世人尊崇。

受资料限制，关于僧人替病人疗医的直接记载较为罕见。不过仔细检阅探究，我们还是能够寻觅到相关的蛛丝马迹。在敦煌寺院会计文书中，我们经常会看到“迎”“设”“看”“供”“屈”等词，施萍婷早已研究过这些词的意义和用法。[③]从文意判断，这些词一般有招待、迎接之意，如P.3828（2）《唐光启二年安国寺上座胜净等诸色斛斗入破历算会牒》云：“麦三斗，油一升，油一升半，粟三斗，看康僧政、张判官用。”S.1316《年代不明某寺诸色斛斗破用历》云：“面三斗五胜，油一胜，粟一硕，充修城东寺看行人用。”以上“看”字均有此意。诸如此类的例子比比皆是，这里不再赘举。等而视之，S.6981《年代不

① 《大正藏》第40册，第148页。

② 参见郑炳林：《唐五代敦煌的医事研究》，载郑炳林主编：《敦煌归义军史专题研究》，兰州：兰州大学出版社，1997年，第515—517页。

③ 施萍婷：《本所藏〈酒帐〉研究》，《敦煌研究》1983年创刊号，第151页。

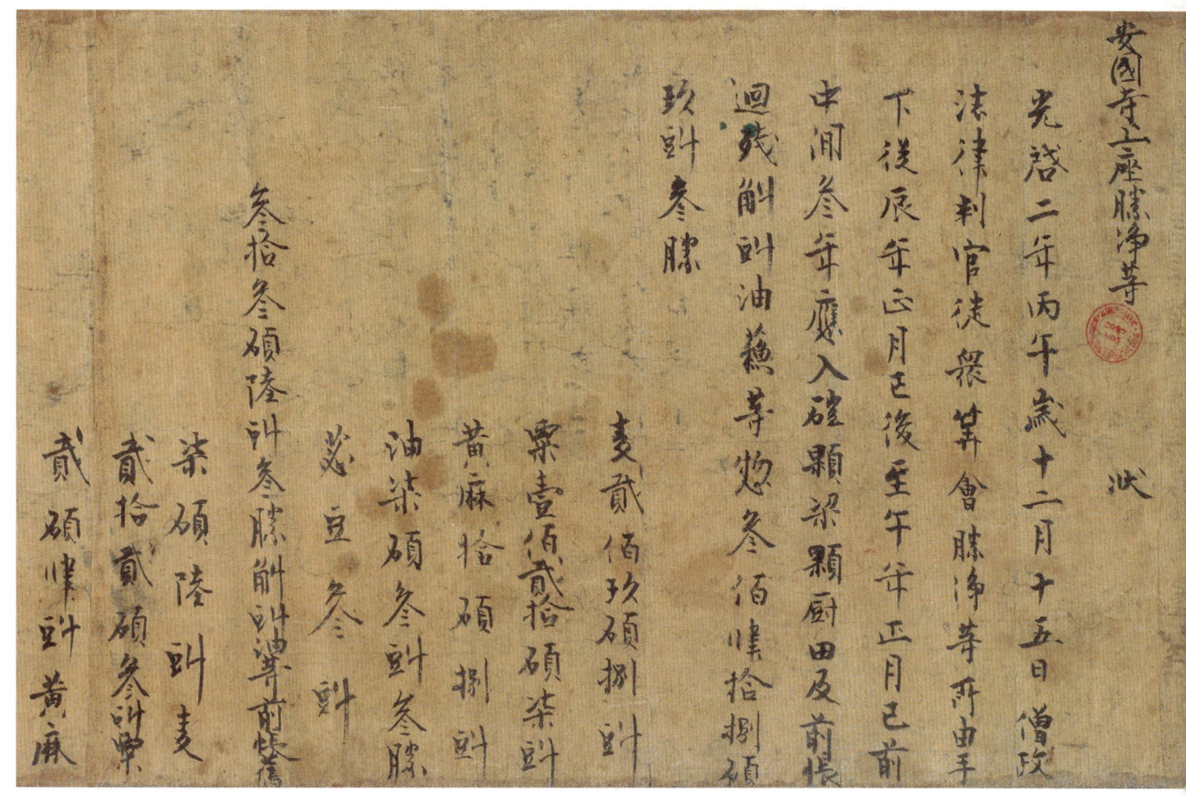
安國寺上座勝淨等　狀
光啓二年丙午歲十二月十五日僧政
法律判官徒衆算會勝淨等所由手
下從辰年正月已後至午年正月已前
中間叁年應入硙顆梁顆厨田及前帳
迴殘斛斗油麵蘇等總叁佰肆拾捌碩
玖斗叁勝
叁拾叁碩陸斗叁勝
麥貳佰玖碩捌斗
粟壹佰貳拾碩柒斗
黃麻拾碩捌斗
油柒碩叁斗叁勝
豆叁斗
柒碩陸斗麥
貳拾貳碩叁斗粟
貳碩肆斗黃麻

P.3828《唐光启二年安国寺上座胜净等诸色斛斗入破历算会牒》

明诸色斛斗破历》所记“面一石一斗、油八升、麦八斗、粟六斗，看僧统去病用”中的“看”也应理解为“招待”，即指招待这位僧统来寺院为病人治病时的费用支出。从支出数额来看，可能不是一次，而是多次诊病时的费用支出，其中可能包含给僧统的报酬。同时，该文书还记载有“谷面一斗、白面一斗、油一升，付愿子将病用。……油一升，愿子精病发时用”，推测愿子就是僧统在该寺诊治的病人之一，但不幸的是，愿子最终不治而亡，这于同件文书所云“面一斗、油一升，愿子亡造祭盘用”的记载中可征无疑。至于文中这位行医治病的僧统是谁，目前还难以确定。P.2481《副僧统和尚邈真赞并序》中称颂该僧统“登狻猊之宝座，畅三教而应病良医；处菡萏之莲床，演五乘而随根闰益”[①]，这里的“应病良医”是否是实指，即这位僧统就是一名医僧，我们暂时不得而知。有可能这仅是一种美化、比附的说法，而并非表明其真是医技精湛的僧医，但仍能佐证当时敦煌医僧医事行为的存在。

敦煌寺院或僧人从事医事活动的情况也可于当时民众向寺院施舍药材的记载

① 郑炳林：《敦煌碑铭赞辑释》，兰州：甘肃教育出版社，1992年，第512页。

中得到印证。P.2837《辰年支刚刚施入疏》记载："把豆三颗，龙骨少多，并诸杂药，施入修造。"P.3541《年代不明施舍疏》记载："升麻、杓药共二两，槐子柒稞，入修造。"P.2583《申年比丘尼修德等施舍疏》记载："□一匹二丈五尺，蒲桃一斗，解毒药五两，已上物充转经僧儭。解毒药二两，充正月一日夜燃灯法仕宋教授和尚。□药。正月七日弟子节儿论莽热谨疏。"还有从西域传来的药材如诃梨勒等经常被施入或纳入寺院。[①]这些药材施舍与寺院，说明寺院可能有僧人能够从事医疗活动，或者寺院设有配制药剂的剂室，否则，施舍药物的意义就令人费解。其中前两件文书记载药材的施舍对象是"修造"，可能是预用于修造过程中人员的突然受伤或偶染患疾。

佛教医方是一种能够反映当时佛教寺院、僧人掌握医药知识并从事医疗活动的证物。从春雨、马继兴等先生对敦煌佛教医方进行过详细整理，[②]盖建民先生又在此基础上将这些医方大致归纳为《佛家医方》《佛家辟谷方》《佛家香浴方》《佛家养生方》《佛家语喻医方》《佛家疗病催产方》《佛家神妙补心丸》7种。[③]这些佛教医方不仅证明当时敦煌佛教僧侣掌握了一定的病理及对症治疗的医技，而且印证了当时僧侣行医治病行为的普遍存在。当然，由于种种原因的限制，当时的医方有时与咒术结合在一起。如P.2637、P.2703《佛家辟谷诸方》记载了"观音菩萨最胜妙香丸法"等几种佛家药方，均与咒术结合在一起。其中"观音菩萨最胜妙香丸法"提到服药时或服药后要念"天王护身真言""除饥真言""智积真言"等；"出蛊毒方"也要念"佛说咒蛊毒真言"等。[④]可见，当时的佛教医事与咒术活动结合在一起，还没有完全成为真正意义上的医疗科学，但这并不影响佛教徒们替病人解除痛苦的美好初衷。

寺院、僧众不仅从事医事活动，同时还进行医学的传播。在唐宋时期，敦煌寺学在教育方面扮演着重要角色，许多寺院如莲台寺、净土寺、金光明寺、乾元寺、三界寺等都办有寺学。这些寺学向学生教授的内容中有相当一部分是医药知识[⑤]，而寺学授课对象有僧有俗，接受寺学教育的僧人在文书题记中即有记载。如Дx.277（1293）《地藏菩萨经》题记云"（岁次）己卯六月十六日龙兴寺学

---

① 参见郑炳林：《唐五代敦煌的医事研究》，第525—526页。

② 参见丛春雨主编：《敦煌中医药全书》，北京：中医古籍出版社，1994年；马继兴等编：《敦煌医药文献辑校》，南京：江苏古籍出版社，1998年。

③ 参见盖建民：《从敦煌遗书看佛教医学思想及其影响——兼评李约瑟的佛教科学观》，《佛学研究》1999年第8期，第265—266页。

④ 参见马继兴等编：《敦煌佛教医药文献辑校》，第692—701页。

⑤ 关于寺学教授的医药文献，学界多有论述。参见姜伯勤：《敦煌社会文书导论》，台北：新文丰出版公司，1992年，第95—100页；郑炳林：《唐五代敦煌的医事研究》，第519页。

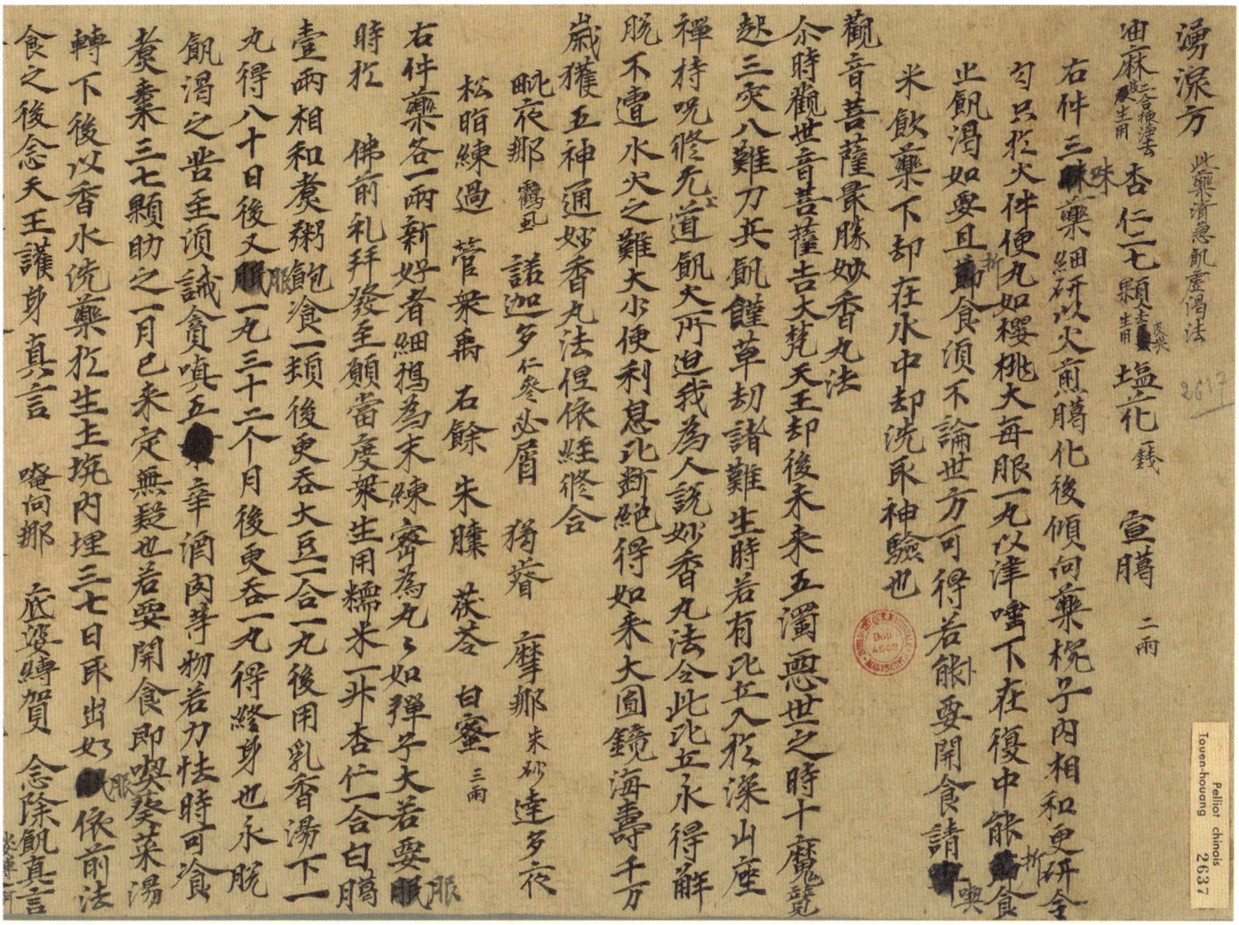

P.2637《佛家辟谷诸方》

侍郎鉴惠”[①]，鉴惠可能是法名，故其应为僧人。Дx.277（2483）《杂字》题记云“己卯年四月廿七日永安寺侍郎僧丑延自手书记”[②]。这些僧人接受寺学教育，为他们掌握各种知识技能打下了良好基础，而医学知识又是寺学教育的一个重要方面，这无疑为培养优秀的医僧创造了条件，进而更好地造福社会。

寺院、僧侣在通过医术替病人治病的同时，有时还为受疾病折磨的病人提供治疗费用和饮食。佛经中对此也有规定，《四分律删繁补阙行事钞》云：“若彼病者，慈心施食，随病所宜。若非随病食施得罪也。婴儿、狱囚、怀妊

① 《西亚民族研究所敦煌特藏满文写本目录》第1册，转引自姜伯勤：《敦煌社会文书导论》，第91页。

② 《西亚民族研究所敦煌特藏满文写本目录》第1册，转引自姜伯勤：《敦煌社会文书导论》，第92页。

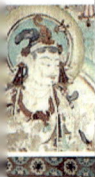

等，慈心施之，勿望后报。”[①]这种关怀顾及一切病人，即使狱囚也不例外，这一点在敦煌寺院的慈善活动中表现得淋漓尽致。P.3234云：“义员阿娘将病，油半升。”S.4642（1—8V）云：“油一胜，员住将病用”，“面五斗，员住妻将病用”。P.3875V《丙子年修造及诸处伐木油面粟等破历》记载：“油半升，与富子□□将疮用。”S.6981记载：“谷面一斗、白面一斗、油一升，付愿子将病用。……油一升，愿子精病发时用。”P.3234V（2）记载：“义员阿娘将病油二半升。”S.6330记载：“油三升，段老宿得病用。”同时，寺院还向分娩妇女提供食物，如P.3234V（9）《癸卯年正月一日已后净土寺直岁沙弥广进面破》记载：“面三斗支与义员妇产用。”“面三斗，油一升，义员妇产与用。”S.1519（2）《辛亥十二月七日后某寺直岁法胜所破油面等历》记载：“又面三斗、油一升，孔盈德新妇产与用。”P.2032V记载：“面三斗，粗［面］三斗、油一升，恩子产时与用。”恩子是净土寺奴仆，同件文书中又有

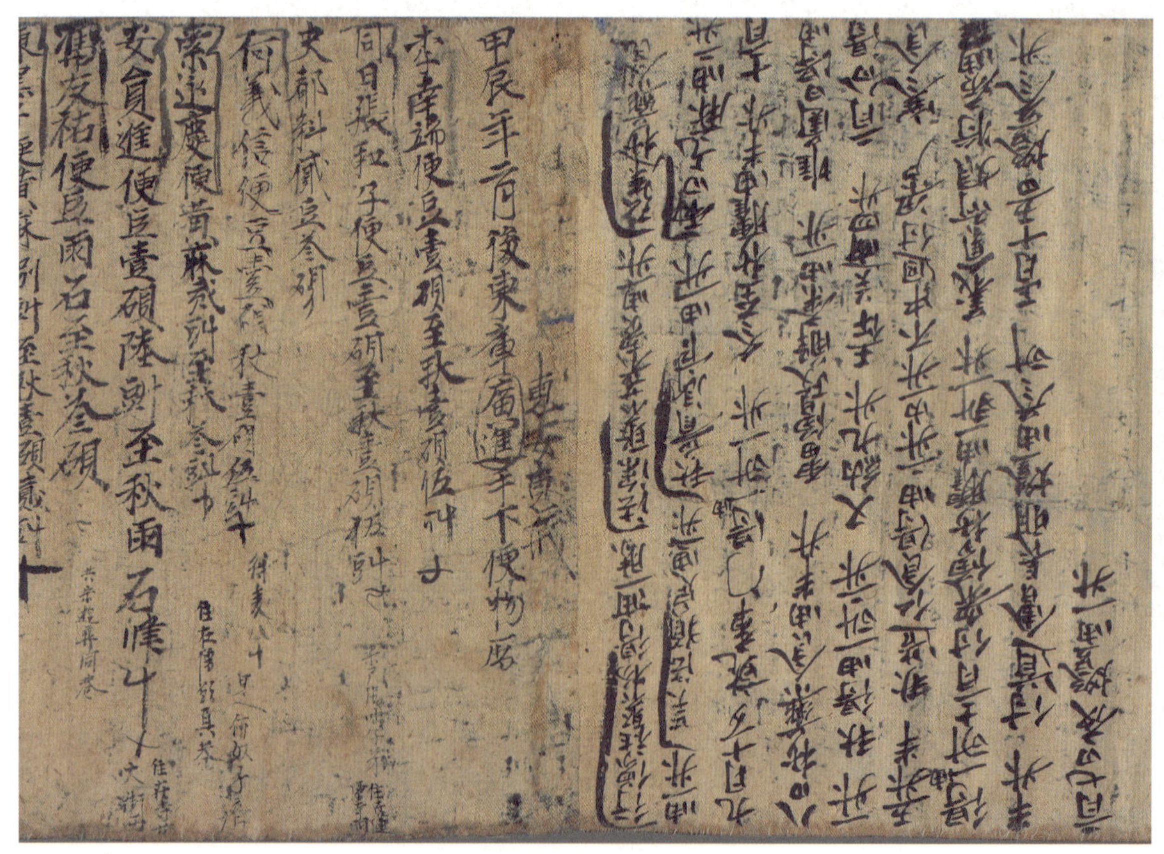

P.3234V《净土寺油等入破历》

① 《大正藏》第40册，第148页。

“恩子儿亡用”的记载，故疑恩子之后漏一“妇”字，即上述支出当是净土寺在恩子妻生育时的救济支出。又S.1519（1）记载：“油一升、面三斗，张破勿新妇平安将用。”这可能是该寺为张破勿妻生育提供的食物。

二、超度送葬

大乘佛教的终极关怀是得道成佛，以求解脱生死轮回之苦。但众生关心的则是避免前世不良业缘造成的业报，即如何能够顺利转生得到善报。佛教在中国传播发展的过程中也顺应了世俗民众的心理要求，对世俗民众的终极关怀表现为超度亡灵，祈祷免除生前种种罪孽。故在俗人亡殁之后，僧人往往加入送葬行列，在墓地为亡者设斋发愿追福。S.6417（9）《临圹文》曰：“遂以（乃）卜胜地以安坟，选吉晨（辰）而置墓。谨延请（清）众，就此家庭，奉为亡灵临旷（圹）追福。惟愿以斯舍施功德、回向念诵胜因尽用庄严亡灵所生魂路：惟愿八大菩萨，遥降日宫；三世如来，远乘莲坐。于是天神执盖，下接幽魂；地折（祇）捧花，上乘其足。破无明之固壳，卷生死之昏云；入智惠（慧）门，向菩提□（路）……”[①]为亡者亲人祈福也是发愿的内容之一，如前引文书S.6417（9）云：“又将功德，次用庄严持炉至孝、内外姻亲等：惟愿三宝重护，众善资持；灾障不侵，功德圆满。”葬毕，接着就是十斋忌，在十斋忌日期间也要请僧转经，超度亡灵，这样才能消除亡者生前种种罪孽，获得善报，顺利转生。

此外，9—10世纪敦煌僧侣对众生的终极关怀有其特殊的一面，那就是对阵亡将士的安葬。P.2040V记载：“油四升，吴僧统和尚收灰骨造顿用。”又P.2032V记载：“吴僧统和尚收灰骨人事用”，“面一硕三斗五升，吴僧统收骨灰造顿用”。这里的“骨灰”当是指阵亡将士或其他人的尸体火化后的灰。中国人传统的葬法为土葬，因为中国人一直信奉“入土为安”的观念，但佛教传入中国后，中国的丧葬礼仪受到其影响。佛教行火葬，即所谓的“荼毗”葬法，最初仅在僧人之间流行，僧人灭寂后都要火化，僧官高僧还要设塔供养。9—10世纪的敦煌，人们普信佛教，受“六道轮回”“转世托生”等生死轮回观念的影响，人们的丧葬习俗及观念发生了改变，火葬习俗遂在当时的敦煌流行起来。迄至元代，这种葬俗依然在敦煌盛行。[②]僧人行火葬自不言说，就是世俗人家也行

① 黄征、吴伟编校：《敦煌愿文集》，长沙：岳麓书社，1995年，第791页。
② 参见（意）马可·波罗口述，鲁思梯谦笔录，陈开俊等译：《马可波罗游记》，福州：福建科学技术出版社，1981年，第49—51页。

火葬。[①] P.4974《神力状》云："回鹘贼来之时，不幸家兄阵上身亡，缘是血腥之丧，其灰骨将入积代坟墓不得……出价买得半亩，安置亡兄灰骨。"这里神力兄是在与回鹘作战时不幸身亡的，故属"血腥之丧"。据此推测，上述吴僧统收灰骨一事可能也与战争有关。如P.2040V第232—233行记载："粟一石二斗，沽酒高都头南山去时送路用。"第245—246行云："粟一石二斗，沽酒司徒东行送路用。"相应的记载又见于第258行"粟三斗，沽酒高都头兵马回来日迎候用"、第259—260行"粟一硕二斗，沽酒司徒兵马来迎顿用"。这里高都头、司徒都是率领兵马出发的，不同于一般的出使活动，他们率军出发的目的当与军事有关，抑或在巡视时与敌人发生了冲突，部分兵士战死沙场，故导致了吴僧统收灰骨之事的发生。收灰骨造顿时一次用去"面一硕三斗五升"，数目较大，可能有许多僧人在吴僧统带领下参加了火葬阵亡将士、安慰亡灵的行动。

寺院在军队出发前一般都要设酒饯行，祝愿他们平安归来。当征战将士班师归来，又要设筵接风洗尘。除前引文书外，P.2049V等文书对此均有记载，这里不再一一罗列。对军队去送来迎也是当时敦煌佛教界的例行事务，他们无力阻止战争的爆发，只能通过向诸佛菩萨祈祷，保佑出征将士得胜平安归来。如吐蕃统治时期的文书S.2146（8）《行军转经文》曰：

> ……则我东军国相论掣脯，敬为西征将士保愿功德之建修也。伏惟相公天降英灵，地资秀气；岳山作镇，谋略坐筹。每见北虏兴师，频犯边境，抄劫人畜，暴秏（耗）田苗。使人色不安，峰（烽）飙数举。我国相悖（勃）然忿起，怒发冲冠。遂择良才，主兵西讨。虽料谋指掌，百无一遗；然必赖福资，保其清吉。是以远启三危之侣，遥祈八藏之文；冀仕（士）马平安，永宁家国。故使虔虔一志，讽诵《金刚》；济济僧尼，宣扬《般若》。想此殊胜，夫何以加？先用庄严护世四王、龙神八部：愿威光盛、福力增，使两阵齐威、北戎伏款。又用庄严行军将相：伏愿才智日新，福同山积；寿命遐远，镇坐台阶。诸将仕（士）等三宝抚护，万善庄严。然后。[②]

从此转经文内容来看，吐蕃统治敦煌时常受到来自外部异族力量的攻击，

① 参见谭蝉雪：《三教融合的敦煌丧俗》，载谢生保编：《敦煌民俗研究》，兰州：甘肃人民出版社，1995年，第40页；高国藩：《敦煌民间葬俗》，载中华书局编辑部编：《学林漫录》十集，北京：中华书局，1985年，第78—79页。

② 黄征、吴伟编校：《敦煌愿文集》，第49页。

“北虏兴师，频犯边境”。吐蕃国相在出兵西讨前，敦煌僧尼通过转经祈求神灵保佑国相及出征将士，祝愿他们人马平安。佛教徒的这种美好初衷能否实现另当别论，可以肯定的是这种祝愿对于笃信佛教的征战将士在心理上有极大的安慰作用，安慰他们恐惧、甚至濒于绝望的心灵，激发将士们取得战争胜利的信心和勇气。又如归义军时期的P.2058（18）《发愿文》曰：

> ……时有我河西节度使令公先奉为龙天八部，愿降临护莲府苍生；梵释四王，伏魔军而摧邪显正。遐澄迩肃，四方无爟火之虞；社泰稷安，八表有输琛之款。当今帝主，宝祚长隆；十道三边，竞（兢）来献贡。……伏惟我令公龙沙秀异，玉塞英奇；为文习七步之能，对敌善七擒之美。京西跪伏，浣（瀚）海来宾，六蕃跪膝于阶廷，五郡皆来而启颡。[①]

祈求神灵保佑国泰民安、四方伏顺和赞美节度使功绩为归义军时期多数发愿文的内容。如S.5957、P.2838、P.3084等转经文也有诸如“为国泰民安，无闻征战之名”“河清海晏，不闻刁斗之声；四寇降阶，永绝烟尘之战”之语。这既是节度使将自己的诸种愿望寄托于佛教僧侣的法事活动的写照，也是佛徒们追求清平世界心愿的体现。

佛教以慈悲为怀，以帮助他人解脱痛苦为旨归。在转经祈愿兵马平安归来的同时，寺院、僧侣还要对阵亡将士进行安葬、超度。敦煌佛教这种慈悲行为关怀的对象并不局限于人类，而是播恩泽于一切有情。如P.2940《斋琬文》之“祐诸畜”部分中就含有放生、赎生、马死、牛死、驼死、驴死、羊死、犬死、猪死等内容，表现了佛徒们对其他生灵的关注与祈福。这一切俱体现了当时敦煌佛教界积极关注生命、救度众生的慈悲情怀。

① 黄征、吴伟编校：《敦煌愿文集》，第340页。

第三节 源于社会的经济收入

从敦煌文书来看，唐宋时期敦煌寺院的经济收入来源主要有地产、利息、硙课、粱课、佛食、散施等项，但是不同寺院在不同时期的具体情况并不一致，有些寺院各种收入来源均有，而有些寺院的收入来源仅有其中的某几项。[①]

一、利息收入

唐宋时期敦煌寺院的借贷活动一般称为“便”“贷”“贷便”等，具体反映在便物契、贷物契、便物历、贷物历等文书中，借贷活动中的利息收入一般被称为“利润入”。

敦煌文书中便物契的出便物一般是麦、粟等斛斗之物，偶尔也有织物。目前所见敦煌寺院的便物契一般都是吐蕃统治时期的部落百姓或僧人向寺院进行的借贷，归还期限一般俱在秋八月内，且在契约中没有说明利息，似为无息借贷。但学界对该问题有不同的看法，谢重光、谢和耐、王尧、罗彤华等认为这些契约应属无息借贷。[②]但更多学者持相反意见，如仁井田陞认为这些契约中的“利息（填补利息）也许是事先扣除的，不过，在借据上并没有写着关于利息的文句”[③]。当然仁井田陞对此观点并没有进一步说明理由。北原熏指出：S.1475《吐蕃酉年卯年等灵图寺佛帐麦贷便契》11件中第四件等契约，未写明利息，不是没有利息，而是按习惯收取利息。[④]童丕亦认为利率早已隐蔽地按照惯例算进

① 王祥伟《吐蕃至归义军时期敦煌佛教经济研究》（北京：中华书局，2015年）中对敦煌寺院的经济收入有详细讨论，这部分内容主要是依据该书整理而来。

② 谢重光：《关于唐后期五代间沙州寺院经济的几个问题》，载韩国磐主编：《敦煌吐鲁番出土经济文书研究》，厦门：厦门大学出版社，1986年，第481—482页。（法）谢和耐著，耿昇译：《中国五—十世纪的寺院经济》，兰州：甘肃人民出版社，1987年，第219页。王尧：《敦煌吐蕃文书P.T1297号再释——兼谈敦煌地区佛教寺院在缓和社会矛盾中的作用》，《中国藏学》1998年第1期，第96页。罗彤华：《从便物历论敦煌寺院的放贷》，载郝春文主编：《敦煌文献论集——纪念敦煌藏经洞发现一百周年国际学术研讨会论文集》，沈阳：辽宁人民出版社，2001年，第436—473页。

③ （日）仁井田陞：《唐末五代的敦煌寺院佃户关系文书——关于限制佃户人格自由的规定》，载（日）周藤吉之等著，姜镇庆、那向芹等译：《敦煌学译文集——敦煌吐鲁番出土社会经济文书研究》，兰州：甘肃人民出版社，1985年，第839—840页。

④ （日）北原熏：《晚唐五代の敦煌寺院经济——收支决算报告を中心に》，载（日）池田温编：《讲座敦煌·3·敦煌の社会》，东京：大东出版社，1980年，第386—396页。

去了。[①]唐耕耦亦支持北原熏的观点，并认为敦煌寺院普遍出贷取息，高利贷收入是寺院主要收入之一。

除了便物契和贷物契外，敦煌寺院的借贷活动还体现在便物历文书中，如S.1781《庚辰年正月二日僧金刚手下斛斗具数历》、P.3234V《甲辰年二月后沙州净土寺东库惠安惠戒手下便物历》、S.5873V+S.8567《戊午年灵图寺仓出便与人名目》、S.6452(6)《壬午年二月十三日净土寺常住库内黄麻出便与人名目》、S.6452(7)《壬午年三月六日净土寺库内便粟历》等都记载了寺院斛斗的出便情况。[②]这些便物历的结构大致相同，其要素主要有便物者、便物名目、便物数量、便物时间、归还时间、归还数量、口承人、画押，等等。但是，这些要素很难在某一件便物历中完全具备，一般便物历中有便物者、便物名目、便物数量、便物时间、归还时间、归还数量等，但是口承人和画押则不一定具备。便物历中记载寺院的出便利率大多为50%，个别的利率高于或低于50%（此利率仅是依据出便的本金和归还时的本利数来计算的，没有考虑出便期限，若将出便期限考虑在内，利率会有相应的变化），其中S.5873V+S.8567、P.3234V和S.1781等为50%，S.6452（6）和S.6452（7）等为30%，均至秋归还。

在寺院便物历文书中，虽然借贷符号大多用“便”，但有时“便”“贷”混用，有时仅用“贷”，偶尔也会用其他的借贷符号，并且凡是“便”者有息，凡“贷”者一般无息或低息。如P.3370《戊子年六月五日净土寺公廨麦粟出便与人抄录》中记录了27笔账目，便者有息，贷者无息，特移录部分内容如下：

22. 龙勒程恩子便粟五斗，至秋七斗五升，（押）。口承喜喜（押）。

23. 洪池邓安久便麦一硕，至秋一硕五斗，（押）。口承李安六（押）。

24. 赤心李安六便粟一硕，至秋一硕五斗，（押）。口承邓安久（押）。

25. 平康王安君贷麦一硕五斗，至秋一硕七斗。口承王寺主（押）。

26. 王寺主贷麦二硕，口承王安君（押）。

① （法）童丕著，余欣、陈建伟译：《敦煌的借贷：中国中古时代的物质生活与社会》，北京：中华书局，2003年，第128页。

② 参见唐耕耦、陆宏基编：《敦煌社会经济文献真迹释录》第2辑，全国图书馆文献缩微复制中心，1990年，第205、212—215、228、244、245页。

在这几笔账目中，前几笔“便”者有息，利息率为50%，后两笔“贷”者中，王安君所贷一笔有息，但利息率约为13%，远远低于前几笔，而王寺主所贷一笔没有利息。又P.3234V《甲辰年二月后沙州净土寺东库惠安惠戒手下贷便物历》记录了71笔“便贷”账目，一般为50%的利息率，但其中有7笔账目没有利息，这几笔账目是第4行“史都料贷豆三硕（押）”，第13行“杨继崇便黄麻一石二斗”，第16行“押衙安文全豆六石（押）”，第44行“愿真豆一硕”，第55行“宋都衙黄麻一硕四斗，荆曹六将”，第59行“福子麦一石”，第65行“官贷黄麻二硕八斗”。在这几笔账目中，第16、44、55、59行所载几笔没有说明是便还是贷，第13行的一笔是用了“便”字，第4、65行的二笔是用了“贷”字，且这是71笔账目中唯一二笔明确用“贷”字者，其恰好没有利息。此外，S.5064《年代不明某寺愿戒保心等付贷入粟豆黄麻历》是一件残卷，总共保存下来了9笔账目，其中有8笔账目是用了“付”字，另一笔用了“贷”字，每笔账目没有利息，如“（前缺）愿戒付粟三硕，豆五斗，黄麻七斗。自年秋入粟二硕七斗，入豆五斗，入黄麻七斗，又入粟三斗；保心付粟三硕，豆五斗，黄麻七斗。自年秋入黄麻七斗，入豆五斗，入粟三硕。……李押牙贷黄麻五斗。闰晟郎（后缺）”，这些记载说明，用“贷”字无息者并非偶然现象。至于在那些全部用“贷”作为借贷符号的贷物历中，不管出贷物是斛斗如麦、粟、黄麻、豆，还是斛斗的加工物如面、油等，均没有利息。如S.2228《公元9世纪前期解女于大云寺等贷黄麻历》、S.5845《己亥年二月十七日某寺贷油麦麻面历》、S.6452（2）《辛巳年十二月十三日周僧正于常住库借贷油面物历》、S.6452（4）《壬午年正月四日诸人于净土寺常住库借贷油面物历》、沙州文录补《辛巳年六月十六日社人拾人于灯司仓贷粟历》等中一般均无利息。[①]

从目前发现的贷物历或贷便历文书来看，“贷”者无息是当时敦煌借贷活动中的一种普遍现象，僧俗两界均是如此。

从敦煌文书的记载来看，唐宋时期敦煌的高息借贷活动相当活跃，寺院的放贷取息行为是在当时敦煌社会普遍的高息借贷背景下进行的。敦煌寺院的借贷利率一般是50%（这里没有考虑借贷期限的变化），偶尔也有高于和低于50%者。虽然学界一般将敦煌寺院的借贷统统称之为高利贷，但实际上，50%的借贷利率是当时敦煌地区的普遍利率。同时，从敦煌文书的记载可知，寺院的利息收入差距是很大的，如净土寺在公元925年的利息收入高达约360石斛斗，[②]而有的寺院

① 参见唐耕耦、陆宏基编：《敦煌社会经济文献真迹释录》第2辑，第203、231、239—241、242、206页。

② 参见唐耕耦、陆宏基编：《敦煌社会经济文献真迹释录》第3辑，第347—366页。

经济规模非常小，连自己的日常周转都难以应付，难以拿出更多的资本去生财，故在有的年份根本没有利息收入，在这种情况下，不同寺院之间的利息收入出现差距将是必然的。

二、碾硙和油梁收入

碾硙和油梁收入是古代寺院经济收入的重要来源之一，唐宋时期的敦煌寺院亦不例外。敦煌寺院拥有碾硙、油梁的途径在文书中很少记载，S.3873《唐咸通某年索淇舍施水硙园田等入报恩寺请求判凭状》载索家布施水硙三所及园田、家客重建报恩寺，[①]日本杏雨书屋藏敦煌文书羽689号记载董勃藏创建伽蓝并布施驼、牛、马及水硙、人户等，[②]说明布施是敦煌寺院碾硙的来源之一。P.3587《年代不明某寺常住什物交割点检历》记载："诸家卖舍文契及买道论（轮）硙文书一角。"可见寺院亦可以买入碾硙。至于敦煌寺院碾硙、油梁的经营形式，主要有出租经营和自营两种，具体从事碾硙和油梁经营的人被称为"硙户"和"梁户"。[③]

唐宋时期敦煌寺院的碾硙、油梁收入分别被称为"硙课""梁课"。中外学者对敦煌寺院文书中"硙课"一词的认识有一个逐渐成熟的过程，其中最合理的解释当属姜伯勤和唐耕耦。对硙课和梁课含义的准确解释建立在对寺院碾硙、油梁经营方式的正确理解上，唐宋时期敦煌寺院碾硙经营有寺院自营和出租经营两种方式，而油梁的经营经历了由吐蕃统治时期寺户看梁到归义军时期出租油梁的转变。[④]姜伯勤认为硙课有两种含义：一种是指寺方给"硙博士"的工价；另

① 参见唐耕耦、陆宏基编：《敦煌社会经济文献真迹释录》第3辑，第83页。

② 参见（日）岩尾一史：《再论〈吐蕃论董勃藏修伽蓝功德记〉——羽689の分析を中心に》，载（日）高田时雄主编：《敦煌写本研究年报》第8号，京都大学人文科学研究所中国中世写本研究班，2014年，第205—216页。

③ 主要研究成果有：（日）那波利贞的《梁户考》（《支那佛教史学》第二卷，第1、2、4号，1938年）、《中晚唐时代に于ける敦煌地方佛教寺院碾硙经营に就まて（上、中）》（《东亚经济论丛》第1卷3、4号，1941年）和《中晚唐时代に于ける敦煌地方佛教寺院碾硙经营に就まて（下）》（《东亚经济论丛》第2卷2号，1942年）系列论文；（日）道端良秀《唐代佛教史の研究》第五章"佛教寺院と经济问题"，法藏馆，1957年；（法）谢和耐著，耿昇译：《中国五—十世纪的寺院经济》，兰州：甘肃人民出版社，1987年，第175—188页；姜伯勤《敦煌寺院文书中"梁户"的性质》（《中国史研究》1980年第3期）和《敦煌寺院碾硙经营的两种形式》（《历史论丛》1983年第3辑）二文，后均收入其著《唐五代敦煌寺户制度》一书；唐耕耦《关于敦煌寺院水硙研究中的几个问题》，原载《文献》1988年第1期，后收入其著《敦煌寺院会计文书研究》一书；谢重光：《关于唐后期五代间沙州寺院经济的几个问题》，载韩国磐主编：《敦煌吐鲁番出土经济文书研究》，第445—513页；雷绍锋：《归义军赋役制度初探》，台北：洪业文化事业有限公司，2000年，第140—143、274—278页。

④ 参见姜伯勤：《唐五代敦煌寺户制度》，第246—250页。

一种则是指承租寺硙的硙户向寺方交纳的课税。唐耕耦认为硙课是将水硙出租与人的租费，或者是指用水硙替他人将麦、粟等粮食磨成面粉所收的加工费。[①]姜伯勤所说的"课税"与唐耕耦所说的"租费"实际上是一回事。这样，硙课有工价、租税和加工费三层含义。而"梁课"是梁户按照契约于规定期限内向寺院交纳的使用寺院油梁设备的租金。[②]在记录敦煌寺院经济收入的文书中，硙课与梁课均是指承租方因租用寺院的碾硙、油梁而交纳给寺院的租金或寺院替他人将麦、粟等粮食进行加工所收的加工费。

敦煌寺院的硙课收入一般是麦和粟，有时也会是黄麻和豆，梁课收入一般是油和麻渣，有时也会有麦和粟。如S.6061《公元9世纪前期某寺诸色斛斗入破历算会牒残卷》记载某寺硙课收入麦274.2石、粟22.8石、豌豆0.55石。S.4782《寅年乾元寺堂斋修造两司都师文谦诸色斛斗入破历算会牒残卷》记载乾元寺公元857年硙课收入麦3.8石、粟7石；梁课收入麦11石、粟6石、油1.6石。P.2974V记载某寺于公元896年硙课收入麦58.4石、粟45.6石、豆5.2石、黄麻2.8石，梁课收入油3.2石、麻渣10并。P.4542V（1）记载某寺某年硙课收入麦54.5石、粟43.5石，梁课收入油2.7石。S.1625记载大乘寺公元938年硙课收入麦21.3石、粟16.2石、黄麻4.7石。寺院因硙课、梁课而收入的斛斗和油也可以折合成其他物品，如P.6002（1）《辰年乾元寺诸色入破历算会牒残卷》记载有乾元寺寅年和卯年的硙课和梁课收入账目："纸一帖准麦五斗，已上寅年硙课入。""油一硕六斗，粟六硕，已上寅年油梁课入。""柴两车折粟四硕，麦一硕五斗，已上卯年硙课入。""茨柴一车折麦两硕，油梁课入。"其中硙课收入的五斗麦子和四硕粟分别折合成一帖纸和两车柴交纳，梁课收入的两硕麦折合成一车茨柴交纳。

有的寺院连续数年的硙课或梁课收入相同，如P.2838（2）《唐光启二年国寺上座胜净等诸色斛斗入破历算会牒残卷》记载安国寺在唐中和四年、光启元年、光启二年连续三年每年的硙课收入都是麦62.6石、粟32.6石、黄麻2.8石，每年的梁课收入都是油2石。这里安国寺连续三年的硙课、梁课收入相同。又P.2049V记载净土寺于公元924年梁课收入油3石、麻渣27并；公元930年梁课收入油3石、麻渣27并。这说明净土寺每年的梁课收入也是相同的。这说明两所寺院在碾硙、油梁的出租经营中采用了定额租。

不同寺院之间的硙课和梁课收入是有差距的，而造成差距的原因很多，如拥有碾硙和油梁的数量、经营效果、自然条件等，其中拥有碾硙和油梁的数量是最

① 参见姜伯勤：《唐五代敦煌寺户制度》，第231—239页；唐耕耦：《敦煌寺院会计文书研究》，第461—487页。

② 参见姜伯勤：《唐五代敦煌寺户制度》，第262页。

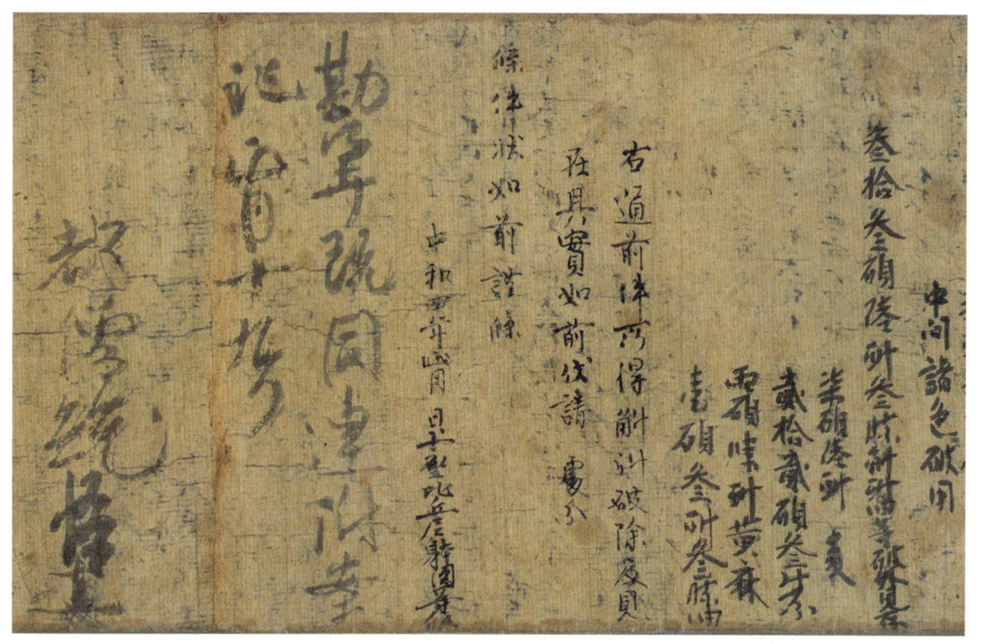

P.2838（2）《入破历》

主要的因素。在敦煌寺院中，有的寺院既有碾硙，又有油梁，而有的寺院仅有碾硙或油梁，有的寺院既没有碾硙，又没有油梁。有的寺院仅有一所碾硙或油梁，而有的寺院拥有两所以上碾硙或油梁，如S.5753《癸巳年灵图寺招提寺福盈手下诸色斛斗入破历算会牒残卷》记载：“一伯七十九硕三斗麦，六十硕二斗上硙入，六十硕二斗下硙入。”说明灵图寺当时拥有两所碾硙。S.3873记载索淇家的3所水硙通过布施或其他形式变成了报恩寺的水硙，说明报恩寺曾在某段时期内拥有3所碾硙。总体来看，在拥有碾硙或油梁的寺院中，硙课和梁课收入在寺院总收入中所占的比重是较大的，但是不同寺院的硙课和梁课收入在寺院的总收入中所占的比重也不同，如从前述P.2838（2）中可以看到，安国寺在公元884—886年3年间的主要收入就是硙课和梁课；又从S.4782中可看到乾元寺在公元857年的收入主要是硙课和梁课。此外，敦煌文书Дx.01443《龙光寺僧智惠牟常秘等状》记载：

1. 龙光寺僧智惠牟常秘等状
2. 右龙光寺常住更无产业，□
3. 水硙一轮，先奉　尚书文帖□
4. 六人酒食柴薪等，龙光、开元各祇十日，经今五十日，右
5. 现行硙两扇并总破烈（裂），二年骈并判□

6. 人夫价直破除罄尽，昨来就硙旋（？）［ ］
7. 今现硙住，目下课（颗）粒□□求无［ ］
8. 尚书慈悲照察郭外寺舍□［ ］
9. 神笔裁下处分

状文中提到开元寺和龙光寺经营水硙之事，从中可知，龙光寺常住再无其他产业，收入基本全靠一轮水硙。

由于碾硙收入对寺院经济收入的影响很大，故历史上出现过寺院之间、寺院与官宦之间争夺碾硙的现象，而政府也非常重视对碾硙的管理，敦煌地方政权也不例外，如前述S.3873记载索淇请求归义军节度使将报恩寺原属其祖上的3所碾硙中的一所重新赐回给自己，而Дx.01443中龙光、开元二寺碾硙的经营也与尚书关系密切。

三、地产收入

（一）敦煌寺院地产的来源

历史上，佛教寺院获得土地的方式是多种多样的，主要有政府分配、买田、帝王赐田、贵族捐赠、布施，等等。吐蕃统治和归义军时期敦煌寺院的地产是否有一部分来自吐蕃和归义军政权依其土地政策分配所得，文书中未见相关记载。目前敦煌文书中明确记载寺院土地的来源主要有施舍和买入。如P.3410《年代不详僧崇恩析产遗嘱》记载僧崇恩将无穷渠地和延康渠地各两突施入净土寺。[①]前述S.3873《唐咸通某年索淇舍施水硙园田等入报恩寺请求判凭状》载索家布施水硙三所及园田等重建报恩寺。又P.2187《河西都僧统悟真处分常住榜》第5—6行云“应诸管内寺宇，盖是先帝敕置，或是贤哲修成，内外舍宅庄田，因乃信心施入”，等等。除施舍外，购买亦是寺院地产的来源之一，如S.6452（1）《某年净土寺诸色斛斗破历》第1行载“九日，麦二斗，买地造文书吃用”，P.4906《年代不明某寺诸色破用历》第2—3行载“麦四石九斗、粟五石一斗，张留德买地价用”，P.2040V《后晋时期净土寺诸色入破历算会稿》第248行载“粟二斗，于罗平水买地造文书日看用”，P.2040V《后晋时期净土寺诸色入破历算会稿》第219行载“麦二十硕，罗家地价用”，P.2032V《后晋时期净土寺诸色入破历算会稿》第379—380行载“麦二十硕、粟二十硕，买罗家地价用”。

① 唐耕耦、陆宏基编：《敦煌社会经济文献真迹释录》第2辑，1990年，第150页。

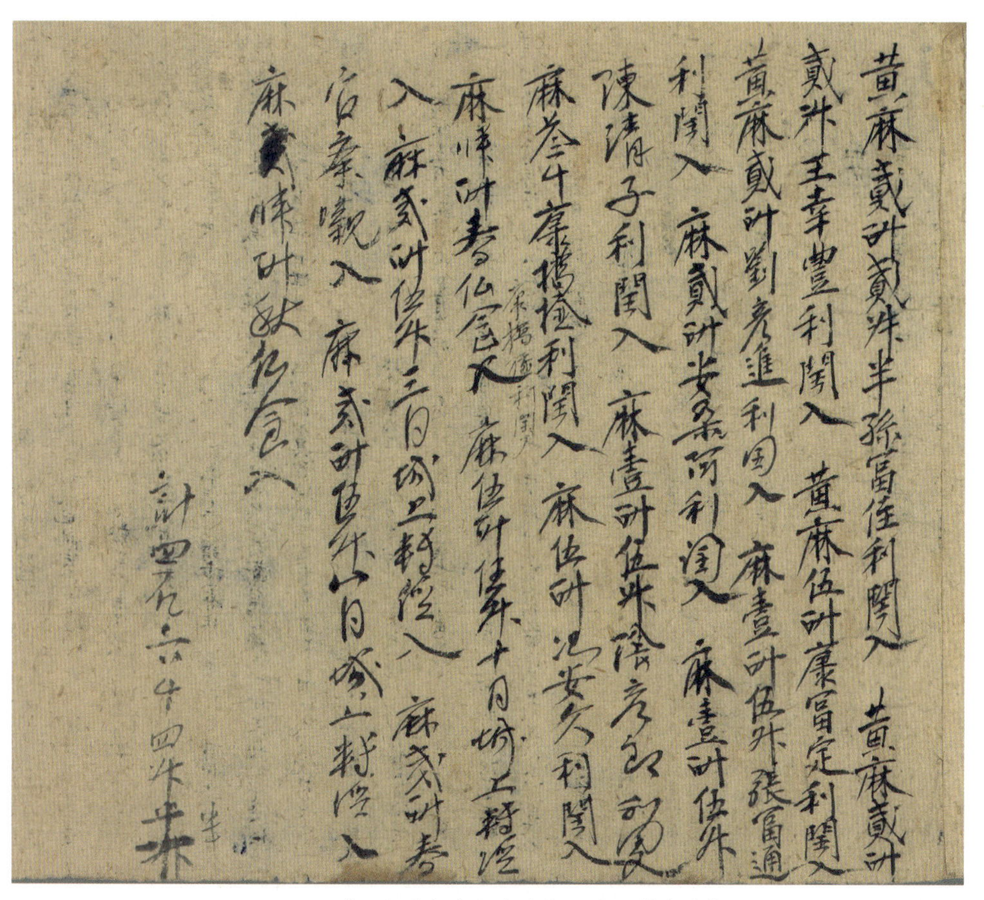

P.2040V《五代时期净土寺诸色入破历算会稿》

地产作为寺院基本的生产资料直接关系到寺院的经济状况，但是由于资料的限制，敦煌寺院地产的规模难以详细统计。目前学界对敦煌净土寺的土地规模已进行较多的统计，如谢和耐估算出净土寺在10世纪的地产在3顷以上；北原熏认为10世纪前半期净土寺的地产为70—160亩；姜伯勤推算出净土寺的土地为67.47—70.97亩，不超过1顷。[①]尽管不能具体推知每所寺院的土地规模，但有一点是可以肯定的，即不同寺院间土地规模的差距很大，这一点在后面将要讨论的寺院土地收入差距中反映得很清楚。

（二）敦煌寺院地产名称的变化——“厨田”之称在敦煌出现的时间及原因

敦煌文书中有时将寺院的地产称为“厨田”。“厨田”一词在中国传统文献中的记载非常少，仅《晋书》中有两条记载，一条是：“（陈）骞元勋旧德，统乂东夏，方弘远绩，以一吴会，而所苦未除，每表恳切，重劳以方事。今听留

① 姜伯勤：《唐五代敦煌寺户制度》，第185—193页。

京城，以前太尉府为大司马府，增置祭酒二人，帐下司马、官骑、大车、鼓吹皆如前，亲兵百人，厨田十顷，厨园五十亩，厨士十人，器物经用皆留给焉。又给乘舆辇，出入殿中加鼓吹，如汉萧何故事。”[①]另一条是：“司空（卫）瓘年未致仕，而逊让历年，欲及神志未衰，以果本情，至真之风，实感吾心。今听其所执，进位太保，以公就第。给亲兵百人，置长史、司马、从事中郎掾属；及大车、官骑、麾盖、鼓吹诸威仪，一如旧典。给厨田十顷、园五十亩、钱百万、绢五百匹；床帐簟褥，主者务令优备，以称吾崇贤之意焉。”[②]这两条资料记载了在陈骞和卫瓘退休时朝廷下诏进行赏赐的情况，其中赏赐的内容就有厨田和厨园。这是目前所见传统文献中最早亦是仅有的关于厨田的记载，因为其他传统文献如《册府元龟》《通志》等中与厨田有关的记载均是对前述《晋书》中两条资料的引用。传统文献之外，明确记载厨田的是敦煌文书，且在敦煌文书中，厨田是专指寺院土地，这与《晋书》中所说的厨田是朝廷赏赐给退休官员的土地性质不同，除了在称谓上双方有一定的渊源关系外，其他如厨田的发展及其性质的演变等问题，限于资料的缺乏，暂时难究其实。

“厨田”之称在敦煌最早出现于何时呢？以往学者对相关记载厨田的敦煌文书进行过整理统计，认为目前所见敦煌文书中的厨田均在归义军时期，其中记载厨田时间最早的是公元886年安国寺算会本寺财产收支状况的文书。[③]其实，在敦煌文书中还有更早的关于厨田的记载，这个记载见于P.6002（1）《辰年某寺诸色斛斗入破历算会牒残卷》，该件文书前后残缺，是辰年正月或二月对敦煌某寺院寅、卯二年的斛斗收支情况进行算会汇报的文书，其中在第27—28行载：“白面九硙三斗，回造入。又白面九斗，麦二硙七斗，回造白面入。已上厨田及行像□入。”此辰年为何年，文书中没有说明，唐耕耦依据该件文书中的达末、山娘二人等又见于S.4782《寅年乾元寺堂斋修造两司都师文谦诸色斛斗入破历算会牒残卷》及S.4782《寅年乾元寺堂斋修造两司都师文谦诸色斛斗入破历算会牒残卷》第64—65行所载“面二斗，油一升半，司空解斋用”而推测此辰年属9世纪后半期张氏归义军时期的某一年。[④]唐耕耦的推测是有道理的，因为S.4782中的“司空”是对归义军节度使的称呼。据荣新江研究，张氏归义军节度使有司空称谓者仅张议潮和其孙张承奉二人，张议潮称司空的时间是公元861—867年，

① ［唐］房玄龄等撰：《晋书》卷三十五，北京：中华书局，1974年，第1036页。

② ［唐］房玄龄等撰：《晋书》卷三十六，第1059页。

③ 参见姜伯勤：《唐五代敦煌寺户制度》，第181—185页；明成满：《归义军时期敦煌寺院的“厨田”》，《中国农史》2009年第2期，第67—68页。

④ 参见唐耕耦、陆宏基编：《敦煌社会经济文献真迹释录》第3辑，第315页。

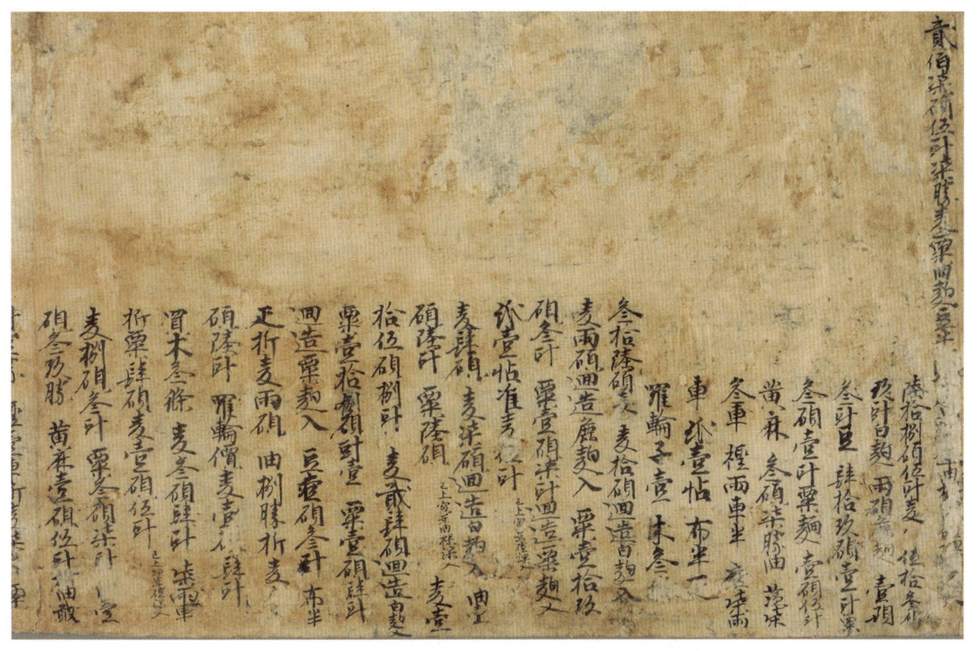

P.6002（1）《辰年乾元寺诸色入破历算会牒残卷》

张承奉称司空的时间是公元904—910年，[①]故S.4782中的寅年应为张议潮在公元851—867年节度使任期内的公元858年，据此推知P.6002（1）中的辰年应为公元860年，这与目前所见敦煌寺院会计文书中用地支纪年的均在公元870年之前的现象是吻合的。[②]P.6002（1）中的辰年最晚应为公元860年，而P.6002（1）中的寅、卯年则应分别为公元858、859年，故"厨田"之称起码在公元858、859年已经在敦煌出现。

关于敦煌文书中"厨田"一词出现的原因，姜伯勤认为是由于唐代内地发生了会昌灭佛运动，受到会昌灭佛的影响，心有余悸的敦煌僧侣将大片寺院土地称为"厨田"，所谓"厨田"就是指供养僧人常食、供厨用的土地。把寺院土地称为厨田，就可以在各种限制佛寺财产占有的法令下，使寺院地产以供给斋用、保护"常住"的名义得到保存。[③]明成满亦重申了姜伯勤的这种观点。[④]仅从敦煌文书来看，"厨田"之称在敦煌的出现较为突然，应是有一定原因的。若像姜伯

① 参见荣新江：《归义军史研究——唐宋时代敦煌历史考索》，第62—95、129—132页。
② 虽然敦煌文书中使用地支纪年的主要属于吐蕃统治时期，但地支纪年法在归义军初期依然使用。这种现象不仅在敦煌寺院经济文书中如此，而且在其他敦煌文书中亦有反映，如有些敦煌经部类写本中的地支纪年就属于归义军时期，参见张秀清：《吐蕃地支纪年与敦煌四部书的断代》，《中华文化论坛》2008年第3期，第12—15页。
③ 参见姜伯勤：《唐五代敦煌寺户制度》，第179—181页。
④ 参见明成满：《归义军时期敦煌寺院的"厨田"》，第68—69页。

勤所说的“厨田”之称在敦煌的出现与世俗政权对佛教的打击有关的话，那么，这个原因不应是会昌灭佛，而是另有他因。

首先，会昌灭佛始于会昌二年（842），结束于会昌五年（845），而在公元786—848年，敦煌被吐蕃人统治，故会昌灭佛并未波及敦煌。[①]公元848年，张议潮率领蕃汉军民逐走吐蕃人之后，派遣使者到中原唐廷告捷，由于当时河西地区复杂的政治军事形势，张议潮派出的几批使者最早到达唐廷的时间是公元851年，亦就是在这一年，唐朝在敦煌正式设置了归义军，任命张议潮为节度使。唐武宗于公元846年去世，继任者唐宣宗大力支持佛教，在其即位之初就下诏修复佛寺，立坛度僧，大力发展佛教。[②]故至唐大中五年（851），会昌灭佛的影响早已过去。

其次，如前所述，“厨田”之称起码在公元858、859年，即归义军初期就已经在敦煌出现。而据学界的研究成果可知，在归义军初期，归义军政权通过一系列措施限制、削弱和管理佛教经济。如本书第六章第二节讨论的，张议潮在酉年（853）专门对寺院财产进行了算会，且自酉年算会后，张议潮在其节度使任期内一直注重通过算会寺院财产而达到对其进行管制的目的。在丑年（857），张议潮又对敦煌最高僧务管理机构——“都司”进行了改革。同时，张议潮及其后继者还对寺院依附人口进行了放免，且在放免寺院依附人口的同时进行了土地调整的改革，所有这一切都直接威胁到佛教界的经济利益。当然，佛教界亦不会坐视不管，而是设法保护自己的财产，如大约发布于公元885—890年之间的P.2187《河西都僧统悟真处分常住榜》第3—8行载：“今既二部大众，于衙恳诉，告陈使主，具悉根源……应诸管内寺宇，盖是先帝敕置，或是贤哲修成，内外舍宅庄田，因乃信心施入，用为僧饭资粮。应是户口家人，坛越将持奉献，永充寺舍居业，世人共荐光扬，不合侵陵，就加添助，资益崇修，不陷不倾，号曰常住。事件一依旧例，如山更不改移。”[③]这是说由于僧尼二部大众到节度使衙

① 不仅会昌灭佛没有波及敦煌，就连吐蕃赞普朗达玛（838—842年在位）的灭佛运动目前亦没有证据证明敦煌受到影响。

② 关于唐宣宗扶持佛教的记载，参见范文澜：《唐代佛教》，北京：人民出版社，1979年，第272—281页。

③ 对该件文书的作成年代，学界的讨论较多：藤枝晃推测此件文书为公元872—894年，仁井田陞和姜伯勤同意藤枝晃的观点；那波利贞认为文书的写成年代虽是五代初期，但内容大概在中晚唐时代就已经实行了；谢和耐认为可确定在9世纪末到10世纪初；邓文宽认为当写成于公元885—887年，最晚不会迟于公元890年。同时，那波利贞、藤枝晃、谢和耐、姜伯勤、唐耕耦和邓文宽等先生均对该件文书进行了定名，但题名并不相同，这里暂时采用邓文宽的定名，即《河西都僧统悟真处分常住榜》。以上诸家观点出处参见邓文宽：《敦煌文献〈河西都僧统悟真处分常住榜〉管窥》，载《周一良先生八十生日纪念论文集》编委会编：《周一良先生八十生日纪念论文集》，北京：中国社会科学出版社，1993年，第217—232页。

进行了陈情，在节度使的同意之下，僧团才发了这道保护寺院财产的帖文。帖文要求对寺院财产包括土地、宅舍、依附人户等，都要“一依旧例”，不能侵犯。可见，在此之前，归义军政权的一系列措施对寺院的土地、依附人户等财产造成了较大损失。正是在这样的背景之下，寺院为了保护自己的财产，才将寺院土地改名为“厨田”，意即供佛、僧侣厨用的土地。

（三）厨田收入在寺院经济总收入中的地位

在讨论厨田收入在寺院经济总收入中的地位之前，必须先要对厨田是不是指寺院的所有地产这个问题进行回答。P.2049V《后唐同光三年正月沙州净土寺直岁保护手下诸色入破历算会牒》第45—48行载“麦十硕，菜田渠地课入……麦八硕四斗，园南麻地课入”，第125—126行载“粟十硕，自年延康渠地税入。粟一十六硕，自年无穷地收入”。P.2049V《后唐长兴二年正月沙州净土寺直岁愿达手下诸色入破历算会牒》第49—50行载“麦十硕，延康渠厨田入。麦五硕五斗，菜田渠厨田入”，第111—112行载“粟一十七硕三斗，无穷厨田入”。在前一件文书中，净土寺的土地称为菜田渠地、园南麻地、延康渠地、无穷地，而在后一件文书中被称为延康渠厨田、菜田渠厨田、无穷厨田，说明厨田就是净土寺的所有土地，在文书中寺院的土地不一定必须要被称为厨田，甚至“厨田”二字有时完全可以略去。又如P.4021《庚子年某寺寺主善住领得历》第二件载：

1. 庚子年七月已后，寺主善住领得诸渠厨田抄录，
2. 谨具如后：于千渠张讃奴手上领得麦五硕、黄
3. 麻六斗。于大让张胡胡手上领得麦一硕一斗。又
4. 于千渠张讃奴手上领得粟六硕。于大让索判官
5. 手上领得粟二十七硕、黄麻两硕。于城北岳判
6. 官手上领得粟三硕。又于城北郭家领得粟两硕。
7. 于多浓安像子手上领得麦五硕、黄麻八斗，又粟
8. 三硕。又于索判官手上领得北园地稞（课）麦两驮。又于
9. 索校授手上领得地稞（课）麦两驮。又于龙苟子手上
10. 领地稞（课）麦一驮，豆两驮。于城南姚行者手上
11. 领得麦四硕。（押）[①]

① 唐耕耦、陆宏基编：《敦煌社会经济文献真迹释录》第3辑，第130页。

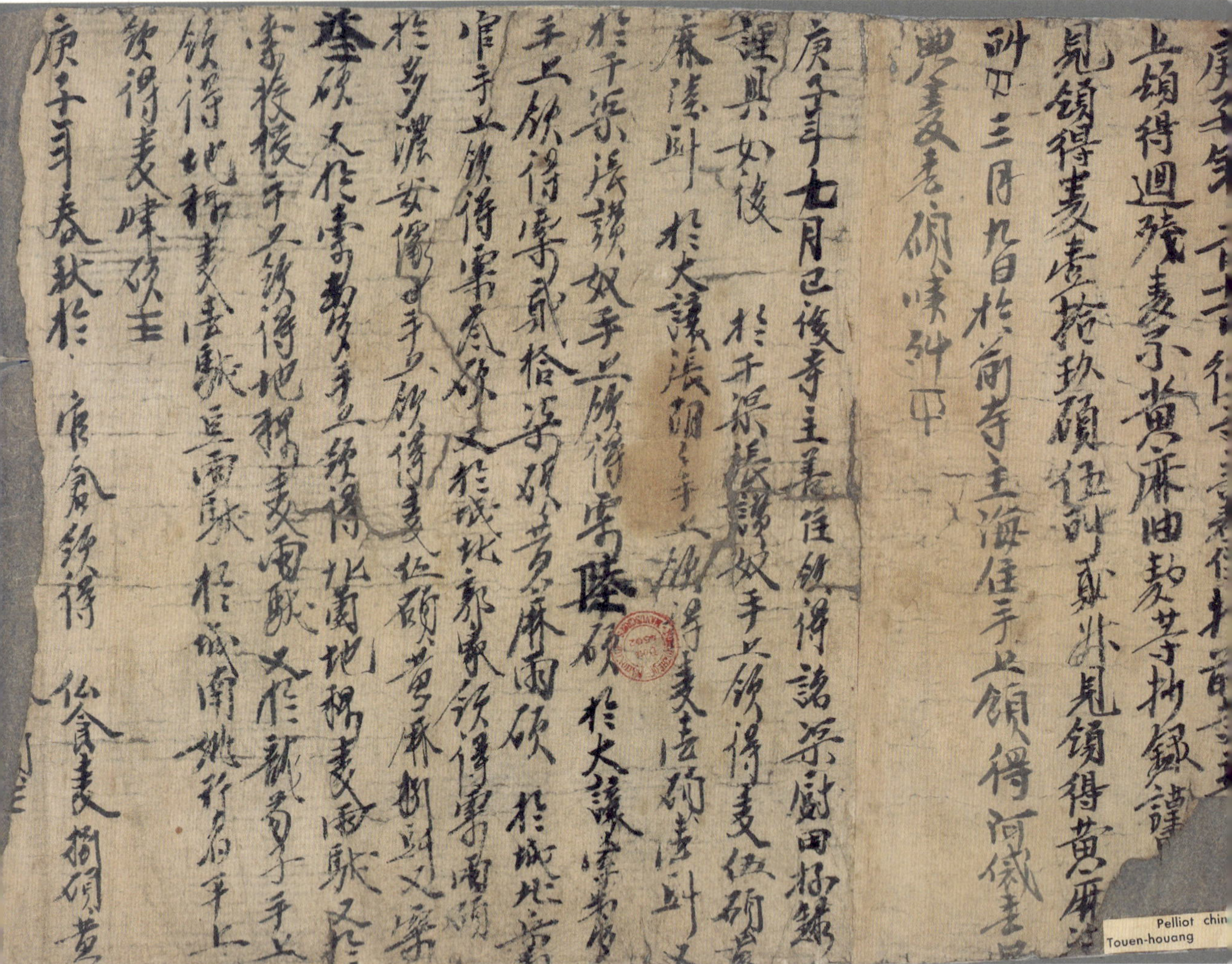

P.4021《庚子年某寺寺主善住领得历》

文书开首即云，这是对庚子年寺院厨田收入的专门记载，但在后面的明细账中只是将千渠、大让、多浓等水渠的名字记了出来，水渠名后的“厨田”二字全被略去。同时，文书还记载了“北园地课”收入，这是寺院的园地收入。这说明，归义军时期寺院的所有地产，包括园地和分布于各处的其他土地均可以称之为厨田，厨田是对当时寺院土地的一种普遍性称呼，同时厨田收入也就是寺院的全部地产收入。

虽然地产收入是寺院的传统收入来源之一，但是不同寺院的地产收入是有差距的。为了更清楚地认识不同寺院间的地产收入差距，下面我们依据部分敦煌文书将不同寺院地产的收入统计如表1：

表1 敦煌寺院地产收入统计

卷号	寺名	年代	地产收入（石）
S.1733 V（1）	某寺	丑年	14.8
S.1733 V（1）	某寺	寅年	13.5
S.6064	报恩寺	午年	163.6
北图新1446	报恩寺	丁丑年	47.1
北图新1446	报恩寺	戊寅年	34.0
P.2838（2）	安国寺（尼）	884	6.7
P.2838（2）	安国寺	885	0.6
P.2838（2）	安国寺	886	8.0
P.2974V	某寺	897	10.5
S.1625	大乘寺（尼）	938	14.0
P.2049V	净土寺	925	73.4
P.2049V	净土寺	931	59.1

敦煌寺院的地产收入主要是麦、粟，也有黄麻，偶尔还有豉豆、红蓝等，表中的数据是将不同的斛斗数目直接合计而来。从表中可以看到，虽然一般寺院的地产收入数额均较小，但相对而言，不同寺院之间的地产收入还是存在差距的。报恩寺午年的地产收入达163.6石，较其他寺院高出很多，但报恩寺在丁丑年、戊寅年的地产收入均比较小，这种前后巨大的变化定有因由。此外，表中安国寺连续三年每年的地产收入都非常小，公元885年甚至仅有0.6石，某寺在丑年、寅年仅分别为14.8石和13.5石，又某寺在公元897年仅10.5石，大乘寺在公元938年仅14.0石，而净土寺在公元925、931年的地产收入分别为73.4、59.1石。可见，不同寺院间的地产收入差距还是比较明显的。而影响不同寺院间土地收入差距的因素是多方面的，如寺院占有土地数量的多寡、寺院土地的经营方式等。

四、布施收入

敦煌寺院布施收入主要见载于敦煌文书中保存下来的记录寺院收支账务的经济文书如《入历》《入破历》和《算会牒》中，此外《施入疏》中亦专门记载了寺院的该类收入。从这些文书的记载内容来看，施入财产种类多样，有土地、牲畜、酒食、织物和斛斗等。施入原因有的是为死去的亲人追福，有的是为受病痛折磨的亲属或自己祈福禳灾，有的出自为自己的现生和来世播种福田，有的是为

转经僧尼的报酬性布施，还有的布施是作为寺院供养的佛物、法物，等等。寺院的布施收入来源亦是多渠道的，有官府施入，有私家个人施入，既有上层官吏，又有普通百姓；同时，出家僧尼的施入又是寺院布施收入的一个主要来源，这种收入除了僧尼一般性的布施以外，还有一种较为特殊的布施，那就是僧尼大众在其遗嘱中有时将自己的财物施入寺院。

从相对数字来看，寺院的布施收入在寺院总收入中的比例似乎不大，但其绝对数字并不小，甚至布施收入有时对某寺院还有着较大的影响。如S.5832《年代不详某寺请便佛麦牒》记载：

> 请便佛麦一十驮。右件物，缘龙兴经楼，置来时久，属土地浸湿，基阶颓朽，若不预有修戢（葺），恐后费功力。又台内先日收得道门及诸家新旧藏三集，其藏都僧统训岌立处，令表里采（彩）画功德。比日缘未有施主，近勾得一两家施主，召得三两个功人，见下手雕饬。今交阙乏粮用。伏望请便前件物，至秋依数填纳，即两得济办。请处分。牒件状如前，谨牒。

文书内容表明该寺院穷困潦倒，无力修整颓毁的经楼，在“未有施主”的情况下而无法动工，当“勾得一两家施主”之后，才准备修缮之事宜。

在敦煌寺院的这些主要收入来源中，由于借贷对象、地产租佃经营的对象、油梁和碾硙的来料加工对象都遍及僧俗两界，故无论是利息收入、地产收入还是油梁和碾硙收入，都具有鲜明的社会性。

第四节　面向社会的经济支出

一、寺院接待支出

敦煌寺院的经济支出是指寺院的各类斛斗及其加工物、织物等财产的支出。敦煌寺院的财产支出可分为寺院内部支出和社会支出两部分，前者主要是指用于寺院的修建与维修、寺院内部的法事活动以及与之相关的费用支出，后者主要指寺院在社会活动中的支出以及寺院税负。从敦煌寺院会计文书的记载来看，寺院财产的经济支出大部分为寺院内部支用，但是寺院在社会活动中的支出亦是构成寺院财产支出的重要部分，并且具有重大的社会现实意义。

前文所及敦煌僧团的社会活动中提到吊孝、人事、送路等，在这些活动中，寺院的接触对象既有僧众，亦有世俗人，而且主要是官府、官员或当地的世家大族，同时还有外地使者等。在这些活动中寺院往往是要付出食物或织物等财产的，尽管在这些社会活动中的费用支出并不是很大，但在寺院账历中出现得非常频繁。可以说，寺院财产支出除了内部支用外，其他支出几乎均用于各种社会活动，这说明寺院的财产支出不限于寺院内部，而是面向全社会，这充分体现了寺院财产的宗教性弱化，而社会性色彩浓厚。下面再就寺院在接待相关人员时的财产支出情况进行简要统计说明。

首先是归义军政权的统治者及其官员。如P.2049V《后唐长兴二年正月沙州净土寺直岁愿达手下诸色入破历算会牒》第172—174行载“麦一斗，送令公东行时回迎尚书日诸老宿买胡饼用。麦四斗，卧酒迎令公回徒众用”，第179行载“麦三斗，令公上窟时酒本用”，第238—241行载“粟四斗，卧酒就仓看指㧑尚书乡官众僧等用。……粟三斗，送路令公及回迎尚书等用”，第245—248行载“粟一斗，又粟一斗，令公东行时，大众送路用。粟一硕二斗，卧酒僧门贴设用。粟二斗，军兵回日大众迎顿用”，第255—258行载“粟四斗，令公上窟时卧酒窟上诸寺领顿用。粟七斗，吴法律旋车人事用。粟五斗，令公上窟时，大众迎顿用”，第305—306行载：“油二胜，造食饭迎令公回时众僧食用”，第431—432行载“绁二丈六尺，僧官造设时，诸寺贺令公用”。S.4899《戊寅年诸色斛斗破历》第11—13行载：“又粟二斗，沽酒就寺门迎阿郎用……粟三斗，就彭头看阿郎用”。S.5039《年代不明诸色斛斗破用历》第18—19行载：“麦一斗，沽酒就寺看阿郎用。又麦二斗，就寺门迎阿郎用。”P.4906《年代不明某寺诸色破用历》第20—21行载：“粟一硕二斗，沽酒，调马骑，看阿郎用。”S.5050《年代不明某寺诸色斛斗入破历算会牒稿残卷》第2—3行载“粟六斗，沽酒北口头看阿郎用”，第16—17行载“粟七斗，沽酒看郎君。粟四斗，付冷让。粟一石，沽酒看官家”。S.6452（1）《某年净土寺诸色斛斗破历》第29—30行载：“廿日，麦三斗，沽酒看刺史娘子用。”P.4909《辛巳年十二月十三日后某寺破用历》第9—10行载“（壬午年）二月四日，粟二斗，大众看阿郎用”，第17—18行载“三月一日，看刺史使君面五斗煮油用，造糊饼面七斗、油四升、苏五升、粟两硕沽酒用”。引文中的接待对象有阿郎、令公、刺史、乡官等，其中阿郎、令公一般是指归义军节度使。

其次是僧使。当时河西地区乃至西域各民族政权之间的僧使往来相当频繁，由于僧侣特殊的身份，他们在各政权的政治外交活动中扮演着不可替代的重要角色。回鹘、南山等政权的僧使出使敦煌时，不仅归义军政权要悉心款待，而且佛教寺院也济食供宿。如P.2032V《后晋时代净土寺入破历算会稿》记载，净土寺支出“油胜半，屈客僧及使客送路等用”“粟六斗，龙兴寺屈肃州僧用”。P.2049V《后唐同光三年正月沙州净土寺直岁保护手下诸色入破历算会牒》记载，净土寺支“油一胜，纳官供肃州僧统用”“面八斗二胜，三件纳官供肃州僧统用”“面一硕五斗，纳官供肃州［凉］州僧食用。面一硕一斗，第二件纳官供凉州肃州僧食用”。P.3234V《年代不明应庆麦粟油入破历稿》记载：“供凉州僧油面得麦两石四斗。”S.1053V《己巳年某寺诸色入破历算会残卷》记载：“粟三斗，僧统院内看肃州曹寺主用。”这是对已脱离归义军控制的凉、肃二州僧使的招待。接待于阗僧使的记载见于P.4705《残油账一条》：“去二月五日，供甘州来于阗大德二人。”P.3234V（8）《年代不明净土寺西仓粟破》记载：“粟三斗，沽酒送路于阗僧用。”P.3234V（9）记载：“面二斗五胜，于阗僧来比得官料供顿用。”又西州回鹘、伊州回鹘的僧使同样得到款待。P.2049V记载，净土寺支出“面七斗，纳官供志明及西州僧食用”。P.2642《年代不明诸色斛斗破用历》记载：“十一月十三日，粟六斗，沽酒西州就寺来吃用，十四日，粟一硕二斗，沽酒梁校（教）授西行送路用。”P.2032V记载：“面五升，伊州客僧来时看用。”

最后是其他俗人如周边政权的太子、使臣，以及其他巡礼人员等。如P.4957《申年某寺诸色入破历算会牒残卷》第9—10行记载：“粟三斗，充天使巡寺沽酒破用。”P.2049V《后唐长兴二年正月沙州净土寺直岁保护手下诸色入破历算会牒》第232行记载：“粟四斗，沽酒迎使不趂众僧用。”P.2032V《后晋时代净土寺诸色入破历算会稿》第242行记载：“油半升八合、麦一斗、粟一斗二升卧酒，天使上窟去时造食用。”P.2642《年代不明诸色斛斗破用历》第11—12行记载：“十七日粟六斗，沽酒于阗使就寺来吃用。”P.3713V《年代不明粟破历》第1—2行记载：“七月廿六日，粟一斗，东窟上迎大太子看天子窟地用。”据考证，这位太子即是乾德四年（966）前某一时期为其父于阗国王李圣天在榆林窟主持营建功德窟第31窟“天子窟”的于阗太子从德。[①]又S.4649+S.4657《庚午年二月十日沿寺破历》第11—12行记载：“五月五日，粟二斗，沽酒就寺看太子用。”P.4909《辛巳年十二月十三日后诸色破用历》第1行记载：“辛

① 参见沙武田、赵晓星：《归义军时期敦煌文书中之“太子”探微》，载郑炳林主编：《敦煌归义军史专题研究续编》，第133页。

巳年十二月十三日，太子东窟来迎，粟一斗用。”这里的太子亦指于阗太子，但具体身份难以遽定。[①]回鹘王子也于敦煌留下足迹，S.1366《年代不明归义军衙内面油破用历》第15—16行记载：“窟上迎甘州使细供十五分，又迎狄寅及使命细供十分，用面四斗七升五合、油二升。”此狄寅即甘州回鹘天睦可汗之子。关于狄寅的相关记载又见于P.3633、S.5139V等文书。至于寺院招待周边政权使臣及其他人员的记载更是不胜枚举。如P.2930（1）《年代不明诸色破用历》第3—4行记载：“麦三斗沽酒，回鹘使来日看用。”S.1316《年代不明某寺诸色斛斗破用历》记载：“面三斗五胜，油一胜，粟八斗，充看刘佛奴等用。粟一硕四斗，充看客用。”S.5071《年代不明某寺诸色入破历算会牒残卷》第13—14行记载：“粟二斗，充看客用。”P.3763V《年代不明净土寺诸色入破历算会稿》第63—64行记载：“粟三斗五胜卧酒，第三日屈客用。”

寺院在供给食物的同时，也对这些外来客人提供住宿。S.2474《庚辰—壬午年间归义军衙内面油破历》记载：“五日使出东窟上住，供沿佐牵䰟官等三十八人，逐日早夜共面二斗……”这是归义军使衙供给来使的费用支出。该使团人数较多，他们的下榻之所为东窟即榆林窟。在这里，东窟起着归义军使馆的作用。在晚唐五代时期，敦煌城沿袭唐代沙州城之旧城，仍分罗城、子城两部分。罗城又分为四部分，即城东园、城南园、城西园、城北园。城四园为归义军手工业作坊分布区及接待周边政权使节所在地，归义军官府常在这里接待来使。[②]从文书记载来看，归义军不仅在城四园接待外地使臣，而且把莫高窟和榆林窟也设为招待使臣的地方。关于这方面的记载，在前面寺院对巡礼人员的招待中已有涉及。另外，P.2032V记载：“面四斗五升，油半升（八合），麦一斗，粟一斗二升卧酒，天使上窟去时造食用。”S.1366记载：“面三升，西州使及伊州使上窟迎顿细供二十五分，中次料十五分，用面六斗五升五合、油二升六合。”S.2474记载：“窟上支大师面五斗、油一升；支画匠面三斗，肃州使面二斗，于阗使面一斗；看待肃州［使］胡饼十五枚，用面七升五合；窟上看于阗使细供十分、小食子十枚，用面二斗一升，油一升。”9—10世纪见诸敦煌文书的佛教寺院有十数所，其中有些寺院，如乾元寺、金光明寺等就设在莫高窟。[③]上述外地使者中的一部分可能就住在莫高窟前的寺院。

① 参见沙武田、赵晓星：《归义军时期敦煌文书中之“太子”探微》，载郑炳林主编：《敦煌归义军史专题研究续编》，第135页。

② 参见郑炳林：《唐五代敦煌手工业研究》《晚唐五代敦煌园囿经济研究》，分别见《敦煌归义军史专题研究》，第239—274、308—332页。

③ 参见马德：《莫高窟与敦煌佛教教团》，载季羡林等主编：《敦煌吐鲁番研究（第一卷）》，北京：北京大学出版社，1996年，第161—176页。

二、寺院税役负担

如果说上述支出是寺院与世俗社会，特别是与上层社会之间由于礼仪、交际等原因的主动性行为，那么在另一些情况下，寺院的财产支出是被动性的，这就涉及寺院的税役负担问题。

自南北朝以来，特别是进入唐代以后，寺院和僧侣享有的免赋役特权在逐渐丧失。①即便是吐蕃统治时期的敦煌，寺院亦要向官府承担税役。P.t.1079《比丘邦静根诉状》记载“沙州以下，肃州以上，集中僧统所属农户，根据田地好坏，制定承担赋税标准”，即是指向瓜州和沙州两地的寺户和寺奴依据寺院田地好坏征收赋税，由于寺院的寺奴一般没有独立经济来源，故向寺奴征收的税负只能是由寺院承担。除了交纳赋税以外，吐蕃统治时期敦煌的僧侣及寺院所属寺户和寺奴还要向官府承担役负。②在归义军时期，拥有土地的敦煌僧侣要承担税役，但对归义军时期敦煌寺院是否亦要承担税役的问题，由于敦煌文书，特别是在有关寺院财产收支的账目文书如破历、交接历、算会牒和算会稿等中没有明确记载向官方纳税的支出，故学界对该问题很少展开专门讨论。雷绍锋认为，归义军时期敦煌寺院要对官府尽一定的“义务”，这些义务的内容有纳物（包括缴纳油粮、迎来送往、纳布、纳家具）、官配、硙课、服力役和守城池。③在这些“义务”中，有的可能不属于税役，但有的应与税役负担有关。

归义军政权赋税征收的主要内容是基于土地的地税，主要包括地子、税草、税柴、官布等。④而从相关记载来看，归义军政权非常注重对寺院土地的管理，如P.2776《年代不明诸色斛斗入破历算会牒残卷》第13—14行载“面三硕，官家括地时票子僧门造设用”，第23—25行载“面五斗，僧门造括地顿时悉儿女沙弥等五日中间吃食用”，这里的“括地”就是检查丈量寺院拥有的土地数，其直接目的就是与征税有关。故拥有一定地产的敦煌寺院和世俗百姓一样亦需承担基于土地的地子、税草、税柴、纳布等地税。如BD05802载：“乙巳年八月一日春柴五束，常住百姓造食人盈德手上于南宅内送纳。”S.1519（1）《辛亥

① 参见（日）诸户立雄：《中国佛教制度史の研究》，东京：平河出版社，1990年，第338—473页；谢重光：《略论唐代寺院、僧尼免赋特权的逐步丧失》，《中国社会经济史研究》1983年第1期，第66—72页；谢重光：《魏晋隋唐佛教特权的盛衰》，《历史研究》1987年第6期，第47—60页。

② 参见王祥伟：《试论吐蕃世俗政权对敦煌寺院经济的管制——敦煌世俗政权对佛教教团经济管理研究之一》，《敦煌学辑刊》2010年第3期，第40—48页。

③ 参见雷绍锋：《归义军赋役制度初探》，台北：洪业文化事业有限公司，2000年，第265—279页。

④ 参见刘进宝：《唐宋之际归义军经济史研究》，北京：中国社会科学出版社，2007年，第92—188页。

年某寺诸色斛斗破历》第20—21行载："十六日，豆两硕，买吴怀定布，纳官用。"这些记载应均与寺院的税负有关。

归义军时期，敦煌寺院在承担税负的同时，还要承担一定的役负。因为基于寺院土地的役负与税负是并存的，既然寺院要承担基于土地的税负，那么承担基于土地的役负亦不可避免。而在承担役负的过程中，亦可能产生相应的财产支出。从敦煌文书的记载来看，敦煌寺院的役负主要包括基于土地的渠河口作和其他杂役负。

渠河口作是指在土地所系的河渠上进行的劳作。敦煌寺院承担渠河口作的记载在敦煌文书中比较常见，如P.2049V《后唐同光三年正月沙州净土寺直岁保护手下诸色入破历算会牒》第252—255行载："麦一斗，与无穷渠人修口用……麦一斗，后件无穷［渠］人来修河用。"又P.2040V《后晋时净土寺诸色入破历算会稿》第230—231行载"粟二斗，菜田渠修渣（闸）木价用"，第236行载"粟四斗，无穷修查（闸）与渠人用"。无穷渠、菜田渠是寺院土地较集中的水渠，作为水利灌溉系统，主干河、水渠、河口、水闸及其他设施都系统地组织在一起，故修河、修河口、修闸等均属渠河口作的内容，但这里的渠河口作由"渠人"承担。实际上，敦煌文书中还有寺院徒众亲自承担渠河口作的记载，如P.2838（1）《唐中和四年正月上座比丘尼体圆等诸色入破历算会牒残卷》第24—25行记载："麦一硕，油三胜，粟一硕，合寺徒众修河斋时用。"P.3165V《年代不明某寺入破历算会牒残卷》记载："两石四斗，阴婆庄修堤用。"

除了基于寺院土地的役负外，寺院还要承担其他的杂役负，而这些役负一般亦是由寺院属民甚至僧人来承担。如S.5947《年代不明宋家宅南宅官健十寺厮儿百姓用面历》载："……十寺厮儿十六人，得面一石六斗。每人墼四十，宋宅官健三十人，五日中间计用面四石五斗。南宅官健二十四人计用面三石六斗。土十寺百姓一十七人五日中间计用面两硕五斗五升。""十寺"应即敦煌的10所僧寺，"十寺百姓"即10所僧寺常住百姓，"十寺厮儿"即寺奴之属。[①]这是敦煌10所僧寺应官府征召而造土墼，即从事力役的明确记载。又如Ch.00207《乾德四年归义军节度使曹元忠夫妇修莫高窟北大像功德记》记载："助修勾当：应管内外都僧统辨正大师赐紫钢惠、释门僧正愿启、释门僧正信力、都头知子弟虞侯李幸思，一十二寺每寺僧二十人、木匠五十六人、泥匠十人，其工匠官家供备饭食，师僧三日供食，已后，当寺供给。"这里节度使和夫人修建洞窟作"功德"，寺院不但要无偿地提供力役，而且饭食供应也要由寺院自己来承担。

① 参见姜伯勤：《唐五代敦煌寺户制度》，第162页。

第五节　敦煌寺院财产的管理及特征

僧团的经济管理状况亦是直接影响其经济基础的一个主要因素，良好、有效的管理可以保证寺院财政收支的平衡和僧尼经济生活的稳定；反之，管理不善将会导致寺院运转出现困难，关乎一个寺院的正常发展与否。

敦煌文书中保存下来了许多关于寺院财产管理方面的资料，这些资料对寺院的财产收支状况等均有详细记载，从这些记载我们可以注意到，吐蕃统治和归义军时期敦煌寺院在依佛教经律的规定对其财产进行管理的同时，还设置一系列的管理机构如佛物所（有时亦称佛账、佛账所、佛物处等）、常住处（有时名曰常住）、仓司、常住仓司、南仓司、西仓司等，配置相应的管理人员（即所由）、采取具体的管理方式对寺院财产进行较为严密有效的管理。敦煌寺院财产的管理因其独特的管理方式而呈现出自身的管理特征，从而对保障僧团经济的稳定起到了积极作用。

一、寺院徒众集体参与寺产的核算

寺院财产的管理一般由财务管理人员负责，但晚唐五代宋初敦煌寺院徒众在诸如寺产核算等经济事务中享有平等的参与权，这种在经济事务中全寺徒众与本寺财务管理人员如法律、三纲、判官、寺卿、直岁等享有平等参与权的现象，形成了敦煌寺院财产管理的一个主要特征，这种状况主要反映在某一会计期限末进行全寺财产清查的寺院会计文书中。

敦煌文书中保存有大量的寺院会计文书，根据唐耕耦的分法，这些会计文书主要有常住什物历文书和财务方面的文书，前者有领得历、付历、借历、点检历、交割点检历等；后者有入历、破历、便物历、诸色入破历算会牒及唱卖历、斋儭历和各种凭证等。可惜这些文书大多残缺不全，其中仅有P.2049V为净土寺的两件完整的算会牒，名为《后唐长兴二年正月沙州净土寺直岁愿达手下诸色入破历算会牒》和《后唐同光三年正月沙州净土寺直岁保护手下诸色入破历算会牒》。这两件文书均是净土寺向当时敦煌最高僧务管理机构——“都司”呈报本寺财务状况的牒文，其中《后唐同光三年正月沙州净土寺直岁保护手下诸色入破历算会牒》末尾有1位直岁、16位徒众、3位释门法律和1位老宿的签名，另一件《后唐长兴二年正月沙州净土寺直岁愿达手下诸色入破历算会牒》末尾亦有1位直岁、22位徒众、1位释门法律和1位释门僧政的签名。

从以上两件文书的记载来看，当时净土寺全寺徒众俱应参加这次会计活动，“众僧”一词即是说明，这一点还可以通过当时净土寺的僧人数目来得到进一步的印证。S.2614V《唐年代未详沙州诸寺僧尼名簿》记载，当时净土寺有僧人绍宗、愿济等22人，上引两件文书后分别记载当时僧人数目为21人、25人，3件文书中均记载有僧人绍宗和愿济，只不过在P.2049V中两人已成法律，绍宗在公元931年还升任僧正。由于时间前后跨度不大，而这些数字又极接近，故可据此断定参与寺产核算者为净土寺全部僧人。不过有一点需要说明，那就是在以上两件文书末尾有些“徒众”一词之下没有签名或画押，其原因暂时难以臆断，姑且存疑。

除净土寺外，其他寺院常住斛斗的算会情况亦是如此。如P.2838（2）《唐光启二年安国寺上座胜净等诸色斛斗入破历算会牒残卷》记载了安国寺全寺徒众于公元886年对寺产算会的情况：

1. 安国寺上座胜净等　状。
2. 光启二年丙午岁十二月十五日，僧正、
3. 法律、判官、徒众算会，胜净等所由手
4. 下，从辰年正月已后，至午年正月已前，
5. 中间三年应入硙课、梁课、厨田，及前账
6. 回残斛斗油苏等，三百四十八硕
7. 九斗三胜。……

又S.1774《后晋天福七年大乘寺法律智定等交割常住什物点检历状》、S.1625《后晋天福三年十二月六日大乘寺徒众诸色斛斗入破历算会牒残卷》记载了大乘寺徒众对本寺常住斛斗的算会情况等。可见这种全寺徒众参与本寺财产核算的方式在当时敦煌寺院具有普遍性，只不过由于保存下来的文书所限，难以对每所寺院的算会情况究详而已。

不仅在对寺院常住财产进行年终核算和清点时全寺僧人均要参加，而且在核算结束后对寺院的外欠债务进行处理时也往往由寺院徒众统一决定，而非由寺院僧官、纲管或直岁径直处理。如S.4452《后晋开运三年某寺算会破除外见存历稿》两件文书所载内容均是如此，其中一件文书曰：

1. 开运三年丙午岁二月十五日，当寺徒众就中院算会，
2. 癸卯年直岁保集应入诸司斛斗苏油布绁等，一周
3. 年破除外见存：
4. 准账尾麦三石六斗，欠在保集；
5. 准账尾粟四硕七斗，欠在保集；准账尾油二斗
6. 三升一抄，欠在保集；准账尾黄麻三硕
7. 六斗，欠在保集；准账尾豆四硕二斗，
8. 欠在保集；准账尾布六尺，欠在保集；
9. 准账尾麦两［石］六斗、粟两石七斗、僧正法律徒
10. 众矜放保集用。

这是某寺徒众在后晋开运三年（946）对该寺癸卯年（943）直岁保集负责寺院财产收支账目进行的核算。上引文书中对直岁保集手上所欠债务的矜放（即免除）即是在僧官和徒众的统一决定下进行的。另一件文书是该寺徒众对甲辰年（944）直岁福信负责全寺财产收支账目进行的核算（这里不再引用全文），对直岁福信所欠债务的免除也是僧官和徒众统一决定的。

从以上讨论可知，晚唐五代宋初敦煌寺院在进行寺产的核算与处理寺院账目时均必须在寺院僧官及全寺徒众一致同意的前提下进行，全寺徒众拥有平等的参与权而对本寺的财务状况了如指掌。全寺徒众参与寺产管理无疑对提高管理效率有着积极意义，同时也体现了寺院在财务管理上的公开与透明。

二、对寺院僧官进行严密监督

寺院僧官往往是寺院的财务管理人员，这些人员可能利用自己的职权之便侵蚀寺院财产，故对其进行有效监督亦体现了寺院在财务管理上的公开与透明。

首先，对寺院财务管理人员负欠寺院债务进行明确登载。寺院财产管理者除了寺院三纲及其他职事僧以外，还有法律、僧政等僧官。从敦煌文书的记载来看，当时外欠寺院斛斗的现象很普遍，有归义军官员、普通百姓、常住百姓、都司僧官、普通僧人等，寺院对这些外欠债务均有详细记载，本寺僧官、寺院三纲等所欠债务亦不例外。如P.3290《己亥年十二月二日报恩寺算会分付黄麻凭》记载：

1. 己亥年十二月二日，徒众就库舍院齐坐算会。先执

2. 黄麻人法律惠兴、寺主定昌、都师戒宁三人手下主
3. 持入换油黄麻，除破外，合回残黄麻麦四十五硕二斗
4. 五升一合。内法律惠兴、寺主定昌、都师戒宁等三人欠黄
5. 麻六硕三斗五升一合；又僧正员行欠换油黄麻两硕；并分
6. 付与后执仓黄麻人徐僧正、寺主李定昌、都师善清
7. 三人身上讫。一一诣实，后算为凭。
8. 执黄麻人都师善清（押）
9. 寺主戒福（押）
10. 徐僧正 （押）

全寺徒众对本寺财产核算后，将前任负责人所欠寺院斛斗一一登记在册，然后再转交下任，这样使得寺院账目非常分明，有关当事人难辞其咎，而继任者也避免了承担不明债务的风险。若这些债务在下次结算并交接时仍然没有清偿，则根据实际情况将所欠账目转入下次账目之中。如S.4701《庚子年十二月十四日报恩寺前后执仓法进惠文愿盈等算会分付回残斛斗凭》就记录了P.3290《己亥年十二月二日报恩寺算会分付黄麻凭》中依然没有偿还的外欠债务：

1. 庚子年十二月十四日，徒众就后殿齐坐算会，
2. 先执仓常住仓司法律法、法律惠文等八人所主
3. 持斛斗，从去庚子年正月一日入算后，除破用
4. 兑利外，合管回残麦一百五十硕二升六合，
5. 粟一百四十硕一斗五升八合，豆五硕四斗二升，
6. 黄麻六十六硕九升六合三圭，内惠等三人身
7. 上欠麻三硕二斗二升，徐僧正、寺主戒福、善清等
8. 三人身上欠麻两硕三斗五升，行僧正欠麻一硕一斗
9. 七升，又添烽子豆四硕。
10. 已上物一一诣实，后算为凭
11. 执物僧愿盈（押）
12. 执物僧住兴
13. 执物僧愿兴（押）
14. 执物僧善法（押）
15. 执物僧法兴
16. 执物僧道通

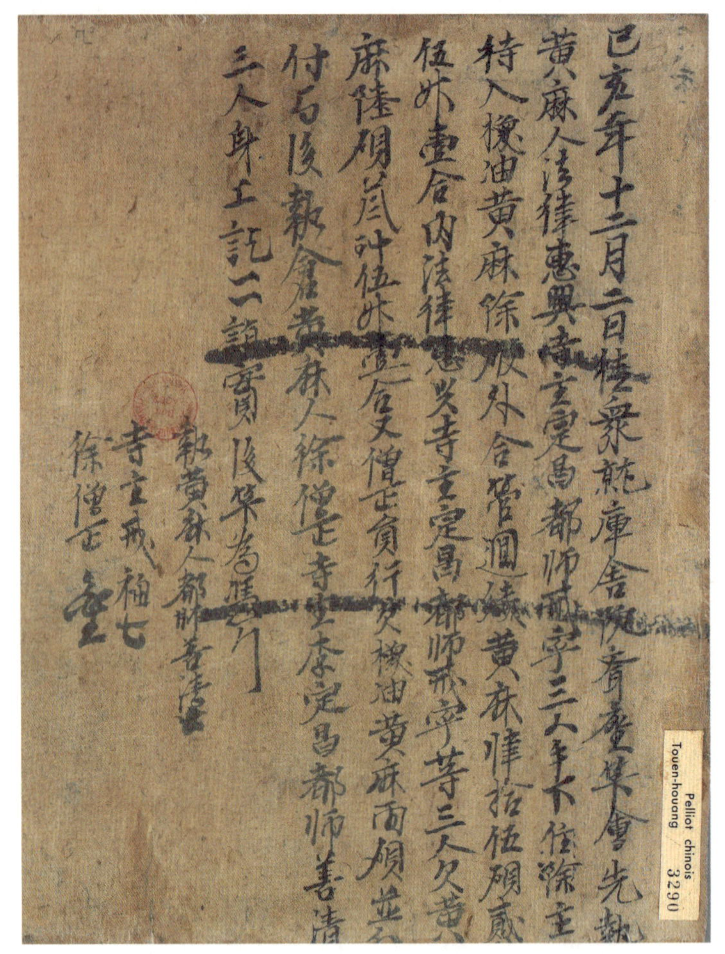

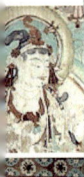

P.3290《己亥年十二月二日报恩寺算会分付黄麻凭》

17. 执物僧团头法律惠员（押）

（后残）

阴法律、寺主定昌、戒宁三人在公元939年结算时就欠有寺院斛斗，直至公元940年结算时依然欠有一部分，故在全寺徒众核算时对他们所欠之债与下任负责人僧政、法律及三纲、都师负欠常住斛斗做了泾渭分明的记录，便于日后继续督促交还。

其次，若在财务管理过程中出现问题，则要寺院财务管理人员承担相应责任。如P.3223《永安寺法律愿庆与老宿绍建相净根由责勘状》记载："绍建取僧正指撝，是事方能行下。今年差遣次着执仓。当初以僧政商量，仓内谷麦渐渐不多。年年被徒众便将，还时折入干货。因兹仓库减没。顿见圖转不丰。官中税麦之时，过在仓司身上。昨有法律智光依仓便麦子来，绍建说其上事，不与法律麦子。邓法律特地出来，没时则大家化觅，有则寄贷，须容若僧正共老宿独用。”这是永安寺在借贷过程中仓司负责人绍建与法律愿庆发生矛盾后的勘问状，不管双方孰是孰非，但从“官中税麦之时，过在仓司身上”一语可知，一旦寺院财务管理机构——“仓司”的负责人在财务管理工作中出现问题，他将要对自己的渎职行为负责。其实这种责任在财务管理人员任职伊始就已经有了明确的规定。如S.474V《戊寅年三月十三日行像司算会分付绍建等斛斗数记录》云：“其上件斛斗，分付二老宿绍建、愿会、绍净等五人执账，逐年于先利加七生利，年支算会，不得欠折。若有欠折，一仰五人还纳者。”关于对这些寺院僧官在财务管理过程中的失职行为施以处罚的事实在文书里亦有明确记载。如S.6981《辛未—壬申年某寺某某领得历》第17行记载：“又于仓司法律德惠罚粟一硕。”此即是指仓司法律德惠因寺产管理不善而被处以罚款。

三、寺院财务管理人员任职的进步性

寺院财务管理人员是寺产的直接经营管理者，他们的任职情况直接关乎寺院

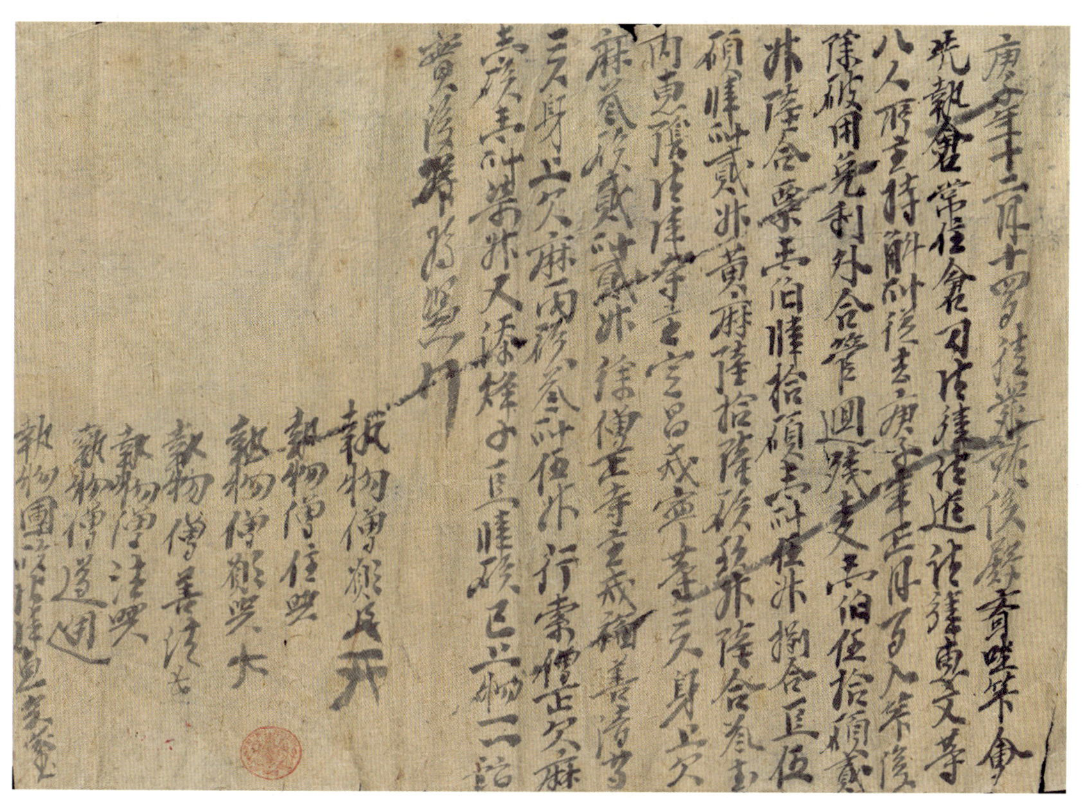

S.4701《庚子年十二月十四日报恩寺前后执仓法进惠文愿盈等算会分付回残斛斗凭》

的财务管理。从文书记载来看，当时敦煌寺院财务管理人员的任职方式是较为进步合理的，主要体现在以下两方面：

首先，寺院徒众直接参与本寺财务管理人员的任免。晚唐五代宋初敦煌寺级僧官除了三纲以外还有僧政、法律。如P.3290《己亥年十二月二日某寺算会分付黄麻凭》记载该寺有法律惠兴和徐僧政，P.3223《永安寺法律愿庆与老宿绍建相诤根由责勘状》记载永安寺有僧政和法律愿庆，S.6417《后唐长兴二年正月普光寺尼徒众圆证等状并海晏判辞》记载普光寺有法律，S.4760《宋太平兴国六年圣光寺阇梨尼修善等请戒慈等充寺职牒并判辞》记载圣光寺亦有法律。这些寺级僧官除了管理寺院的日常事务外，也管理寺院的财务，这一点于寺院会计文书中处处可见，不再详加说明。

从寺院会计文书的记载来看，寺院财产的管理人员除僧政、法律、三纲、判官等僧官外，还有直岁、都师（有时为法律充任）等职事僧。管理寺院财产的僧政、法律一般为寺级僧官，但如若某寺有都司僧政或都司法律，他们亦会参与本寺财产的管理（如P.2040V中净土寺释门法律愿济、释门僧政绍宗），这时他们主要是作为本寺仓司的负责人而统管本寺财务。

唐宋时期敦煌高级僧官的任免由归义军节度使控制，但一般控制到僧政、法律一级，而法律一职除了释门法律外，寺院亦有自己的僧政、法律，他们与三纲和职事僧一道管理寺院财务，故对寺级僧政、法律、三纲和职事僧的任免直接关系到寺院的财务管理状况。从文书记载来看，寺级僧官和职事僧的选任一般由全寺徒众公开推荐选举，然后上报都僧统任命。如P.3100《唐景福二年徒众供英等请律师善才充寺主状及都僧统悟真判辞》记载：

1. 徒众供英等状：
2. 众请律师善才充寺主。右件僧精心练行，辩捷
3. 临机，每事有仪，时人称叹，一期佥举，必赖斯人，
4. 理务之间，莫过此者。伏望都僧统和尚仁明
5. 照察，乞垂佥升处分。
6. 牒件状如前谨牒。
7. 景福二年十月□日徒众供英等
8. 徒众龙弁，徒众，徒众，徒众庆□，
9. 徒众，徒众，徒众灵花，徒众□□，
10. 徒众□□，徒众□□，徒众道，徒众，
11. 徒众惠通

12. 寺舍广大，佥举一人，还须勘任，准状补充，便令勾当。廿七日，都僧统悟真。

这是徒众供英等请律师善才充寺主上报都僧统的状，其中最后一行是都僧统的判决文辞。从这些选举寺级僧官的状文来看，都僧统对寺院徒众的请求一般不但不拒绝，反而一概应允。如P.2575《唐天复五年八月灵图寺徒众上座义深等请大行充寺主状并都僧统判词》记载有都僧统的判词称“状称多能，无羽能飞者，若阙六翮，岂可接云而高翔也。然来意难违，便可□□□□”，从判词来看，似乎都僧统并不是很情愿，但最后还是同意了寺众的请求。

徒众选举的寺级僧官和职事僧往往是得到当寺徒众认可的诚实可靠之人。如S.6417《后唐同光四年金光明寺徒众庆寂等请僧法真充寺主状并都僧统海晏判辞》记载了金光明寺徒众庆寂、神威等上状都僧统请僧法真为寺主，状中记述法真“本性弘厚，唯直唯忠，时常逊顺上下，善能和睦众人，自己生于卑劣，终日敬重尊人，每亦修身护行，不曾随从恶人。虽然少会文字，礼法不下于庶人。寺中简选材补，执库切藉斯人。善解裁邪，就政亦有巧女之能，缉治寺务之间，须功干殷勤”。这里明确提到法真因诚实、谦逊等种种优点而是执掌寺院仓库的最佳人选，所以才被全寺徒众推举。

全寺徒众选举本寺僧官的现象早在吐蕃统治时期业已如是。如P.3730《吐蕃酉年正月金光明寺维那淮英等请僧淮济补充上座等状并洪辩判辞》记载了金光明寺全寺僧众请僧淮济补充上座的情况，后有该寺徒众的签名。正如郑炳林所说：“寺院的知事僧任命由寺院徒众状请都僧统佥举，这一寺院知事僧的任命过程从吐蕃时期形成，经张氏归义军时期到曹氏归义军时期基本上没有变动。”故寺院徒众选举本寺财务管理人员的模式也具有普遍性，僧寺如此，尼寺亦然。如S.6417《后唐长兴二年正月普光寺尼徒众圆证等状并海晏判辞》记载普光寺尼众上报都僧统任命法律、都维那、寺主、典座和直岁为本寺职事僧。

S.4760《宋太平兴国六年圣光寺阇梨尼修善等请戒慈等充寺职牒并判辞》记载圣光寺阇梨尼修善等请尼戒慈充法律、愿志充寺主、愿盈充典座、愿法充直岁。并且强调“而乃常住糟粕，切籍有功之人；帑库珍财，贵要英灵之众。昨者，合徒慎选，总亦堪任准请，若不佥升，梵宇致令黎坏”。可见，普光寺和圣光寺的法律及三纲、直岁均是由徒众慎选的，而且管理常住仓库是其主要职责之一。

寺院徒众不仅对自己所属寺院的财务管理人员如三纲、直岁等具有选举的权利，而且寺院纲管和直岁的辞职在最后亦要由全寺徒众一致决定。如P.3100《乙巳年十二月寺主道行辞职状及都僧统悟真判词》记载：

1. 寺主道行状：
2. 右道行差充寺主，已经六七年，勾当寺
3. 徒，不曾亏阙，伏望都僧统和尚请别一
4. 替，请处分。
5. 牒件状如前谨牒。
6. 乙巳年十二月日道行牒

该文书后有都僧统的判词云：“寺主自任纪纲，已经数稔，成功益绩，课效尤多。今既恳辞，理宜矜放。付寺，徒众商量差替。十一日悟真。”可见该寺寺主虽然对都僧统提出辞职，但都僧统让本寺徒众自行做出最终决定。这种情况在当时的敦煌寺院亦具有普遍性，如P.3753《唐大顺二年正月普光寺尼定忍等辞职并判辞》是普光寺寺主慈净、都维体净、典座智真、直岁戒忍等向都僧统悟真的辞职牒，最后都僧统的判辞是：“付当寺徒众，细与商量，若合结（矜）放，即与差替。”可见最后的决定权仍在普光寺徒众。

其次，寺院财务管理人员实行定期的轮换制度。定期的轮换制度亦是寺院财务管理人员任职进步性的一个重要表现。这种情况在寺院会计文书中多有反映。寺院经常在某一会计年度末对全寺财产进行核算清查后由前任交付下任负责人。如P.3290《己亥年十二月二日报恩寺算会分付黄麻凭》记载：“己亥年十二月二日，徒众就库舍院齐坐算会。先执黄麻人法律惠兴、寺主定昌、都师戒宁三人手下主持入换油黄麻，除破外，合回残黄麻麦四十五硕二斗……并分付与后执仓黄麻人徐僧正、寺主李定昌、都师善清三人身上讫。一一诣实，后算为凭。”又S.5806《庚辰年十一月算会仓麦交付凭》云：“庚辰年十一月就殿上算会，旧把仓僧李校（教）授、应会四人等，麦除破外，合管回残麦六十一硕四斗七升，现分付新把麦人仓司惠善、达子四人等，一一为凭。”常住什物的交接也是如此，如S.1776《后周显得五年某寺法律尼戒性等交割常住什物点检历状》记载：“显得五年戊午岁十一月十三日，判官与当寺徒众就库交割前所由法律尼戒性，都维永明、典座慈保、直岁□□等一伴点检常住什物、现分付后所由法律尼明照、都维□心、都维菩提性、寺主□□、典座善戒、直岁善性等一伴执掌常住物色，谨具分析如后。”

寺院财产的核算与交接一般一年进行一次，如前述净土寺即是如此，有些寺院即便不能一年一交接，但估计相差不会太大。如S.4215《庚子年报恩寺交割

常住什物点检历》记载欠报恩寺常住什物的寺主有法兴、保惠、员会、明信、教真、保藏、法清、法林等人，而这些寺主大多又见于P.2048中，这些寺主应是报恩寺历任寺主（当然不是全部），他们应是前述寺院财务管理者前后两任所由阶级交接后已离职的寺主。一次点检活动中竟有这么多寺主，说明报恩寺对寺产的清算与交接也是相当频繁的，这样的话，每一任所由即寺产的管理人员不会任职太久，避免或降低了他们利用职权之便贪污、盗窃寺院财产的概率。

第六节　敦煌寺院经济发展的社会意义

佛教的发展不仅以社会经济的发展为基础，同时还会受制于以寺院为单位的佛教经济自身的发展状况，故本节专门讨论敦煌寺院经济的发展。由于目前所能看到的有关敦煌寺院经济的资料主要集中于晚唐五代宋初，即吐蕃和归义军时期，故讨论敦煌寺院经济时亦主要集中在此时间段。

一、敦煌寺院经济的发展

集中反映寺院经济状况的资料是寺院会计文书如入历、破历、入破历算会牒等。这些文书往往将某一寺院在某一会计期内（一般为一年）的回残、新入、支出或见在（即结存）进行了记录，特别是在入破历算会牒中对以上各项均有详细记载，这几项数据直接反映了寺院的经济状况而最具有说服力，如“新入”反映了寺院在某年（有时为几年）的经济收入状况，“回残”反映了上一会计期的结存，而本期“见在”（即结存）又成为下期结算时的回残数目，故回残与结存反映了寺院财产的结余情况。它们之间的关系用公式可以表示为：回残+新入+支出=结存。

遗憾的是绝大多数文书残破不全，往往只能看到这些项目中的某一项或某几项，不过每一项数据皆能在一定程度上反映出某一寺院在某一时期的经济状况及不同寺院间经济实力的差距。下面依据这些数据资料对吐蕃统治和归义军时期敦煌寺院经济的发展及其不平衡性展开讨论。由于文书较多且冗杂，不可能一一罗列引举，为了一目了然，依据相关文书的记载将有关数据列表如下：

表2　吐蕃统治和归义军时期敦煌寺院经济数据

单位：硕

卷号	寺名	时间	回残	新入	破除	见在	物品
S.4191V2	乾元寺	戌年	44.3	86.84			斛斗
S.4782	乾元寺	寅年	142.625	63.4	99.975	6.05	斛斗、织物、纸
S.1733（1V）	某寺	寅年	约123.63				斛斗
S.4191IV	某寺	亥年	10		30.7	0.07	斛斗
P.4957	某寺	申年（？）			约100	169.885	斛斗、织物
S.6061	某寺	9世纪前期	45.40	954.72			斛斗
P.2838（2）	安国寺	886	33.63	315.3	285.13	63.80	斛斗
P.3352	三界寺	886或946	156.619	269.85			斛斗、织物
S.1625	大乘寺	938	281.95	≥265.625		4.4	斛斗
S.1600	灵修寺	960—963	59.43				斛斗
P.2974V	某寺	897	159.616	137.4			斛斗
S.5753	某寺	933	275.321	301.06			斛斗、织物、纸
S.5806	某寺	920或980	61.47				斛斗
S.0372	某寺	927			663.319		斛斗
S.0378	某寺	927	409.372	253.45			斛斗
S.4686	某寺	10世纪				589.414	斛斗
S.6064	报恩寺	未年	114.9	1545.67			斛斗
唐文	报恩寺	980或920	44.635	165.95	182.4	31.69	斛斗
S.5050	报恩寺	980或920			46.982		斛斗
S.4701	报恩寺	1000或940	361.70				斛斗
S.6154	报恩寺	957或1017				72.471	斛斗
P.3638	净土寺	911				400—450	斛斗、织物
P.2049V	净土寺	925	846.39	541.94	168.68	1219.64	斛斗、织物、纸
P.2049V	净土寺	931	1549.76	253.24	324.71	1478.29	斛斗、织物、纸

（续表）

卷号	寺名	时间	回残	新入	破除	见在	物品
唐文	净土寺	939		575.93	684.57		斛斗、织物、纸
唐文	净土寺	942			1195.15	1932.44	斛斗、织物
唐文	净土寺	943	1932.44	433.95	439.59	1926.80	斛斗、织物、纸
唐文	净土寺	944	1926.80	542.54	518.06	1951.09	斛斗、织物、纸
唐文	净土寺	945	1951.09	447.35	437.43	1960.03	斛斗、织物、纸

上面依据经济寺院文书将吐蕃归义军时期敦煌寺院经济状况中的各项指标进行了统计，表5用地支纪年的几件文书大致属于吐蕃时期，其他9世纪中叶以后的属于归义军时期。表中有些寺院既有斛斗，又有织物和纸，但有些寺院如报恩寺的算会中仅有斛斗而无织物。P.3997记载了报恩寺部分织物的收入账目，报恩寺等寺院的织物与斛斗是分开管理核算，还是在以上统计年份寺院没有收支织物呢？对于这一问题必须做出解释，因为它直接关系到对寺院经济实力的预测是否接近实际情况。

根据敦煌寺院会计文书的核算惯例，一般是将斛斗（麦、粟、豆、麻、面、油、饼渣等）、织物、纸等结合在一起进行核算的，在核算中往往根据一定的比价将织物、纸折合成斛斗再把数字加在一起统一核算。如S.4782《寅年乾元寺堂斋修造两司都师文谦诸色斛斗入破历算会牒残卷》云："一百四十二硕六斗二胜半麦粟油面纸布绢等前账回残。"P.3352《丙午年三界寺招提司法松诸色入破历算会牒残卷》云："一百五十六石六斗一升九合麦粟油面黄麻麸豆紬布等应前账回残""二百六十九石八斗五升麦粟油面黄麻麸豆布毡等自年新附入"，等等。

报恩寺等寺院的算会情况亦不例外，P.2821《庚辰年正月报恩寺寺主延会诸色入破历算会牒残卷》记载："报恩寺主延会状。右合从丁丑年正月一日如后，至庚辰年正月一日以前，中间三年所执掌常住什物、诸渠厨田、麦、粟、黄麻、豆、油、面等，总二百一十硕四斗八升五合……"这里明确将什物与斛斗置于一起统计，但实际上该件文书中并未见任何什物。按当时的习惯，什物往往是以"点检历"的形式单独统计的，因为寺院什物种类繁杂，没有办法折合成斛斗的计量单位统一核算，故敦煌文书中保存下来了许多什物点检历文书，其中就有几件属于报恩寺。这种将织物与纸称作什物的现象在某些文书中亦有出现，如S.5753《癸巳年正月一日以后某寺诸色斛斗入破历算会牒残卷》"回残"项云：

二百七十五硕三斗二胜一抄斛斗纸布什物等同前账存：

一百三十七硕八胜麦，四十五硕二斗八胜粟，九十二硕九斗六胜一抄黄麻，四十二尺布。

以上引文中前一行为回残总数，后一行为明细账目，从中可以看到，除了布以外并未见任何什物，显然，这里的什物指“布”无疑。这说明报恩寺等寺院在算会中亦是将斛斗、织物、纸等统一进行核算的，只是在表中所列时期无织物而已。

假若表5中无织物的寺院是因为在核算中没有将织物核算在内，那么这些寺院的织物数目一般有多少呢？对于这一问题，无法用数字做出明确的回答，因为没有文书完整地记载这些寺院在某时的织物数目。不过可以从某些有完整记载的寺院在某一会计期末织物折合成斛斗的数目与斛斗总数的比率来试做说明。当然，这里涉及织物与麦粟的比价问题。从文书的记载来看，织物与斛斗之间的比价是比较混乱而不确定的，根据学界对唐宋时期敦煌市场物价的研究情况，可以大致归纳出如下关系：布1尺≈麦粟1斗，1尺绁≈麦1斗，1张纸≈麦粟1升，1尺

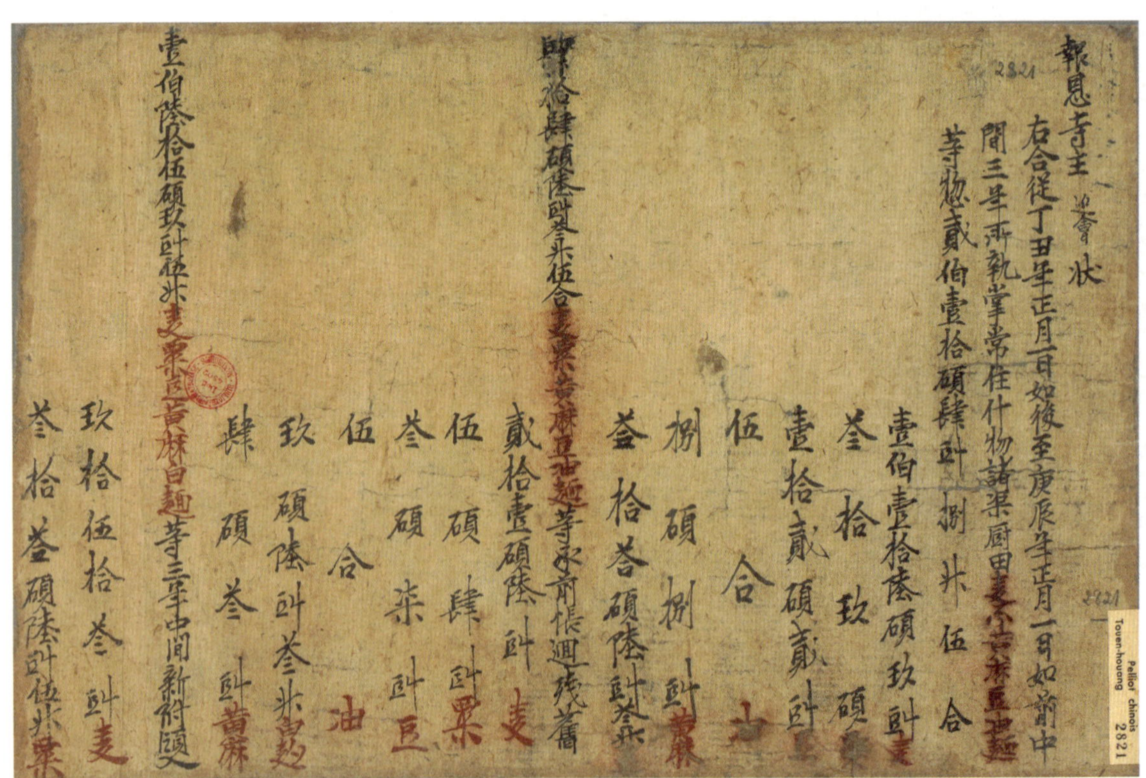
報恩寺主延會狀
右合從丁丑年正月一日已後至庚辰年正月一日已前中
間三年所執掌常住什物諸渠厨田麥粟黄麻豆油麵
等惣貳伯壹拾碩肆斗捌升伍合
壹伯壹拾陸碩玖斗麥
叁拾玖碩粟
壹拾貳碩貳斗豆
伍合油
捌碩捌斗黄麻
叁拾叁碩陸斗叁升麵
肆拾肆碩陸斗叁升伍合麥粟黄麻豆油麵等承前帳迴殘舊
貳拾壹碩陸斗麥
伍碩肆斗粟
叁碩柒斗豆
伍合油
玖碩陸斗叁升白麵
肆碩叁斗黄麻
壹伯陸拾伍碩玖斗伍升麥粟豆黄麻白麵等三年中間新附入
玖拾伍拾叁斗麥
叁拾叁碩陸斗伍升粟

P.2821《报恩寺主延会状》

褐≈麦粟1斗。依据这种比价关系，将相关资料列表如下：

表3　净土寺、三界寺织物与麦粟比价

寺名	净土寺				三界寺
年代	931	942	943	944	886（或946）
织物、纸	681尺布 97尺绁 200张纸	434尺布 22尺绁 200张纸	558尺布 21尺绁 200张纸	757尺布 175尺绁 54尺褐 200张纸	80尺布 22尺绁
合麦粟（硕）	79.8	47.6	59.9	100.6	10.2
斛斗总数（硕）	1803	1932.44	1926.8	1951.08	426.469
比率（%）	4.4	2.5	3.1	5.2	2.4

表3说明织物所折合成斛斗的数额相对比较小，占斛斗总数的比率不大，故即使没有将织物核算在内亦不会对寺院经济规模的分析带来太大的影响。其实像乾元寺等寺院将织物核算在内，其经济规模还是小得可怜，而净土寺即便是将织物与纸排除在外，其仅斛斗的数量依然是巨大的。这些表格基本上能够反映出这些寺院在当时的经济状况以及它们之间的差距。

至此，可以大致归纳出吐蕃统治和归义军时期敦煌寺院经济发展有如下特点：

首先，从总体上来说，吐蕃统治时期敦煌寺院的经济实力较归义军时期薄弱，但随着时间的推移，寺院经济规模在不断增长。

其次，寺院经济发展不平衡。如公元911—945年净土寺经济规模持续稳定向好发展，而有些寺院如大乘寺等经济拮据，寺院经济表现出两极分化的倾向。

二、寺院经济经营的社会性

晚唐宋初敦煌佛教教团与敦煌社会在各方面均有紧密联系，甚至有僧侣在某些方面出现了与佛教戒律相悖的行为，学界给予敦煌佛教这种现象以社会化、世俗化、民间化等诸多称谓。不管怎么说，敦煌佛教确实表现出与世俗社会联系加强、互相影响的特征，这种现象可以认为是敦煌佛教社会性的一面。敦煌佛教的社会性是体现在诸多方面的，其经济状况亦不例外。

首先，敦煌寺院与敦煌佛教的管理机构——都司均参与借贷行为。晚唐宋初敦煌社会高利贷之风盛行，而且利息率很高，一般保持在50%左右，有时甚至会达到100%。从文书记载来看，敦煌寺院的借贷利率一般不会超出世俗社会的

利率，寺院的出贷对象面向整个敦煌地区，覆盖僧、俗两界。寺院出贷取息在中国佛教史上是一件比较普遍的事，这方面的事例不乏其有。同时，佛教经律亦规定寺院可放贷生息，如《四分律删繁补阙行事钞》曰："《十诵》，以佛塔物出息，佛言：听之。"这说明寺院放贷生息并不违背戒律的规定。寺院既然加入这项生财之道中，并且某些寺院以此作为主要的财源，无疑为寺院经济涂上了世俗社会的色彩。

其次，寺院碾硙、油梁出租经营。寺院碾硙的经营有自营与出租两种形式，出租经营是寺院与硙户之间可以签订契约，契约规定了双方的权利与义务，硙户依据契约向寺院交纳"硙课"。油梁的经营与碾硙相似，亦有自营与出租两种形式，出租经营是梁户依据契约规定向寺院交纳"梁课"。在前面已经说明了硙课与梁课在某些寺院经济中占有举足轻重的地位，而寺院碾硙、油梁的出租经营使寺院的经济收入具有了社会化的性质。

再次，地产租佃经营。寺院地产的经营在吐蕃统治时期有自营与寺户分种两种形式，但随着寺户制度的没落，作为寺户制度的延伸或遗留的常住百姓人数逐渐减少，其应役范围和时间不断缩减，甚至上层常住百姓在经济上和其他诸多方面逐渐接近乡司百姓的地位。故至归义军时期，寺院土地的经营形式亦相应地发生了变化，有自营与租佃经营两种形式。

租佃经营与厨田的出现是联系在一起的。会昌灭佛虽然没有波及敦煌，但仍使沙州僧侣地主心有余悸，为了保护寺院土地，他们以供僧食用、保护常住的名义将寺院土地名为厨田。当时寺院一般均拥有厨田，文书记载有大乘寺（S.1625）、净土寺（P.2049V）、灵修寺（S.1600）、报恩寺（P.2821）、安国寺（P.3207）、龙兴寺（P.3935V）等。从归义军时期寺院经济的全局来看，"厨田"主要由佃农佃耕或僧俗地主包佃。寺院还设有专门机构——厨田司负责厨田的经营，如S.6981《辛未—壬申年某寺某某领得历》云："十一月十七日，于厨田司福行领得诸处厨田粟一十五硕、豆五硕五斗。"这里的"福行"即为该寺厨田司的负责人，而该寺各处厨田租佃收入由厨田司督促收回。租佃经营使寺院土地的经营与世俗社会紧密结合在一起，寺院地产与世俗地产融为一体，从而进一步体现了寺院财产经营的社会性。

寺院经济经营方面的社会性主要体现在归义军时期，因为寺院放贷取息行为的普遍化、碾硙与油梁的出租经营、地产的租佃经营等都集中在这一时期，这种现象与寺户制度的日趋没落有关。

三、寺院财产支出的社会性

如果说上述支出是寺院与世俗社会，特别是与上层社会之间由于礼仪、交际等原因的主动性行为，那么在另一些情况下，寺院的财产支出是被动性的，这就涉及寺院的税役负担问题。

中国历史上，寺院曾经享有免税役的特权，大约自北魏以来，僧尼仅有免役特权，没有免租税特权。对于唐宋时期的敦煌寺院税负免除问题，论者一般关注到的是僧尼个人行为，该时期敦煌僧尼没有免税特权而向官府纳税。目前所能见到的例子如P.3155《天复四年僧令狐法性出租土地契》等均记载了僧尼向官府纳税的情况。当时敦煌僧尼大部分均与俗家人“共活”，在官府户籍上与家人共籍，他们拥有从祖先那里继承下来的土地、房舍等资产，所以这些僧尼向官府所纳之税应代表其个人或其世俗家庭，而不代表其所属寺院，至于敦煌寺院是否向官府纳税，还待进一步确证。虽然暂时不能确定敦煌寺院是否拥有免税特权，但是寺院对官府或统治者承担杂负是事实。

此外，寺院不仅在敦煌地方统治者及社会上层造访寺院时要接待款纳，上窟时亦要负责设宴洗尘，这些没有明文规定却似乎约定俗成的支出，亦体现了寺院经济的社会性。

总之，敦煌寺院经济的社会性与敦煌僧团的社会活动、敦煌佛教的社会化密不可分，它既是敦煌佛教社会化的一个方面，又是敦煌佛教社会化带来的结果。

第七节　活跃于石窟上的敦煌僧团

敦煌文献中保存的敦煌寺院的“入破历”，所记在石窟上各项活动的支出，是寺院和僧团的主要支出项目之一。文书将敦煌石窟群的诸石窟记作“三窟”：“窟上”“东窟”和“西窟”，分别为今天的敦煌莫高窟、安西榆林窟和敦煌西千佛洞；9—10世纪的吐蕃和归义军时期，“三窟”又称“三所禅窟”，是敦煌佛教僧团的修禅基地。从寺历中的有关记载看，这三处石窟的日常管理和维修都由敦煌僧团负责，诚所谓“检校三窟，百计绍隆；能方能圆，自西自东”。

文书所记石窟上各项活动的支出，主要是食品和饮品：食品有面、粟及由其所加工之熟食品以及油、麻等副食品；饮品则主要是酒。同时也有少量的纺绢品

和纸、麻等。这些物品（文书中称诸色）在石窟的用途主要分三大类：一是用于石窟营造、修缮、管理以及相关的劳作，二是用于在石窟上进行各种佛教行事，三是用于石窟上的迎来送往。此处选取以上三方面所记载的石窟活动的部分资料，做一些简要的介绍。

一、石窟营造、修缮、管理以及相关的劳作

入破历中的零星记载，为我们提供了古代敦煌石窟的日常管理和维修方面的一些情况。

首先是有关“窟上”，即莫高窟的营造、修缮及管理活动：

> 粟二斗，僧官窟上下彭回来日沽酒，众僧用。（P.2049V1）
>
> 粟二斗，法律共大师上窟回来日顿递用。（P.2049V1）
>
> 粟三斗，僧官窟上下彭时沽酒、看煮油人及近夜看判官、众僧等食用。（P.2049V1）
>
> 粟三斗，窟上官下彭请僧统僧政僧录看饭食用。（P.2049V1）
>
> 油二胜，僧官窟下彭时零洛炒用。（P.2049V1）
>
> 油一斗五升，僧官造窟下彭时充布替用。（P.2049V1）
>
> 面四斗，僧官窟上造下彭时看当寺徒众及破除日看判官用。（P.2049V1）
>
> 面一斗，造胡饼，窟头下彭回来日众僧兼看判官点心用。（P.2049V1）
>
> 查三饼，窟上下彭烧焙用。（P.2049V1）

这里的“下彭”，又作“下棚”；棚即棚阁，下棚或早缚棚阁，实际上就是我们今天所说的搭脚手架。排列在莫高窟崖面上的洞窟，特别是中层和上层的洞窟，在进行窟檐建造和加固、修缮时，首先需要搭脚手架。

> 粟二斗，诸判官窟上看画师日沽酒用。（P.2049V1）
>
> 面七斗，僧官画窟时造顿局席及众僧食用。（P.2049V1）
>
> 面一石八斗五升，油四胜六合，粟两石二斗五升卧酒、沽酒，画窟先生兼造食人及回来兼第二日看侍等用。（P.2032V2）

画窟即在洞窟上制作壁画。从这几条记载可知，窟上有专门的画师，或称画窟先生，也有从事画窟的僧官。

粟七斗，僧录窟上易沙用。（P.2049V1）

粟七斗，僧录窟上易沙，众僧及学郎等用。（P.2049V1）

易沙（移沙）即清除窟前积沙。莫高窟前每年有大量积沙，需要不断清理。学郎住窟，说明窟上也开办一些基础教育，或由窟上寺院办学。

面五硕五斗，官上窟僧门造设用。（P.2049V1）

粟二斗，卧酒，窟上造设贴顿及众僧回来屈判官兼看料人等用。（P.2049V2）

十一月一日，白面两硕，付贺国清充众僧窟头堂食。（P.3074）

（九月）十二日，出白面三硕一斗，付金索，充窟上众僧食。（P.3074）

这里是有关洞窟上日常管理的支出项目。

粟二斗，沽酒，尚书安窟檐时将用。（P.3763V）

粟二斗，尚书上梁是窟上来日迎和上用。（P.3763V）

这是一份写于10世纪30年代的文献。这里的“尚书”，可能是曹氏家族中没有担任过节度使的另一位成员，因为这时的节度使们已不再使用这一较低的职衔称号。而这位尚书也参与莫高窟的营造活动，特别是修建窟檐。

油七胜，雷梨窟社入麦沽将用。（P.3490）

雷阇梨窟，暂无考；雷阇梨窟社，当因为雷阇梨造窟或修窟而专门建立的临时社团，完工后即散。这种情况在敦煌造窟史上还有记载，如S.3540《庚午年福惠等修窟契》所记公元970年福惠等僧俗18人立约修窟，即是明证。

粟七斗，卧酒，宋都衙窟上梁人事用。（P.2040V）

粟二斗，纳大众，宋都衙窟上梁时迎官用。（P.2040V）

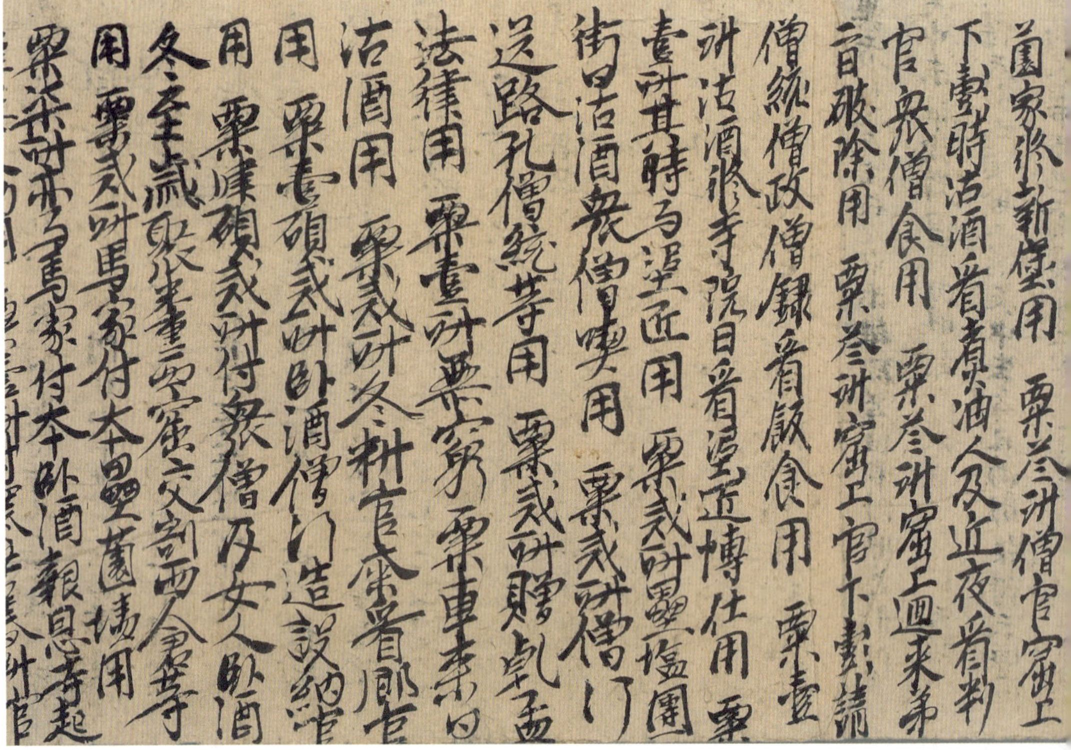

P.2049V1《粟破历》

油三合，宋都衙窟上梁时上窟僧用。（P.2040V）

布一匹，宋都衙窟上梁人事用。（P.3234）

都衙又称都押衙，是曹氏归义军时期所设官职。宋都衙，俟考；宋都衙窟可能是今莫高窟第146窟或第72窟，此二窟在五代时曾名为宋家窟。

面六斗，窟上脱墼及垒墙两件将［用］。（P.2024V）

面四斗，窟上垒墙时造食用。（P.2040V）

面四斗，将窟上脱墼人食用。（P.2040V）

面五斗，窟上垒墙时用。（P.2040V）

古人将土坯唤作墼，或曰墼子，这一方言直到现在我国西北部分地区仍在使用。脱墼即以泥土为原料，用特制模子制成土坯。所脱墼子，是土木建筑的主体建筑材料之一，在石窟建筑中多用于砌墙修建土木结构的窟檐。从莫高窟前已发掘出的土坯实物看，五代时的墼子长40厘米、宽20厘米、厚15厘米，大小与现

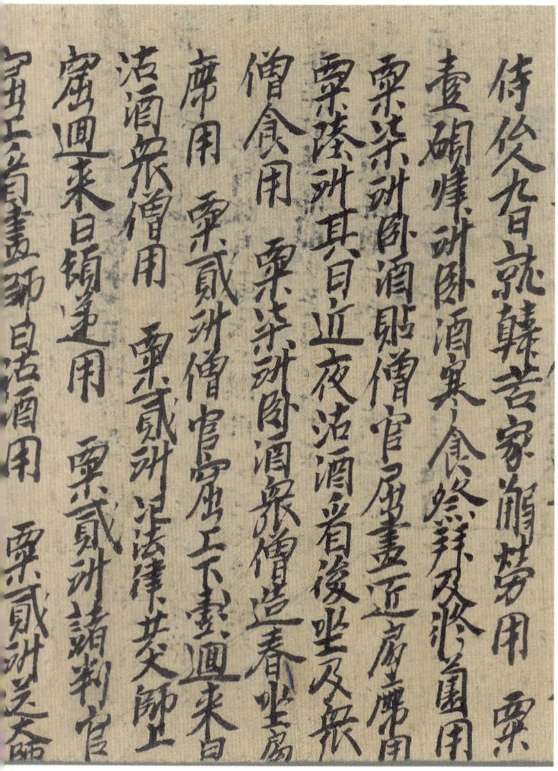

代敦煌乡村所制各同，但要厚一些；用料多为白土，这也同现代敦煌土坯用料多为混合沙土有所区别。

面二斗、油一抄，窟上上仰泥博士食用。（P.2032V）

窟上上仰泥，即窟顶上泥，是洞窟营造过程中难度很大的一项技术活；上仰泥者被称为博士，俗称“把式”，是工匠中技术级别较高、能独立承担施工任务者。

窟上调灰泥酒两瓮。（P.2629）

面二石，粗面一石三斗，油九升，粟一石八斗一长卧酒，窟上讲堂上赤白，及众僧食用。（P.2023V）

窟上灰泥，实为壁画地仗，这种灰泥用石膏和纱麻等作原料，有很强的黏度，又十分牢固，质量要求较高，所以有用酒来调和者；灰泥还可用敦煌出产的

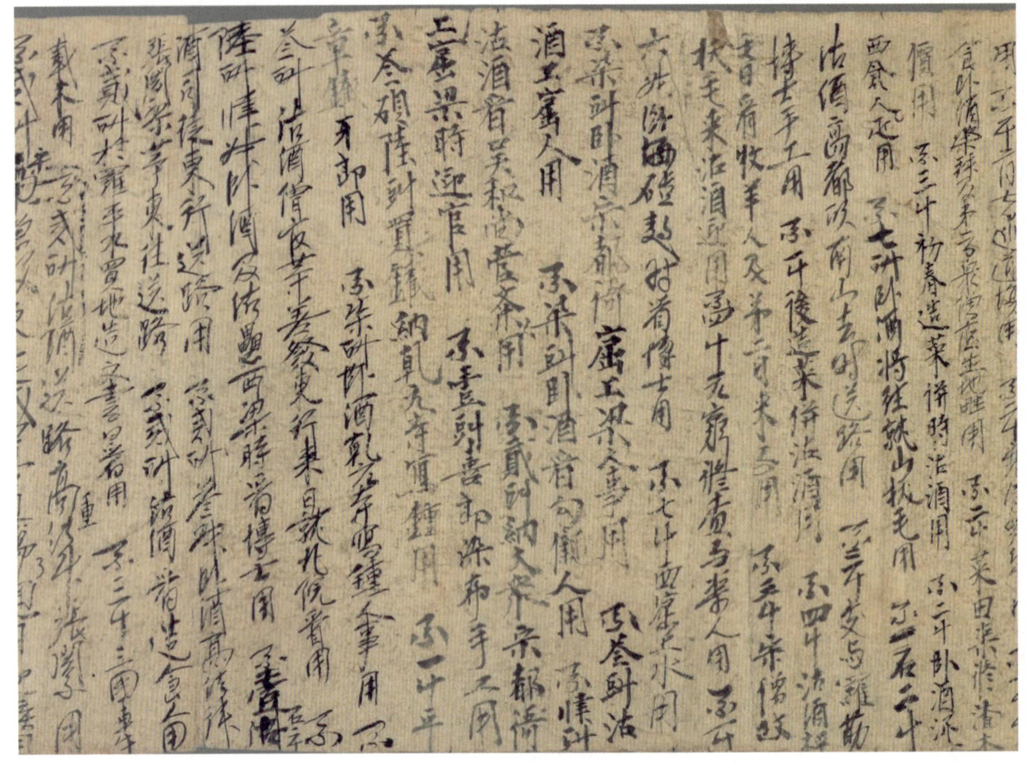

P.2040V《粟破历》

一种红黏土原料与纱麻制和，也大量用于壁画地仗或墙壁粉装，故有“讲堂（土木建筑物）上赤白”之说。

面一斗五升，安窟［门］木匠及僧用。（P.2032V）
面三胜，粟三斗，看院生画窟门用。（P.2032V）
油一升，由（油）窟门用。（P.2032V）

这里的窟门，多指窟前木构窟檐之门，由木匠安装。窟门装好后，一般都要进行油漆和彩绘。这几条记载就为我们提供了窟檐建筑中的施工细节。

面五斗，造食，陈水官庆窟时将窟用。（P.2040V）

庆窟是某一洞窟落成时的一项庆祝仪式，仪式上最重要者为供斋散食，所施食品主要是面制品（蒸饼等），由僧团提供部分制和食品的原料，陈水官是归义军府衙内一名负责水利的官吏，他的庆窟得到僧团的重视和资助。

麦一斗五胜，雇上窟驴用。（S.4642V）
查五饼，僧官窟上造设时雇驼用。（S.366）
麸三斗，窟上殍刺时喂马用。（P.2032V）
麸一硕，每件上窟喂畜生用。（P.2049V1）
麸一硕五斗，正月十五日上窟时喂饲驼马用。（P.2049V2）
面一斗、油一胜半，充窟取车及雇牛用。（P.6002）

这几处所载，为敦煌诸寺与莫高窟的交通运输事宜。查为油渣，麦、面和查可能是驴、牛、驼的雇价；麸即麦皮，是牲畜的上等饲料。又从“喂饲驼马”看，僧团可能也有自己饲养的、以供运输的驼马等牲畜。

十五日，窟上僧……头窟上伐木……窟上僧伐……（S.8318）

这是一则记述在莫高窟伐取树木的残文。据记载，在古代，莫高窟河谷中生长有可供作梁栋的大树。公元966年五六月间，重修莫高窟北大像前的五层楼阁的下面两层时，就伐取和使用了莫高窟河谷的大树作梁栋。

面五斗五升，窟上大众栽树子食用。（P.2032V）

这是在敦煌文献中发现的唯一一条古代在莫高窟植树的记载。可知莫高窟山谷中生长的用作栋梁的大树，当为人工栽植。这里参与栽树的大众，当指僧俗二界之众人。这则记载也为我们提供了古代敦煌僧俗对莫高窟环境建设方面的重视和贡献。当然，寺历中还有许多关于僧人们在园中栽树的记载。

莫高窟如是。那么榆林窟的情况又如何呢？请看记载：

八月十七日，白面八斗，面一石，油半升，生成；白面二斗，造胡饼；油二升，大众调灰泥；已上油面众僧东窟造作（下缺）。（P.4906）

庚午六月十八日，粟四斗沽酒，东窟造作众僧吃用。（S.4649）

很明显，榆林窟的日常管理和维修，也由敦煌僧团承担。

粟七斗，马家付僧官东窟下彭用。（P.2049V）

这条资料说明了马氏某家族在榆林窟有自家所营造家窟，而日常则由僧团维修和管理，故付给僧团修窟所需粮米。

> 廿三日，设东窟工匠付设司柴一束。（S.3728）
> 今月四日支榆林灰人面三斗。（S.2474）

由此可知，在敦煌僧团负责的榆林窟的日常修缮活动中，也雇用一些工匠和民夫（文献中记作“人夫”），常年在榆林窟劳作或来往运送物资。

敦煌僧团的高级僧官们为常住敦煌各寺的僧人，僧团的大本营当在敦煌，而榆林窟距此较远，所以榆林窟所用物品，一般都需要提前准备和支付。

> 面一斗，油半胜，造小胡饼，将东窟用。（P.2032）
> 面一斗，付通达，将东窟上用。（S.6981）
> 油一升半两抄，粟八斗，十五日徒众上东窟用。（S.6330）
> 十四日，酒一角，东窟上用。（S.6452）

同时，也是因为僧团的僧官们长期住在敦煌，每次到榆林窟，回来都受到宴请，高级僧官们如此，如都僧统等；其以下的僧官们亦如此，如僧政、法律等。所以，寺历中就留下了许多这方面的记载：

> 粟一斗，僧统东窟到来迎用。（S.1519）
> 又粟一斗，都僧统东窟到来迎用。（S.1519）
> 面二斗、酒一角、油一抄，造食，贾法律东窟到来迎用。（S.1519）
> 面一斗五升、油一抄、酒一角，西院僧政东窟到来迎用。（S.1519）
> 酒一斗，大张僧下东窟来迎用。（S.6452）
> 酒二斗，李僧政东窟来迎用。（S.6452）
> 粟一斗，大众东窟来迎用。（S.6452）
> 同日夜间，酒一角，周僧政东窟来迎用。（S.6452）
> 酒一斗，大张僧政东窟来迎用。（S.6452）

西千佛洞的洞窟修缮、管理情况，寺历中也有记载。

关于营造与维修方面，不仅有日常造作的记述，而且还有安装窟檐飞子的具体记载：

西窟造作连面一硕二斗五升，白面四斗五升。（S.6452）

廿五日，西窟造作酒三斗。（S.6452）

面一斗……西窟造作用。（S.6981）

粟二斗沽酒，三月廿四日西窟檐安飞子了来日和上用。（S.3763V）

寺历中关于西千佛洞管理方面的记载较多的是上水、修堰等：

面六斗三胜，西窟修堰僧食用。（P.3490）

油一胜，西窟修堰僧食用。（P.2049V1）

面三斗，与西窟上水僧用。（P.2049V1）

油一胜，西窟回来迎顿用。（P.2049V1）

面五斗，造食饭面六斗，将往西窟上水众僧食用。（P.2776）

面四斗，八月西窟上水时僧食用。（P.2040）

粟七斗，卧酒，将西窟上水用。（P.2040）

油三胜半，造食及盛将西窟上水用。（P.2040）

粟二斗，西窟和尚上水来迎顿用。（P.3234V）

面四斗五升造食，将西窟上水用。（P.3234V）

面□斗造小胡饼子，将西窟上水回来时迎顿用。（P.3234V）

面一斗，西窟上水时造食女人用。（P.3234V）

粟七斗，西窟上水众僧食用。（P.2030V）

粟二斗，西窟上水支时沽酒用。（P.2030V）

面三斗，西窟上水来迎顿造小胡饼用。（P.2032V）

粟两斗，纳官，西窟上和尚来迎时顿用。（P.3763）

粟三斗五升卧酒，八月将西窟上水用。（P.3763）

断西窟上水僧名目：海柱、永□、安定、法真、善庆，沙弥保定、保行，已上七人各七斗三升……（S.11351b）

麦两硕五斗卧酒，冬至岁僧造设纳官并冬座局席兼西窟覆库用。（P.2049V1）

粟四硕二斗，付众僧及女人卧酒，冬至岁聚烘、西窟交割西仓等用。（P.2049V1）

敦煌西千佛洞崖前，有被党河水冲刷而成的比较宽阔的台地，可供耕种和植树。加上与其相邻的南湖店（5世纪的北朝时期已在此修建石窟），两处共有100多亩可耕地，可引党河水浇灌，因此修堰和上水便是经常性的工作。那一带一直不住居民，这些农作任务只能由僧团承担，僧团将每次上水的任务分配和落实到具体僧人。又因西千佛洞离州城有一段距离，去那里修堰和上水的僧人们，回来时也要受到设宴欢迎。另外，从后两则记载看，西千佛洞还有敦煌僧团的粮食仓库等设施。西千佛洞的修堰、上水，是敦煌僧团“农禅并重”的证明。

> 粟四斗，西窟上水时雇驴用。（P.3763V）
> 查十二饼，西窟上水雇驼用。（S.366）
> 正月十五日，西窟上水雇驴粟三斗。（S.4649）
> 麸一石五斗，上西窟喂马用。（P.2032V）

这是关于西千佛洞交通运输情况的记载。所用粟、查当是驴驼等牲畜的雇价。另外，西千佛洞也有僧团自己饲养的牲畜。与莫高窟一样，需要使用的牲畜，僧团自己饲养的不能满足使用需求，必须另外雇用一部分才可解决问题。

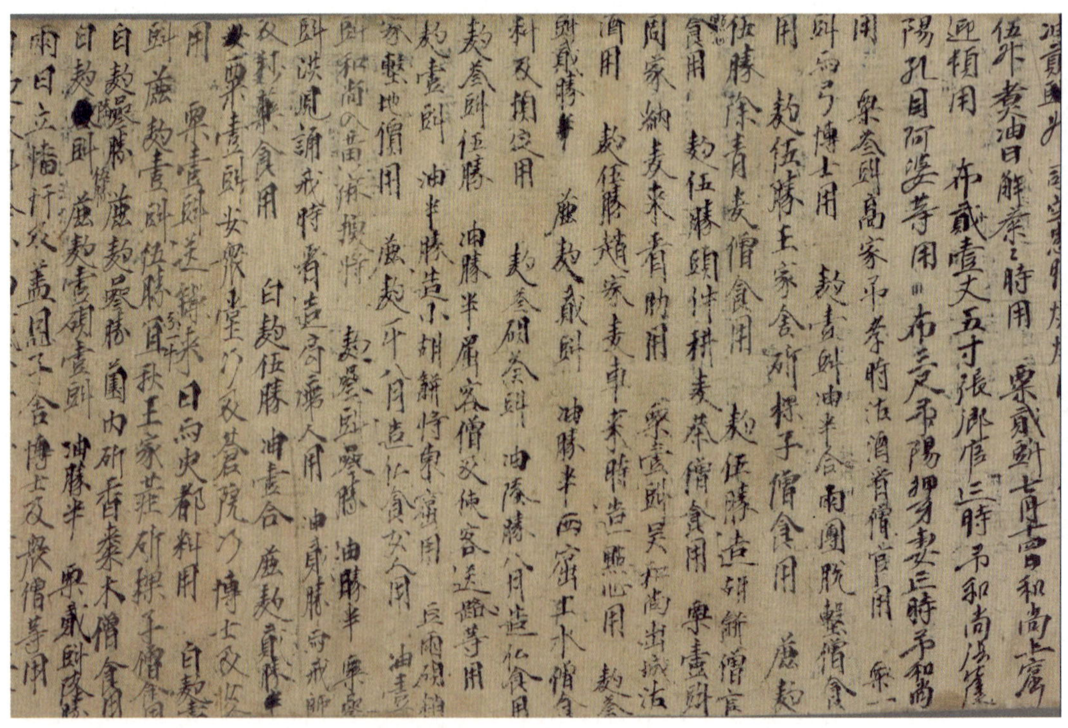

P.2032V《面油等破历》

二、佛事活动

石窟上的佛事活动，除了营造活动、日常的维修与管理及其相关活动外，还有一些固定的佛事活动，或曰佛教行事，也需要有相应的各种各样的支出：

乙未年四月于官仓领得神佛料麦两硕、黄麻一硕二斗、粟四硕，窟上作料用。（S.1574）

这是一则关于窟上用料的记载。所谓的“神佛料”，可能是专门用于窟上供奉或祭祀的饮食原料。从这笔较大的数目看，祀奉活动的支出也是十分可观的。

在石窟上所有的佛教行事中，每年正月十五日由敦煌地方的最高统治者举办的“岁首窟上燃灯”仪式，是一项颇有社会意义的活动，有专为此仪式所撰写的燃灯文。在入破历中，关于燃灯活动及其支出情况的记载也比较多：

麦一斗，卧酒，正月十五日窟上燃灯顿食用。（P.2049V2）

面二斗五胜，正月十五日上窟燃灯僧食用。（P.2049V2）

面二斗，十五日将上窟用。（P.3234V）

面四斗五胜，正月十五日窟上用。（S.4642V）

粟二斗，沽酒，正月十五日窟上用。（S.4642V）

面三斗，正月十五日大众上窟用。（P.3490）

麦一硕二斗，粟一石六斗，岁付节料及十五日上窟用。（P.2032V）

面五斗，油三升，粟一斗七升、麦一斗七升卧酒，正月十五日窟上纳官及僧食用。（P.2032V）

除燃灯外，正月十五日在窟上还有其他活动，如堆园、竖幡、行像等，可能是配合燃灯所进行的一些相关仪式：

麦四斗、粟六斗五升卧酒，正月十五日窟上堆园及下蕃（幡）杆兼打孛及行像工匠诸杂吃用。（P.2032V）

除正月十五日的燃灯外，在平常时间里，也有在窟上燃灯者：

乙酉年十月十八日，大众窟上燃灯，沽油麦一斗、粟二斗，买灯心

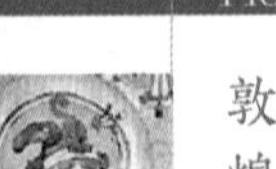

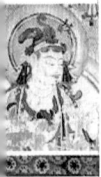

布麦一斗。（P.4647）

榆林窟在每年正月十五日，也由敦煌僧团派遣僧官，举办燃灯活动及相关的祀奉仪式，而且一般都提前准备好，并在前一天就分发给所用材料：

又面四斗五升，油一升一抄，酒半瓮，十五日东窟上燃灯及赛天王用。（S.1519）

油二胜半，正月十五日僧官往东窟兼燃灯用。（P.3490）

油二胜一抄，官往东窟造食及燃灯用。（P.3490）

十四日，东窟上燃灯用油一升、面二斗。（P.4909）

寺历所记西千佛洞的燃灯活动及相关仪式，与榆林窟相近：

面三斗，善发西窟上正月十五日赛天王法事斋时众僧用。（P.2049V1）

油三胜两抄，西窟修堰造食、燃灯用。（P.3490）

油三胜半，西窟上水、燃灯僧料用。（P.2049V2）

西千佛洞上的一切活动，自然都是由僧人们操作，而且是夜以继日，佛教行事（岁首燃灯）与春耕准备（上水）同步进行，用于燃灯，所燃佛灯又可为修堰、上水作照明，说明了僧人们的尽职尽责和提高劳动效率。

敦煌诸石窟上的燃灯活动，当时又是一项比较有影响力的活动。敦煌文书LOL.C.109就有“于阗使张金山来取窟头燃灯文”的杂记。

七月十五日是佛教的盂兰盆节，在莫高窟也有活动：

面四硕五斗五升，七月十五日造佛盆、破盆、纳官、上窟等用。（P.2032V）

面两石四斗五升，油三升半，粟两石六斗卧酒，造佛盆，十四日上窟，十五日纳官等用。豆五升，卖（买）瓜，窟上供养用。（P.2032V）

榆林窟七月十五日也有相应的活动：

豆二斗，卖（买）瓜，七月十五日东窟供养用。（S.1053V）

敦煌是著名的瓜果之乡，自古就有瓜州之称。每年农历七月，正是瓜类的收获季节，所以在佛教的盛大节日里，瓜就成了上等的祀奉品。

窟上堆沙可能是筑坛垒台一类的事项，或是塑制雕像，总之也是一种仪式：

窟上堆沙人油半升。（P.2641）

“网雁”也是一种窟上活动，所支用的是前述专门从官府领出的“神酒”：

同日，神酒五斗，支黑头号子窟上网雁酒一斗。（P.2629）

窟上还有一项佛教活动，就是写经，有些佛经直接在洞窟中写制。寺历及其他文献就有关于窟上写经用纸支出的记载：

窟上书经允（用）纸：曹押衙两张，阴押衙两张，邓不奴一张。（S.8714）

壬寅年十二月十八日，就窟上付张法律纸三十张（押）。（S.5707）

三、迎来送往

敦煌石窟群的诸处石窟，作为佛教圣地和胜境佳景，也被作为迎来送往的场所。寺历所记被迎送者，大致可分为两类：一是本地的军政官吏和敦煌僧团的僧官等，二是外地的僧俗官吏和使臣。

上窟的本地官吏，主要是曹氏归义军政权的节度使，即敦煌地方的最高统治者，以及他们的夫人等。他们在莫高窟拥有自己为窟主的大窟，他们要经常主办或参加窟上的大型佛教仪式，他们也有在炎夏酷热之季来莫高窟避暑者。

麦三斗，令公上窟止酒本用。（P.2049V2）

粟四斗，令公上窟是卧酒，窟上诸寺领顿用。（P.2049V2）

粟五斗，令公上窟时大众迎顿用。（P.2049V2）

油一胜一抄，令公上窟迎僧官顿及上窟僧用。（P.2049V2）

面四斗，令公上窟迎僧官顿及上窟僧食用。（P.2049V2）

粟三斗，沽酒，天公主上窟迎顿用。（P.2032V）

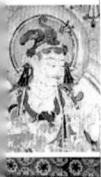

这里的“令公”，即曹氏归义军的开山鼻祖曹议金；“天公主”，即曹议金的回鹘夫人李氏。他们在莫高窟拥有两座相邻的大窟，俗称“大王天公主窟”。

节度使等人上窟时，僧团一般要提前做接送的准备，寺历所记主要是饮食品的准备：

粟一斗三升，卧酒，官家上窟时将用。（P.3763V）

每年正月十五日举办“岁首窟上燃灯”活动时，节度使及其府衙内官吏大多都要上窟，僧团要专门准备酒饭招呼他们：

粟一斗五升，卧酒，正月十五日窟上纳官用。（P.3763V）
粟二斗一升，十四日卧酒，窟上纳官用。（P.3763V）

上窟的僧官，大概包括敦煌僧团所有的高级僧官，但都僧统一类的高级僧官，也是在有重大活动时才上窟，平时上窟的则以中下层僧官为多：

粟二斗沽酒，僧官上窟时迎当寺僧官及所油（由）用。（P.2049V1）
粟一斗，正月十五日上窟寺主纳官用。（P.2049V2）
面二斗五胜，汉大德巡窟时辈从二僧食料用。（P.2049V2）
粟二斗，宋法律上窟迎顿用。（P.3234V）
粟三斗，沽酒，窟上迎和尚用。（P.2032V）
面一斗五升，油半升，麦六升，粟四斗沽酒、卧酒，十二月八日吴僧政窟上看禅师去时用。（P.2032V）

这里的“汉大德”及“和尚”，可能是指来自中原或西域的高僧，“禅师”系专门在莫高窟从事禅修的僧人。

榆林窟也是一处迎来送往的圣地，同莫高窟一样，经常有节度使、都僧统等高级官吏和大德在那里受到接待：

面四斗，官东窟造食用。（P.3490）
太保东窟上去迎……（P.2880）
廿六日，东窟上看大王油四升，付阿师子、张师子二人。（P.3578）
廿三日，酒一瓮，阿师子东窟头吃用。（S.6452）

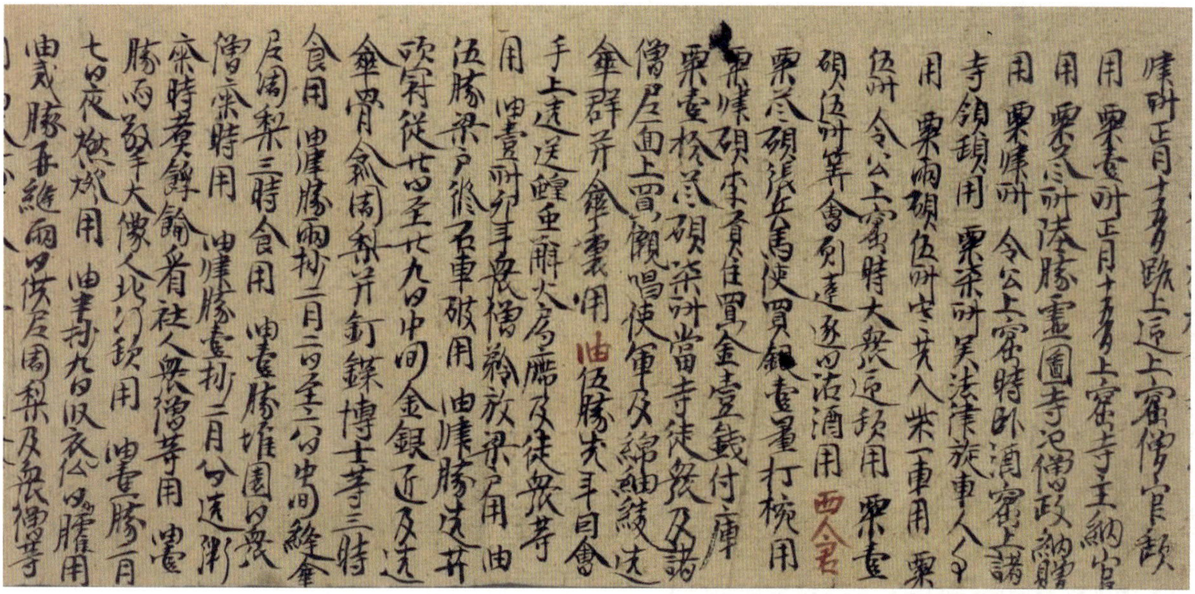

P.2049V1《粟破历》

廿二日，东窟上迎张僧政及法律粟二斗。廿三日，东窟上大众迎僧统沽油麦一斗、沽酒粟一斗。（P.4674）

又粟一斗，东窟上迎大众用。（S.4657）

这里的“太保”“大王”和“僧统”即节度使及河西都僧统。

西千佛洞也有迎送贵人的记载：

白面二斗，生成。西窟上迎公主、和尚、法律食用。（P.4906）

莫高窟和榆林窟，又是曹氏归义军府衙接待外地使臣的地点，这些使臣，有来自中原王朝的天使，有附近各州地方和周围各民族政权的使臣：

面四斗五升，油半升（八合），麦一斗，粟一斗二升卧酒，天使上窟去时造食用。（P.2032V）

面一升，窟上迎甘州使细供十五分，又迎狄寅及使命细供十分，用面四斗七升五合、油二升。（S.1366）

面三升，西州使及伊州使上窟迎顿细供二十五分、中次料十五分，用面六斗五升五合、油二升六合。（S.1366）

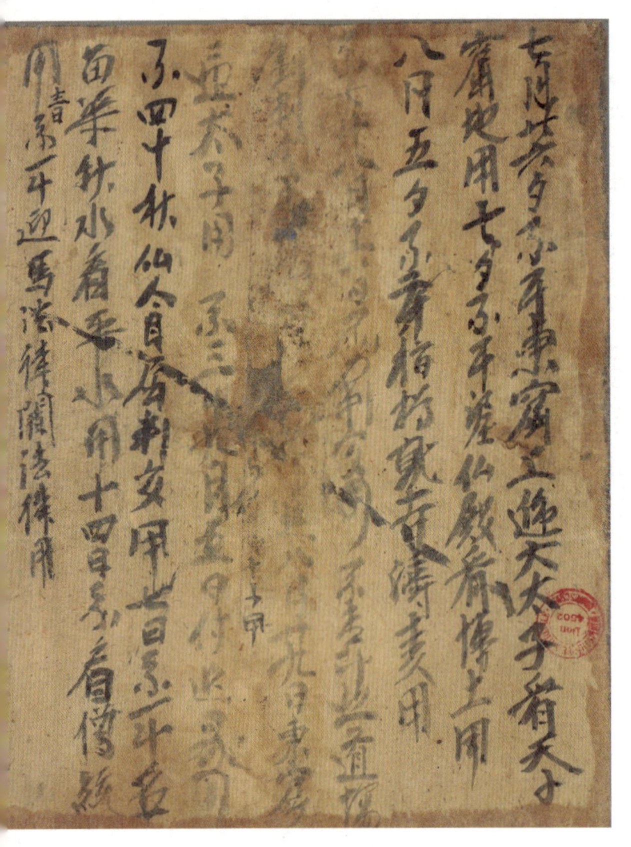
P.3713V《东窟上等粟破》

窟上支大师面五斗、油一升；支画匠面三斗，肃州使面二斗，于阗使面一斗；看侍肃州［使］胡饼十五枚，用面七升五合；窟上看于阗使细供十分、小食子十枚，用面二斗一升，油一升。（S.2474）

同日，甘州使上窟迎顿酒半瓮。（DY.001）

同日，出白面一硕五斗，付张履久，充窟设吐浑阿师。（S.3074）

辛巳年十二月十三日，太子东窟来迎，粟一斗用。（P.4909）

粟一斗，东窟上迎太子、看天子窟地用。[①]（P.3713）

廿九日，东窟上迎太子用。（P.3713）

这里的迎接太子、天子，可能是东面的甘州回鹘的国王和太子，因为榆林窟不但有回鹘洞窟，也留下许多回鹘文的题记。

曹氏归义军府衙在莫高窟、榆林窟接待来自周围各民族政权的使臣事，值得引起我们的重视。曹氏时期，当地归义军政权十分注意同周围各民族政权建立和发展友好关系，与各个民族和睦相处，并不断进行经济、文化方面的交流，所以才能在各民族政权的包围之中生存和发展，以至于繁荣强盛。而选择莫高窟和榆林窟作为接待各地使臣的地点，主要是因为佛教在当时是这些民族共同信仰的宗教，加上莫高窟和榆林窟宁静而优美的环境，使得这些来自各地的使臣们流连忘返。所以，敦煌石窟群的莫高窟和榆林窟，在古代西北地区各民族之间的友好交流和团结合作过程中起到了重大的历史作用，而敦煌僧团的寺历等文献，为我们记录和保存了这方面的珍贵资料。

① 沙武田认为此太子为于阗太子，天子窟为榆林窟第30窟。参见沙武田：《敦煌石窟于阗国王“天子窟”考》，《西域研究》2004年第2期，第60—68页。

第九章 敦煌的佛教斋会与社会道场

第一节　敦煌佛教斋会内容与程式

第二节　8—10 世纪敦煌“无遮”斋会

第三节　尚纥心儿与吐蕃统治时期敦煌道场的开辟

第四节　敦煌归义军时期的军国大事道场

第五节　僧俗共建的四天王护世佑邦与安伞道场

第六节　官家贵族道场

第七节　从剑川二月八日法会看敦煌斋仪的传承

第一节　敦煌佛教斋会内容与程式

一、佛教斋会与敦煌道场

斋会为佛教仪式之一。又作法会、法事、佛事、法要。通常是为讲说佛法及供佛施僧等举行的集会，或设斋、施食、说法、赞叹佛德，以供养诸佛菩萨。法会起源于印度，自古盛行且种类名目繁多。佛教传入中国后，东汉时即有皇帝斋请僧侣行斋会之事，即光和三年（180）汉灵帝于洛阳佛塔寺饭诸沙门，悬缯烧香，散花燃灯；或设会讨论佛义、讲经等，以达祈福增慧之目的，称为“千僧会”“万僧会”。[①]南朝梁武帝中大通元年（529）于同泰寺设救苦斋；中大通五年（533）又于同泰寺设无遮大会，武帝亲自讲《金字般若经》。另据记载，风行于古今的水陆会也是梁武帝时始行于金山寺。此外，中国佛教的法会还有放生会、华严会、盂兰盆会、狮子会、龙华会等。而一年之中正式的佛教节日法会主要有：正月一日弥勒佛圣诞法会、正月九日供佛斋天法会、二月十九日观音菩萨圣诞法会、四月八日佛陀圣诞法会、六月十九日观音菩萨成道纪念法会、七月十五日盂兰盆会和供僧会、七月二十九日地藏菩萨圣诞法会、九月十九日观音菩萨出家纪念法会、九月二十九日药师佛圣诞法会、十一月十七日阿弥陀佛圣诞法会（举办弥陀佛七）、十二月八日佛陀成道纪念法会。法会一般在寺院进行，其方式是以各种法物幢幡庄严佛殿，并于佛前献上香华、灯烛、四果等，并行表白、愿文、讽诵经赞等。又参列法会、从事赞呗诵经等职者，称为“职众”。一般谓七僧系指导师（讲师）、读师（读诵经论者，与导师合称“讲读师”）、咒愿师、三礼师、呗师、散华师与堂达（传达愿文者）等。凡具此等七众之法会，均称为七僧法会。此外，导师、咒愿师、呗师、散华师、梵音师、锡杖师、引头、堂达、衲众等合称“九僧”（大法会三九僧）。司掌法会一切行事之职者，称为“会行事”，密教则称“坛行事”。而梵呗、散华、梵音、锡杖四者，合称“四个法要”。[②]

① 《历代三宝纪》卷四，参见《大正藏》第49册，第49页。

② 参见佛教典籍《摩诃僧祇律》卷三、卷二十七，《有部毗奈耶杂事》卷二十四、卷三十三、卷四十，《有部目得迦》卷八、卷十，《佛祖统纪》卷三十三等。转引自《佛光大辞典》。

敦煌古代的佛教斋会有相应的设斋供斋仪轨，斋会文书称为“斋文”。湛如法师早年就佛教斋会与敦煌斋文做过精辟的阐述。①同时受到道教的影响，法会也称为“道场”。而在许多敦煌文献中，法会活动直接被称为“道场”，如日本国会图书馆藏敦煌遗书WB32（3）1（滨田旧藏0115V）《诸寺付经历》就记载“巳年六月永安寺置花严道场”“未年正月十一日大云寺置国家福田道场”，②即是在寺院举行的法会；而在法会一开始的“启请文”中，直接明言“合道场人同发胜心”，“启请”十方诸佛、三世如来、所有世界百千万亿佛、弟子、菩萨等“来赴道场”，又请天上地下所有诸神“来降道场”；③或者是请诸佛菩萨“来入道场”④。

从敦煌遗书保存下来的大量斋会文献看，敦煌的道场主要有两大类：第一类是僧团和寺院内部举办的“方等道场”，即方等戒坛，主要为僧尼受戒。⑤第二类是僧团和寺院为地方统治者集团及广大民众与社会祈福的“福田道场”，一般分寺内和寺外；寺内的“水则道场”是在官府和僧团的监督下，由承办寺院轮流举行转经、诵经活动；⑥寺外则举办直接面向社会的名目繁多、规模各异的斋会。但无论何种道场活动，都是由僧团或僧人主持。敦煌僧团管辖下的大寺院一般都设有“道场司”，⑦而为了应付频繁的福田道场，还专门设“福田司”。⑧又从一些僧团的文贴告示可知，在9、10世纪的敦煌，僧团和僧人将集体与个人的修行活动与地方统治的稳定和社会繁荣联系到一起，标榜夏安居修行活动是“修习学业，缉治寺舍；建福禳灾，礼忏福事。上为司空万福，次为城隍报安”。僧团把自己当作社会团体，把修行活动也当作社会活动。水则道场更不例外，P.2727《酉年二月水则道场转经付经点检历》云“缘国家建福，水则道场转经”；P.2058V《曹议金时期道场文集》尾篇云“水则道场……右件长行道场，元是积古旧规，一则资君定国，二乃护福禳灾，始得时康，年加倍秀。奉为天龙八部卫护敦煌，梵释四

① 湛如：《论敦煌斋文与佛教行事》，《敦煌学辑刊》1997年第2期。
② 马德：《敦煌文书〈诸寺付经历〉刍议》，《敦煌学辑刊》1999年第1期。
③ 如敦煌遗书S.5957《启请文》。参见《英藏敦煌文献》第9册，成都：四川人民出版社，1994年，第235—236页。
④ 如敦煌遗书P.2130《五会念佛略抄》。参见《法藏敦煌西域文献》第6册，上海：上海古籍出版社，1998年，第212页。
⑤ 参见徐晓卉：《敦煌归义军时期道场司探析》，《敦煌研究》2002年第2期。
⑥ 郝春文：《唐五代宋初敦煌僧尼的社会生活》，北京：中国社会科学出版社，1998年，第223—229页。
⑦ 参见徐晓卉：《敦煌方等道场》，《敦煌研究》2002年第2期。
⑧ 参见王祥伟：《敦煌的福田司》，《法音》2010年第3期。

王保安社稷；……亦愿稼穑丰熟，疫毒无侵。凭佛教行，切宜转念”[①]，这里直接说明了道场活动的社会意义。

福田道场作为社会化的佛教活动，一般的寺院作为主场之外，还有许多专设的场所，民众家庭也有举办，主要是适应日常生活与生产活动的需求。大型道场程式与寺院内相近，一些在民众家庭的小型斋会则相对简单一些。由于密教的流行，佛教活动的道场不仅仅是在寺院或石窟上这些固定的活动场所，而是在任何时候、任何地方、任何人都可以通过法事斋会活动去解决生活、生产各方面社会问题。这一点在古代一直自诩为“善国神乡”的敦煌历来都表现得十分突出。

无论“斋会”还是“道场”，都是敦煌具体历史时期佛教法会的分析，只是分开不同的面向。当讨论“斋会”时，是偏向仪式、所用经文与具体操办人，侧重于宗教学与文献学的研究。当讨论“道场”时，偏向于讨论法会的服务对象与历史、社会意义，偏重于历史学、民俗学的研究。两者的共通点，是植根于敦煌学这个特定学科的文献特色。

二、敦煌斋会的类别与内容

敦煌遗书中保存了大量古代佛教法会文献，其中P.2940《斋琬文》（残卷，存首部序、目录及第一章正文部分）保存有完整的序言及目录：

斋琬文一卷并序

……

应有所祈者，并此详载。总有八十余条，撮一十等类。所删旧例，献替前规。分上、中、下目，用传末叶。其所类号勒之于左：

一叹佛德　王宫诞质　逾城出家　传（转）妙法轮　示归寂灭

二庆皇猷　鼎祚遐隆　嘉祥荐祉　四夷奉命　五谷丰登

三序临官　刺史　长史　司马　六曹　县令　县承（丞）　主薄（簿）　县尉　折冲

四隅受职　文武

五酬庆愿　僧尼　道士　女官

六报行道　祋（役）使　东　西　南　北　征讨　东西　南北

七悼亡灵　僧尼　法师　律师　禅师　俗人　考妣　男　妇　女

① 《法藏敦煌西域文献》第3册，上海：上海古籍出版社，1994年，第372页。

P.2940《斋琬文序》

八述功德　造绣像　织成　镌石　彩画　雕檀　金铜　造幡　造经　造堂

九赛祈赞　祈雨　赛雨　赛雪　满月　生日　散学　阙字　藏钩　散讲　三长　平安　邑义　脱难　患差　受戒　赛入宅

十祐诸畜　放生　赎生　马死　牛死　驼死　驴死　羊死　犬死　猪死[1]

……

这里将斋会活动分为10个大类，若干小类，从军国大事到百姓生活，涉及社会生活的各个方面，所有内容实际上都属于福田道场，是面向全社会的佛教活动。斋会的举办者可以是僧，也可以是俗；有官方也有民间，有贵族谊门也有平民百姓。可以通过斋会护佑健在的人，满足他们的各种需求；也可以保佑亡过的

① 参见黄征、吴伟编校：《敦煌愿文集》，长沙：岳麓书社，1995年，第66—67页。笔者依据原卷分行并校改。

各种生灵得以进入理想境域。《斋琬文》充分体现了佛教普济众生的思想。

本来《斋琬文》在目录之后，对于每一项内容都有具体的应用文范本的，但P.2940只保存了前面的极少部分，P.2547和P.2547也是断断续续的残文；好在这些相关的内容在其他的写本中基本上都有或多或少的保存，如P.2044即抄有较多《斋琬文》（黄征拟题为《愿文范本》）的具体内容，有太保相公、师、夫人、节使、长马、大将、帝、节、刺、录、尉、堂、皇帝、长官、阿师子、孩子、公、大师、放生、幡、火灾、叹佛、亡僧大祥、夫人、军亡、大夫、长官、女、天王、州主、孩子、师、塔、脱难、献花菩萨、叹佛、设斋、僧官、逆修、军阵被俘、师、和尚、建筑营造等；同时，该卷后面还抄录了一些道场常用的其他念诵文献，如押座文、劝善文、三皈依、相识偈子、净三叶真言、奉府主尚书取别偈子、别僧众偈子、军府相送偈子、别军府信士偈子、六祖弟子石头和尚偈子、金光五礼赞等。S.2832列公、夫人、三周（祭）、患、亡夫、亡妻、女人、夫人、女人患、女、亡兄弟、太守、王禅师、色身、门徒才、僧、阇梨、女人、公、夫人、公、庆义井、脱服、帝德、夫叹、亡女事、律师事、因产亡事、公、满月事、公、妹亡、律座主散讲、夫人、公、夫人、律公、皇甫长官福可事、夫人、元日、尼、夫亡等。[①]另外尚有P.2687、P.3541等卷也保存了部分内容。[②]但这些文七并不是按《斋琬文》的顺序抄录，而是搜集散在各处的使用过的愿文。这是因为，每次道教活动中，除一些佛教典籍之外，专门用于斋会的文献在当时使用过后会现场焚烧，留下来的大多为草稿，或者是为学习道场仪轨所用的教材。

关于《斋琬文》的产生时代，法国学者梅弘理曾经推测为公元770年前后。[③]这一时期是密教在中土盛行，《斋琬文》明显是受到密教影响，也是佛教发展的必然产物。而大部分敦煌抄写本的年代应该相对晚一些，即9、10世纪的吐蕃统治、归义军时期斋会成为敦煌社会生活的内容而普及的时代。

S.4642保存了8世纪后期唐平安史之乱、与吐蕃及各民族政权混战的动荡期间，敦煌的各类佛教法会的内容[④]，是敦煌斋会文书中出现时代较早者。看来这个时代密教已经深入整个中国社会。这里也提供了《斋琬文》产生于8世纪时

① 参见黄征、吴伟：《敦煌愿文集》，长沙：岳麓书社，1995年，第148、73页。

② 参见（法）梅弘理：《根据P.2547号写本对〈斋琬文〉的复原和断代》，耿昇译，《敦煌研究》1990年第2期。

③ 参见（法）梅弘理：《根据P.2547号写本对〈斋琬文〉的复原和断代》，耿昇译，《敦煌研究》1990年第2期。

④ 该写本的年代问题，参见李宗俊：《敦煌吐鲁番文书与唐代西北史研究》，北京：中国社会科学出版社，2020年，第65—81页。

的证据。而敦煌遗书Дx.06036V记载有吐蕃统治时期敦煌“七七斋”的荐亡仪式，也是完整的密教仪式：

1. 瓜州节度使上悉殉夕亡五七建福如……
2. 心经三千遍，诵无量寿咒三千遍……
3. 伞一方圆各一箭，青绢裙一量……
4. 七寸，大错彩绢幡一口，长七箭……
5. 四百人供施，僧儭七两，马一匹……
6. 东城大云寺麦两驮，僧俗尔曳备（后缺）
7. 坐禅，诵尊胜咒一千遍，金刚……
8. 菩萨赞文殊经廿一遍，脱沙佛一万……
9. 右件功德转诵已……
10. 赤父马一匹，七十……①

此件文献中的“五七”应为“七七斋”中五七日满时所行的祭奠（超度）仪式。从残件可见：在吐蕃瓜州节度上悉殉夕死后的五七建福仪式上，诵密教的无量寿咒三千遍、尊胜咒一千遍，说明这两种密教经咒在荐亡仪式上的应用；同时还有各类色物供奉。这展示了密教思想在与丧葬有关的家庭道场中占据着主导地位。

荐亡仪式是以家庭为单位的民间道场中最常见的活动。才让《法藏敦煌藏文佛教文献P.t.037号译释》②一文中有详细的研究，文中将这件文献分成了7个部分，即《调伏三毒》《开示净治恶趣坛城四门》《为亡者开示天界净土道》《宝箧》《回向》《向后人开示之经》《画像》。王瑞雷《敦煌、西藏西部早期恶趣清净曼荼罗图像探析》认为这件文献与恶趣清净曼荼罗有关，“不但记录了与恶趣清净系曼荼罗有关的图像，而且指明了该曼荼的功能及用途……该卷子篇幅虽短，但提出了四佛的具体方位及为亡者按经典绘制恶趣清净曼荼罗的用意，即通过绘制这一曼荼罗，迎请一切诸神，为亡者净诸恶趣，愿生于善趣天界，获得正觉佛位”。作为超度仪轨的《恶趣清净怛特罗》，在吐蕃统治时期已被译成藏文并收入《丹噶目录》，敦煌古藏文文献P.t.0037的发现，说明这种超度仪轨在同时代的敦煌也曾流行。与现在广为人知的《中阴闻教救度大法》之间有一定

① 参见邰惠莉：《俄藏敦煌文献叙录》，兰州：甘肃教育出版社，2021年。
② 才让：《菩提遗珠》，上海：上海古籍出版社，2016年。

的传承关系。西藏后弘期的很多经典都被冠以莲花生大师所传伏藏之名，《中阴闻教救度大法》的思想与仪轨的起源较早，或可证实的确为莲花生大师所传，P.t.0037即提供了这方面的佐证：P.t.0037的结构与《中阴闻教救度大法》基本一致，特别是同时代的敦煌绢画EO.1148的寂静四十二本尊也是《中阴闻教救度大法》主要尊格群之一，或者可以说明莲花生大师的中阴救度思想或仪轨在吐蕃统治时期的敦煌就已经存在并得到应用。

三、主题斋会的程式

从前述《斋琬文》中保存的10个大类80余种目录可知，无论是固定的节日法会，还是一般专题性的斋会，都有自己的活动主题；节日活动的主题都是固定的内容和时间地点，专题斋会的主题是根据需要临时决定。确定主题之后，其他的程序都围绕这个主题进行。而无论是哪一种主题，其程式不外乎启请、供奉、诵经、祈愿、庆赞、答谢等步骤。敦煌遗书中保存下来的佛教法会写本数量较多，除了前述范本之外，众多写本中对主题法会（道场）的程序和每个环节的内容都有详细记载。这里举两件为例。

辽宁省博物馆藏敦煌写本“书462”为一小册子，共78页，其中第1页封面题“诸杂文一首”并杂写；第2、4、7、9页为杂写、空行等；第3、5、6、8页空白；第10—45页有首题“诸杂文一本”，内容有庆金刚文（原题）、庆幡文（原题）、禳灾文（拟）、散食文（拟）、启请文（拟）、祈衣文（拟？）等；第45—72页为各类偈赞，依原标题有智严大师押座文、劝善文、三皈依、相识偈子、净三叶真言、奉府主尚书取别偈子、别僧众偈子、军府相送偈子、别军府信士偈子、六祖弟子石头和尚偈子、金光五礼赞，以及最后部分的归文（泥中玉五言归文上、涧底松五言归文上、匣中剑五言归文上等）；另有6页为《金刚经》残文及杂写，[①]有天成二年（927）题记，时当10世纪前期的曹氏归义军首任节度使曹议金时期，主题内容为“禳灾文”，即为消除蝗虫灾害专设道场。这份文献在敦煌的道场法会文书中有一定的典型性和代表性。敦煌每年春季都会有此类灾害发生，官府联合僧团举办禳灾斋会，差不多成为一项固定的佛教行事。敦煌遗书中这一类写本的数量较多。

上海博物馆藏敦煌文献第48号（41379），为一折页册子装写本，计200多

① 《金刚经》仅存末尾部分文字、真言及题记，也许为另一册子，但据字迹推断当出自同一抄写者之手。

页、1200多行，每页纸幅宽10.4厘米、高30.5厘米，共43份文献，[1]是一次性抄写的斋会应用文本，目次（标题除注明外均为原有）如下：1.高声念佛赞；2.念佛之时得见佛赞；3.坐禅念佛赞；4.妙法莲华经观世音菩萨普门品第廿五（上图下文，但只绘一图，余空上栏）；5.大随求启请；6.尊胜真言启请；7.佛说加句录验佛顶尊胜陀罗尼神妙章句真言；8.佛说除盖障真言；9.佛说佛顶尊胜陀罗尼经；10.金光明最胜王经大辩才天女品第十五之一；11.药师经心咒；12.佛说八职神咒经；13.千手千眼观音陀罗尼经发愿文（拟）；14.佛母经一卷；15.佛说父母恩重经；16.佛说地藏菩萨经；17.佛说阎罗王授记令四众逆修生七往生净土经；18.佛说大威德炽盛光如来吉祥陀罗尼经；19.摩利支天经；20.八大人觉经一卷；21.妙法莲华经度量天地品第廿八；22.佛说北方大圣毗沙门天王经；23.护身真言；24.毗沙门天王真言；25.吉祥天女真言；26.佛说普贤菩萨灭罪陀罗尼咒；27.大般若经难信解品第卅四之廿五；28.十二时普劝四众依教修行（参P.2054）；29.劝善文；30.杂诗（石女无夫主）；31.每月十斋；32.开元皇帝劝十斋赞；33.十二月礼佛名；34.上皇劝善断肉文；35.九想观一卷；36.白侍郎十二晨行孝文；37.清泰四年曹元深安葬父王祭文；38.受戒文；39.沙弥五德十数文；40.八戒文；41.沙弥十戒；42.沙弥六念；43.佛说阎罗王阿娘住。从其中第90—93页为第37件“曹元深祭神文”看，这是一份公元937年曹元深为安置其父曹议金的灵柩为主题的专设道场的程式手册，记录着这场法会的程序和内容，从一开始的念佛，到启请诸神、诵经、斋仪、发愿（祭奠亡父主题）以及相关的念诵等。

这里还穿插了受戒，应该是为俗家弟子。也可能是因为有个受戒仪式，让这场斋会展示出更为庄严的仪式感。斋会所用经文和念诵文，除了主题发愿文需要专门撰写之外，大部分来源于佛教经典，另有一部分是根据当时当地的社会需要而撰写和引进的；从抄写的内容看，有详有简也有略。如第37件祭父文即全文录入，而第21件《妙法莲华经度量天地品第廿八》只有标题和一行经文，可能在使用时有另外的专门的抄本；又如第28件《十二时普劝四众依教修行》末题“时当同光二载三月廿三日东方汉国鄜州观音院僧智严俗姓张氏往西天求法行至沙州依龙兴立寺憩歇一雨月说法将此十二时来留教众后归西天去展转写取流传者也与敬念”，可知此件为此前由外来行脚僧人传到敦煌的，正好在这次斋会上用到。综上，这岫写本可定名为《清泰四年曹元深祭父安厝斋会文》。

① 上海古籍出版社、上海博物馆编：《上海博物馆藏敦煌吐鲁番文献》第2册，上海：上海古籍出版社，1993年。

《斋琬文》目录第九大类“赛”中，有“藏钩”一项，十分引人注目。藏钩是中国古代一项博弈类的游戏，但作为斋会内容，可能是穿插在法会中的游戏活动，以此形式活跃道场气氛。敦煌遗书中保存有藏钩活动的规则及赞颂藏钩的诗文[①]，证明这一活动一般是在各类民间法会中普遍运用。一般的节日或各种庆典法会上，还有散花、散食等环节和相应的文本，其中《散花乐》也是一种由专人表演的娱乐形式。

四、斋会应用文书范本

《斋琬文目录》所涉及的每一项内容，几乎都留下了具体的实施范例和应用范本。但其中一些道场文书范本并不是专门用在某一道场法会上的，而是作为各类道场的应用文本的汇集，供念诵者学习和方便随时随地在法会上使用的。这类范本往往抄写的内容在一般的法会上均可使用，因此称为“文范或范本”，大体可分为经、文、赞三大类。

首先是一般道场所要念诵的经文集中抄写在一起，如S.5531有《佛说解百生怨家陀罗尼经》（首题）、《佛说地藏菩萨经》（首题）、《佛说天请问经》（首题）、《佛说续命经》（首题）、《摩利支天经》（首题）、《佛说延寿命经》（首题）、《佛说阎罗王经一卷》（尾题）、《般若波罗蜜多心经一卷》（首题）等；P.3912有《佛说摩利支天陀罗尼咒经》（首题）、《千手千眼观世音菩萨广大园满无碍大悲心陀罗尼》（首题，尾有题记“太平兴国七年七月七日写在朔方”）等；P.3913题为《金刚峻经金刚顶一切如来深妙蜜秘金刚界大三昧耶修行四十二种坛法经作用威仪大毗卢遮那佛金刚心地法门秘法戒坛法仪则》，是唐代中国僧人们假借佛的名义撰写的仪轨规则类文书；P.3914抄《金刚童子心咒亦名金刚儿咒》（首题）、《佛说金刚莲华部大摧碎金刚启请》；P.3915抄《金刚般若波罗蜜经》《妙法莲华经观世音菩萨普门品》《佛说阿弥陀经》《佛说安宅神咒经》（首题）、《佛说八阳神咒经一卷》（首题）、《八名普蜜陀罗尼经》（首题）等，都是普通道场上常用的经文；P.3916抄《佛说七俱胝佛母准泥大明陀罗尼念诵法门》（首题）、《七俱胝佛母准泥画像法》（首题）、《陀罗尼末法中一字心咒经》（首题）、《佛说七俱胝佛母准提陀罗尼经》（首题）、《不空绢索神咒心经》（首题）、《佛顶心观世音菩萨大陀罗尼经》（首题）、《佛顶心观世音菩萨疗病催产方卷中》（首题）、《诸心母陀罗尼经》

① 参见谭蝉雪：《敦煌民俗》，兰州：甘肃教育出版社，2006年，第128—129页。

（首题）、《无垢净光大陀罗尼经》（首题）、《大佛顶如来顶髻白盖陀罗尼神咒经》（首题）、《念佛手印及真言等》（首题）、《观自在如意轮菩萨瑜伽法要》（首题）等，也是一般法会上念诵的经文。

另一部分是与各类法会主题内容相关的应用文书汇集。如P.2481V有《大方广佛华严经序》《修缮寺庙愿文》《二月八日法会文》《某某都督时代的佛会文》《大般若经第五会序》《官僧赞文（文范）》《建常定楼记（拟）》《请和尚赴会牒（文范）》《和尚邈真赞（文范）》等；P.2483有《归极乐去赞》《兰若赞》《阿弥陀赞文》《太子五更转》《往生极乐赞》《五台山赞》《五台山赞并序》《宝鸟赞》《印沙佛文》《临旷文》《大乘净土赞一本》等；P.2588有《修佛堂功德文》《叹像（文）》《庆经文》《禳灾文》等。而S.1441辑录了一些在各类道场应用文中的常用例句。另外，这一部分写本的内容与下文的赞叹类往往有所交叉。

还有一部分是属于赞叹类，如P.2488有《贰师泉赋》《渔父歌沧浪赋》《秦将赋》《酒赋》等；P.2563V有《乐入山》《乐住山》《散花乐》等；P.2690V有《敦煌廿咏》第一首《出家赞》《禅门十二时赞》《僧保福状》《大乘赞》

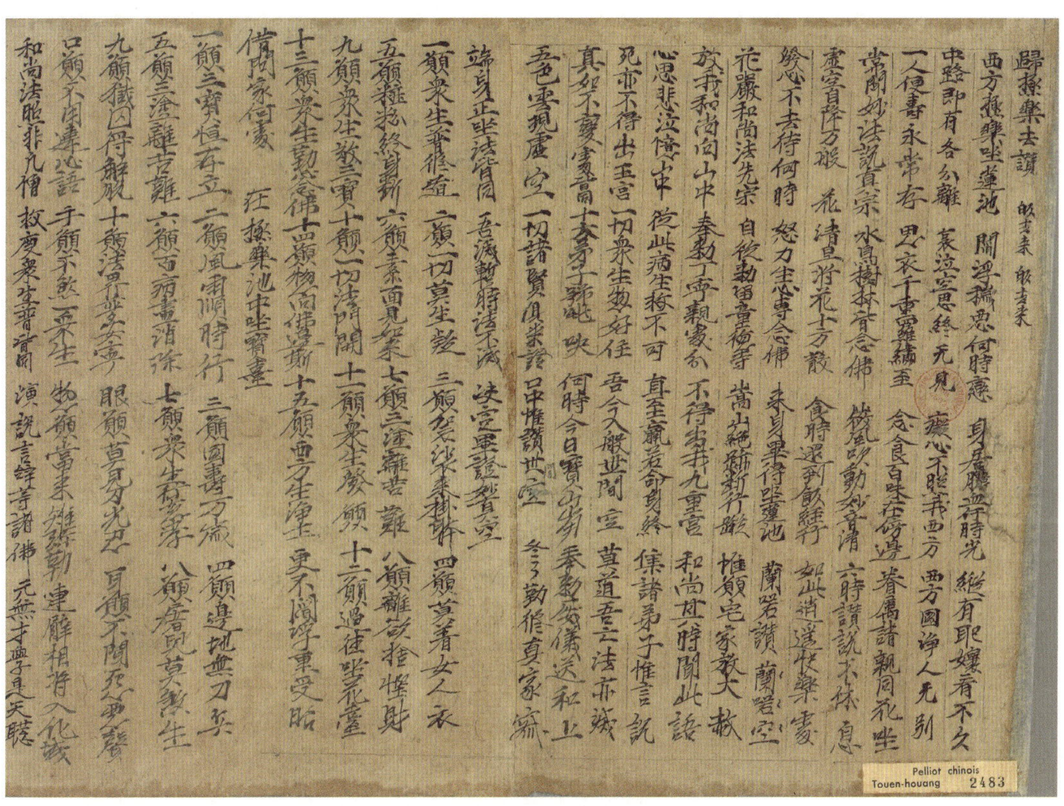

P.2483《归极乐去赞》

《南宗赞》《无相礼》等；P.3213有《伍子胥变文》，P.2962为《张议潮变文》，P.3451为《张淮深变文》等，这些都运用于法会的唱导与宣演。S.3427V是曹议金时期专为答谢“土地太岁”所设道场使用的文书，有“启请文”“散食文”及“答谢土地太岁文”；S.5456就为启请文等；S.5473抄有《佛母赞》及《五台山赞》；还有一部分历史故事与人物传说传记之类，以及天文地理、诗书词赋、音乐舞蹈、自然知识等，包罗万象，五彩缤纷。这就使敦煌的道场不仅仅是庄严的佛教法会，也是广大民众的娱乐场所。

内容丰富、形式多样的赞叹文、散花等讲唱念诵，是敦煌道场活动的重要程式，敦煌遗书中保留了大量这一类的写本，如变文、讲经文、赞文等，在以往的研究中，被称为“敦煌文学”“敦煌俗文学”。实际上，这些文献都是用于道场活动的。如《五台山赞文》开明宗义：“道场屈请暂时间，听我说唱五台山……”这类文献所反映的穿插在道场活动中的讲唱、乐舞等活动也是一般法会的程序，其中有一部分与各个道场主题诵经或斋主本人有关，也有相关的历史人物故事。这样就使道场的气氛热烈欢快，场面生动活泼，同时也用知识和智慧感染大众，寓教于乐，让佛教道场成为社会化的教育场所。

五、各类斋会的样文和例句

（一）通用

敦煌写本中保存大量的斋会文本的范文，特别是关于一年之中的每个时间段从事道场活动时所需要诵读的示范例句，涉及天时、地利和人和等各个方面。如S.2832的十二月时景、十二月岁时节日、阴晴雨雾风雪雷电等，其中关于一年之中十二个月的描写非常有特色：

> 正月　南雁告归，东风解冻；树变春色，旁生绿枝。和气收寒，冰开碧沼；阳风入树，花动绿枝。
>
> 二月　南林风暖，北浦犹寒；柳□欲舒，梅花半圻。
>
> 三月　离（梨）花聚空，灼灼涵日；嫩柳吐□，珊珊动风。燕飞入户，莺声满林；嫩草半茸，花落扑地。
>
> 四月　俄初（三春）才毕，庭前新果，尚未推花；林上黄莺，深藏密叶。
>
> 五月　炎光灼烁，蒸蒸逼人；密叶森阴，重重作盖。
>
> 六月　气在三秋，日晨流光，炎风送暑。

七月　蝉生聒树，秋色动林；凉风初生，飒然入室。

八月　玉（雾）团卓草，百谷将来；金风动林，一叶初落。

九月　胡风拂树，黄叶将飞；菊花金花，霜凝若露；拂树秋声，黄叶乱下；满园霜色，菊秀丛开；飒飒秋风，惊林拂树；丛丛黄菊，映叶初开。

十月　日照寒林，风扫枯叶；霜露野草，雁叫长空。

十一月　风扫枯林，霜露野草；满目萧肃，寒色苍然。

十二月　阴风剑扬，寒色凝空；雪点清山，冰坚沟壑。①

这里所列佛教法会中使用的诵读文句，几乎都是自然和社会现象，是人们日常生活中的所见所闻。这种对自然现象的描述，无论是哪一类的斋会，都会用到，所以带有普遍意义。

（二）专题

《斋琬文》列出的斋会种类有80多种，每一种就是一个主题。这些主题都有程式化的用词。比较早的S.4642残存10件发愿文，是《斋琬文》目录中有关对追念亡故亲人的科目；而保存得较多的S.2832、P.2044等均各有40多件范文，其中部分有重复，但基本上都是以追念各种身份的故人为主题的；有一些相同标题但内容不同者，可能也是考虑到人与人之间的差别。

如P.2044有为各级官吏专门准备的斋会形容词语②：

节使：圣代贤才，簪缨令族；忠勇独立，文武两全；……镇万岳而［□］风自扫，作柱石而天宇转清，虽窦献（宪）其未可及也。

长马：百灵作庇，祈禄位于丹稚；万里加威，曜才华于禁阙。慕玉立无点，冰光射人；诗词凉然，丹笔寒色。悬明净以照胆，挥利剑以割犀。叶赞饿千里风清，入幕而三军拭目。

大将：神生碧峰，心挂霜月；威慑戎敌，气凌秋空。挥宝剑而光飞夜星，弯凋弓而臂弦新月。

帝：道应龙图，得含光简；昭彰风彩，神莹玉宫。月镜开而田地转清，云雷鼓而妖气自弭。雄雄帝道，岂虚言哉！

① 参见黄征、吴伟：《敦煌愿文集》，第85—90页。略有改动。
② 以下录文参见黄征、吴伟：《敦煌愿文集》，第124—138页。略有改动。

节：移山塞海，捧月擎天；壮冠皇都，名雄国囿。□玉碎而花前凤合，剑拂霜而天外星飞。

刺：珠环兽者，雨逐车飞。词花折而香散百成（城），锦绣争开［而］光晖千里。

录：叶赞百城，分忧千国。身为紏职，主印临人。名贯六曹，荣庆荣班而宠位者。

尉：位列仇香，官荣梅幅（福）。主印从宜，为六曹之楷模；毗赞一同，作百里（吏）之龟镜。

大夫：名清百里，佐辅唐尧；九天无社稷之忧，七县有风光之变。

长官：清风政（正）里，惠化安人；桑田变改于往年，老幼行歌于巷陌。伏愿长官名传百里，声振九天；为圣上之股肱，作黎民之父母。

帝德：龙德在天，大明御极；悬舜日于乾坤，喷尧云于六合。道证（洽）寰宇，恩［沾］率土。使三边伏威，四夷消丧。

又德：德过尧舜，道越义轩；化洽寰宇，恩沾率土；清四夷以殄魔军，御六龙而□万国。

从帝王到众臣的这些描述，都极尽赞颂溢美之能事。当然对普通众生来说，只要是举办斋会，同样也是极力称道。其中对夫人、女、女人的描绘最为丰富，仅S.2832就出现了20多次，内容各有千秋：

夫人：朝林［铜］镜，似桃李［之］花开；夜对金灯，若芙蓉之春发。可谓莲［花］帐里，沉素质于九泉；明月庭前，折花枝于春树。

女：夫人庆流香阁，祥瑞兰闺；感秀气而孕双珠，合异灵而育两凤。……夫贤哲间生，必假云异。上即［上］应星相，下即下禀山河。作当世之间生，为人伦［之］标准。……志气英灵，天生俊骨。片玉掌上，月净骊珠；颜如桃李乍开，眉弯似晦月衲吐。

夫人：伏惟夫人体含芳桂，映月浦而凝姿；德茂兰闺，烈（列）母仪于紫幄。加以夜听洪钟之响，敛玉掌而遥恭；朝师清梵之音，整罗衣而远敬。公等建当来之津梁，立现世之船筏；救先亡之幽魂，酬乳哺之深恩；写贝叶之金言，□《莲花》之妙偈。于是帷垂广院，幕覆长空；清楼若洒，紫阁花开。牛王硕德，坐无垢之道场；三洞黄冠，执玉简而入会。清风与惠（慧）风合善，佛日将圣日交晖。供办天厨，香燃海岸。种种福田，恒沙巨算。

实际上，经上所举关于女性的赞颂，多为“盖棺定论”，即怀念和祭奠之词。这里略去了后面的哭泣哀悼的内容，再现她们鲜活的容颜，以展示古人和佛教对女性的尊重。而其中之“满月事”实让人赏心悦目：

满月事：惟夫人清风溢路（露），桂竹陵霜；千贤夺星中之星，丽质莹荆山之玉。加以庆流香阁，吉降芳闺。感仙童之降灵，耀琼光之珍瑞；亲属欢片玉之浮辉，父母庆明珠而在掌。

斋文中也不乏对一些健在的家族群体各种身份、地位人物的歌颂：

夫人：惟夫人德过曹氏，［才］著班家。母仪也，世上传名；箴诫也，流于雅操。惟愿夫人青俄（娥）长茂，等椿柏与（以）休年；玉台桂贞，并江河之丽日。珊瑚户内，长鬱多罗之星貌；玳瑁窗前，点红颜与（以）初晖。善因集如舞蝶凑花，祥瑞真（臻）等蓬犹（蜂尤）翠萼。惟夫人妖（夭）桃与蛾眉同翠，红粉与仙桂齐芳。罗服常卦［挂］于琼身，箴诫长流于胤族。

小娘子蝉鬓欲飞，恋红颜而难进；巫山尽月，质是眉生。

惟小娘子俄俄（娥娥）玉貌，若桃李［而］争晖；色逐芙蓉，似春光而发秀。

惟小娘子娥眉长渌，云鬓初轻；等庵园而顿启真门，同龙女而坐成佛果。

男即令问（闻）令望，宝（保）国安家。

女即岭上寒梅，一枝独秀。

贤郎君文武不坠，中（忠）孝双障［彰］；心飞白鹤之风，得（德）秀青云之表。

郎君不劳銮壁，动［洞］览《诗》《书》；不贾［假］聚萤，以［已］包三史。

范文也好，例句也好，敦煌佛教斋文实际上也是一种礼仪的展示。敦煌文献中还保存了大量的《书仪》写本，[①]内容也涉及古代社会生活中大到天下国家大

① 参见周一良、赵和平：《唐五代书仪研究》，北京：中国社会科学出版社，1995年；赵和平：《敦煌表状笺启类书仪辑校》，南京：江苏古籍出版社，1997年。

事、小到百姓居家生活的各个方面；除了一些文书没有人事交往的礼节性的内容之外，其他各方面的内容与斋文基本相似，完全是适用于社会关系和现实生活的行为礼仪。而许多礼仪方面的应用文书，冠以佛教名义后则成为斋文。使用于社会的道场法会文书显然是受到社会礼仪文书的影响，或者是共享共存，在佛教与非佛教之间协同发挥其社会作用。

第二节　8—10世纪敦煌“无遮”斋会

佛教法会中规模最大者当推无遮大会，即由帝王所施设的一种佛教大斋会，又名无遮会、无遮施会、无遮斋筵、无遮祠祀大会。“无遮”意即宽容而无遮现。无遮大会提倡广结善缘，不分贤圣、贵贱、上下、僧俗、智愚、善恶都一律平等对待，平等行财施及法施。此风始于印度阿育王，曾广泛地流行于印度及西域。多行于春季，即在春时，聚集远近会众，进行种种供养。会期有时长达三个月之久。法显《佛国记》云：“值其国王作般遮越师。般遮越师，汉言五年大会也。会时请四方沙门，皆来云集。集已，庄严众僧座处，悬缯幡盖，作金银莲华。著僧座后，铺净坐具。王及群臣如法供养，或一月、二月，或三月，多在春时。王作会已，复劝诸群臣设供供养，或一日、二日、三日、五日，乃至七日。供养都毕，王以所乘马，鞍勒自副，使国中贵重臣骑之，并诸白毡叠种种珍宝、沙门所须之物，共诸群臣发愿布施众僧。布施僧已，还从僧赎其地。”[①] 7世纪，印度戒日王曾邀玄奘参加于曲女城举行的无遮大会，《大唐西域记》卷五“羯若鞠阇国”条记载：“于五印度城邑、乡聚、达巷、交衢，建立精庐，储饮食，止医药，施诸羁贫，周给不殆。圣迹之所，并建伽蓝。五岁一设无遮大会。倾竭府库，惠施群有。唯留兵器，不充檀舍。”[②]届时倾竭府库，惠施众生，唯留兵器不予布施。可知设此会当耗巨资。因此斋会在印度五年一设，故亦名“五年大会”。

中国的无遮大会始于梁武帝。《梁书·武帝本纪》记载：中大通元年（529）九月梁武帝“舆驾幸同泰寺，设四部无遮大会”，召集僧俗参与（四

① 参见《大正藏》第51册，第857页。
② 参见《大正藏》第51册，第894页。

部即指僧俗四众）；中大通五年（533）又于同泰寺设无遮大会，武帝亲自讲《金字般若经》。此被视为中国无遮法会（或曰无遮斋会、无遮大会）之始。至唐代，懿宗曾在禁中设万僧斋。“时，帝升座赞呗，长眉尊者来应供，凌空而去。”宋神宗元丰三年（1080）正月“设千僧斋于大内，施千袈裟，千《金刚般若》，荐慈圣太后福”。此为后话。

阿育王也好，梁武帝也好，作为帝王组织和主持佛教法会，不仅仅是佛教本身走向社会的重大变革，而且也是世俗社会接受佛教的历史性转折，目的就是通过帝王认可和推行以合法的方式让佛教社会化、社会佛教化。这是佛教传播和发展的需要，也是社会稳定进步的需要。当然也不排除帝王个人在功利方面的因素。

一、《东都发愿文》的敦煌传承

敦煌遗书P.2189被认为是梁武帝时期的《东都发愿文》抄本，全文169行，首缺，尾全。国内外众多前辈专家已经做过许多研究，侯冲对此做过总结和梳理，并阐述了一些新的观点[①]，兹不赘述。抄本中明确提到“无遮大会”：

……

111. 又愿以今日无遮大会［功德］，若有

112. 一豪（毫）随喜、一豪（毫）欢助者，弟子萧衍今日与此一切

113. 等共和合，无分别想、无分别财，共成一物，一共一会，一心

114. 一忆（意），愿此二随喜欢助者，各各令爰（圆）。今日无遮大会功

115. 德，满足如是大愿，满足如是大功德，满足如是大智

116. 慧，满足如是大神力，满足如是不思议无上大果。[②]

……

这段与“无遮大会”相关的话在抄本中连续重复了三遍，强调其主题分量之重。《东都发愿文》卷末有题记：

① 参见侯冲：《中国佛教礼仪研究》，上海：上海古籍出版社，2018年，第297—304页。
② 参见黄征、吴伟编校：《敦煌愿文集》，第286页。

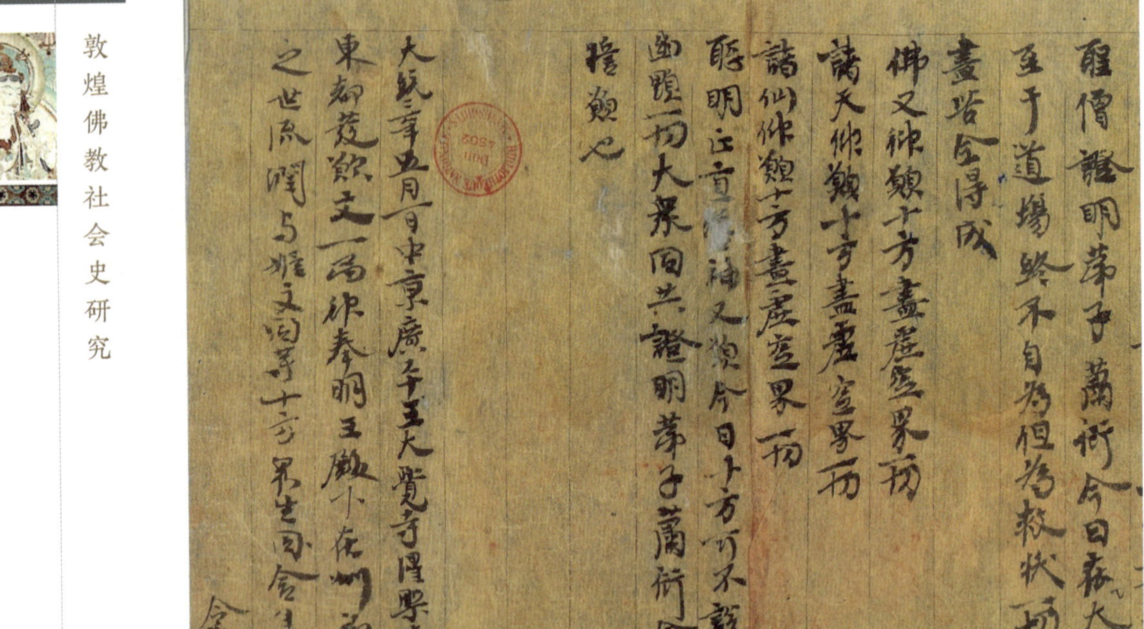

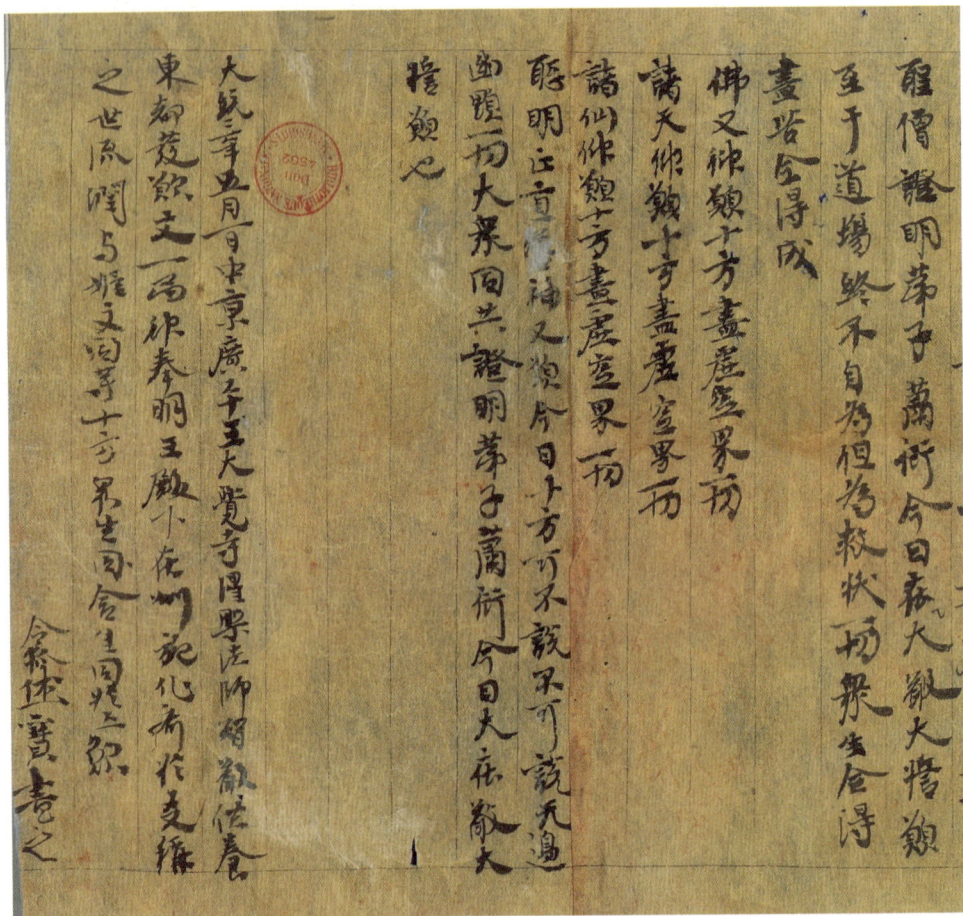

P.2189《东都发愿文》卷末

……

166. 大统三年五月一日中京广平王大觉寺涅槃法师智严供养

167. 东都发愿文一卷，仰奉明王殿下，在州施化斋于叉（友）称

168. 之世，流润与姬文同等；十方众生含生，同于上愿。

169. 令狐烋宝书之。

由于卷末题记中的年号（西魏）与地点、人物（北魏及东魏）都比较混乱，故研究者多视为伪作。但本卷抄写者令狐烋宝，应该是敦煌本地的写经生，所书字体亦能佐证年代。这就是说，梁武帝的无遮大会发愿文在大江南北广泛传播，至少在西魏治理下的敦煌也有“供养”。虽然敦煌早期是否举办过无遮大会不得而知，但相关的文献早就流传于敦煌。

二、敦煌官设道场、印沙等“无遮大斋”

据文献记载，敦煌的佛教斋会活动最早应该是出现在8世纪后期的唐蕃战争期间，即前述S.4642《发愿文范本等》云：

……

180. 次有公等器宇恢弘，风骨

181. 清邈；郁郁才艺，含琼吐金。衙官等掌方岳之喉舌，虞候也警卫军容；

182. 将使谋诤疆场。孔目官吏道清楚，判禄尤闲。案牍已下诸官清台胜

183. 名。耆寿等道心朗然。诸寺大德等戒香芬馥。莫不榴（留）光万古，泽被

184. 一人；咸兴大心，志愿非小。此无遮大斋者，厥有意焉。曩属中原未清，逢

185. 动兵草，周升不息，戎马生卯。岂非海内蒸（烝）人厌乱者矣！我皇帝于是淳

186. 得（德）远被，睿志遐通。□（擒）虎排熊之豪，□（鹰）挚击之杰，莫不执剑争

187. 光（先），爰（援）旗清（激）奋；□神电转，祸乱烟清；华夏克宁，边鄙不悚。我节度使

188. 有三日，今者虽国以治理，荒外未平，犬戎有犯塞之心，黎庶因难含

189. 之急。不有持假福慧，善代年和，除危就安，宁过（遇）福庆？所以建大策，

190. 立远图，使管内早镇，崇阐玄猷；赞咏《大乘》，称扬《般若》。奉勋（熏）修于国

191. 界，峻我皇阶；普恳念［于］疆场，壮我边鄙。某副大使公素非因人，有恭节

192. 制。遂指为（抝）所管，唱导众寮。愿圣人去祸未萌，佐元戎开太平之路。

193. 公且自下车此邑，风化大行。志（至）勤公门，不务私业；阴阳顺序，年盛□（岁）

194. 登；人无弊劳，马不伤骨；周围寂寂，介胄闲闲（间间）。颂庭草生东门，风耸

（后缺）[①]

据李宗俊的研究，这份文书应诞生于唐肃宗时代，正值唐蕃陇右争夺战争期间。当时唐军在吐蕃的追逐下节节西退，河西的大片领土已经为吐蕃所有，而敦煌在唐人手中。唐朝的一众军政官吏（文中所及河西节度使、副大使等）在此举办佛教法会，以祈求战争胜利和国泰民安。这里提到了“无遮”，即任何人都可以参与其中，共同借此活动以增强凝聚力，共同抗击吐蕃的进攻。但此后几年中，几任河西节度使相继被杀，敦煌很快也被吐蕃占领。无论如何，这份文献成为敦煌最早举办无遮斋会的记载。

吐蕃占领时期敦煌佛事活动频繁。除了专题如节日、出师、个人法会之外，一些包含有多项内容的较大型斋会亦称“无遮”，可能不限参与人员，如敦煌遗书P.2255V、P.2326等《檀那转经印沙等斋会发愿文》有云（依P.2255V原行）：

……

32. 夫越爱河，登彼岸者，其惟真知焉。示宝所灭化城

33. 者，其惟妙力矣。虽光宅大千，弥伦百亿；四生咸度，万德皆

34. 圆。曾无所济之功，是为能济者也。厥此焚宝香、列珍馔、

35. 寮佐肃肃、缁侣诜诜者，曰何谓欤？则我当今圣主展

36. 庆延（筵）、保愿崇福之所施建。伏惟圣主览图握镜，奉

37. 天顺人；千圣重光，万邦一统。加以首出群表，位当一人；虽富九

38. 年之储，虑阙三坚之福。由是□（仰）灵山而启愿，登凤阁以

39. 宣威；百官顿首而从风，驿骑衔恩而出塞。使普天咸爇于

40. 名（明）灯，转《金刚》而祈胜福；率土敬陈于法供，会列无遮。

41. 冀千福庆于圣躬，万善赖于庶品。亦使峰（烽）飙不举，万里

42. 尘清；四邻绝交诤之仇，两国结舅生（甥）之好。我圣君之良愿，

43. 其在兹焉！其有昌圣君之化、副明主之主者，则谁

44. 当之？有我皇太子殿下与良牧杜公爰须（及）节儿、蕃汉部落

① 参见黄征、吴伟编校：《敦煌愿文集》，第133—134页。略有改动。

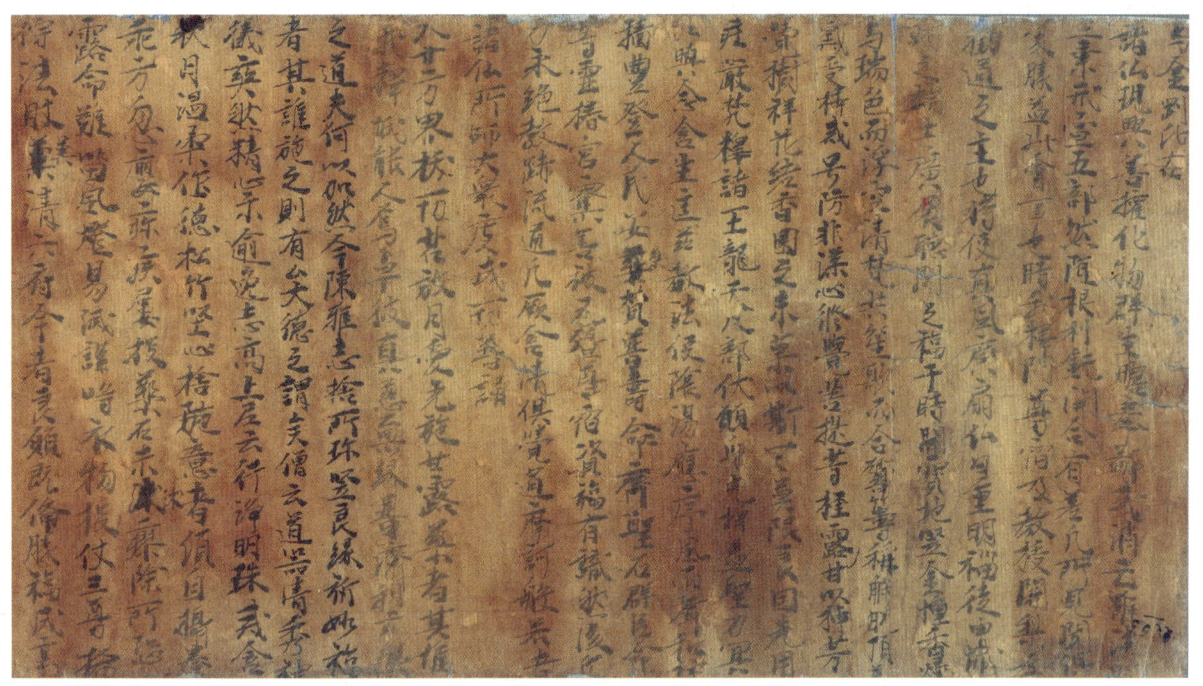

P.2255V《檀那转经印沙等斋会发愿文》

45. 使等皆风清台阁，德映朝庭。我教授乃道迈□（澄）
46. 兰，才当五百；并股肱王道，抚育黎黎。既奉谕言，宁遑安
47. 处？遂乃躬亲出廓（郭），印金相而脱沙；崇设无遮，陈百味之
48. 胜福。银函辟经，［转］万卷而齐宣；宝树鱼灯，秉千光而合
49. 耀。胜福既备，能事咸享。谨于秋季之中旬，式建檀那之
50. 会。于是击鸿钟，召青目，开宝帐，俨真仪；供列席而
51. 含芳，香叆空而结雾。当时也，金风曳响，飘柰苑之疏
52. 条；玉露团珠，困禅庭之忍草。光翼翼，福穰穰，虚
53. 空有量妙福长。总用庄严我当今之圣主，伏愿
54. 开南山之初劫，作镇坤仪；悬北极之枢星，继明
55. 乾象。储君愿遐龄永固，妃后乃锦苑长荣，大论保
56. 富贵之欢，将帅纳无边之庆；五谷丰稔，千厢善盈；寮
57. 佐穆如，居人乐业；龙天八部，翼赞邦家，释梵四王，
58. 冥加福力。然后穷无穷之世界，尽无尽之仓（苍）生。并沐
59. 良因，成登觉道。[1]

……

① 参见黄征、吴伟编校：《敦煌愿文集》，第346—347页。略有改动。

转经是比较普遍的佛事活动，为众所熟知，这里不再赘述。

印沙，即用特制的雕刻佛、菩萨像的印版，在面积比较大的细沙堆上按捺印像，一般在年初岁首之正月初进行。这是一项大众都可以参加的活动，所以也称“无遮”；虽然其规模有限，参与者一般人数也不是很多，但这无疑是一项极富敦煌地域特色的“无遮斋会”。本文之所谓会列无遮，提到赞普多次，其他人物有皇太子、良牧杜公、节儿、蕃汉部落使、二教授大德、储君、大论等人，应该是9世纪前期的吐蕃统治时期。此类由吐蕃君臣捆绑在一起的“无遮”，具有一定的皇家风范。印沙斋会一直在敦煌举办，多为民间社团自发的一种佛教活动形式（详后）。

到了归义军时期，敦煌的社会化的佛教活动一直得到延续，其中就包括无遮斋会。如敦煌遗书P.3978《无遮斋会发愿文》云：

> ……
> 4. 伏惟秀符人瑞，德契神机，抱山海深峻之谋，振金玉
> 5. 铿锵之韵。志怀忠孝，运舜化于四方；道替昌图，扇尧仁于
> 6. 八表。端明贯日，信义成风。高标报国之心，每蕴致君之业。
> 7. 故得倾心精室，既当请圣之时；四部云臻，方值无遮之会。
> 8. 司空神资直气，岳降英灵，怀济物之深仁，蕴调元之盛
> 9. 叶。……
> 10. ……
> 11. 伏惟军容名高卫霍，智掩孙吴；威佩晓霜，惠函春日，奉一
> 12. 人而中良冠古，统十万而谋略光今。实圣代之贤神，左唐
> 13. 尧之盛化。……
> 14. ……今临回骑，
> 15. 路承喜庆之云；早达天庭，愿拜三台之叹。
> 16. 今者令公治化，悬玉镜以子育黎元；至念翘成，静挽枪于
> 17. 塞表；倾心佛日，信敬三尊，内外伽蓝，崇修不绝；度僧
> 18. 尼而同鹿苑，继僧宝永续緇纶。设大会百味珍馐，必获
> 19. 余粮之报；施珍财将献佛，得除八难三灾；焚宝香
> 20. 以祈恩，永获金刚之体。①

① 参见郑炳林：《敦煌碑铭赞辑释》，上海：上海古籍出版社，2019年，第1454页。略有改动。

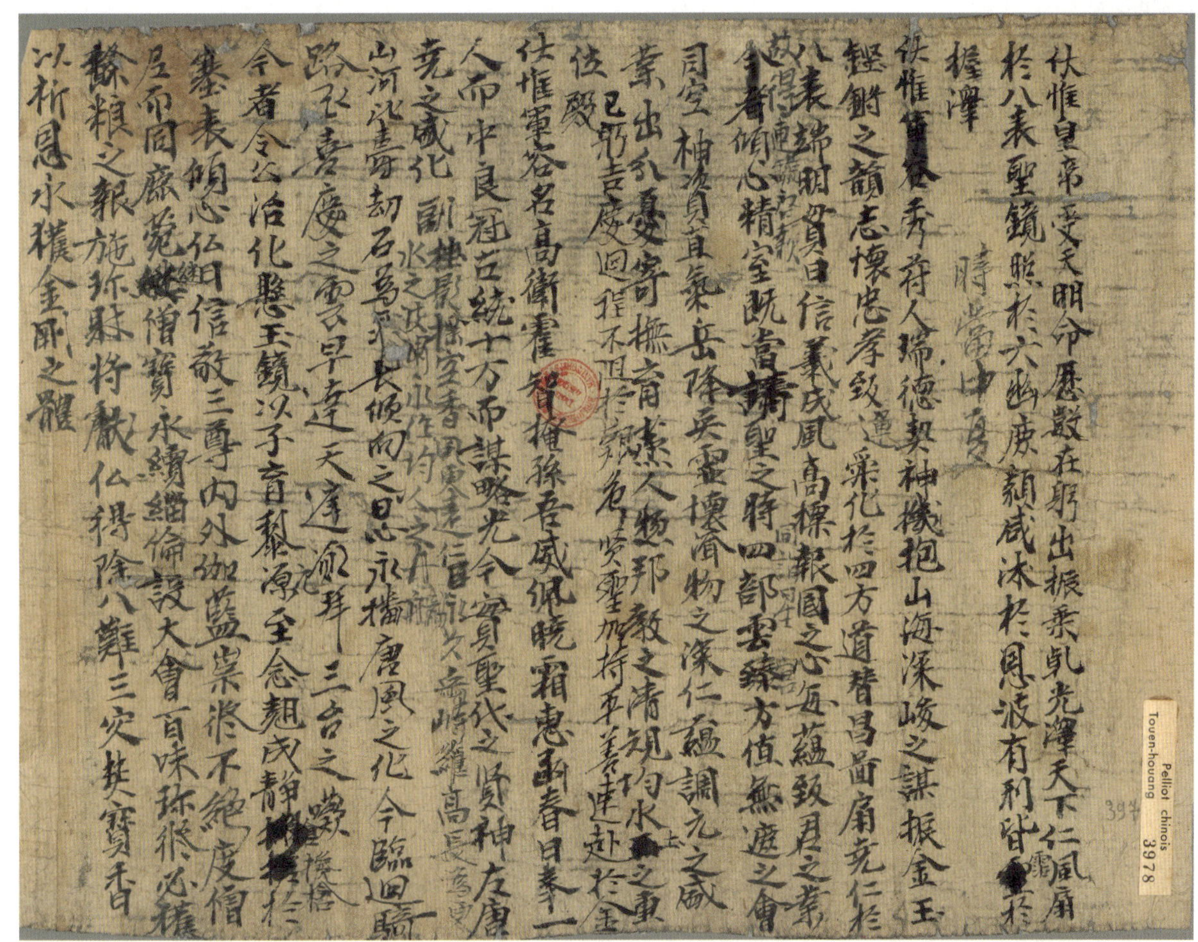

P.3978《无遮斋会发原文》

此无遮之会，应该是10世纪前期的曹氏归义军时期的某“司空”率兵出征前的一次法会，透露出众多的历史信息，如军容、回骑等；特别是最后一句是希望治化的令公“永获金刚之体”，似乎这位大人已经到了弥留之际。本文总体上反映了一个时代的社会现状，相关的问题将做进一步的研究。

敦煌遗书P.2562《道家杂斋文》中也提到了“装（庄）严佛事，设无遮会”，但目前尚未发现道教单独举办“无遮会”的相关记载，推测应该是唐代密教与道教相融合，或者道教参与佛教名义的“无遮会”，从另一个角度体现出佛教斋会之“无遮”的意义。

三、莫高窟的无遮大会及其意义

从敦煌石窟和遗书中保存下来的资料看，敦煌的无遮大会多为石窟建成后

的庆典。但在吐蕃统治时期及以前，虽然一些大窟在建成后都立碑记赞，流芳千古，但这些碑文中都没有设斋或举办法会的只言片字；从唐初的《圣历碑》《李庭光碑》一直到吐蕃统治晚期的《吴僧统碑》《阴处士碑》等莫不如此。而最早见于记载的，是敦煌遗书P.2762《张淮深碑》，系建成莫高窟第94窟而举行的庆典[①]，为庆窟斋会（道场）之始：

……

130. 是用宏开虚洞，三载功

131. 充，廓落精华，正当显敞，龛内塑

132. 释迦牟尼像并侍从一铺，四壁图诸

133. 经变相一十六铺，参罗万象，表化

134. 迹之多门，摄相归真，总三身

135. 而无异方丈室内，化尽十方，一窟

136. 之中，宛然三界，檐飞五采，动户

137. 迎风，碧涧清流，森林道树，榆

138. 杨庆设，斋会无遮，剃度僧尼，

139. 传灯鹿苑，七珍布施，果获三坚，十

140. 善聿修，圆成五福。[②]

……

与普通斋会不同的是，这里明显强调了“无遮斋会”这个概念。

莫高窟第94窟是张氏归义军初期留守敦煌的沙州刺史张淮深建造的功德窟，窟内绘有巨幅《张淮深夫妇出行图》，实际上是佛窟名义下的张淮深纪念堂。张淮深这个一直得不到大唐朝廷敕封的地方大员，借石窟建成“大赦天下”，剃度僧尼，放良奴婢，举州大庆，扮演了“土皇帝”的角色。这同张淮深的《出行图》出现在神圣的佛窟之中、与诸佛菩萨并列，所表现的心态是完全一致的。

敦煌文书P.3542《某使君造窟设无遮斋会赞文》云：

1. 厥今朱明半掩，令公钦慕于金田；炎景初临，使君倾心于

2. 席侧。舍珍财于宝地，祈恩于三世之前。设大会举郡无

3. 遮，焚名香而雾盖。八音竞奏，合渔梵而盈场；五岳

① 第94窟的初建年代，参见贺世哲：《从供养人题记看莫高窟部分洞的营建年代》，载敦煌研究院编：《敦煌莫高窟供养人题记》，第212—213页。

② 参见马德：《敦煌莫高窟史研究》，第302页。

4. 交驰，随钟铃而应众。宝宫列座，请鸡足之上仁；阖迎

5. 幡花，官僚倾心而赴会者，为谁施作？时则有使君奉为某事（原文此处从略）

6. 伏惟使君，天生凤骨，应世超伦，文武双全，忠孝兼备。

7. 故得精灵花蕊，历落宗枝，贞廉不闻于勤王，信

8. 义靡亏而效节。于是剖符千里，威佐百成，露冕播

9. 于闾檐，善正传于帝阙。加以钦名智觉，虔仰

10. 能仁，克意修崇，创成大窟，于中虔祷。不吝珍财，罄舍

11. 千般，功德斯毕。

……①

P.3542首行“令公钦慕于金田”句，此令公即曹议金，公元926—931年使用此称号，P.3542成书及其所记大窟之建成即在此间。依其所记，这位因在莫高窟建成大窟而设无遮大会庆赞的窟主不是“令公”或曹氏归义军的某节度使，而是其属下的某“使君”，即公元928—931年出任瓜州刺史或玉门军使的慕容归盈。所建为敦煌莫高窟第256窟。

这份石窟落成庆典文书特别醒目地提到“设大会举郡无遮”。第256窟初建成时，为曹氏归义军初期，敦煌这个偏居一隅的弹丸之地的总人口也不过两万多。当时曹氏在兴建“大王窟”第98窟时曾数次举办法会②，但均不称“无遮”。而作为第256窟窟主的某“使君”也不是主宰归义军的最高长官，缘何敢冒天下之大不韪而举办“无遮大会”呢？这恐怕也就只有敦煌的慕容家族才能做得出来！慕容氏原是活动于青海高原的吐谷浑族的一支，在唐武周年间归朝后被安置到瓜州并成为敦煌新崛起的大姓豪族，与同居瓜州的曹氏家族并驾鼎立。曹氏继张氏主政瓜州归义军后，慕容氏成为瓜州最强大的统治者，以至于其家族在稍后营造的榆林窟第12窟内，继莫高窟第156窟（张议潮）、第94窟（张淮深，实际执掌归义军）和第100窟（曹议金）之后，绘制了敦煌石窟有史以来的第4幅《出行图》，而且是身份和地位都低于前三位的非归义军节度使的《慕容氏出行图》！时值曹氏归义军初期，内忧外患，天灾人祸，新政权还没有摆脱困境而处于风雨飘摇之中；而家族势力强于曹氏的慕容氏虽然在表面上俯首称臣，但不甘于眼前的现状，想利用一切机会取曹氏而代之。榆林窟的《出行图》便是公开的

① 参见马德：《敦煌文书〈某使君造龛设斋赞文〉的有关问题》，《敦煌研究》1997年第2期。
② 马德：《敦煌莫高窟史研究》，第115—119页。

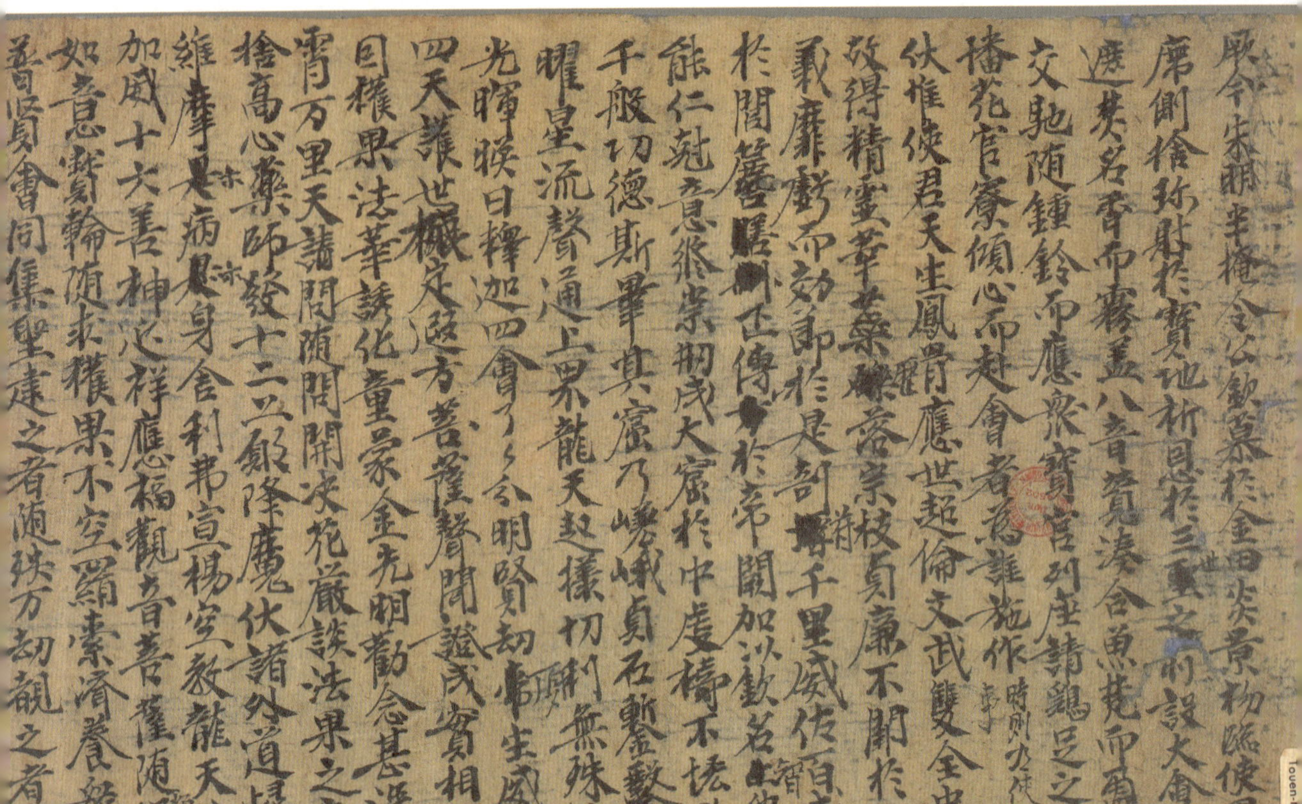

P.3542《某使君造窟设无遮斋会赞文》

叫板，而举办曹氏时期莫高窟的首场“无遮法会”则更显嚣张！

后晋天福五年至七年（940—942），曹元深建成了第454窟[1]，在敦煌文书P.3457《河西节度使司空造大窟功德赞（拟）》即该窟建成后的法会祈愿文中，涉及的内容和规模都是无遮斋会无疑。但愿文正文部分并未提到无遮斋事，而是在后面专门添写了两段，实则为移录已有的专用套语：其中第一段抄自早于它半个多世纪的P.2762《张淮深碑》：

……

26. 参罗万象，表化迹之多门，报相归真，总三身而无异；方丈室

① 关于莫高窟第454窟的初建年代，学界有不同观点。此处采用笔者本人看法，参见马德：《敦煌莫高窟史研究》，第130—134页。

> 27. 内，化尽十方，一窟之中，宛然三界；榆杨庆设，斋会无遮，剃度
> 28. 僧尼，传灯鹿苑。
> ……

第二段抄自P.3542及其他佛教活动文书：

> ……
> 31. 厥今朱明半掩，司空钦慕于仙岩；炎景初临，天公
> 32. 主倾心而恳切。舍珍财于宝地，祈恩于世［尊］之前；设大会
> 33. 举群（郡）无遮，焚名［香］而露盖。八音竞凑，合鱼梵而盈场；
> 34. 阖迎幡花，僧徒虔恭而赴会者，有谁施作？时则我
> 35. 河西节度使司空先奉为龙天八部，护莲府却殄灾殃；
> 36. 梵释四王，当今帝王，永治乾坤云，原照西陲
> （后缺）

从P.3457对社会背景的描述看，这个时期的曹氏归义军政权已经没有了初期的内忧外患而逐步走向稳定和繁荣，所以在抄写P.2762《张淮深碑》时也全句照录，“榆杨庆设，斋会无遮”在这里也显得十分突出。而且在补述的第31—36行里，专门强调了“设大会举郡无遮”，明确指出这一次是货真价实的“无遮大会”！不难推测，在曹元深建成的莫高窟第454窟的庆典道场中，举办了一场规模盛大的“无遮大会”，而同时力挺元深的则是尚在世的“国母天公主”。

敦煌文献中记载的作为石窟落成庆典的无遮斋会仅此数次。虽然号称无遮，但敦煌弹丸之地，人口稀少，能到场的也不会有多少人。但石窟庆典“无遮斋会”展示出极为突出的世俗思想，如祈求国泰民安和社会稳定繁荣，多为统治者的政治需要，同时也反映了广大民众的共同心声。而对石窟的所有者来讲，还起到一种炫耀势力与震慑的作用，同时也是其家族祠堂式的永久纪念，适合在石窟这一本身即具有社会化性质的活动场所举行。

四、“无遮”的空间演进与敦煌特色

“无遮大会”以印度、南朝的“举国无遮”到敦煌的“举郡无遮”，不仅是

空间上的差异，也是从宗教主体意识进一步社会功利化的演进，见证了佛教的本土化与功能变迁，同时也展现了敦煌社会政治秩序的嬗变。

“无遮”的敦煌特色可以简单概括出以下几个方面：

1. 敦煌的“无遮大会”并无任何帝王参与，但开始时也打着帝王旗号，无论是唐皇还是吐蕃赞普。

2. 印沙是敦煌独具地域特色的无遮，可以看成是敦煌当地百姓一种娱乐性质的活动。

3. 石窟落成庆典是敦煌特有的“无遮”，有明显的功利意识。

4. 无论印沙还是庆窟，敦煌的“无遮”一开始就体现出佛教大众化、社会化的本土特征。

第三节　尚纥心儿与吐蕃统治时期敦煌道场的开辟

一、尚纥心儿初进敦煌

道场，简言之，即宗教活动场所。敦煌的斋会一般也称为道场，多指规模较大者而言。因此，许多由官府、僧团举办的斋会多称道场，这在敦煌斋会文献中记载较多。唐代后期之前，无论是在敦煌石窟还是在敦煌文献中，都几乎没有发现道场活动的记载。营造佛窟的庆典活动似乎也很简单，营建大型家窟时的活动内容也就是立碑歌颂，抑或是在当地官员驾临的时候举办。敦煌大规模的法会道场活动，应该是从吐蕃统治中期才开始的。这里就不得不提到一个很重要的历史人物，即吐蕃宰相、大元帅尚纥心儿。

尚纥心儿，又写作尚绮心儿、尚乞心儿、上乞心儿等，吐蕃历史上著名的宰相和将军。汉藏文传世史料关于他的记载极少，相对而言，敦煌遗书中的汉、藏文献的相关记载还算丰富，但和他一生的事迹相较还是不成比例。国内外学者戴密微、邵文实、杨铭等先生对尚纥心儿的事迹先后做过研究。[①]综合各家研究，尚纥心儿一生三度出入敦煌：公元777年率兵攻进敦煌并代守；[②]公元817年唐蕃战事稍缓后从东面边界前线西返敦煌，公元819年又重新挂帅东征；公元822年唐蕃长庆会盟后又经河州回到敦煌，在敦煌建圣光寺；公元832年前后卒于敦煌。

在蕃占初期的敦煌文书中，敦煌藏文P.t.996记载了尚纥心儿在敦煌盛宴款待并厚礼相赠一位汉族僧人一事，被认为是尚纥心儿代领沙州期间所为。[③]除此不见其他有关尚纥心儿处理军政事务的记录，如镇压敦煌汉唐民众的反抗、分部落等，说明此时尚纥心儿并不在敦煌。敦煌汉文文书S.1438和藏文文书Fr.80记录了一位任职7年的吐蕃沙州节儿因汉人反抗于公元786年被迫自杀[④]，上推7年即公元779年。也就是说，公元779—786年为吐蕃守敦煌的是那位自杀的沙州节儿；证明尚纥心儿至少在公元779年时，已经离开了敦煌，他代领沙州的时间也就仅限于公元777—779年。

尚纥心儿在攻占敦煌后不久，便率兵继续西征。他先是用进攻沙州的方法包围伊州数年，逼唐朝守将袁庭光在弹尽粮绝后杀妻、子并自焚而城陷，时在公元781年之前；[⑤]继而征服了敦煌以西的回纥、沙陀等割据民族，并先后于公元787年和790年占领唐北庭和安西，使西域的大片疆土归入吐蕃的统治范围。[⑥]但吐蕃用兵西域的主将在汉、藏文史籍均不见记载，推测可能就是尚纥心儿。敦煌遗书羽077号《本阐晡为宰相就灵龛祈愿文》（详后）所谓“佐明主以守边，仰精节而净疆境”，就应该是指尚纥心儿为吐蕃扩展西域的大片疆土，并进行了有效管辖和治理，其时当在8、9世纪之交的20年间；之后尚纥心儿于公元809年前后升为宰相，并赴东道吐蕃与唐朝的接壤处，从事吐蕃国政治理和与唐朝的军政交往。

---

① Paul Demi é uville Poul Demiéville，Le Lhasa：*une controverse sur le quiétisme cntre boudhistes de l'lnde et de la Chine au Vllle siécle de l'ére chrétienne*，Paris（1952）；（法）戴密微著，耿昇译：《吐蕃僧诤记》，兰州：甘肃人民出版社，1984年，第383—401页。邵文实：《尚乞心儿事迹考》，《敦煌学辑刊》1993年第2期，第16—23页；杨铭：《吐蕃宰相尚绮心儿事迹》，载杨铭：《吐蕃统治敦煌与吐蕃文书研究》，北京：中国藏学出版社，2008年，第95—106页。

② 《敦煌陷蕃年代再探》，《敦煌研究》1985年总第5期，第98—104页。

③ （法）戴密微著，耿昇译：《吐蕃僧诤记》，第387页。

④ 马德：《吐蕃占领敦煌前后沙州史事系年》，《敦煌学》第19辑，台北：中国文化大学出版社，1992年，第74页。

⑤ 参见《新唐书·忠义传》及《资治通鉴》卷二十七“建中元年”六月、七月条。

⑥ 索南才让：《西藏密教史》，第157—160页。

二、二进敦煌

尚纥心儿再次回到敦煌，应该是9世纪前期，即唐元和十二年（817）以后；因为有元和五年（810）白居易代草的《与吐蕃宰相尚绮心儿等书》，可知这一年尚纥心儿又接任吐蕃东道节度。[①]这一时期，他已经率军攻占了西域的大片疆域，征服了所在地区的各少数民族，公元816年又率兵攻打回鹘，同时还不断地进攻唐朝边境。敦煌文书P.5579记载有“上乞心儿”于“未年”至“酉年”之间，先后在廓、甘、肃等州盖印度僧，邵文实认为是公元791—793年；[②]笔者以为，应当在公元815—817年。此时尚纥心儿既然致力佛教活动于河陇地区，说明吐蕃与唐朝战事稍缓。

二次回到敦煌后，尚纥心儿在敦煌的佛事活动十分频繁。P.2853有“宰相上乞心儿”布施疏的记载，一些吐蕃统治时期的祈愿文中多次提及为“宰相上乞心儿”祈福；[③]敦煌藏文文书中，也有多份为尚纥心儿祈福的记载，如ch.ix.I.37和一份关于寺院落成的典礼文书中，多次提到为“大相尚纥心儿”祈愿的词语。[④]而记载最为详细者，应该是敦煌文书羽077号[⑤]之《本阐晡（钵阐布）为宰相就灵龛祈愿文（拟）》和《某判官为国相尚纥心儿祈愿文（拟）》。《本阐晡（钵阐布）为宰相就灵龛祈愿文（拟）》残文如下：

（前缺）

1. ……刹，分形于无边之域，寂照于不二之□。
2. ……体同于水月，故得有［□］必遂，无愿不至哉！牟
3. ……面豁灵龛，官史（吏）隐振而汤（荡）谷遥（摇）川，军
4. ……则有进（晋）昌幕本阐晡奉为当今宰
5. ……贵位，天生灵骨，地禀精奇，怀乾坤之量，秉
6. ……塞，座筹谋而决胜，敛衽来投；振德星于四禺，八方
7. ……获千代之基而津济，百尞（僚）政王侯之盛业。所以冀

① 参见（法）戴密微著，耿昇译：《吐蕃僧诤记》，第330、335页；邵文实：《尚乞心儿事迹考》，第18页；又见邵文实：《敦煌边塞文学》，兰州：甘肃教育出版社，2007年，第274—275页。
② 参见邵文实：《尚乞心儿事迹考》，第17—18页。
③ 参见邵文实：《尚乞心儿事迹考》，第18页。
④ 敦煌藏文文书P.t.16+IOL.750。参见（英）F.W.托马斯编著，刘忠、杨铭译注：《敦煌西域古藏文社会历史文献》，北京：民族出版社，2003年，第82—86页。又参见罗秉芬：《从三件赞普愿文的史料看吐蕃王朝的崩溃》，载金雅声、束锡红、才让主编：《敦煌古藏文文献论文集》（下册），上海：上海古籍出版社，2007年，第666—667页。
⑤ 武田科学振兴财团、杏雨书屋编：《敦煌秘笈》影片册一，日本武田科学振兴财团，2009年。

8. ……仰凭佛力。昔者灵山圣迹，以类愿崇修而古合；金

9. ……以如刀利之宫；金色再豁，咸若百千之日。复乃安僧施

10. ……缯彩、燃灯、印佛、设斋、度僧、造蕃（幡），大建薰修，功以被（毕？）矣。时则

11. ……会，建恭佛日。伏惟公位列崇班，品居雄职，仁慈天授，忠略神

12. 资，佐明主以守边，仰精节而净疆境。故使誉传四海，威侠三军，征旗不张，

13. 寇盗潜迹。由是退公务，启福门，正宝马以西垂，就灵龛而祈福祐。【善甲之解，意想慈云，虜兵之余，心忻法雨。】亦乃习君臣

14. 之胜道，表忠效之良谋。所以抽奉禄而助建崇修，咸（减）家储而祈福祐；大披甘露

15. 广布其乘，召法众于二州，种津梁于万劫。所冀宰相神位，保安台辅，群官镇

16. 居社稷；节度家室，大小咸康；五稼丰登，仓禀殷实。考斯多愿，建此砝薰。

17. 奉福庄严恃中：惟愿寿齐东海，福比南山，镇座台阶，恒匡社稷。又庄严节

18. 度：诸佛冥资，百神潜护。财名胜福，随四序而逾增；宠位斑（班）荣，毕千龄

19. 而永固。长作释门之信仕，进取菩萨；终为圣［主］之忠臣，［□］赞王化。郎君等：持六艺

20. 于龙门，继公侯之不绝。诸官等：百福备体，千灾永除，荣位日增，所愿□□。

21. 然后上穷右□，善及无（原文止于此）

根据《本阐晡为宰相就灵龛祈愿文》，本阐晡抓住尚纥心儿暂时“退公务，启福门”的时机，选择莫高窟作为法会地点，“正宝马以西垂，就灵龛而祈福祐”，为其举办祈愿法会。但这次法会规模较小，也仅限于僧人之间，即所谓“大披甘露广布其乘，召法众于二州，种津梁于万劫”；而且对尚纥心儿也就说了一句话：“所冀宰相神位，保安台辅。”真乃惜墨如金。

关于《本阐晡为宰相就灵龛祈愿文》之本阐晡，应该就是9世纪前期活动于敦煌的吐蕃可黎可足赞普的重臣贝吉云丹，是吐蕃历史上著名的高僧宰相，敦煌

藏文写经中有许多处他的题名。[①]云丹在可黎可足时期的政治地位远高于尚纥心儿，甚至一直到长庆三年（823）所立《唐蕃会盟碑》上，云丹仍被列在尚纥心儿之前而为蕃官之首。而《本阐晡为宰相就灵龛祈愿文》明确表示是云丹为尚纥心儿祈愿。这里透露了两位吐蕃赞普的重臣之间的微妙关系：对云丹来讲，究竟是因为统兵的军威的震慑，还是因为这位国相的“退公务，启福门”，同归佛教之路呢？但无论如何，云丹在莫高窟为尚纥心儿发愿祈福，而且内容丰富，花样繁多，也算是敦煌历史上的一段佳话了。

《某判官为国相尚纥心儿祈愿文（拟）》全文如下：

1. 惠严闻：我大师妙方难思，神威罕侧（测）。趣包生灭，理会有无。然以觉体□

2. ［禅］，遍三千而显相；法身分号，冠百亿以摽尊。故得四王赞翼而钦□，

3. 八部冥归而阴化。求之必应愿也，咸亨至哉，玄门曷可谈矣。厥今崇妙业、

4. 建良因，龙象簉（造）筵、鸳鸾烈（列）席者，其谁为之？则有我

5. 国相某公。伏惟我国相尚乞心儿，名山托孕，神岳降临，天假雄才，宿资持

6. 秀。幼而有异，居然怀鉴物之心；长而不群，邈矣负凌霜之节。所以依

7. 垂仙台，德重台座。屡陈忠略，四海由是肃清；频郊深谋，三边于焉□

8. 净。滴薰风于庶品，勤节者蒙恩；沐甘露于群生，有缘者霑泽。是以罢

9. 扇庙棠（堂）之神笔，乘风御而入朝，挺三军尽勒于海偶（隅），驾四马车而直进。遂得

10. 龙颜亲诏，倍（陪）明王出入九重；无非有隔，因言塞表广阔。疆长小群，三危孤城

① 敦煌遗书S.2146《转经文》和《行军转经文》，参见杨富学、李吉和辑校：《敦煌汉文吐蕃史料辑校》，兰州：甘肃人民出版社，1999年，第217、218页。需要说明的是，两件转经文中的“我国相论掣脯”和“我东军国相论掣脯”即指尚纥心儿。“论掣脯”为藏文音译，意为大论，即大相、大臣。

11. 赖犁礼，竭力而［无辞］悦纳，尽忠而两贺，惟友离异邑，恒里赏赐功高；决凝棱怜，以□济□直闻。所以

12. 万乘明帝，心偏副［□］，千户犁庶，所冀得四天书，重加相印。令一州□品，得万代无名。

13. 舒日之光，照复盆之下。我相公乃体扶明运，道合天心，类昇贵受之荣，再［就出］育边

14. ［仁人］黎庶。云山无雁，去来万乘咸康；道露（路）遥长，寐梦常恒清吉。今则

15. 贺贤圣而冥资，报龙天而潜卫。所以月乡飞印，日骑临边，高建法幢，

16. 广修白业，买金锦七妙宝，施佛法三轮。特敕印天，书血四生，苦趣转空

17. 真般若彰，妙有福门。燃智炬神灯，益三台贵体。其则有专使相牙大判

18. 官，温雅为怀，清［志］谦作志，三端迥秀，七略摽奇；勤王教以竖良因，谨洁心而成

19. 事流沙。冠盖相贺，俱怀怛（胆）腹之欢；缁吕忻然，共列休祥之会。是时也！龙堆旧岁，畏新□

20. 而不飞；墨招坚冰，遇寒威而未解。星罗聚会，食满香厨，幡花隐映凝空，圣座陵层列

21. 席。总斯多善，无疆福因，先用庄严：我国相贵位，伏愿盐梅邦国，舟楫巨川，长为明主

22. 之腹心，永作圣神之台鼎；松篁比寿，金石齐［□］，千秋播不朽之功，万代保荣华之乐。①

羽077号写本在接《某判官为国相尚纥心儿祈愿文》后，还有一篇《赞普启愿文（拟）》，也提供了一些相关的信息，兹录全文如下：

（前缺）

1. 然今清梵刹、建［灵坛］真场，香烟腾上于云，□□傍流于法界者，则我

① 参见马德：《吐蕃国相尚绮心儿事迹补述》，《敦煌研究》2011年第5期。

2. 当今国主，深心启愿，悕宇宙清休之所为矣。伏惟圣神赞普，继百

3. 王之道，张万古之基，宿设灵坛，晨开最胜。所冀普天休泰，遐迩咸

4. 安；军师获坚猛之威，兵众保胜平之乐。［由是］集缁侣，会群僚，留真乘，邀贤□。总斯烦善，莫限良

5. 缘，先用奉资：龙天八部，率土灵祇。惟愿增益神功，助洪赞普，使

6. 圣神万寿，宝祚遐延；国相群僚，咸安禄位；东征师旅，旗鼓克

7. 全，朔野城池，风烟不杂。然后择邪师邪法，殄扫尽除；十累十生，增寿其

8. 命。天成地平，河清海晏，仰希大众，各渴志般若，庄严一切。

这是以吐蕃赞普名义在敦煌举行的一次祈愿法会活动的记录，其目的是为“圣神赞普，继百王之道，张万古之基”，“所冀普天休泰，遐迩咸安；军师获坚猛之威，兵众保胜平之乐”。这里特别提到了“东征师旅，旗鼓克全，朔野城池，风烟不杂”，应该是这次法会的主题内容，即为即将东征的将士们祈愿，故此法会可视为誓师大会。而这次东征，很可能就是指公元819年进攻盐州一事。因为进攻盐州的主帅是尚纥心儿，所以赞普的这次法会也可以看成主要是为尚纥心儿祈愿。

《赞普启愿文》与《某判官为国相尚纥心儿祈愿文》《本阐晡为宰相就灵龛祈愿文》粘接和保存在一起，说明这几份文献的成书时间相距不会太远，应该是同一时期的事。最早也不会超过公元818年下半年。这可能也是贝吉云丹到达敦煌的初期。三次祈愿活动的顺序应该是本阐晡在前，判官次之，赞普于后。

仔细看来，这三次法会似乎是尚纥心儿第二次在敦煌期间的活动经历。首先在莫高窟举办的法会上，《本阐晡为宰相就灵龛祈愿文》云“退公务，启福门”，即年事已高的尚纥心儿想退出军旅、政坛，专心事佛，并已经付诸实施。而第二次更盛大规模的法会上，《某判官为国相尚纥心儿祈愿文》只字未提让这位“国相”隐居之事，而是对其军政业绩大加颂扬，显然是醉翁之意不在酒；这位“专使相牙大判官”，“勤王教以竖良因，谨洁心而成事流沙”，可能就是作为赞普的专使，受了赞普的委托，以法会祈愿的激将形式来请尚纥心儿再度出山。敦煌文献中有数份愿文，如P.2613、P.2441、P.2631、P.2915、S.6172等，都多次提到为“东军相国”“东军宰相大论”祈愿，说明这个时期请尚纥心儿出山，或为顺应赞普旨意，或为群僚百姓之意愿，其结果在敦煌反正是众口一词。

尚纥心儿显然是接受了这一请愿，又得到东军帅印和尚书令之职，再次披挂上阵。接下来，便有以赞普名义举办的东征誓师法会，为尚纥心儿以古稀之年再度率兵进攻唐朝盐州壮行。

实际上，尚纥心儿第二次在敦煌期间，虽然有《本阐晡为宰相就灵龛祈愿文》标榜的“退公务，启福门”的愿望，但作为军政要员，不顾年高，一如既往地关注和治理军国大事。敦煌文书S.2146《转经文》所记：

1. 转经文　我法王之利见也，难可详焉。其有归依者，果无不克矣。然今启龙

2. 藏、虔一心、击洪钟、邀二众者，其谁施之？则我国相论掣晡敬为西征

3. 将士保愿功德之所建矣。伏惟相公乃河岳降灵，神威动物，感恩出塞，

4. 抚俗安边。一昨春初，扶阳作孽，摽掠人畜，由是大举军师，并除凶丑。虽

5. 兵强士勇，然福乃祸。师是以远杖流沙，积祈转念；今者能事遐列，胜

6. 福斯圆。总用庄严我行军将相即体：原使诸佛护记，使无伤损之忧；

7. 八部潜加，愿起降和之意。然后人马咸吉，士卒保康，各守边陲，永除

8. 征战。然后散沾法界，普及有情。赖此方因，咸登觉道。①

“国相”之前还未冠“东军”之称，说明这时尚纥心儿二次回到敦煌不久，还在受理军政事务，亲自派兵西征，并一直关注西征战事。而当他已经受命成为“东军国相”，即将东征出发之际，又一次在敦煌“敬为西征将士保愿功德”举办转经法会。同样是S.2146保存的记此次盛会之《行军转经文》称：

1. 行军转经文　夫诸佛兴悲，无缘普备；有情见异，感迹缘老。

2. 故使归向者福遂愿生，累毁者祸随心起；则知祸福乍致，非圣

3. 爱增（憎）者与。然今此会转经意者，则我东军国相论掣晡敬

① P.t.1070，参见马德：《吐蕃国相尚纥心儿事迹补述》，《敦煌研究》2011年第4期。

4. 为西征将士保愿功德之修建也。伏惟相公天降英灵，地资秀

5. 气，岳山作镇，谋略坐筹。每见北虏少师，频犯边境，抄掠

6. 人畜，暴耗田亩，使人色不安，知飙数举。我国相勃然忿起，怒

7. 发冲冠，遂择良才，主兵西讨。虽料谋指掌，百无一遗；然必赖

8. 福资，保其清吉。是以远启三危之侣，遥祈八藏之文，冀士马平

9. 安，永宁家国。故使虔虔一志，讽颂《金刚》；济济僧尼，宣扬《般若》。想此殊

10. 胜，夫何以加？先用庄严护世四王：龙神八部，愿使威光盛、福力增，使

11. 两阵齐威，北戎伏欵。又用庄严行军将相：伏愿才智日新，福同山

12. 积，寿命遐远，镇坐台阶；诸将士等三宝抚护，方善庄严。

作为一位身负重任的政治家、军事家，他从事的活动大多也是为其军事、政治服务的，他一刻也没有放弃对吐蕃政治、军事活动的关注。所以一旦有需要，他立刻不顾年迈，再度披挂上阵。在唐代汉藏民族关系发展史上，战也好，和也好，尚纥心儿的作用和地位都是举足轻重的，他的贡献也将永远载入中华民族的史册！

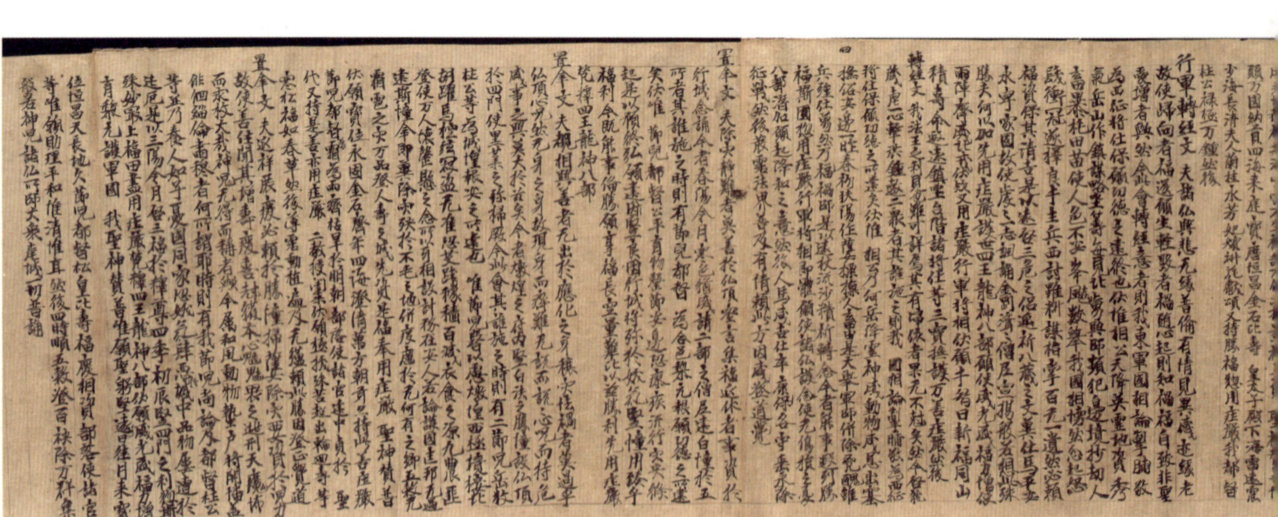

S.2146《行军转经文等》

三、敦煌度余生

公元822年唐蕃拉萨会盟后，尚纥心儿第三次回到敦煌，这时候他的称谓除了先前的“大相”之外，还有了被刻在《唐蕃会盟碑》上的“天下兵马大元帅”等一系列光显的头衔。敦煌遗书 P.2765《尚纥心儿圣光寺功德颂》高调记述了他在敦煌修建圣光寺的事迹：

1. ［大］蕃勅尚书令赐大瑟瑟告身尚纥律心儿圣光寺功德颂

2. 大蕃右敦煌郡布衣窦撰

3. 危峰百仞，䅉全方而镇地；悬泉一带，虽水浅于天河。池杖龙马之驹，草秀莲

4. 台之瑞。人风鲠直，怯私闻而逡巡；秆崇坚能，启先行而公战。所以成勋则

5. 勇，破邪原绩效，则多归正法，大雄演座，此堞当施。厥今教尚书令公

6. 兼统六军甲兵霸国都元帅赐大瑟瑟告身尚起（纥）律心儿，和四门入贡，佳

7. 五服输琛，揆方土安人，宇圣门设教，黄金布地，白璧邀工，进直道

8. 以事君，倾真［□］而向佛，爰乃卜宅敦煌古郡州城内建圣光寺一所。议其

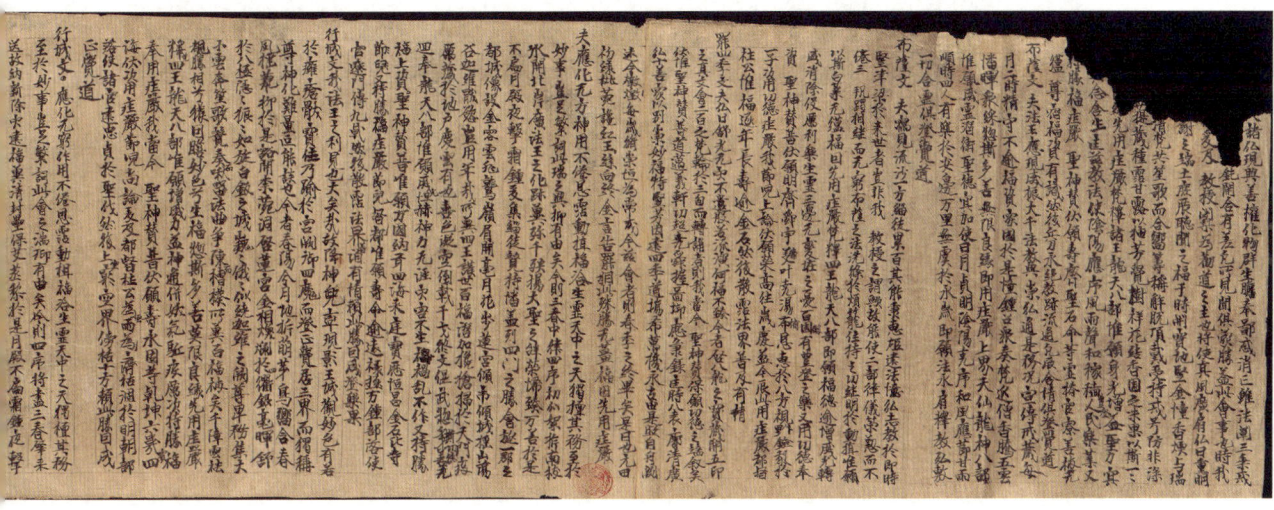

9. □也：圣主统三光之明，无幽不照；令公承九天之宠，肱股奉隔；近沾圣德

10. 之弘，远沐恩晖之重；率宾咸服，观国之光，烛赈流沙，称圣光寺也。是则道

11. 猷自远，基业由先，白第开授国之封丹，印沙建侯之住即。曾皇祖敕

12. 宰辅、赐大告身，讳，牂水长流，既济臣于舟楫；盘宰鼎贵，住重于

13. 盐梅；乘轩畏夏日之威，变理问春前之喘。皇祖父尚已立藏，敕时（侍）中、大

14. 瑟瑟告身，讳，弼承霸业，世禄良家，居（以下涂去）

15. 朝诤处理之能，出战任辕轮之重，敕日相国。先门尚赞磨，副尚书令、瑟

16. 瑟告身，讳，寔豫樟耸干，处宇宙长材，横沧海鲸鳞，吸江淮不测；跨

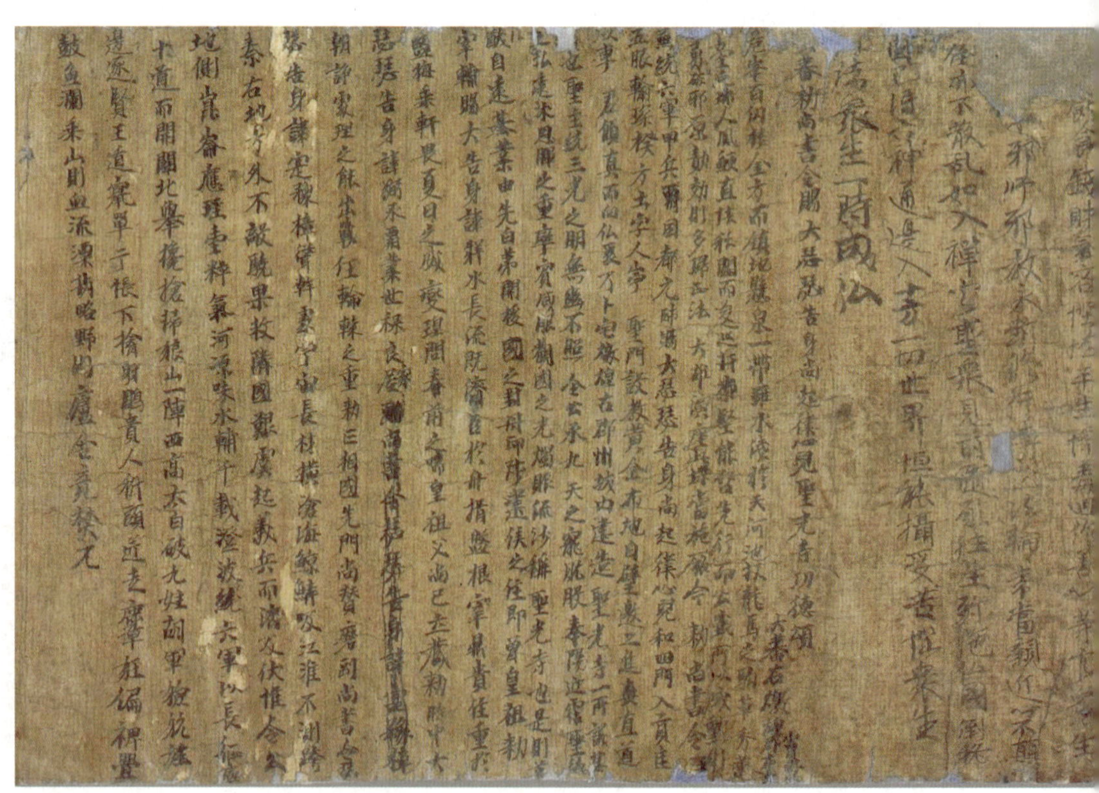

P.2765《尚纥心儿圣光寺功德颂》

17. 秦右地方，外不敌骁果，救邻国艰虞，起义兵而济及。伏惟令公，

18. 地侧昆仑，应瑶台粹气；河源味（渭）水，辅千载澄波。统六军以长征，广

19. 十道而开辟。北举搀枪，扫狼山一阵；西高太白，破九姓胡军。猃狁旌

20. 边，逐贤王遁窜；单于帐下，擒射雕贵人。科头迸走，獐枉偏裨。衅

21. 鼓鱼澜，乘山则血流漂□，略野则卢舍竟焚。兀（原文止于此）①

圣光寺是敦煌9、10世纪敦煌僧团所辖大寺、著名的五尼寺之一，建此寺院是尚纥心儿晚年在敦煌的硕大功德。而这件文书记述了尚氏一生的丰功伟绩，包括他的祖、父等历代吐蕃大臣的事迹，弥足珍贵。这里也证明了敦煌圣光寺建造的时间当在尚纥心儿具大元帅衔、第三次回到敦煌之后，即公元822年之后。日本国会图书馆藏敦煌遗书WB32（3）1（滨田旧藏0115V）《诸寺付经历》未年（827）有“圣”（即圣光寺的缩写代名），证明圣光寺最晚在公元827年10月已经建成并开展正常活动。

四、尚纥心儿对吐蕃统治时期敦煌道场活动的影响一瞥

可能是由于尚纥心儿的影响，吐蕃统治时期的敦煌道场活动十分频繁，并已经深入社会生活之中，无论是官贵还是民间都经常举办，敦煌遗书中的汉藏文献都有比较丰富的记载。滨田旧藏敦煌遗书0115V《诸寺付经历》载“未年正月十一日大云寺置国家福田道场”“（未年）十月三日赞普福田转经”等，未年为公元827年。P.2727《酉年二月水则道场转经付经点检历》载“酉年二月十三日缘国家建福，水则道场转经，次至永康”，此酉年为公元829年，这是敦煌文书关于“水则道场”最早的记载。未年至酉年（827—829），尚纥心儿尚在人世，不过已经到了垂暮之年；但因为他常驻敦煌，名高望重，这类由寺院为国家举办的佛教活动显然仍和他有关。而这两份文献记载的“国家福田道场”和“水则道场”应该是同类活动。

① 参见方广锠：《佛教大藏经史》，北京：中国社会科学出版社，1991年，第108—109页。

敦煌文书S.6172是吐蕃宰相出兵前进行祈愿活动的《转经文》：

11. （前略）然今此会转经意者，

12. 则我东军国相论掣晡敬为西征将士保愿功德之建修也。伏惟相公天降

13. 英灵，地资秀气；岳山作镇，谋略坐筹。每见北虏兴师，频犯边境；抄劫人畜，

14. 暴耗田苗。使人邑不安，烽飙数举。我国相悖勃然忿起，怒发冲冠。遂择

15. 良才，主兵西讨。虽判谋指掌，百光一道；然必赖福资，保其清吉。

16. 是以远启三危之侣，遥祈八藏之文；冀仕士马平安，永宁家国。故使

17. 虔虔一志，讽诵《金刚》；济济僧尼，宣扬《般若》。想此遐福，夫何以加？先用

18. 庄严护世四王、龙天八部：愿使威光盛，福力增；使两阵齐威，

19. 北戎伏叹。又用庄严行军将相：伏愿才智日新，福同山积；

20. 寿命遐远，镇坐台阶。诸降士等，三宝抚护，万善庄严。人马平安，早归

21. 乡邑。然后休兵罢甲，铸戟消戈，万里法清，三边晏道。般若威力，极

22. 难除灾，大众虔诚，一切普诵。[①]

在这份文书里，出兵的誓师大会以佛教的祈愿活动为形式，真乃别出心裁。

① 参见《英藏敦煌文献》第十卷，成都：四川人民出版社，1994年，第137页图版。

第四节　敦煌归义军时期的军国大事道场

一、“国家福田道场”

前述P.2940《斋琬文目录》里，有关国家大事的道场《庆皇猷》排在第二类，具体内容有鼎祚遐隆、嘉祥荐祉、四夷奉命、五谷丰登四项，P.2940残卷还保存了前两项的内容：

（前略）庆皇猷第二　四条　鼎祚遐隆（以下按原卷分行，单列序号）

1. 窃以法盖遥临，承帝业而演庆；慈舟广运，浮圣海而通祥。藻（澡）

2. 七净于珠琉，果隆珠帐；发三明于金镜，道畅金轮。遐开不二之门，潜匡得

3. 一之化。崇基所以岳镇，景祚所以天长。伏惟皇帝陛下泽掩四空，德敷千界。

4. 仁深披物，遐通有顶之区；积惠澄襟，普照无边之域。涤董（熏）风于庶品，沐甘露

5. 于群生；基余劫石之基，祚迭恒沙之祚。丹墀叶庆，紫极延祥。就（鹫）日腾晖，与星虹

6. 而等耀；皇云流彩，共枢电而同鲜。宝运遐隆，璇仪永泰。于是倾埏叠喜，

7. 罄宇驰欢，率土怀生，咸思荐寿。某等忝居黎首，同献丹诚；仰赞皇猷，

8. 式陈清供。惟愿凝流演福，与四时而并臻；端扆通祥，应万物而弥显。三灵（令）

9. 普润，六气常和；玉烛燃而慧炬明，金镜悬而法轮满。

10. 嘉祥荐祉　窃以道格圆穹，天无秘宝；慧覃方礴，地不潜瑜。故使绿（绿）错摛

式陳清供惟願凝流演福與四時而並臻端宸通祥應万物而弥顯三靈
普洽六氣常和玉燭然而慧炬明金鏡懸而法輪滿
嘉祥薦祉 竊以道格圓穹天無秘寶慧覃方礴地不潛瑜故使錄錯擒
莫式表雙幢之德玄珪効祉爰標三漏之功莫不列穀金編流芳玉篆
聖上風高驟帝化軼馳王動植霑 恩飛沉賴慶故使昭彰瑞牒書殫東
鄉之豪欝藹祥圖紀盡南山之竹斯乃素麟践野挺一角以呈祥
丹鳳栖同楊九色而表瑞甘露凝珠而綴葉慶雲瑩玉而霏柯連理則
合幹分枝嘉和則殊苗共穎百狼躑躅鷟皓質於翔霜赤雀紛綸奮
朱毛而暎日河清一代湛璟浪而浮榮芝草千莖擢紫英而絢彩莫不祥
符万古福應一人永契璿儀長階寶歷其等忝齊圓首仰戴 皇猷擊
壤馳懽何酬 聖澤敢陳清供式慶嘉祥薦輕露於福原獻纖塵
於壽岳惟願集木徵於宇宙藻佳氣於環瀛契福資宸共圓穹
而等祚通祥青陸与輪月而同高花萼興徭隆於棣屏肅維戚

P.2940《庆皇猷》

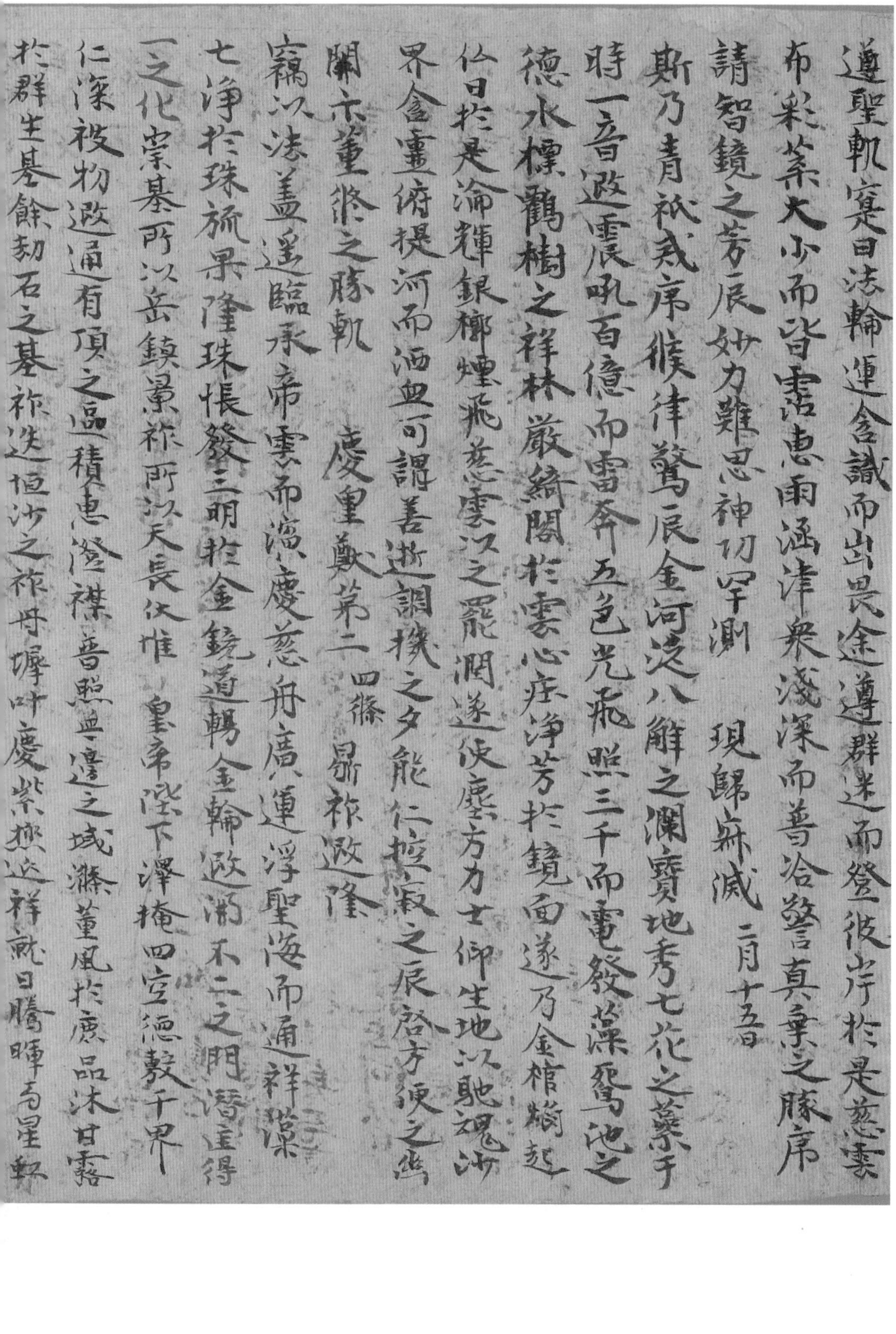

遵聖軌寔曰法輪運含識而出昬途導群迷而登彼岸於是慈雲
布彩菓大小而皆霑惠雨涵津衆淺深而普洽磬真乘之縢席
請智鏡之芳辰妙力難思神功罕測　現歸寂滅 二月十五日
斯乃青祇式序候律驚辰金河泛八解之瀾寶地秀七花之蘂于
時一音遐震吼百億而雷奔五色光飛照三千而電發藻鶖池之
德水標鶴樹之祥林嚴綺閣於雲心莊淨芳於鏡面遂乃金棺儵起
仏日於是淪輝銀槨煙飛慈雲以之罷潤遂使塵方力士仰生地以馳魂沙
界含靈俯提河而洒血可謂善逝調機之夕能仁掩寂之辰啓方便之幽
關示薰修之滕軌　慶皇猷第二 四條 剏祢遐隆
竊以法蓋遐臨承帝雲而濟慶慈舟廣運浮聖海而通祥渠
七淨於珠旒果隆珠帳發三明於金鏡道暢金輪遐溯不二之門潛隆得
一之化宗基所以岳鎮景祚所以天長伏惟　皇帝陛下澤掩四空德敷千界
仁深被物遐通有頂之區積惠盈襟普照無邊之域滌薰風於庶品沐甘露
於群生基餘劫石之基祚迭恒沙之祚母據叶慶紫極延祥就日騰暉為星虹

11. 英，式表双瞳之德；玄珪效祉，爰标三漏之功。莫不列谷金编，流芳三（云）篆；

12. 圣上风高骤帝，化轶驰王，动植沾恩，飞沉赖庆。故使昭彰瑞牒，书殚东

13. 墩（郭）之豪；郁蔼祥图，纪尽南山之竹。斯乃素麟践野，挺一角以呈祥；

14. 丹凤栖同（桐），扬九色而表瑞。甘露凝珠而缀叶，庆云荧玉而霏柯；连理则

15. 合干分枝，嘉和（禾）则殊苗合颖。百（白）狼踯躅，惊皓质于翻霜；赤雀纷纶，奋

16. 朱毛而皎日。河清一代，湛碧浪而浮荣；芝草千茎，擢紫英而绚彩。莫不祥

17. 符万古，福应一人；永契濬仪，长阶（偕）宝历。某等忝齐圆（元）首，仰载（戴）皇猷；击

18. 壤驰欢，何酬圣泽？敢陈清供，式庆嘉祥。荐轻露于福原，献织尘

19. 于寿岳。惟愿集木（休）征于宇宙，藻佳气于环（寰）瀛。契福资宸，共圆穹

20. 而等祚；通祥青陆，与轮月而同高。花萼兴徭，［长］隆于棣屏；肃维成

21. 德，永茂于褑辉。

四夷奉［命］

窃以（后缺）[①]

这两项内容讲的是国家强盛繁荣、社会稳定和人民幸福。而没有保存下内容的后两项，从标题上看也是一目了然，即处理好周边各民族间的关系和期盼丰收富庶。这样的“国家福田道场”的目的可以用大家熟悉的四字成语来概括，即“国泰民安”！

从敦煌文献记载看，中国古代似乎并没有像今天国庆、军庆一类的属于国家和全民的节日活动，前述《斋琬文》中的“庆皇猷”一类中也没有像“叹佛德”那样规定固定时间的节目，皇帝、皇后的诞辰和忌日属于全国范围内需要庆

① 参见黄征、吴伟编校：《敦煌愿文集》，第69—70页。

祝或纪念的日子。皇帝的诞辰日叫“千秋节”，为举国庆典。而帝后们去世的日子为“国忌日”。《大唐六典》规定：“凡国忌日……州县官行香。应设斋者，盖八十一州焉。”敦煌地处边陲，晚唐张氏归义军时期也遵循典制，举办国忌行香。敦煌遗书P.2854就保存了这类写本：

第一件《国忌行香文》：

1. 国忌行香文　我释迦可久可大之业，回超言象之
2. 先；我国家有翼善传［圣］之勤（勋），高步义轩之首。犹以鹤
3. 林示灭，万佛同迁相之仪；鼎湖上仙，百王留变化之
4. 迹。求诸今古，难可详焉！厥今开宝殿，辟星宫；爰
5. 集缁徒，行香建福所陈意者，有谁施之？则我河西
6. 节度使臣张议潮奉为先圣某皇帝远忌行香
7. 之福事也。伏惟先圣皇帝瑶图缵绪，袭贞命
8. 于三微；瑞历符休，总文明于四海。穆清天下，大造
9. 生灵；咸遵复旧之业，广辟惟新之典。遽（讵）谓乔（桥）山

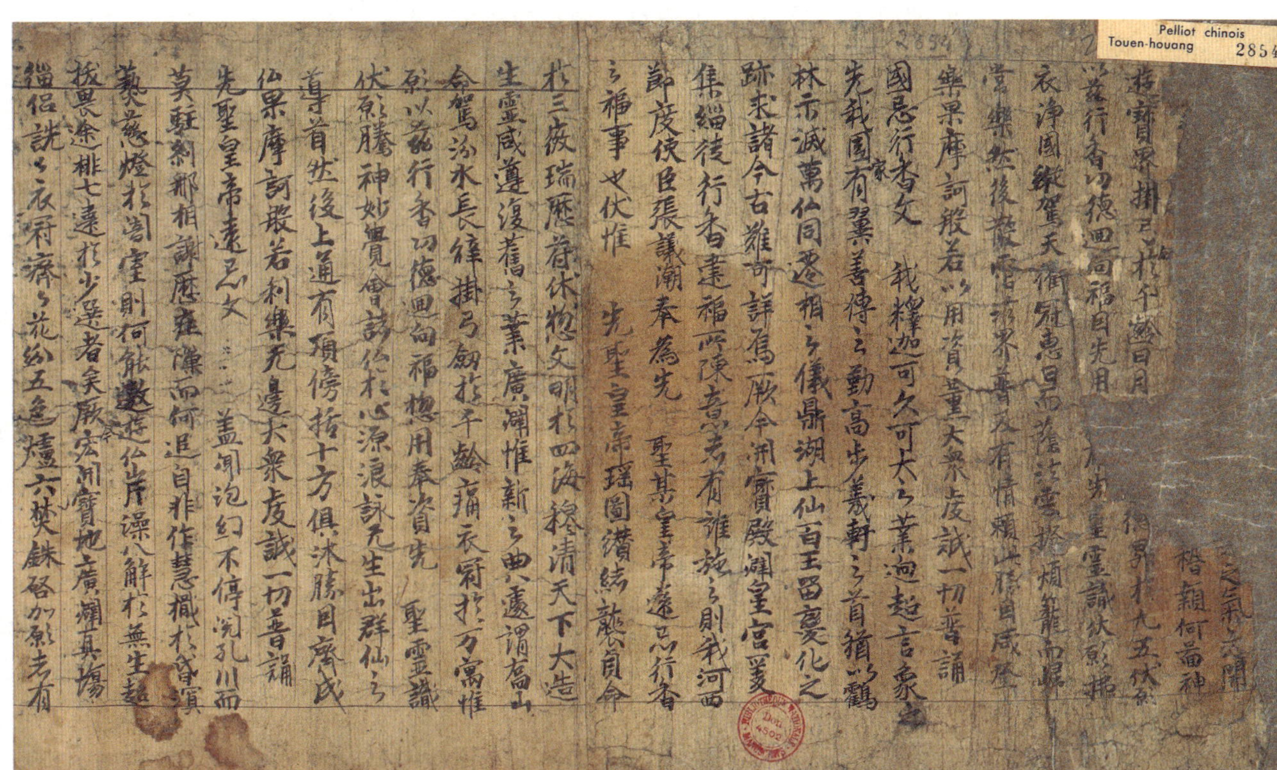

P.2854《国忌行香文》

10. 命驾，汾水长辞；挂弓剑于千龄，痛衣冠于万寓。惟
11. 愿以兹行香功德、回向福［因］，总用奉资先圣灵识：
12. 伏愿腾神妙觉，会诸佛于心源；浪咏无生，出群仙之
13. 导首。然后上通有顶，傍括十方；俱沐胜因，齐成
14. 佛果。摩诃般若，利乐无边；大众虔诚，一切普诵。

第二件《先圣皇帝远忌文》：

1. 先圣皇帝远忌文　盖闻泡幻不停，阅孔川而
2. 莫驻；刹那相谢，历庄剿而何追。自非作慧楫于昏冥，
3. 爇慈灯于闇室，则何能邀（遨）岸，澡八解于无生；超
4. 拔畏途，排七违于少选者矣！厥今宏开宝地，广辟真场；
5. 缁侣诜诜，衣冠济济；花纷五色，炉焚六铢启加（嘉）愿者，有
6. 谁施之？则我河西节度使臣张议潮奉为先圣某皇帝
7. 某皇帝亦云某皇后远日行香之福事也。伏惟先圣某皇帝
8. 道迈百王，圣逾千古，弯刀按剑，落日龙惊。万方献款
9. 而子来，百蛮稽颡而臣伏。何图拂袖昆台之上，乘云白
10. 帝之乡。故于忌辰，行香建福。（皇后云）伏惟先圣某皇后
11. 幽闲寂（淑）顺，《关雎》之德自天；明德连辉，《葛藟（藟）》之功成性。遽
12. 有绡衣之梦，掩（奄）同薤露之希。故于忌辰，行香追福。惟愿
13. 以兹行香行德、回向福因，先用庄严先圣灵识（皇后即云先后灵识）：惟愿拂
14. 衣净国，总（纵）驾天衢；冠惠（慧）日而饮荫法云，拔烦笼而归常乐。
15. 然后散沾法界，普及有情；赖此胜因，咸登乐果。摩诃般
16. 若，利乐无边；大众虔诚，一切普诵。

第三件《正月十二日先圣恭僖皇后忌晨（辰）行香》（卷背）：

1. 正月十二日先圣恭僖皇后忌晨（辰）行香
2. 法海闻：王宫现生，□无生于实相；鹤［林］示灭，□不灭
3. 之真仪。是以无去无来，始证三明之境；非色非相，方

4. 开七觉之门。引权实以成因，启津梁而利物；卷舒叵

5. 测，显晦难量者哉！然今宏开宝地、广设金园、

6. 炉爇六铢启嘉愿者，有谁施之？则有归义军节

7. 度使臣张仆射奉为先圣恭僖皇后远忌行香

8. 之福会也。伏惟先圣皇后彩云朝美，秀义（仪）芳

9. 兰；四德之誉独彰，千姿之礼罕比。柔襟雪映，妇

10. 礼播于西秦；熟（淑）质霜明，女范传于东晋。岂谓

11. 金俄（娥）魄散，碧月光流；罢銮（鸾）镜于妆台，遗风钗于

13. 纬（帏）帐。所以我仆射体正真之实思（恩），福润良田；建胜善以授（投）

14. 诚，仰慈云而结恳。于是擗金地而开柰苑，严宝□（阁）

15. 而列尊容；如游他化之宫，俄变娑婆之界。神通普

16. 运，接大众于虚空；妙力幽通，移此界而无动。三千刹土，

17. 尽化琉璃；八万尘劳，咸归寂灭。惟愿以斯广福，无疆

18. 胜因，先用益资先圣皇后灵识：伏愿足蹑红莲

19. 出三界，逍遥独步极乐乡；安养世界睹弥陀，知足

20. 天宫遇弥勒。又持胜福，使臣常侍大夫遗（贵）位：伏愿昭昭

21. 佛日，独映心灵；宕宕（荡荡）法流，适（奇）通意海。寿命遐长，沾香积无烦冲

22. 熟之因；衣落天花，靡要恒安八蚕之茧。亦愿观音引路，势至

23. 来迎；千佛一一护持，四天大王双双围绕；往来无滞碍之优（忧），

24. 去住有清和之泰。伏持胜善，次用庄严我仆射贵位：

25. 伏愿万佛回光，百神障卫；紫受（绶）与紫莲齐芳，金章与金

26. 刚不坏。然后天下定，海内清；群凶扫荡而兵戈冥，五

27. 谷丰稔而万人乐。摩诃般若，利乐无边；大众虔诚，［一切普诵］。①

接下来抄录唐朝几位皇帝及皇后的忌日如下：

1. 顺宗忌正月七日龙法海穆宗忌日正月廿二日乾录

① 参见黄征、吴伟编校：《敦煌愿文集》，第724页—725页。笔者依据原卷分行并校改。

2. 德宗忌正月廿三日云法宪宗忌正月廿七日恩法僖宗忌三月
3. 六日开录肃宗忌四月十八日净土法顺圣皇后忌五月十一日三
4. 界法睿宗忌六月廿日图法懿宗忌七月六日开录宣宗
5. 忌八月十日开法敬宗忌十一（二？）月八日开录①

这里还有敦煌寺院僧官的简称，说明当时的国忌由归义军政权委托专门的寺院与僧官负责，国忌的形式当然也就是佛教道场了。

P.2854背面的最后一篇，在皇帝皇后忌日之后还抄有一篇为退位的太上皇帝所写的祈愿文：

1. 粤我释迦应现，德被大千，圣皇降生，泽流万
2. 国。法王乃舒恋相，而魔军自坏；吾君则张神
3. 武，而夷狄坐降。福利群葺，恩洽草木。飞去
4. 交感，通应幽冥；任持天地，契通神鬼。万
5. 主俾乂，四时不老恒安者，其在于斯矣。伏惟太
6. 上皇帝，纂唐驭历，握象承枢，宝策扶真，
7. 金轮叶契。飞龙登于九五，乾应天门；绀马
8. 绕于三千，坤雄国界。自光敷帝业，亭育
9. 苍生，向五十岁矣。遂以还崇至道，退习无
10. 为，德迈羲尧，推让宝位。伏我先光天神武孝
11. 感皇帝，率天御宇，接绕兴邦，鸾凤呈姿，云
12. 雷作气，禅授元命，光扬宗祖；播玄元之道
13. 风宣上皇之美化。②

以上P.2854所记敦煌归义军政权的国忌行香等道场活动，召集和联合敦煌僧团设斋以表达对朝廷的忠心和祈求国泰民安，同时也是佛教对敦煌社会的贡献。

二、州郡大事

敦煌遗书P.2044V是一件归义军节度使张议潮专设道场应用文书的汇集长

① 参见冯培红：《敦煌本〈国忌行香文〉及相关问题》，《出土文献研究》2005年第1期。
② 参见黄征、吴伟编校：《敦煌愿文集》，第726—727页。笔者依据原卷分行并校改。

卷，内容包括在首场过程中的赞叹文、押座文等；当然主题是对张议潮执掌归义军政权的祈祷和祝愿，包括对新生的归义军政权的拥戴及对敦煌地区人寿年丰、繁荣稳定的向往：

……

1. 伏惟太保相公，涵黄陂万顷，澄彻无涯；耸岱

2. 松千寻，坚贞有节。抱璞玉浑金之大器，蕴如珪如璋之芳猷。英声而远响

3. 云间，雅望而回振日下。天钟全得，岳降粹灵。怀霸国之宏谋，秉致君之大

4. 志。台辅耀彩，鼎鼐书勋。功济巨川，心扶景运。自统藩镇，惠化叶和。位极上公，

5. 宠荣无对；名光中辅，勋业独高。诚可谓真安危定难之功臣，实圣代明

6. 时之梁栋。巍巍荡荡，映古迈今者也！伏愿太保相公年齐龟鹤，永永无穷；寿比

7. 松椿，青青益茂。继夔龙之功业，光显册书；辅尧舜之明君，道谐昌运。子

8. 孙集庆，靛萼联芳。勋名与嵩华同，官禄共江潮不绝。伏惟太保相公

9. 天授忠贞，神资正气。积济川之重望，推辅弼以为心；蕴经国之宏谋，抱

10. 股肱之大志。自国朝多事，妖祲炽兴，选上将之英才，定中原之气识；悬生人之

11. 性命，系社稷之安危。固命太保相公登坛场，授旌钺，荣从衣锦，便托旌

12. 幢。一镇边城，累经星岁。布惠和于紫塞，振威令于黄沙。路不拾遗，戍无

13. 警急。两收宫阙，皆着殊熏；文抚貔貅，咸歌异政。况复銮与再幸，寇逆重生。

14. 为踞皇都，恣为叛背。我太保挺赤心而向国，金石不移；指白刃以戡凶，机

15. 谋闻设。果得狂徒自殄，朋党潜销。致万乘回銮，中兴景运。

凤织丹诏，写

16. 赳赳之英姿；麟阁图形，彰永久之熏业。九重之天书远降，一人之圣旨并临。眷眷

17. 意深，倚赖诚切。建丰碑于棨战戟之外，愿以崇勋；颂美誉于府城之中，用明

18. 懿绩。视首空博于异代，何足比焉；黄洎徒夸于好词，岂能拟也。鸡原同

19. 庆，枝叶连芳。家藏盈袟诏书，位冠公侯极品。加以辍厩中之爱马，献天

20. 上之明君。腾骧而独步云衢，摭蹀而回追电影。能将□远之力，以陈恋主之心。

21. 同卜式之不惜家财，类霍光之无希华第。实邦国之柱石，为朝廷之栋梁。

22. 有上将可以致五君，有贤相可以匡社稷。自然八方静谧，四海乐康。

23. 今者龙飞启肇之月，祥光满室之辰，万国同欢，千灵共祉。相公广陈佛事，

24. 虔修道场；度僧以福报圣明，烈乐而用庆昌运。伏惟太保相公登上将之任，握

25. 元戎之权。吐曲逆六奇，韬钤冠古；军黄石三略，机谋映今。可以宣七德，感四夷。韩

26. 彭孙吴，何足比廉；李卫霍马，焉能以（与）俦！细柳屯营，识亚夫之军令；燕然勒石，掩窦

27. 宪之战功。加以信以守礼，敬以好谦。乐子路之盟言，抱季布之诚诺。秉清慎而克己，

28. 守忠贞而律身。乾乾而臣节不亏，兢兢而夕惕若励。今虑星神行运，分野为

29. 灾；氛祲炽兴，戈鋋再起。所以严修佛事，虔稽缁流。登郡城之洁楼，持

30. 诸佛之真言，秘教所希。皇道永昌，兵戈长戢。龙神垂祐，霈泽应期。

31. 万姓无灾，三军安泰。城隍社庙，护疆界而不起烟尘；土地灵祇，保乡关

32. 而常无灾疠。野有如云之稼，家积蓄廪之储。鼓腹齐歌，咸欢尧化。相公寿同衡

33. 岳，崇崇而永固南山；禄比沧溟，渺渺而长镇西塞。纳百川者，其惟沧海；作群圣

34. 之首者，唯我调御能仁。由是位极金轮，尊超粟散。虽碧殿紫微之贵，咸

35. 居影响之中；凌空缩地之流，俱在刹尘之内。至哉我佛之力，难可赞扬者矣！

36. 公节已（以）轮忠，孝能反哺。礼贯五常之首，义倾万里之心。文逸九流

37. 之书，武纵七擒之德。可为春兰独秀，松生寒谷者哉！

38. 加已振扬清化，大阐熏（勋）猷。家传万石之符，门偃五侯之驾。早振金

39. 声，夙怀玉闰（润）。翰苑散朝霞之彩，词林摇春树之晖。鹦

P.2044《道场应用文书》

处谷（壳）而羽已成，

40. 鹤辞卵而声自远。实可为名驰日下，不亚荀公之才；奏美云间，时振陆

41. 士（氏）之德。［□□］有兰狄之德，立功有萧曹之能。亲承视礼，来葺雄军；改

42. 职辞班，分忧共理。由是三军□美，将士钦风；边方静而月弓不张，

43. 虏塞游而镆铘不现云云。于是吴延推志，刘宠护贤，美誉传

44. 于三边，声华闰于六合。于是东皋稼穑，南亩绝忧；风不鸣而

45. 林木自敷，雨不骤而川原［□］息。昔居他邑，宪隔岁年，文绝音

46. 书，驰诚每积。将为（谓）贵置（至）纳庆，永沐康宁；秦（奈）何哀信忽临，转

47祸祈福。灵山杳莫，沙汉（漠）（逍）逗（遥）；有去无来，魂游不返。瞻去时之

48. 路，痛切于心怀；悲念旧游，哀缠骨内。冀而不返，大夜同归；神理何

49. 亏，魂飞不睹！为灵峰峨［峨］，片玉先坠；渌水［□□］，一珠忽沉。每怀

50. 侍老之言，永绝问《诗》之训。念生前之人（仁）孝，雨泪此时；创（怆）没后之余踪，

51. 恐（悲）缠骨游（逝）水。念天之运如，不可智谋；人之分离，起（岂）能准定云云？

52. 南瞻片月，思鸾凤已（以）分飞；北望女星，想银河而夜渡。萱兰各秀，

53. 琴瑟异邦。（塞）天连一片愁云，关山分两边忧悒。预传香于此日，毕

54. 果愿于今晨（辰）。既蒙两处康宁，合家清吉；可为（谓）缠绵枕席，已历

55. 岁年！珍味琼浆，无心可乐。琉璃枕上，泪乐（落）数行；百花座前，

56. 千般启愿。遂使男心忧惧，室女惊忙。是知佛作医王，法称良

57. 药。诸大德达（建）息灾道场，严持香花，召请龙天八部；真

言不缀，

58. 六时克念，上通于三界。感梵王帝释，降于法筵；密迹金刚，潜

59. 来加护。结契而四魔宭，振金杵而鬼魅消除。圣众咸临，然（燃）灯祈福。

60. 花艳玲珑，明月相续，彻见铁围山内。①

P.2854《祭天王文》三件，即是为祈求天王神力护佑敦煌。其中第二件《祭四天王文》全文如下：

1. 祭四天王文　粤至圣者，唯我世尊；至神者，则天王矣。所以授（受）

2. 佛付嘱，护法弘经；威镇苍生，福资军（郡）国。由是浊劫之内，

3. 灾厄互兴。若不精恳神灵，何以殄兹氛（纷）扰？故得道俗同

4. 志，官吏倾心。清宝地而列真仪，辟梵延（筵）而陈香馔。八音

5. 竞奏，声寥亮于祇园；三宝争弛，福禳（穰）和于沙界。

6. 总斯殊胜，无限良缘，先用庄严四天王等：惟愿威灵

7. 转盛，福力逾增；护国安人，扫清妖孽。亦使风雨应节，

8. 稼穑丰盈；边庭无征战之劳，中内有升平之庆。又持胜

9. 善，次用庄严我当今皇帝：伏愿皇灵万寿；圣道

10. 咸享；廓镇四方，威清万里。我尚书贵位：信愿道高

11. 往古，福积今时；克播芳香，邕义（雍熙）戎俗。然后休兵罢甲，铸

12. 戟消戈；万里尘清，三边晏静。般若威力，极（拯）难除灾；大众

13. 虔诚，一切普诵。②

P.3804（首残）正背所抄均为成书止于张氏归义军时期的法事所用愿文，涉及当时敦煌各个方面的社会问题，全文如下：

① 参见黄征、吴伟编校：《敦煌愿文集》，第149—152页。笔者依据原卷分行并校改。
② 参见黄征、吴伟编校：《敦煌愿文集》，第149—152页。笔者依据原卷分行并校改。

1. 以此开赞大乘净名勾（？）义难思〔议〕解脱微妙真经，福广长
2. 空，筹量叵尽，将回施梵释四王、龙天八龙（部）。伏愿威光
3. 炽盛，神用无方；十地果圆，五衰相灭,亲承嘱授，无倦冥
4. 通；酬昔愿因，恩加护念；四时顺序，八表恒清；法轮
5. 常转于三千，惠泽遐施于白（百）亿。即愿经声历历，上
6. 彻天宫；钟响零零（铃铃），下临地狱。刀山落刃，剑树摧锋；
7. 炉炭收烟，冰河息浪；针咽恶鬼，永绝虚羸；鳞甲畜
8. 生，莫相食啖；恶星变怪，扫出天门；异兽灵禽，潜居
9. 地穴。歌谣乾闼，弦管长明（鸣）；斗诤修罗，旌旗永折；散支
10. 大将，护国护人；欢喜龙王，调风调雨怀胎难月，母
11. 子平安；征客远行，乡关早达。狱囚系关，枷锁离身；
12. 病卧连眠，起居轻利亡过眷属，顶拜弥陀；合座
13. 长（常）人，恒闻正法盲者见道，哑者能言；跛复能行，聋
14. 者得听；诸有不完具者，承此法力因缘，愿得诸相具
15. 足。然后天成地平，河清海晏；五谷丰稔，千厢善盈（？）；
16. 官布恩波，人知礼节；穷无穷之世界，尽无尽之苍
17. 生，并沐真风，成正觉路。大声称念摩诃般若波罗蜜，
18. 一切并诵。又持殊胜功德最上福田，奉用庄严
19. 我当今大唐咸通皇帝。伏愿圣寿与天地比坚，慈明
20. 共日月齐照；九有被康哉之泽，八方延人寿之乡；王（玉）
21. 烛之美，日着遐方；击让（壤）之歌，遍闻天下。
22. 又将胜善功德，奉用庄严我东宫皇太子。伏愿金柯永
23. 茂，小（少）海波澄；玉质恒清，嘉声益润；龙轩凤驾，出入九
24. 重；宝马金偄（缨），两邦尊贵。又将殊胜功德次用庄严我
25. 河西节度使司空开国公。伏愿天禄弥厚，福命崇高；
26. 常（长）为大唐之忠臣，永作人轮（伦）之舟楫。然后拥旌持
27. 节，以净（靖）八方；万里归投，摄伏者无二。又将功德
28. 即用庄严我敦煌教授金紫鱼袋刺吏（史）明公。伏愿佐天
29. 利物，助圣安人；福将山岳以齐高，寿与海泉而深
30. 远。又持胜福次用庄严我入奏鸿胪大卿。伏愿形同
31. 大地，历千载以恒安；福比山河，跨万灵而独出。然后朱
32. 门授职，佥对台阶，为皇帝之固心，迎节而皈者矣。
33. 又持胜福次用庄严我河西都僧统和尚。伏愿敷扬政术，

34. 镇遏玄门；色力坚于丘山，惠（慧）命逾于贤劫。

35. 又持胜福次用庄严我都僧录和尚。伏愿长承帝泽，为

36. 灌顶之国师；永镇台阶，潜明王之治化。又持胜福次

37. 用庄严我都僧政和尚。伏愿福山永固，道树恒清（青）；

38. 命天地而恒安，德松筠而莫变。又持胜福次用庄严我

39. 都僧政和尚。伏愿长垂阐化，永扇慈风；徒教纲于迷

40. 津，引法桥于苦海。前念后念，不舍深慈；此生他生，

41. 恒为教主。又持胜福次用庄严禅主和尚。伏愿惠山

42. 岌立，德水波澄；六度修而觉花荣，鸾池照而心镜朗。

43. 又持胜福次用庄严法律阇梨。伏愿驾三车而诱物，严六

44. 度以庄怀；使法无调变之音，释众保康哉之乐。

45. 又将功德次用庄严又法律阇梨。伏愿智山狐（独）秀，定水澄

46. 清；禅林茂而觉花敷，戒珠薰而惠珠浪（朗）；长辉像季，永

47. 曜慈灯；作苦海之舟船，破群迷之痴暗。又持胜福次用

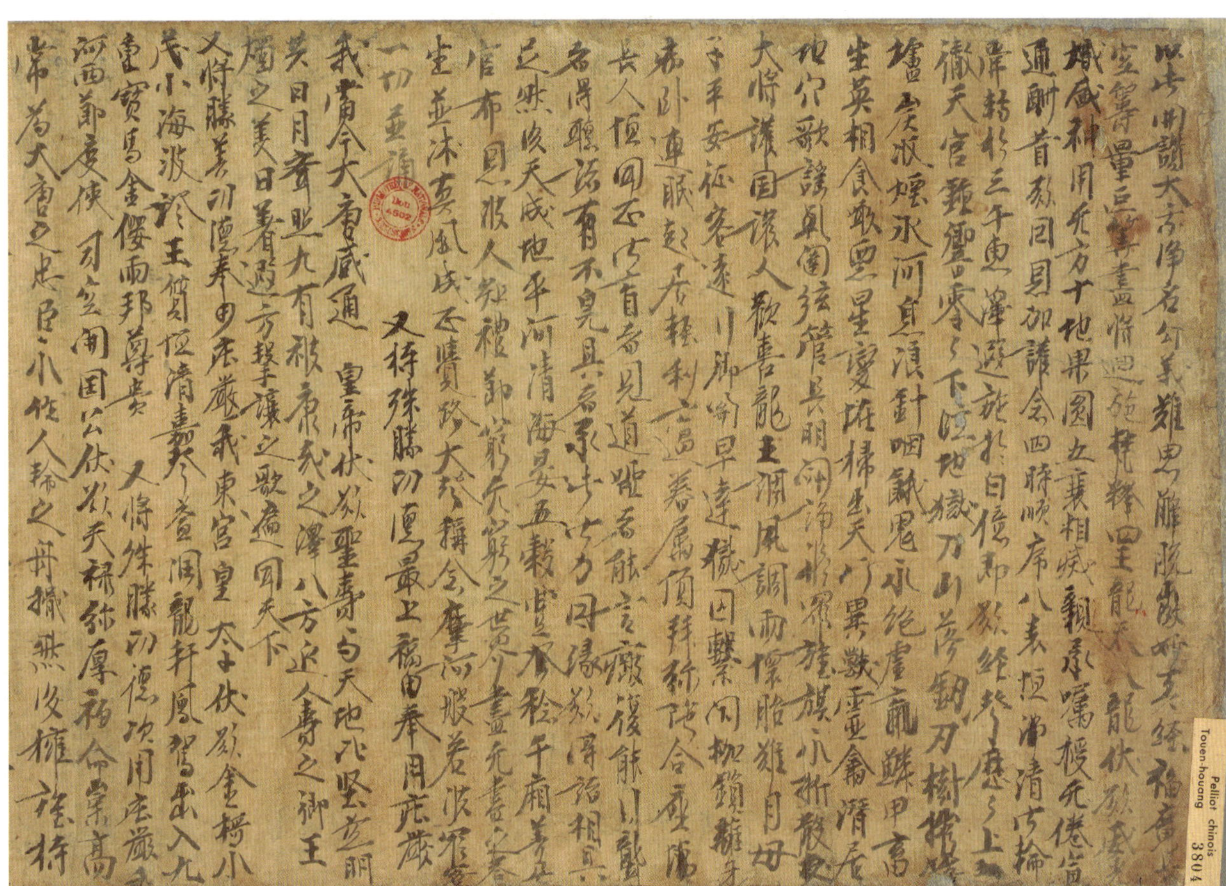

P.3804《归义军斋愿文》

48. 庄严又法律阇梨。惟愿觉花恒馥，定水长漪；然（燃）智炬于

49. 昏衢，照群生之暗室。又持胜福次用庄严尚书贵子

50. 二小郎君，惟愿允文允武，惟孝惟忠；公卿将相，不假求而

51. 自升；保寿无穷，常观色养。又持胜福次用庄严则我

52. 夫人贵位。伏愿弘（红）颜转茂，桃李驰芳；播柔

53. 服于流沙，光母仪于节室。

54. 又愿名才胜福随四序以增高，禄袟（秩）班荣晔千龄而

55. 益远。①

曹议金接手归义军政权初期，内忧外患，灾害频生，因此希望佛教的天兵天将护佑地方平安、社会稳定、五谷丰登，就成为佛教法会的主要内容。敦煌遗书中保存下来这一时期的这类文书数量较多，这里仅列二件。

第一件S.1137《天兵文》（P.2915同文前部）：

1. 夫三乘演妙，功超色［相］之□（门）；七觉明因，理出名言之

2. 际。佛日之日，悬大像于□（昏）衢；天中之天，道（导）群生于净

3. 域。威神自在，示现无方；玄风被于大千，实际光于不

4. 二。法雄利见，其大矣哉！厥今霞（遐）敷宝地，广辟真□（场）；

5. □（结）金光明之坛，转如来之教；然香灯于中顶，散净食

6. 与生灵；献妙供于佛僧，舍珍财［而］恳愿者，为谁施作？

7. 则有我河西节度使尚书先奉为龙天八部，雍（拥）护疆场；四

8. 天大王，加威神力。次为国安人泰，万姓咸欢。尚书应

9. 灵，延长宝祚。洪水摄伏，莫伤害人；蝗飞兵□，永散他国。霜雹莫降，随

10. 四季而及时；外寇狼烟，自参差而星散。公主吉

11. 庆，无［闻］怨切之音；夫人贵颜，共寿（受）千春之美。郎君

① 参见杨宝玉、吴丽娱：《归义军政权与中央关系研究》，北京：中国社会科学出版社，2015年，第28—33页。

12. 娘子，同花萼而芬芳。左右官寮，尽忠孝而清政。谷麦

13. 丰熟，疫疾消除；四塞廓清，歌谣乐业诸（之）福会也。伏

14. 惟我尚书承时契运，继业登皇；道迈百王，圣□（逾）千

15. 佐；弯弓按剑，落日龙惊；万方献款而子来，日（百）蛮稽颡

16. 而臣伏。加以四人复业，一境丰登；妖星电扫于山川，云匆（物）效

17. 祥于近祉。故能倾心轸虑，大阐法延（筵）；绕坛场而香气分（氛）氲，

18. 列胜幡而宝幢辉耀。柳塞虚空，相（想）龙天而骤会；天主

19. 梵王，震威光而必（毕）至；僧众齐供，经声洞晓于合城；五部

20. 真言，去邪魔之疫疠；蝗虫永散，不害于人民；瘴

21. 气漂除，息千门而快活。总斯多善、无疆胜因，先

22. 用庄严梵释四王、龙天八部：伏愿威光盛，神力昌，

23. 振婆娑，护法界，注（铸）剑戟，擗（辟）［田］畴；千秋无霜雹之灾，

24. 万国霸（罢）战争之业。又特持胜福，奉用庄严我尚书

25. 贵位：伏愿福而（如）海岳，无竭无倾；禄比贞松，恒

26. 青恒茂。长隆善教，作菩萨之人王；永保西关，

27. 为万人之父母。又持胜福，次用庄严公主、夫人贵位：伏愿

28. 体花永曜，质貌恒春；娘子、朗（郎）君琼词宝锷，

29. 永受千秋之宠，长居万代之荣。然后河清海晏，

30. 不闻刀鬭（刁斗）之声；四寇除皆（降阶），永绝烟尘之战；三灾

31. 殄灭，尽九横于海嵎（隅）；疫疠消除，送饥荒

32. 于地户。摩诃般若，利落（乐）无边，大众处（虔）诚，一切普诵。①

发愿文中提到的节度使尚书即曹议金，“公主”是议金的夫人、回鹘天公主陇西节氏，“夫人”为议金另一位夫人广平宋氏。愿文描述了当时的社会历史场景。

第二件 S.453《天王文一卷》（S.223、S.607、P.2701等残卷亦抄此文）同

① 参见黄征、吴伟编校：《敦煌愿文集》，第604—605页。

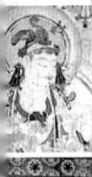

样道出了同时代的众人心声：

1. 夫欲归依三宝、祈赛四王者，若不一心虔恭、
2. 五体投地、同心启请，曷表虔诚！各各
3. 敬心，依口宣请：敬礼十方三世一切诸
4. 佛，敬礼十二部尊经甚深法藏，
5. 敬礼诸大菩萨、摩诃萨众，敬礼
6. 声闻缘觉一切贤圣。如过去诸佛
7. 所有行愿，我某甲等依此修行；如过去诸佛、
8. 诸大菩萨所有忏悔，不敢覆藏，乃至十恶五逆、
9. 微细等诸烦恼亦皆忏悔；如过去诸佛出兴于世，
10. 转法轮时，龙天八部、护世四王来诣佛前，
11. 受佛付嘱，发大誓愿：我等诸王，于三宝间
12. 常生守护，护正法心。若有邪魔及诸恶鬼，
13. 于三宝所［及诸有情］起兴害心，我等诸王，以誓愿力
14. 不令侵扰；若有他方恶贼来于此界，于三宝所
15. 及诸有情起兴害心，我等诸王，速来拥护，
16. 令诸灾怪殄灭无余。又于国境有佛塔庙
17. 及佛教法，一切民民能信受者，我等龙神
18. 尽其威力，常兴护念，令法不灭，魔不得便，
19. 信敬诸徒，获大安乐。谨安法王，一代时教，
20. □□（现有）如是殊胜利益。大汉圣□（主）及我太保，
21. 爰及宰相乃至百官、城隍官吏等兴广大愿，
22. 造立形像，建饰伽蓝，诵持经法，乃至供养三宝
23. 于四天下，下至一花，上至百味。如斯众善，
24. □（伏）请天神地界，转益威光；罗刹夜叉，咸生善念，
25. 何（诃）护国境，利化苍生，使□□（恶贼）不侵，善芽增集。
26. 大汉圣主及我太保寿逾南岳，福极西溟；
27. 心同诸佛之心，体同金刚之体。公卿将相、
28. 百位诸寮，愿灵觉回光，常垂照烛；大慈方便，永荫法云；
29. 荣高丘岳之尊，位镇盐梅之贵；道俗丰乐，遐迩大安。
30. 然后邪教邪师，或□（咒）或咀（诅），□（还）自损伤，勿来侵害。

31. 我诸军师，尤加坚猛；彼诸战士，潜惧疆场。

32. 使兵贼不侵，万姓安乐；住佛性海，摧邪见幢；

33. 息苦尽元，普共成佛。摩诃般若，利乐无边，大众虔诚，一切普诵。①

第五节　僧俗共建的四天王护世佑邦与安伞道场

一、敦煌的《安伞文》

为祈求一州安宁，敦煌每年岁首正月都要在州城四角结坛，竖伞幢，祭四天王，以求得佛教的四大天王来禳灾祛祸，护邦佑国，保境安民。敦煌遗书中保存10多件吐蕃统治和归义军时期的《置伞文》或《安伞文》。首先看S.2146所抄吐蕃统治时期的3件：

S.2146《置伞文（一）》：

1. 夫除灾静难者，莫善于佛顶蜜（密）言；集福延休者，事资于

2. 行城念诵。今者春阳令月，寒色犹威，请二部之僧尼，建白幢于五

3. 所者，其谁施之？时则有节儿、都督为合邑黎元报（保）愿功德之所建

4. 矣。伏惟节儿、都督公平育物，罄节安边，恐瘳疾流行，灾央（殃）条（倏）

5. 起。是以预修佛愿，建因竖良，因行城将殄于妖氛，竖幢伞用臻乎

6. 福利。今既能事备，胜愿享，福长空，量难比。以兹胜利，先用庄严

① 黄征、吴伟编校：《敦煌愿文集》，第609—610页。笔者依据原卷分行并校改。

7. 梵释四王、龙神八部。

S.2146《置伞文（二）》：

1. 夫睹相与善者，无出于应化之身；穰（禳）灾怯（祛）祸者，莫过乎

2. 佛顶心咒。然无身之身，故现身而齐（济）难；无说而说，说心咒而持危。

3. 盛事之兴，莫大于兹矣！今者敦煌之府，内竖白法之胜幢，外设佛顶

4. 于四门，使黑业之殄扫。厥今此会，其谁施之？时则有二节儿、岳牧

5. 杜公等为城埠（隍）报（保）安之所建也。唯节儿都督以虑敦煌西极，境接北

6. 胡，跃马控弦，寇盗无准。恐艾践稼穑，百灭衣食之源；九农匪

7. 登，使万人怀罄悬之念。所以互相设讨，务在安人。若论护国匡邦，无过

8. 建斯幢伞。即冀除灾殃于不毛之地，并疫厉（疠）于无［何］有之乡；五谷无

9. 霜雹之灾，万品登人（仁）寿之城。先资是福，奉用庄严圣神赞普：

10. 伏愿宝位永固，金石齐年；四海澄清，万方朝贡。亦持此善，庄严

11. 节儿都督：为霜（云）为雨，齐（济）枯旱于明朝；部落使诸官，建中（忠）贞于圣

12. 代。又持是善，亦用庄严二教授阇梨，伏愿拯拔殊苦，超出轮回；寿等

13. 寒松，福如春草。然后薄霑动植，遍及无疆，赖此胜因，登正觉道。

S.2146《置伞文（三）》：

1. 夫延祥展庆，心（必）赖于胜幢；扫孽除灾，要资于儿力。

2. 故使善经闻其增寿，庆喜克获本心，魑魅畏之逃刑（形），天魔怖

3. 而求救。大哉神儿，无得而称者欤！今属和风动物，蛰户将开；幡盖

3. 徘徊，缁伦肃穆者，何所谓（为）也？时则有我节儿尚论及都督杜公

4. 等，并乃养人如子，忧国同家；恐妖氛肆恶于城中，品物屡遭于

5. 迍厄。是以三阳令月，启三福于释尊；四季初辰，竖四门之利。总斯

6. 殊妙、最上福田，尽用庄严梵释四王、龙神八部：伏愿威光盛，福力增，

7. 育黎元，护军国。我圣神赞普：唯愿圣躬坚远，日往月来；宝

8. 位恒昌，天长地久。节儿、都督松皇（篁）比寿，福庆相资。部落使诸官

9. 等：唯愿助理平和，惟清惟直。然后四时顺，五谷登，百殃除，万祥集。

10. 般若神儿，请（诸）佛所师；大众虔诚，一切普诵。[①]

此三件《置伞文》主要提到的是通过于年初的竖白伞幢，以保佑吐蕃的赞普（吐蕃国王）王位永固，四季和顺，五谷丰登。这里提到的二教授阇梨，指吐蕃统治时期敦煌僧团的李惠因教授与宋正勤教授，又称东寺（报恩寺）教授和西寺（灵图寺）教授。都督杜公，敦煌遗书中又称京兆杜公，与二教授是同时代人，他们在敦煌的活动时间为公元820年前后。据此可知S.2146之《置伞文》的成书也应在公元820年前后。

张氏归义军时期，岁首四城角安伞活动也很频繁。P.2854为张氏归义军时期的斋文辑录，其中《竖幢伞文》全文如下：

1. 竖幢伞文　夫大觉弘悲，多门级（汲）引；能仁

2. 渲（演）教，感应随机。皆称解脱之功，莫非能济者也。今嘱（属）三春

① 参见黄征、吴伟编校：《敦煌愿文集》，第451—454页。笔者依据原卷分行并校改。

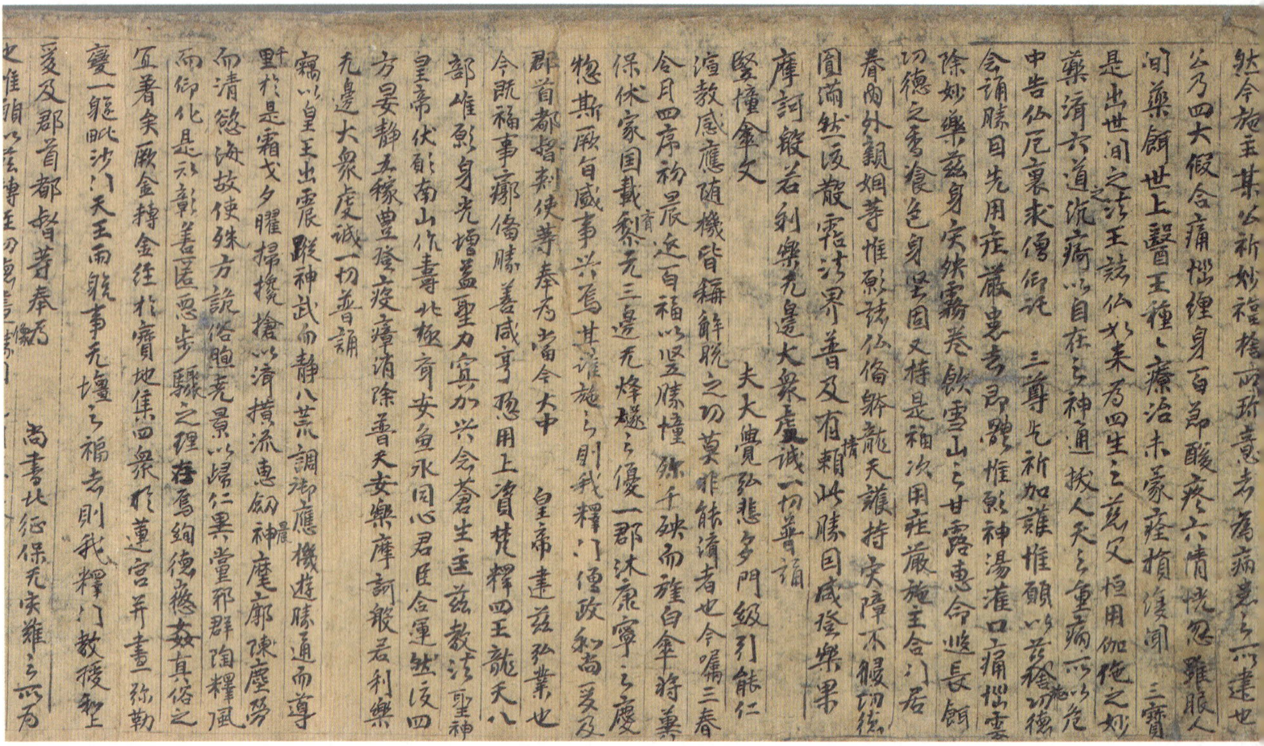

P.2854《竖幢伞文》

3. 令月，四序初晨（辰）；延百福以竖胜幢，殄千殃而旌白伞。将冀

4. 保休家国，载育黎元；三边无烽燧之优（忧），一郡沐康宁之庆。

5. 总斯厥旨，盛事兴焉！其谁施之？则我释门僧政（正）和尚爰及

6. 郡首、都督、刺使（史）等奉为当今大中皇帝建兹弘业也。

7. 今既福事廓备，胜善咸亨（享），总用上资梵释四王、龙天八

8. 部：唯愿身光增益，圣力冥加；兴念苍生，匡兹教法。圣神

9. 皇帝：伏愿南山作寿，北极齐安；鱼水同心，君臣合运。然后四

10. 方晏静，五稼丰登；疫瘴消除，普天安乐。摩诃般若，利乐

11. 无边；大众虔诚，一切普诵。[①]

竖幢伞即安伞。改了名称，但形式和内容不变。文中所记时间为张氏归义军

① 参见黄征、吴伟编校：《敦煌愿文集》，第461页。笔者依据原卷分行并校改。

初期的唐大中年间，敦煌刚刚结束吐蕃的统治。主持安伞活动的依然是僧界大德和地方高官。

在张氏归义军末期出现过一个短命王朝——西汉金山国。金山国小朝廷专门对各项佛教活动的内容和形式做了一次统一的规范化处理。敦煌文献P.3405比较完整地保存了《转经散道场文》《大斋文》《正月十五日窟上供养》《营窟稿》《国有灾疠合城转经》《帝宫有疾》《水旱霜蝗之事》《兵贼侵扰》《安伞》《二月八日》《僧俗逆修稿》等。其中《安伞》全文如下：

1. 安伞　上元下叶，是十斋之胜辰；安伞行城，实
2. 教中之大式。所以声钟击鼓，排雅乐
3. 于国门。命二部之僧尼，大持幡盖，莲花
4. 千树，登城邑而周旋；士女王公，悉携香
5. 而布散。念诵倾心，梵音以佛声震地，箫管
6. 弦歌共浮云争响。
7. 我皇降龙颜于道侧，虔捧金炉，为万
8. 姓而期恩，愿丰年而不俭，五稼倍收于
9. 南亩，三农不废于桑麻，家给年登，千
10. 厢呈望。①

上元节之后的安伞活动，与一年伊始的“印沙脱塔”“岁首燃灯”异曲同工，目的都是为求得新的一年国泰民安、五谷丰登等。而“我皇”（金山国皇帝）的出席，给这项佛教活动赋予了一定的社会政治意义。

曹氏归义军时期，州城四角安伞活动也一直延续下来。敦煌遗书P.3149《新岁年旬上首于四城角结坛文》记：

1. 新岁年旬上首于四城角结坛文
2. 厥今旧年将末，新岁初迎；结坛□（遍）四门四隅，课念满七晨
3. 七夜。心传密印，散净食于十方；灯朗神光，照昏冥于三界。
4. 香焚百和，起雾遍于娑婆；理忏六时，梵乡吼于
5. 鹫岭者，有谁所作？时则有我河西节度使某公先奉为

① 参见马德、王祥伟：《中古敦煌佛教社会化论略》，北京：中国社会科学出版社，2011年，第235—236页。

6. 龙天八部，护卫敦煌；梵释四王，镇安神境。次伏为某公

7. 己躬延寿，同五岳而斋崇；天公主、少（小）娘子、郎君比西溟而

8. 不竭诸（之）所作也。伏惟我令公神姿杰世，天纵英雄；圣

9. 武动而星流，龙笔捐而月落。故得安危济弱，河西

10. 效德政之功；易俗移风，鹑首建拓边之节。遂乃青蛇缠

11. 生于匣，戎烟伏命于阶墀；白虎未上［于］杭枪，兕丑纳忠于戟

12. 佐。加以光隆佛日，大扇玄风；弃邪师书命求神，慕真宗能

13. 仁坏孽。所以逐年岁后，膺首迎祥；九会结坛，七晨殄沴。

14. 于是咒开梵句，随句诵而消殃；经转华音，随音听

15. 而瘴灭。食来香积，散施而啖□升霞；财舍坚牢，□□

16. 而怨家解释。净储五谷，加持助贮而（如）须弥；密水四流，法力遍

17. 洪而（如）大海。朝寻经典，荡某年而不祥；夜唱佛名，凑新春

18. 而善瑞。十方三世诸佛，随请潜满而（于）虚空；地上地前圣贤，

19. 膺响云奔而降会。山川土地灵异，发欢喜电击证盟（明）；

20. 社神稷品祇仁（奇人），起本所归依主愿。是时也，苍龙喜色，一阳

21. 肇而鱼跃泉；玄户收光，芸叶开而荔草莠（秀）。总斯多

22. 善，莫限良缘，先用庄严梵释四王、龙天八部：伏愿云云。

23. 使龙王雨主，九夏疸无伤苗；海圣风神，三秋霜无损谷。

24. 敦煌永泰，千门唱舜日之歌；莲府恒昌，万户舞尧年

25. 之喜。伏持胜福，司空云云。次用庄严天公主贵位：

26. 伏愿宠颜日厚，门来纳庆之珍；重若瑚琏，永贵镇祥之璧。

27. 夫人恒茂，恋花萼之芬芳；郎君神聪，慕忠贞而治

28. 物；小娘子婉顺，守雍礼而居闺；诸宅姻亲，转鸿恩而久（入）室。[①]

文中提到的“公主”和“夫人”即曹议金的二位夫人天公主与宋氏，据此可

① 参见黄征、吴伟编校：《敦煌愿文集》，第602—603页。笔者依据原卷分行并校改。

知其成书和使用于曹议金时期。同时期的还有S.6417《置伞文》：

1. 大觉弘悲，多门吸（汲）引；能仁演教，感应随机。皆称解脱之功，莫非

2. 能际（济）者也。今嘱（属）三春令月，四序初晨（辰）；延百福以竖胜幢，殄

3. 千殃而精白伞。将奉保休家国，载育黎元；四方无衰

4. 变之忧，郡睦（牧）有康宁之庆。总斯多善，莫限良缘，

5. 先用庄严梵释四王、龙天八部：伏愿威光炽盛，福力

6. 弥增，兴运慈悲，救人护国。又持胜福，复用庄严我

7. 当今皇帝贵位：伏愿永安宇宙，舜日恒清；四海共纳于

8. 一家，十道咸欢无二域。又持胜福，次用庄严我河西节

9. 度使太保贵位：伏愿南山作寿，北极标尊；常为菩萨

10. 之人王，永应如来之付嘱。又持胜福，复用庄严管内释门

11. 二都僧统和尚贵位：伏愿敷扬政述，镇遏玄门；色力坚

12. 于丘山，惠（慧）命俞（逾）于遐却（劫）。又持胜福，次用庄严曹常侍及张衙□贵位：伏愿

13. 左（佐）天利物，助圣安边；福将山岳以齐高，寿等海泉而深

14. 远。都僧政（正）、都僧禄诸僧政（正）、法律等：伏愿驾三车而利物，严六

15. 度以庄怀。使法门无衰变之忧，释众保康灾（哉）之乐。又持胜

16. 福，次用壮（庄）严董别驾已下诸官察等：伏愿奇才出众，武

17. 艺超伦；俱怀恤勿（物）之能，助我太保之化。然后三边晏静，

18. 人歌永泰之样；四寇休征，共贺兴宁之庆。灾随旧岁，

19. 雾散云飞；福建新春，百萌齐凑。[①]

这里列出了以河西节度使太保（曹议金）为首的众多官吏和以都僧统为首的众多僧官，实际上是号召大家齐心协力保护家国，除灾免难。文中没有出现家人眷属，所以应不是为他个人所举办，当为曹议金利用佛教活动笼络人心的行为，

① 参见黄征、吴伟编校：《敦煌愿文集》，第455页。有校改。

是其惯用的方法和手段。

P.2237是一件斋文集，前面有“天成五年”杂写，全卷抄录了《脱服文》《愿斋文》（偈语）、《患得损》（患文）、《亡考文》《二月八日文》《印沙佛文》《患文》《安伞文》《燃灯文》《亡女文》等多件，但似出自一位初学的稚童之手，错误较多。此处依黄征的校录，并作简单改动后移录如下：

1. 纸（智）觉胜方（腾芳），功用齐纸（至）。今烛（属）三春漯（影）月，四序初神辰；延佰

2. 福以树胜幢，电（殄）千殃如（而）精白散（伞）。将奉保休加（家）国，再（载）育黎愿（元）；

3. 四方无再边知优（变之忧），郡木（牧）有康宁之庆。总思（斯）多善，莫

4. 恨（限）良缘，先用奉资上界四王、下方八部：复（伏）愿威光伦（转）胜，

5. 福智僧（增）明；发欢喜心，咒（匡）护君（郡）国。使哉（灾）除天畔，殃丧海［隅］；

6. 百姓和宁，五谷风润。当今谛（帝）主，世受兢（克）昌，将相百奄（寮），尽

7. 拜刑（邦）国。又特（持）胜善，次用庄严则我尚书贵谓（位）：复（伏）愿

8. 官承北斗，共劫食如（碣石而）齐坚；谓（位）列名宫，同山何如荣故（河而永固）。又

9. 持胜善，此（次）用庄严则我何（河）西饰（释）门都僧政（正）、法律、

10. 阇梨等：伏愿威光伦（转）胜，戒定惠僧（慧增）；永为苍生之良

11. 弘（肱），长作法门之住食（柱石）。又持胜善，此（次）用庄严州官以下等：为（唯）愿

12. 运神合匣（洽），宜水因心；万岁千秋，康祥一国。然后南幡（蕃）、

13. 北笛（狄），各首（守）本缰（疆）；燕抚（偃武）修文，荣（永）无正（征）战。磨何般若。

这里没有像其他文书那样提到节度使、都僧统等，而只提到了尚书、僧正等低一级的僧俗官吏，但描写的社会历史情景与前述是一致的。看来这次的安伞活动是在这位“尚书”的主持下进行的，他应该是在节度使本人外出征讨期间留守并主政敦煌的、节度使最为信任的亲信官吏。

到曹氏中期以后，安伞活动仍然照常进行。S.4544为《竖幢伞文》：

1. 夫大觉弘慈，多门吸（汲）引；能仁演教，感应随机。皆称解脱之功，莫非

2. 能济者也。今嘱（属）三春令月，四序初分；延百福以竖胜幢，殄千灾而征白

3. 伞，将奉保休家国，子育黎元。四方宴静，无衰变之忧；郡牧有

4. 康宁之庆。总斯多善，莫限良缘，先用庄严我当今

5. 皇帝贵位伏愿永垂阐化，四海一家；广扇人（仁）风，三边晏静。四海（又持）胜

6. 善，次用庄严我河西节度使大王贵位：伏愿南山等寿，北极标尊；

7. 长为菩萨之人（仁）王，永［作］河西之父母。又持胜福，次用庄严我都僧统

8. 大师贵位，伏愿激扬智述（术），镇遏玄门；色力坚于丘山，惠（慧）命

9. 逾于遐劫。又持胜福，次用庄严都官某公等，［伏愿］荣班岁厚，宠

10. 位时增；勤王之智转明，干箭之端益远。然后河清海晏，

11. 永罢干戈；五稼丰登，人民安乐。[①]

本段无标题，依文中“竖胜幢”“征白伞”语，应作《竖幢伞文》或《安伞文》。也是通过年初竖征白伞，为河西节度使大王及都僧统、都官等祈福，以保一方安宁，五谷丰登。河西节度使中当过大王的唯曹议金、曹元忠、曹延禄等人，其中又被称为父母者，敦煌遗书所见仅曹元忠一人而已，其时在公元

① 参见黄征、吴伟编校：《敦煌愿文集》，第457页。笔者依据原卷分行并校改。

964—974年；[①]时任河西都僧统职者为钢惠和尚。据此可知《竖幢伞文》之成文时间。

实际上，安伞（置伞）在9、10世纪的敦煌作为“庄严道场”的仪式，是所有公共的佛教法会必不可少的环节和内容，特别是佛教的节日庆典。本节前面所引《安伞文》《置伞文》等，大多数就是在各种道场使用的。敦煌寺院和官府的各类记账文书中不乏在各种法会上安伞竖幢的记载，前人已经有过相关的论述[②]，限于篇幅，不另赘述。

二、安伞活动的小插曲

吐蕃统治及张、曹氏归义军时期，有置伞、竖伞幢、安伞等称谓。安就是安置，安置的形式就是将伞或幢竖起来。实际上都是一回事，只是叫法不同而已。

P.2598V有一篇榜文，也是关于置伞问题的，全文如下：

1. 使榜
2. 常年正月廿三日，为城隍攘灾
3. 却贼，于城四面安置白伞，法
4. 事道场者。右炖（敦）煌一郡，
5. 本以佛法拥护人民。访闻
6. 安伞之日，多有无知小儿，
7. 把弹弓打运花，不放师僧
8. 法事，兼打师僧及众人眼
9. 目伤损。今固晓示，切令禁
10. 断。仍仰都虞候及乡司
11. 街子捉获，抄名申上。若有此
12. 色人，便罚白羊两，充供使
13. 客者。恐众不知，故令晓喻（谕）。
14. 正月廿一日榜。

---

① 贺世哲：《敦煌莫高窟供养人题记校勘》，载敦煌研究院编：《敦煌莫高窟供养人题记》，第226页。

② 参见张弓：《敦煌秋冬节俗初探》，载段文杰主编：《1990敦煌学国际研讨会文集》，沈阳：辽宁美术出版社，1995年，第587页。

15. 使兵部尚书兼御史大夫张榜[①]

这份榜文的大意是，在每年正月二十三日，为禳除州城灾难、抵御来犯之敌，于城的四面安置白伞，举行法事，设置道场。敦煌一郡，本来以佛法护佑民众。但听说在以往的白伞盖法会之日，很多无知小孩拿弹弓击落法会上用的伞花，还向法师和众人的眼睛射击子弹，造成伤害，影响法会进行。现今特出告示，严行禁止。仍令都虞候及乡司、街子捉拿此辈，记录他们的名字并报告上来。若有此色人等，即行课罚两头白羊，供使者食用。恐人不知此令，特予布告。而为了保证安伞道场顺利进行，由节度使兵部尚书御史大夫张某（淮深）提前两天于正月二十一日发榜告示。

这就是出现在法会前后的花絮。榜文活生生地展现了敦煌民众生动的生活场景，在“善国神乡”的敦煌地区，佛教活动似乎还未使全社会形成自觉的意识，特别是反映出佛事活动对民众家庭的影响，以及家长对儿童活动的约束等方面，充满了生活情趣。

当然，这件文书还为我们提供了其他《置伞文》《安伞文》等没有记载和提供的信息，就是每年举行首场安伞的具体时间，即正月二十三日。这一点与P.3405所记“上元下叶”相吻合。不过从成书时间上讲，P.2598V前有“中和三年四月十七日”杂写，可知发榜之张某为张淮深，为张氏归义军前期；而P.3405成书于敦煌的西汉金山国时期，两者相差二十年左右。但从整个敦煌地区的历史和自然环境看，从吐蕃时期一直到曹氏归义军时期，延续了一百多年的岁首于州城四角置伞结坛道场的时间应该不会有变化。

三、敦煌佛教道场中的大白伞盖及相关问题

敦煌遗书P.4514—A是一幅陀罗尼印画，由于画面构图形式与流行的《大随求陀罗尼经》相似，人们容易将之误认为大随求陀罗尼经咒。经笔者辨认，发现它是一件有关白伞盖信仰的经咒。印画中心是图像，表现一坐佛手结智拳印。围绕着图像是七圈圆形的梵文悉昙体经咒，圆形之外又是几圈方形的梵文经咒，四周是金刚杵与坐佛相间的边饰。在印画下部有一排汉文字，内容如下：

大佛顶如来于光明白伞盖悉怛多钵怛啰。《大佛顶陀罗尼经》云：佛

① 参见敦煌研究院编：《敦煌遗书总目索引新编》，北京：中华书局，2000年。有改动。

告阿难，若诸世界一切众生书写此咒，身上带持，或安宅中，一切诸毒所不能害，十方如来执此咒，心成无上觉。开宝四年十月二十八日记。

这里的大佛顶经提到了白伞盖。佛顶共由5个菩萨表示，代表五佛顶。据《大日经疏》卷五载，五佛顶为释迦如来五智之顶，其相貌呈菩萨形。五佛顶包括：白伞盖佛顶（U2zi2a—sitqtapattrq）；胜佛顶（U2zi2a—jayq）；最胜佛顶（U2zi2a—Vijayq）；光聚佛顶（U2zi2a—tejorq1i）；除障佛顶（U2zi2a—Vikirza）。也就是说这幅印画是有关五佛顶中白伞盖佛顶信仰的。文中同时提到信持的方式，即信仰者只要书写此咒，随身携带或安于宅中，就可以避祸。通过结尾处的纪年，可知此画印制的时间是北宋初太祖在位的971年。

通过《置伞文》和印画可以推测，大约9、10世纪的吐蕃统治时期到宋代，敦煌州城四角安竖的伞幢为白伞盖。而作为五佛顶之一，白伞盖保民护国信仰一直盛行不衰。

对于白伞盖问题的研究，国内外学者已经有不少成果，但多属于对晚期的藏传佛教信仰研究，与本文相关的要提到两篇：才让《敦煌藏文密宗经典白伞盖经初探》和法国学者王微的《白伞盖佛母：汉藏佛教的互动》。前者主要讨论有关白伞盖经的藏文译本，作者认为最早的藏译白伞盖经出现在吐蕃统治时期。后者的论文讨论了白伞盖信仰在汉藏文化中的互动，对汉藏译本也进行了研究，作者认为早在8世纪白伞盖经典在中国已广为人知。尤其让笔者关注的是作者在论文

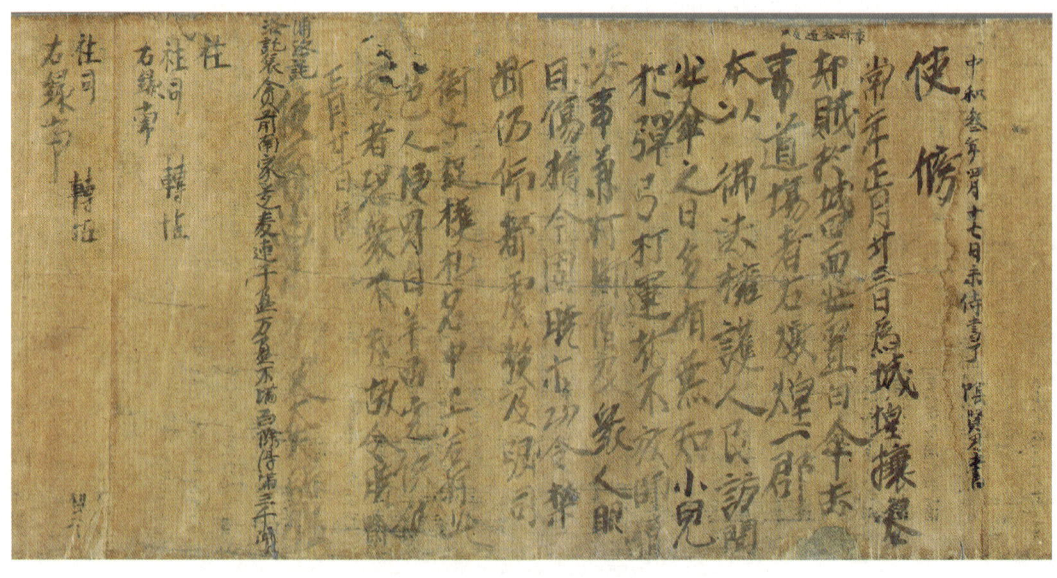

P.2598V《禁止毁伞榜文》

中也提到了法藏P.4514—A印画，并认为这个印画的文字是录自《大佛顶首楞严经》而不是藏文的《佛顶白伞盖陀罗尼经》，这一发现十分重要。本书将在这些成果的基础上，讨论P.4514—A印画所依译本和汉藏佛教对白伞盖的信仰情况及其尊神的样式。

《大佛顶陀罗尼》，全称《大佛顶如来顶髻白盖无有能及甚能调伏总持》，又作《大佛顶如来放光悉怛多钵怛啰陀罗尼》《大佛顶满行首楞严陀罗尼》《首楞严陀罗尼》《大佛顶如来顶髻白盖陀罗尼》《大佛顶真言》，又称《楞严咒》《佛顶咒》《首楞严咒》。为宣说大佛顶如来内证功德之陀罗尼，全咒总计427句。《大正藏》第19册收有不空、沙啰巴、真智三种异译本，据此可知有关白伞盖信仰的《大佛顶陀罗尼》最早的译本来自唐代不空译《大佛顶如来放光悉怛多钵怛啰陀罗尼》一卷，但该译本全部为汉字转写的经咒，除了咒语，没有别的注释内容，甚至连“白伞盖”也没有译出，而是使用了“悉怛多钵怛啰”的梵文音译，通篇译文都没有提到汉语“白伞盖”这个概念。之后是元代的沙啰巴译《佛顶大白伞盖陀罗尼经》一卷，此本提到如果信仰者书写此经咒随身携带，可以避难：“若人赍此佛顶大白伞盖般啰（二合）当鸡啰母陀罗尼经，或以桦皮贝叶素氎书写是已，或带身上或系于项，当知是人尽其生年毒不能害，并诸器械水火宝毒蛊毒咒诅皆不能害，亦无夭横。”第三个译本是元代的真智等人所译《大白伞盖总持陀罗尼经》一卷，这是三个本子中内容最丰富的一个，经中除了有音译的咒语之外，还描述了白伞盖佛母的样式、持物及身色。另外，如印画中所记录的那样，真智译本也提到了此经随身携带，特别是提到安于宅中即可避难的灵验效果：“凡有行人，以此一切如来顶髻中出白伞盖佛母余无能敌大回遮母，或桦皮或白氎或树皮上书写已，或戴身上或项颈上，则能直至终身，以毒不能害，以器械不能害，以火不能焚，以水不能漂，以宝毒不能中，以和毒不能害，以咒毒不能坏，非时夭寿不能侵……及斗战余他一切军兵之中，则能以此一切如来顶髻中出白伞盖佛母，余无能敌大回遮母。安置于幢顶上作广大供养已，将幢置大城门上，或宫宅之中，或村坊之中，或聚落之中，或川原之中，或寂静之处。于余无能敌大回遮母处作广大供养。则能速然国界安宁，亦能柔善疫病，寻与损害斗争，余他一切军兵也。”与印画一样同时提到“白伞盖”和“安于宫宅中”可避难内容的只有元代真智译本，而早于印画所记的开宝四年的译本只有不空本，但不空本既没有提到白伞盖也没有说安于宅中可避难；同时，开宝年号只出现在北宋初年，别的朝代没有相同的年号，因此印画的时间是没有争议的，所以怎样解释这个现象呢？

大藏经收录的经目显示，有关白伞盖信仰的经典除不空等3个译本外，在唐元之间的四百多年间没有别的译本。保存至今的不空本除了汉字转写的梵文经咒之外，没有其他内容，白伞盖也是用的梵文转音，因此在此前没有白伞盖信仰的其他译本传入的前提下，人们不可能据不空译本制作这个印画却提到汉文“白伞盖”和安于宅中可避难等类似的文字。因此笔者有一个推测，那就是在不空译本和元代沙啰巴、真智等译本中间，应该还有一个广为流行的本子。这个本子出现在不空之后到北宋初年之间，它在内容上应该与真智本更加接近，既体现了“悉怛多钵怛啰”就是“白伞盖”，又说明了此咒的使用方式，对于信众来说，有着丰富的可操作性。

汉地的白伞盖信仰显然是由8世纪来华的不空译经《大佛顶如来放光悉怛多钵怛啰陀罗尼》开始的，但这里白伞盖这个概念使用的是音译，对于一般信众来说，“悉怛多钵怛啰”显然是一个很复杂的词。正如笔者前文所指出的那样，印画不可能源自不空译本，那就有可能还有一个或一些更直白的汉译本在民间流行。由此，一部甚为流行的伪经和一些相关的抄本进入了我们的视野。

编纂于8世纪、托名般剌密帝的伪经《大佛顶首楞严经》在当时十分流行，该经是佛对阿难讲出，这一点与印画中的文字相符。此经的第七卷纳入了不空的白伞盖译本并加以扩大，谈到供奉悉怛多钵怛啰（大白伞盖）的清净仪轨和信持此咒的方式。笔者以为P.4514—A印画可能源自与《大佛顶首楞严经》卷七相似的流行抄经。理由如下：首先，印画中提到了佛对阿难说如何如何，而《大佛顶首楞严经》也是佛对阿难说出的，在卷七中载：“阿难！若诸世界随所国土，所有众生随国所生桦皮、贝叶、纸素、白氎，书写此咒贮于香囊，是人心惛未能诵忆，或带身上或书宅中，当知是人尽其生年，一切诸毒所不能害。”这段文字与印画中提到的信持方式基本一致，即或随身带持或安于宅中。这一点，王微的文章也关注到了。其次，十分值得注意的是该伪经纳入了不空汉字转写的陀罗尼，更重要的一点是作者对每一句梵文的转写进行了注释，尤其在第67、68句中就提到了“伞盖佛顶”这个概念：萨怛他揭都乌瑟尼衫（如来佛顶）（67）；悉怛多（引）钵怛啰（二合）（华盖）（68）。也就是在此卷经文中，作者将“悉怛多钵怛啰”注释为“华盖”，这一点对于理解伞盖信仰在民间的流传是十分重要的。也就是说，当不空将《佛顶如来放光悉怛多钵怛啰陀罗尼》译出后，马上就有译师将这些晦涩难懂的梵文译成了相关的汉文，但没有收录到历代整理的经藏中，而是被编纂到伪经《大佛顶首楞严经》中，然后其中的单卷抄本在民间流传开来。这一点从大量相同时期的“置伞文”也可以得知，“伞盖”这个词当时已经十分流行，信众也明白这尊神的汉文名称和无上法力。

由于有了能理解的汉文注释，伪经《大佛顶首楞严经》开始广为流行，其单卷或多卷抄本在敦煌的汉文抄本中就多达百件，仅第七卷的抄本也有7件。另外，这里将要提到宗舜法师的观点，他的观点使笔者相信，当时这种有汉文注释的伞盖陀罗尼，在那时的民间比大师不空的译本更为流行。宗舜法师认为P.3916.8、P.4071.2、P.4519、S.4637、北7670（月18）、S.6345、Dx00927、浙敦176（浙博151）等8件《大佛顶如来顶髻白伞盖陀罗尼神咒经》汉文抄本，可能是不空音转陀罗尼的注释本。由此，推测《大佛顶首楞严经》第七卷这种汉文转梵音的注释本，正是编辑了浙敦176（浙博151）等8件《大佛顶如来顶髻白伞盖陀罗尼神咒经》的抄本，这种抄本和伪经中第七卷的出现时间当在不空本译出后不久。有了不空本的注释本和编纂的伪经《大佛顶首楞严经》，“白伞盖”这个尊名和其宗教功能及信持方式才在民间普及起来，敦煌抄本中许多《置伞文》《安伞文》《竖幢伞文》，如P.2854、P.2237、S.2146、S.6417、S.4544等，更进一步说明在吐蕃占领时期，也就是晚唐到五代的时候，民间已熟知尊神“大白伞盖”并有其信仰的流行。9世纪，入唐八家之一的日本僧人圆行（800—853），在他从中国带回日本的“新密教经典”中即有《白伞盖佛顶仪轨》一卷，说明白伞盖佛顶是当时中国流行而在道场供奉的主要神灵之一。

10世纪以降，虽然没有新的白伞盖经典译本出现，但民间流传的抄本或印本使白伞盖信仰一直盛行不衰，而此神的灵验也必使人们不断地传颂和刻印该神的图咒，P.4514—A印画当是在这种背景下产生的。一方面印刷技术的成熟与推广，便于人们用纸印下神像散发；另一方面人们相信，印制的画像越多，功德越大。因此，虽然纸质的神像不易保存，留传下来的印画也不多，但这类印画在当时的发行量应该是很大的，大白伞盖信仰形式在民间传播的范围于这一时期可能更加广泛。

第六节　官贵家族道场

敦煌有一些道场活动是家族行为。主要是官宦家族和世家大族。如敦煌文书P.3770，有唐前期抄写的《十戒经》、吐蕃和张氏归义军时期抄写的发愿文、庆寺文、二月八日文等，卷末题跋二通：“此卷尾有出家律荣入道启或若要检用”“此卷内蕃汉二代表□皇帝及吐番赞普志官史回向发愿及戒忏诸杂斋文等一

卷”。[1]其中《张族庆寺文》是归义军节度使张议潮家族建成寺院后庆典道场所用文书的草稿本，全文如下：

1. 张族庆寺文

2. 悟真闻：大通垂应，梵王上亿万之宫，能佛化成帝释，

3. 献千花之敷。给孤游□（园），地出黄金；禳祛施台，陵若

4. 积宝。莫不层台横求，超出世间，莹饬光华，兹福难

5. 测矣。厥今风惊苑野，光临仆殿之晨；宿持坤星，桂月

6. 霄圆之日。横敷雁塔，万种星罗，广辟鸡园，千众□

7. 列。尚书躬驾，请佛尽于十方；张族倍轩，会僧克己。

8. 清众香纷，异馥花散，奇鏝仮疑，香积飞来，乐陈大厦（夏）之音，梵奏鱼山之馥，供列纯施之□（味）。

9. □尘龙象缘盈者，则我河西节度尚书公爰及宗人望族庆

10. 扬之作建福事也。伏惟尚书渥洼龙种，丹穴凤雏；

11. 禀气精灵，生便五色。金门锡诏，天委忠心；变戎马之南

12. 郊，成礼乐之风俗。拥旌负节，竭力尽忠；报主酬恩，丹

13. 诚恳切。所以握明条而开一道，怀机密而谋四方；秣马三危，横

14. 行五郡。兵雄陇上，守地平原；教武则剑气横空，搜练则阵云

15. 朝合。勋劳为战，决胜三处，有死而荣，无生而辱。故以惠解孤悬，

16. 信沐恒洁。或于管内遍修葺于伽蓝，梵日弥遐，□□□□□□，

17. □施驼马，以跃群为佛缘，□馔家而竭府库。又见张师（寺）古刹，

18. 耆旧相传，建立年缘目将□□，遂化据城张族而谓之曰：

19. 余等并是南阳昆季，墨沼连支，仗剑边城，久居岁月，或荣

20. 班紫绶，或树命金词，或经史在怀，或陈谋效节，或优游养之，

21. 或适性闲居，或志重桑门，或殷诚善道。今者，世之虚幻，时属

22. 艰危，若不与善资身，何以保宁清吉？人之不肖，贻厥有惭，亲

23. 呢（昵）则百从何疏，宗盟则一族无异。禳灾启福，莫大于崇

① 敦煌研究院编：《敦煌遗书总目索引新编》。

建；于舍坊创

24. 造伽蓝，又莫先于修故塔。上行下效，□愜本情，异口同音，三称

25. 其善。由是我尚书领家有张族，□贸良工，约限裁基，揆

26. 日兴建。星驰雨骤，各骋妙能，雷动云奔，功成事毕。于是巍

27. 峨月殿，上耸云霓；广厦星宫，傍吞霞境。乌轮未举，金

28. 容豁白于晨朝；兔月荒昏，曦晖照明于巨夜。丹窗绀风，晃

29. 耀紫霄；宝柱金门，含风吐日。斜昂嶷崱，写龙甲之参差；环

30. 栱连绵，状红霓之出没。重檐轩翥，比鸾凤而俱飞；□开垂

31. 莲，类天花而竞发。幡悬八彩，云合四廊。影摇香阁之风，

32. 色集花园之日。加以招提种业，□住有基，住持一七，真僧衣粮。

33. 四时心断，希我威事；人俱迩瞻，胜愿成享，今晨庆赞。是日也，

34. □霜耀彩，应九乳而朝凝；玉露浮光，集三危而夜结。绍穆请

35. 供，盛陈福事之果。回向复终，总斯多善，莫限

36. 良缘，先用上资，梵释四王，龙天八部，先增神力，冥加

37. 口念苍生，救人护国。①

前述提到过张氏家族有众多出家的“法律阇梨”（尼僧），其家族建造一座寺院安置他们，自在情理之中。

前述上海博物馆藏敦煌文献第48号（41379）第37件（第90—93页）原名《曹元深祭神文》，原文图版刊登于《上海博物馆藏敦煌吐鲁番文献》第2册（第46—47页）。郝春文在书评中对这件写本做过简单介绍。②这件文书记载的是曹元深为祭奠其父曹议金所办道场活动的主题内容，不仅提供了道场法会活动本身的资料，还有瓜沙地区社会历史的诸多信息。原文如下（标点为笔者所加）：

1. 维大唐清泰四年，岁次丁酉，八月辛巳朔十九日己亥，孤子

2. 归义军行军司马、银青光禄大夫、检校国子祭酒兼御史大夫、

① 参见郑炳林：《敦煌碑铭赞辑释》，兰州：甘肃教育出版社，1992年，第258—259页。有少许改动。

② 郝春文：《〈上海博物馆藏敦煌吐鲁番文献〉读后》，《敦煌学辑刊》1994年第2期。

3. 上柱国、谯郡曹元深等，敢昭告于后土地神祇、五方帝、

4. 五岳、四渎、山川、百灵、廿四气、七十二候、四时八节、太岁将军

5. 十二时神、墓左、墓右、守塚大夫、丘丞莫伯、四封都尉、魂门

6. 停（亭）长、地下府君、阡陌游击、三丘五墓、家亲丈人：今既

7. 吉辰良日，奉设微献，五彩信弊（币），金银宝玉，清酒肥

8. 羊，鹿脯鲜鱼，三屠上味。惟愿诸神，留恩降福，率领

9. 所部，次弟就座，领纳微献，赐以嘉福。主人再拜。行酒上香。

10. 奉请东方苍龙甲乙墓左之神，奉请南方朱雀

11. 丙丁墓前之神，奉请西方白虎庚辛墓右之神，

12. 奉请北方玄武壬癸墓后之神，奉请中央黄帝

13. 后土戊己墓内之神，奉请乾坤震巽离兑坎艮八卦神君、

14. 元曹、墓曲、墓录、墓鬼、殃祸、墓耗之神，童子、宝藏、金印、

15. 金柜、玉信、黄泉都尉、蒿里丈人一切诸神等，各依率所部，

16. 降临就位，依次而坐，听师具陈。主人再拜，行酒上香。

17. 重启诸神、百官等：今既日好时良，宿值天仓，主人尊父

18. 大王灵柩，去乙未年二月十日于此沙州莫高乡阳开之里，

19. 依案阴阳典礼，安厝宅兆，修荣（营）坟墓，至今月十九日毕

20. 功葬了。当时良师巽择，并皆众吉，上顺天文，下依地理，

21. 四神当位，八将依行，倾（顷）亩足数，阡陌无差，骐（麒）驎（麟）凤凰，章

22. 光玉堂，各在本冗，功曹传送，皆乘利道，金柜玉堂，安图

23. 不失，明堂炳烛，百神定职。加以合会天仓，百福所集，万善

24. 来臻。又恐营选选日，掘凿筑治，惊动地神，发泄上气，工匠

25. 不谨，触犯幽祇，或侵阴阳，九坎八煞，非意相妨，或罗天纲，或

26. 犯魁罡，或惊土府，或越辛光，或逆岁时，横忤既祥。今日谢

27. 过，百殃消亡，死者得安，生者吉祥，苍龙扶左，白虎扶右，朱

28. 雀尊前，玄武御后，宝藏金柜，四方日益官崇利；公侯卿

29. 相，世禄不绝；所向休泰，永保亢吉。尚饗。主人再拜，行酒上

30. 香。主人某乙等，谨复重启：所献微礼，蒙降福祐。愿镇谢

31. 已后，亡者魂神，安宁幽室；生者兴崇，子孙昌盛；长保嘉庆，

32. 内外贞吉，福善日臻，祸殃休息。殷勤奉谢，庶士（事）如法，薄礼虽轻，

33. 微意实重；既蒙慈泽，领纳单（丹）诚，上下诸神，尽情幸乐，皆为醉

34. 饱，三爵既固，福崇嘉庆。今日直（执）符直（值）使，前后游击，邪魅驱逐，万

35. 里阡陌；将军、亭长、都尉，卫护幽宅，永保贞吉，丘墓安静；子孙

36. 富贵吉昌。既昭周流，宣祭已毕，时多味歇，请收余祚。尚飨。

37. 便酌酒与主人寿福，及散酒四方。又取酒咒曰：今蒙福祐，愿之灵幽室，

38. 永无灾难。饮酒讫再拜。又请三重王之礼，悉以周遍，镇谢之福。收藏已讫，

39. 合座饱满，上下喜欢。时延日暮，不敢稽留，坐者既疲，立者复

40. 劳，酒冷无味，肉冷无气。愿神严驾，各还本位：在左还左，在右还

41. 右，上官还天，下官还地。垂恩纳祐，勿令故气邪精，横相忏扰；所

42. 游恶气，远驱万里；子孙安吉，永无后难。上下再拜。送神上路。

43. 谨以始终再拜。

关于本文成书年代，文中已有交代：清泰四年八月十九日。清泰为五代后唐废帝年号，始于公元934年，终于公元936年，前后只3年。清泰四年即公元937年，实为后晋天福二年；但敦煌地处偏远，消息闭塞，清泰年号一直用到五年（938）。

细读原文，不难看出，本文并不是一般的祭神文，而是曹元深安葬其父亲灵柩之祭文。文中明示：元深之父于两年前的二月十日停厝于敦煌莫高乡阳关里；接着开始修墓，至成书日墓已修好，故为其父举行安葬仪式并宣读此文，而且在

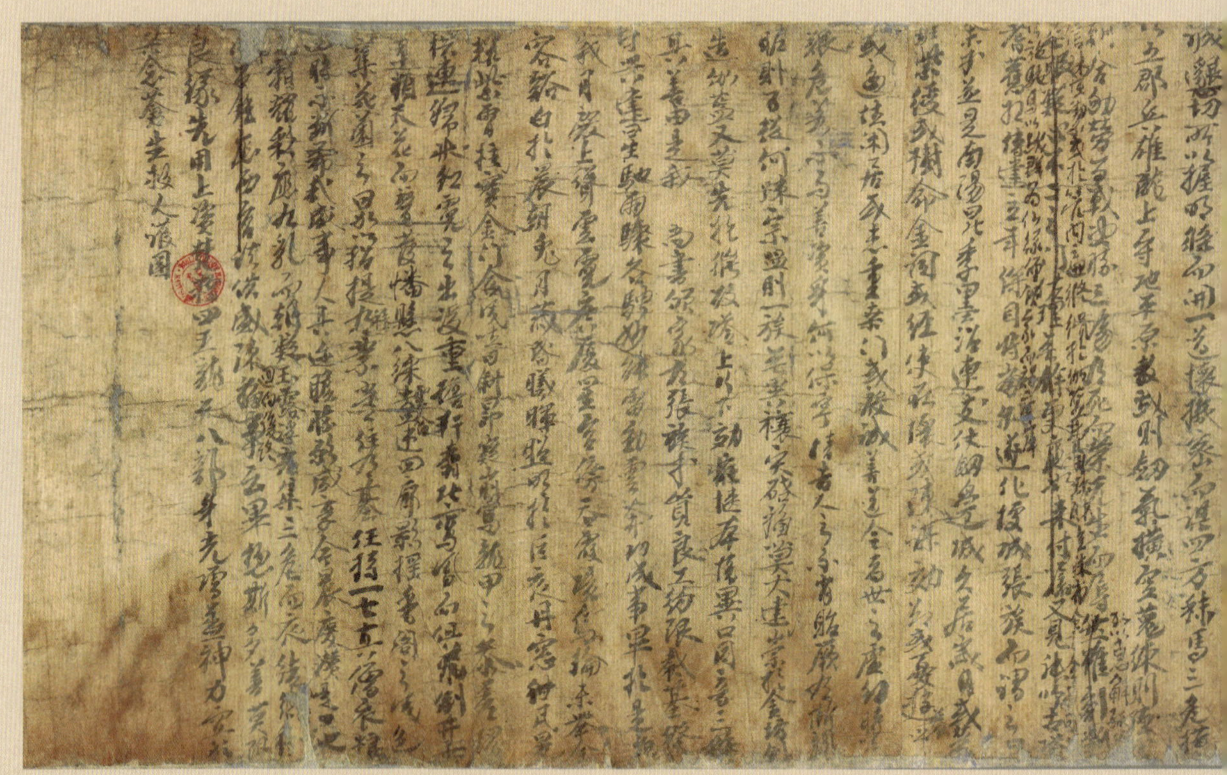

P.3770《张族庆寺文》

□來寶經經昌金石能寺五六七四方暑伸
消疊灾疫滅除灾害天安樂
讓灾文　夫諸佛無思无緣普備有情
見異感因緣善救使歸向去福遂感
生種發志福從心起則知福福自致於聖王要
書者厥一所今更集緇徒嚴持幡蓋列四門
之勝會旋一郡五部嚴像設金容雲飛
鷲嶺延維瞻欲豈同年哉所集四王護
世百福潛於擭掄歸於天門度濟蔽花地
戶慶雲布野喜色競六歡載千秋終之
總斯功德迴奉龍天八部之

張□慶寺文
悟真　聞大通無盡難抱上方德之宗能化成等
實千祀之後[illegible]第[illegible]金繡法施奉讀等
經[illegible]草不屬靈境[illegible]遂出世間莊飾光華茲福維
則美厥今茂鶩光野花[illegible]深嚴之春霜精坤皇桂
實國之日擒[illegible]之盛矣[illegible]星羅[illegible]維蘭千[illegible]
列　尚書將鶴法[illegible]張族吉軒金[illegible]
尚樂香[illegible]花毬[illegible]鬘依凝[illegible]飛來從列[illegible]
[illegible]
[illegible]推[illegible]則敷河西　之慶尚書[illegible]及宗人[illegible]
[illegible]

宣读中穿插一些祭拜仪式。这是曹元深在留守瓜州时专门为安葬父亲曹议金所举办的法会，即道场。由此可知，曹议金死后停厝敦煌两年后才归葬瓜州故里。曹元深此时的职务应该是瓜州刺史。而执掌归义军的曹元德（曹元深长兄）可能是因为军政事务缠身而未出面安葬遗骨，致使元深祭文中以“孤子”称，借此宣泄对兄长及其一起住在敦煌的庶母、弟妹们的不满。

曹延禄是曹氏归义军第六任节度使，也是继曹议金、曹元忠之后任期最长的节度使，而且到后期也具有敦煌王的封号。他庄园的水池旁出现地坑，注水不停，故设道场。这是他的家事，道场也是与敦煌地方及归义军无关的家族行为。但这里似乎看不到佛教诸神，完全是民间诸神，所用为道教的斋醮仪式。曹延禄自己是信奉佛教者，在敦煌石窟的莫高窟、榆林窟等处留下大量营造佛窟的记载。而在一个以佛教为主体意识形态的社会环境下，作为一名佛教信徒，使用非佛教的手段应对和处理自然现象，也反映出佛教社会化的一个侧面。

第七节　从剑川二月八日法会看敦煌斋仪的传承

一、佛教节日中的二月八日庆典

佛教节日活动，是道场法会的主要内容。P.2940《斋琬文》也将其排在首位。并且保存了部分具体内容：

……

1. 赞功德弟一四条：窃以实相凝空，随缘以呈妙色；法身湛寂，应物

2. 感而播群形。幽显冀其津梁，人天资其级（汲）引。自祥开道树，变现之迹难

3. 量；捧驾王城，神化之规巨测。加以发愿（原）鹿野，觉海浮浪于三千；光照鹤

4. 林，知炬潜辉于百亿。府（俯）运善权之力，广开方便之门；

邈矣能仁，遐哉［妙］

5. 觉者也！王宫诞质　四月八日。斯乃气移璇律，景绚朱躔；祥风荡吹于

6. 金园，瑞日融辉于宝树。蓂舒八叶，摇翠影于周霄；桂写半轮，掩浮光

7. 于鲁夕。池花含秀，十方开捧步之莲；天雨流芳，九龙洒濯襟之液。

8. 恒星落耀，珮日扬辉；味甘露以凝滋，盖鲜云而飏影。黄莺啭树，争吟

9. 圣喜之歌；素蝶萦空，竞引蓬山之舞。毛翔（翎）羽族，总百亿而同瞻；

10. 神境天宫，亘三千而率奉。逾城出家　二月八日　斯乃韶年花媚，景仲序

11. 芳春；皇储拔翠之辰，帝子遗荣之日。于是璇枝逗影，乘月路以霄

12. 征；琼骞驰襟，蹑星衢而夕照。税金轮于宝柱，腾王马于珠

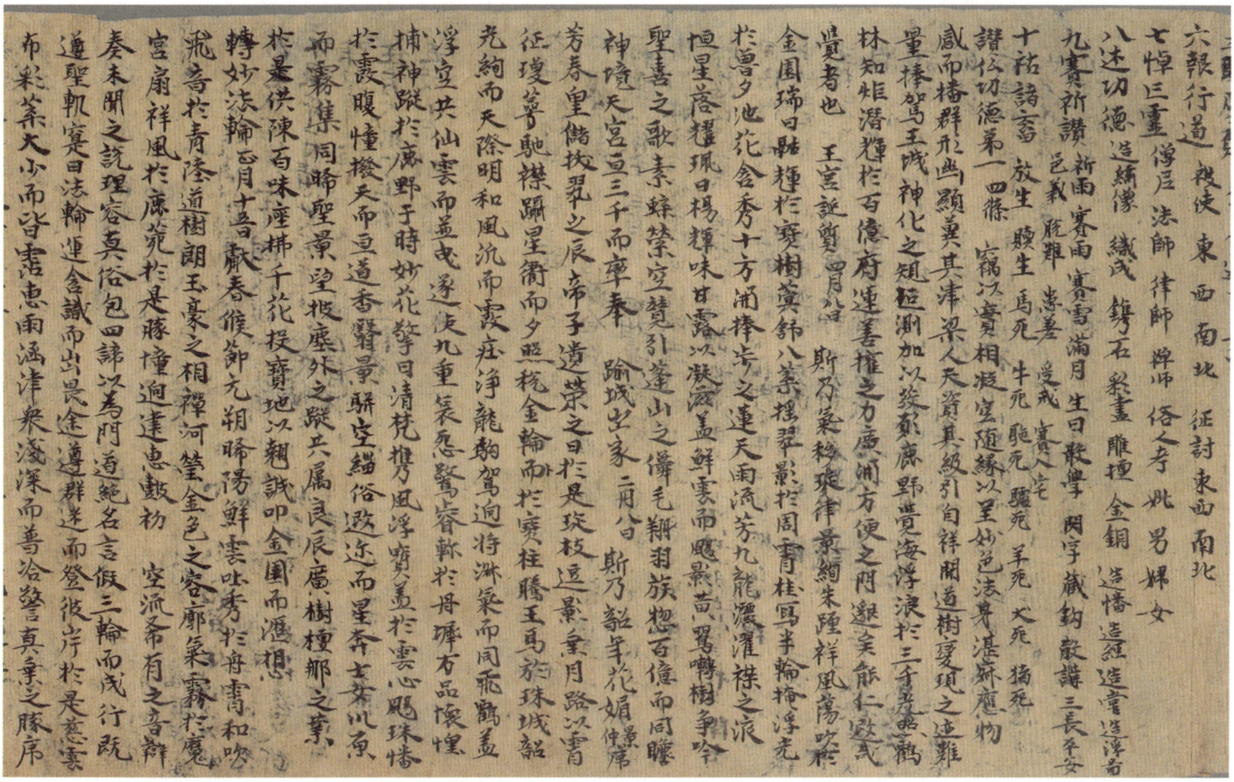

P.2940《赞佛功德》

城；韶

13. 光绚而天际明，和风泛而霞庄净。龙驹驾回，将淑气而同飞；鹤盖

14. 浮空，共仙云而并曳。遂使九重哀怨，警睿轸于丹墀，万品怀惶，

15. 捕神踪于鹿野。于时香花擎日，清梵携风；浮宝盖于云心，飏珠幡

16. 于霞腹。幢拨天而亘道，香翳景［以］骈空；缁俗遐迩而星奔，士女川原

17. 而雾集。同归圣景，望披尘外之踪；共属良晨（辰），广树檀那之业。

18. 于是供陈百味，座拂千花；投宝地以翘诚，叩金园而沥想。

19. 转妙法轮　正月十五日　献春候节，元朔晞阳；鲜云吐秀于舟（丹）霄，和吹

20. 飞音于青陆。道树朗玉豪之相，禅河莹金色之容；廓气务于魔

21. 宫，扇祥风于鹿苑。于是胜幢回建，惠（慧）鼓初□；空流希有之音，辩

22. 奏未开之说。理容真俗，包四谛以为门；道绝名言，假三轮而成行。既

23. 遵圣轨，寔曰法轮；运含识而出畏途，遵（导）群迷而登彼岸。于是慈云

24. 布彩，叶大小而皆沾；惠雨涵津，众浅深而普洽。警真乘之胜序，

25. 请智镜之芳辰，妙力难思，神功罕测。现归寂灭　二月十五日

26. 斯乃青祇戒（届）序，候律惊辰；金河迭八解之之澜，宝地秀七花之蕊。于

27. 时一音遐震，吼百亿而雷奔；五色光飞，照三千而电发。藻（澡）鸳池之

28. 德水，标鹤树之祥林；严绮阁于云心，庄净芳（坊）于镜面。遂乃金棺焰起，

29. 佛日于是沦辉；银椁烟飞，慈云以之罢润。遂使尘方力士，仰生地以驰魂；沙

30. 界含灵，俯提河而洒血。可谓善逝调机之夕，能仁控寂之辰；

启方便之幽关，

31. 示董（熏）修之胜轨。

……[①]

以上众多的佛教节日中，二月八日是敦煌乃至中国古代的主要佛教节日庆典。

近年考察发现，敦煌古代的福田法会，在今天的大理白族地区继续保持着。佛教作为一种信仰，已经渗透到民众生活的各个方面。特别是在有“西南敦煌”之称的剑川，除了拥有剑川石窟这一举世闻名的佛教文化艺术宝库之外，敦煌文献中记载的敦煌的一些佛教活动，特别是与中国文化、民间信仰相融合后已经演变成为民俗风情文化的密教信仰与佛教节庆活动，如观音信仰、十王信仰、各类佛教陀罗尼活动等，在今天的剑川及大理白族地区也得以传承和保存。从白族保留下来的各种节日法会和主要科仪中可以看出，与敦煌古代一脉相承。如大理白族地区每年的佛教节日正月十五上元节、二月八日太子会、四月八日佛诞、七月十五中元会、腊月八日佛涅槃日圆满会，以及有关马鸣菩萨的四季节日，等等，[②]都与敦煌古代的佛教节日很相近。另外，白族地区使用的科仪如《药师科》（佛说消灾延寿药师灌顶章句仪）、《地藏慈悲救苦荐福利生道场仪》等，念诵的与民众生活、社会生产直接相关的经文如《慈悲三昧水忏》《佛说药师灌顶拔除过咎生死得度经》《佛门择黄道吉日》《观音经宝忏》等，[③]与敦煌古代如出一辙。这里将敦煌二月八日法会与大理剑川白族太子会的情况进行比较，以说明敦煌法会活动的历史传承情况。

二、敦煌行城与剑川二月八日太子会的由来

行城一般被称为行像。老一辈佛学专家林子青有过详细考证和说明，指出行城是用宝车载着佛像巡行城市街衢的一种宗教仪式，起源于印度，南北朝时期传入并流行于中国内地。[④]关于行城的缘由，有纪念佛诞日说和佛出家日说；而关于佛诞日又有四月八日与二月八日说。后来的共识是以四月八日为佛诞辰日，而

① 参见黄征、吴伟编校：《敦煌愿文集》，第68页。

② 段鹏、李艳编：《非物质文化遗产阿吒力教派口传经选》，剑川县旅游局内部资料，2013年，第18—19页。

③ 段鹏、李艳编：《非物质文化遗产阿吒力教派口传经选》，第14—17页。

④ 林子青：《行像》，载中国佛教协会编：《中国佛教》第二辑，北京：知识出版社，1982年，第375—377页。

以二月八日为佛出家日。行城活动多为二月八日举行，四月八日的佛诞行像纪念活动后来被浴佛所代替。

古代敦煌的各类佛教节日活动基本上也如上述。敦煌文献中关于二月八日行像（行城）活动记载，最早出现于吐蕃时期。而对此问题，前人已经有过不少研究，如罗华庆、郝春文、谢重光等先后在各自领域的研究中都有涉及。[①]而最详细的是谭蝉雪集十多年之功，从民俗风情的角度对敦煌二月八日行像（行城）活动的研究成果，集中于后来出版的《敦煌民俗——丝路明珠传风情》，其中特别对佛出家日与佛诞日的天竺二月八日与汉地四月八日的关系作了说明，确认二月八日为佛出家日。[②]因此，敦煌保存下来的众多相关文书都以二月八日为纪念佛出家日。

行城之日，僧俗大众高抬佛像巡行全城街衢及城东南西北四门。按照相关记载，二月八日和四月八日都要举办行像，分别纪念佛出家和佛诞，只是所造佛像有所不同：二月八日为太子出家相，四月八日为太子诞生相。而敦煌保存的多份《二月八日文》的记载中，只有二月八日的行像活动，如敦煌遗书S.1441《二月八日文（二）》[③]：

1. 法王诞迹，托质深宫；示灭双林，广利群品；凡诸胜事，难可谈矣！

2. 今则仲春上和，少阳盛事；太子逾城之月（日），天王捧足之辰。释氏星罗，士女

3. 云集，奔腾隘路；像设金园，宝盖旋空，环城竖（树）福。总斯多善、无

4. 疆胜因，龙天云云。又持胜福，尽用庄严我仆射贵位：捧金炉兮解

5. 脱香，时清平兮国人康；君臣合运兮如鱼水，大唐万岁兮日月

6. 长。然后风调雨顺，岁稔时丰；疫疠消除，吉祥云集。

10世纪初年的敦煌西汉金山国，曾经对各类佛教活动做过一次规范处理，

① 罗华庆：《9至11世纪敦煌和行像和浴佛活动》，《敦煌研究》1988年第4期；郝春文：《唐后期五代宋初敦煌僧尼的社会生活》，北京：中国社会科学出版社，1998年，第230—232、168—169页；谢重光：《中古佛教僧官制度和社会生活》，北京：商务印书馆，2009年，第139、147页。

② 谭蝉雪：《敦煌民俗——丝路明珠传风情》，兰州：甘肃教育出版社，2006年，第60—64页。

③ 参见黄征、吴伟编校：《敦煌愿文集》，第33页。本录文略有改动。

留下了敦煌遗书P.3405《金山国佛事文范》，其中“二月八日”：

1. 二月八日
2. 释尊下降，护明托荫于中天；母曰摩
3. 耶，现受胎之大迹；无忧树下，从左胁
4. 而诞生；坚牢地神，捧金盘而跪圣。年
5. 方弱冠，容貌卓奇，力举鳌（龟）山，掌擎
6. 大象，弯弧而金鼓齐穿，角胜而千
7. 夫披美。乘白马飞出王城，直入
8. 雪山，七年修道，乃成正觉。广度群生，
9. 化周群品，示有涅槃，貌归图寂之中，
10. 方便留其身骨。俗谛流识，记之往
11. 日，漠仪象体，绕邑而周遭。梦迎
12. 福于兹辰，荐　我皇之宝位；东宫太
13. 子，乘历运于玉阶；公主嫔妃，承天休
14. 于万岁；百官宰相，岁受禄于千龄；

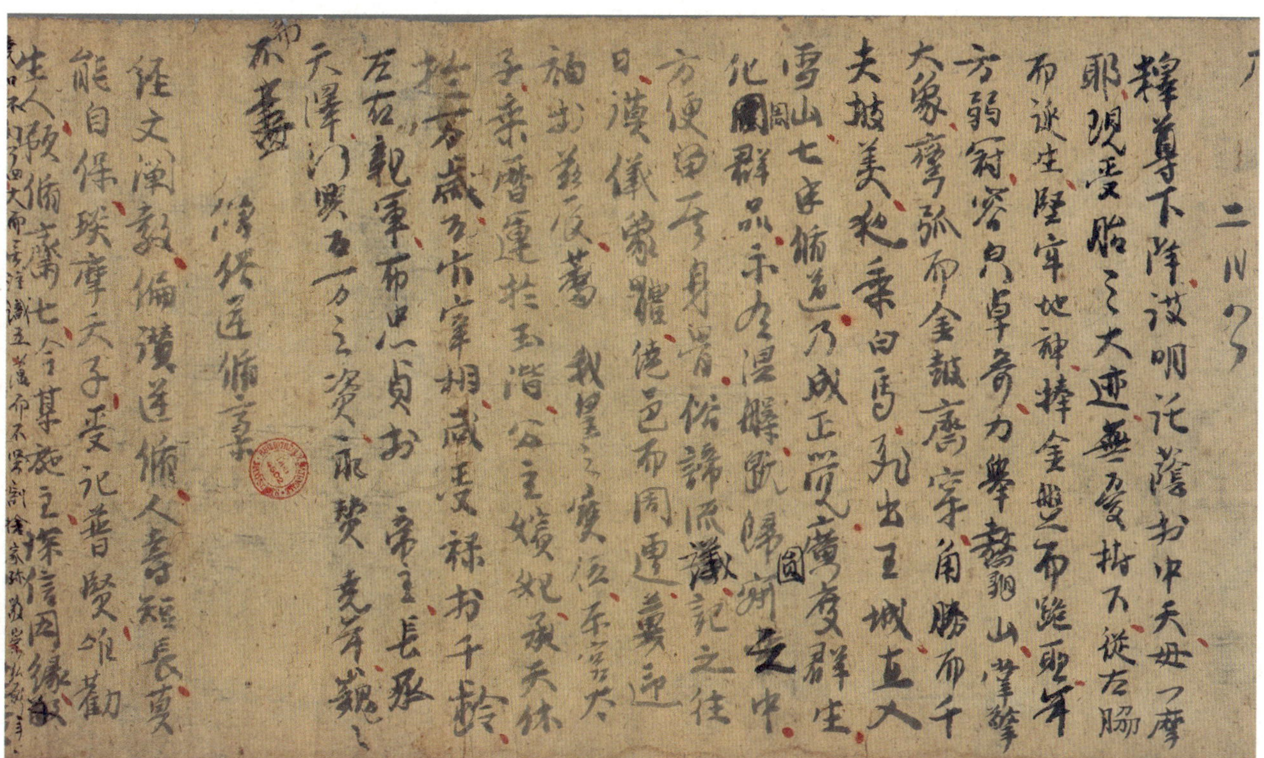

P.3405《二月八日》

15. 左右亲军，布忠贞于帝主。长承

16. 天泽，门兴百万之资；永赞尧年，巍巍

17. 而不尽。

从以上记载中可以看出，敦煌古代二月八日的佛事活动多为纪念佛出家。这一点和汉传佛教系统的佛教诸节庆日相一致。

剑川的太子会，属佛教阿吒力教派的节日，“太子”即释迦太子。剑川地区于每年农历二月八太子出游日和四月八佛诞日举行两次太子会，以二月八太子会规模最大，是剑川现今民间自发组织的规模最大的佛教民俗文化活动，有丽江、怒江、大理、昆明等地的人参加，人数达二三万人之多，近年的太子会还有日本、韩国、美国等外国友人慕名而来。[①]据云南省非物质文化遗产传承人杨云轩阿吒力介绍，剑川二月八日太子会早在明代就已经形成了一定的规模。据现有资料，剑川二月八太子会在明代就已经成为剑川的民俗文化节日。[②]这一点和敦煌古代的行像活动是相一致的。

明代在剑川古城的早街（白语称为“资白浓”［zixbaidnox］，意为集市），是剑川古城中最古老的集市之一，是古代茶马古道的必经之地）已经形成了由十几户人家联合举办太子会的固定形式。明代的太子木雕像作为珍贵的佛教文物一直遗存至20世纪50年代被毁。1994年，杨云轩阿吒力与其表兄罗八五将被毁的释迦太子像，依据民国年间英国传教士方牧师所拍的照片进行重造，并恢复了隆重的二月八日太子游四门活动。作为一种宗教民俗，二月八日太子游四门活动在其他地方已经失传，而剑川地区赖杨云轩阿吒力等人的传承得以保留，盛况空前，成为剑川独具特色的文化活动。

农历二月初八这一天，释迦太子出游四门，看尽人间的“生、老、病、死”，之后他不再贪恋世间荣华富贵，为了解救众生轮回之苦毅然出家，后来修成正果，成为普度众生的释迦牟尼佛。在世世代代白族人民的心目中，释迦太子是一位具有自我牺牲精神、甘为大众服务的圣人，赢得了广泛的信仰和尊崇。在剑川人们以二月八作为太子出游四门的纪念日，一是纪念太子为解救天下众生脱离轮回之苦的求索精神，二是祈求福禄，三是祈愿太平年景。从时令上看，二月

① 参见段鹏、李艳编：《非物质文化遗产阿吒力教派口传经选》。

② 阿吒力是梵文Acaya 的音译，意思是能够为人传法、灌顶的密教上师，白语称为［Svlzixbol］“师资波”。阿吒力教传入洱海区域之后由于翻译时所采用的汉字不同而出现了数十种写法。最初进入洱海区域传布密教的天竺僧人，也自称“阿叱力”“阿嵯耶”等。不同的译法有“阿嵯耶”“阿遮梨耶”“阿阇梨义”“阿折里耶”“阿左梨”“阿阇梨”等数种。

八正是开春之际，因此从事农耕生产的白族人民还借此祈求一年的平安和粮食的丰收。当年在敦煌，被隆重纪念的佛出家日二月八日，也是新春万物复苏之时，是万民寄予厚望的良辰吉日。这一点在相关文书中都得到反映，与剑川太子会的内容相一致。有关剑川二月八日太子会是为纪念太子出游四门一说，在佛教行事中独树一帜：源于古印度，他处已失传，此为唯一。因此，剑川二月八日太子会不是按纪念佛出家的内容来进行的，而主要是纪念释迦太子出家前的出游四门。

实际上，在古代敦煌的二月八日佛事活动亦有出游四门之说，如P.2237《二月八日文》①：

1. 我释迦［降］迹娑婆，示生五浊，弃轮位誓趣菩提；现心相而道成，

2. 阐吾（五）乘而盖（益）物。化尽沙界，德被无疆；号天人师，称一切智。厥今盛事者，

3. 盖是法王回地之日，如来大［阐］之时；厌深宫五欲，而游历四门。□［观］老病以发

4. 心，都（睹）沙门而出离。父王留御，夜半逾城；且逋神踪，旅浇城阙。然则昔今

5. 杳邈，教而迹由（犹）存；故属良晨（辰），缅寻荐事。是以集二众，召律人；结

6. 幢幡，张宝盖；请鱼梵，奏箫韶。赞颂上闻于九天，钟鼓傍临于百

7. 里。总斯胜善福，莫限良缘，先用奉资：我当今圣神赞普，伏愿

8. 国昌人泰，寿等乾神（坤）；北极齐安，南山永固。三边罢干戈之役，四塞无

9. 降（烽）燧之忧；海内和平，天长地久。

这是敦煌最早的与二月八日相关的文献，出现于吐蕃统治时期。这里提到释迦太子“夜半逾城”，但之前更是强调其根源及举办活动之缘由，即“厥今盛事者，盖是法王回地之日，如来大阐之时；厌深宫五欲，而游历四门”。这里非常清楚地说明二月八日活动是为纪念释迦太子出游四门，与剑川二月八日的太子会起因相一致。这份文献在敦煌相关文书中是独一份。其他敦煌各卷和其他佛教史

① 参见黄征、吴伟编校：《敦煌愿文集》，第443页。本录文略有改动。

P.2237《二月八日文、印沙佛文等》

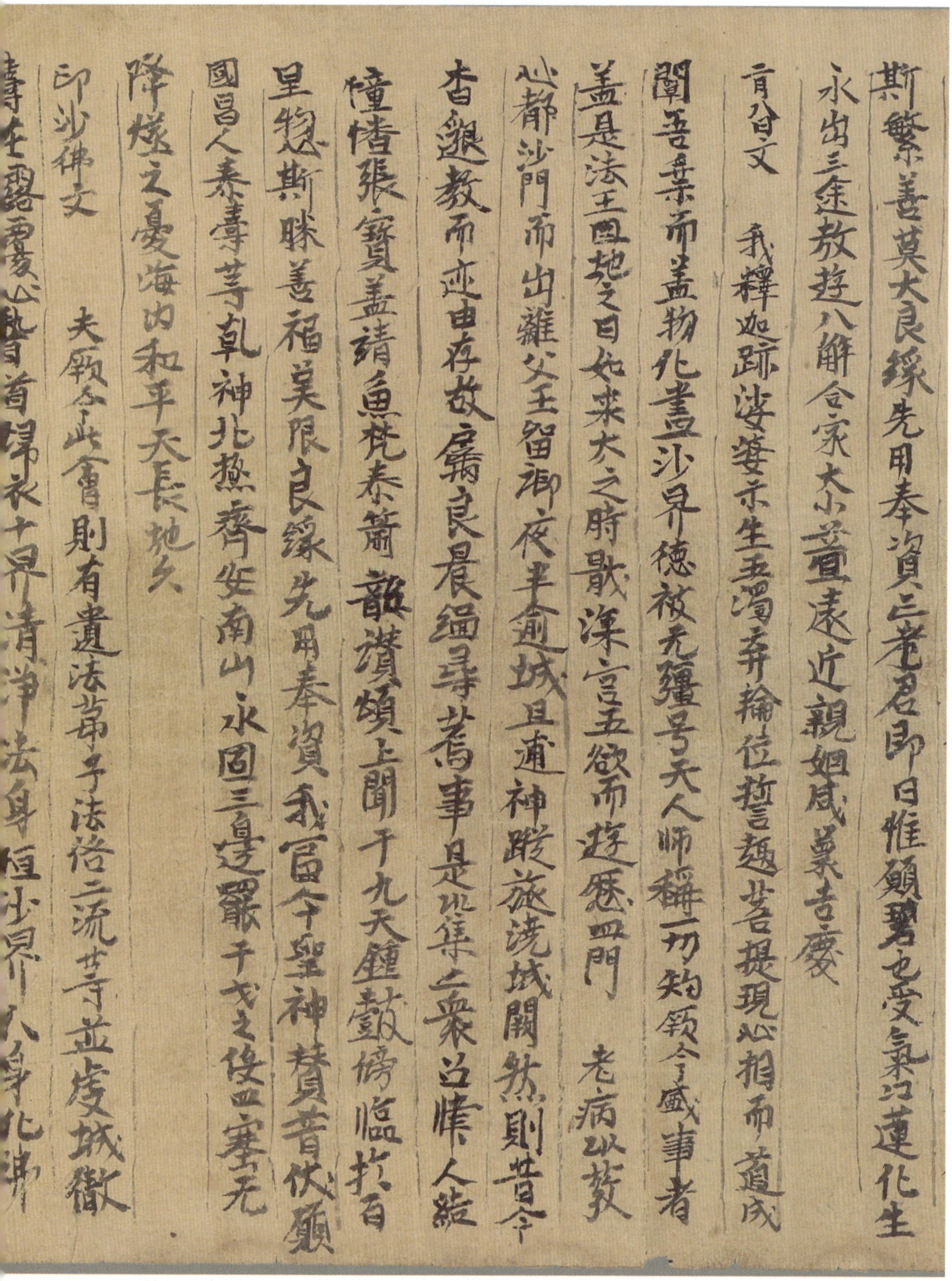

籍记载都只强调“逾城”，当指释迦出家日。

出家与出游四门其实并无多大矛盾，而且有密切的关联，正是因为出游四门所见，才促使其出家，两者之间有因果关系。所以前述剑川太子会一方面将二月八日作为太子出游四门的纪念日，一方面也承认二月八日又是佛出家日。在佛经中，如记载释迦牟尼佛祖一生事迹的《修行本起经》，记佛诞日与佛出家日均为四月八日；而记载颇详的出游四门则无确切日期。但我们在敦煌吐蕃时期的部分二月八日相关的文书中，发现既不讲出游四门，又不说逾城出家，而且含刻意回避或模棱两可的话语，如S.2146《行城文（一）》[①]：

1. 应化无穷，作用不倦，恩沾动植，福洽生灵。天中之天，独擅其务；

2. 至于妙事，岂足繁词？此会之端，抑有由矣！今者四序将尽，三春肇来；

3. 送故纳新，除灾建福；冀清封垒，保艾蒸黎。于是月殿不扃，霜钟夜击；

4. 爰集缁侣，悉索幡花。出佛像于四门，绕重城而一匝。俨然相好，鹫岭云

5. 飞；焕烂毫光，莲峰降步。倾城倾市，荡谷摇山，舍卫逾城，岂用年

6. 矣。即冀四王护世，百福潜加；欃枪扫于天门，疫疠藏于地户。庶（庆）云

7. 布族，喜色凝空；倒载干戈，修文偃武。总斯功德，回施龙天八部：惟愿

8. 威光恒赫，神力无涯；灾害不生，祸乱不作。又持景福，上资圣神赞普：惟

9. 愿万国纳贡，四海来庭（廷）；宝历恒昌，金石比寿。皇太子殿下海雷远震，

10. 少海长清；夫人兰桂永芳，妃嫔椒[②]花献颂。又持胜福，总用

① 参见黄征、吴伟编校：《敦煌愿文集》，第558页。本录文略有改动。

② 椒，原卷写作“祔”，黄征、吴伟编校：《敦煌愿文集》录为“树”，《大正藏》第85卷录为“神”。承吕德廷提示，应为“椒”。“椒花”一词，《汉语大词典》等均有解释，多举古人诗赋之例；《全宋文》卷一千三百三十苏颂《贺皇太后表》之“伏以椒花献颂，前占繁衍之祥”云云，颇接近本文。另敦煌写本中“木”与“示”作为偏旁混用情况亦较多见，而“叔”字也常写作“升”样，故此处作“椒”则合文义。

庄严：我都督

11. 杜公，禄极万钟。然后（原文止于此）

这里展现了吐蕃时期敦煌行城之盛况，但似乎有意回避了出游四门还是逾城出家的主题。

相同的描述又见P.2255《行城文》：

1. 夫禳灾却难者，莫越于正觉雄尊；至福
2. 延祥者，寔资于真乘密印。是以善
3. 住衰见，德（得）大总持；阿难被迷，还佛顶而得
4. 悟。然今行城却难者，嘱（属）以三冬起序，春色
5. 敷荣。恐役励（疫疠）以侵人寰，拔（妖）分（氛）之害物。是以寮
6. 佑肃肃，启颡于天王；缁侣乾乾（虔虔），倾心于宝偈。是
7. 以竖胜幢于五处，立标相于四门。使一郡无久（九）
8. 横之忧，国土有千祥之庆。总斯多善，莫
9. 限良缘，奉福庄严：犯识（梵释）四王、龙天八部，唯愿威
10. 光转盛，神力益昌；护次（此）郡之人民，卫当今之明

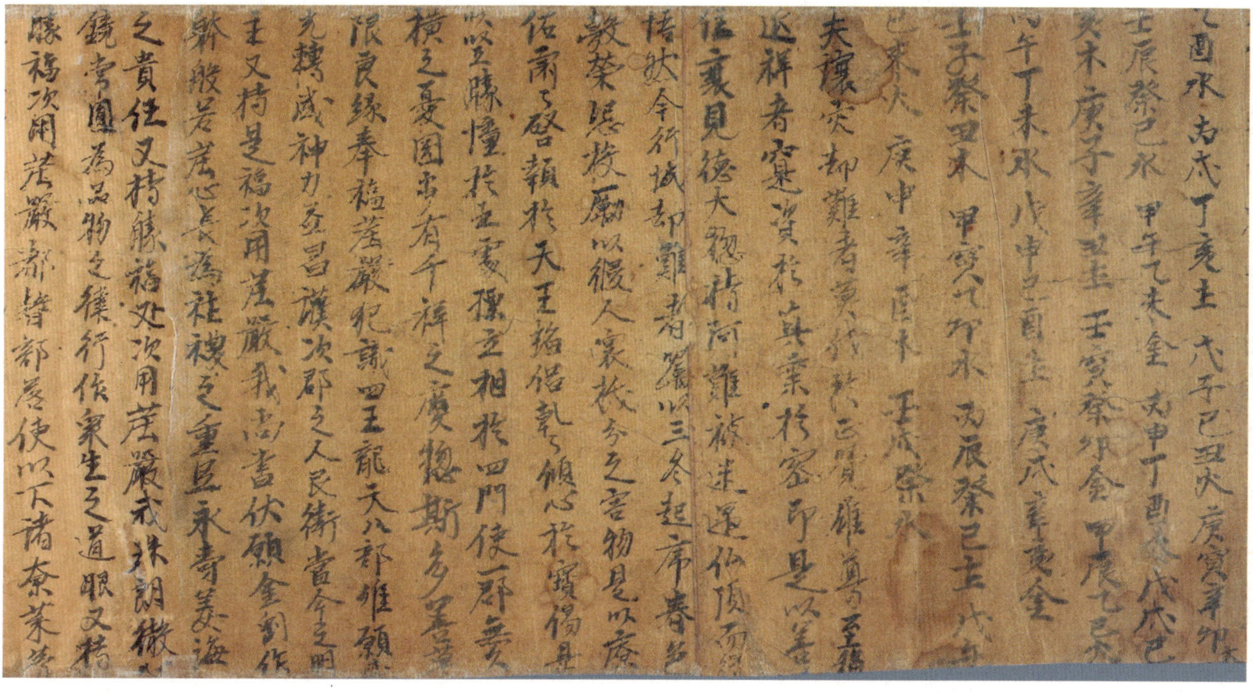

P.2255《行城文》

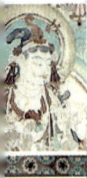

11. 主。又持是福，次用庄严我尚书：伏愿金刚作
12. 体，般若庄（妆）心；长为社稷之重臣，永寿姜（受江）海
13. 之贵任。又持胜福，次用庄严：戒珠朗彻，心
14. 镜常圆；为品物之律行，作众生之道眼。又持
15. 胜福，次用庄严都督、部落使以下诸寮菜（宷）等：
16. 惟愿荣为转（辅）德，欢愚（娱）告乡。摩诃般若，
17. 利落（乐）无边；大众乾成（虔诚），一切普诵。[①]

这两份文书都没有直接道明二月八日行城之原因：到底是为佛出游四门还是逾城出家，或者是佛诞？给我们留下了一丝悬念。众人都说约定俗成是为逾城出家，但这里却强调了四门立相等形式，故还是倾向于为出游四门。

三、敦煌行像与剑川太子会过程

据谭蝉雪的研究，敦煌二月八日的行城活动分为三个阶段：从正月中下旬开始，寺院便忙于修治佛像、造作头冠、缝制幢伞。民间为筹备行像活动而组织的“行像社”，则开始选定担像、拽像、擎像的人夫等。到了二月六日，各个寺院燃灯，正式开始纪念活动。二月七日，由营设司造帖通告各界。二月八日，正式行像开始，各色侍佛人抬着佛塑像，擎举着佛画像，从北门出发，巡行街道，百姓临街瞻仰，散施祈福。当天并有踏歌和赛天王等种种活动。二月九日则收拾佛像仪仗，奖赏出力法师僧人，慰劳行像的相关人等。敦煌文书P.2032、P.2049、P.3234等《敦煌净土寺历》有关于敦煌的行像司、行像社从二月七日至九日行像活动支出的具体记载，生动地再现了敦煌在公元931、943、947年从事二月八日纪念活动的一些情景。[②]行像司是敦煌僧团管理下的一个机构，行像社则是敦煌地区僧俗合一的民间社邑组织，都是专门负责敦煌每年二月八行像活动的。敦煌写本中还保存有专门记载敦煌行像社、行像司活动的文书，如Дх.1401《辛未年二月七日行像社人拽佛转帖》，就是二月八日行像活动前准备工作的通知；[③]S.0474背记有戊寅年（918）三月由都僧统法严主持下的行像司各项支出的算会。[④]

① 参见黄征、吴伟编校：《敦煌愿文集》，第551页。本录文略有改动。
② 谭蝉雪：《敦煌民俗——丝路明珠传风情》，第60—64页。
③ 宁可、郝春文辑校：《敦煌社邑文书辑校》，南京：江苏古籍出版社，1997年，第258页。
④ 谢重光：《中古佛教僧官制度和社会生活》，北京：商务印书馆，2009年，第139页。

剑川二月八日太子会也是前后分四天进行：二月六日迎太子，七日拜佛，八日太子游四门，九日送太子。民国四年（1915）的《花朝节观剑城太子记》详细而生动地记录了剑川太子会的过程：

花朝节观剑城太子记（贴堂公稿） 佚名

佛教兴于印度，传西域诸国，逾葱岭，入中华。后汉明帝时，遣使求佛经，为建白马寺。而晋隋唐之间，中国佛教大兴。唐宪宗又亲迎佛骨，为之大兴土木。五代宋元之际韩日佛教亦渐盛，辽东之域，犹具滋甚，则其左近之佛风，可想见也。剑川比邻巨津，近吐蕃（今西藏）与东印度接壤，故中维丽剑一带，梵宇佛像所在有之。

剑城昔曾于阴历二月之初六至初九，迎送佛像，而初八为之大庆祝之辰，此会久也。

民国初立，因财政艰难，以金钱主义，故停止两稔，至三年则又重举者。四年之是日，吾适值事暇，约同志张君某，携手往观之。时值天气晴朗，堤柳初绿，围桃乍红，群英竞开，众芳争发，相待此日为花朝节，同至早街县城北门。有大棚，室内灯彩煌煌，陈设眩目。僧侣梵呗，父老谈经，钟鼓相和之音，游人喧阗之声耳中不绝。室中供孺子状一佛像，紫袍锦冠玉带，丰姿爽俊。因谓张君曰："此为释迦，乃迦叶国王之东宫也。生而仁慈，常出游目击苦海，恻然动心。欲以慈悲平等，创为特起之敌，以除婆罗门阶级残忍之害。故降帝位之富贵，入山苦修。其初因游四门，至北遇佛示以修行路径，故乃弃国而入雪山也。"一路言论，俄至北门，沿途元坊排立，又有高台，上设假山一座，绿草奇葩，饰甚巧，山前立一童子像，山腹藏有水缸，排洩为其"小便"，俗承之以眼疾，谓甚妙。所过布棚之佛像，张君为吾一一言之，质甚疲驽，故易于忘失，既至观其景象，略同早街，只不及其繁华耳。张君又曰："释迦苦修数年，至二月初八日遂得大悟，现丈八金身为修成之像。其旁二佛，或乃当日悟得其道之大弟子者。曰阿难，曰迦叶，相传以为创初奉佛时，会此门有大古柏，因砍之而已下根刻为释迦，中刻太子，上端又刻童子等。今佛奉临之地，为古柏旧址。故北门多景仰不置云。"灯光四射，不意时已入夜也。街上灯烛亮如电，与上旬月色相辉映，照耀如白日。游人之胜，不减于书，游毕遂归，援笔以记之，不禁有感而论之曰："位极王侯，贵之至也，有四海之内，富之至矣，富与贵是人之所欲也。夫富贵之极，威福之隆，其即纵情恣欲，而因其所而惕之者，知此知彼，将心比心，若当日之民穷困，犹己推而纳之沟中，于是大发慈悲，而觉斯民倍尝艰苦，亦不惮其烦难，其后慈悲发而僧族之跋扈因弭，平等立而下民之倒悬解，宜乎。至今印度虽亡，而其教仍摩荡日月，倚仗乾坤，巍然与各教鼎立矣。独可惜者，后世僧徒误会其学，而失本来之宗旨，误呗经声于其前，非意其祀之。释迦不灵则已，如其有灵，必不悦悦而不享者。甚矣，浮屠之遂于末也，将不止有自灭其教之虞矣。井蛙之无知如此，安得亲晤太子，而与一畅谈此旨哉。”

民国四年乙卯二月初八[①]

太子会会期从二月初六开始迎佛，一直到初九送佛，一共为四天。二月初六日，人们早起清扫街道，焚香沐浴，在自家门口恭迎太子。二月初七日人们络绎不绝去朝拜太子像。二月八当天清晨，人们早起清扫街道，家家户户在门前竖起大红香，中午游四门活动开始，刚结过婚的青年小伙子争先恐后地来抬太子。白族人认为，佛能赐予抬过太子的人一个白白胖胖的小孩，这个仪式有着明显的祈嗣的意义。小孩子们则被父母打扮成一个个“小太子”“小公主”，他们随太子一路游行，认为这样能沾上太子的福气，一生平安。阿吒力上师则引领大众陪伴在太子左右，唱诵《太子游四门经》。人们载歌载舞，或跳东山白族的“呀沙塞”打歌舞，或跳石龙霸王鞭，或唱着白族调，热闹非凡。在游四门的过程中，沿街群众一直欢呼朝拜，鸣炮示敬，供奉作礼。同时在整个四天中，事先选定迎请太子像的寺庙除出游四门之外，庙内各类固定法事活动依次序进行，前来朝拜的信众络绎不绝，各类供品源源不断，有似当年敦煌从事各类大法事活动中“饭似积山、酒如江海”[②]之情景。

四、敦煌行城与剑川太子会的内容与盛况比较

举办二月八日佛事法会的目的，是以二月八日作一年之始，为全年的国泰民安、五谷丰登祈愿。敦煌行城与剑川太子会有异曲同工之处。

敦煌文书S.2146《行城文（三）》：

① 剑川县史志办公室编：《剑川县艺文志》，昆明：云南民族出版社，2010年，第152页。

② 敦煌遗书CH.00207《乾德四年重修北大像记》，参见马德：《敦煌莫高窟史研究》，第143页。

1. 我法王之利见也，大矣哉！故降神兜率，现影王城。观妙色有若

2. 于痈疮，厌宝位乃逾于宫阙，御四魔而登正觉，居三界而独称

3. 尊。神化难量，叵能谈也。今者春阳令月，地折（坼）萌芽；鸟响含春，

4. 风摇翠柳。于是豁开柰苑，洞启莲宫；金相焕烂于四衢，银毫晖舒

5. 于八极。隐隐振振（轸轸），如旋白饭之城；巍巍俄俄（峨峨），似绕迦维之阙。尊卑务（雾）集，大

6. 小云奔；笙歌竟（竞）奏而啾嘈，法曲争陈而槽瑽（憷）；所冀百福被矣，千障云祛；

7. 睹胜相兮获因，瞻妙色兮生福。总斯多善，莫限良缘，

8. 梵释四王、龙天八部，唯愿增威力，益神通，并妖氛，驱疫疠。次持胜福，

9. 奉用庄严我圣神赞普，伏愿寿永固，等乾坤，六夷宾，四

10. 海伏。次用庄严节儿、尚论，爰及都督杜公，为云为雨，济枯涸于明朝；部

11. 落使诸官，建忠贞于圣代。然后上穷空界，傍括十方；赖此胜因，成

12. 正觉道。[①]

在这里看到了吐蕃时期敦煌行城之盛况。

归义军时期的行城更盛，P.2058《二月八日逾城》：

1. 夫能人善权，务济群品；凡诸妙事，岂胜言哉！今则

2. 伴（初）春如（二）月，律中夹钟；暗魂上于一弦，蓂芳（荚）生于八叶；后身逾城之

3. 月，前佛拔俗之晨；左豁星空，为（右）辟月殿。金容赫弈，犹聚日之影

4. 宝山；白毫光辉，为满月之临沧海。乌刍前引，睚眦而张拳；狻

5. 猊后行，奋迅而矫尾。云舒五彩，雨四花于［四］衢；乐奏八

① 参见黄征、吴伟编校：《敦煌愿文集》，第555页。本录文略有改动。

音，歌九功于八

6. 胤。是日也，立（玄）鸟至，鸿雁翔；翠色入于柳枝，红蕊含于柰苑。总斯多

7. 善，先用奉资梵释四王、龙天八部：惟愿威光盛炽，神力无疆，拥护

8. 生灵，艾（乂）安邦国。又持胜福，次用庄严我当今天城（成）圣主贵位，伏愿

9. 圣寿延昌，淳风永播；金转（轮）与法轮齐持（转），佛日将舜日交晖；妖氛

10. 肃清，保宁宗社。又持胜福，次用庄严我河西节度使贵位：

P.2058《二月八日逾城》

伏愿

11. 佐天利物，助圣安人；福将山岳与齐高，受（寿）等海泉如（而）深远。又持

12. 胜福，次用庄严：伏惟使臣、仆射，福同山岳，万里无危，奉招（诏）安邦，再

13. 归帝释。又持胜福，次用庄严则我河西

14. 都僧统、内僧统和尚等贵位，伏愿长垂帝择（泽），为灌顶之国师；永镇

15. 台阶，赞明王之利化。又持胜福，次用庄严都衙已下诸官吏等：

16. 伏愿金柯盖茂，玉叶时芳；磐石增勋，维城作镇。然后天下定，海内

17. 清，无闻征战之明（名），有赖威雄之化。①

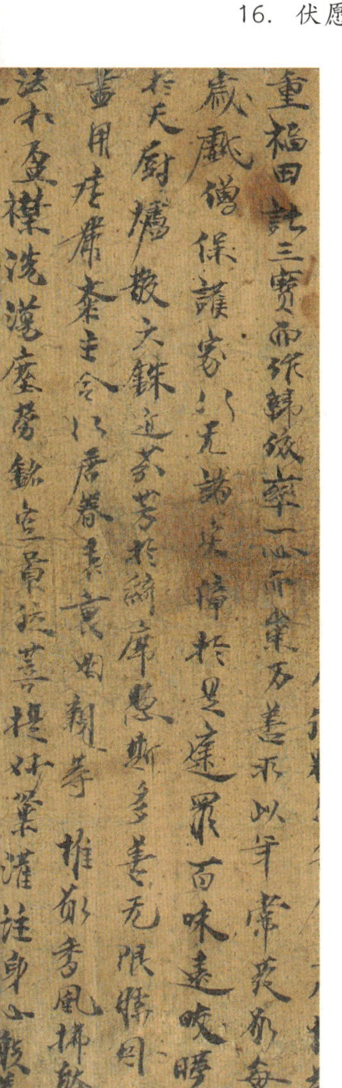

敦煌写本中，S.5957等多件《二月八日文》《行城文》记载了这种盛况，兹不赘述。

敦煌二月八日行像活动事有一项重要法事，就是请高僧诵经，P.2481记载了二月八日行像活动中请大德高僧讲经说法：

1. 伏惟大德，早修行学，久习文华，纵横之词辩深沉，孤峻之法山迥邈。故得精勤是

2. 务，节操成身，五乘之奥义寻周，胸襟益闰；万论之精华踏底，爽朗心怀。而

3. 又俊舌临机，负碧鸡之雄辩，清才越众，蕴黄马之高谈。抱斯丰溢之才，合行

4. 荐提之使。今者二月八日，须禀古仪，特起讲筵，设法席，今乃久淹重德。今

5. 举贤良，早透毛遂之囊，速整道安之响，登狻猊之高处、菡萏之莲

6. 床；指示疲徒，令归捷径。②

① 参见黄征、吴伟编校：《敦煌愿文集》，第445—446页。本录文略有改动。

② 据法国国家图书馆网页的彩色图片。

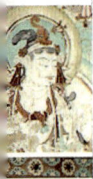

另外敦煌写本P.3346、P.4606、P.4079、P.6006、S.4413等均有相关记载，兹不赘述。

法师们除了在法会上讲经说法之外，还要诵读表文（愿文）、偈赞等，天文地理故事传说无所不有。而参与和主持各项活动的法师们有专门的分工，如表白法师、喝导法将等。P.3916中就有赞颂“太子逾城之城”（二月八日）法会的“当座法将和尚：空空法将，梵宇笙篁；道贯三乘，才过七步；手挥佛意，能旨莲宫；口演真宗，化百亿徒众”。

剑川二月八日太子会也是一项综合性的法事活动，除了有关太子本身的法会之外，还举行一些相关的法事活动，主要有：

二月初六：《召值迎黄法事》《请佛迎太子法事》《开坛启白法事》《扬幡发牒法事》《五方解秽结界法事》《回向法事》。

二月初七：《开坛法事》《关告万圣法事》《迎请消灾延寿药师科仪法事》《消灾延寿药师科仪开科法事》《消灾延寿药师科仪初时法事》《观音表法事》《药师延寿消灾灯法事》《赈济法事》《回向法事》。

二月初八：《开坛法事》《释迦表法事》《恭请太子游四门法事》《消灾延寿药师科仪二时法事》《消灾延寿药师科仪三时送科法事》《赞星辰灯科法事》《谢罪送圣法事》《当坛谢将法事》。

二月初九：送佛。

二月初六至初八三天中根据祈求的需要，还会为向太子献花的人们举行“散花”仪式。

从剑川二月八日太子会的盛况，可窥见当年敦煌行城之面貌。最主要还是在二月八日当天，这一天是整个二月八太子会的高潮，太子游四门活动就在这天举行。二月八太子会最为隆重的活动就是“太子游四门”。在游四门活动中阿吒力上师引领大众唱诵《太子游四门经》，根据剑川古城东、南、西、北的方位，每到一个方位就唱诵相应的经。经文全文如下：

太子游四门经

我佛当初四月生，自从出家到如今。
雪山修道成正果，无量无边度众生。
释迦佛，初因地，下天宫，超凡世，皇宫降诞，释迦佛出世。
九龙王，齐吐水，色祥云，天花坠，周行七步，沐浴金盆内。
父王知，心欢喜，宣恩母，忙养济，山河社稷，金轮王出世。
渐长成，十九岁，文武全，并六艺，南天射鼓，耶输还本国。

在皇宫，频思议，见浮生，急相催，光阴迅速，出门闲游戏。
父王知，心欢喜，召群臣，同商议，速排銮驾，相随太子意。
出东门，观景致，见老人，当街立，腰曲头低，眼中双流泪。
储君见，回言对，告太子，听仔细，王侯宰相，老来都一例。
出南门，观景致，见病人，茅庵内，声声叫苦，无人煎药治。
太子见，回心意，叹病人，无主倚，不孝爹娘，忤逆招因地。
出西门，观景致，见死尸，尘埃地，鸦咽鹊啄，风吹并日炙。
文武见，回言对，告太子，听仔细，为儿为女，死来谁肯替。
出北门，观景致，见僧人，当街立，手持钵盂，锡杖随身去。
太子见，心欢喜，下金鞍，忙跪膝，礼拜和尚，生死怎躲避。
和尚说，真空义，告太子，听仔细，休恋皇宫，雪山修行去。
游玩罢，回宫内，告父王，听仔细，儿要修行，不恋皇宫位。
父王知，心不喜，宣群臣，同商议，太子修行，后朝无主继。
选宫娥，并采女，动笙琴，吹龙笛，四门紧闭，共留太子意。
弃皇宫，离殿内，要修行，心不退，半夜越城，直到雪山内。
到雪山，心满意，伴青松，茅庵内，独自修行，志心常不退。
鹊巢顶，三层垒，芦芽穿膝不曾移，曼陀罗石上，六年苦修持。
证金身，丈六体，燃灯佛，亲授记，接引众生，同赴龙华会。
赞佛罢，周完备，与施主，消灾罪，四恩三有，共证佛菩提。①

在剑川二月八日太子会过程中，从开始布置场地、迎太子到专门的寺院之后，一直到出游四门完毕、送太子回山的整个四天当中，一般从上午9点开始到晚上10点多，诵经基本不会停止。看来，无论在古代敦煌二月八日行城还是当今剑川二月八日太子会，诵经一直是主要的法事活动内容。当然，在其他各类法会活动中也不例外。

五、敦煌与剑川佛教法会的渊源关系蠡测

很明显，敦煌古代民众佛事活动与大理白族当今佛教活动有一定的历史渊源关系，这种渊源可以追溯到唐代后期的吐蕃时期。8—9世纪，兴起于青藏高原的吐蕃王朝强大起来，除本土之外，还占有唐朝和西域的大片领土，包括了今天

① 段鹏、李艳编：《非物质文化遗产阿吒力教派口传经选》，第88—89页。

的中国西部和中亚广大地区。前后百余年左右的时间里，敦煌和剑川都在被占领区内。当时敦煌和南诏都处于吐蕃治理的范围，9世纪上半叶，敦煌曾一度成为吐蕃的文化中心，在这里组织译经和抄经，从事各类佛教活动。[①]敦煌的汉文文献和藏文文献都对此有丰富记载。而整个吐蕃时代，南诏基本上都在吐蕃的治理之下。吐蕃赞普当年与南诏王结盟，并结拜为兄弟，赞普为兄，南诏王为弟。南诏王被吐蕃赞普称之为“赞普钟”。这一切都是发生在8世纪后期的事，藏、汉文史籍都有记载，敦煌藏文文献中记载得最为详细。[②]而在这样的背景下，作为吐蕃文化标志的敦煌佛教文化，必然会向包括南诏在内的广大蕃治区域传播和渗透，遂即成为大理白族佛教文化的源流之一。9世纪中叶吐蕃王朝灭亡之后，包括佛教文化在内的吐蕃文化得以在偏安一隅的大理白族地区保存下来。众所周知的绘制于中兴二年（899）的《南诏图传·文字卷》，核心内容“中兴皇帝敕书”云：“大封（白）民国圣教兴行，其来有上，或从胡梵而至，或于蕃、汉而来，奕代相传，敬仰无异。”[③]其时上距吐蕃灭亡50多年，但其中仍然明确强调了印（胡梵）、蕃（吐蕃）和汉唐佛教为阿吒力教的三大来源。敦煌吐蕃时期的佛教是在印度佛教和汉地佛教的基础上，形成的面向社会、面向大众的社会化佛教。敦煌吐蕃之后的归义军佛教文化也是吐蕃佛教文化的延续。敦煌文献所记载的佛事法会活动，和流传至今的白族二月八日的太子会，都是吐蕃佛教文化延续的历史和现实证据。

古代敦煌也好，今天大理也好，直接渗透于社会与民众生活的佛教节日及相关活动，在形式上多属于密教。敦煌与大理的这些佛教活动文献基本上都是密教文献。这些活动都是以咒语（陀罗尼）的形式展示活动场景，而咒语即是密教活动的主要内容。密教特别注重与民间信仰相结合，深入人们的日常生活之中，帮助解决现实社会中的问题。所以说，密教的出现是佛教的历史性变革，是大乘佛教的飞跃，是佛教全面进入人世、走向民众和全面社会化的重大变革，是佛教发展的里程碑。而密教体现的佛教与道教的结合和直接运用于民众生活、服务于社会的理论和实践，应当是未来宗教发展的趋势和目标。

白族佛教现存的仪轨，在一千多年前的敦煌社会就被大量应用。法会（道场）从开始的启请，到中间的各科、回向、诵经、俗讲（说唱）、散花等等，再

① 马德：《论敦煌在吐蕃历史发展中的地位》，载敦煌研究院编：《敦煌吐蕃文化学术研讨会论文集》，兰州：甘肃民族出版社，2009年，第52—60页。

② 马德：《敦煌文书所记吐蕃与南诏的关系》，《西藏民族学院学报》2004年第6期，第10、11、25页。

③ 参见李霖灿：《南诏大理国新资料的综合研究》，台北故宫博物院印行，1982年，第147页。

到后面的散食、送神等，活生生地再现了敦煌当年道场法会的情景。宣白法师、表白法师、唱导法师这些活跃在当时敦煌法会上的僧师们，也仿佛在白族的道场上获得了重生。

大理白族人民有效地保存并传承了敦煌吐蕃时代的佛教文化。从9世纪中期吐蕃灭亡后以后，一千多年来，虽然中原不断地改朝换代，但大理基本上都是由居住在这里的白族人民自己治理，中原文化和其他外来文化并没对大理有过大的冲击，所以大理保存了较原始的吐蕃前弘期的佛教文化形态。将敦煌遗书中所保存吐蕃时期的密教文献与剑川地区保存下来密教文献的内容进行对比，可以看到这一点。敦煌吐蕃时期的密教文献，分典籍和行事两类。根据赵晓星博士的研究，敦煌吐蕃时期的密教典籍有100多种。[①]行事类主要有礼忏文、斋琬文、祈愿文等，也集中在吐蕃和归义军时期，目前发现的近300件。而这些文献的一部分，如《佛顶尊胜陀罗尼》《佛说药师灌顶拔除过罪生死得度经》等，至今依然在阿吒力法会中继续使用。至于各类法会、法事活动文书，古代敦煌与现代白族相一致者举不胜举，有待日后专门进行分类与专项研究。

这里有一个需要特别说明的问题，就是剑川二月八日太子会及其相关佛事活动的主持人情况。主持剑川二月八太子会的是有妻室的阿吒力僧。[②]根据敦煌文献的记载，吐蕃和归义军时代的一些僧人也有家室，这并不影响他们主持或参与包括行像在内的各种佛事法会活动；谭蝉雪先生在考述敦煌二月八日法会活动时还专门提到僧人吃肉、喝酒的事实。[③]学界有人对敦煌僧人娶妻生子、喝酒吃肉等事津津乐道，将这类僧人看作不守戒律的出家人。而在白族主持佛事法会的有家室的阿吒力僧可以让我们重新认识敦煌那些所谓“不守戒律”的僧人。阿吒力僧在平时也从事农、工、商等各种生产活动和文化教育等事业，承担“养家糊口”的责任。藏传佛教的僧人，包括一部分上师也可以有家室，也可以吃肉喝酒，这与汉传佛教的戒律无多大关系。[④]当时敦煌的高僧中间，有的是阇梨，有

① 赵晓星：《吐蕃统治敦煌时期的密教研究》，兰州大学2007年博士学位论文。

② ［明］邹应龙修，［明］李元阳纂：《万历云南通志》卷二《大理府风俗》记：“阿吒力僧有家室。”［元］郭松年《大理行记》曰：“师僧有妻子。”［元］李京《云南志略》亦云：“有家室者名师僧。”“师僧”即居家之阿吒力。以上转引自李东红：《白族佛教密宗阿叱力教派研究》，昆明：云南民族出版社，2000年，第59页。

③ 谭蝉雪：《敦煌民俗——丝路明珠传风情》，第63页。

④ 此认识曾受赵晓星博士的提示和启发，且得益于他提供的相关资料。英国学者约翰·布洛菲尔德如下论断颇有说服力：“宁玛巴都是一些密教专家，但却从事对大乘经文不太深入的经院式研究。只有很少的宁玛巴喇嘛发寺院僧侣愿。他们穿一种特殊的服装，属于已婚的在俗信徒而不是僧侣们的组成部分。那种认为‘喇嘛’是指僧侣的猜测导致了现在西藏存在对‘已婚僧侣’（这是一个荒谬而又自相矛盾的名词）的指责。指僧侣们的名词叫作‘格隆’（Gelong，受戒喇嘛）。喇嘛们可以是格隆，在俗信徒或已婚僧职界的成员。格隆遵守僧侣愿。”参见（英）约翰·布洛菲尔德著，耿昇译：《西藏佛教密宗》，拉萨：西藏人民出版社，2003年，第21—22页。

的已经官至僧正甚至僧统，敦煌寺院文书中明确记载了他们的“新妇”（即妻子）亡故时的丧葬支出。[①]至于他们当年是否也从事农耕或其他生产活动，我们暂时无法得知；但作为规范师的阇梨（阿阇梨）娶妻养子，倒是给白族阿吒力僧提供了一些历史方面的信息。敦煌保存的中国僧人所造“疑伪经”中有一篇《佛说天地八阳神咒经》[②]，其中明确指出：“佛言：善男子，汝等谛听，当为汝说：夫天阳地阴，月阴日阳；水阴火阳，女阴男阳。天地气合，一切草木生焉；日月交通，四时八节明焉；水火相承，一切万物熟焉；男女允谐，子孙兴焉。皆是天之常道，自然之理，世谛之法。”这就为僧人们娶妻生子提供“理论根据”。另一方面，汉传佛教的戒律是其独有的特色，而“不守戒律”的藏传佛教、阿吒力教及敦煌吐蕃统治时期的佛教，似乎是部分回归到印度佛教的原始形态，生活方面与早期佛教的一些情景一致，从理论上看更符合大乘佛教的入世意义。僧人们在忠诚于信仰的同时，也能够自食其力和尽社会义务，这似乎并没有什么可以指摘的。

六、余言

作为一种宗教文化，剑川乃至整个大理白族的佛教（阿吒力教）活动，无论把它划分为什么教派，体现的都是一种大众化、社会化的佛教，在理论上与现当代佛教界所大力提倡的人间佛教、人生佛教等理念完全一致。中国大乘佛教一直致力于“入世”导俗，强调佛教的社会责任，关心民众疾苦，拯救人间苦难，将维护社会稳定和促进历史发展作为佛教团体义不容辞的责任和义务。一千多年前的敦煌吐蕃时代就已经有了这样的佛教活动，而且由阿吒力延续至今。从大众化、社会化的角度看，包括佛教在内的任何一种宗教，在没有专门的神职人员的情况下，依靠宗教理念和宗教思想，以本身的凝聚力，成为大家公认和普遍信仰的意识形态，转化为每一位公民促进社会稳定繁荣、和谐发展的自觉行动，应该是未来宗教发展的一种趋势。佛教走到这一步，才是完整意义上的“人间佛教”。敦煌吐蕃时代的民间佛教和流传至今天的白族阿吒力教，就是这种未来的人间佛教或社会化佛教的实践。敦煌与剑川同是历史上中国西北和西南地区两个佛教文化的中心。敦煌古代佛教文献的记载与大理白族阿吒力佛教实践，无论是对佛教本身的发展，还是对佛教研究领域的开拓都有重大的现实意义和深远的历史意义。

---

① 如S.4120《索僧统新妇亡》、P.2040V《高僧政新妇亡时》、P.2032V《张阇梨新妇亡时》等，参见唐耕耦、陆鸿基编：《敦煌社会经济文献真迹释录》第3辑，全国缩微阅读中心，1991年，第213、406、480页。

② 敦煌写本存100多件，伪托晋竺法护译或唐义净译。参见《大正藏》第85册，第1422—1425页。

第十章

敦煌民众生活的佛教性质

第一节　一纸文书　两界佛缘

第二节　社邑活动的佛教情节

第三节　经济活动的佛教印迹

第四节　军政活动的佛教精神

第五节　日常生活活动中的佛教约束

第六节　民间信仰活动中的佛教意识

第七节　家庭专设斋事

第一节　一纸文书　两界佛缘

一、S. 1686录文与年代

敦煌是历史上有名的善国神乡，佛教思想与佛教的精神渗透到社会活动的各个方面。许多非佛教的社会活动也打上了佛教的烙印。最早与佛教抱佛脚的，是一位即将远嫁的女子。

敦煌写本S.1686为一残页，高30.5厘米，宽26.7厘米，两面书写。其中背面为习字、杂写等。正面存14行，出自同一书家之手，首尾完整，无标题及尾款，有部分涂改痕迹。《敦煌遗书总目索引新编》全文录出。早在1964年，日本著名学者竺沙雅章在其《敦煌的僧官制度》中就做过研究，后来有涉及者基本上重复其观点。最近有朱利华发表《试论吐蕃统治对敦煌地区书写工具纸张及书籍形式的影响》，就其书写用材及技术问题做了介绍。

S.1686全文如下：

1. 大番岁次辛丑五月丙申朔二日丁未，沙州释门都
2. 教授和尚，道（导）引群迷，敬画释迦牟尼如来一代行化、无
3. 始已来，布施国城、妻子、头、目、髓、脑，或为求半偈舍全身，
4. 本行集变，佛殿内画功德一铺足。清信佛弟子就通子
5. 谨堤（题）。厥投诚梵宇，渴仰慈门，敬舍珍财，披肝虔敬者，
6. 资益已躬之河建也。雍仪叔（淑）质，并天上之仙娥；玉貌
7. 逶迤，实人间之莫比。故得名传狼岫，誉播燕山。求千
8. 载之良姻，结万年之玉眷。今则荣为已就，发日逼临，
9. 虑路上之灾非。伏闻三宝却济厄危，诸佛如来有求必
10. 遂，是以来投宝地，亲诣金田，炉焚百和（合）之香，财施七
11. 珍之服。三尊卫护，宝体无危；八部加威，行
12. 呈（程）安泰；人马平善，早达上州；称遂其

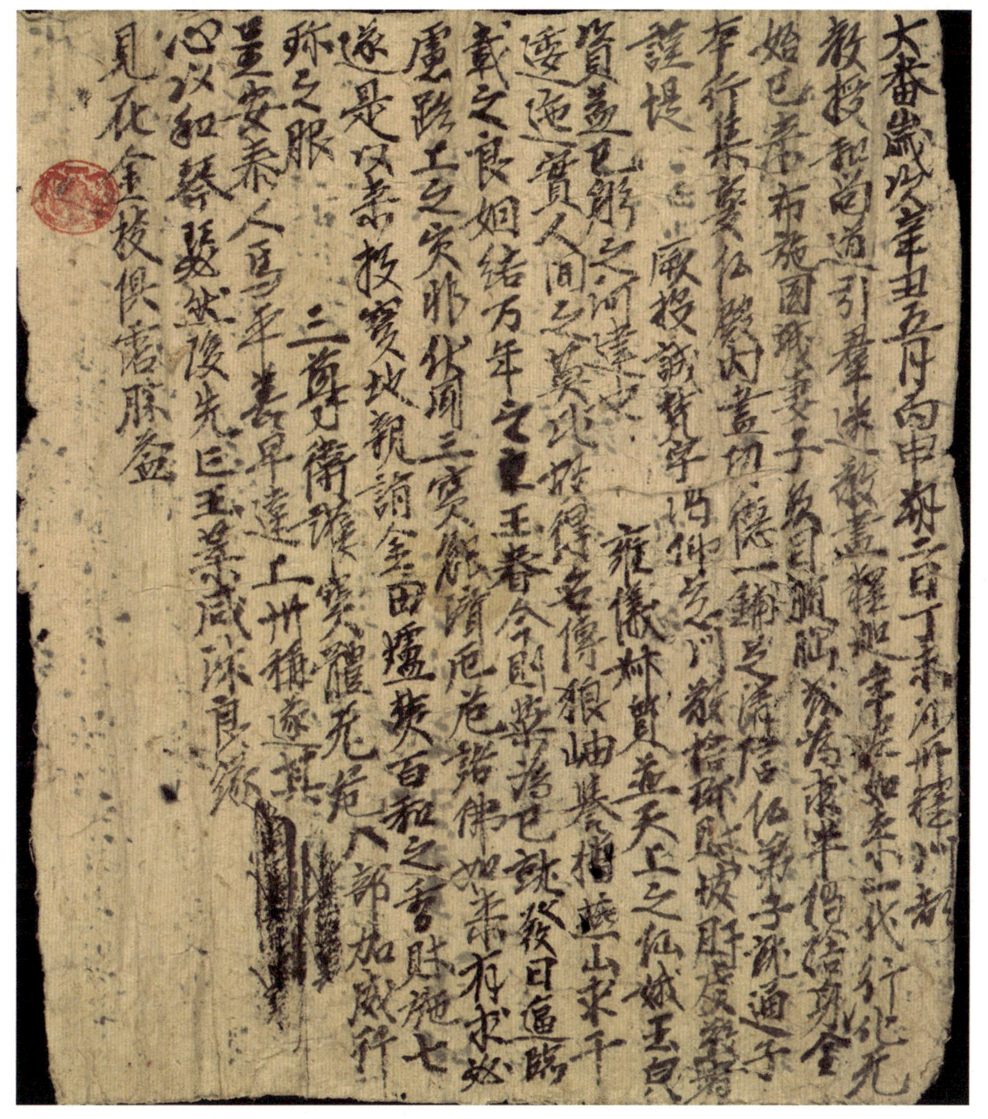

S.1686《都教授画经变功能与出嫁女远行祈愿文稿》

13. 心，以和琴瑟。然后先亡玉叶，咸沐良缘；

14. 见在金枝，俱沾胜益。[①]

从书写内容看，这里讲了两件事：一是作为沙州释门都教授在自己居住的寺院主持绘制佛本生、本行集经变部分情节，以及“功德”一铺的介绍，由就通子做了记录；二是有一位女施主因为要出嫁到外地，为了路途平安而求佛拜神，并

① 参见施萍婷、邰惠莉：《敦煌遗书总目索引新编》，北京：中华书局，2000年，第51页；略有改动。

得到祈愿。两件事基本没有关联，故拟名为《都教授画经变功德与出嫁女远行祈愿文稿》。下面按照文稿内容的顺序做诠释。

写本一开始即列出写作的年代“大蕃辛丑”。吐蕃治理敦煌期间只有一个辛丑年，即公元821年。当时的“沙州释门都教授”，竺沙雅章认为是宋正勤并有较详考证。[①]据相关敦煌遗书记载，宋正勤为敦煌灵图寺僧；该寺位于敦煌州西八里，当时称“西寺”，宋正勤亦有“西寺教授”之称谓；这是相对于当时住在位于敦煌城东的报恩寺的“东寺教授”李教授阇梨（法号不详）而言。

二、都教授宋正勤画佛殿功德

第一件事提到绘制的内容为佛本行集经变，即《佛本行集经》的变相，通常叫佛传故事画。《佛本行集经》讲的是佛祖释迦牟尼从入胎、出生直到成佛、涅槃的全部事迹。但这里讲的“一代行化、无始已来，布施国城、妻子、头、目、髓、脑，或为求半偈舍全身”等，实际上包括描写佛祖前世的布施等本生、因缘故事以及一生传记、传奇的全部内容，用以说明因为前世布施加上当世苦修，才能成就阿耨多罗三藐三菩提。如北凉天竺三藏昙无谶译《大般涅槃经卷第二十六·光明遍照高贵德王菩萨品》有云：“何菩萨难施能施？若闻能以国城、妻子、头、目、髓、脑，惠施于人，得阿耨多罗三藐三菩提者，即于无量阿僧祇劫，以其所有国城、妻子、头、目、髓、脑，惠施于人，是名菩萨难施能施。”宋代沙门慧严等依《泥洹经》加之等译同名经卷第二十四《光明遍照高贵德王菩萨品》有相同内容。唐代般若译《大乘本生心地观经卷第一·序品第一》云：“或于雪山为求半偈而舍全身。或现受生于净饭王家，舍后宫六万婇女及舍种种上妙伎乐，逾城出家，六年苦行，日食麻麦，降诸外道，菩提树下破魔军已，得阿耨多罗三藐三菩提。”般若另地译著《注大乘入楞伽经卷第五》也说“故舍全身。以求半偈”。由此看出，作为敦煌僧团都教授的宋正勤于所在寺院画佛本生故事及佛传，意在强调修行。敦煌在吐蕃时期僧人较多，而且来自各地，管理上难免出现漏洞，最高僧官对此采取一些督促措施在当时也比较常见。

第一件事后缀“清信佛弟子就通子谨题”。就为姓，通子应该是法名。和都教授宋正勤一样，就通子自诩佛弟子，可能是与都教授宋正勤一起住在灵图寺的僧人。吐蕃时期的敦煌僧人多在法号前冠以俗姓，这在敦煌写本中都有反映。就通子也可能是吐蕃时期的汉文抄经生，略称“就通”。敦煌写本BD07779（始

① 竺沙雅章：《中国佛教社会史研究》，日本京都：同朋舍，1982年，第365页。

79）《般若心经贴付历》、BD11469（L1598）《无量寿宗要经》、S.05909《般若波罗蜜多心经》、S.0933《大般若波罗蜜多心经卷第二七六》、P.4587《诸星母陀罗尼经》等都有其写经、校经题记。其中P.4587卷首的“大中十一年五月廿六日思经此是阳英德书记”系后人题写。

这里顺便一提的是，“就”为中国历史上较罕见的姓氏。宋郑樵《通志》《续通志》之《氏族略》均有收载。《姓氏考略》据《后汉书·律历志》载：“后汉有太常就耽。”据此而知就姓于东汉时业已产生。郑樵注引《河南官氏志》云：“就赖氏改为就氏。”郑樵《通志·氏族略·总论·变夷》又云“就赖之为就；菟赖亦为就”，望出河南。东汉有太常就耽；北魏有就德兴；明代有就大勋，西宁卫指挥。东京汲古书院2015年出版的日本著名敦煌学家土肥义和的《八世纪末期至十一世纪初期敦煌氏族人名集成·氏族人名篇·氏族篇》所列敦煌就氏人物有50位左右，包括僧俗两界，以普通百姓为多；僧人中亦有位居僧正、法律者。可见当年在敦煌有较多就姓人居住。今就氏于山西临汾、侯马，云南之泸水等地有分布，人数较少。

三、即将远嫁女的“临时抱佛脚”

记录都教授“功德”的就通子接着上文在这张不大的纸上写下第二件事：一位将成亲的女子，虽长相“逶迤”，但还是赋她以“玉邈”“仙娥”一类的溢美之词；也可能是因为相貌的原因，她没有在本地寻找姻缘，而是远嫁异地；不过这里讲的“早达上州”，按当时吐蕃的地方机构设置，应该是沙州敦煌的上一级政权即瓜州大都府境。而因出发之日临近，所以想起来投奔佛门，焚香施财，以祈求平安顺利。需要补充的是发愿文讲这名女子“名传狼岫，誉播燕山”：燕山为中国北方名山，地望明确；狼岫之岫，在这里也是山的意思；狼岫即狼山，是位于直隶一带的古地名，唐朝永徽年间曾在此设狼山府。这里透露出这名女子的郡望是在直隶、燕山一带。

有意思的是，这位女子虽然标榜自己“渴仰慈门”，但接着又说“今则荣为已就，发日逼临，虑路上之灾非。伏闻三宝却济厄危，诸佛如来有求必遂，是以来投宝地，亲诣金田，炉焚百和（合）之香，财施七珍之服”。这就赤裸裸地道出了“临时抱佛脚”的急切心情和真相。至于后面为“先亡”和“见在”的祈愿，属于一般发愿文的套语，在敦煌写本中比较常见。反正是有求于佛，除了自己之外，让家里人也沾点光。问题在于书写者就通子，既真实地记录下这件事，又透露出对这种“临时抱佛脚”行为的嘲讽。

综上所述，敦煌写本S.1686由抄经生就通子书写于公元821年，记录了两件不同的事：一是沙州释门都教授宋正勤于寺内主持绘制佛本生、本行集经变画部分情节，以及绘画“功德”一铺；二是一位就要出嫁到外地的女子为了路途平安而舍财拜佛。从由同一人书写两件事于同一纸以及涂改的痕迹看，实际上是两份草稿。因为正式的定稿，功德记是要抄写到功德之处，即画壁；而祈愿文的正本则是在举行简单的仪式后焚烧。两份文稿均言简意赅，表述通畅，完整无缺，反映了作为抄经生的就通子具有一定的文才；同时错字和涂改部分并不是太多，显得比一般的草稿要成熟一些。而也正因为是草稿，第二件事紧接着第一件写，不拘格式，且作为草稿纸后面还有空白。写本保存草拟文稿的原始形态，所表现出的书写特征，为我们认识古人的文案编辑方面提供了重要的文献学价值。

本文稿所写的两件事源于僧俗两界，虽然都是佛教活动，但却是性质完全不同的高僧事迹与俗世人事，反映佛教信仰在僧团内部和普通民众两界的不同景象。反过来看，虽然事件性质不同，但都属于佛事活动。僧团内部的教育管理和整纲肃纪并不稀奇，但吐蕃时期民众的佛教活动主要是表现在营造或布施等“功德”方面，像这类直接祈愿的法事活动并未普及，所以本文稿记录的这位出嫁女“临时抱佛脚”的举止行为，在当时具有一定的开拓意义。

第二节　社邑活动的佛教情节

社邑活动是敦煌历史上的一大特色。在中国历代王朝严禁民间结社的背景下，敦煌的民间社团却一直比较活跃，除了地理位置等原因之外，打上佛教名号是其特色之一，不光是集体营造佛窟或举办各种佛事活动，就连日常聚会、赈济等活动也要以佛教的名义进行，有些还由僧人主持。所以，敦煌民间社团是佛教化的社会组织，在其历史活动中显示出对佛教的极大依赖和利用。因此，以佛教思想为主导，并将佛教活动为社邑活动的主要内容，用佛教思想约束和规范社人的行为，俨然成为敦煌古代社邑活动的主题。

一、集体营造佛窟

集体造窟和集体举办佛事活动是敦煌社团的主要活动内容之一。敦煌的社团一般在组建之初就立约规定，并且对不积极参与佛教活动的社内成员视情节轻重给予不同程度的处罚。如敦煌文书P.4525《太平兴国七年二月立社条》：

1. 窃以阎浮众凡上生，要此福因。或则浮生躭福，或则胎生罪重，

2. 各各有殊。今则一十九人发弘后（厚）愿，岁末就此圣岩，燃灯斋食，舍

3. 施功德，各人麻一㪷，先须秋间齐遂，押硙转转主人。又有新年建福一日，

4. 人各铲（胡）饼一双，粟一斗，然（燃）灯一盏，团座设食。

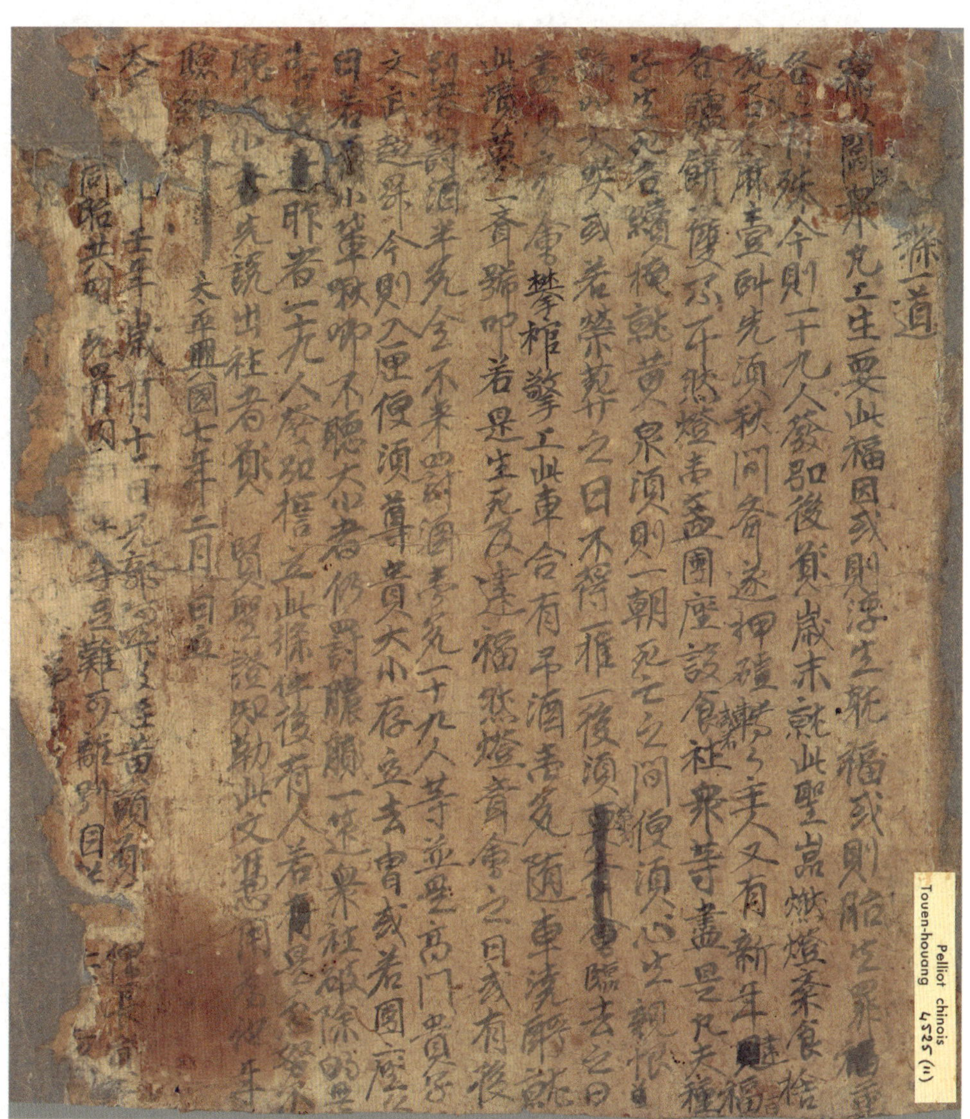

P.4525《太平兴国七年二月立社条》

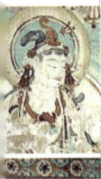

莫高窟第254窟

或若社众等尽是凡夫种

5. 子，生死各续，掩就黄泉，须则一朝死亡之间，便须心生亲恨，

6. 号叩大哭。或若荣葬之日，不得一推一后，须荣勾。临去之日，

7. 尽须齐会，攀棺擎上此车。合有吊酒一瓮，随车浇酹，就

8. 此坟墓，一齐号叩。若是生死及建福，然（燃）灯齐会之日，或有后

9. 到者，罚酒半瓮；全不来，罚酒一瓮。一十九人等并是高门贵子，

10. 文武超升。今则入厘，便须尊贵大小存立去胄。或若团座之

11. 日，若有小辈啾唧，不听大小者，仍罚脓腻一筵，众社破除，的无

12. 容免。昨者一十九人发弘誓，立此条件。后有人若是忽努（怒），不

13. 听大小，先说出社者，愿贤圣证知，勒此文凭，用为他年

14. 验约。　太平兴国七年二月　日立。①

又，社团在制订佛事活动规则的时候，特别强调敦煌为佛教圣地这一点，并说明敬佛事法是社团的永久事业。如敦煌文书S.6537V《拾伍人结社社条》：

1. 窃闻燉（敦）煌胜境，凭三宝以为基，风化人伦，藉

2. 明贤而共佐。居（君？）白（臣？）道合，四海来宾，五谷丰登，

3. 坚牢之本。人民安泰，恩义大行。家家不失于尊

4. 卑，坊巷礼传孝宜（义），恐时侥伐（代）之薄，人情以（与）往日

5. 不同，互生分（纷）然，后怕各生已见。所以某乙等一十

6. 五人，从前结契，心意一般。

…………

16. 沙州是神乡胜境，先以崇善为基。初若不

17. 归福门，凭何得为坚久。三长之日，合意同欢，税聚头面净油，

① 参见唐耕耦、陆宏基编：《敦煌社会经济文献真迹释录》第1辑，北京：书目文献出版社，1986年，第279页。略有改动，后同。

18. 供食僧佛，后乃众社请斋，一日果中，得百年余粮。

…………

39. ……上件条流，社内本式，一一

40. 众停稳，然乃勒条，更无容易。恐后妄生毁柢（诋）。故

41. 立明文，劫石为期，用流（留）［后］验。

20. ［僧］惠信书耳。①

二、社邑“三长邑义”制度

敦煌遗书中保存了一定数量的《社斋文》《社邑文》等，记录了民间社团各类法会活动的情况，并定其义曰“三长邑义”。“三长”为佛教的一年中的“三长月”即正月、五月和九月，“邑义”则指社邑举办的法会，可能尊为社内义举，二者合称“三长邑义”。由此可知，敦煌以社邑为单位，在每年的正月、五月和九月都要举办法会。而《社斋文》又称《社邑文》，这是因为敦煌古代的民间社团除穿插了少部分以行业为单位的团体外，大部分是以居住地域为主的小众集体，多在一村一邑的范围之内，因此社团也称社邑。在以村邑为主的社团之中，包括居住在其中的各种身份和各类职业的社众，因此社邑举办法会，一般都是为本社众人祈祷祝福。这里只以佛教活动为活动内容的社团，专家们称之为佛社。

佛社特别强调“三长之日……供食僧佛”（S.6537）。三长，即三长斋月，又作三长月、三斋月、善月、神足月、神通月、神变月。指正月、五月、九月3个月长期间持斋。过午不食，称为斋。在唐代，三长斋之法极为盛行，在此三月，国不行刑，不杀畜类，称为断屠月、断月。敦煌的《社斋文》生动地描述过社邑举行斋会时候的热闹场面：“是日也，开月殿，启金函，转大乘，敷锦席，厨馔纯陁之供，炉焚百合之香，幡花散满于庭中，梵呗啾流于此席。”三长斋会在当时举行得非常频繁，“乃共结良缘，同崇邑义，故能年三不缺，月六无亏，建树坛那，聿修法会”，也就是说，在每年的正月、五月、九月三长月和每月初八、十四、十五、二十三、二十九、三十的六斋日，都要设斋集会。敦煌社团长期将“三长”这一佛教仪轨作为自觉的行为来进行。P.3980《三长邑义设斋文》：

① 参见唐耕耦、陆宏基编：《敦煌社会经济文献真迹释录》第1辑，第279页。

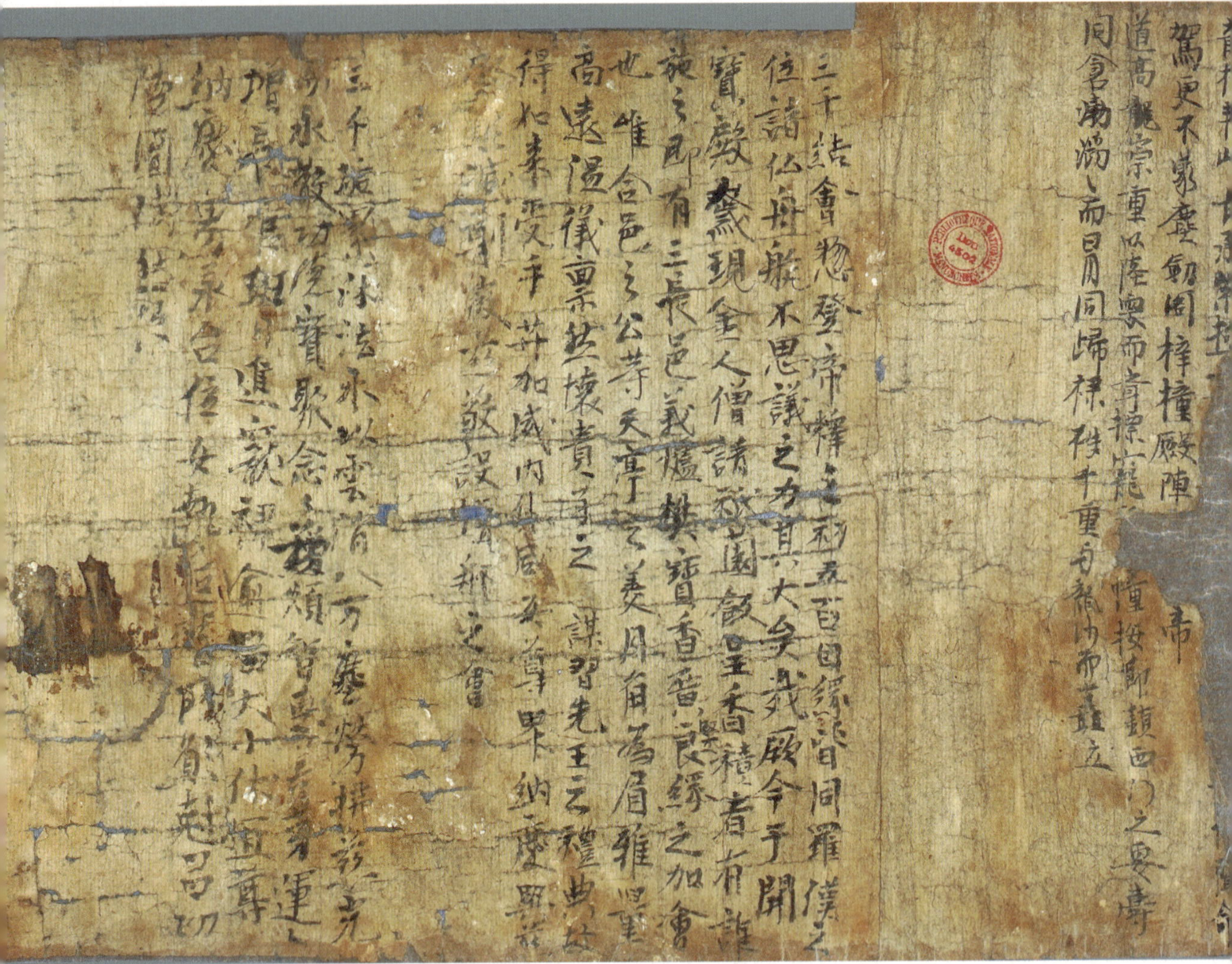

P.3980《三长邑义设斋文》

1. 三千结会，总登帝释之初；五百因缘，皆同罗汉之
2. 位；诸佛舟航，不思议之力其大矣哉！厥今于开
3. 宝殿，奁现金人；僧请祇园，饭呈香积者，有谁
4. 施之？即有三长邑义炉焚宝香，广竖良缘之加（嘉）会
5. 也。唯合邑之公等，天亭之美，月角为眉；雅量
6. 高远，温仪禀然；怀贵子之谋，习先王之礼典。故
7. 得如来受手，菩萨加威；内外咸安，尊卑纳庆。与（以）兹
8. 启愿减□□ 兹敬设坛那之会。[①]

① 参见唐耕耦、陆宏基编：《敦煌社会经济文献真迹释录》第1辑，第273页。

在敦煌，不仅三长邑义要常设三长斋，下文将要叙述的那些兼行佛教活动的社团也经常举行三长斋。S.6417《社邑文》：

1. 夫法身凝寂，非色相之可观；实相圆明，岂人天所不恻（测）。

2. 不生不灭，越三界以居［尊］；非色非相，运六通而自在。

3. 归衣（依）者，无幽不烛；回向者，有感必通。所以释迦违（围）绕，

4. 贤圣视之有则，其唯佛志大矣哉！然今即席合邑

5. 人等，每年三长设斋之所崇也。合邑人等，并是乡闾

6. 贵胜，四海豪族；衣缨子孙，孝悌承家；宣扬令德，博

7. 达古今；识亮（量）远名（明），又知身是幻化，达命为空；若不崇

8. 斯福因，恐刹那将至。遂乃人人励巳（己），各各倾心，就此家

9. 廷（庭），广崇擅命。是日也，

10. 幡花纷霏，珍施演溢；设香饭，焚宝香，延僧尽

11. 于凡圣，诸佛遍满灵空；就此家庭，一朝供养。以此设

12. 斋转念功德，先用庄严，合邑人等，唯愿悟衣中

13. 之无价，识额上之明珠；梵王垂福德之轮，帝释下

14. 长年之算。又愿福若轮王，贵而更贵。又持功德，行

15. 香助供人等，十善具备，百福庄严，有愿克从，

16. 无灭不（无）应。然后竖通三界，傍括无崖（涯），赖此胜因，

17. 俱登佛果，摩诃不（般）若，利乐无边。①

又P.2226（P.2331、P.3770）《社文》，是一篇邑人（非社团组织）举行三长斋会的记颂：

1. 夫西方有圣，号释迦焉！金轮滴（嫡）孙，净饭王子。应

2. 莲花劫，续息千苗；影是（现）三才（千），心明四智。摩弓

① 参见唐耕耦、陆宏基编：《敦煌社会经济文献真迹释录》第1辑，第391页。

（魔宫）

3. 振动，击法鼓而消形；独（毒）龙隐潜，睹慈光

4. 而变质。梵王持盖，帝释严花；下三道之宝

5. 阶，开九重之底（帝）网。高悬法镜；广照苍生，惟

6. 我大师威神者也。然今此会所申意者，

7. 奉为三长邑议（义）之嘉会也。惟合邑人等，气禀山

8. 河，量怀海岳。璞玉藏得（德），金石在心。秉礼义以

9. 立身，首（守）忠孝以成性。故能结以（异）宗兄［弟］，为

10. 出世亲邻。凭净戒而洗涤众愆，归法门而

11. 日新之（诸）善。冀福资于家国，永息灾殃。每至

12. 三长，或（式）陈清供。以兹设斋功德、回向福因，

13. 先用庄严合邑人等：惟愿身如玉树，恒净恒

14. 明；体若金刚，常坚常固。今世后世，莫绝善

15. 根；此生他生，道涯（芽）转盛。又持是福，即用庄严

16. 施主合门居眷等：惟［愿］三［宝］覆护，众善庄严；

17. 灾障不侵，功德圆满。然后散占（沾）法戒（界），布施

18. 苍生；赖此胜因，齐灯（登）佛果。磨诃般若，利乐无

19. 边；大众乾成（虔诚），一切普诵。①

从上面两份文献可见，社团、邑人可能是在帮助寺院建斋，他们举办三长斋会的地点，有时在寺院，有时在主办人家中；有寺院组织的，也有在僧人指导下进行的。在敦煌，无论是佛社、普通社团，还是没有组织社团的邑人集体，都是社会团体，他们的活动首先是社会活动，而三长斋会又是佛教行事，因此，三长斋会是社会活动中的佛教行事。

P.2226《社文》：

1. 夫西方有圣，号释迦焉！金轮滴（嫡）孙，净饭王子。应

2. 莲花劫，续息千苗；影是（现）三才（千），心明四智。摩弓（魔宫）

3. 振动，击法鼓而消形；独（毒）龙隐潜，睹慈光

4. 而变质。梵王持盖，帝释严花；下三道之宝

① 参见郝春文：《敦煌社邑文书辑校》，第522页。略有改动，后同。

5. 阶，开九重之底（帝）网。高悬法镜；广照苍生，惟
6. 我大师威神者也。然今此会所申意者，
7. 奉为三长邑议（义）之嘉会也。惟合邑人等气禀山
8. 河，量怀海岳。璞玉藏得（德），金石在心。秉礼义以
9. 立身，首（守）忠孝以成性。故能结以（异）宗兄（弟），为
10. 出世亲邻。凭净戒而洗涤众愆，归法门而日
11. 新之（诸）善。冀福资于家国，永息灾殃。每至
12. 三长，或（式）陈清供。以兹设斋功德、迴向福因，
13. 先用庄严合邑人等：惟愿身如玉树，恒净恒
14. 明；体若金刚，常坚常固。今世后世，莫绝善
15. 根；此生他生，道涯（芽）转盛。又持是福，即用庄严
16. 施主合门居眷等：惟［愿］三［宝］覆护，众善庄严；
17. 灾障不侵，功德圆满。然后散占（沾）法戒（界），布施
18. 苍生；赖此胜因，齐灯（登）佛果。磨诃般若，利乐无
19. 边；大众乾成（虔诚），一切普诵。[①]

从众多的写本看，“三长邑义”不似其他的法会有专门的主题和需要解决的问题，而是例行公事。也就是祈求水灾免难、吉祥平安而已，一般都不涉及国家和州郡地方大事。北图8454号《社斋文（一）》的内容大体与本件相同，只是增加了对“国主”的祈祷：“以［兹］设斋功德，无限胜因，总用庄严上界四王、［下］方八部：伏愿威光盛运，福力弥增；国主千秋，万年丰岁。伏愿灾殃殄灭，是福感（咸）臻；天山除（降）灵，神祈郊（祇效）耻（祉）。菩提种子，配佛性以开牙，烦恼稠［林］，惠（慧）风飘而叶落。”这种情况在“三长邑义”中属于特殊范例。这些社邑文书还有一个很突出的特点，就是本来属于庶民阶层的百姓社众，在讲述自己的身份的时候，往往都是标榜为“宗枝豪族”“高门君子”等，反映出封建宗法制度下的传统观念。

敦煌文书中有关三长斋会的记载很多，这里不一一列举。

三、敦煌基层社会特色的社斋

S.5561是一件《社斋文》的提纲挈领式的样本，全文如下：

① 参见黄征、吴伟：《敦煌愿文集》，第642页。依原卷分行稍有改动，后同。

1. 社斋主席夫西方有圣，
2. 号释迦焉！金轮王孙，净
3. 饭王子。应莲花劫，续息千昔（苗）；
4. 影现三身，心明四智。魔宫振
5. 动，击法鼓而消刑（形）；毒龙隐
6. 僭（潜），睹慈光而变质。下三道之
7. 宝阶，开九重之帝纲；高悬法
8. 智（镜），广照苍生，唯我大师独
9. 步斯矣。厥今焚香设斋意
10. 者，三长邑仪（义）保愿平安
11. 之福会也。唯官录已下合邑
12. 人等并是晋昌胜族，九
13. 郡名流。故能结异宗兄弟，足（为）
14. 出世亲邻。凭净戒而洗涤
15. 众愆，归法门而聿修诸善。既（冀）
16. 伯（百）福资于家因（姻），永息灾殃；
17. 每至三长，用陈清供。唯愿合
18. 邑人等福用（同）春树，吐菜（叶）生花；
19. 罪如秋林，随风飘落。饥餐
20. 法食，渴饮禅浆；永离三
21. 途，恒居净土。摩诃般若，利
22. 乐无边。①

又如S.5957《邑文》：

1. 夫大觉能仁，处六尘而不著；吉祥调御，越三界以居尊。济

2. 五趣而证圆［明］，截四流而超彼岸。不生不灭，无去无来；神力难思，

3. 名言不侧（测）者矣。厥今坐前施主捧炉虔跪、设斋所申意者，奉为

4. 三长、邑义保愿平安之所建也。惟邑人乃并是高门君子，百郡

① 参见黄征、吴伟：《敦煌愿文集》，第638页。

名家；

5. 桂华琼枝,兰芬馨馥；出忠于国,入孝于家；灵（令）誉播于寰中，秀

6. 雅文（闻）于掌（宇）内。体荣华之非实，揽（览）人事之虚无；志在归依，情存彼

7. 岸。遂乃同崇胜善，共结良缘；延请圣凡，虔诚供养。是日也，开月（玉）殿，启金

8. 函，转大乘，敷锦席。厨馔纯陁之供，炉焚净土之香；幡花散满于庭

9. 中，梵呗啾流于此席。惟愿以资（兹）设斋功德、回向胜因，总用庄

10. 严社邑即体：惟愿灾殃殄灭，福庆咸臻；天仙降灵，龙神凑会。惟

11. 愿菩提种子，结积集于身田；智惠（慧）萌芽，永芬芳于意树。又持胜

12. 福，次用庄严，施主即体：惟愿福同春草，吐叶生花；罪等浮云，随风

13. 变灭。然后三界六趣，有形无形俱沐胜因，同登圣果。云云……①

这件社邑文书作为通用的道场文书范本，多次在敦煌社团法会上使用。敦煌遗书中还有P.3276、P.3756、P.4608等卷也抄录此件。从内容上可以看到都是为邑内社众特别是三长（社团负责人）和发起人（施主）的赞颂、祈愿的套语。

P.2058《邑文》所记，可能是在举办法会时遇到了天灾，所以在祈愿词语中添加了“灭三毒、去三灾”等相关内容：

1. 夫西方有圣，号释迦焉！金轮滴（嫡）孙，净饭王子。

2. 应莲花劫，续昔（息）千苗；影现三千，心明四智。魔军振

3. 动，击法鼓而消形；独（毒）龙应（隐）潜，睹慈光而遍（变）质。梵

4. 王持盖，帝释严花；下三道之宝皆（阶）；开九重之帝纲。

① 参见黄征、吴伟：《敦煌愿文集》，第627页。

5. 高玄（悬）法界，广照仓（苍）生，为（唯）我大师威神者也。厥今即

6. 有座前［合］邑诸人等乃妙因宿殖，善牙发于金生；业果

7. 先淳，道心坚于此日。知四大而无主（住），五蕴而皆空。遂

8. 乃共结良缘，同崇邑义。故能年三不阙，月六

9. 无亏；建竖坛（檀）那，聿修法会。于是幡花布地，梵响（乡）

10. 陵天；炉焚六殊（铢），餐资百味，以一食施三宝，灭三毒、去三

11. 灾；崇百味［以］供十方，解十缠而资十力。与（以）此设斋功德、回向

12. 福因，尽用庄严：惟愿灾殃殄灭，万福咸臻；天仙降灵，

13. 神祇效耻（祉）。菩提种子，配佛［智］以开牙；烦恼稠林，惠（慧）风

14. 飘而叶落。妙因多劫，殖果金生；须（虽）处爱河，常游

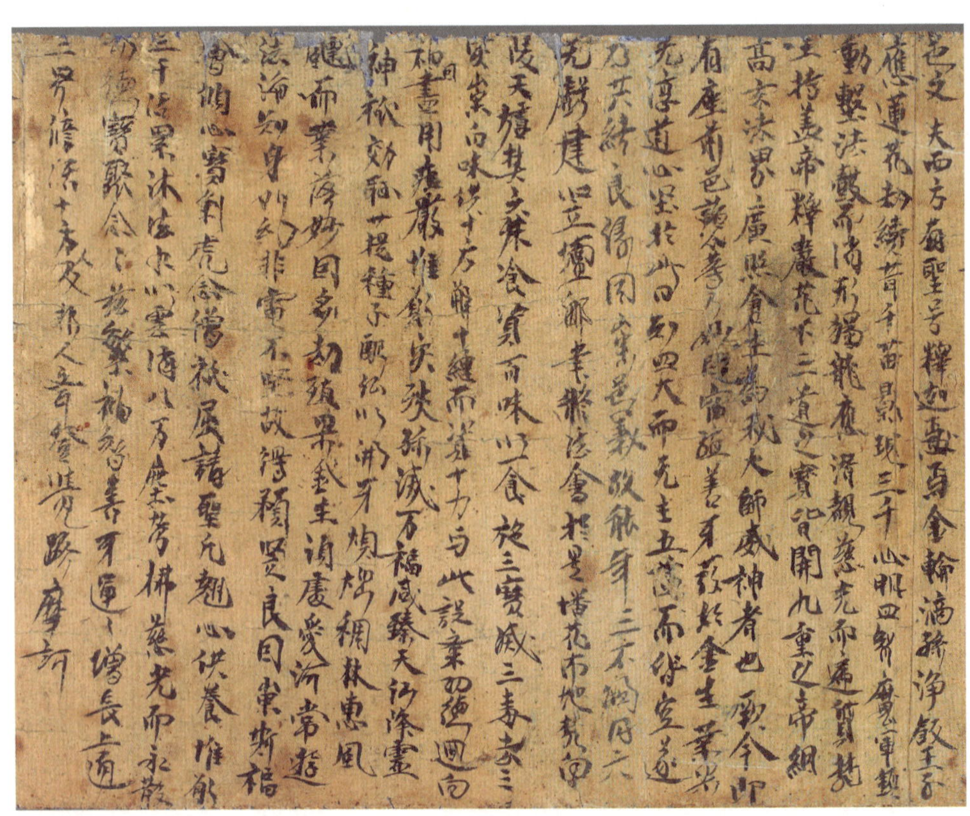

P.2058《邑文》

15. 法海。知身如幻，非（飞）电不坚。故得预竖良因，崇斯福
16. 会；倾心宝刹，虎（虔）念僧祇；屈诸圣凡，翘心供养。惟愿
17. 三千垢累，沐法水以云消；八万尘劳，拂慈光而永散。
18. 功德宝聚，念念兹（滋）繁；福智善牙，运运增长。上通
19. 三界，傍括十方；人及非人，齐登觉路。摩诃。[①]

S.6417是一件斋文集长卷，第一、二两件即《社邑文》，均有不同程度的残缺；内容与其他同类文书没有太大差别。我们这里将第一件全文录出：

1. 夫法身疑（凝）寂，……
2. 不可恻（测）。不生不灭，越三……
3. 自在。归衣（依）者，无幽不……
4. 释迦违（围）绕，贤圣视之有……
5. 厥今开像廓阁，列珍（真）仪；炉焚海岸之香，……
6. 馔者，有殊（谁）施作？时则有社子某公奉为三□□
7. 义保愿平安之福会也。为（唯）合邑人等并是乡闾贵
8. 胜，四海豪族；衣缨子孙，孝弟（悌）承家；宣阳合得（扬令德），博
9. 达古今，识亮（量）远明。有（又）知身是幼（幻）化，达命为空。
10. 若不崇斯福因，恐刹那将至。遂乃人人励己，各各
11. 倾心；就此家廷（庭），广崇檀（坛）会。是日也，幡花纷霏，珍
12. 施演溢；设香饭，焚宝香；延僧尽于凡圣，诸（请）佛
13. 遍满虚空；就此家廷（庭），一朝供养。以此设斋转经功德，
14. 先用庄严合邑人等：唯愿悟衣中之无价，识额
15. 上之明珠；梵王殊（施）福德之轮，帝释下长年之算。又愿
16. 福若轮王，贵而更贵。又持功德，行香助供人等
17. 十善俱备，百福庄严；有愿克从，无灭（感）无应。
18. 然［后］坚通三界，傍括无崖（涯）；赖此胜因，俱登佛果。
19. 摩诃不（般）若，利乐无边；大众贤圣（虔诚），一切普诵。

① 参见黄征、吴伟：《敦煌愿文集》，第639页。

20. 贞明陆年庚辰二月十六日金光明寺僧戒荣，裹白转念。

21. 戒荣文一本[1]

第二件《社邑文》内容同第一件相近，也是说“合邑人等每年三长设斋”，并强调“合邑人等并是乡闾贵胜，四海豪族；衣缨子孙，孝悌承家；宣杨令德，博达古今，识亮（量）远名（明）”，末署“戒荣文本”。

第一件的后面有题记“贞明陆年庚辰二月十六日金光明寺僧戒荣裹白转念”以及两件末尾的“戒荣文本”，透露出一些信息：一是抄写人和持有者为僧人，即是说一般的“三长邑义”还是由社团内部的僧人主持。二是抄写年代为五代后梁贞明六年，时当曹氏归义军政权初期；但本文中并没有像出自官府的其他法事文书一样强调内忧外患的社会背景，也像其他同类文书一样丝毫不提官府中的任何人，说明普通百姓与统治者阶层在许多观念上还是有一定的差距。三是抄写的具体时间并不是在“三长邑义”的正月、五月、九月3个月间，而是在二月，说明主待人平时也需要一些必要的学习和训练，以便用时通畅无碍。但这两份文件与一些官府的斋文抄写和粘贴在同一长卷之内，说明民间社团这样做，也是官府允许的。可以看出，当时还处在困境中的归义军政权表现了对民间社团的宽容和大度，尽管当时迫切需要广大民众的支持，但并没有要求大家跟着官府摇旗呐喊。这里不仅展示了社团作为民间组织的相对的独立和自由，也隐喻着整个社会受到佛教的影响，即佛教社会化的深层体现。

四、社邑的印沙佛活动

举行印沙佛活动，是佛社或其他社团的又一项佛教行事，有些社条里就有相应的规定，如S.6537V（P.3730V）《某甲等谨立社条》：

1. 窃以燉（敦）煌胜境，地杰（杰）人奇，每习儒风，

2. 皆存礼故（教）。谈量幸解言诂（语）美辞。自不能置，须凭众

3. 赖。所以共诸无（英）流，结为壹会。先且钦崇礼曲（典），后乃

4. 逐告（吉）追凶，春秋二社旧窥（规），建福三斋本分，应有条流，

① 参见黄征、吴伟：《敦煌愿文集》，第636页。

5. 勒截（载）俱（具）件，一［一］别漂（标）。

…………

17. ……逐年正月，印沙佛一日，香花佛食，斋主

18. 供备。上件条流，众意勒定，更无改易。谨具

19. 社人名目，用为后凭验。正月廿五日净土寺僧①

印沙佛就是在河岸沙滩上以印版印沙。《佛说七俱胝佛母准提大明陀罗尼经》云："或以七俱胝佛像塔印，用印香泥沙上纸上，随意印之多少，如念诵有功德。"佛教认为举行这样的活动具有与念诵经文一样的功德。印沙佛活动一般在正月举行，要延请僧人念诵《印沙佛文》，如P.3276V《社邑燃灯印沙佛文》：

1. 厥今［三］春首朔，四序初分，建灯轮于佛像之前，捧金炉而

2. 陈情启愿着（者），有谁所作，时则有座前持炉某社众等：一

3. 则荡旧年之灾祸尔，灭非邪迎新岁之贞祥；普臻

4. 瑞应者之所作也。伏惟我持炉使君与社众等并

5. 金枝诞质，玉叶际生，各怀文武文之金（全）才，尽负神

6. 姿之美体，加以深谋志荣，能帖净于四方；恤爱乃

7. 民，专佐辅于一主。而乃悟世荣是结苦之本，晓福

8. 事为恒乐之因，兼不违之先祖愿心，于年初而

9. 同增胜善，是日早上向何（河）沙岸上，印万佛之

10. 真容；夜间就梵刹精宫，燃神灯之千盏，其

11. 灯乃日明晃晃，照下界之幽涂，光炎巍巍，朗

12. 上方之仙刹。更乃举步而巡绕佛塔，虔

13. 恭而和念齐□举，捧香花供部之圣贤；

14. 振玲梵彻下类之耳界，五音齐奉，八乐叔

15. 平，□□□动梁上之尘埃；拍拍骈回鸾之

16. 儛（舞）道。将斯上善，无限良缘，尽［用］庄严，回施资

17. 益，先奉为国安仁（人）奉（泰），社稷恒昌，佛日重开，

18. 普天安乐。又持云云。②

① 参见黄征、吴伟：《敦煌愿文集》，第636页。

② 参见郝春文：《敦煌社邑文书辑校》，第646页。

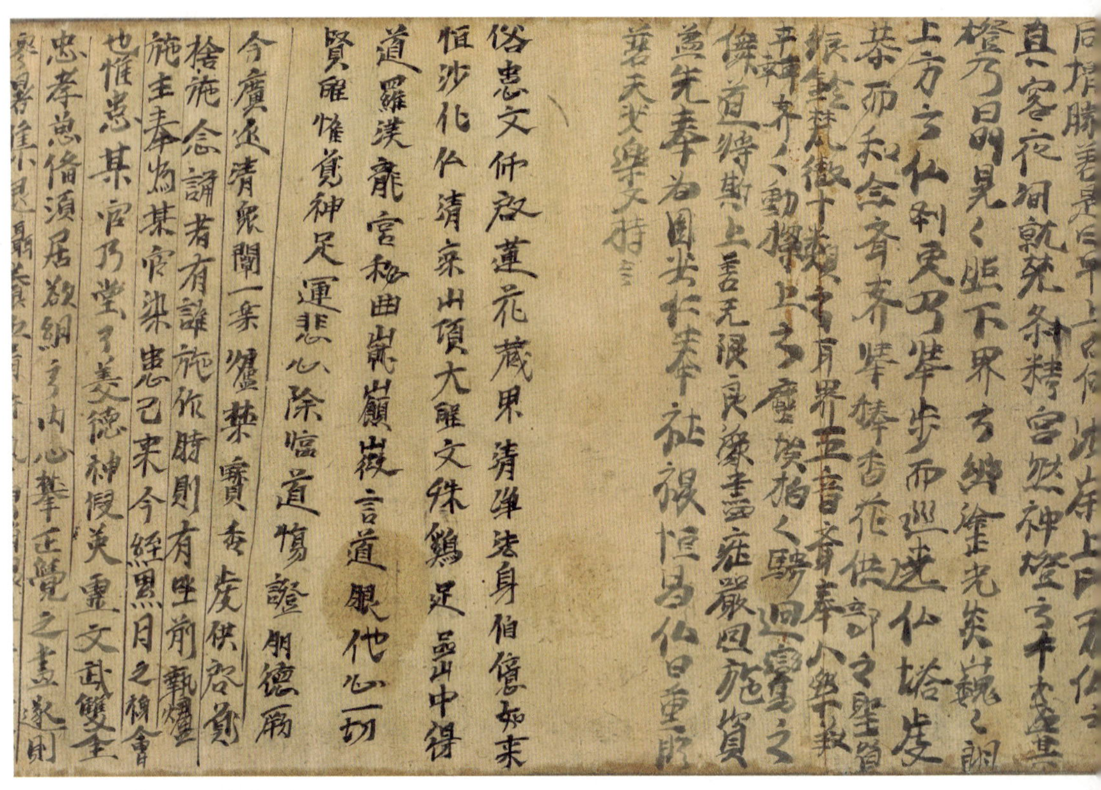

P.3276《社邑印沙佛文》

同三长斋会一样，印沙佛活动也会由佛社以外的其他社团、邑人团体或临时社团举办。如P.2483《印沙佛文》：

1. 夫旷贤大劫，有圣人焉。出释氏宫，名薄伽梵，心凝大寂，

2. 身意无边。慈氏众生，号之为佛。厥今齐年，合邑人等，故于三

3. 春上律，四序初分，脱塔印沙，启加愿者，先奉为国泰人安，

4. 法轮常转；次为巳（己）穷共（躬）保清吉之福会也。惟三官社众，

5. 乃遂为妙因宿值，善芽发于今生；业果先停（淳），道心坚

6. 于此日，知四大而无注（主），梳（识）五蕴而皆空。脱千圣［之］真容，印恒

7. 沙之遍迹，以兹脱佛功德，启愿胜因，先用庄严，梵释

8. 四王，龙天八部，伏愿威光盛运，福力弥增，兴运慈悲，

9. 救人护国。愿使主延寿，五谷丰登，四塞清平，万人安乐。

10. 又持胜善，伏用庄严，诸贤社等，伏愿身如玉树，恒清恒

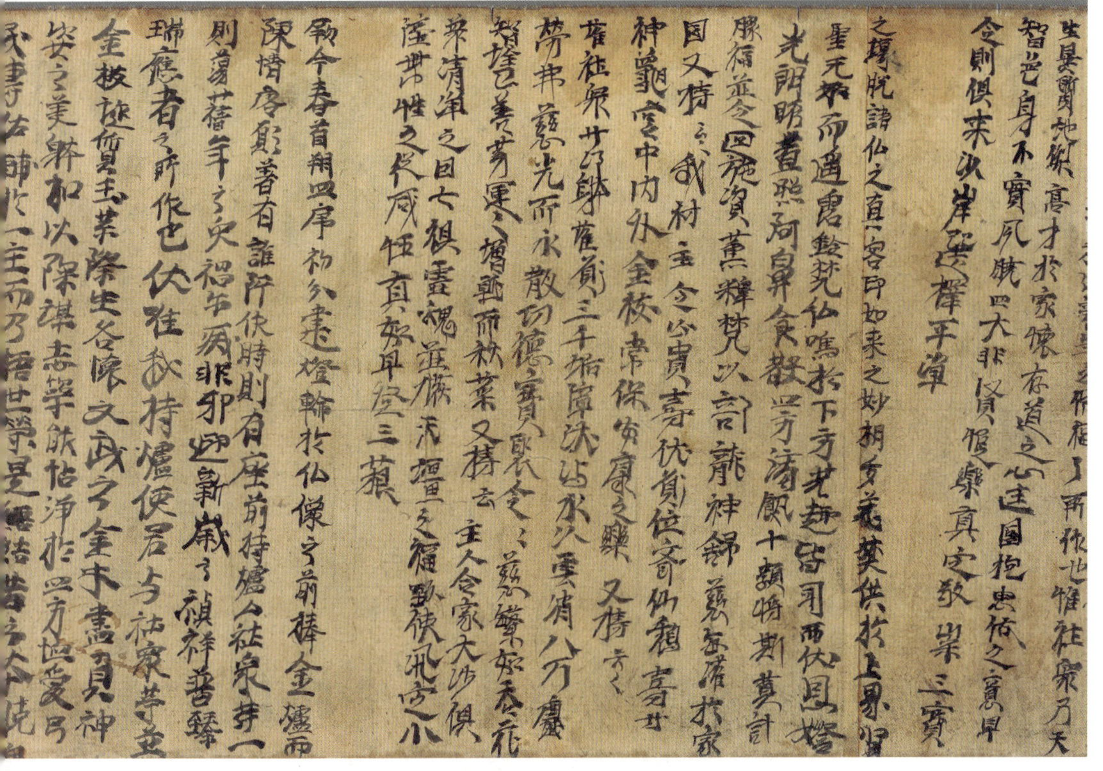

11. 明；体若金刚，常坚常固；今世后世，莫绝善缘；此世他生，善

12 牙（芽）增长，然后散霑法界，普及［有］情，赖此胜因，其登佛果。[①]

作为社团活动或集体活动的印沙佛也是佛教内容的社会活动。不过一般的印沙佛活动是在寺院指导、管理下进行。敦煌文书P.4764寺院入破历中有“又大众印沙佛，买胡饼麦一斗”，P.4907寺院入破历中有“辛卯年正月九日……孔库官社印沙佛。粟一斗”，S.663《印沙佛文》中有“请僧徒于福事之前”，等等，即可证明。

五、敦煌的佛社

佛社是敦煌民众中专门从事佛教活动的专业团体，他们与僧团的关系大致可

① 参见郝春文：《敦煌社邑文书辑校》，第619页。

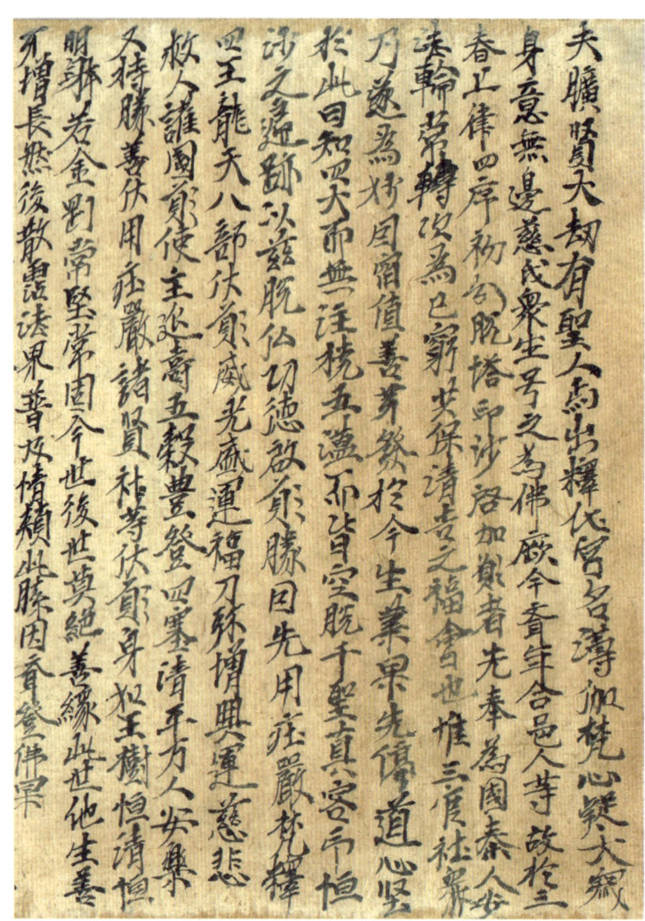

P.2483《印沙佛文》

分为以下3种情况：第一种是既受地方僧官的控制，又与某一寺院有密切联系，这种佛社以敦煌的行像社、燃灯社等佛教活动的专业社为代表。第二种似乎是敦煌僧团（寺院）的附属机构，听命于僧团，在寺院或僧人指导下自觉自愿地从事各类佛教活动，有义务为帮助寺院从事营建、修缮事宜。包括造窟、修窟、造寺钟等。第三种是那些为兴建某些佛教建筑而临时组成的佛社，这种佛社从事的是一次性的佛教活动。如S.3540《福惠等造窟约》。

敦煌的佛社中有专门的燃灯社。除了“岁首窟上燃灯”外，佛教规定一年有许多燃灯的日子，在这些日子里，不仅石窟上要燃灯，各寺也要燃灯，而正月燃灯规模尤大。敦煌有近20所寺院，还有相当数量的兰若，在燃灯日都要进行这一活动，光靠燃灯社是顾不过来的。所以，敦煌的一些社团或邑人集体，就负责在燃灯日帮助寺院燃灯供佛。如敦煌遗书S.5828：“本社条件，每年正月十四，各令纳油半升，于普光寺上灯。”又，P.3282《社邑燃灯文》：

1. 窃闻神光破闇，宝焰除昏；诸佛为之捥（剜）身，菩萨
2. 为之烧臂。千灯普照，万炎俱明，状若空里而分星。□
3. 天边而布月，龙仙夜睹，浮影飞来；贤圣遥瞻，垂
4. 空降集铁围山下。藉此灯明，黑暗城中，赖斯光照。
5. 是以二万亿佛，同号燃灯；三千定光，皆同一官。然今
6. 厥有合邑诸公等，故能人人例（励）己，各各率心，就此宝

方。燃灯

7. 供养，愿此功德，并用庄严，合邑诸公等即体，惟愿三

8. 千垢累，沐法水以云消；八万尘劳，拂慈光而永散。功

9. 德宝聚，念念兹繁，福智善牙（芽），运运增长，然后上

10. 穷有顶，傍括元（无）涯，赖此胜因，齐成佛果。摩诃般若，

11. 拔苦济危。时众虔诚，一切普诵。①

行像也是佛教僧团每年都要举行的大型佛教活动，所需物质、人力需要兼行佛教活动的社团协助。虽然目前在《行城文》等文献中还没有发现与社团有关的记载，但文献中有寺院在行像日执行社人的记载，如P.2049V《后唐长兴二年正月沙州净土地直岁愿达手下诸色入破历》、P.2040V《净土寺诸色入破历》等多处记载了社人参加并帮助寺院举行行像活动，因此在行像日（二月初八）受到寺院招待。盂兰盆会是根据《佛说盂兰盆经》于每年七月十五日举行的超度历代守亲的佛教仪式，这也是隋唐五代宋初寺院的一项重要活动。P.2049V《后唐长兴二年正月沙州净土寺直岁愿达手下诸色入破历》记“粟两硕一斗，七月十五破盆、纳官。上窟等用”等，其他寺院入破历中也有类似的记录。以社人和社团名义参加的所有活动都是社会活动，行像及盂兰盆会等也不例外，也是社会活动中的佛教活动。

在寺院或僧人主持下从事营造活动的佛社，如P.2982V《社邑修窟功德记抄》：

1. 厥今深崇妙理，转成七珍；修窟宇于仙岩，建精监于

2. 石碛者，社人施主为保无危，合府灵民，同霑吉

3. 庆。加以倾心斋范，志重灵岩，释七珍而傻慎大王，

4. 仰三乘而矜长者。年年则城尽，寺寺不别而（如）天宫；岁

5. 岁乃窟宇系镌龛，龛龛有同鹫岭；仙岩礼谒，还

6. 驾宫城。选碛显巽之胜，平诱亲伖（友），共崇于

7. 佛斋。毕口而五百王子，同契一心；齐声而三十三

8. 天，俱愿勠力。席称殿刹，备功利而立成；标画

9. 两廊，似祇园而化出。今则炉焚百宝，路羹披

10. 肝，合掌虔恭，庆阳（扬）功德。②

① 参见郝春文：《敦煌社邑文书辑校》，第652页。
② 参见郝春文：《敦煌社邑文书辑校》，第678页。

又如S.4860V/1《社邑建兰若功德记并序》：

1. 盖闻大慈阐化，溥迹无边；智觉流踪，尘沙罕测。故知

2. 有本不有，执有如电焰，睹之非坚。空本不空，着空三灾，动之不怀（坏）。昏迷暗路，

3. 悲光照而超途；苦海洪波，慈舟运而达岸。然则百王制格，讵能离痴网之中；

4. 我佛惠锋，孰不断邪贪之贼。现生示灭，实为凡流。大哉能仁，不可思议者矣。

5. 厥有当坊义邑社官某等二十八人，并龙沙贵族，五郡名家；六顺淳风，训

6. 传五教；英临美貌，合邑一模。孝实安亲，忠能奉国。或则文超七步，才

7. 富三冬；或则武亚由基，穿杨之妙。偶因闲暇，溱梨俱臻。忽思幻躯，如同

8. 梦想。三官谓众社曰：今欲卜买胜地，创置伽蓝，功德新图，进退忍怩，未知

9. 众意，社众等三称其善，雅惬本情，上唱下随，同心兴建。遂乃良工下手，

10. 克日修全。有为之力易成，无为之业圆满。兰若内素（塑）释迦牟尼尊佛并侍

11. 从，缥画功毕。东壁画降磨（魔）变想（相），西辟（壁）彩大圣千臂千眼菩萨一铺。入门

12. 两边画如意轮不空羂索，门外檐下绘四天大王及侍从，四廊绘千照贤圣。

13. 所画变想（相）等，并以毕功。洞闻（开）满月，相好金容。映耀千光，莲辉百神

14. 通十圣，敷宝座以安祥；护界天王，拥八部而围绕。庭坐菡萏，将同雁

15. 塔之仪；梵响知鸣，直像祇园之会。福所备资益我

16. 节度使曹某［保］祚安边，永保乾坤之寿，次为合邑众社，身如劫石齐宁，法界

17. 仓（苍）生，并获（免）三途之难。余以寡拙，难免相邀，狂

简斐然。乃申颂曰：

18. 大哉知觉，神勇无边。慈深尘劫，悲含三千。昏迷讵耀，苦海舟船。

19. 现生示灭，双树寂圆。安国定难，贵社人贤。能忍幻厌，知晓逝川。

20. 创修精宇，旬日矗全。丹青图绘，紫么庄鳞。周围贤圣，入座四禅。

21. 蓬来（莱）兜率，净土祇园。福资家国，愿保尧年。含灵获益，俱离苦源。

22. 余惭才寡，滞笔难言。恨容媄姆，羞见镜前。①

前面已经讲过，佛教石窟的营造本身就是一项社会活动。营修寺院也是如此，都属于佛教内容的社会活动，或者是社会活动中的佛教内容。作为邑人，即一村或邻近数村集体，虽然不是社团的形式，但他们的集体活动也毫无疑问地属于社会活动，如前述P.2483《印沙佛文》所记这类集体活动中的佛事活动。而有一些集体活动并非专门的佛教行事，但也显示出明显的佛教印迹。如P.3722V《远忌文并邑文》所记邑人集会，是为亡人远忌，又为邑人荐福："今此斋意者，一为亡妣远忌之辰设斋追荐，又为邑愿功德，因此崇修。"祈愿"胎卵四生，三途五苦，同沾斯福，并赖斋功；有识有情，俱登正道"。用词用语也是很专业的佛家之言。

第三节　经济活动的佛教印迹

敦煌古代的经济活动也与佛教有不可分割的关系。这主要是因为敦煌僧团是敦煌历史上具有重要地位的社会团体，寺院经济是敦煌历史上社会经济的重要组成部分。所以，敦煌古代的社会经济无不烙上佛教的印迹。实际上，在前面有关寺院经济的论述中已经说明这一问题，这里另举数例以作说明。

① 参见郝春文：《敦煌社邑文书辑校》，第679页。

一、借贷

人们习惯上将寺院财产称为佛产。敦煌文书S.5832《请便佛麦牒（稿）》：

1. 请便佛麦一十驮。
2. 右件物，缘龙兴经楼置来时久，属土地浸湿，基阶颓朽，若不预
3. 有修戢（茸），恐后费功力。又，台内先日收得道门及诸家旧藏三只，其藏都僧
4. 统训岌立处，令表里采（彩）画功德。比日缘未有施主，近勾得一两
5. 家施主，召得两个功人，见下手雕饬。今交阙乏粮用。伏望请
6. 便前件物，至秋依数填纳，即两得济办。请处分。
7. 牒件状如前，谨牒。[①]

敦煌文书北咸59背面有6件“便麦牒”，以借据的形式，记录了辛丑年（821）二月春种期间，敦煌的龙兴、开元、安国、灵修、金光明、报恩等寺院的寺户向当寺借麦种事，上面有敦煌僧团最高层的僧官的批语及寺院的执行记录。现录第一件《龙兴寺寺户团头李庭秀等请便麦牒》：

1. 龙兴寺户团头李庭秀、段君子、曹昌晟、张金刚等状上。
2. 右庭秀等并头下人户，家无着（著）积。种莳当
3. 时，春无下子之功，秋乃凭何依托。今人户等各请
4. 贷便，用济时难，伏望商量，免失年计。每头请
5. 种子五十驮。至秋输纳，不敢违迟。乞请处分。
6. 牒件状如前，谨牒。
7. 辛丑年二月日团头李庭秀等牒（朱印）
8. 团头段君子
9. 团头曹晟（朱印）
10. 头张金刚（朱印）
11. 准状支给，至秋征纳。十
12. 三日。正勤

① 参见沙知：《敦煌契约文书辑校》，南京：江苏古籍出版社，1998年，第99页。略有改动，后同。

13. 依上处分，付仓所由

14. 付。[①]

6所寺院中，龙兴、开元、金光明、报恩等寺为僧寺，安国、灵修等寺为尼寺。这些寺院都拥有一定数量的土地，由专门的寺户负责耕种收割。寺户为寺院从事农业生产经营，但仍然要履行借贷手续。这是寺院社会化管理的体现。

敦煌民众之间的经济往来也得到僧人的帮助，如中国历史博物馆藏《丑年百姓曹先玉便小麦契》即为僧人开惠所起草：

1. 丑年十二月廿八日百姓曹先玉为少粮用，今于

2. 便小麦二硕。其麦自限至秋八月还足。如违，

3. 即任掣夺家资牛畜等，用充麦直。如东西，丑年腊月廿三日僧开惠记。

4. 仰保人代还。两共平章，

5. 书为记。

6. 麦主

7. 便麦人

8. 保人

9. 保人[②]

这份文书上没有写明曹先玉所便何处小麦，同时所有的当事人均未签字画押，看得出是一份草稿，是僧开惠事先为曹先玉起草的。

僧人做保人、证人，S.1475V《卯年阿骨萨部落百姓马其邻便麦契》：

1. ［卯］年二月十一日阿骨萨部落百姓马其邻，为

2. ［欠］粮种子，今于灵图寺佛帐家麦内便汉［斗］

3. 麦八硕。限至秋八月内送纳寺仓足。如违［限］

4. 不还，其麦请陪（倍）为一十六硕，仍任将契为

5. 领（令）六（律），牵掣家资杂物牛畜等用充佛麦［直］。

6. 其有剩，不在论限。如身东西，一仰保人代［还］。

---

① 参见沙知：《敦煌契约文书辑校》，第86页。

② 参见沙知：《敦煌契约文书辑校》，第101页。

7. 恐人无信，故立此契，书纸为记。
8. 便麦人马其邻年卌
9. 保人僧神宝年廿
10. 见人僧谈颙
11. 见人陈滔
12. 见人就齐荣[①]

这里僧人神宝等为便麦人马其邻作保，马所便麦亦为敦煌灵图寺之“佛麦”。S.1475V《酉年下部落百姓曹茂晟便豆契》：

1. 酉年三月一日下部落百姓曹茂晟为无种子，遂
2. 于僧海清处便豆一硕八百升。其豆自限至秋八月
3. 卅日已前送纳。如违不纳，其豆请陪（倍），一任掣夺家
4. 资杂物，用充豆直。如身东西，一仰保人代
5. 还。中间或有恩赦，不在免限。恐人无
6. 信，故立此贴。两共平章，书指为记。
7. 豆主
8. 便豆人曹茂晟年五十
9. 保人男沙弥法珪年十八
10. 见人
11. 见人僧慈灯[②]

这里也是由僧人做保人和证人。

二、买卖

敦煌文书S.5820+S.5826为《未年尼明相卖牛契》：

1. 黑牸牛一头三岁，并无印记。
2. 未年润十月廿五日，尼明相为无粮食及

① 参见沙知：《敦煌契约文书辑校》，第103页。
② 参见沙知：《敦煌契约文书辑校》，第111页。

3. 有债负，今将前件牛出卖与张抱玉。准
4. 作汉豆升麦一十二硕，粟两硕。其牛及麦
5. 即日交相分付了，如后有人称是寒道（盗）
6. 识认者，一仰本主卖（买）上好牛充替。立契后
7. 有人先悔者，罚麦三石，入不悔人。恐人［无］信，
8. 古（故）立此契为记。
9. 麦主
10. 牛主尼僧明相年，五十三
11. 保人尼僧净情年，十八
12. 保人僧寅照
13. 保人王忠敬，年廿六
14. 见人尼明香[①]

僧为佛教三宝之一，尼僧明相也不例外。她卖牛的原因这里说得很清楚：无粮和负债。看来这位出家人和普通俗人一样没有摆脱人世间的各种烦恼。这里不仅卖主为尼僧，另有僧及尼僧3人为保人和见人（证人）；张抱玉买了尼僧明相的牛，又有王忠敬作保，这就是与佛教的直接经济关系。

S.1946《宋淳化二年押衙韩愿定卖妮子契》：

1. 淳化二年辛卯岁十一月十二日立契。押衙韩愿定伏缘家中
2. 用度所饯，欠阙匹帛，今有家妮子□名塩胜，年可二十
3. 八岁，出卖与常住百姓朱愿松妻男等，断偿（当）女人价生
4. 熟绢五匹，当日现还生绢三匹，熟绢两匹，限至来年五
5. 月尽填还。其人及价更相分付。自卖已后，任永（允）朱家男
6. 女世代为主。中间有亲情眷表识认此人来者，一仰韩愿定
7. 及妻七娘子面上觅好人充替。或遇恩赦流行，亦不在再来
8. 论理之限。两共面对商仪（议）为定，准格不许翻悔。如若先悔者，
9. 罚楼绫一匹，仍罚大羯羊两口，充入不悔人。恐人无信，故
10. 勒此契，用为后凭。其人在患，比至十日已后不用休悔者。（押）

① 参见沙知：《敦煌契约文书辑校》，第103页。

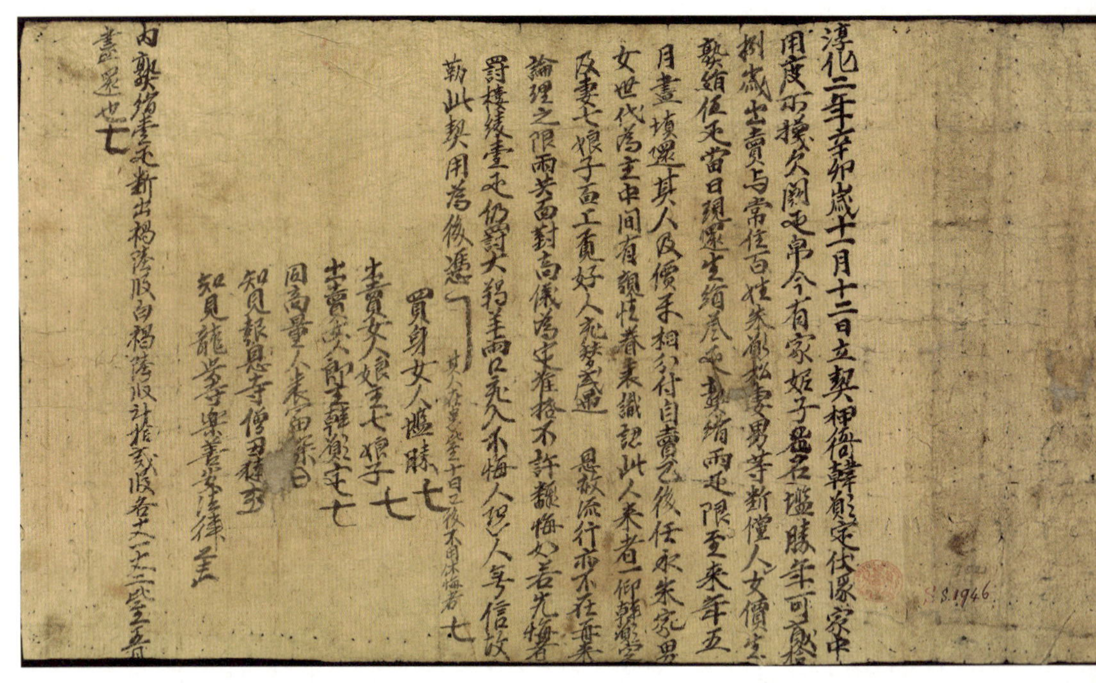

11. 买（卖）身女人塩胜（押）

12. 出卖女人娘主七娘子（押）

13. 出卖女人郎主韩愿定（押）

14. 同商量人袁富深（押）

15. 知见报恩寺僧丑挞（押）

16. 知见龙兴寺乐善安法律（押）

17. 内熟细绢一匹，断出褐六段，白褐六段，计十二段，各丈（长）一丈二，比至五月

18. 尽还也。（押）[①]

这里有两名僧人为买卖人口做证人，可见当时敦煌买卖人口有僧人参与。

三、雇工

敦煌文书北咸59V《僧慈灯雇博士氾英振造佛堂契》：

1. 寅年八月七日，僧慈灯于东河庄造佛堂一所，为

① 参见沙知：《敦煌契约文书辑校》，第79页。

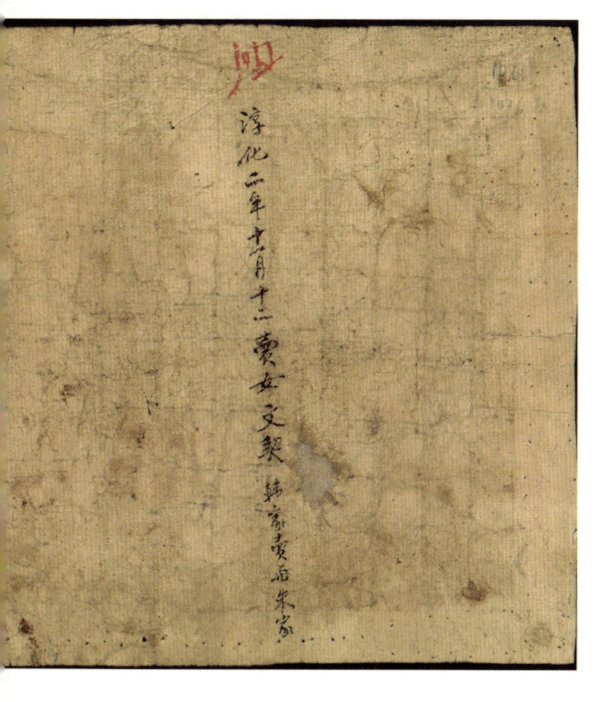
淳化二年十一月十二賣女文契

S.1946《宋淳化二年押衙韩愿定卖妮子契》

2. 无博士，遂共悉东萨部落百姓氾英振平章
3. 造前佛堂，断作麦八汉硕。其佛堂外面一
4. 丈四尺，一仰氾英振垒，并细泥一遍。其佛堂从
5. 八月十五日起首，其麦平章日付布一匹，折麦
6. 四硕二斗，又折先负慈灯麦两硕一斗，余
7. 欠氾英振一硕七斗，毕功日分付。一定已后，不
8. 许休悔。如先悔者，罚麦三驮，入不悔人。恐
9. 人无信，故立此契，两共平章，书纸为记。
10. 博士氾英振，年卅二（押）
11. 见人僧海德[①]

僧人慈灯的雇工契约上，也有僧人做证人。像这类僧人做保人和证人的契约文书在敦煌文献中还有很多，而这类僧人一般为在家僧人。

四、收养过继

敦煌古代僧人还可以收养俗人家的孩子为养子养女。P.4525V《宋太平兴国

① 参见沙知：《敦煌契约文书辑校》，第242页。

八年僧正崇会养女契（稿）》：

1. 太平兴国八年癸未岁三［月十□］日立契。僧正崇会□
2. 为释子，具足凡夫。□俗即目而齐修，衣食
3. 时常而要觅。是以往来举动，随从藉人
4. 方便招呼，所求称愿。今得宅僮康愿昌
5. 有不属官女某，亦觅活处。二情
6. 和会，现与生女父娘乳哺恩，其女
7. 作为养子，尽终事奉。如或孝顺到头，亦有
8. 留念衣物。若或半路不听，便还当本
9. 所将乳哺恩物，某便仰别去，不许论
10. 讼养父家具。恐后无信，遂对诸亲，勒
11. 字用留后凭。
12. 养身女
13. 养母阿安
14. 养父宅僮康愿昌
15. 知见

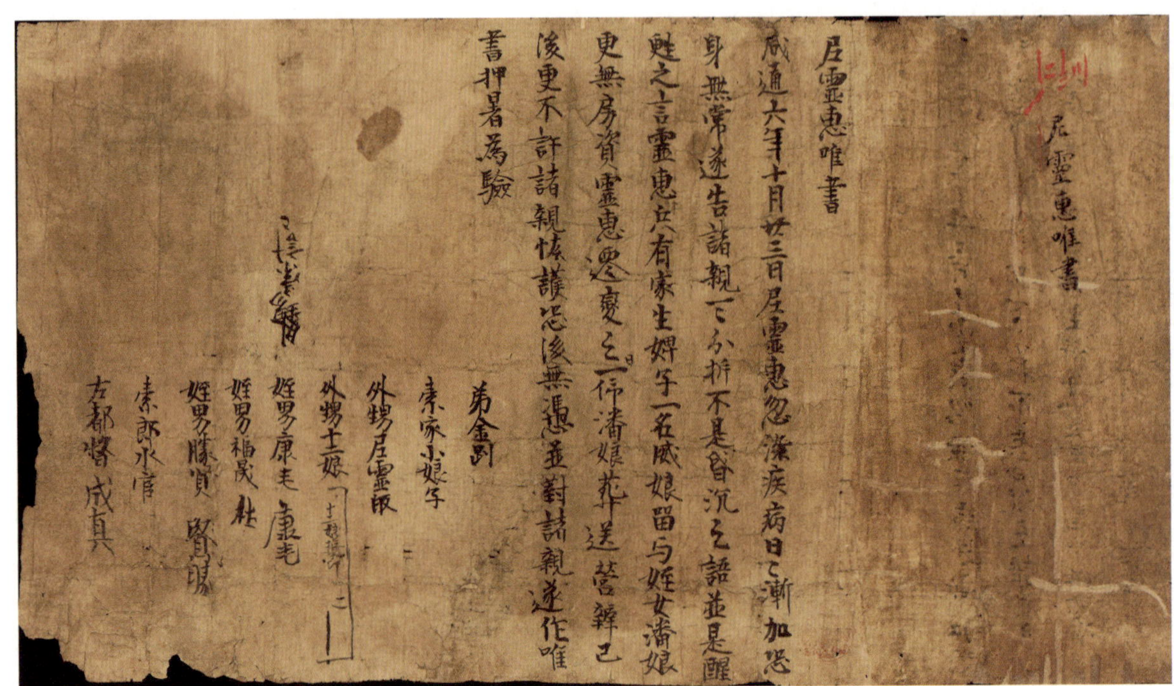
尼靈惠唯書

尼靈惠唯書
咸通六年十月廿三日尼靈惠忽染疾病日日漸加恐
身無常遂告諸親一一分析不是昏沉之語並是醒
甦之言靈惠只有家生婢子一名威娘留與姪女潘娘
更無房資靈惠遷變之日一仰潘娘葬送營辦已
後更不許諸親恡護恐後無憑並對諸親遂作唯
書押署為驗
弟金剛
索家小娘子
外甥尼靈皈
外甥十二娘 十二娘指節
姪男康毛 康毛
姪男福晟
姪男勝賢
索郎水官
左都督成真

S.2199《唐咸通六年尼灵惠唯书》

16. 知见[①]

上契显示，僧人收养子女也是为替自己养老送终。由此看来，在古代敦煌，许多僧尼可能住在寺外，他们似乎不属于寺院，而是像俗人一样生活在社会上，因此所有的事情都得自己安排料理。

早于崇会近120年的S.2199《唐咸通六年尼灵惠唯书》，就是尼僧为自己安排后事的记录：

1. 尼灵惠唯书
2. 咸通六年十月廿三日，尼灵惠忽染疾病，日日渐加，恐
3. 身无常，遂告诸亲，一一分析。不是昏沉之语，并是醒
4. 苏之言。灵惠只有家生婢子一，名威娘，留与侄女潘娘，
5. 更无房资。灵惠迁变之日，一仰潘娘葬送营办。已
6. 后更不许诸亲吝护。恐后无凭，并对诸亲，遂作唯
7. 书，押署为验。
8. 弟金刚
9. 索家小娘子
10. 外甥尼灵皈
11. 外甥十二娘（十二娘指节）
12. 外甥索计计 侄男康屯（押）
13. 侄男福晟（押）
14. 侄男胜贤（押）
15. 索郎水官
16. 左都督成真[②]

唯书即遗书。灵惠以为自己料理后事为条件，将自己的“家生婢子”威娘留与俗家侄女潘娘；潘娘虽然不用花钱得一婢女，但需要为灵惠送终。

敦煌契约文书所反映的敦煌僧团以及僧尼与俗家民众之间的关系，实际上是一种经济关系。契约文书所记载的经济活动也是地地道道的社会活动，是带有佛教印迹、受到佛教制约的社会经济活动。

① 参见沙知：《敦煌契约文书辑校》，第360页。
② 参见沙知：《敦煌契约文书辑校》，第515页。

第四节　军政活动的佛教精神

一、军政层面的佛教生活

在敦煌历史上的很长一段时间，佛教在军政活动方面始终起到精神支柱的作用。如莫高窟第148窟营造之际，正是唐朝与吐蕃战争期间，被吐蕃从长安一路追赶而节节西退的唐朝数万余众，集中在敦煌这一弹丸之地，无法继续沿寸草不生的荒漠西进，只有在敦煌与吐蕃决一死战。而同时第148窟的营造活动却在莫高窟有条不紊地进行着，处于战争前夜的敦煌汉唐军民，在佛教精神的支撑下显得如此镇静和安详，并从石窟壁画与众不同的佛教思想内容如《报恩经变》中得到激励，为保卫自己的家园与吐蕃殊死一搏。①

S.343与P.2915的《愿文》，表达了远在千里之外的军旅男儿对故乡的思念：

1. 盖闻大雄寥廓，浩汗无边；量
2. 等虚空，体同无极。纳须弥于芥子，折（坼）大
3. 地以（于）微尘；吸巨海于腹中，缀山河于毛孔；
4. 摧天魔于舍卫，伏外道于迦维；击法鼓
5. 于大千，振鸣钟于百亿；演金言于灵鹫，
6. 敷宝坐于奄罗；发豪（毫）相于东方，布
7. 慈云于西域。敬述如来功德，寂嘿（默）难测
8. 者哉！然今此会焚香意者，为男远
9. 行之所崇也。惟男积年军旅，为国从
10. 征，远涉边戎，虎（虔）心用命。白云千里，望归
11. 路而何期？青山万重，思顾（故）乡而难见。虑
12. 恐身投沙漠，命谢千（干）戈。惟仗白（百）灵，仰
13. 凭三宝。故于是日，洒扫庭宇，严饰道

① 史苇湘：《丝绸之路上的敦煌与莫高窟》，载敦煌文物研究所编：《敦煌研究文集》，1982年。

14. 场，请佛延僧，设斋追福。又舍净财，造某

15. 功德，并以（已）成就。谨因此晨（辰），用申庆赞。所有

16. 设［斋］转经、种种功德，总用庄严行人即体：

17. 惟愿观音引路，世（势）至逢迎，［三世］千佛，一一护持；

18. 四大天王，双双围绕；恒沙菩萨，供（恭）共慈悲；

19. 百亿释迦，常为覆护。愿早回还，平安

20. 相见。①

这里斋主的目的和意图都很明确，就是希望远行从军的男儿能够平安归来。

北河12是一份篇幅较长的《发愿文》范本，内容涉及人们的社会活动和政治军事活动的各个方面：

1. 亦愿观音引路，万里无危；四大天［王］，双双围绕；人马平善，早达

2. 天庭；舞喜阶前，□愿满足。四路奉使，往来不滞于关山。内外和平，

3. 尊卑纳庆；病消疾散，风雨顺时。合群（郡）黎民，俱沾胜福；行香寮佐，并

4. 获胜因；应是倾心，灾殃殄灭。然后上通三界，傍尽十方；俱沐芳因，齐登

5. 觉果。惟愿幽途业谢，长摧生死之轮；净土国诚（成），常蹈莲花之座。

6. 惟愿百神助卫，无善福而不臻；千圣加威，有灾殃而逆（并）遣。然后

7. 一毫十力之善，将七伐（代）而俱荣；八难六取（趣）之潜，遇此同登彼岸。

8. 惟愿心同朗月，春夏恒明；体侣（似）贞松，秋冬不变。然后七世父母，莲花

9. 化生；人异（与）非人，咸蒙吉庆。惟愿随弥陀而生净土，逐弥勒再下

10. 阎浮；与父母同作善缘，弃今生爱别离苦。

① 参见黄征、吴伟：《敦煌愿文集》，第23页。

11. 惟愿出将入相，长为国下之重神（臣）；宝子王孙，永作功候（公侯）之美质。行

12. 香寮佐，竭诚尽忠；随喜见闻，同增上愿。

13. 伏愿灵神不昧，鉴照福门。愿使升降红莲，月登三会。又持胜福，

14. 次用庄严，施主即体：惟愿禄荣高峻，如五岳［而］不骞；命等演深，

15. 比三光而恒照。然后尘沙蠢动，俱登觉路之因；国泰人安，永灭伤

16. 离之难。惟愿三［明］备体，永登无畏之身；八解澄心，早证无生之

17. 理。愿使家盈七宝，长丞（承）五品之荣；宅溢八珍，常值登朝之宠。然后

18. 灰魂七祖，丞（承）斯目睹龙花；胎卵四生，并证真如彼岸。

19. 愿官班日进，方延五鼎之尊；峻洽时迁，坐列万钟之禄。子孙昌盛，

20. 眷属骈罗；花萼芬芳，闺闱（桂兰）茂盛。然后合宅长幼，并沐清贞；

21. 过往幽魂，咸登觉道。惟愿冰镜转清，瑶花挺秀；家荣国

22. 宠，弟（茅）土山河；惟孝惟忠，立功立事。然后家眷大小，并同劫石为居；

23. 内外亲因（姻），保宜江湘不竭；先亡远伐（代），咸（衔）福并证红莲；蠢动含灵，赖此

24. 同超彼岸。伏愿长守宝贵，永称其心；遐龄益而大昌，身力强

25. 而弥盛。家于（有）大小，并沐沐（休）宜；内外亲因（姻），咸蒙吉庆。

26. 惟愿荡千灾，增万福，善业长，惠（慧）芽开；同种智之圆明，等法

27. 身而坚固。然后廓周法界，包括尘沙；俱沐芳因，咸［登］觉路。

28. 惟愿福同春卉，吐叶生牙（芽）；罪等浮云，随风变灭。然后三界六趣，

29. 有刑（形）无刑（形），俱沐胜因，齐成佛果。

30. 伏愿天禄弥厚，富宠日新；长为明王之腹心，永［作］法门之信士。

31. 惟愿仙颜转母（茂），日纳万祥；阖宅尊卑，千秋应庆。

32. 惟愿出沉沦之苦海，乘解脱之舟船，离秽浊之阎浮，生极乐之国土。

33. 惟愿金沙池畔，顶拜弥陀；龙花会中，瞻礼慈氏。

34. 惟愿永辞三界，长截四流；托宝殿而化生，座（坐）金莲而悟道。

35. 惟愿神游柰苑，托质花台；逍遥十地之阶，纵赏九仙之位。宾

36. 钵罗树下，长为禅悦之林；阿褥幸（达）池中，永涤尘劳之垢。

37. 惟愿身腾六牙之象，长游兜卒之宫；足踏千花，永弃阎浮之境。

38. 惟愿遨游净土，抚身叶（业）于七池；消散莲台，喜心花之八水。

39. 惟愿神生净土，识座（坐）莲台；常辞五浊之中，永出六天之外。①

这篇愿文样本，涉及所有的人间世事和人生百态，无论是过去、今世还是来生，无论是先亡还是健在，无论是出家还是在家，无论从事何种职业，都得到佛教的呵护。佛教如此关注人间社会，关心人生的前途命运，这不正是近代以来提倡的人生佛教、人间佛教的具体内容的展示吗？

二、金山国时期的佛教活动规范

敦煌的西汉金山国时期，金山国小朝廷专门对各项佛教活动的内容和形式做了统一的规范化处理。敦煌文献P.3405比较完整地保存了《转经散道场文》《大斋文》《正月十五日窟上供养》《营窟稿》《国有灾厉合城转经》《帝宫有疾》《水旱霜蝗之事》《兵贼侵扰》《安伞》《二月八日》《僧俗逆修稿》等内容。其中《正月十五日窟上供养》《营窟稿》等在前文已经另有专论。这里我们从敦煌西汉金山国的佛教生活的角度，就其中相关文献做些介绍。

① 参见黄征、吴伟：《敦煌愿文集》，第276—277页。

《转经散道场文》：

1. 所以我皇，虔恭大教，至慕玄门，忧
2. 奖人民，预求福力。于是先陈至恳，想鹫
3. 岭而倾心；请佛延僧，结坛场于梵宇。六
4. 时转念，二部齐恭，声振云宵（霄）；龙
5. 天咸萃，以使国安社稷，人泰丰年；千家
6. 贺圣主之恩，万户感帝王之力。以
7. 兹福果，并用庄严：我皇帝圣躬，叭
8. 愿福延沧海，寿比龟山，捧日月而□
9. 耀齐明，□风化而禹汤大洽；卜年八百
10. 而宝祚长兴，朕兆千秋，永隆
11. 西汉。①

《大斋文》：

1. 域中法施，莫善于壇那；请佛延僧，莫
2. 过于设供。是以我皇帝，广修福会，严
3. 净伽维，跪炉至念于双林，愿垂降重
4. 焚香望鸡足之灵龛。宿恭上圣，
5. 唯愿受佛付嘱，溥应供于阎浮；不
6. 舍苍生，乘极必降。助我皇之宝位
7. 以帝禹而齐明；国泰安边，并唐尧
8. 而不异。金刚八圣，捧宝杵而随轩；梵释
9. 四王，将龙天而拥护。使帝宫宴静，朝
10. 堂无睅食之忧；八表风烟，但有投
11. 降之吧。昭昭佛日，朗朗照于玉阶；护法
12. 善神，布三九光于畿佃。

这两份文献是金山国举办全国性的普通佛事活动的斋文。吐蕃统治敦煌时期，定期举办“国家福田道场”，敦煌文献中保存有一些这方面的记载。金山国

① 参见马德、王祥伟：《中古敦煌佛教社会化论略》，第3405页。

举办全国性的道场和大斋，沿袭了这一传统。金山国以佛教为国教，以佛事为国事，用佛事处理国事，依赖佛教的护佑而求得国泰民安。这是典型的中国式的佛教社会化的表现。

下面的几件文书，则应该是遇到具体的特殊事件时的处理措施：

《国有灾厉合城转经》：

1. 天垂灾称，乃水旱相仍；疾疫流行，
2. 皆众生之共业。昨以城隍厉疾，百姓不
3. 安，不逢流水之医，何以济兹雕（凋）瘵？
4. 是以我皇轸虑，大阐法门，绕宝刹
5. 而香气氛氲，列胜幡而宝幢辉
6. 曜，想龙天而骤（聚）会，柳塞虚空，天主
7. 梵王，震威光而必至；二部大众，经声
8. 洞晓于阖城。五部真言，去邪魔之
9. 疫厉，使灾风永卷，不害于生民；瘴
10. 气漂除，息千门之氛浸，然后人
11. 安乐业，帝祚唯祯，以二曜而齐
12. 辉，竞三光而洁朗。

从文书内容看，这是一份关于金山国境内疾病流行时的佛事处理方式，具体讲，是较大规模的转经活动，用这种方式驱逐病魔、护佑百姓。

《帝宫有疾》：

1. 清宫洞澈，帝宅宸居，是万圣潜
2. 护之廷，乃百灵萧恭之所。昨以嫔
3. 妃小疾，累日未瘳，莫非建福宫
4. 闱，延僧转念：药师指教，然（燃）灯以续
5. 明；宝刹悬幡，乃加持于疾苦。必
6. 使晨昏减退，即日就安，永离四大
7. 乖违，定获金刚之体。净财坛
8. 施，用庆兹辰，稽颡金容，福山
9. 唯峻。

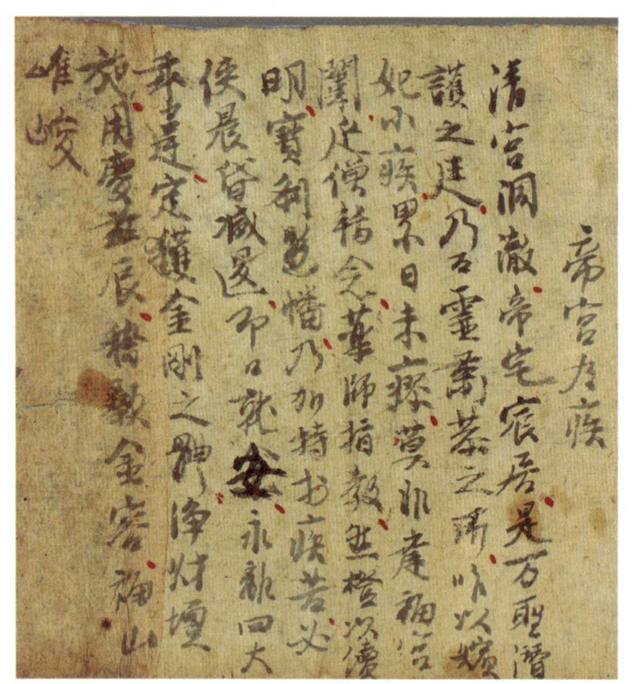

P.3405之《帝宫有疾》

帝王染病，或皇宫嫔妃有疾，则请僧作法以求痊愈。

《水旱霜蝗之事》：

1. 德能穰（禳）灾，功用必遂；福可去邪，其
2. 应必至。所以霜蝗起陆，因人心而感之；
3. 知遇必改，天有酬酢。今者
4. 我皇理国，子育黎元既霜风早降，致
5. 伤两作之苗；螟蝗夏飞，必殒乐成之
6. 实。哀投上帝，恳诉天曹，置坛场于
7. 野次，列金象于田畴；延僧开般若之
8. 真诠，慕法师声扬大教；钟磬之音
9. 遍野，经声梵赞连天。四王必垂
10. 怋于生人，五帝宁伤于怯界。
11. 我皇稽颡，诚谓至切于人民；手执金
12. 炉，愿息霜蝗之难。

与流行性疾病一样，水灾、旱灾、霜灾、蝗灾也是敦煌境内经常发生的灾害。金山国处理这些灾害的方式很特别：在广阔的天野戈壁上“置坛场”“列金

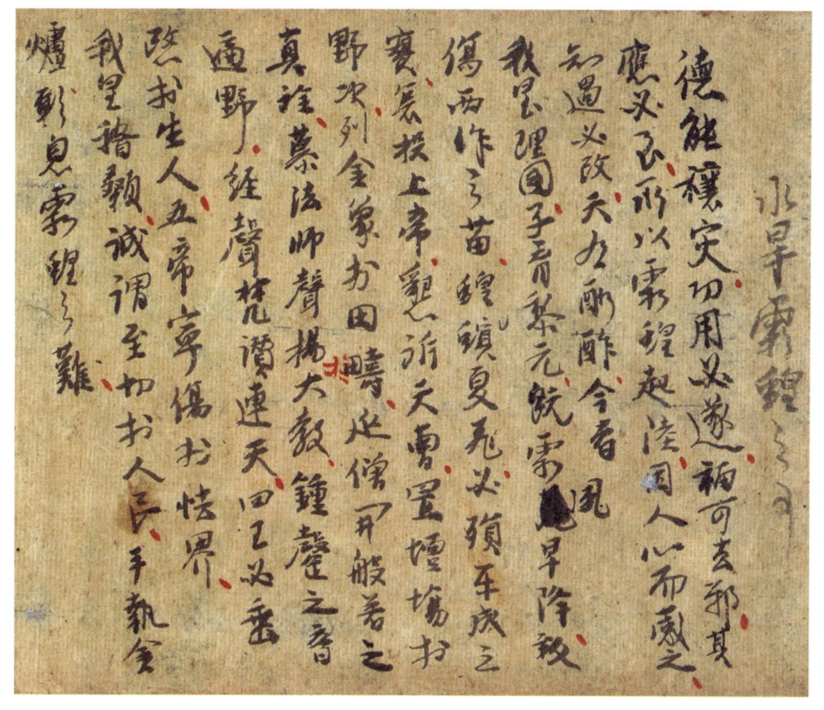

P.3405之《水旱霜蝗之事》

像”，举行声势浩大的祈愿活动，而且皇帝本人亲自到场，手捧金炉进行乞愿。这种形式可能源于古代的祭祀活动，只是换成了佛教的内容。这在生产力比较低下、科学不太发达、人们的认识还没有提高的中国古代社会，是一种应对自然灾害的普遍方法。

《兵贼侵扰》：

1. 大雄流教，正在周文；白马驮经，法兰
2. 亲至，安坛场于洛阳阙下，以道论功，契
3. 发神踪，六通无比。所以周兴八百，兵戈不
4. 违，盗贼不起于邻封，狂寇泯踪于塞
5. 北。今者，苍生福浅，致有伤残，飞累岁之
6. 狼烟，频遭寇□（攘）。
7. 我皇理化，意在安人，望乐业于畿中，
8. 静鸢鹞于碛表。万法之本，莫著于伽
9. 蓝；去贼殄戈，就投于三宝。今乃傍开
10. 宝殿，罗列幡幢，启请圣僧，降于朕域，
11. 神通不舍于边氓，威力去戎而不挠。使

12. 龙沙无晏开之忧，西汉泯除于爟火。

当年金山国孤悬一隅，地处周边各民族的交战区之中，烽火连天，战事不断。而他们采取的措施是“理化”，请圣僧展示神通，教化入侵者，化干戈为玉帛，保护自己的国土家园。金山国只存在了短短几年时间，这种守疆卫民的措施是否奏效，我们不得而知；而且金山国也是在对外发动的扩张和侵略战争中惨败导致灭亡的。采取“理化”的方式来对付“兵贼侵扰”，也可能是吸取了战争的教训。

“安伞”和“二月八日”，我们在前面已经讨论过了，这里不再重复。有一点需要强调的是，安伞、岁首窟上燃灯、二月八日佛出家日的行像或行城活动，有异曲同工之妙，都是为求得新的一年国泰民安、五谷丰登等，这赋予了这项佛教活动一定的社会政治意义。二月八日佛出家日是新春万物复苏之时，是平民百姓寄予厚望的良辰吉日。

《僧俗逆修稿》：

1. 经文阐教，偏赞逆修；人寿短长，莫
2. 能自保。琰摩天子，受记普贤；唯劝
3. 僧人，预修斋七。今某施主深信因缘，
4. 晓知坏幻，了四大而无注，识五蕴而不坚。割舍家珍，敬□弘愿，
5. 广设逆修，都成十供。请十王之次舍，秦广
6. 居尊，末供轮王，将为导首。终天之后，
7. 使获往生；中阴之中，无困而主。既
8. 乘福果，必托荫于天宫；善使携持，谒
9. 金城而□去。是以我师演教，方便而拔
10. 济有情；示有微言，接兹陇聩。设供已后，
11. 克取良途，十王指踪，安居极乐。

逆修又作预修，即生前预先举行祈求死后冥福之佛事，或生前预修善根功德，以作为死后往生菩提之资粮。《地藏菩萨本愿经》说，若有男女于生前不修善因，多造众恶，命终之后，虽有家属亲友为其追福，然所作佛事，七分中仅能得其一分功德；然若能于生前自身逆修，则可全得七分功德。金山国从皇帝到平民百姓都笃信佛教，自然也关心死后的事。由朝廷行文在僧俗两界普遍提倡和强

调逆修，可见全国上下对死后之事的重视程度。文中所谓逆修中以十王为师之举，完全是中国化的“佛教生活”。据记载，逆修风尚盛行于宋代。而敦煌从金山国时期就盛行这一风俗，早于中原百年之久，这是敦煌佛教史上的大事，也是敦煌历史上的大事，值得引起注意。

第五节　日常生活中的佛教约束

我们前面所讲的僧团服务于民间的社会活动，就是佛教利用民间信仰的内容和形式，从事佛教宣传的实践活动，这些活动涉及各个阶层、各类职业，关系着人们的生产劳动、衣食住行、生老病死等各个方面，如难月、生日、嫁娶、教学、祈雨、升迁、造屋、庆宅、患病、丧葬祭奠等，同时还兼及家禽、牲畜等一切生灵之“众生”。前面已经介绍的敦煌文献P.2940《斋琬文一卷并序》即是这些活动的详细说明，兹不赘述。我们在这里可以换一个角度看，这些斋会活动都是敦煌古代社会生活的一种形式，反映了佛教对人们社会生活各个方面的约束；敦煌社会生活的各个方面，都已深深地烙上了佛教的印迹，可以称为敦煌社会的佛教生活、敦煌社会生活中的佛教活动，等等。具体来说，当人们遇到现实中的一些问题时，常常“请僧设供”，举办规模大小不等的法事来乞求佛法保佑。这里列举几桩。

一、产妇求安

难月指产妇分娩之月。难月的法事一般是在分娩之前举办，过程中读诵为临产孕妇祈福的《难月文》，其内容主要是祈愿产妇及婴儿母子平安。《难月文》在敦煌文献中保存较多，内容基本相同；另外也有一些还附有“父则常居禄位，母则盛德恒存；兄弟忠孝过人，姐妹永修贞洁”（S.1441.2、S.5561、S.5593、S.5957、P.3765等）一类的祝愿文字，使得《难月文》在内容上更加完整。相关问题，将在后面专节讨论。

二、病患求愈

在古代敦煌，许多患者都通过法事治疗疾病，如P.2058《患文》：

1. 夫佛为医王，有疾咸救；法为良药，无苦

2. 不治。是以应念消矢（失）、所求必遂者，则我佛、法之用也。

3. 然今即有坐前施主跪炉舍施所申意者，奉为

4. 某公染患经今数旬，药饵果（累）医，不蒙抽减。谨将

5. 微斯（尠），投仗三尊；伏乞慈悲，希垂忏念诸家（之嘉）会也。

6. 惟患者乃四大假合，□（疾）瘴缠身；百节酸疼，六情恍

7. 惚。须（虽）服人间药饵，奇圣神方；种种疗治，不蒙痊

8. 愈。伏闻三宝，是出世医王；诸佛如来，为四生福田之慈

9. 父。所以危中告佛，厄乃求僧；仰拓（托）三尊，乞祈加护。

10. 以斯舍施念诵功德、回向福因，先用庄严，患者即体：

11. 惟愿四百四病，藉此云消；五盖十缠，因慈（兹）断灭。药王、

12. 药上，受（授）与神方；观音、妙音，施其妙药。醍醐灌顶，

13. 得受不死之方；贤圣证知，垂惠长生之味。又持

14. 胜福，次用庄严持炉施主以及内外亲姻等：惟愿

15. 身如药树，万病不侵；体若金刚，常坚常固。今世

16. 后世，莫绝善缘。此劫来生，道芽转盛。然后先亡远

17. 代，承念诵往生西方；见在宗枝，保祯祥而延年

18. 益受（寿）。摩诃般若，利乐无边；大众虔诚，一切普诵。[①]

患病后请行法事求佛护佑者，上自地方长官，下至平民百姓。P.2497《为宰相病患开道场文》，是“专使”为吐蕃宰相尚腊藏嘘律钵“微疾缠躬，保愿祟福”而撰写和诵读的斋文。除尚腊藏外，文中还提到都督某人及另一位吐蕃宰相尚纥心儿，借此道场也为他们祈福。而S.4537《患文》则是一篇为河西节度使患病祈福的斋文：

① 参见黄征、吴伟：《敦煌愿文集》，第667页。

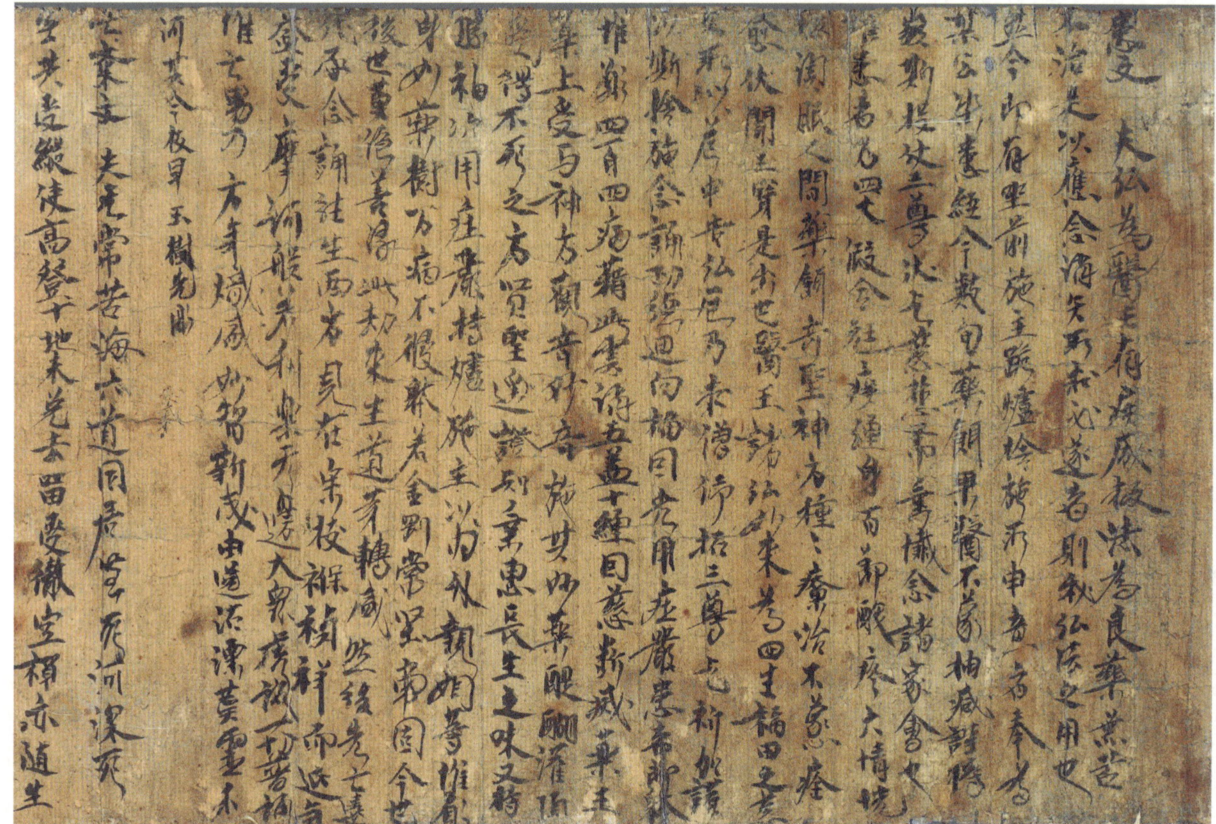

P.2058《患文》

1. 厥今倾心佛日，钦墓（慕）莲宫；请柰苑之僧徒，转龙宫之教典。

2. 财施七宝，香散六珠（铢）；仰仗三尊，乞祈福佑者，为谁

3. 施作？时则有我河西节度使太保奉为己躬患病，乞祈

4. 揻（减）损之所建也。伏惟我太保有天庭之貌，负日角（山岳？）

5. 之姿；孝义两全，文武双备。故得安边定国，一

6. 方早咏于还珠；治物临人，五郡皆歌于去兽。遂

7. 因寒暑气候，摄养乖方；忽值微疴，乖违

8. 动止。服灵方而未损，轸虑辰（晨）宵；仰法药而疼

9. 除，是投三宝。于是高敷法会，广备斋筵。三

10. 辰畅念而无亏，两上祈求而不阙。以斯转读设斋功德、

11. 舍施回向福因，先用奉资上界四王、下方八部：伏愿威

12. 光炽盛云云。当今皇帝云云。又持是福，伏用庄严我太保

莫高窟第321窟四飞天

13. 病患即体：惟愿四百四病，藉此云消；五盖十缠，因兹

14. 断灭。药王、药上，洒甘露之清浆；观音、妙音，［施］提

15. 胡（醍醐）之妙药。身病心病，即目（日）消除；卧安觉安，起居

16. 轻利。又持是福，次用庄严夫人即体：惟愿云云。[1]

作为地方最高行政长官，患病的时候，还牢记自己的使命和职责，想着效忠朝廷，保境安民。而为下层小吏祈福的S.6417《父患文》反映的则是普通人的心态：

① 参见黄征、吴伟：《敦煌愿文集》，第672页。

1. 厥今宏敷宝地，广辟真场；紂（緇）徒转如来之文，香

2. 花优昙之檀。合音供养，加（嘉）音透于青霄；梵铎

3. 啾鸣，声彻闻于有顶。舍财奉佛、恳望玄门、仰圣非

4. 诚陈其愿者，有谁施作？时则有坐前长男郎君

5. 奉为尊父染疾经旬，良药频施，不蒙痊退。故就

6. 伽蓝，托佛求僧之福会也。伏惟患父都头英灵异众，

7. 独杰奇能；文儒不下于渊、颜，武极越过于穿叶；

8. 才常（当）济国，志以临人。政（正）边县，民无告劳；训时□，

9. 人彰美响。遂乃四时节候，寒暑有期；四大顿乖，而致

10. 违和之瘵。欲恐性随风变，命遂云迁；苦病萦身，

11. 无门告诘。伏闻慈尊本行，广遍哀悲；救苦植衰，

12. 罔不获差。所以将兹轻尠，并仗福门；乞赐济危，希垂

13. 拔厄。患都头自云：生居贵族，长践豪门；怪逸猖狂，侨（骄）

14. 奢异众。或心调雄勇，意习弓弧；掣逞嵝猡，幡

15. 生为国。或临军敌，发箭射人。或马上飞刀，伤煞贼

16. 寇。或游出猎，逐兔奔狐；□（或）前安签，妄煞虫兽。或营

17. 舍宅，动土兴功；伐树斫材，冒侵灵圣。或街衢雅贵，

18. 非分捻愆；打扑平人，意犹不歇。或盛年美貌，爱染

19. 邪淫；欲火焦心，侵［□］贞洁；情生二种，性曲不端；妄作怨

20. 家，互相恨结。或因恃势，起嫉妒心；竟（竞）利争名，危

21. 身害命。谓得未得，高侍篾（蔑）人；非利求财，多端诃说；

22. 恒怀取物，不惟业因；无记深愆，积同海岳；愚敦

23. 隔蔽，不觉不知。今对佛法僧前，披肝忏涤，愿罪

24. 消灭。今者初秋罢欢，中秋复临；玉轴收转于银函，

25. 舍施祈恩而乞福。以兹转经回向功德，总用庄严患父

26. 都头即体：唯愿医王大圣，洒甘露之莫祁；百毒龙王，

27. 吸四支（肢）之痛楚。从心香汗，遍五体而通流；百节烦

28. 怨，若云飞而自殄。即日痊愈，所苦皆除；轻利身心，还复

29. 如旧；辜恩负命之辈，并愿来过此场；领受舍施资

30. 财，发欢解怨仇语。又持是福，次用庄严坐前都头即体云［云］。①

这篇为患病的父亲而进行祈祷和祝愿的文字，除了表达患者早日痊愈的愿望外，还有对患者的赞颂和祈愿者自己的忏悔，从内容到形式都佛教化了。这就是医学上常说的精神治疗。S.1441等抄本《患文》则道出了患者的特殊要求：

1. 弟（第）四窃以觉体潜融，绝百非于实相；法身凝湛，圆万德于真仪。

2. 于是金色开容，掩大千之日月；玉毫扬采（彩），晖百亿之乾

① 参见黄征、吴伟：《敦煌愿文集》，第705—706页。

坤。然而独拔烦罗，

3. 尚现双林之疾（灭）；孤超尘累，犹辞丈室之疴。浮幻影于虔诚（乾城），保危形于朽

4. 宅。讵能刈夷患本，剪拔幽（忧）根？盛衰之理未亡，安危之端斯在。厥今有座前

5. 施主念诵所申意者，奉为某人病患之所施也。惟患者乃遂为寒暑注后（匡候），

6. 摄养乖方；染流疾于五情，抱烦疴于六府；力微动止，怯二鼠之侵腾（藤）；气

7. 惙晨霄（宵），惧四蛇之毁惬（箧）。于是翘成（诚）善誓（逝），历（沥）款能仁；诊（沴）气云青（清），温风务（雾）卷。伏闻

8. 三宝是出世［诸（之）］法王，诸佛如来是四生之父母，所以厄［中］告佛，危及三尊；仰托胜因，咸

9. 望少福。以此功德、念诵福因，先用庄严患者即体：惟愿四百四病，藉此云消；五盖

10. 十缠，因兹断减。药王、药上，受与神方；观音、妙音，施其妙药；身病、心病，即日消除；

11. 卧安、乐（觉）安，起居轻利。所有怨家债主、负财负命者，领□□（功德）分，莫为雠对，

12. 放舍病儿，却复如故。又持胜善，次用庄严施主即体：惟愿千殃顿绝，万福来臻，大小

13. 清宜，永无灾厄。然后先亡父母，目睹龙莲；胎卵四生，齐成佛果。摩诃［般若］。①

这里还特别提到“所有怨家债主、负财负命”等。看来这位患者的病因很多，还欠了别人的债，想通过本次法事将所欠债务一笔勾销，也让自己病体痊愈。一个人因为自己患病而在祈愿中提出这样的要求，似乎不太合理。

P.2854《患文（拟）》则表达了患者更多的愿望：

1. 夫慈悲普化，遍满阎浮；大觉雄威，度群迷于六趣。故

① 参见黄征、吴伟：《敦煌愿文集》，第52—53页。

2. 使维摩现疾，应品类之根机；马麦金锵（枪），表众生之本业。

3. 然今施主某公祈妙福、舍所珍意者，为病患之所建也。

4. 公乃四大假合，痛恼缠身；百节酸疼，六情恍惚。虽服人

5. 间药饵，世上医王，种种疗治，未蒙痊损。复闻三宝，

6. 是出世间之法王；诸佛如来，为四生之慈父。恒用伽陀之妙

7. 药，济六道之沉疴；以自在之神通，拔人、天之重病。所以危

8. 中告佛，厄里求僧；仰托三尊，乞祈加护。惟愿以慈（兹）舍施功德、

9. 念诵胜因，先用庄严患者即体：惟愿神汤灌口，痛恼云

10. 除；妙药兹（滋）身，灾殃雾卷。饮雪山之甘露，惠（慧）命遐长；饵

11. 功德之香餐，色身坚固。又持是福，次用庄严施主合门居

12. 眷、内外亲姻等：惟愿诸佛备体，龙天护持；灾障不侵，功德

13. 圆满。然后散霑法界，普及有情；赖此胜因，咸登乐果。

14. 摩诃般若，利乐无边；大众虔诚，一切普诵。[①]

这篇《患文》在为患者祈愿的同时，还希望佛法保护家人及亲属，以及所有法界苍生。

类似以上的《患文》，在敦煌文献中保存有很多。处在一个以佛教为主体意识形态的社会里，加上医学发展程度十分有限，患病的人们把所有的希望寄托在对佛教的虔诚信仰上，也是不难理解的。

三、临圹荐福

亡者临下葬之前，其亲属要“谨延清众”，于墓地举办简单的斋仪式，为亡者追福。S.6417《临圹文》即为此记载：

1. 无余涅槃，金棺永寂；有为生死，火宅恒然。但世界无常，

2. 历二时而运转；光音（阴）迁易，除四相以奔流。电光非（飞）而暂曜，

① 参见黄征、吴伟：《敦煌愿文集》，第671页。

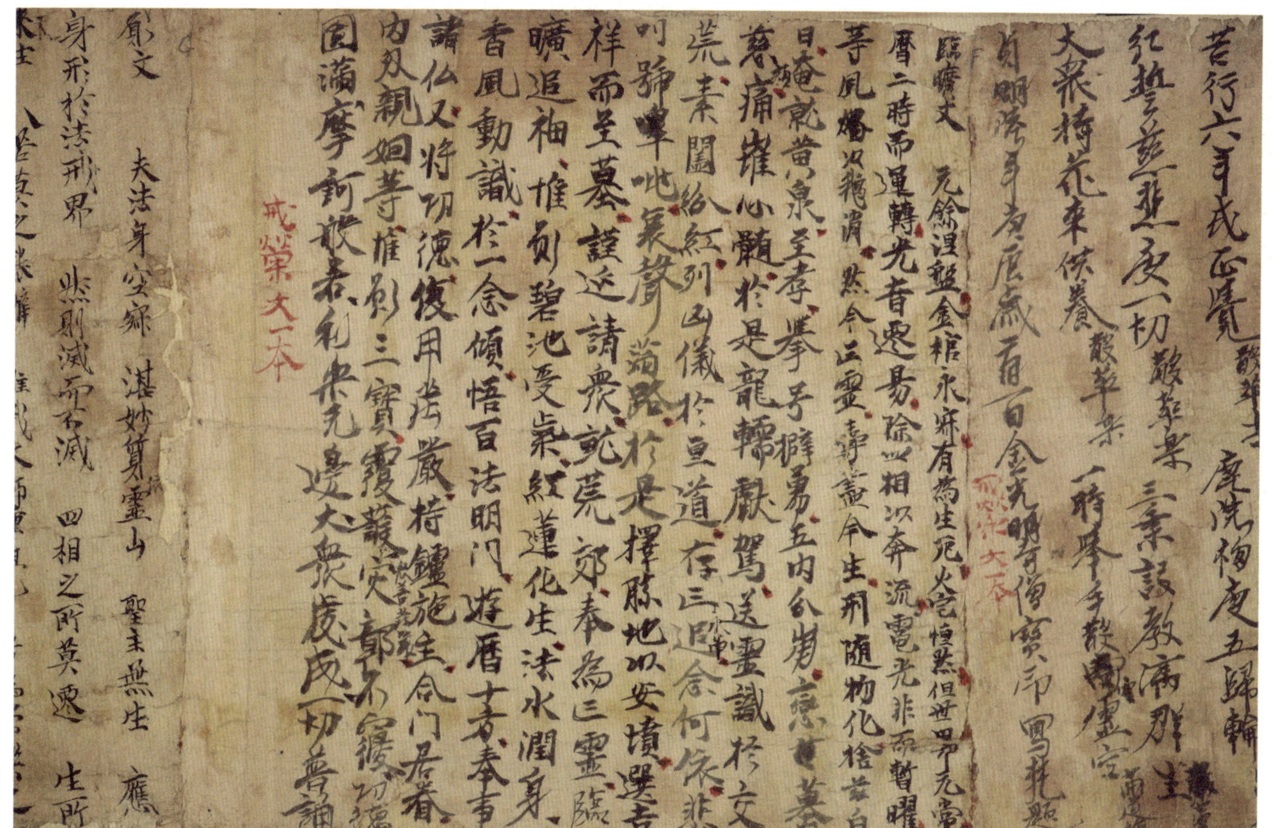

S.6417《临圹文》

3. 等风烛以鹅（俄）消。然今亡灵寿尽今生，刑（形）随物化；舍兹白

4. 日，奄就黄泉。至孝攀号擗勇（踊），五内分崩；恋墓（慕）

5. 慈颜，痛摧心髓。于是龙輀献（轩）驾，送灵识于交（郊）

6. 荒；素阖（盖）纷红，列凶仪于亘道。存亡永隔，追念何依；悲

7. 叫号咷，哀声满路。于是择胜地以安坟，选吉

8. 祥而至（置）墓。谨延请（清）众，就［此］荒郊；奉为亡灵，临

9. 旷（圹）追福。惟愿碧池受气，红莲化生，法水润身，

10. 香风动识。于一念倾（顷），悟百法明门，游历十方，奉事

11. 诸佛。又将功德，复用庄严持炉施主合门居眷、

12. 内外亲姻等：惟愿三宝覆护，众善庄严；灾鄣（障）不侵，功德

13. 圆满。摩诃般若，利乐无边；大众虔成（诚），一切普诵。[1]

① 参见黄征、吴伟：《敦煌愿文集》，第789页。据原卷校改。

同卷的另一份《临圹文》所记追福地点为“家庭”，可能是比较宽敞的居家庭院内。《临圹文》在敦煌文书中也保存有不少。由此可见，为新亡者临圹荐福是当时敦煌社会盛行的一种风俗。

四、先亡追思

敦煌文献中还有一批向亡故者表达祭祀和追念的“亡文”，一般是由亲属在亡故者的“某七”（可能是“一七”至“七七”之间的某一个日子）举办追思斋会，诵读“亡文”，其内容一般都是颂扬亡者的功绩和对亡者灵魂进入天堂的祈愿。有追念亡故父亲的《亡考文》，如S.1441等：

1. 无常苦海，六道同居；生死河深，四生共受，纵使高登十地，未免去流（留）；

2. 受绝空阐，亦随生灭。然今座前斋主启愿所申意者，奉为亡考

3. 某七追福诸（之）嘉会也。惟亡灵乃禀质英灵，肃（夙）标和雅，人伦领袖，乡侣（闾）

4. 具瞻。理应久居人代，训□（范）子孙；何图舍世有终，奄归大夜。□□□（至

5. 孝等）孝诚亏感，早隔尊颜；攀风树而不亭（停），望寒泉而永别。纵使舍躯剖髓，

6. 无益幽魂；泣血终身，莫能上答。故于是日，以建斋延（筵），屈请圣凡，用资

7. 神识。是日也，清递（第）宅，列真仪，龙象云臻，鸳鸾务（雾）集。建斋逾于善德，

8. 设供越于纯陀；炉焚百和之香，厨馔七珍之味。总斯多善、无限胜因，先用

9. 庄严亡者所生魂路：惟愿神生净土，识坐莲台，常辞五浊之中，永出六

10. 天之外。又持胜善，奉用庄严斋主眷属等：伏愿心同朗月，春夏恒明；

11. 体侣（似）贞松，秋冬不变。然后七世父母，莲华化生，人异

（与）非人，咸蒙吉庆。[①]

有怀念母亲的《亡妣文》，如S.343等：

1. 夫苦海波涛，四生以之漂没；爱
2. 河奔朗（浪），三有由是沉伦（沦）。假使自在诸王，
3. 未能保欢悮（娱）之劫；神通众圣，亦随
4. 方造示灭之期。则祸福更蒙，兴衰相奄（掩）。
5. 其惟我希夷正觉、十力雄尊，不死不生，
6. 独超难思者也。厥今恻（侧）足捧炉虔跪所
7. 申意者，奉为亡妣某七功德之嘉会
8. 也。惟亡妣乃母仪秀发，佳训流芳；四德生
9. 知，无（元）出于天。亦合久住于世，育子谋孙。
10. 岂期业韵（运）难停，忽奄（掩）风烛，居诸易
11. 往，时运不停。亡没已来，某七俄届。至孝
12. 等攀号擗踊，茹毒酸辛。望龙（垅）树以增
13. 悲，附寒泉而泣血。纵使灰身粉骨，未益
14. 亡灵；唯福是凭，斋荐冥路。于是清申弟（甲第）
15. 严尊容，焚宝香，陈清供。考斯胜福，莫
16. 限良缘，先用奉资亡灵去识：惟愿白毫
17. 引道，一念升于梵天；红莲化生，刹那游于
18. 佛国。又持胜善，次用庄严至孝等：大者如
19. 山不动，小者比海不倾；智惠（慧）运运而生，烦恼
20. 粉粉（纷纷）而落。然后地狱火灭，天堂户开；有色
21. 有心，齐登觉道。[②]

也有将父母合并在一起进行追思的《亡考文》（应该是范文），如P.2226：

1. 常闻细寻大教，皆崇孝理之因；力考前修，并是
2. 宝光之礼。非神道不可以追荐，非法力不可以清

① 参见黄征、吴伟：《敦煌愿文集》，第61页。
② 参见黄征、吴伟：《敦煌愿文集》，第6页。

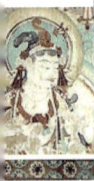

3. 升。故使腾愿海以宣扬，雍（拥）福山而赞冀（翼）。至妙之道，

4. 难可名言者欤！然今跪炉所身（申）意者，奉为亡

5. 考妣某七功德诸家（之嘉）会也。惟考妣英预（誉）早闻，芳

6. 犹（猷）素远；人伦领袖，乡闾具（俱）瞻。岂期周螯俄

7. 迁，魂随悦（阅）水；日月不驻，初七期（斯）临。至孝等自云：孝

8. 成（诚）无感，早（早）隔慈颜；攀风树而不亭，望寒泉而

9. 永隔。纵使羸形碎体，未益幽魂；泣血终身，莫

10. 能上答。故于是日，幸建檀那；延屈圣凡，聿

11. 修自（白）业。于是请帝释，列真仪；炉焚海岸之

12. 香，供列［天］厨［之］馔。总斯多善、无疆福［因］，先用庄严亡考

13. 魂路：惟愿陵涉室于萨云若海，悟神照于般若

14. 身田；高升解脱之律（津），永谢轮［回］之苦。人（又）持是福，

15. 庄严斋主合门居眷，表裹亲因（姻）：惟愿汤（荡）千灾，

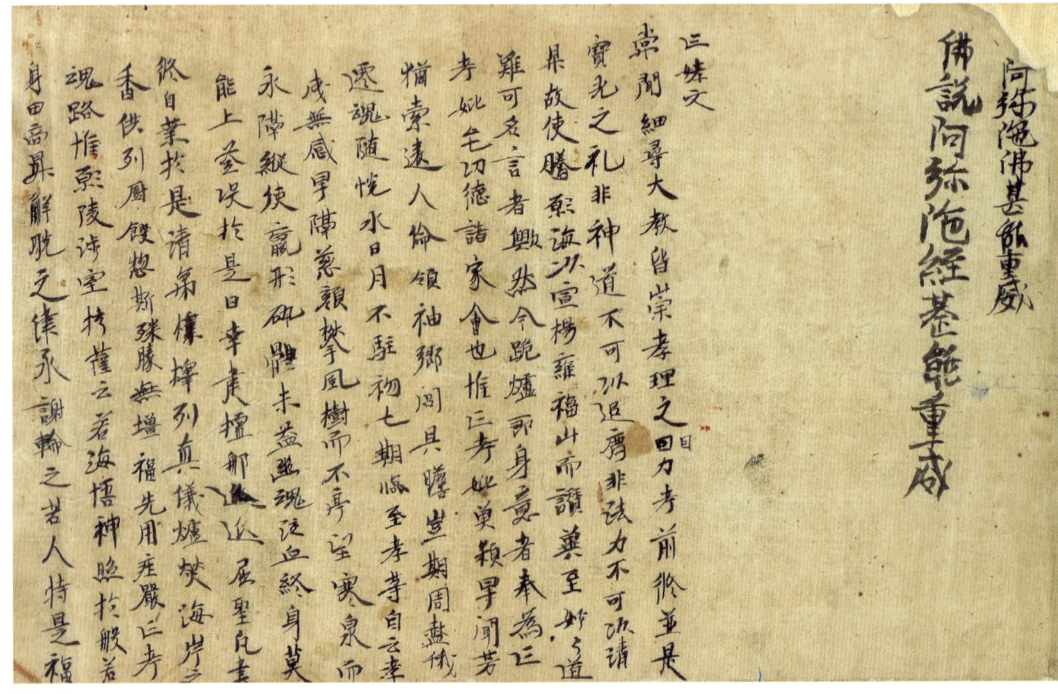

P.2226《亡考文》

增万

16. 福；善业长，道涯闻（芽开）。同种

17. 智而圆明，等法身［之］坚固。然后法界众生，周（同）出苦原，

18. 齐登觉道。[①]

有追思新亡同辈的《亡兄弟文》，如S.343等：

1. 号同前。厥今坐前斋主所申意者，奉
2. 为兄弟某七追念之加（嘉）会也。惟亡灵乃风树（夙标）勇
3. 捍（悍），早擅骁雄，七德在心，六奇居念。更能
4. 弯弓射月（日），鹰泣长空；举矢接飞，猿啼绕树。
5. 故得位显戎班，荣参武列。将欲腾威四海，启四弘
6. 以驰诚；严诫六兵，凭六通而稽首。何图逝水
7. 洪波，漂蓬逐浪。福（祸）分金药，哀伤四鸟之悲；
8. 妖（夭）折玉芳，哽噎三荆之痛。每恨盈盈同气，一去
9. 九泉；穆穆孔坏（怀），忽焉万古。意拟千年永别，首目
10. 顿亏；稀万（世）难逢，股肱俄断。趋庭绝训，瞻机
11. 案而缠哀；生路无踪，望空床而洒泪。无门控告，

12. 惟福是凭。故于此晨（辰），设斋追福。是日也，请三世诸佛，

13. 敷备清宫；邀二部静（净）人，洪（弘）宣妙偈。厨馔香积，炉

14. 列名香；幡花匼匝而盈场，领（铃）梵鸿（洪）鸣而满室。总斯

15. 多善、莫限良缘，先用奉资亡灵去识：惟愿弥陀楼
16. □（前），将居净土之宫；慈氏会中，先为龙花初首。然后
17. 三宝覆护，众善庄严；灾障不侵，功德圆满。摩
18. 诃般若。[②]

① 参见黄征、吴伟：《敦煌愿文集》，第736页。
② 参见黄征、吴伟：《敦煌愿文集》，第28页。

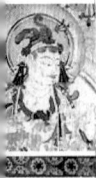

另外还有父母悼念儿女的《亡男》《亡女》文，如S.1441：

1. 号同前。厥今有坐前施主设斋所申意者，为亡男某七

2. 追福之嘉会也。惟男天生聪俊，异世英灵；文武初明，孝兼□（家）国；年

3. 方炽盛，欲保遐龄。何图玉树先雕（凋），金枝早折；奄从风烛，某七今临。每

4. 泣蟾光之影，独掌失珠；洒血哀伤，难捐湘壁（璧）。无踪再会，唯福是凭；

5. ［故建斋筵］，用资幽息。亡女 乃芳年艳质，绮岁妖妍；脸夺红莲，颜分柳叶。始欲桂

6. 枝茂盛，皎皎于晨昏；瞻（蟾）影方辉，澄澄于水面。将谓夕流（久留）世尘，侍母恭尊；

7. □（何）图业运奔临，奄归大夜。所以母思玉质，父忆花容，五内哀悲，肝肠

8. 寸绝，无门再感，唯丈（仗）福因。故于某七追福念诵，希求少福。是日也，宏敷

9. 弟（第）宅，僧会十方，馔列七珍，炉焚百味。以斯设斋功德、回向福因，先用奉

10. 资亡灵去识：惟愿金神八解，回证三空；授（受）记于弥勒之前，传心于释迦补处。

11. 又持是福，次用庄严坐前施主即体：惟愿千祥永应，万福来臻，灾障

12. 不侵，功德圆满。然后散沾法界，普及有情，赖此诸因，齐成佛果。①

又如S.343：

1. 厥今坐前施主所申意者，

2. 奉为亡男某七追福之加（嘉）会也。惟亡男乃天生俊骨，

3. ［秀］异超伦；神假英灵，孤标挺特。年方炽盛，妙智新生；

① 参见黄征、吴伟：《敦煌愿文集》，第63—65页。

4. 文诠七步之才，武及啼猿之妙。将谓久居人代，报父母

5. 之颜；何图玉树先雕（凋），金枝早折。奄从风烛，恨桂芳落值

6. 愁秋霜；弃背人寰，怨颜子短终之苦。每泣蟾光之影，

7. 犹掌矢 失 珠；洒血哀伤，难捐湘璧。无踪再会，唯

8. 福是凭；故于此晨（辰），设斋追念。是日也云云。

这样的亡文，在敦煌文献中为数不少。可以看出，敦煌古代人对亡故者的追思，以佛教思想为指导，全面接受了佛教的内容和形式，使这一社会现象佛教化。

第六节　民间信仰活动中的佛教意识

佛教在中国属于外来宗教，其能为中国人接受，并在中国大地上生根开花结果，与中国民间信仰有密切的关系。敦煌历史上的佛教文化现象，与当时的民间信仰的关系也十分密切，内容也非常丰富。前文所及敦煌僧团服务于民间的社会活动，或曰敦煌社会生活中的佛事活动，就是佛教利用民间信仰的内容和形式，从事佛教的宣传和实践活动。这里简要说明几点。

一、佛窟中的民间信仰因素

在敦煌石窟早期的壁画中，出现过一些似乎并非佛教题材的画面。前贤曾对此做过不少的研究，其中最著名的是段文杰提出的道教题材进入佛教石窟之说。而史苇湘则认为是佛教表现其内容时借用了传统的绘画题材。还有很多研究者提出过种种观点。但截至目前，还没有人从中国民间信仰的角度去研究这一问题。道教题材是不可能进入佛教石窟的，不管是东王公、西王母，还是仙人、上士之类，原创性的佛教石窟中绝对不可能表现道教之神。佛教借用了其他的题材来反映自己的内容，这一点是无可非议的。但这些题材都来自民间，是中国的民间信仰影响了佛教石窟的建造；换言之，佛教石窟为更清楚明白地讲述自己的道理，选取了民间喜闻乐见的题材来表现。比如出现在早期石窟中“神怪画”中的玄

武、风伯、雷公、电母等，都是不属于任何一种宗教的神，其广泛流行于中国民间的自然崇拜与信仰中。至于所谓的东王公、西王母，实际上是佛教的帝释天与梵天，贺世哲对此已有精辟的论述。当然，帝释天和梵天在形象上也可能借鉴了东王公、西王母，但东王公和西王母并不完全是属于道教的神祇，也包含了很多民间信仰的因素。这些说明了当时中原民间信仰对石窟的影响，也体现了佛教界为争取更多的信众而采取的相关措施。而在同一时期，密教的题材和内容也在石窟中出现。密教的题材和内容已近似于民间巫伎方术，显然与民间信仰的关系非常紧密。正因为如此，密教后来在敦煌有很大发展。

二、民间节日与佛教

敦煌文书S.2832《愿文等范本》中《岁日》一节，记录了敦煌古代民间一年之中的几十种节日，详情如下：

1. 岁日　月正

2. 元日，律应新年；四时别起于三春，万物更添于一岁。

3. 十五日　初入三春，新逢十五。灯笼火树，争然九陌之时；舞席

4. 歌延（筵），大启千灯之夜。二月八日　时当二月，景在八晨，在菩萨厌

5. 王宫之时，如来逾城之日。是以都入（人）仕女，执盖悬幡。疑白饭

6. 之城，似访朱聪（鬃）之迹。二月十五日　仲春二月，十五半旬；双

7. 林入灭之时，诸行无常之日。人、天号哭，自古兴悲；

8. 虚空，千（于）今上（尚）痛。三月三日　暮春上巳，禊事良辰；三月重三，

9. 水神捧水心之日。四月八日　时属四月维八，如来诞时。七步

10. 莲花，既至于［是］日；九龙吐水，亦在于兹辰。五月五日节名

11. 端午，事出三周（闾）；既称长命之辰，亦为自忝之日。

12. 七月七日　属以蝉方澡（噪）树，鹊正填河；牵牛渡银汉之辰，织

莫高窟第249窟

13. 女上针楼之夜。七月十五日 盂兰大启，宝供宏开；罗卜请

14. 三尊之时，青提免八难之日。故得家家烈（列）馔，处处敷延（筵）。生

15. 千种之花，非开（关）春日；陈百严之味，正在香盆。九月九日

16. 将菊初繁，香英正嫩；桓景登高之日，潜蔼（篱）下鞠（菊）之辰。

17. 冬至 晷移长庆，气改周正；复卦别生于一阳，黄钟

18. 更从于甲子。腊月八日 时属风寒月，景在八辰；如来□

19. 温室之时，只试（树）浴众僧之日。故得诸垢已尽，无复烦

20. 恼之痕；虚净法身，皆沾功德之水。腊日 嘉事□□，

21. 惜腊居辰；良词贵石之时，野折来之日。岁除日 铜

22. 浑欲改，玉律将移；明年只在于明辰，今岁唯残于今夜。[①]

以上节日名目中，有一半以上是佛教的节日或与佛教有关的节日。

三、佛教诸神与民间诸神共处

8至10世纪，佛教是敦煌社会意识形态的主体。而许多古老又传统的民间信仰活动都与佛教和睦相处，民间诸神与佛教诸神成为一个联合体。如敦煌文书S.1924等写卷之《设道场发愿文》：

1. 仰白：尽虚空、遍法界微尘国土之中，十方诸佛、诸大菩萨、罗汉圣僧、天龙八部、幽

2. 显神祇、阎罗天子、五道大神、太山府君、察命司录、天曹地府、六道冥官、善

3. 恶童子，更愿有天眼者遥见，有天耳者遥闻，证诸弟子转读

4. 大乘经典。伏愿真身化佛，常住世间；宝字金经恒流沙界；大悲菩萨，拥护

5. 道场；小果声闻，住持法藏；天仙垂诱，佛入（人）光林（临）；正法华筵，惠（慧）灯不灭；

① 参见黄征、吴伟：《敦煌愿文集》，第84页。据原卷校改。

6. 威光赫弈（奕），神变无穷；日月轮回，星辰朗耀，宫殿楼阁，下降阎浮；察录善知，

7. 听闻正法。以此功德，伏用庄严：伏愿当今皇帝龙安九五，鹤响

8. 三千；命同南山，受（寿）齐北极。更愿府主大王、夫人万福，管界安宁；太子诸王，金

9. 枝永茂；朝廷卿相，尽孝尽忠；郡县官员，唯清唯直。更愿八方无事，四

10. 塞长清；万姓欢娱，三军喜泰；经声朗朗，上至穹苍；梵响铃铃，

11. 下临幽府；刀山落刃，剑树摧锋；炉炭收烟，天河息浪；恶星变怪，妖

12. 气消亡；猛兽［麒（奇）禽］，潜藏枯穴；怀胎母子，早愿平安；征客远行，速

13. 还家国；囚徒禁闭，愿沐天恩；病患沉缠，早逢良药；见愿聋

14. 者得闻音响，跛者能步能行，哑者无滞语言，愚者速逢辖惠（黠慧）；

15. 师僧父母，各保安宁；过往先灵，神游净土；宿业旧过，总愿消除；

16. 此世来生，常逢佛日。[①]

如阎罗王、五道大神等，是中国民间的鬼神信仰的内容，中国和尚改编的“伪经”《佛说十王经》将这些内容也写了进去，并在敦煌广泛流播，敦煌石窟壁画中大量出现地藏与十王厅内容。冥间神灵鬼精崇拜并不只是敦煌独有，而是全国性的民间信仰内容；将其与地藏菩萨结合到一起也不是敦煌的独创，是佛教中国化的重要内容之一。

敦煌文书P.3135存“四分戒一卷”（原尾题）的抄写题记：

1. 乙卯年四月十五日，弟子索清儿，为己身忽染热疾，非常

2. 困重，遂发愿写此《四分戒》一卷。上为一切诸佛、诸大菩萨摩诃萨

3. 及太山府君、平等大王、五道大神、天曹地府、司命司录、土府

① 参见黄征、吴伟：《敦煌愿文集》，第359—360页。

4. 水官、行病鬼王、疫使、知文籍官院长、押门官、专使可嚂官，

5. 并一切幽冥官典等，伏愿慈悲救护。愿疾苦早得痊平，

6. 增益寿命。所造前件功德，唯愿过去、未来、见在、数世以

7. 来冤家债主、负财负命者，各领受功德，速得生天。[①]

看得出，这是一个名叫索清儿的人是因为身染疾病而抄写《四分戒》。有趣的是，索清儿写的是佛教经典，在题记中却求之于诸杂神祇，将佛教与民间信仰混淆一团，真可谓“有病乱投医”了。当然索清儿在这里也只是寻求精神治疗而已。

敦煌文书S.5589抄有《散食文》数件，所“奉请”者也是佛教的诸佛菩萨与民间的诸杂神祇。这里选取两段，先看第一段：

1. 山河石碛，总虚生祇慈润。
2. 奉请清净法身毗卢遮
3. 那佛，奉请圆满宝（报）身
4. 卢舍那佛，奉请千百［亿］
5. 化身同名释迦牟尼佛，
6. 奉请东方十二上愿药
7. 师琉璃光佛，奉请诸
8. 大菩萨、摩诃萨众，
9. 奉请声闻缘觉、一切
10. 贤圣，奉请清凉山
11. 顶一万圣慈、地上地前
12. 证（正）真菩萨，奉请摩
13. 离夜山五百罗汉、四
14. 向四果得道沙门、分断
15. 俱诠六通大圣等。
16. 奉请东方提头赖吒
17. 天王主领一世乾闼婆
18. 神、毗舍阇鬼并诸眷

① 参见黄征、吴伟：《敦煌愿文集》，第915页。

19. 属来降道场，证明功德；
20. 又更启请南方毗楼博
21. （勒）叉天王主领一切毗
22. 极（协）多鬼并诸眷属来降
23. 道场，证明功德，
24. 又更启请西方毗楼
25. 博叉天王主领一切诸大
26. 毒龙及富单那鬼并
27. 诸眷属来降道场，证
28. 明功德；又更启请
29. 北方大圣毗沙门天王主
30. 领一切夜叉罗刹诸恶鬼
31. 神等并诸眷属来降
32. 道场，证明功德；又更
33. 启请上方释帝洹因主
34. 领一切日月天子、星宿
35. 五官、三十二神并诸眷
36. 属来降道场，证明功德；
37. 又更启请下方坚牢地
38. 神主领一切山岳灵祇、江
39. 河望量（魍魉）并诸眷属来
40. 降道场，证明功德；
41. 又更启请土地灵祇、护戒（界）
42. 善神、护伽蓝神、金刚
43. 蜜迹、十二药叉大将、八大
44. 龙王、五岳之主、地水火风
45. 神等并诸眷属来降
46. 道场。病（并）愿风飞雨
47. 骤，电击雷奔，发欢
48. 喜心，不违所请，感动
49. 山川，来降道场，证明
50. 功德。弟子某甲敬礼常

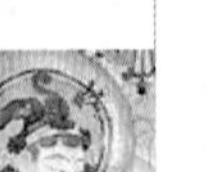

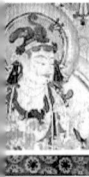

51. 住三宝。[①]

再看第二件：

1. 第二盘食　弟子某甲结坛散食、诵咒转经、
2. 焚香然（燃）灯三日三夜，遂［请］下方窈
3. 冥神鬼、阴道官尞（僚）、阎摩罗王、
4. 察命司录、太山府君、五道大神、
5. 左肩左博（膊）、善恶［童子］、鉴察巡使、行
6. 道天王、吸人声去（精气）、司命主史、
7. 六司都判、行病鬼王、内外通申、
8. 诸方狱卒，又诸（请）四神八［将］、十二
9. 部官、太岁将军、黄番（幡）豹尾、日游
10. 月建、赫（黑）赤星神、八卦九［宫］、阴杨（阳）之
11. 主、井电（灶）碓硙、门户妖情（精）、街方（坊）巷神、
12. 仓库执捉、山河灵祇、水陆神仙、
13. 宫殿非人、楼台魍魉等领斯
14. 福分。弟子某甲自云：凡夫迷
15. 暗，每犯圣贤；行住中间，于（干）
16. 日月星神。今始觉悟，蒙（焚）香
17. 结坛，散食然（燃）灯，转经念诵。
18. 伏愿诸大神圣，发慈悲愿，救
19. 获（护）生灵，领受［咒］供、钱财、花果、五
20. 谷、香药，各生欢喜，共开福门。三
21. 灾不近于道场之家，九横不侵
22. 于僧（增）善之户。千年卫护，长似
23. 今辰；万岁吉祥，转祸为福。敬
24. 礼常住三宝。[②]

S.5589是一件小册子装写本，便于携带，这种形式和内容的写本在敦煌文献

① 参见黄征、吴伟：《敦煌愿文集》，第580页。
② 参见黄征、吴伟：《敦煌愿文集》，第582—583页。

中有一定数量。这是一类普及读物，人们随身携带，随时随地读诵。从这些内容可见当时人们普遍认同佛教诸神与民间诸神结合的作用。

综上可知，与民间信仰的融合是佛教赖以生存和发展的客观条件之一。而佛教活动与民间信仰活动相结合，正是佛教社会化的具体表现形式。

第七节　家庭专设斋事
——以救产难为中心

一、敦煌遗书《难月文》写本

佛教对于产妇的关注在未产时已经开始。在敦煌文献中，产妇分娩之月称难月；关于难月的法事，一般是在分娩之前举办。妇女将要临盆时会举行法会，读颂为临产孕妇祈福的《难月文》，内容主要是祈愿产妇及婴儿母子平安。《难月文》在敦煌文献中保存较多，内容基本相同。如 S.1441《患难月文》：

1. 至觉幽深，真如绵邈，神功叵测。外献七珍，未证菩提，遂舍

2. 转轮之位；内修万行，方证无上之尊。然今坐前施主舍施念诵所申

3. 意者，奉为某人患难诸（之）所建也。惟患产乃清贞淑顺，妇礼善闲（娴）；

4. 智德孤明，母仪初备。遂因往劫，福凑今生；感居女质之躯，难离

5. 负胎之患。今者旬将已满，朔似环周；虑恐有伤毁之唆（酸），实惧值

6. 妖灾之苦。故即虔心恳切，望三宝与（以）护持；割舍珍财，仰慈

7. 门而启（稽）颡。复（伏）闻三宝是济厄拔苦之能仁（人）；大士红（弘）悲，无愿不从

8. 而惠化。以兹舍施功德、念诵焚香，总用庄严患产即体：惟愿

十纏因茲斷滅藥王藥上受與神方觀音妙音施其妙藥身病心病即日消除
卧安樂安起居輕利所有怨家債主負財負命者領功德分莫莫為讎對
放捨病兒却復如故又持勝善次用莊嚴施主即體惟願千殃頓絕萬福來臻大小
清宜永無災厄然後先亡父母目覩龍蓮胎卵四生齊成佛果摩訶云云
難月文 善夫智覺幽深真如綿邈神功匠測外獻七珍未談菩提遂捨轉輪
之位内修方行方證无上之尊然今施主焚香意者奉為患難之所設也患者
乃遂因往劫福湊今生感德婦女之身難離胎之患今者旬將已滿朔似過
周慮恐傷毀之嗟實懼值妖災之苦故即虔心懇切望三寶以護持割捨
珍財仰慈門而啟願伏聞三寶是濟危拔苦之能人大士弘悲無願不從而惠化
以斯念誦功德總用莊嚴患者即體惟願日臨月滿果生奇異之神母子平安
定受無嗟之厄觀音灌頂得受不死之神方藥王捉摩垂惠長生之味母無痛
惱得晝夜之恒安產子仙童似披蓮而化現又持勝福次用莊嚴施主合門居眷
惟願身如松岳命等山河福廣惠深彌增弘日然後四生離苦三有獲安同發菩提
咸登覺道摩訶云云 亡文弟五 竊以龍宮現生表無生於寶相鶴林示
滅標不滅於真儀是以無去無來始證三明之境非色非相方滿七覺之
門引權實以度因啟津梁而利物卷舒匠測顯晦難量者哉厥今則拓
坐前施主跪雙足捧金爐焚寶香陳願者奉為過往闍梨某七追福
諸如會也亡靈乃體龍象之神德狀師子之威容巍巍負凡岳之姿浩
浩蘊江河之量蕩調浪於言泉控玄源於口海豈謂鵝波潟水淪法棹
於四流衣燈藏舟溺仁舫於五濁遂使十方哀結懼景落而行迷七眾
悲號痛果摧而山擬至孝等積響尤深伏魁尊蔭攀號擗一絕痛裂五
情日月往來俄經某七故使法場虛凱訓恨寇月而西沉禪室齋然怨逝水

S.1441《患难月文》

解脫之門法花開示悟入之路楞伽乃澄波性海思益乃融含真淨
金剛啟四句之涂功藥師發十二之大願多心頌遣之相觀音乃隨類現
形皆金口之談言並大乘之勝法開經則祭福臻集發願則万善俱消
偈乃破滯除昏呪則證那彌魁加以行行安貝玉渊小卷而演飛山句句連珠洽
徵言詶滄海一板一讀決生智惠之勇毋念毋思發遣滅無明之惑
鄭文天法體希義妙出有无之境真如綿邈迥超生滅之方此及無形之形於百億
无說之說遍於三千所以四生沉六度之舟九道運五乘之智大宅以之喔賴迷塗於
是中暉既本不然終尊有滅者也厥今有施主六爲姜夫十信明懷廣開福門希求
勝願故能邀二部飛雨集祈四眾而雲奔捨如鑿盡家資望如福山永固恥斯
求願王磨焚香勝動之功秋某官之保也伏惟公忠孝絕代信義立身雅量超群
智識後藏遂乃弘揚聖教受囑金口之談抽捨珎然欽望當來之福以斯捨施功
德无限勝因先用莊嚴施主郎將推身求鏡轉清瑞花擁秀家業國寵
第主山河推孝推忠立功立事然後家眷大小並同劫石爲期內外親因保宜
江湖不竭先亡父母識福量登紅蓮胎卵含生遇此同超彼岸訶
患丈弟四窮以遺體潛融總百非於實相法身凝湛圓万德於真儀
於是金色開容掩大千之日月玉毫揚採暉百億之乾坤然而獨秋煩纏
尚現雙林之疾孤起塵累猶歸丈室之病浮幻影於虔誠保危脆於稅
宅詎能免哀患奉前後幽根減裹之理未亡安危之端斯在厥今有疾座
施主念誦所申意者奉爲其人病患之所施也惟患者乃遂爲寒暑注
後禰春乘方滋流疾於五情抱煩痾於六府力疲動止怯二鼠之侵膝
燈晨晝懼四蛇之毀憾於是翹戌善提歷歎能仁訴氣雲青溫風務卷伏願

9. 日临月满，果生奇异之神；母子平安，定无忧嗟之厄。观音灌顶，

10. 得受不死之神方；药上扪磨（摩），垂惠长生之味。母无痛恼，得昼

11. 夜之恒安；［产子仙童］，似披连（莲）而化现。又持胜福，次用庄严持炉施主合门

12. 长幼等：惟愿身如松岳，命等苍冥；灵哲之智朗然，悟解之心

13. 日进。父则长居禄位，母则盛德恒存；兄弟才艺过人，姐妹永

14. 修贞洁。死（四）生离苦，三有获安；同发菩提，成无（咸登）觉路。[①]

又如S.1441《难月文》：

1. 难月文　若夫至觉幽深，真如绵邈，神功巨测。外献七珍，未证菩提，遂舍转轮

2. 之位；内修万行，方证无上之尊。然今施主焚香意者，奉为［某人］患难之所施也。患者

3. 乃遂因往劫，福凑今生；感得妇女之身，难离拓胎之患。今者旬将已满，朔似还（环）

4. 周；虑恐伤毁之唆（酸），实惧值妖灾之苦。故即虔心恳切，望三宝以护持；割舍

5. 珍财，仰慈门而启（稽）颡，伏闻三宝是济危拔苦之能人；大士弘悲，无愿不从而惠化。以

6. 斯念诵功德，总用庄严患者即体：惟愿日临月满，果生奇异之神；母子平安，

7. 定无忧嗟之厄。观音灌顶，得受不死之神方；药上拔（扪）摩，垂惠长生之味。母无痛

8. 恼，得昼夜之恒安；产子仙同（童），似披莲而化现。又持胜福，次用庄严施主合门

9. 居眷等：惟愿身如松岳，命等山河；福广惠深；弥僧佛日。然后四生离苦，三有获

① 参见黄征、吴伟编校：《敦煌愿文集》，第33—34页。笔者依原件图片分行并略有校改。

10. 安；同发菩提，成正觉道。摩诃云云。[①]

《难月文》中也提到仰仗观音大士“大士弘法”“观音灌顶”，说明这类经咒都与大慈大悲的观音信仰有关。

除祈求生产平安之外，《难月文》还附有“父则常居禄位，母则盛德恒存；兄弟忠孝过人，姐妹永修贞洁”（S.1441.2、S.5561、S.5593、S.5957、P.3765、北图7069等）的美好祝愿，使得《难月文》在内容上更加完整。如P.3765《难月文》：

1. 难月文　夫玉毫腾相，超十地以孤游；金色流辉，跨万灵而独出。

2. 权机妙用，拔朽宅之迷徒；感应遐通，［导］昏城之或（惑）侣。归衣（依）者，苦

3. 原必尽；回向者，乐果斯深。大哉法王，名言所不测者矣！厥今

4. 坐前施主捧炉虔敬、舍施启愿所申意者，奉为某人难患之所

5. 建也。惟患者乃清贞淑顺，妇礼善闲；智德孤明，母仪咸备。

6. 遂因往劫，福凑今生。感居女质之躯，难离负胎之患。今者

7. 旬将已满，朔似环周；虑恐有伤毁之唆（酸），实惧值妖灾之苦。故而

8. 虔心恳切，望三［宝］似（以）护持；割舍珍财，仰慈门而启（稽）颡。伏闻三宝，

9. 是济厄拔苦之能人；大士弘悲，无愿不从而惠化。以兹舍施功德、

10. 念诵焚香，总用庄严患者即体：惟愿日临月满，果生奇以（异）之神

11. 童；母子平安，定无忧嗟之苦厄。观音灌顶，受不死之神方。药

12. 上扪摩，垂惠长生之味。母无痛恼，得昼夜之恒安；产子仙童，

13. 以彼（披）莲而化现。又持胜善，伏用庄严持炉施主、合门长幼

14. 等：惟愿身而（如）松岳，命等苍冥；灵折（哲）之智朗然，悟解

① 参见黄征、吴伟编校：《敦煌愿文集》，第56页。笔者依原件图片分行并略有校改。

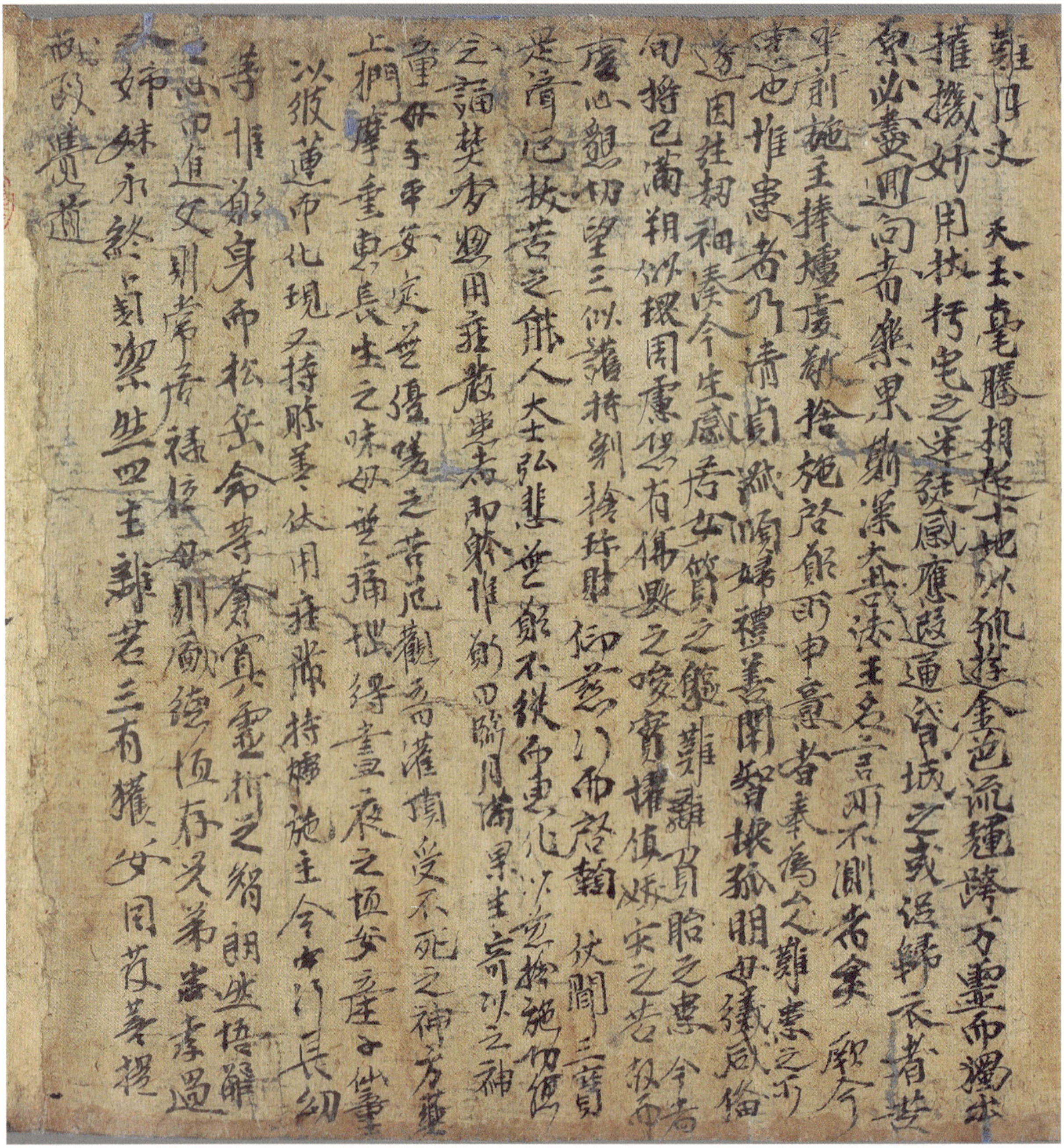

難月文

夫玉毫騰相超十地以孤遊金色流輝降方靈而獨出

權機妙用拔持鬼之迷途感應遐通皆域之或遐歸依者並

乘必盡迴向者樂果斯深大哉法王名言所不測者矣 厥今

坐前施主捧爐虔跪捨施所申意者奉為之難患之所

建也惟患者乃清貞淑順婦禮善閑智操孤明母儀咸備

遂因往劫福湊今生感得女質之軀難離負胎之患今者

旬將已滿朔似環周慮恐有傷毀之嗟實懼値妖災之苦救命

虔心懇切望三寶護持剃捨珍財仰慈門而啓願 伏聞三寶

是濟厄拔苦之能人大士弘悲並能不從而惠化 以兹捨施功德

之福莫加用莊嚴患者即體惟願日臨月滿果生奇異之神

童母子平安定無傷損之苦觀音灌頂受不死之神方藥

上摩頂垂惠長生之味母無痛惱得盡座之恆安産子仙童

以彼蓮而化現又持勝善伏用莊嚴持爐施主合門長幼

等惟願身而松爭命等蒼貞靈神之貌朗然悟解

之心而進又用莊嚴施主即體惟願福德恆存兄弟孝過

大姊妹永終劫潔然四生離苦三有獲安同證菩提

于政普霑

P.3765《难月文》

15. 之心日进。父则常居禄位，母则盛德恒存；兄弟忠孝过

16. 人，姐妹永终贞洁。然［后］四生离苦，三有获安；同发（登）菩提，

17. 成政（正）觉道。①

二、敦煌版画《救产难陀罗尼》印本

敦煌莫高窟藏经洞出土过一批10世纪的木雕版画，基本为佛教题材，其中陀罗尼类占了很大一部分，主要有《大佛顶如来陀罗尼》《无量寿陀罗尼》《大随求陀罗尼》《圣观自在菩萨千转灭罪陀罗尼》等。“陀罗尼”意译为总持、能持、能遮，具有能令善法不散失、令恶法不起的作用，后世则多指长咒而言。

《圣观自在菩萨千转灭罪陀罗尼》是敦煌印本中比较典型的一件，保存下来约30幅，其中包括若干残页，主要集中在英、法两国的图书馆、博物馆里。该图为木雕水印于普通麻纸上的版画，画幅宽17厘米、高14厘米，一般为单纸拓印，即一纸一幅；也有个别为一纸印多幅的。主尊观世音菩萨，头戴化佛冠，结跏趺坐于莲台上，火焰纹头光背光。外三层梵文排列成圆形，中四角为莲花，再外两层梵文组成方形。其咒语均用梵文雕刻，左边3行发愿文用汉文雕刻：

1. 此圣观自在菩萨千转灭罪陀罗尼有
2. 大威力能灭众罪转现六根成功德体
3. 若带持者罪灭福生当得作佛

愿文里讲得很明确：圣观自在菩萨千转灭罪陀罗尼，祈祷的对象是观自在，即观音，方式是需要随身“带持”。那么这种千转灭罪的陀罗尼是作什么用的呢？P.4514.9.6是一幅比较特殊的《圣观自在菩萨千转灭罪陀罗尼》，此图除了中心主图外，在其两边及下部还整齐、对称地捺印了11幅纵长方形画咒，咒文字也是左汉右梵，左边的汉字是“念尼千陀菩萨普愿一切分解平善”；在梵文咒语前面有“救产难陀罗尼”6个汉字。因此通过P.4514.9.6可知，这类需随身“带持”的陀罗尼，“千转灭罪”的目的是使妇女生产顺利，也就是说这种陀罗尼当时主要由妇女持带，用于救助产难。

佛教关注人类的生、老、病、死，而生育在医疗技术并不发达的古时是危

① 参见黄征、吴伟编校：《敦煌愿文集》，第698页。据原卷校改。

险性很高的人类活动，佛教对其关注更多；同时，关心和帮助产妇也是佛教的福利之一。唐于阗沙门实叉难陀译《地藏菩萨本愿经》下卷《校量布施功德缘品第十》记载："果报无量无边，复次，地藏！未来世中，有诸国王及婆罗门等，见诸老病及生产妇女，若一念间，具大慈心，布施医药、饮食、卧具，使令安乐。如是福利，最不思议。"[①]《龙树五明论》上卷亦有记载："以符书背上。旧病得差，与产妇带之，邪见走避产妇，鬼神不能忏误，书符置台园坜上，疫气不起。"[②]

佛教真经中已经关注妇女的孕产问题，将其当作人生四大苦难（生、老、病、死）之一的"生"苦来考虑。当密教出现后，更是创造了针对这个问题直接有效的咒语。《圣观自在菩萨千转灭罪陀罗尼》在这里当作符来使用，功能是救产难，相当于"急诊"。事实上，除了用陀罗尼救急之外，也存在普通的"门诊"。

以上陀罗尼及诵文功能是通过佩戴和念诵助产以及在生产时保佑母子平安。在具体实施过程中，佩戴与念诵互为补充，为产妇及其家人在心理上提供鼓励。

三、敦煌本《佛顶心陀罗尼经》

在敦煌写经中，还发现有未收入历代大藏经的《佛顶心观世音经》，功能也是用于解救产难。敦煌遗书P.3916，梵夹本，对开宝珠火焰纹木板夹（上下两块），单孔，尺寸不明；共抄写了14个文件，计131页，每面下面左上角标有页码。其中第50页开始的第6件首题"佛顶心观世音菩萨大陀罗尼经卷上"，尾题"佛顶心观世音经卷上"；第7件首题"佛顶心观世音菩萨疗病催产方卷中"，尾题"佛顶心观世音经卷中"；第8件首题"佛顶心观世音菩萨救难神验经卷下"，尾题"佛顶心陀罗尼经卷下"。其中第7件《佛顶心观世音菩萨疗病催产方卷中》即讲救助产难，录文如下：

1. 佛顶心观世音菩萨疗病催产方卷中
2. 又设复若有一切诸女人或身怀六甲，至十月满足，坐草之时，忽
3. 分解不得，被诸恶鬼神为作障难，令此女人苦痛叫唤，闷绝号哭，无处

---

① 《大正藏》第13册，第786页c栏。

② 《大正藏》第21册，第957页a栏。

4. 投告者，即以好朱砂书此陀罗尼及秘字印，密用香水吞之，

5. 当时分解，产下智慧之男、有相之女，使人爱乐。

6. 又若复胎衣不下，致损胎伤杀，不然儿为母死，乃至母为儿亡，或复

7. 母子俱丧。速以朱砂书此顶轮王秘字印，用香水吞之，当即便

8. 推下亡儿，可以速弃向水中。若怀妊，妇人不得吃狗肉、鳝鱼、鸟雀、物

9. 命之类。即日须常念宝月智严光音自在王佛……

此经讲述了如果难产，则书写此陀罗尼及秘字印，吞服后，即可化解。这里尚不能确定“秘字印”为何式。

颇有意味的是，“产下智慧之男、有相之女，使人爱乐”一语，显然出自《妙法莲花经观世音菩萨普门品》（又曰《观音经》）的经典经文“若有女人，设欲求男，礼拜供养观世音菩萨，便生福德智慧之男；设欲求女，便生端正有相之女。宿殖德本，众人爱敬”。

关于《佛顶心观世音经》的抄写时间，可通过本经下的其他写经得知。P.3916第10件《诸心母陀罗尼经》云“沙门法成于甘州修多寺译”，法成驻甘州修多寺译经在公元842—846年[①]，可知此号经卷抄写于其后，即约公元850年前后。另外，梵夹本穿孔这种装帧，是吐蕃统治敦煌后期的常见写经形式。公元850年前后即中唐，据此看来，敦煌本《佛顶心观世音经》是目前所知此经首次面世者。敦煌写本中，还有P.3236首题《佛顶心观世音菩萨救难神验经卷下》，抄写时间约在五代，即10世纪前期。

写本《佛顶心观世音经》与印本《圣观自在菩萨千转灭罪陀罗尼》、抄本《难月文》先后出现于敦煌，虽然形式不同，但目的都是一样的。而敦煌本《救产难陀罗尼》与《难月文》体现了地方特色。

四、《佛顶心观世音经》的流行

《佛顶心陀罗尼经》（或《佛顶心观世音陀罗尼经》）是国人所撰疑伪经，不见收录于历代大藏经。此部疑伪经，自唐代出现以来，经过五代、宋辽金西夏，以至明代一直流行不衰，且从南到北都有其踪影，其功能是“救产难”。

① 季羡林主编：《敦煌学大辞典》，上海：上海辞书出版社，1998年，第351页。

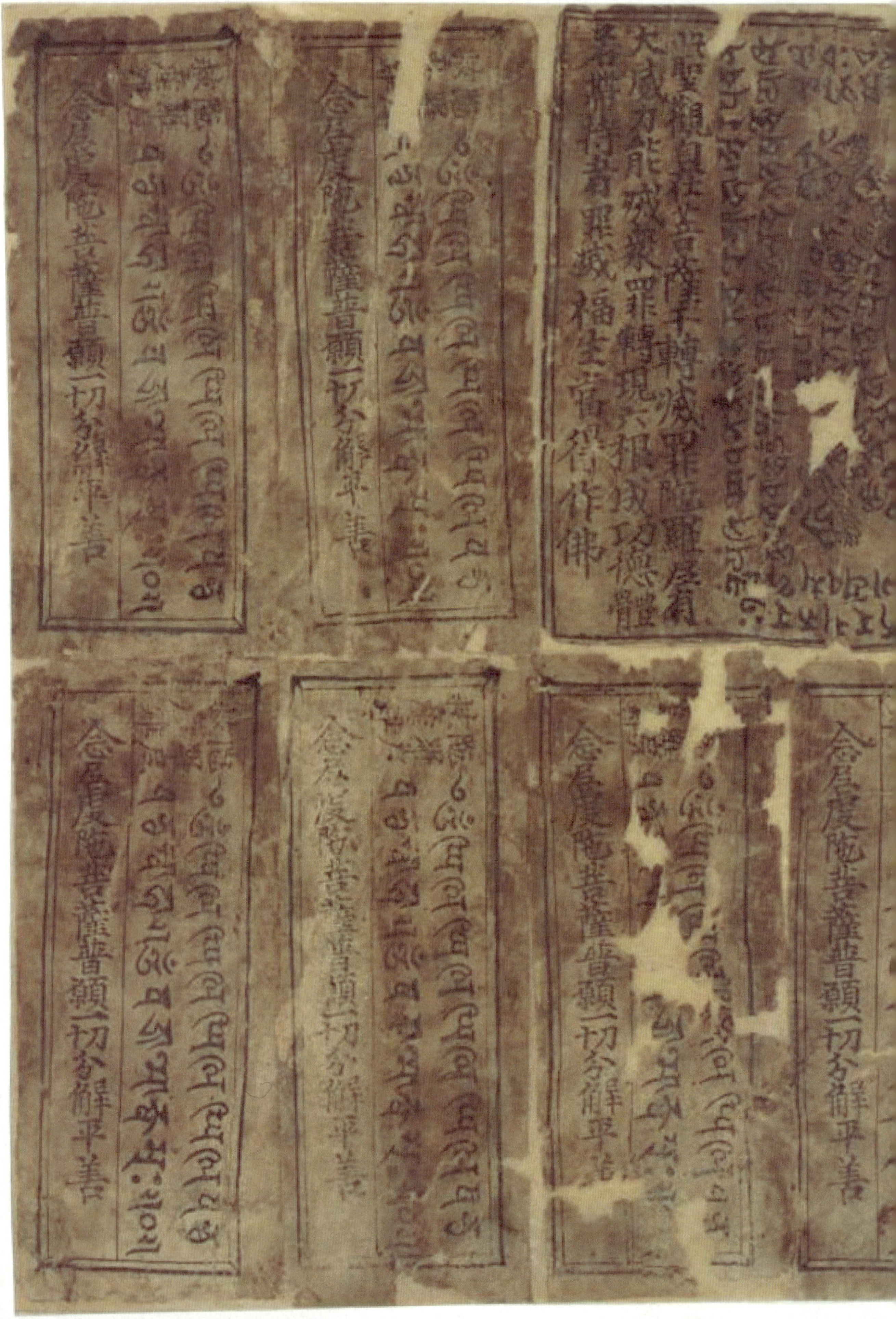

此聖觀自在菩薩千轉滅罪陀羅尼有
大威力能滅衆罪轉現六根成功德體
若帶持者罪滅福生當得作佛

念倉度陁菩薩普願一切含衛平善

念倉度陁菩薩普願一切含衛平善

念倉度陁菩薩普願一切含衛平善

念倉度陁菩薩普願一切含衛平善

念倉度陁菩薩普願一切含衛平善

念倉度陁菩薩普願一切含衛平善

敦煌版画《救产难陀罗尼》印本

方广锠《宁夏西夏方塔出土汉文佛典叙录》[①]的第四部分，介绍了《佛顶心陀罗尼经》的14个残片，同时指出："该经乃中国人所撰疑伪经，三卷，不为我国历代大藏经所收。但在房山石经中保存有两个刻本。甲本刻石四条，编号依次为塔下8969号、塔下8959号、塔下8970号与塔下8958号。乙本刻石四条，编号依次为塔下7605号、塔下6847号、塔下7603号、塔下7602号。在民间也有经本流传，且有相应的绘图本传世。"方广锠还说："根据房山石经，卷上的首尾题分别作《佛顶心观世音菩萨大陀罗尼经》与《佛顶心观世音经》；卷中的首尾题分别作《佛顶心观世音菩萨疗病催产方》与《佛顶心观世音经》；卷下的首尾题分别作《佛顶心观世音菩萨救难神验》与《佛顶心陀罗尼经》。上述经题与西夏本残存经题相符。"由此可知，房山石经中的这两部刻经，与敦煌写本P.3916之6、7、8在经名和首尾题方面完全一致。房山石经将这些刻经出现的时间定为辽金时期，比敦煌写本稍晚，但时代之上下可以衔接。从方广锠的论述中，我们至少知道了《佛顶心观世音陀罗尼经》于辽、金和西夏时期在中国北方广大地区的流播。

从时间上看，初唐译《地藏经》是首次提到有关"产妇"的问题，到中唐用于救产难的伪经《佛顶心观世音陀罗尼经》的出现，证明那时人们强烈地需求佛教给予妇女生产的一种关怀。从中唐开始，这种关怀就延续不断。《千转灭罪观世音陀罗尼》是出现在五代时期更加简捷的救产难咒语，说明密教的流行使佛教更加社会化，信仰应用的方式更加便捷，正如口唱佛号便可往生的净土信仰一样，只要随身带持这种咒就可解难。之后《佛顶心观世音陀罗尼经》在宋、辽、金、西夏、南宋都有出现。到了明代这种信仰依然盛行，明宣德二年（1427）刻本为经折装，版式为上下两栏，上栏为图释，下栏为经文，共收绣像数十幅，书首另有《观世音说法图》。全书分《佛顶心大陀罗尼经上》《佛顶心疗病敕产方卷中》《佛顶心救难神验经卷下》，均为同陀罗尼经相关的故事，旨在宣扬该经的神妙。美国印地安纳波利斯博物馆也收藏有一件公元1440年的插图印本《佛顶心观世音陀罗尼经》，经尾也提及"秘字印，能救产难"，与浙博本基本相同。这种信仰盛行的结果是它最终由民间传入皇宫，如明万历丁酉年刊经折装一册《佛顶心大陀罗尼》，为明神宗敬妃发愿刊刻[②]，也是图文并茂。台北故宫博物院收藏有2件同类明代佛经抄本，也是宫中之物，其一是明代画家董其

① 方广锠主编：《藏外佛教文献》第7辑，北京：宗教文化出版社，2000年，第380页。

② 敬妃李氏于明万历二十二年（1594）册封为敬妃，二十五年（1597）追封皇贵妃，谥"恭顺荣庄端靖"。生有二皇子。葬于昌平。此经前有龙王朝南海图一幅，后敬刻韦陀像一尊。全经上图下文，经内有朱捺花押，据故老相传，捺此者即为开光之经。

昌1618年的一个抄本，经名是《白衣大悲五印陀罗尼》，乾隆时期曾收藏于宫中，上有乾隆、嘉庆两位皇帝的钤印。董其昌亲笔书写的赞词是："施求嗣者转诵，以神咒功德，生福德智慧之男，绍隆佛法，无有穷尽"，说明这种白衣观音陀罗尼也是与生育有关的经咒，等同于《佛顶心观世音陀罗尼经》。其二是《佛顶心观世音陀罗尼经》，三卷三个名，分别是《佛顶心观世音菩萨大陀罗尼经》《佛顶心观世音菩萨疗病救产方大陀罗尼经》《佛顶心观世音救难神验大陀罗尼经》，用金泥书写于磁青纸上。这类经咒自11世纪以后十分盛行，到明代成为一种普及的信仰，只要是与生育和小儿成长有关的宗教活动可能都会印造这类经咒。《金瓶梅》第五十三回《潘金莲惊散幽欢，吴月娘拜求子息》写道："王姑子道：'小哥儿万金之躯，全凭佛力保护。老爹不知道，我们佛经上说，人中生有夜叉罗刹，常喜啖人，令人无子。伤胎夺命，皆是诸恶鬼所为，如今小哥儿要做好事，定是看经念佛，其余都不是路了。'西门庆便问做甚功德好，王姑子道：'先拜卷《药师经》，待回向后，再印造两部《陀罗尼》，极有功德。'"[①]从这段对话的内容上推测，这里提到的《陀罗尼》很有可能就是《佛顶心观世音陀罗尼经》。

观世音，梵名是AValokitesVara，正如《难月文》中所说，"观音大士"原本是印度的一尊男性神，但在中国却逐渐演变为一尊女神。从中唐救产难开始，观音菩萨似乎就成为一个关注生育的"女神"，这种演变最终确立于宋代。由于具有这种生育功能，笔者推想始于唐代救产难的观音菩萨可能与明清以后盛行的送子观音有着理论上的联系。史苇湘注意到，在敦煌壁画中，菩萨有一个显著特征，就是随着时代的后移，菩萨的年龄不断增长，北魏、北周时期大多是童女，隋唐时期是少女，到了宋元时期则为已婚妇女。[②]这可能正是观音成为送子娘娘的信仰基础。但是"由于缺乏正统经典和造像的佐证，送子观音迄今很少受到学术界的关注"[③]。通过首现于敦煌的中唐《佛顶心观世音陀罗尼经》，我们可知，观音救产难信仰最早确立于边地敦煌，当时敦煌为吐蕃占领，在这种战乱期间，对繁育的渴望是人们生活的焦点，而观音从救产难到送子功能的确立，可能经过了三四百年，大约在13世纪的元朝，观音送子的信仰产生于南方，相关的经典则是《白衣观音经》[④]。到了清代，敦煌莫高窟的几座大窟如第454窟、

---

① 王汝梅、李昭恂、于凤树校点：《金瓶梅》，济南：齐鲁书社，1987年，第794—795页。

② 史苇湘：《再论产生敦煌佛教艺术审美的社会因素》，《敦煌研究》1989年第1期。

③ 于君方：《观音——菩萨中国化的演变》，台北：法鼓文化事业股份有限公司，2009年，第153页。

④ 于君方：《观音——菩萨中国化的演变》，第156—157页。

第138窟等，被直接改建为“送子娘娘殿”，敦煌的百姓们一直在那里拜观音娘娘、求子嗣，并有不断的灵验、感应记录。从观音救产难到观音送子，从《佛顶心观世音经》到“送子娘娘殿”，一千多年间信仰相承，而且随着社会的进程不断适应社会需要，在方式上也更加方便和快捷。

“伪经”《佛顶心观世音经》和敦煌版画《圣观自在菩萨千转灭罪陀罗尼》信仰的流行说明了两点：一是作为救苦救难的观世音菩萨，在妇女孕产遇难之时，依然会出面解救，包括与之相关的《难月文》也提到仰仗观音大士，或许这正是后来民间广泛流行的送子观音信仰的理论基础；二是《佛顶心观世音经》是一部不为历代大藏经收录的“伪经”，但这部伟大的“伪经”却传遍大江南北，从西北边陲的敦煌到江南浙江，从唐到宋明，以至从民间走向皇宫，是民间贫苦妇女和宫中衣食无忧的贵妇皆信仰的一部有关妇女生活的圣经。这部“伪经”的成功传播，说明它在民间信仰中具有旺盛的生命力。①

① 中国学人自行撰写的经典，通常称为“疑伪经”。这种经典往往盛行不衰，因此现代学者对于“疑伪经”这个术语有不同看法。笔者建议用“华经”，参见马德：《敦煌佛教文献的再认识》，《中国佛学院学报（法源）》2004年总第22期，第291页，以及本书第二章；于君方建议使用“本土经典”或“中国原创经典”，参见于君方：《观音——菩萨中国化的演变》，第121—125页。

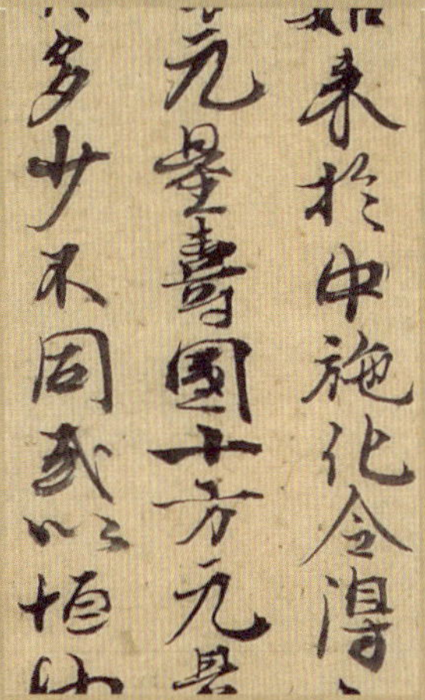

第十一章

敦煌佛教教育的社会化

第一节　敦煌的佛教入门读物与启蒙、普及教育
第二节　敦煌僧团的社会教育
第三节　“八味药”：佛教教育的特殊形式与内容
第四节　佛教在敦煌的入世教育实践“杂缘起”

第一节　敦煌的佛教入门读物与启蒙、普及教育

古代敦煌社会的佛教教育十分发达，形式多样，既有学校式的启蒙教育，又有开放式的佛教活动的现场教育；既有讲唱宣传，又有图像展示；不仅对未出家的大众要不断进行佛教知识灌输的普及教育，而且在僧团内部也不断地进行专业教育。各种手段和措施的教育有力地促进了佛教的社会化。同时，敦煌的佛教印刷品展现了集经济发展、科学技术进步与艺术表现等新形式为一体的社会功能，在佛教的传播和普及方面发挥了重要作用，是很有特色的佛教社会化的历史见证。

所谓佛教入门读物，就是以宣传和普及佛教常识为目的，以通俗浅显的语言和易为群众接受的形式，部分或系统介绍佛教名数、义理知识，使初学者得到佛教常识的书籍。

佛教传入中土的最初几百年里，主要传播方式是翻译佛教典籍。无论东来传法的高僧还是西行求法的行者，大多为中国携来经籍，然后组织人员把这些经籍由梵语或西域语言翻译为汉语，进而使之在中国流传。从汉代佛法初传至中原到隋唐佛教繁盛的近千年时间里，翻译成汉语的佛经的数量相当可观，《出三藏记集》《历代三宝记》《大唐内典录》《开元释教录》《贞元新定释教目录》对于历代译经数量都有统计，但略有差异，此处仅举《贞元新定释教目录》所载唐以前各代译经数目，以窥其数目之庞大。汉代：294部，395卷；三国：201部，435卷；两晋：333部，590卷；东晋十六国：419部，1716卷；南北朝：669部，1455卷。[①]

然而正是由于佛经众多，而其中的名词与义理又多散布在不同的典籍之中，要集中对佛学的主要名词义理有个初步的认识和理解，需要花费很大的气力。再者，佛学义理的繁杂艰深，加上翻译者水平参差不齐，译成汉语后有不少名词及其解释拗口，因此这些佛学的名词和义理的流传仅局限于一些高僧大德和少量的

① 任继愈：《中国佛教史》，北京：中国社会科学出版社，1985年。见该书第一、二、三卷各卷之附录二。

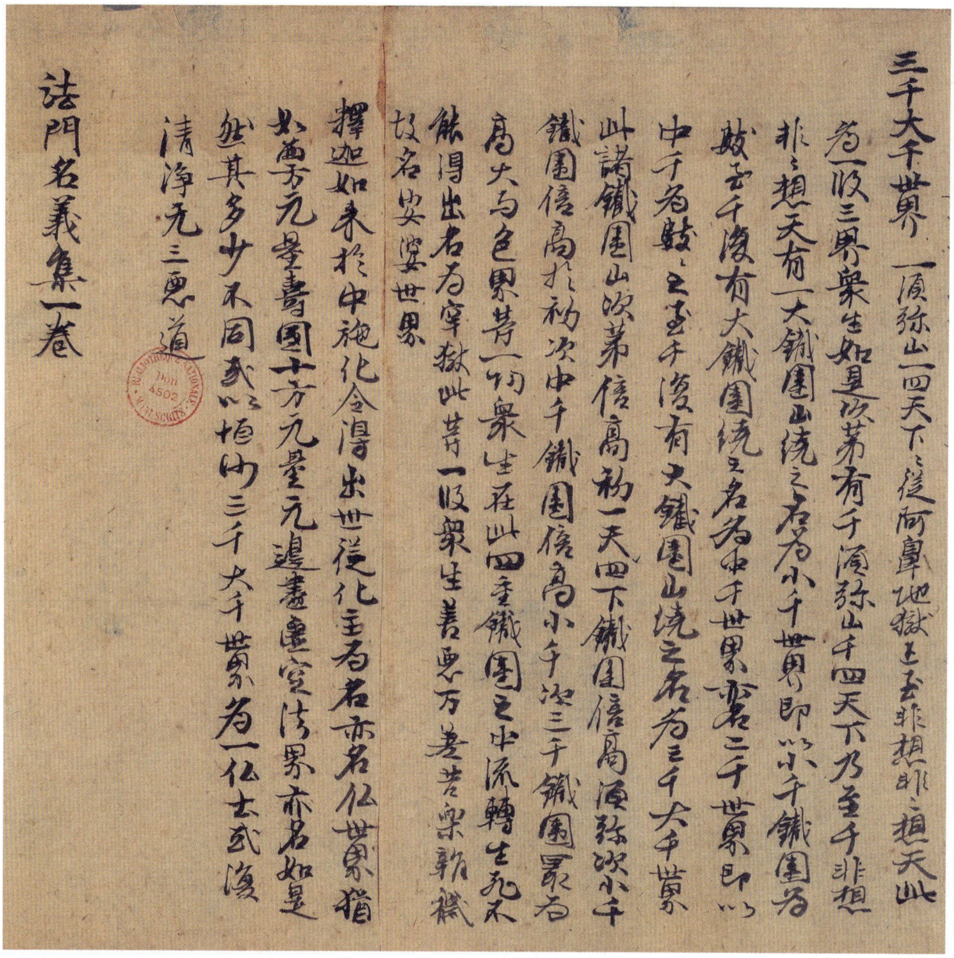

三千大千世界 一須弥山一四天下，從阿鼻地獄上至非想非非想天，此爲一，欲三界衆生如是次第有千須弥山千四天下乃至千非想非非想天，有一大鐵圍山繞之，名爲小千世界，即以千鐵圍爲數，至千復有大鐵圍繞之，名爲中千世界，數至二千世界即以中千爲數，至千復有大鐵圍山繞之，名爲三千大千世界。此諸鐵圍山次第倍高，初一天四下鐵圍倍高須弥，次小千鐵圍倍高於初，次中千鐵圍倍高小千，次三千鐵圍最爲高大，與色界齊，一切衆生在此四重鐵圍之中流轉生死，不能得出，名爲牢獄。此等一欲衆生善惡万差，苦樂難識，故名娑婆世界。

釋迦如來於中施化，令得出世，從化主爲名，亦名佛世界，猶如西方无量壽國，十方无量无邊盡虛空法界，亦名如是，然其多少不同，或以恒河三千大千世界爲一佛土，或復清淨无三惡道

法門名義集一卷

P.2119《法门名义集》

士大夫中间，只有他们才能理解和诠释其中的奥义。对于广大的一般僧徒和普通民众来说，佛学深奥的名词和义理与他们仍然相去甚远。

佛教自从传入中国起，就遇到了适应中国社会的问题，这种适应中国社会的过程，其实也就是佛教逐步中国化、社会化的过程。无论佛教教义、戒规仪式，还是其形象化的雕塑造型、壁画风格，无不显示了这一适应变化的过程。早在西晋时期，竺法雅就首先提出了“格义”的方法，即把佛教教义中的某些名词，在汉语中找出相应的名词来匹配和解释。尽管这一方法有牵强之处，而且由于受到当时有威望的高僧的指责和排斥而没有最终流传，但这种做法无疑是外来宗教适应中国社会的一种有益尝试。[①]

① 任继愈主编：《中国佛教史》（第二卷），北京：中国社会科学出版社，1985年，第200—201页；观云：《从“格义”看佛教的中国化》，载戒幢佛学研究所编：《戒幢佛学》（第二卷），长沙：岳麓出版社，1995年。

迨及隋唐，佛教在中国经历了几百年的适应和发展，已日臻成熟和繁盛。由于人们对佛教知识的不断积累和认识的逐步深入，同时也是为了适应更多僧俗民众对认识佛教义理知识、佛经故事等的需求，一批不仅是面向佛教界，而且也是面向全社会的佛教入门普及性读物便应运而生。在敦煌文书中，这类佛教入门普及读物的卷子多达数百件。这些卷子类型多样，体制各异，内容丰富。它们当中，既有解释佛教基本概念的常识类读物，也有为世俗民众所喜爱的说唱类作品。这里我们就对作为敦煌佛教文献重要组成部分的佛教入门读物进行研究，以窥测当时佛教教育的某些情况以及佛教社会化的渠道等问题。

一、佛教入门读物的分类

佛教入门读物是初学者学习佛教常识的启蒙读物，古往今来，这类书籍数量较多，种类较繁。我们可根据其编纂的年代、抄写年代、内容规模、装帧形式等对其进行分类。

1. 按编纂年代分，可分为古代入门读物与现代入门读物。

古代佛教入门读物一般不冠以入门读物的名字，而就其所包含的内容各自命名，如我们在本文要研究的《三宝四谛》《小乘三科》《三科法门》《三乘五性》《世间宗见》《法门名义集》等。

现代佛教入门读物有的从书名上可以直接看出其蒙书的性质，有的只有读其简介或内容时，才能看出其蒙书性质。这些读物名目繁多，不胜枚举，此处仅略举数种。如今人熊十力《佛家名象通释》[①]、赵朴初《佛教常识答问（插图本）》[②]、潘桂明《佛教禅宗百问》[③]、黄忏华《中国佛教史》[④]、杨卓《佛学基础》[⑤]、吴重德《佛学浅说》[⑥]、王俊才《听听佛祖怎么说》[⑦]、程刚《佛教入门》[⑧]、圣严法师《学佛群疑》[⑨]等。

2. 按抄写时代分。因为本节要研究的对象是唐五代宋初敦煌的佛教入门读物，而这一时期的这类读物都是手写的抄本。另外学者们常常根据这一时期统治

① 熊十力：《佛家名相通释》，上海：东方出版中心，1985年。
② 赵朴初：《佛教常识答问（插图本）》，上海：上海辞书出版社，1985年。
③ 潘桂明：《佛教禅宗百问》，北京：今日中国出版社，1989年。
④ 黄忏华：《中国佛教史》（影印本），上海：上海文艺出版社，1990年。
⑤ 杨卓：《佛学基础》，北京：书目文献出版社，1992年。
⑥ 吴重德：《佛学浅说》，台北：和裕出版社，1994年。
⑦ 王俊才：《听听佛祖怎么说》，太原：山西高校联合出版社，1994年。
⑧ 程刚：《佛教入门》，北京：宗教文化出版社，1999年。
⑨ 圣严法师：《学佛群疑》，台北：法鼓文化事业股份有限公司，2001年。

敦煌政权的性质，将这一时段的敦煌分为唐统治时期、吐蕃统治时期与归义军统治时期，因此我们也可将这些佛教入门读物分为唐、吐蕃与归义军时期的抄本三类。

属于唐统治敦煌时期的佛教入门的抄本在文书很少见，仅根据北文002《三科法门》、P.2128《法门名义集》里面有武周新字“埊”，判断这两件文书可能是唐统治敦煌时期的抄本。

可判定为吐蕃统治时期的佛教入门读物有北月91、S.1520等。P.2073正面抄写年代是公元846年，属于吐蕃时期，而其背面的入门读物可能属这一时期，也可能是以后的归义军时期。

属于归义军时期的佛教入门读物有P.3450、P.2841。

对于大多数佛教入门读物，由于没有关于年代的题记，目前尚无法准确地对其进行归类，但大多数当是抄于归义军时期。

3．按内容规模可分为综合性与单一性入门读物。

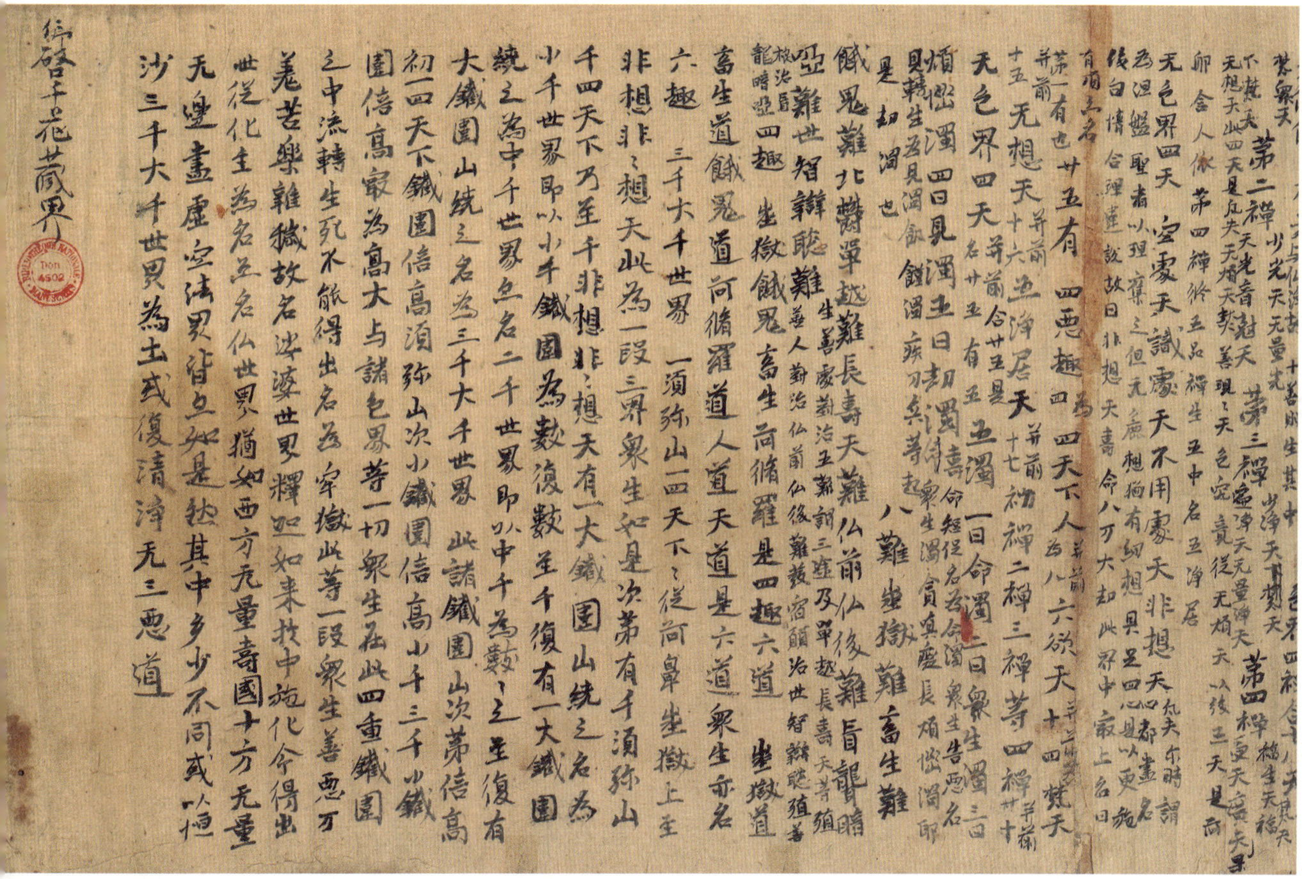

P.2128《法门名义集》

敦煌佛教入门读物大多数篇幅较短，内容不多，形式单一，只诠释某一范围内的佛教名数，这种文书称作单一性入门读物。这类读物占入门读物的绝大多数，如《三宝四谛》《小乘三科》《三科法门》《三乘五性》《世间宗见》等。也有的入门读物较为全面地搜罗重要的佛教名数、义理进行诠释，它们的篇幅自然要长一些，所包含的内容也丰富一些，这种文书称为综合性佛教入门读物，这类文书在入门读物中所见不多，如《法门名义集》等。

4. 按装帧形式分，可分为卷子装与册页装两类。

敦煌佛教入门读物中有单页的卷子，也有册页装的小册子。单页的卷子占入门读物的绝大部分，蝴蝶装的小册子不多，仅见P.3861《三窠法义》、Дx.2822《小乘三科》。

二、敦煌佛教入门读物的文献地位

（一）在敦煌文书中的地位

敦煌莫高窟发现的文书共有5万多件，其中佛教文书就占了90%以上。但佛教入门读物，在整个敦煌文书中所占的比例很小，目前就我们所知的这类文书仅五六十件，也就是整个文书的1‰。虽然入门读物的卷子数量很少，但在敦煌文书中的地位不容低估。首先，这类文书是敦煌文献的有机组成部分，它丰富了敦煌文献的内容。敦煌文书不仅数量巨大，而且内容庞杂，记载了古代敦煌人民的各种活动，反映了古代敦煌人民政治、经济、文化，尤其是宗教与社会生活的方方面面。这批包含佛学常识的佛教入门类文书，能够反映当时人们宗教生活与学习生活的某种侧面，从而使敦煌文献的内容变得更加丰富。其次，入门读物类卷子具有一定的特殊性。佛教在唐五代宋初的敦煌非常盛行，敦煌文献中也保留了数量巨大的佛教文献，但反映佛教教育状况的材料尚不是很多，因此这批佛教常识类读物的文书，在古代敦煌佛教教育方面的价值就显得弥足珍贵。

（二）在整个佛教文献中的地位

袁德领将敦煌佛教文献分为五类：①经、律、论类；②疏释类；③历史类；④寺院文书类；⑤音韵文学类。[①]方广锠将其分为八类：①已被历代大藏所收的经典；②未被历代大藏所收的经典；③历代被视为疑伪经的经典；④各类疏释等中国撰述；⑤反映佛教历史的著作；⑥反映敦煌寺院实际宗教活动的著作；⑦各

① 袁德领：《敦煌遗书中佛教文书简介》，《敦煌研究》1988年第1期。

种佛经目录；⑧其他。[①]在他们的分类中，都不见佛教教材或佛教入门读物这样的类别，说明他们当时尚未注意到这一类佛教文献。

唐宋以前的佛教非常重视并加意维护佛教经藏的正统性、纯洁性。佛学家们一般将从印度、西域翻译过来的经典视为正经，而对中国人自己的撰述往往视为疑伪经，所以在历代经目中不做著录，即便著录，也要严加甄别，注明疑伪。因为这个原因，历代经藏多不收国人自己的论、疏、义记，而入门读物连论、疏、义记也算不上，那就更难登入经藏的大雅之堂，所以在历代编纂的大藏经中，很难见到入门读物的影子。如今唯一被收入大藏经的入门读物，是日本《大正藏》里面的《法门名义集》。[②]且不说独此一例的可怜现实，而且它还是在从敦煌文书中被发现以后才被日本人补收进去的，因此敦煌佛教入门读物可以填补《大藏经》收录上的缺陷，从这个意义上讲，敦煌佛教入门读物在整个佛教文献中具有特殊的地位。

三、敦煌佛教入门读物的文献价值

（一）校勘学方面的价值

敦煌遗书大抵为千年以前的古抄本，比起现代流通的各种藏经，它们更接近诸经之原貌，因此具有较大的校勘价值。与其他敦煌文书一样，敦煌佛教入门类文献同样具有校勘方面的价值，因为其中一些有许多不同的抄本。

现以《法门名义集》为例来说明这方面的作用。日本学者在20世纪初编辑的《大正藏》里面曾收录了部分敦煌佛教写经抄本，《法门名义集》也在其中。《大正藏》所收《法门名义集》是以P.2119号卷子为底本的，因为现存的13个卷号中，P.2119是唯一完整的卷子。然就其录文和排印而言，《大正藏》本有一些纰漏和错误，另外在不少地方也出现了错误的断句。如《大正藏》之《法门名义集》第五品圣贤品大乘四向四果记载："大乘四向四果：须陀洹向。地前三贤菩萨是。大乘须陀洹向须陀恒果。初欢喜地菩萨是。大乘须陀洹果斯陀含向。二地四地五地菩萨是。大乘斯陀含向斯陀含果。第六地菩萨是。大乘斯陀含果阿那含向。第七地菩萨是。阿那含果。第八地菩萨是。阿罗汉向。第九地菩萨是。阿罗汉果。第十地菩萨是。佛是大乘罗汉果。但十地与佛同住究竟地故。得罗汉果名。"这段文字读起来确实令人费解，既然是四向四果，每一向与每一果当自分

① 方广锠：《敦煌遗书中的佛教著作》，《文史知识》1988年第10期。
② 《大正藏》第54册，第120页。

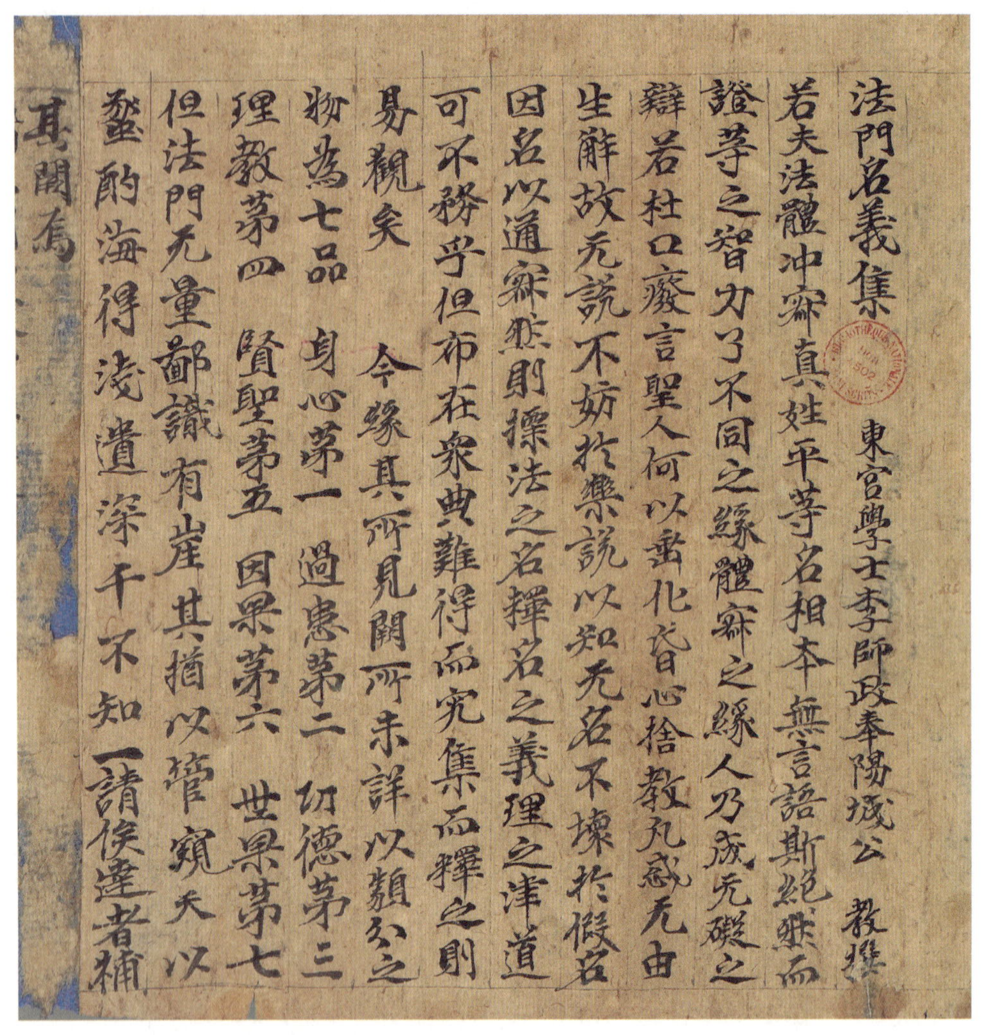

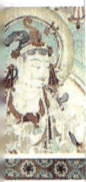

P.2119《法门名义集》

开，但上述某某地菩萨却处于某个向，同时又处于某个果；或处于某个果，同时又处于某个向。如果我们对比P.2317卷子，上述谬误便一见可知，P.2317的记载是：

四向四果：［须陀洹向］地前三贤菩萨是大乘须陀洹向　须陀恒果初欢喜地菩萨是大乘须陀洹果　斯陀含向二三地四五地菩萨是大乘斯陀含向　斯陀含果第六地菩萨是大乘斯陀含果　阿那含向第七地菩萨是阿那含果（向）　阿那含果八地菩萨是大乘阿陀（那）含果　阿罗汉果九地菩萨是大乘阿罗汉果。

《大正藏》之所以出现文字上的纰漏和断句上的错误，是因为录文来源可能

P.2317《法门名义集》

与P.2119相同。因为《大正藏》进行标点之处，恰恰是P.2119有明显的文字间隔之处。依据P.2317对《大正藏》的谬误和断句重新校勘，该段文字当为：

大乘四向四果，须陀洹向，地前三贤菩萨是大乘须陀洹向；须陀恒果，初欢喜地菩萨是大乘须陀洹果；斯陀含向，二地［三地］四地五地菩萨是大乘斯陀含向；斯陀含果，第六地菩萨是大乘斯陀含果；阿那含向，第七地菩萨是；阿那含果，第八地菩萨是；阿罗汉向，第九地菩萨是；阿罗汉果，第十地菩萨是。佛是大乘罗汉果，但十地与佛同住究竟地，故得罗汉果名。

诸如上段列举的错误，在《大正藏》所收的《法门名义集》还有许多处，不能枚举。这些佛教入门读物的卷子，往往抄本不止一件。如《法门名义集》有P.2119、P.2128、P.2317、P.3008、P.3009、P.5958、P.3001V、S.6160、P.4943、S.1520、北帝068V、北崐083号、北调089号共13件抄本。这些抄本之间还可以互相校对，此不赘言。

（二）版本学方面的价值

在本节第一部分佛教入门读物装帧形式的分类中，我们提及敦煌佛教入门读物不仅有大量的卷子，还有少数蝴蝶装的小册子，如P.3861《三窠法义》、Дx.2822《小乘三科》。这类装帧形式的小册子虽然数量很少，但在版本学上的价值不容低估。

古书是单面印刷的，一面有字，一面无字。一版印刷下来，就是一页，每一页由两个版面组成。将书页反折（即有字的一面向里，无字的一面向外），再将所有折好的书页中缝处粘贴在一张用于包背的纸上，裁齐成册。这样的装订，因为翻阅起来书页的两面好像蝴蝶的两翼展开一样，故名。[①]蝴蝶装是在雕版印刷发展过程中逐步出现的，宋代印书多采用这种形式。P.3861《三窠法义》、Дx.2822《小乘三科》这两本蝴蝶装的小册子，一则是出现的时间早，即在雕版印刷大量流行之前就已出现。更为重要的是，这两本册子并非印刷品，而是手写的抄本，这对于探索这种装帧形式的源流当有重大的意义。

（三）传注学方面的价值

敦煌佛教入门读物的一些卷子中，保留着古代注释佛经的原始形式。传注一般包含对事实、典章制度、凡例、名词物义、句读、方言等方面的注解，或者是对文字的校对、材料的补充，敦煌佛教入门读物所保留的是对名词物义的注解，如龙大本535、P.2128、P.2129等。它们先用较大的字体抄写佛教名词，然后在下面用双行小字注出它的意义、种类或其他解释。如龙大本535对大乘十信的解释：

> 一、摄取于僧令善男子五种族出家绍隆重正法故，名摄取与僧。二、令僧欢喜［如］来正法，随顺出家，离身三过，不造诸恶故，名欢喜。三、令僧安乐于如来善法，如教奉行故，名安乐……

① 杨燕起、高国抗主编：《中国历史文献学》，北京：北京图书馆出版社，1989年，第260页。

又如P.2129《法门名义集》中的大乘四向四果：

［须陀洹向］地前三贤菩萨是大乘须陀洹向　须陀恒果初欢喜地菩萨是大乘须陀洹果　斯陀含向二三地四五地菩萨是大乘　斯陀含向斯陀含果第六地菩萨是大乘斯陀含果　阿那含向第七地菩萨是阿那含果（向）　阿那含果八地菩萨是大乘阿陀（那）含果　阿罗汉果九地菩萨是大乘阿罗汉果。

这类文书保存了佛经注解的原貌，对研究传注的形式有一定的参考价值。

四、敦煌佛教入门读物的意义

（一）帮助理解佛教名数的含义

佛经的翻译、疏释、撰述是佛教在古代中国传播和流传的重要方式，古代中国翻译撰述了数量庞大的佛经。由于民间的普遍信仰和历代大多数统治者的重视，许多佛教典籍得以保存至今。然而，这些典籍产生和盛行的年代毕竟离我们已经非常久远，而且，佛经大多本外来之物，翻译成汉语佶屈聱牙，加之佛教名词义理玄奥晦涩，对于今天的人来说，要了解和学习佛教典籍知识，实属不易。幸亏敦煌石室保存的《法门名义集》《三乘五性》《五乘三性》《三宝四谛》《三科》等佛教入门类书籍，为我们在认识和学习佛教知识提供了一条较为便捷的途径。

（二）敦煌佛教文献研究的新领域

佛教在古代敦煌曾一度繁荣昌盛，学者们从不同的视角、不同的层面来关注、研究敦煌的佛教，但是目前对古代敦煌佛教教育的研究尚不多见，这批包含佛学义理常识读物的整理、研究，必将为敦煌佛教教育的研究提供新的材料与思路。

（三）敦煌佛教社会化的特色体现

佛教社会化是敦煌佛教的突出特征，佛教入门类读物面向全社会宣传和普及佛教知识，从内容到形式都体现出佛教社会化的特色。所以对于这批材料的整理研究，可以深入了解敦煌佛教教育社会化的历史。

第二节　敦煌僧团的社会教育

作为佛教组织，敦煌的僧团在各个寺院大力开展办学活动。关于敦煌寺学，专家们已经有不少研究，其中关于敦煌寺院办学和以儒家文献为教材的情况也多有涉及。但多认为是传统的文化基础知识教育。实际上，敦煌僧团办学所从事的不只是佛教教育，而且是社会化的教育。本节就8至10世纪敦煌僧团的社会教育情况，通过“寺学”中的学生（学士、学郎、学士郎）的作业和题记，进行一些简单的梳理。

一、经学教育

敦煌僧团的经学教育至迟在西晋时期就已经开始了。“敦煌菩萨”竺法护8岁出家时就在寺院接受经学教育。我们在第一章已经说过，兹不赘述。这里要说的是敦煌遗书中保存了一部分唐宋时期敦煌寺院经学教育的作业和题记，可以说明当时敦煌僧团的经学教育情况。

目前发现最早的一份文献是编号P.2570的《毛诗卷第九》（尾题），有“寅年净寺学生赵令全读为记”的题记。此寅年应该是吐蕃统治敦煌时期[①]，这就使得这件写本无论是作为唐人启蒙教育，还是作为寺院的经学教育，都具有特殊的意义。

晚唐、五代的张、曹归义军时期，寺学中的经学写本和题记主要有S.3011《论语》卷第六，题“戊寅年十一月六日僧马永隆手写论语一卷记之耳”，这是佛教僧人身份的学子所写论语，其年代有公元858年及918年二说，这是佛教僧人学儒学的实例。另外有S.1586V《论语集解》题“金光明寺学郎”“沙门宝印手札也”，P.2618《论语集解》题“沙州灵图寺上座随军弟子索庭珍写记”，[②]是出家僧人在寺学接受经学教育的记录。

儒家经典《孝经》也是敦煌寺学的主要内容之一。如S.707《孝经》：“同

① 许建平：《敦煌经籍叙录》，北京：中华书局，2006年，第174页。
② 许建平：《敦煌经籍叙录》，第353—354、310、331页。

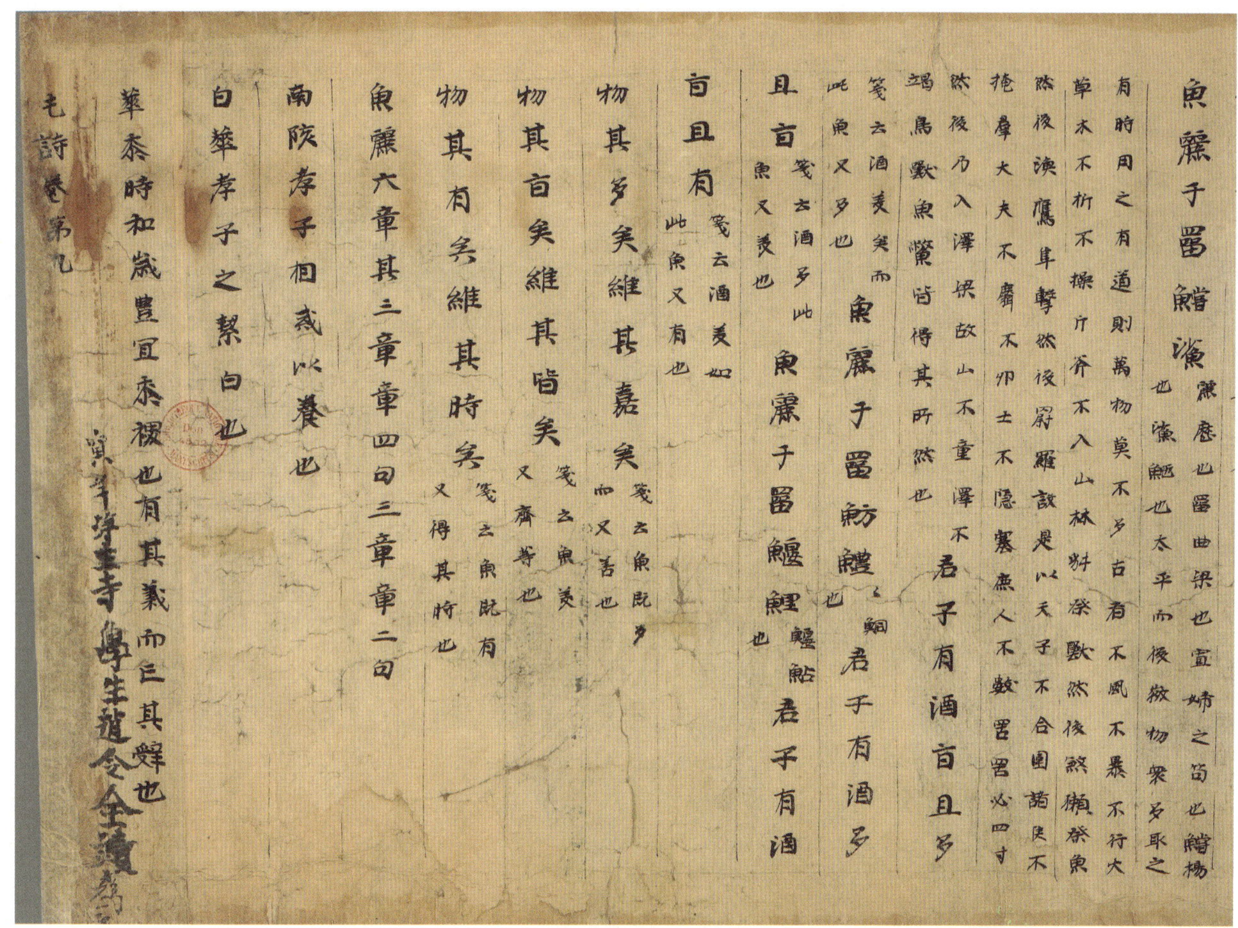

P.2570《毛诗卷第九》

光三年乙酉岁十一月八日三界寺学仕郎学郎曹元深写记”，曹元深为曹氏归义军第三任节度使，童年时代作为官家子弟于三界寺接受经学教育，这在敦煌历史上有一定的典型意义。又从S.1386《孝经》“天福七年壬寅岁十二月十二日永安寺学仕郎高清子书记了”、S.728《孝经》“丙申年五月四日灵图寺沙弥德荣写过，后辈弟子梁子孙”“庚子年二月十五日灵图寺学郎李再昌记，梁子孙”[①]等题记看，《孝经》也是敦煌寺学的重要教材。

敦煌文献对高僧事迹的记载和歌颂中，也有很多关于经学、儒学的知识和才能方面的内容，如P.4660《索法律智岳邈真赞》谓其“儒墨兼宣”；P.3556《都僧统氾福高和尚邈真赞》云“儒宗习礼，三冬豹变而日新；一览俱彰，七步成诗而月异”；同卷《贾僧正清和尚邈影赞》有“早趋槐市，三冬学富于丘坟；夙趣

① 许建平：《敦煌经籍叙录》，第406页。

杏坛，七步成诗于典素”；P.3792《张和尚生前写邈真赞》曰“石渠习业，备晓于三坟；璧水谈诗，才成而七步”；P.2481《副僧统和尚邈真赞》“早岁而寻师槐市，周览于八索九丘；幼年而就业杏坛，遍晓于三坟五典”，[①]等等。讲的都是这些高僧在童年时所接受的非佛教知识教育，无论出家前还是出家后，都得到充分的肯定。

这样看来，唐宋时期敦煌僧团寺学的经学教育说明两个方面的问题：

一是传统。从西晋时期竺法护开始，佛教寺院即对年幼的僧侣们进行经学教育。当然，这里同佛教经论的学习同时进行的，先是“诵经日万言，过目则能；天性纯懿，操行精苦，笃志好学”，这里指的当然是佛经的学习；“是以博览六经，游心七籍”，则讲的是学习儒家经学。受中国传统教育观的影响，经学内容成为敦煌佛教启蒙教育的必修课。

二是大乘佛教即入世佛教发展的需要。这个也是从竺法护时代就有的。法护能够翻译出众多的大乘佛典，与他自己的学养很有关系。法护虽然自幼出家为僧，但前半生主要接受的是中国传统的儒家经学教育，学习的是正心修身齐家治国平天下的儒家思想，这一方面正是大乘佛教的入世哲学和菩萨精神的体现。所以除了语言方面的功力之外，对准确完整理解经典思想内容也是翻译的重要条件。

二、童蒙教育

敦煌遗书中保存有一定数量的童蒙教育读本，专家们称作“蒙书”，有较为详细的统计和多方面的深入研究，大体可分为识字、知识和德行三大类。[②]而这些蒙书也是僧团寺学中常用的教材，接受教育的孩童们也大多为俗家子弟。

《千字文》是古代比较流行的识字类蒙书。敦煌遗书P.3170《千字文》有题记云“三月十九日显得寺学士郎张成子书记耳”，证明寺学的基础教育与寺外无异。

《杂抄》是有关知识类的蒙书，又名“珠玉钞”“益智文”“随身宝”等，内容丰富，语言精练，天文地理、历史文化，农牧工商、社交迎送，无所不包。其中P.3649《杂钞一卷》首尾俱全，末题“丁巳年正月十八日净土寺学仕郎贺安住自书手写读诵过记耳”；另外一件有题记的P.3393《杂钞一卷》残损严重，只存开首数行，但保存了写卷封首题记“辛巳年十一月十一日三界寺学士郎 梁流

① 郑炳林：《敦煌碑铭赞辑释》，兰州：甘肃教育出版社，1992年，第170、371、389、540、512页。
② 郑阿财、朱凤玉：《敦煌蒙书研究》，兰州：甘肃教育出版社，2002年。

庆记之也”；有意思的是，这两件保存有题记的蒙书都是来自寺学，其他十数件均无题记。由此亦可窥知寺学使用社会学堂的基础教材，并且作为“随身宝”随身携带，随时可以学习；而且，这种知识类的蒙书可能是寺学专用的基础教材。

《开门要训》也是历史上比较著名的知识类蒙书，敦煌遗书保存有一定数量的版本，其中也不乏出自僧团寺学的写本：如S.5463《开门要训》尾题“显德五年十二月十五日大云寺学郎”，P.3189《开门要训》尾题“三界寺学仕郎张彦宗写记”。[①]另外，敦煌写本中的“书仪”也属应用性的知识大全，在启蒙教育阶段也有知识类蒙书的性质，于寺学童蒙教育中作为教材使用。如P.3386《书仪》及相关文书题记“显德七年岁次庚申大云寺学郎邓清子手记”。[②]

德行类蒙书是敦煌遗书中保存最多的蒙书，有家训类的《太公家教》等，也有约束言论行为和规范为人处世的《百行章》等，都是敦煌寺学的教材。如S.1163《太公家教》“庚戌年十二月十七日永安寺学仕郎儿顺进自手书记”，P.3569《太公家教》“景福二年二月十二日莲台寺学士索建威记耳”。P.2808《百行章》“时给大梁贞明九年癸未岁四月廿四日净土寺学士郎清河阴义进羽记之”，北（8442）位68（BD08668）《百行章》“庚辰年正月十一日净土寺学使郎王海润书写、邓保住薛安俊扎用”。

《敦煌遗书总目索引新编》将敦煌《王梵志诗》写本中“教诲诗的一卷本”列为德言类蒙书，主要是考虑到诗中含有警世格言方面的内容，特别是突出讲孝道主题。“一卷本”S.778《王梵志诗》“大云寺学仕郎邓庆长”“壬戌年十一月五日邓庆长”，S.3393《王梵志诗》背“三界寺学郎董人形图己酉年九月拾五日”是其被作为寺学教材的记录。[③]

从童蒙教育的教材内容看，大多与佛教关系不大。当然，寺学童蒙教材中也有许多佛教启蒙读物，是作为专门知识来传授的，也应该是寺院学郎们的必修课。但通过佛教之外的启蒙读物可以看出，寺学也是分为基础教育与佛教专门知识教育两个方面。

三、专门知识教育

因为是社会教育，还有历史知识和文学题材等专业知识的教育。

P.2633下面抄有《齖魺新妇文》《书仪》《酒赋》《崔氏夫人耍女文》《杨

① 郑阿财、朱凤玉：《敦煌蒙书研究》，第15、167、178、53、56页。
② 敦煌研究院编：《敦煌遗书总目索引新编》，北京：中华书局，2000年，第303页。
③ 敦煌研究院编：《敦煌遗书总目索引新编》，第4357、358、323、324、438页。

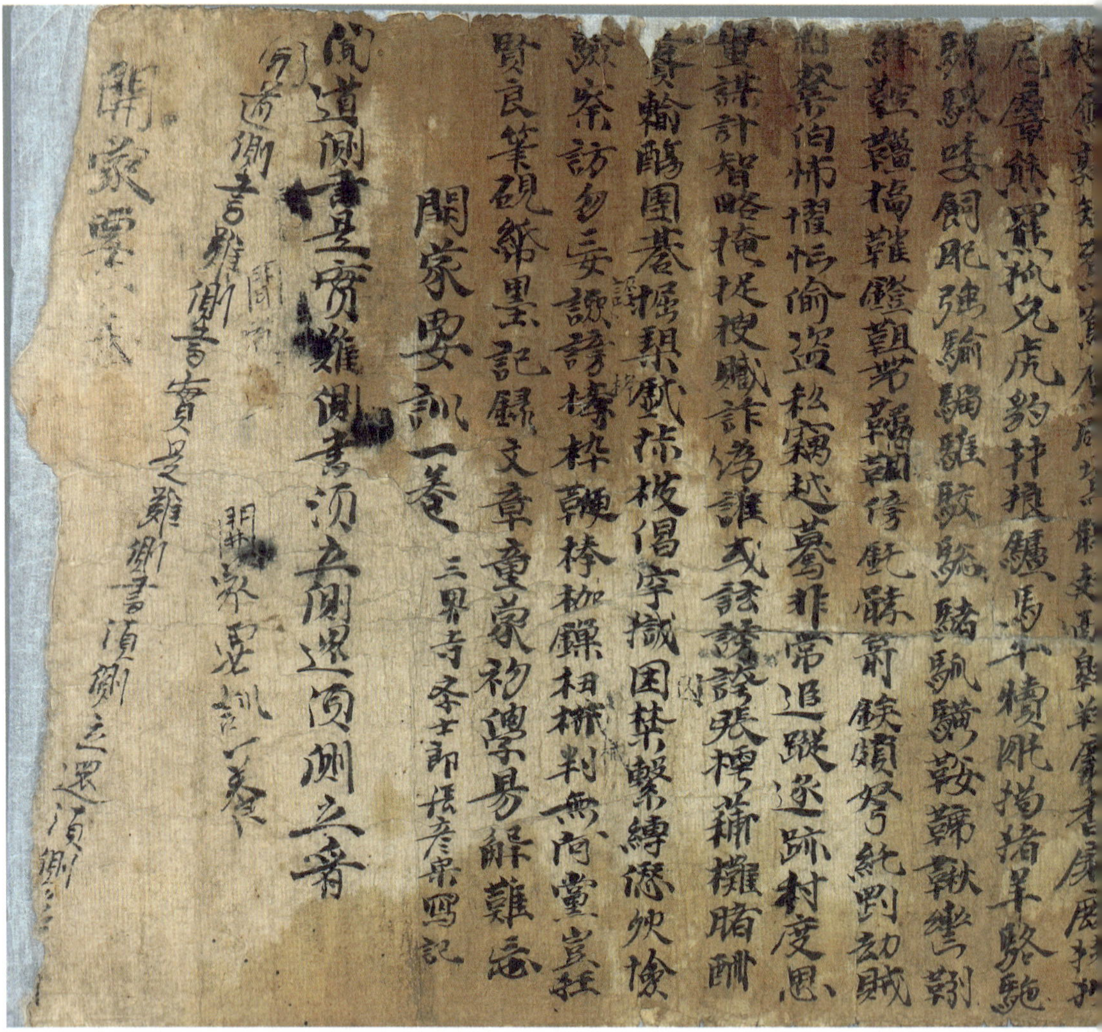

P.3189《开蒙要训》

满山咏孝经》等文献，涉及各方面的专门知识。背面杂写有“壬午年正月九日净土寺南院学仕郎”题记，看来也是寺学用过的教材。P.3386也抄有《大汉三年季布骂阵词文》《杨满山咏孝经十八章》等多份文献，题记有“唯大晋天福七年壬寅岁七月廿二日三界寺学士郎张富盈记”“戊辰年十月卅日三界寺学士”等，[①] 也是属于寺学中使用的与佛教内容无关的其他教材。

除了综合知识外，写作能力也是学习的重要内容。敦煌保存下来的各种诗、赋类文献有很大一部分就是教材和作业，其中也不乏僧团寺学者的作品。赋是中国古代常见的文章体裁，也是训练基本写作功夫的文学形式。敦煌遗书中保存了

① 敦煌研究院编：《敦煌遗书总目索引新编》，第247、280页。

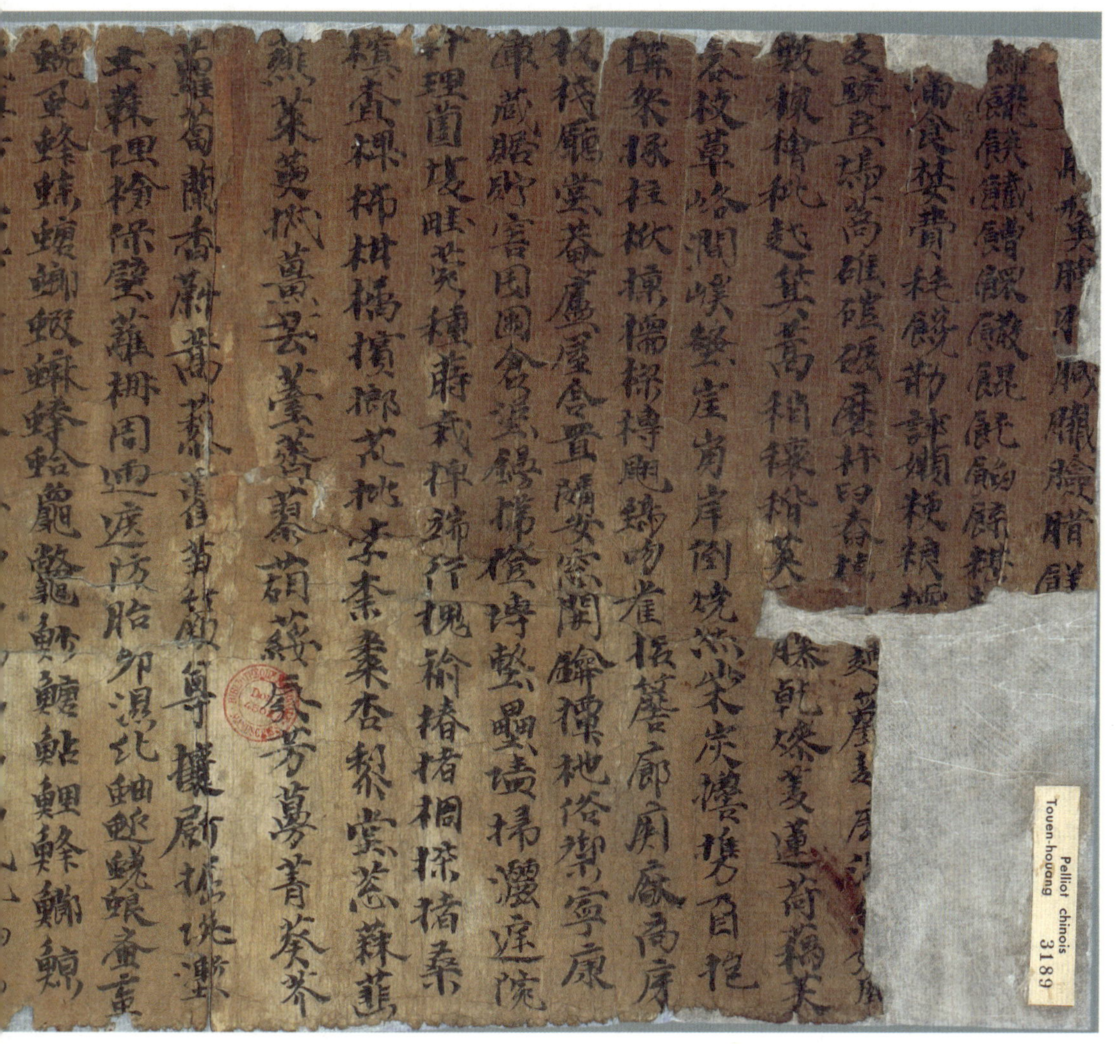

数十件赋，其中记述西汉时期贰师将军李广利率兵讨伐大宛途中以剑刺石壁、飞泉涌济三军的《贰师泉赋》，是产生于敦煌本地的历史故事，撼天动地，荡气回肠，甚为敦煌当地人所喜爱，自然也就成为青少年的必读作品，僧团寺学的学郎们也不例外，如P.2712《贰师泉赋》即有题记云“贞明六年庚辰岁龙兴寺学郎张安人写记之耳”；同卷所抄还有《渔父歌沧浪赋》，演绎《楚辞》故事，述为官遭放逐者（屈原）与渔夫的对答。P.2621《沧浪赋》有题记曰“长兴伍年岁次八月五日敦煌净土寺学士郎……”另外，《燕子赋》也是敦煌保存较多的一篇赋文，是讲述燕雀争巢的寓言故事，也进入寺学，S.214《燕子赋》“癸未年十二月廿一日永安寺学士郎杜友遂书记之耳”“甲申年三月廿三日永安寺学士郎杜友

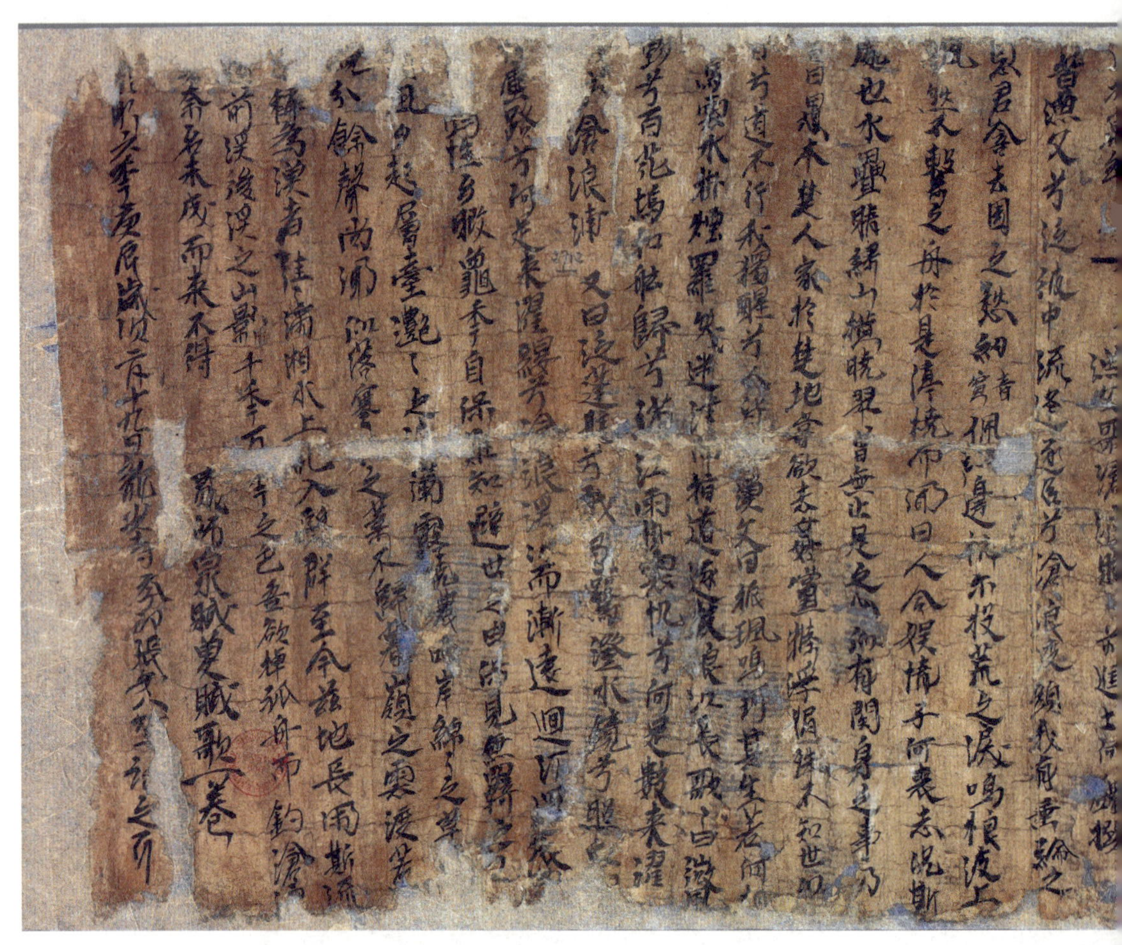

P.2712《贰师泉赋》

遂书记之耳”；P.3757《燕子赋》“金光明寺学士郎就载红”。[①]

敦煌的高僧除了佛教修行和学问方面的成就外，好多人都有另外的一技之长。如有好几件“邈真赞”记载和歌颂了高僧身兼治病救人的医师职责：P.4660《河西都僧统翟和尚邈真赞》谓这位身居高位的大德“五凉师训，一道医王”；同卷《索义辩和尚邈真赞》云“神农本草，八术皆通”；同卷《索智岳邈真赞》云“药闲中道，病释两遍”；P.2481《僧统和尚邈真赞》曰“畅三教而应病良医”，等等。[②]这些都说明他们接受了服务于大众的医学教育，以僧人身份造福社会。

与佛教无关的寺学教材还有寓言故事《孔子项讬相问书》和历史故事《苏武

① 伏俊连：《敦煌赋校注》，兰州：甘肃人民出版社，1994年，第287、299、418页。
② 郑炳林：《敦煌碑铭赞辑识》，第108、175、170、512页。

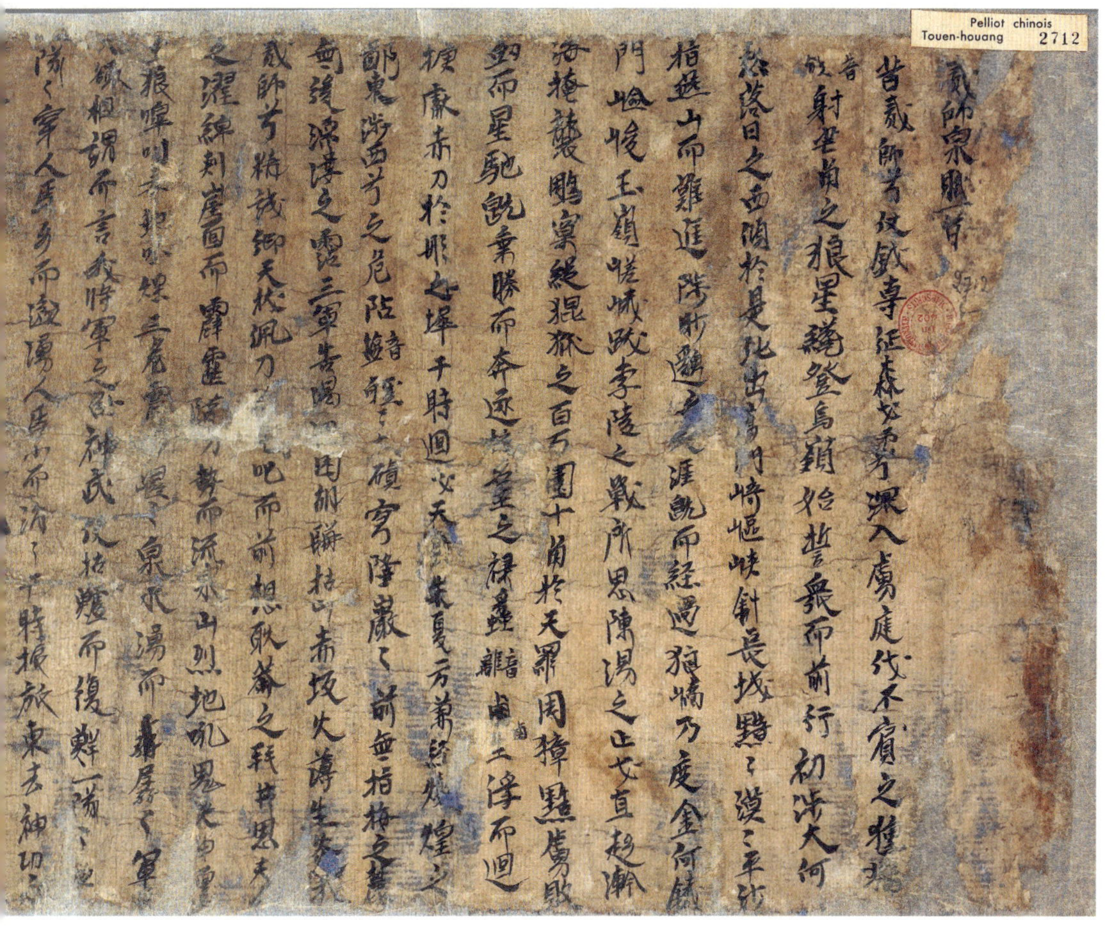

李陵往还书》。前者如S.395有题“天福八年癸卯岁十一月十日净土寺学郎张延保记”[①]；后者如S.173《苏武李陵往还书》题“三界寺学士郎张英俊”，S.785背面专门粘贴了一条读书记录“灵图寺学郎曹延叶题记之耳”[②]，S.3692题“金光明寺学士索富通书卷”[③]，等等。实际上，《苏武李陵往还书》除了历史知识之外，更可贵的是还包括了民族气节的教育。

敦煌写本中还发现一件佛寺学郎抄写的官文书P.4065《表文二件》，题名“乙亥年十一月十六日乾明寺学士郎杨定千自书手记”[④]，内容记录相关军政事宜。从学

① 王重民等编：《敦煌变文集》（上集），北京：人民文学出版社，1957年，第236页。
② 中国社会科学院历史研究所等编：《英藏敦煌文献》（第二卷），成都：四川人民出版社，1990年，第163页。
③ 《敦煌遗书总目索引新编》，第6、293页。
④ 《敦煌遗书总目索引新编》，第310页。

郎题记看，可能是属于官府应用文书的学习范本，是僧团为官府培养人才的证明。

四、社会现状教育

敦煌遗书中保存了一些描写社会现状的诗作，比较著名的是唐末五代的官宦诗人韦庄的长篇叙事诗《秦妇吟》，假托一位被黄巢农民军俘虏的妇女（秦妇）之口，为人们描述了公元881年，诗人身在战乱之中的长安的亲眼所见，如唐军抵御农民军的不力、农民军对百姓的侵凌等，但更多的描写是战乱中普通百姓所遭遇的苦难，是晚唐时期社会风貌较为真实的反映。这首长诗后来失传，原因是作者韦庄成为五代十国时期前蜀国王建的宰相后为避主讳，极力查禁自己的这首成名之作，连自己的作品集《浣花集》也不收录这首诗，于是这首诗竟然就这样从中国诗歌史上消失了一千余年。所幸敦煌藏经洞出土了这首诗的十余件写本，其中有两件还是僧团寺学的抄本：P.3381《秦妇吟》"天复五年乙酉岁十二月十五日敦煌金光明寺学仕郎张龟写"和P.3780《秦妇吟》"丙子年五月十五日（乾明寺）学士郎杨定千自书手书记之耳"。[①]尤为重要的是，P.3381《秦妇吟》不仅书写工整，首尾齐全，而且卷末所记抄写时间天复五年即公元905年，为所有抄本中最早者，还是作者韦庄本人在世期间。所描写的社会现状特别值得关注，尤其是这一段令人痛心疾首的描写：

扶羸携幼竞相呼，上屋缘墙不知次。
南邻走入北邻藏，东邻走向西邻避。
北邻诸妇咸相凑，户外崩腾如走兽。
轰轰混混乾坤动，万马雷声从地涌。
火迸金星上九天，十二官街烟烘焖。
日轮西下寒光白，上帝无言空脉脉。
阴云晕气若重围，宦者流星如血色。
紫气潜随帝座移，妖光暗射台星拆。
家家流血如泉沸，处处冤声声动地。
舞伎歌姬尽暗捐，婴儿稚女皆生弃。

还有繁华的唐都变成废墟和屠场的凄惨景象：

① 徐俊纂辑：《敦煌诗集残卷辑考》，北京：中华书局，2000年，第231页。

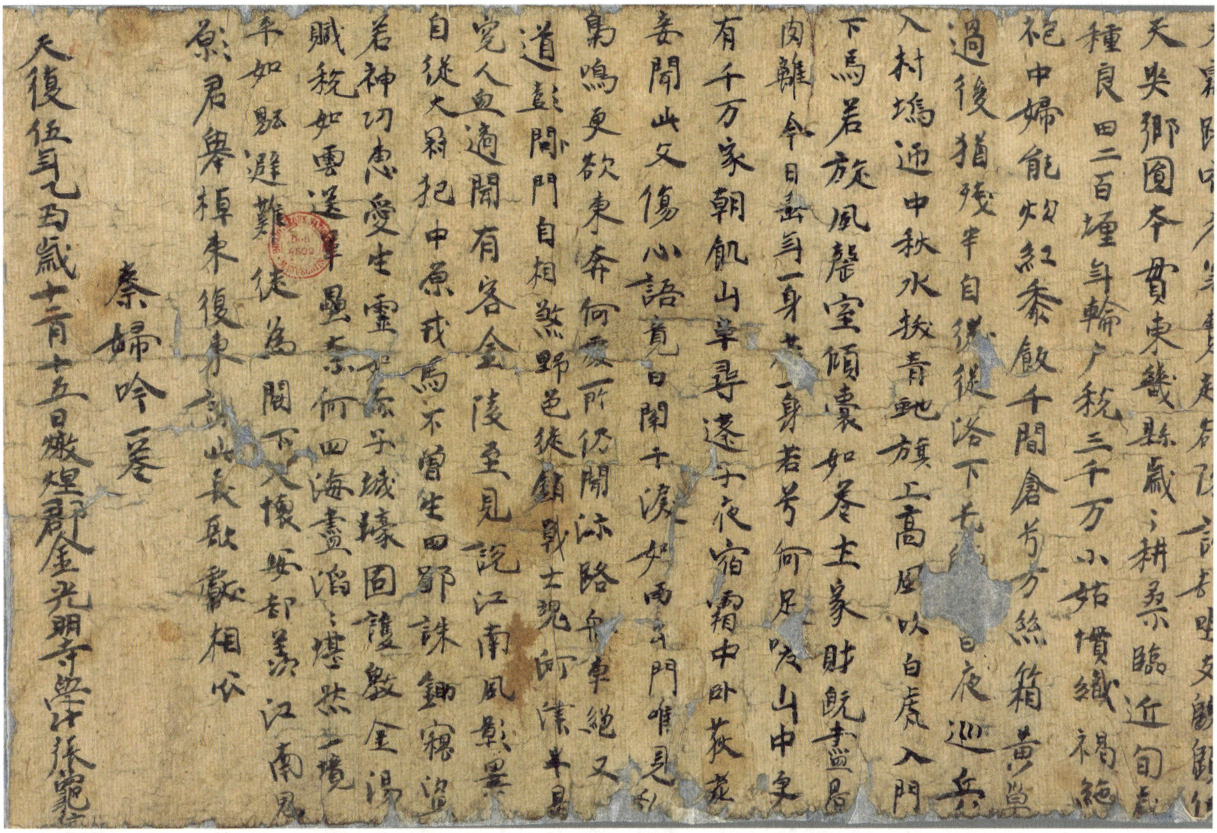

P.3381《秦妇吟》

长安寂寂今何有？废市荒街麦苗秀。
采樵斫尽杏园花，修寨诛残御沟柳。
华轩绣毂皆销散，甲第朱门无一半。
含元殿上狐兔行，花萼楼前荆棘满。
昔时繁盛皆埋没，举目凄凉无故物。
内库烧为锦绣灰，天街踏尽公卿骨！[①]

敦煌保存下来的多卷本《王梵志诗》，是记述古代底层劳苦大众贫困生活、揭露社会黑暗面的不朽作品，生动描述了社会现实，也是作为寺学教材使用。如P.3211《王梵志诗卷第二》“维大唐乾宁二年乙卯减月十六日灵国寺学士郎书记之耳”，P.3833《王梵志诗卷第三》“丙申年二月拾九日莲台寺学郎王和通写记”，P.2914《王梵志诗卷第三》“大汉天福三年庚戌岁润四月九日金光明寺

① 徐俊纂辑：《敦煌诗集残卷辑考》，第235页。

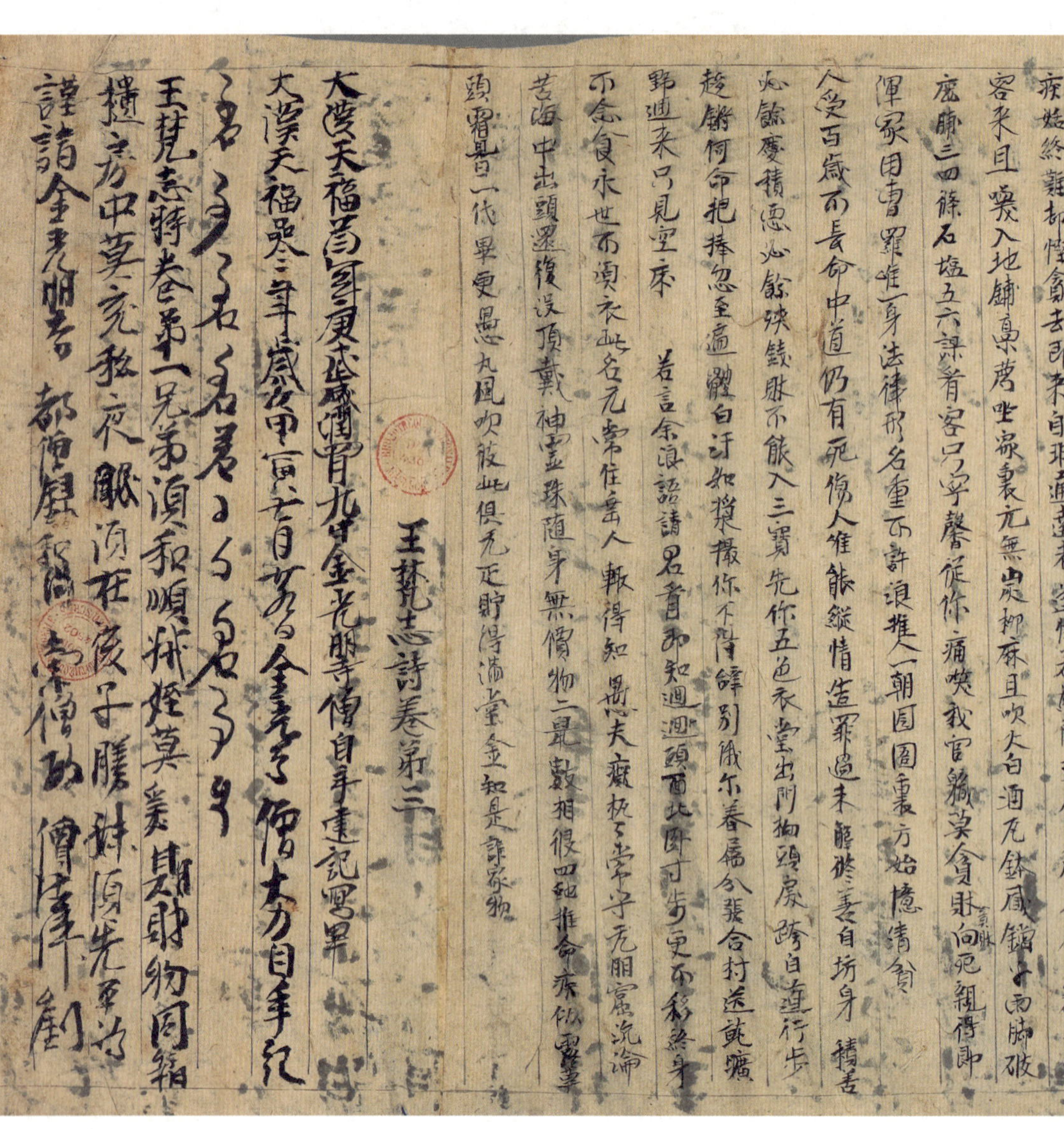

P.2914《王梵志诗卷第三》

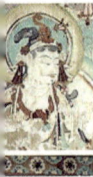

僧自手建记写毕”“大汉天福三年岁次甲寅年本月廿九日金光明寺僧大力自手记”。[①]这里不光是学郎题记，还有成年僧人的学习记录。我们可以选出几段描述来看看：

《卷二》记载：

当乡何物贵？不过五里官。县局南衙点，食并众厨餐。
文簿乡头执，余者配杂看。差科取高户，赋役数千般。
处分须平等，并檽出时难。职任无禄料，专仰笔头钻。
管户无五百，雷同一概看。愚者守直坐，黠者馺馺看。[②]

这里活灵活现地描写了当时乡村基层官吏对百姓的欺压和剥削。

世间慵懒人，五分向有二。例着一草衫，两膊成山字。
出语觜头高，诈作达官子。草舍元无床，无毡复无被。
他家人定卧，日西展脚睡。诸人五更走，日高未肯起。
朝庭数十人，平章共博红。菜粥吃一盔，街头阔立地。
逢人若共语，荒说天下事。唤女作家生，将儿作奴使。
妻即赤体行，寻常饥欲死。一群病癞贼，却搦父母耻。
日月甚宽恩，不照五逆鬼。

这里对懒人行为的描写，展现出作者对世间万象的深刻洞察。

只见母怜儿，不见儿怜母。长大取得妻，却嫌父母丑。
耶娘不采括，专心听妇语。生时不恭养，死后祭泥土。
如此倒见贼，打煞无人护。

上文记叙了对不孝子女的批驳。看来在古代并不都是男尊女卑，也存在妻子当家致使丈夫不孝顺父母的现象。

工匠莫学巧，巧即他人使。身是自来奴，妻亦官人婢。

① 敦煌研究院编：《敦煌遗书总目索引新编》，第323、324页。
② 所引《王梵志诗》原文，均出自［唐］王梵志著，项楚校注：《王梵志诗校注》，上海：上海古籍出版社，1991年。

夫婿暂时无，曳将仍被耻。未作道与钱，作了擘眼你。
奴人赐酒食，恩言出美气。无赖不与钱，蛆心打脊使。
贫穷实可怜，饥寒肚露地。户役一概差，不办棒下死。
宁可出头坐，谁齿被鞭耻。何为抛宅走？良由不得止。

这里描写统治者对下层手工业者的经济剥削与人身侮辱，逼着工匠夫妇弃宅舍家，远走他乡，是对以工匠为代表的唐代艺术家生活与命运的真实记录。

也有一些对人生的“感悟”：

世间何物平？不过死一色。老小终须去，信前业道力。
纵使公王侯，用钱遮不得。各身改头皮，相逢定不识。
人生一代间，有钱须吃著。四海并交游，风光亦须觅。
钱财只恨无，有时实不惜。闻身强健时，多施还须吃。

《卷三》记载：

百姓被欺屈，三官须为申。朝朝团坐入，渐渐曲精新。
断榆翻作柳，判鬼却为人。天子抱冤屈，他扬陌上尘。
代天理百姓，格式亦须遵。官喜律即喜，官嗔律即嗔。
总由官断法，何须法断人。一时截却项，有理若为申。
天下恶官职，未过御史台。努眉复张眼，何须弄师子。
傍看甚可畏，自家困求死。脱却面头皮，还共人相似。

这里展示的是是非颠倒、酷吏横行、冤情遍地、无法无天的社会景象，与封建史学家们赞颂的唐代盛世形成鲜明的对比，是来自最底层的真实写照。

官职莫贪财，贪财向死亲。有即浑家用，遭罗唯五身。
法律刑名重，不许浪推人。一朝囹圄里，方始忆清贫。

清廉是做官最基本的要求。这些内容也进入寺学教材，说明敦煌的佛教教育是全面面向社会的教育。

僧团在寺院中开展社会现实方面的教育，明显是为了让学郎们全面深入地了解社会，加强对社会的认识，并承担起个人对社会的责任。

五、余论

敦煌寺院启蒙教育是社会教育，即中国古代的传统教育。我们从以上所述敦煌遗书中保存下来的教材与作业情况看，基本上是后世仍一直推崇的出自《论语·先进》的“德行、言语、政事、文学”的“孔门四科”。无论是经学、知识、技巧还是言行规范，行的都是道德教育，讲的都是如何做人、做好人；接受教育的过程就是学习做人的过程，包括关注社会，以及知识与技术的训练，实际上也是为了完善做人。而这也是敦煌寺学教育自西晋以来一直遵循和坚持的传统。同时，这里有一个显著特点就是在寺学接受童蒙教育的学郎们大多为俗家子弟，说明寺院实际上也在为社会培养人才。

第三节　“八味药”：佛教教育的特殊形式与内容

敦煌的佛教斋会与道场活动，也是一种佛教教育的手段，而且内容丰富，形式多样。广大民众通过参加道场活动，不仅学到了佛教知识，也会通过道场活动了解历史人物故事、自然科学知识等；加上听唱颂、看舞蹈等各类表演，寓教于乐。我们从法会文书中看到有很多的偈赞文书以及所有的讲唱类文献，都是用在道场中的。按现在的说法，佛教的道场法会活动起到了户外教育的作用。其中辽宁省博物馆藏敦煌遗书（编号书462）“八味药”，把佛教术语用中医药方形式整合在一起，以民间喜闻乐见的形式，弘扬佛教禅学和教化众生：

1. 佛说：善男子／善女人，先须
2. 内心求定弓一张，慧箭两只，
3. 脱解头牟无生衣甲精进马一匹，
4. 共六个善知识，向五蕴山中，
5. 采八味药。问世尊：何
6. 者名八味药？
7. 不嗔心一两，平等心二分，普流智三胜，
8. 善知心四合，大忍辱心五两，方便门六升，

9. 除人我心七斤，欢喜心八斗，此是八味药。
10. 使智刀剉斫，恵日干煞，坚固
11. 臼中，金刚杵捣，智慧筛箩，慧
12. 暴肝合和波罗蜜为丸，功德永
13. 下。每日服此药，无病不差。记差
14. 之后，问世尊：有忌讳无？世尊：
15. 亦有忌讳，忌生冷醋滑。问世尊
16. 何者是？好煞心为生，不慈孝
17. 为冷，我慢贡高为醋，恶口
18. 骂詈为滑。但于此药亦不须持，
19. 亦不须看经。有人敬信，
20. 便有灵验。

这是一份用常见的佛教术语拼成的短文，而且假托“佛说”，但内容完全是中草药的采集、配制和炮制方法，其中的采集地点、药名、器物等均为佛教术语。“八味药”将这些散见于早期佛教经典中的术语集中在一起进行整合和编辑。这些佛教术语在汉文佛经中出现都比较早，如龙树造、鸠摩罗什译《大智度论》卷二十二《释初品中八念义第三十六之余》“住是戒众中不倾动，引禅定弓，放智慧箭，破诸烦恼贼，得解脱，于是解脱中生知见”①，宋凉州沙门释宝云译《佛本行经卷第一·因缘品第一》“驾以精进马”②。

查佛教典籍，有署名为五老峰释子升所录《禅门诸祖师偈颂》中《志公药方》一段，内容与“八味药”相近：

梁武帝问志公和尚：如何修行得永劫不失人身？志公答：贫道有一药方，往五蕴山中采取，不嗔心一具，常欢喜二两，慈悲行三寸，忍辱根四橛，智慧性五升，精进意六合，除烦恼七颗，善知识八；右件药用聪明刀向平等砧上细剉去，却人我根，入无碍臼中，以金刚杵捣一千下，用波罗密为丸，每日取八功德水服一丸，即得永劫不失人身。服药忌口。③

① 参见《大正藏》第25册，第223页。
② 参见《大正藏》第4册，第56页。
③ 参见《卍新续藏》第66册，第738页。

志公即宝志（418—514）和尚，南朝时期的传奇高僧，世称宝公、志公和尚，江苏句容人，俗姓朱；少年出家，师事道林寺僧俭修习禅业；因居无定所，他自刘宋泰始年间（466—471）开始，往来于京城及周边各地，赋诗题笺记，解答城乡民众福祸问题，齐武帝时以惑众罪名下狱。传说他神勇广大，出入自由，虽然身处牢狱，但每天都可以看到他活动于市里乡间的身影，齐武帝又以供养之名迎入华林园软禁，但仍见他在龙光、罽宾、兴皇、净名等诸寺间自由来往造访。至梁武帝建国其禁得解，梁武帝经常与他屈膝长谈，释经论义。宝志留下的文字著述有《释训》30卷、《十四科颂》14首、《十二时颂》12首、《大乘赞》10首等。[①]其生平事迹及传奇在传世佛教史籍《梁高僧传》卷十、《佛祖统纪》卷三十六至三十七、《佛祖历代通载》卷十、《宝华山志》卷七《志公法师墓志铭》、《神僧传》卷四中都有系统记载。另外，《南史》及《梁书》中有关于宝志的零星记载，《宋史·艺文志》有记“傅大士、宝志《金刚经赞》一卷”。《祖堂集卷》第十八还记有这样一件事：“达摩和尚救汝诸人迷情，初到此土时，唯有梁朝宝志禅师一人识。梁帝问宝志曰：‘是何人？’宝志答：‘此是传佛心印大师，观音圣人乎？’”[②]再就是上述这件“志公药方”。宝志于天监十三年（514）十二月圆寂，享年96岁；敕葬钟山独龙阜，于墓侧立开善寺，谥号广济大师；后代续有追赠加谥，如妙觉大师、道林真觉菩萨、道林真觉大师、慈应惠感大师、普济圣师菩萨、一际真密禅师等。

宝志在佛教史上声名显赫，但他的著述都是后人辑录，托名之作不少，所以真伪难辨。敦煌本“八味药”抄写时间距宝志活动年代400年，而《禅门诸祖师偈颂》的辑录时间似乎更晚，自然都不可能是宝志所作。敦煌遗书中也有题为“十二时”“大乘赞”一类的偈赞文书，具体内容与《景德传灯录》所载完全不同。甚至还有直接托名《梁武帝问志公和尚如何修道和以偈□》抄本[③]，分有三言、四言和五言偈前后三段，内容不见于传世记载，且抄写时代应该在10世纪，因此也不可能为宝志原作。不过有一点可以肯定，就是从这些写本看，宝志的思想和学说在10世纪的敦煌有一定的影响。

乍看起来，“八味药”似乎是一段文字游戏，但实际上它保存了十分丰富的佛教思想内涵，展示给我们众多值得研究和探讨的信息。全文秉承佛教定慧双修的宗旨，以五蕴观念为切入点，以六度思想为主题和目标，巧妙地将五戒十善等

① 诗、颂等辑录于《景德传灯录》卷第二十九《诗赞偈颂》，参见《大正藏》第51册，第449页。

② 参见《大藏经补编》第25册，第648页。

③ 参见敦煌遗书S.3177。

基本的教义融入其中，深入浅出，通俗显障，又生动形象，妙趣横生。一方面是直面人心，另一方面则寓教于乐，把精深玄妙的“禅机”演绎得活灵活现，以达到用佛教的理念从正面弘法育人的目的。

值得注意的是，“八味药”抄写的时代，密教在敦煌盛行。而定弓、慧箭后来成为密教之标识，右手为智慧以箭配，左手为禅定以弓配。沙门一行述记《毗卢遮那成佛神变加持经（大日经）义释卷第一·入真言门住心品第一》：“佛以忍进铠甲乘持戒之马定弓慧箭外破魔王军内灭烦恼贼，故以为名。”[①]《律宗会元》卷下：“三乘净僧，所行三惠（闻思修也）。是菩萨道，披弘誓铠，策精进马，执忍辱弓，放智惠箭煞烦恼贼。”[②]

辽博书462小册子是一份为驱逐蝗灾道场的应用文书，无论是前面部分的祈愿表文，还是后面的偈赞，包括历史故事，都是道场的程式和内容。而这类社会道场活动是密教的仪轨，所以作为禅修实践活动指南的“八味药”在这里也染上了密教色彩，运用于道场，即由禅师（法师）受邀宣讲。这类用来教育培养众人的品德、智慧与能力的说教，实际上是道场活动中必不可少的重要内容。在佛教的道场（斋会）平台上，用密教的形式，宣传习禅和做人的思想以及知识技能，弘法育人，是中国大乘佛教行之有效的社会实践。

第四节　佛教在敦煌的入世教育实践“杂缘起”

一、写本概况及命名

敦煌遗书BD01363（北张63），草书，两面书写，正面内容为经疏，根据经文内容分别被拟名《瑜伽师地论》[③]和《菩萨地持经》[④]。背面二件，第一件首缺，但依其内容可知为《起世经》；第二件除末行有残缺外，首尾俱全。首题“杂缘起抄”。

① 参见《卍新续藏》第23卷，第272页。
② 参见《卍新续藏》第60卷，第66页。
③ 参见敦煌研究院编：《敦煌遗书总目索引新编》。
④ 参见方广锠、李际宁、黄霞：《中国国家图书馆藏敦煌遗书总目录·馆藏目录卷》（第一册），北京：中国人民大学出版社，2016年。

《杂缘起抄》存238行，除末端几行有残缺外，基本保存完好。其内容为古代学问僧的学习笔记，从佛教经籍中选取摘抄自己需要的内容，分别以因缘故事的形式介绍佛教所谓“六尘”之中的色、香、声、味等行为的危害，诠释佛教因缘的概念的哲理，故名“杂缘起”。本件写卷共保存了22个故事和几段零星的经文。其中提到唐人小说《冥报记》，可知本写卷成书于唐高宗永徽之后。关于《杂缘起抄》，笔者曾就其中第126—129行所述中国历史上有名的“周幽王烽火戏诸侯”和“晋献公宠妃失邦”做过研究。[①]段小强、刘旸曾对《杂缘起抄》第46—52行《父子互托》故事做过研究。[②]

《杂缘起抄》的核心是缘起思想，起源于古印度，反映佛教反对婆罗门教不平等的种姓制度，认为人无天生的差别，只有业的差别，主张通过修行而实现众生平等。《别译杂阿含经》卷第五就有一句“不应问生处，宜问其所行。微木能生火，卑贱生贤达”[③]，意指出身并不重要，只要努力修行，都能变成贤达。《苏婆呼童子请问经》卷第三中有“若论善恶因果之法，有智无智，刹利、婆罗门、毗舍、输达啰，等无差别”[④]，指在修行方面，四种种姓制度没有差别。佛教认为世间一切都是因缘和合而生，这也就是缘起思想的雏形。后期经过漫长的发展，缘起思想成了重要的佛教术语，也是佛教关于轮回转世、因果报应思想的起源和根基。简言之，缘起思想的要义指世间的一切事物都存在互相之间的联系，这种联系即是因缘。《大智度论》中所谓“诸法因缘生”[⑤]，其中的“缘”可以看作是条件，而“起”则是发生之意。缘起思想就是佛陀对世间所有一切道理最根本的解释，表明了世间一切现象为什么生以及为什么死的原因、条件，解释世界、社会和个人的种种现象。《杂阿含经》指出：世间万物之所以生是因为“此生故彼生”，之所以灭是因为“此灭故彼灭”，之所以有是因为“此有故彼有”，之所以无是因为“此无故彼无”。[⑥]

缘起思想中体现了佛教的众生平等以及普济世人的情怀。《分别缘起初胜法门经》中说缘起有五种甚深之相：“一因甚深、二相甚深、三生甚深、四差别甚深、五流转甚深。应知缘起甚深之相，复有五种。何等为五？谓相甚深、引发因果诸分甚深、生起因果诸分甚深、差别甚深、对治甚深。应知缘起复有五种甚深

① 马德：《敦煌本“媚女缘起”中本土元素的社会意义》，载释妙江、陈金华等编：《亦僧亦俗、自内及外：东亚大视野下的佛教教育国际学术研讨会论文集》，新加坡世界学术出版社，2020年。

② 段小强、刘旸：《敦煌本〈父子互托〉刍议》，《敦煌研究》2023年第3期。

③ 《别译杂阿含经》，参见《大正藏》第2册，第409页。

④ 输波迦罗译：《苏婆呼童子请问经》，参见《大正藏》第18册，第721页。

⑤ 鸠摩罗什译：《大智度论》，参见《大正藏》第25册，第136页。

⑥ 求那跋陀罗译：《杂阿含经》，参见《大正藏》第2册，第67页。

之相。何等为五？谓摄甚深、顺次甚深、逆次甚深、执取甚深、所行甚深。是名无明等起殊胜”“如是诸分，各由自缘，和合无阙，相续而起”[①]。简言之，即是说众生相互不同，缘起亦各有异；无明妄动使得世人枉生虚念无法如愿，终致苦海沉沦，不得解脱。让众人看清缘起，就是拯救芸芸众生于苦海中。

二、“耽色缘”之“媚女缘起”

《杂缘起抄》第122—129行有云：

> ……
>
> 1. 依俗书释
>
> 2. 贤圣：五百年一贤，千年一圣。又，孔夫子问曾哀公，说有五种人：一愚人、二士
>
> 3. 人、三知人、四贤人、五圣人。何谓？已周幽缘褒似（姒）丧国，［晋］宪（献）为骊妃失邦。
>
> 4. 独览山上，仙人被骑头之辱；述陂庙里，鱼师受焚身之殃。
>
> 5. 周幽王有夫人名褒似（姒），有为媚王，若见笑，即令边缑放烽火，夫人即笑。
>
> 6. 后边守人等，凶火将作有贼，乃走投城，始知缘笑无贼。后频放烽［火］，边
>
> 7. 人不来，不久遂被犬戎所煞。此因爱美已败国也。
>
> 8. 晋宪（献）帝（公）缘宠骊妃失位也，此亦缘已也；又缘后母憎二子，遣之也。

“仙人被骑”与“鱼师焚身”文字较多，特别是前者，自第129行起至第152行，多达22 行、近700字。这里暂不作讨论。

因为这些故事中间都没有加小标题，兹据写本此段内容，暂定名为“媚女缘起”。“媚”是一中性字，即有褒的一面，又有贬的一面，不一定都是坏人坏事。拿这个写本中最有代表性的“仙人被骑”——源自佛教名著《大智度论》的佛本生故事来说，媚女诱惑仙人失去法力，是为国家和百姓，是好事。另一方面，这位仙人是佛祖的前世之一，失去法力于他也是好事，后来才能成佛。因

① 玄奘译：《分别缘起初胜法门经》，参见《大正藏》第16册，841页。

此，“媚”在这里取诱惑的意思。

《媚女缘起》主要讲了四个故事：“周幽缘褒似（姒）丧国”“晋宪（献）为骊妃失邦”“独览山上，仙人被骑头之辱”“述陂庙里，鱼师受焚身之殃”。其中独角仙人（亦称一角仙人）被骑故事原出自龙树菩萨造、后秦鸠摩罗什所译佛经名著《大智度论》卷十七之初品中禅波罗蜜第二十八，叙佛祖释迦牟尼前世曾为独角仙人（一角仙人）时的一次经历，讲述详细，文笔流畅，故事情节跌宕起伏，引人入胜，深受大众喜爱，流传较广，在新疆克孜尔和敦煌莫高窟的壁画中也曾出现。因内容强调戒欲，后来的戒律著作如《梵网经》等及相关疏释中多有传袭，加之故事本身有些传奇色彩，也出现在一些神通感应类的经籍中。但包括中唐的紫阁山草堂寺沙门飞锡撰《念佛三昧宝王论》卷上之《孌女群盗皆不可轻门第二》以及后来的各种疏释类佛典的转述在内，都没有和中国本土的历史故事联系在一起。

《杂缘起抄》在诠释《媚女缘起》之前，还专门谈及“五位人”这个概念：“依俗书释贤圣：五百年一贤，千年一圣。又，孔夫子问曾哀公，说有五种人：一愚人、二士人、三知人、四贤人、五圣人。”把人的身份分成这么细致的等级，是中国古代社会制度的产物。佛教也讲五位或五位人，但只是人和职业或社会作用的类型分别，并不涉及等级制度。而这里的五位人显然是对中国儒家经学内容的传承与发挥。

五位人有五位二十五等之分，始见于先秦文献《文子·微明篇》：

> 昔者中黄子曰：天有五方，地有五行，声有五音，物有五味，色有五章，人有五位，故天地之间有二十五人也。上五有神人、真人、道人、至人、圣人，次五有德人、贤人、智人、善人、辨人，中五有公人、忠人、信人、义人、礼人，次五有士人、工人、虞人、农人、商人，下五有众人、奴人、愚人、肉人、小人。上五之与下五，犹人之于牛马也。圣人者，以目视，以耳听，以口言，以足行；真人者，不视而明，不听而聪，不行而从，不言而公。故圣人所以动天下者，真人未尝过焉；贤人所以矫世俗者，圣人未尝观焉。所谓道者，无前、无后、无左、无右，万物庇同，无事无非。

初唐时期，五位二十五等人说盛行，并专门绘有图像。敦煌遗书P.2518《谨案二十五等人图》就是对二十五等人图像的解释。只是在人的等级顺序上与《文子·微用篇》有所不同：

上上五等人	神人	圣人	真人	道人	志人
上五等人	德人	贤人	智人	善人	辨人
中五等人	公人	忠人	信人	义人	礼人
次五等人	士人	工人	庶人	农人	商人
下五等人	众人	奴人	肉人	小人	愚人

虽然佛教讲众生平等，但在这里强调人的等级，应该是为了适应中国社会，用中国人乐意接受的方式来宣传佛教教义。

“周幽王烽火戏诸侯”是中国西周时期，周幽王为博得宠妃褒姒一笑，听信谗言，点燃了紧急时刻用以报警和联络各处的烽火台戏弄诸侯，褒姒看了果然哈哈大笑。幽王很高兴，因而又多次点燃烽火，以致多次上当受骗的诸侯们都不再来勤王。最后犬戎攻破镐京，杀死周幽王，西周灭亡。幽王的儿子周平王即位，开始了诸侯割据、分而治之的东周列国即春秋战国时期。

春秋时期，有晋献公废嫡立庶导致晋国大乱。晋献公是晋武公之子，有八个儿子，其中太子申生、公子重耳、公子夷吾都有贤能德行。然而，深受晋献公宠爱的夫人骊姬为给自己儿子奚齐争夺君位，屡次对其他姬妾所生之子加以陷害，使他们逐渐被晋献公疏远，被迫外逃流浪多年，不断受到追杀。晋献公死后，骊姬所生奚齐、卓子先后继位，被大夫里克等接连杀死。里克等同时派人迎接公子重耳回国为君，重耳谢绝后，又派人迎公子夷吾。秦穆公发兵送夷吾回国登上国君宝座，是为晋惠公。但即位后的晋惠公外伤盟友，内诛贤臣，结果人心离散，国力不振。晋惠公薨，其子姬圉继位，是为晋怀公。然怀公无德，国人不附。秦穆公遂发兵助重耳重归晋国，杀怀公，即王位，是为晋文公，从此晋国进入强盛时期，成为春秋五霸之一。因献公听信骊姬谗言，导致晋国近二十年动乱不安，民不聊生。

上述两件事都出自《史记》。敦煌写本记此事，可见流传之广，在《杂缘起抄》中出现不是偶然。这里独选周幽王与晋献公的故事，可能是考虑了此二历史事件与佛教创立为同时代。

至于仙人被骑、鱼师受焚，写本基本移录《大智度论》等佛典的内容，本身记载得比较详细。这里从略。

中国的历史故事和传说，由中国僧人写进包括佛教史在内的各种历史类著述，这并不意外，但用来解释佛教经典的内容却并不多见。最早用周幽王的故事诠释佛教经典者，为天台智者大师智顗的《观音义疏》，主要是说明“淫欲”、特别是“邪淫”的危害：

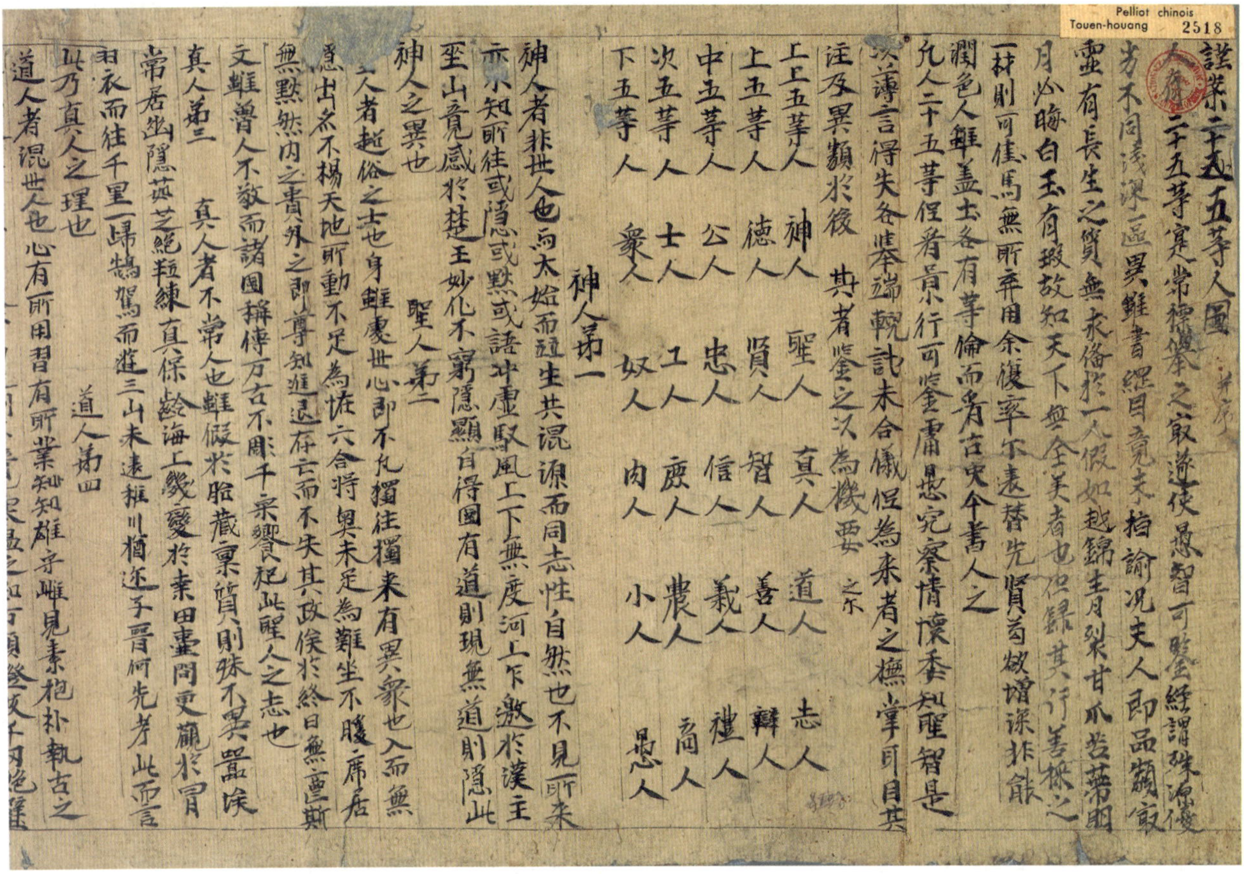

上上五等人	神人	聖人	真人	道人	志人
上五等人	德人	賢人	智人	善人	辯人
中五等人	公人	忠人	信人	義人	禮人
次五等人	士人	工人	庶人	農人	商人
下五等人	衆人	奴人	肉人	小人	愚人

神人第一

聖人第二

真人第三

道人第四

P.2518《谨案二十五等人图》

大论云，女人违戒垢谤法余殃。不择禽兽，不避高墙广堑之难，不计名闻德行。破家亡国，灭族倾宗，祸延其身。如术婆伽祸延其国，如周败褒姒。净住及禅经明，多欲人有欲虫男虫泪出而青白，女虫吐血而红赤。

如禅门中所说，色害尤深令人狂醉，生死根本良由此也。如难陀为欲持戒，虽得罗汉习气尚多，况复具缚者乎。国王耽荒无度，不顾宗庙社稷之重，为欲乐故身入怨国。此间上代亡国破家多从欲起。赫赫宗周褒姒灭之，即其事也。经云，众生贪狼于财色，坐之不得道。观经云，色使所使为恩爱奴，不得自在。若能知色过患则不为所欺，如是呵已。色欲即息，缘想不生，专心入定。

而第一篇将中外媚女串在一起论述者，为初唐沙门释法琳撰《辩正论卷第一・三教治道篇第一》：

言不邪淫者。败德灭身，淫辜为甚。所以妹妃亡夏妲后丧，殷褒姒

> 之仆隆周，丽姬之倾皇晋。神仙遭骑颈之辱，天庙致焚躯之灾，故称众罪之根。

西明寺沙门释道世集《诸经要集》卷第十四《十恶部第二十三·邪淫缘第三》：

> 夫淫声败德，智者之所不行；欲相迷神，圣人之所皆离。是以周幽丧国，信褒姒之愆；晋献亡家，实丽姬之罪。独角山上，不悟骑颈之羞；期在庙堂，宁悟焚身之痛。皆为欲界众生不修观解，系地烦恼不能断伏。且地水火风，谁为宰主；身受心法，本性皆空。薄皮厚皮，周旋不净；生藏熟藏，秽恶难论。常欲牵人堕三恶道。

同作者《法苑珠林》卷第七十五《十恶篇第八十四之三·邪淫部第六 ·述意部第一》所述基本与上述相同。

智顗（538—597）、法琳（572—640）和道世（？ —683），都是中国历史上成就突出、智慧非凡的高僧，他们的著述也是中国佛教史上名垂千古的不朽之作。他们不光是精通佛教的理论和实践，而且都特别熟悉中国历史。特别是法琳，自幼出家，博研儒释百家之学。

从BD1363写卷本身看，正面的《瑜伽师地论》等内容流行于9世纪中期，在敦煌属于吐蕃治理和归义军时期。《杂缘起抄》的出现也不会早于这一时期，其内容是对法琳、道世著述的进一步细化和发挥。

历史上，为了能使佛教在中国大地上生根、发芽和结出丰硕的果实，无数大德高僧结合中国社会的实际情况，发挥了他们的聪明和智慧，做出了不懈的努力，收到了良好的效果。周幽王、晋献公的传说故事就是智者大师在适应中国社会的佛教教育方面的开拓和创举。

关于缘起，历来有众多解释。简言之，就是事物彼此的因果关系的必然性，即所谓“果从因生，事待理成”。近代佛学泰斗印顺大师对“缘起的定义”有过系统和精辟的诠释。周幽王宠褒姒、晋献公宠骊姬导致亡国和乱邦，独角仙人因淫乱而失神通，鱼师因恋女而遭焚身等，都是必然的因果报应。

值得注意的是，无论是天台智者大师，还是唐僧法琳、道世，以及后来的许多讲述周幽、晋献故事的学僧，都忽视了一个问题，即佛祖释迦牟尼的“本生”之缘。周幽也好，晋献也好，他们的事迹都不可能成为释尊的前世经历，所以只能作为戒律和禁欲思想的反面教材使用。而敦煌本《杂缘起抄》巧妙地将这几件脍炙人口的中外媚女故事编纂在一起，加上五位二十五等人之说，创造性地将本生故事、禁欲理念归类为缘起，不仅让诠释更加合理，理论更加完善，而且采取的是广大民众喜闻乐见的形式和内容，进一步让佛教深入中国社会，深入人心，很快就在汉唐地域内得到广泛传播而且持续时间甚久。这是佛教教育在中国的重大创新，突出展示其社会意义。敦煌作为汉文化基础雄厚的社会化的佛教活动地区，社会教育与佛教教育同时在僧团开展，不仅继承了敦煌佛教僧团的经学传统，也为佛教在敦煌的传播和发展开拓了更广阔的空间。

三、《耽味缘》部分内容试析

（一）故事梗概

《杂缘起抄》第183—208行为六尘之中有关味尘（原卷命题为“耽味缘”）的几段故事。第196—202行，讲述因“耽味尘”而虐待长辈终获恶报的三个故事。这一内容在一众经书中皆不可见，明显是产生于中国本土；加上前面的其他几段中国历史故事，可知《杂缘起抄》在成书之前，曾经由中国本土的高僧大德精心编辑过。[①]

> ……此是耽味也。又亦如有人家男女新妇等得好饮食，铎罗若经宿不堪者，即与阿婆阿父；若好者、新好者即自吃，或留夫聟。此耽味人。又如冥报记说：有新妇将饼里裹狗粪与阿家吃，好肉自取吃，即被霹雳所损。具如彼说，总是耽味也。安独□：又如有人取（娶）妇，语憎阿娘。若闻阿娘入宅来，即藏却饮食不与吃。后阿娘说蛇如火中烧饼，说鱼如鎗里餺饦，得苋如膏糜甑，近远相似。此还是耽味而憎阿娘耳。先抄卷已说，何以不重是也。

《耽味缘》的第一个故事是讲一对夫妇得到精美的食物，保管这些食物的儿媳却只把隔夜变味的剩饭剩菜给父母吃，新鲜美味者自己享用或者留给丈夫。这种人被称为“耽味人”。第二个故事来自《冥报记》，讲述新入门的妻子将狗粪裹在饼里让自己的婆婆吃，好的肉就自己吃，最终遭到霹雳雷击。这就是耽于味的缘故。可惜《冥报记》部分已经遗失，保存到今天者找不到相似的内容，传世仅此一份。第三个故事说的是有人娶了妻子以后言语之间憎恶母亲，听到母亲来了就把食物藏了起来；母亲自然心中有数，用“蛇如火中烤饼”“鱼如鎗里

① 参见马德：《敦煌本“媚女缘起”中本土元素的社会意义》。

馎饦”“得菟如膏糜甑”来讥讽儿媳的行为，意思是说把火中烧饼像蛇一样（可能是指一种叫黑蛇饼的烟花），鎗里浸泡了长时间的面点（馎饦）和臭鱼一档膻腥，这都是不能食用的；而只能把遇到的菟草当作蜜膏油脂制作的美食，婆婆在这里也有点自嘲的意思。故事表现的是因沉溺于味尘而出现的不良现象，通俗浅显，寓意深刻。三个故事中虽然只有第二个故事中的主人公有了报应，但其他两个也明显为人所不齿。三个故事讲的都发生在年轻夫妇与父母、公婆等两辈的人之间，通过中国传统孝道的说教，阐释佛教“因果报应”的“缘起”意识。

“耽味”的“味”指的是佛教“六尘”中的“味尘”，三个故事都通过讲述沉溺于味尘中而丢弃了孝道，体现佛教理念中六根不净终会生出苦果的教诲。佛教将“六根”“六尘”合称为“十二处”，“六根”“六尘”“六识”合起来称为“十八界”。“六根”指“眼根、耳根、鼻根、舌根、身根、意根”，也是“内六根界”，之所以为根，在《大乘义章》卷四有释义：“六根者对色明眼，乃至第六对法名意，此之六能生六识，故名为根。”[①]“六根”能生“六尘”，即“色尘、声尘、香尘、味尘、触尘、法尘”，也叫“外六尘界”，六根对六尘产生了作用，就是所谓的“六识”，即“眼识、耳识、鼻识、舌识、身识、意识”。佛教认为六根很容易不净，《杂阿含经》云：“眼根常求可爱之色，不可意色则生其厌。耳根常求可意之声，不可意声则生其厌。鼻根常求可意之香，不可意香则生其厌。舌根常求可意之味，不可意味则生其厌。身根常求可意之触，不可意触则生其厌。意根常求可意之法，不可意法则生其厌。”[②]佛教认为就是六根不净才会产生烦恼，这些烦恼都是由于无明妄动，致使三毒交加，十八界就是世间所有苦难的根源，希望世人看清放下，逃脱苦海。《杂缘起抄》中就讲述了各种耽于十八界而招致的苦果，对应了上述思想。《耽味缘》主要叙述耽味之恶，认为饮食会引起人们的贪念，污染世人，故而告诫众人不要被无明遮蔽，沉溺在味尘之中。

（二）语言特征

《杂缘起抄》作为个人选录的学习笔记，没有太多时间去修辞润色，更加保持了故事的原本形态。故事在叙述过程中，存在书面语和口头语混用、地方语言和官方语言共存的情况，这是一般书面文书不具备的特点，可以更好了解当地民众的语言风格。为了让民众更好地参悟深奥佛理，宣讲人所用的语言简单生动，

① 慧远撰：《大乘义章》，见《大正藏》第44册，第555页。
② 求那跋陀罗译：《杂阿含经》，见《大正藏》第2册，第313页。

这一点在《耽味缘》中就能体现出来，如第三个故事一连使用三个比喻句，让听讲人都能感受出儿子给母亲的食物实在难以下咽。

《耽味缘》中出现的称谓比较多，这为语言学研究提供了一些数据，在本选段的三个故事里出现了“新妇”“夫聟”“阿婆”“阿父”“阿家”“阿娘”等几个称谓，这些称谓中不少以“阿”字作为前缀，这也是唐代称谓的一个特点。清人王士祯的《池北偶谈》中说：“宋人谓汉唐人多以阿字为发语，如阿娇、阿谁、阿家、阿房宫之类，则阿房之阿亦当作去声。”[①]

本选段中前两个故事皆出现“新妇”，这在古代是一种比较普遍的称呼，指妻子、夫人。官方文件如《后汉书·列女传·周郁妻》就有“郁骄淫轻躁，多行无礼。郁父伟谓阿曰：‘新妇贤者女，当以道匡夫。’”[②]敦煌文献中亦比比皆是。这个故事里的“新妇”指的是儿媳妇。

除“新妇”以外，第一个故事中出现了“夫聟”“阿婆”“阿父”。首先，“聟”即“婿”，是古代女子称呼丈夫的正式称谓，唐人多用。如《敦煌变文集·伍子胥变文》出现“谓言夫婿麦门（冬），遂使苁蓉缓步”[③]。“阿婆”在这里指丈夫的母亲，因为第一个故事当中提到“阿婆阿父”的同时，也提到了“新妇”，互为对照可以看出此处主要描写的是公婆与儿媳的关系。这在敦煌文献中也是十分常见的，如《敦煌变文集·秋胡变文》：“其妻不知夫在已不？来孝养勤心，出亦当奴，入亦当婢，冬中忍寒，夏中忍热，桑蚕织络，以事阿婆，昼夜勤心，无时暂舍。”[④]此处出现“（妻）以侍阿婆”指儿媳侍奉婆婆。敦煌道兴本《搜神记》中也出现了“新妇曰：‘先是天衣，今与阿婆儿为夫妻，又产一子，岂容离背而去，必无此事。’”[⑤]在这一句中新妇说的“与阿婆儿为夫妻”也直接表明了“阿婆”指的就是丈夫的母亲。最后，“阿父”指的是丈夫的父亲，这个称呼在唐朝也是比较普遍的，中土文献赵璘《因话录·谐戏》：“衢州视事际，有妇人姓翁，陈牒论田产，称阿公阿翁在日，坐客笑之。原注：下阿翁两字，言其大父也。”[⑥]

第二个故事中的“阿家”指的也是丈夫的母亲。“阿家”在敦煌文献中多次出现，如《敦煌变文集·齖魺新妇文》：“如此之流，须为监解，看是名家之流，不交自解。本性齖魺，打煞也不改。已后与儿色妇，大须稳审，趁逐莫取媒

① ［清］王士祯：《池北偶谈》卷十《谈艺一·阿字音》，北京：中华书局，1982年，第263页。
② ［南朝］范晔：《后汉书》。
③ 王重民等编：《敦煌变文集》，北京：人民文学出版社，1984年，第10页。
④ 王重民等编：《敦煌变文集》，第156页。
⑤ 王重民等编：《敦煌变文集》，第884页。
⑥ ［唐］赵璘：《因话录·谐戏》，北京：中华书局，1985年，第182页。

人之配。阿家诗曰：齖齣新妇甚典砚，直得来情不许见，千约万束不取语，恼得老人肠肚烂。新妇诗曰：本性齖齣处处知，阿婆何用事悲悲，若觅下官行妇礼，更须换却百重皮。”[①]这个故事主要写的是婆媳矛盾，故事中有提到“阿家”也即“阿婆”，指的都是丈夫的母亲。敦煌本《搜神记》中孝子被换成胡人的头被妻子发现后，也有“其妇惊惧，走告姑曰：‘阿家儿昨夜有何变怪，今有一婆罗门胡，在新妇床上而卧。’”[②]这里的阿家和姑实际上是两位长辈。[③]敦煌本《孝子传》：“武子为国远从征，母病食人肉始轻，新妇闻之方割股，阿家吃了得疾平。”[④]不仅敦煌文献，“阿家”作为婆婆的称谓在唐代文献中也较常见，如赵璘《因话录》卷一云：“郭暧尝与升平公主琴瑟不调。尚父拘暖，自诣朝童结罪。上召而慰之曰：‘谚云：不痴不聋，不作阿家阿翁。’”[⑤]以及“汝为人妇，岂有阿家体不候安，不检校汤药，而与父做生日”[⑥]。时至今日，秦陇一带的许多地区依然在用“阿家”来称呼婆婆。

第三个故事中的“阿娘”指的是自己的母亲，这一称呼基本上无论古今或地域都是通用的。敦煌古代也不例外，如《敦煌变文集·秋胡变文》“恐娘不识，走入堂中，跪拜阿娘”[⑦]，讲秋胡和自己多年未见的母亲相聚认。《舜子变》中的“阿耶若取得计阿娘来，也共亲阿娘无二”[⑧]；《敦煌变文·《父母恩重经讲经文》“就中若是阿娘身，台举孩儿岂但频”[⑨]。

（三）本土元素

由于《耽味缘》主要讲耽于味尘，味尘体现在饮食上，所以本选段中会出现了一些食物以及厨具。这些食物呈现出了地域性的特点，如第二个故事出现的“饼”“肉”，以及第三个故事出现的比较具备地域特色的“烧饼”“馎饦”“膏糜”等。整体来看，古代敦煌大众饮食比较偏向于面食。

第三个故事讲述的是新婚的儿媳把食物藏起来不给婆婆吃，婆婆用三个比喻讥讽：

① 王重民等编：《敦煌变文集》，第858页。
② 王重民等编：《敦煌变文集》，第879页。
③ 蒋礼鸿认为“阿家”为姑母（《敦煌变文字义通释》第四次增订本，上海：上海古籍出版社，1988年，第20—24页），当与实际情况有所出入。
④ 王重民等编：《敦煌变文集》，第910页。
⑤ ［唐］赵璘：《因话录》，第70页。
⑥ ［唐］赵璘：《因话录》，第770页。
⑦ 王重民等编：《敦煌变文集》，第158页。
⑧ 王重民等编：《敦煌变文集》，第129页。
⑨ 王重民等编：《敦煌变文集》，第682页。

第一个比喻“蛇如火中烧饼”可能是指一种叫黑蛇饼的烟花，虽然蛇和饼都是美食，但作为烟花却是只能看而不能吃。烧饼在当地应该是一种很平常的食物，顾名思义应该是一种在炉火中烤的面点。《饼饵闲谈》中有提到“饼，搜糍麦面所为，或合为之。入炉熬者，名熬饼，亦曰烧饼”。而本段故事也说明烧饼比较注重火候，烤得过火就会过于坚硬、或燋糊成灰，或变这燃烧的烟花（黑蛇饼）而无法食用。

第二个比喻“鱼如鎗里馎饦”中的鱼和馎饦也是美食。敦煌遗书P.3468有云“谷杆大于牛腰，蔓菁贱于马齿。人无饥色，食加鱼味。有口皆餐蒲萄，欢乐则无人不醉”。此处的“鎗”应该指的是三足鼎，一种煮东西的容器，唐人撰《南史》有云“少为邵吏，母好食鎗底饭”[①]。敦煌文献中比较少见“鎗”，所以“鎗”也有可能是敦煌的“镬”，一种由“鼎”演化而来煮饭的炊具。“馎饦”是南北朝时一种起源于北方游牧民族的面食，唐代是敦煌人民的日常面食之一，贾思勰《齐民要术·饼法》中简单介绍过馎饦以及馎饦的做法：“馎饦，挼如大指许，二寸一断，着水盆中浸。宜以手向盆旁挼使极薄，皆急火逐沸熟煮。非直光白可爱，亦自滑美殊常。”[②]也就是说馎饦要沸水快速煮熟。被浸泡在汤水中时间太长的“鎗里馎饦”，会腐烂变质而无法食用，更不用说是美味了。婆婆在这里显得十分无奈：本来是美味佳肴，但在儿媳这里都成为“鎗里馎饦”，可望而不可食。

因此也就出现了第三个比喻“得菀如膏糜甑”。“菀”本是一种野草，“甑”是一种炊具，而“膏糜”是一种用糖油膏与白米做成的一种美食。《唐六典》卷四“尚书礼部”条记载：“正月十五日、晦日（食）膏糜。”《搜神记》也提到过“此是君家之蚕室，我即此地之神。明年正月十五，宜作白粥，泛膏于上，以后年年大得蚕。”以上看出膏糜是就是白粥上覆盖一层糖油膏脂，属于精细美味之高档食物，在每年正月十五才有机会食用的，可能是先用于祭祀，尔后食之。将野草当作“膏糜”显然是一种奢望。这或许是母亲对儿子儿媳行为的讽刺挖苦。

以上三个比喻出自母亲之口，是由于饮食难吃故而责备抱怨。也能侧面看出本选段中出现的“烧饼”“馎饦”都是民众间比较常见的食物，对了解敦煌民众日常生活，尤其是饮食方面有一定的帮助。

---

① ［唐］李延寿：《南史》卷七十三《列传孝义上》，北京：中华书局，2000年。
② ［北魏］贾思勰：《齐民要术》卷九《饼法》，北京：科学出版社，1957年，第105页。

（四）佛教社会史意义

《杂缘起抄》草书写本作为个人学习杂记，可能也会用于宣讲。内容方面完全根据个人学习或宣讲的需要，贴近社会底层，举出一些日常生活中常见的现象来诠释佛教的因果报应思想。这些生活中的实例，对于我们了解佛教的本土化、民族化有很大帮助。由于宣讲人面对的受众基本都是平民百姓，为了让受教育程度不高的一般民众听懂，宣讲人对深奥的佛理做了浅显明了的解释，将一些晦涩难懂的佛理通过贴近民众身边故事的形式传达给世人，这也为我们了解平民百姓的真实生活提供了信息。

《耽味缘》以“耽味”不可取作为主题，通过叙述贴近百姓生活的故事而宣传佛教教义，为了让听讲人更好地感同身受。各篇故事在叙述过程中专门结合当地的风土人情，用敦煌民众比较熟悉的食物来打比喻，这样就更加容易理解。故事中选取的对象是在家庭生活中比较容易有矛盾的新婚夫妇和公婆：对儿子来说，该如何平衡在自己的家庭和生养过自己的父母之间的关系；对儿媳妇而言，嫁入丈夫家中，该怎样对待丈夫以及丈夫的父母，这都是每个人会遇到的人生问题。加上中国古代非常推崇儒家孝道，自然能引起众人的关注兴趣。故事以食物角度切入主题，体现儿子和儿媳妇耽于味尘，把好吃的留给自己的，不好吃的留给父母，此种行径最终会遭受报应。佛法教导世人不要自私自利，要尊老敬老。《大成本心地观经》云：“父有慈恩，母有悲恩，母悲恩者，若我住世于一劫中说不能尽。”认为对父母应该报恩，“经于一劫，每日三时割自身肉以养父母，而未能报一日之恩”。报恩的方式就是勤加修习，“是故汝等勤加修习孝养父母，若人供佛福等无异，应当如是报父母恩”[①]。佛教进入中国以后，这一思想和中国传统孝道思想不谋而合，使得中原佛教对于孝道的重视有增无减。敦煌流行的《报父母恩变经》就是非常典型的例子：它并非印度经文，而是结合了佛教文化和中国传统的孝道文化的产物，体现了佛教中国化的孝道思想。

对佛教而言，何谓报恩？既需要儿女在孝顺的同时，也要努力修行，二者缺一不可。佛教在中国传统孝道的基础上，增加了属于自己的理念。如本篇就在说不可六根不净，耽于味尘，这就需要人不断修习佛理，净化自己。佛教的这种孝道观念也是佛法中提供给家庭成员相互之间应该如何相处的价值观和方法论，这种思想无疑对社会起到了和谐稳定的积极影响。

佛教为了在中国更好地传播，尽量结合中国本土传统文化，体现出佛教具有

① 般若译：《大乘本生心地观经》，参见《大正藏》第3册，第297页。

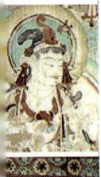

很强的包容性，同时这种因势利导的传教方式无疑也是佛教在中国传播广泛的重要原因之一，展示了中国大乘佛教积极“入世”的特色。印度佛教带着普济世人的慈悲与善巧方便的胸怀，誓愿普度众生，深入民间社会，关注穷苦百姓，创造出了一个又一个优秀的佛教中国化的宗教作品，使我们今天还能够窥探千年以前的人民的日常生活。“耽味缘”展示的当时民众社会生活中的饮食风格和社会崇尚孝道的风气，生动而具体地体现了佛教社会化意义。

第十二章

佛教社会化与科学技术的进步

第一节　佛教教育先进手段的应用：印刷品及其传播

第二节　敦煌版画的社会功能

第三节　敦煌填色版画的世界美术史意义

第一节　佛教教育先进手段的应用：印刷品及其传播

中国是世界上最早发明印刷术的国家。印刷术的发明，把人类文化推向了一个崭新的历史发展阶段。与传统绘画作品相比较，版画是利用印刷技术复制性特点，通过绘（创作画稿）、刻（制版）、印（印制、印刷）而完成的艺术作品。在近千年的中国版画历史上，佛教很早就开始雕刻经图，将版画艺术形式运用到佛教教义的传播宣传中。纵观唐、五代早期版画作品，几乎全为佛教版画。佛教版画也伴随中国古代版画艺术发展，成为古代版画题材中长盛不衰的品类。

敦煌莫高窟藏经洞出土了70000多件古代写本、印刷品、绘画品等，其中印刷品有历书、佛经和佛教版画。其中填色版画的价值意义非常重大，它不仅是当时佛教的宣传品和信仰供奉"圣物"，而且作为世界上现存最早的彩色印刷品，是手工业经济发展、科学技术进步和艺术创新等标志性的实物资料，在艺术史、手工业经济史、印刷科学技术史等方面都有重大的历史和社会意义，是人类社会进步发展阶段的里程碑。

美国学者卡特在《中国印刷术的发明和它的西传》一书中专门谈道："从中国发明印刷术开始起，直至二十世纪止，在印刷术进步的悠久历史中，无论何种语文或在任何国家，其最初的印刷，几乎无不和神圣经典或和世界三大宗教之一的神圣艺术有关。中国最早的印刷，即为佛经和佛教图像。"①向达在《唐代刊书考》一文中也认为："中国印刷术之起源，与佛教有密切之关系。"②可见，宗教与印刷关系密切，历史上的宗教在一定程度上影响着印刷术的发明与发展，而敦煌藏经洞保存下来的印刷品主要是佛教印刷品也进一步说明了这一观点。

① ［美］卡特著，吴泽炎译：《中国印刷术的发明和它的西传》，北京：商务印书馆，1991年，第33页。

② 向达：《唐代长安与西域文明》，石家庄：河北教育出版社，2001年，第126页。

一、敦煌版画——敦煌佛教信仰的新形式

敦煌现存的版画都是出自10世纪敦煌的作品。[①]这些版画是佛教信仰的新形式，而这种信仰形式与敦煌佛教社会化互相促进。

（一）千佛版画

有关千佛出世之本缘，或谓千佛乃转轮圣王之千子，或谓千手观音之化现，或以为千佛分别出生等，经论所说各异。据《法苑珠林》《梁高僧传》等中国佛教典籍记载，中国最迟在北魏时已有造立千佛之事，如河南巩义市石窟存北魏以来所塑造之千佛，山东历城摩崖亦有东魏所造摩崖千佛像等。敦煌石窟的千佛壁画也是在北魏时期大量出现的；敦煌石窟的诸窟群多称千佛洞；全国各地以千佛称名的摩崖、石窟等数量也相当可观。千佛的大量出现是大乘佛教信仰的产物。敦煌的千佛版画就是在这些基础上产生和发展的。

敦煌版画中数量最多的是千佛版画，主要有P.2994、P.3392、P.3439、P.3528、P.3880、P.3954、P.3957、P.3970、P.3983、P.4078、国图BD09520、国图BD15279、北大D079、上图032、上图086、上博002、上博008等数十件。这些千佛像是用一块小小的木板刻制后，一个挨一个地按捺到纸上的。千佛也可称千体佛，虽然这些千佛版画上没有任何文字说明，也没有榜书，但同壁画等形式一样，表现的应该是佛的千万种化身，以适应人们各种各样的信仰需要和精神追求。

美国学者卡特曾详细考证过敦煌等地的出土的模印小佛像："在敦煌、吐鲁番和新疆的其他各地，发现有好几千这样的小佛像。有时见于写本每行的行首，有时整个手卷都满印佛像。不列颠博物馆藏有一幅手卷，全长17英寸，印有佛像468个。"[②]卡特判断出这种模印的小佛像显然是"由印章至木刻之间的过渡形态"。这种捺印技术在五代、宋初的敦煌依旧十分流行。如现藏法国国立图书馆的《禅定千佛》捺印品（P.3439）就是在宋太宗太平兴国八年（983），由三界寺的授戒师道真为李信住、李盛住授八关斋戒牒中捺印的12方连续禅定千佛。

① 对敦煌版画的主要研究成果有：马德《敦煌版画的背景意义》，邰惠莉《敦煌版画叙录》，余义虎《敦煌版画的性质与用途》，吴荣鉴《关于敦煌版画制作的几个问题》，王怡和邹晓萍《敦煌版画艺术的风格特点》，周安平《由敦煌雕版佛画管窥中国古代版画的美术历史作用》，王锡臻《敦煌版画与民间美术研究》，谢生保、谢静《敦煌版画对雕版印刷业的影响》，这几篇论文都发表在《敦煌研究》2005年第2期。此外还有菊竹淳一：《敦煌的佛教版画———以大英博物馆藏品为中心》，《佛教美术》1975年第4卷；胡发强：《略论敦煌版画的形制、技术及影响》，《南京艺术学院学报》2009年第1期，第78—81页。

② ［美］卡特著，吴泽炎译：《中国印刷术的发明和它的西传》，第43—44页。

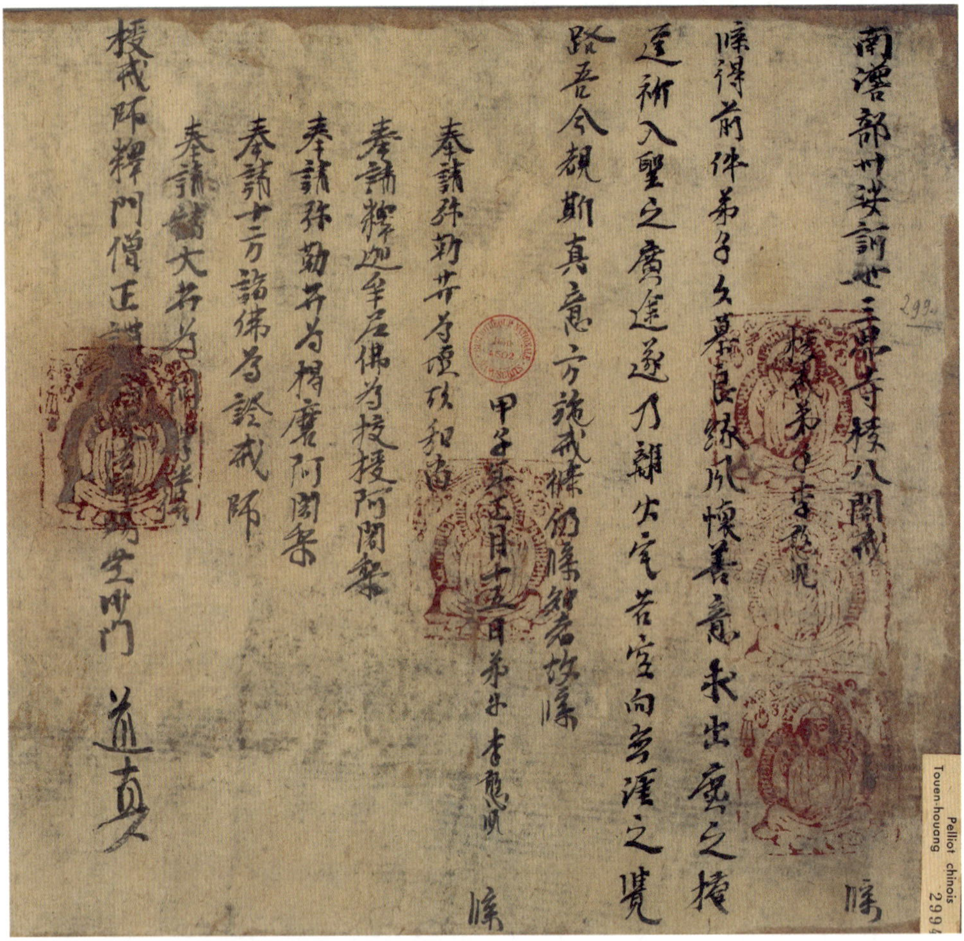

P.2994《戒牒》

（二）说法图版画

说法图版画主要有P.6039（1）、P.6039（5）、P.t.925、S.P.2（B.M.8083）、Дx3143、Дx.9108、Дx.11581等。其中S.P.2《祇树给孤独园》是唐咸通九年（868）印本《金刚般若波罗蜜经》的卷首扉画，是目前最早有纪年的版画。该图版面长28.5厘米，宽23.7厘米，卷轴式，图画内容保存完整，图版左上角题“祇树给孤独园”，右下角题“长老须菩提”。内容是表现释迦牟尼在祇树给孤独园为长老须菩提说法。

（三）文殊菩萨版画

文殊菩萨又作文殊师利、曼殊室利、满祖室哩，意译为妙德、妙吉祥、妙乐、法王子，又称文殊师利童真、孺童文殊菩萨，为我国佛教的四大菩萨之一。一般称文殊师利菩萨，与普贤菩萨同为释迦佛之胁侍，分别表示佛智、佛慧之别

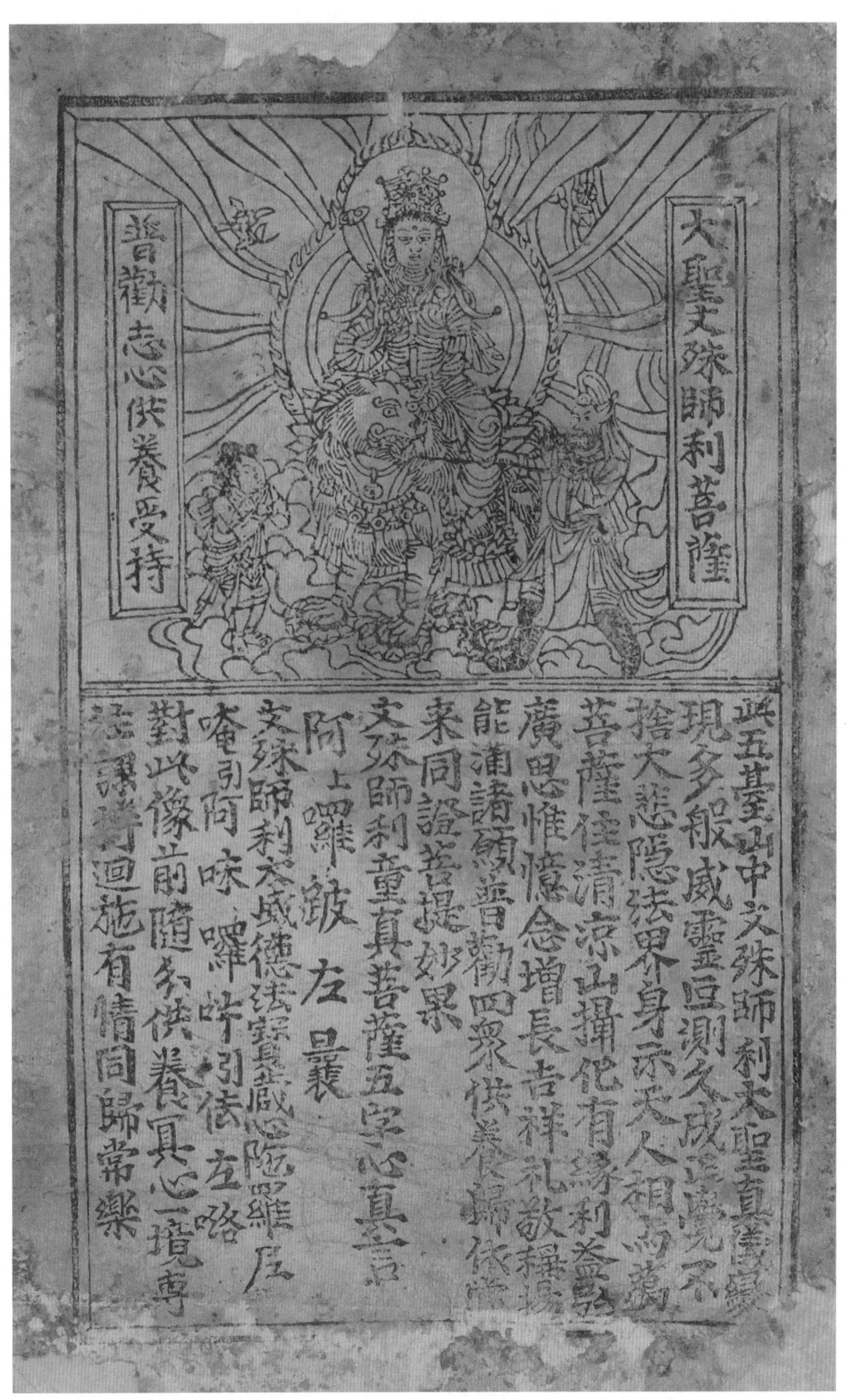
大聖文殊師利菩薩
普勸志心供養受持
此五臺山中文殊師利大聖真儀變
現多般威靈叵測久成正覺不
捨大悲隱法界身示天人相與萬
菩薩住清涼山攝化有緣利益弘
廣思惟憶念增長吉祥禮敬稱揚
能滿諸願普勸四衆供養歸依當
來同證菩提妙果
文殊師利童真菩薩五字心真言
阿上囉跛左曩
文殊師利大威德法寶藏心陀羅尼
唵引阿味囉吽引佉左啥
對此像前隨分供養冥心一境專
注課誦回施有情同歸常樂

P.4514《文殊菩萨》

德。文殊菩萨所乘之狮子，象征其威猛。华严宗称东方清凉山为其住所，且以我国山西五台山（清凉寺）为其道场。我国自东晋以来，崇信文殊之风渐盛。以山西五台山为中心，传播遍及中国大地。敦煌石窟保存有历代作为胁侍菩萨的骑狮文殊像、壁画和绢画的文殊变、维摩变之文殊及千臂千钵文殊师利画等。敦煌版画中的大圣文殊师利菩萨像即与石窟，特别是同时代石窟中的新样文殊相同。

敦煌文殊菩萨版画主要有P.4077、P.4514.2、P.4514.3（a）、S.P.3（B.M.8090）、S.P.4（B.M.8089）、S.P.5（S.P.8088）、S.P.15、S.P.16（B.M.8091）、S.P.20、S.P.235、S.P.236、S.P.237、S.P.239、Дx.1414、Дx.3034、Дx.3141、Дx.3142、Дx.3157、Дx.3178、Дx.5775、Дx.11717、Дx.10463、北大D181、上博049等，分别藏于英、法、俄等地。其中具有代表性的即为S.P.237《大圣文殊师利菩萨》。该版画高27.9厘米、宽16.8厘米。上图下文。主尊文殊师利菩萨头戴宝冠，身着天衣，手持如意。坐狮足踩莲花，转头直视左前方。驭者着软角幞头，身着及膝衣，足蹬皮靴。供养童子与驭者相向而立，半上身。右榜题“大圣文殊师利菩萨”，左榜题“普劝志心供养受持”。

（四）普贤菩萨版画

普贤菩萨是我国佛教四大菩萨之一，与文殊菩萨为释迦如来之胁侍，即文殊驾狮子侍于如来之左侧，普贤乘白象侍于右侧；文殊师利显智、慧、证，普贤显理、定、行，共诠本尊如来理智、定慧、行证之完备圆满。文殊、普贤共为一切菩萨之上首，常助佛宣扬如来之化导摄益。此菩萨之身相及功德遍一切处，纯一妙善，故称普贤。经云普贤菩萨具十种广大之行愿，即：礼敬诸佛、称赞如来、广修供养、忏悔业障、随喜功德、请转法轮、请佛住世、常随佛学、恒顺众生、普皆回向。为一切菩萨行愿之标帜，因此称为大行普贤菩萨。我国四川峨眉山为普贤菩萨之道场，传为晋代蒲翁所开创。敦煌石窟有历代作为胁侍菩萨的骑象普贤塑像和普贤变壁画，版画之普贤菩萨亦即此。

早在初唐时期，就已经有版印普贤菩萨的文献记载。后唐冯贽《云仙散录》卷五引《僧园逸录》载：“玄奘以回锋纸印普贤像，施于众方，每岁五驼无余。”[①]玄奘法师刻印普贤像，“每岁五驼无余”说明数量很多。与其他动辄雕刻数十幅版画不同的是，敦煌雕印的普贤版画现得见的只有一幅，即S.P.246《大圣普贤菩萨》雕版佛画。该版画高20.6厘米、宽13厘米。版画分为版框两栏。上栏为普贤菩萨像，画中普贤菩萨半跏坐于象舆莲座上，右手置胸前呈执戟

① 潘吉星：《中国科学技术史·造纸与印刷卷》，北京：科学出版社，1998年，第342页。

状，左手曲臂托三钴杵。左下角有一供养天女双手合十，右下角有一半裸驯象奴，画像右榜题“大圣普贤菩萨”，左榜题“普劝志心供养”。下部有敦煌归义军节度押衙杨洞芊雕刻的发愿文11行，记述了他雕印版画的缘由。

（五）观音菩萨版画

这是敦煌版画中最为丰富的题材，有圣观音和变化观音（千体观音，念千口之观音）两大类。观世音信仰是指以观世音菩萨为崇奉对象之宗教信仰。据《法华经·普门品》之记述，当众生遭遇困难时，只要诵念其名号，观世音菩萨即时观其音声，前往拯救。历代有关观音经典之大量翻译，致使观世音信仰广为发展。西晋末期至六朝时期，我国社会盛行观世音信仰。唐中期以后密教盛行，观世音信仰又有不同的发展。唐末五代时，日僧慧萼自五台山得观音像，安置于舟山群岛潮音洞，创建观音院，称之为补陀落伽山，成为观世音菩萨之道场圣地。由于观世音信仰的普及，观世音造像亦多不胜数。北魏以来，造像之风益盛，今云冈、龙门等石窟保存的遗品甚多，敦煌石窟北魏以来的观音造像亦颇丰。隋唐以来，受密教盛行之影响，遂造有十一面、千手、如意轮、不空绢索、准提等诸种观世音像，这些大都出现于敦煌石窟壁画之中。敦煌版画中的观音题材与此一脉相承。敦煌观音菩萨版画主要有P.3965、P.4514.6（1—4）、EO.1218d、S.P.9（S.P.8087）、S.P.241、S.P.242、S.P.243、S.P.244、上博006号、P.4076、S.9487B、S.P.19（S.P.8094）、S.P.253、Дx.5108、P.4514.9（12）、P.4514.9（13）等20余件。其中S.P.241《大慈大悲救苦观世音菩萨》被认为是“现存最早的一幅刊刻时间、地点、刊施人、刻工姓名等一应俱全的古版画名作，也是现存最早的大型观音像版画”[①]。

（六）地藏菩萨版画

地藏，音译作乞叉底檗婆。地，住处之义；藏，含藏之义。地藏菩萨受释尊之付嘱，于释尊圆寂后至弥勒菩萨成道间之无佛时代，自誓度尽六道众生始愿成佛之菩萨。“安忍不动，犹如大地；静虑深密，犹如秘藏”，故称地藏、如来藏。经载，地藏菩萨由过去之大悲誓愿力，示现大梵王身、帝释身、声闻身、阎罗王身、狮象虎狼牛马身，乃至罗刹身、地狱身等无数异类之身，以教化众生，并特别愍念五浊恶世受苦众生，应众生所求而消灾增福，以成熟众生之善根。地藏菩萨常变现如是无数之化身济度众生，故又称为千体地藏。我国自隋唐之后，

① 周心惠：《中国古代版刻版画史论集》，北京：学苑出版社，1998年，第138页。

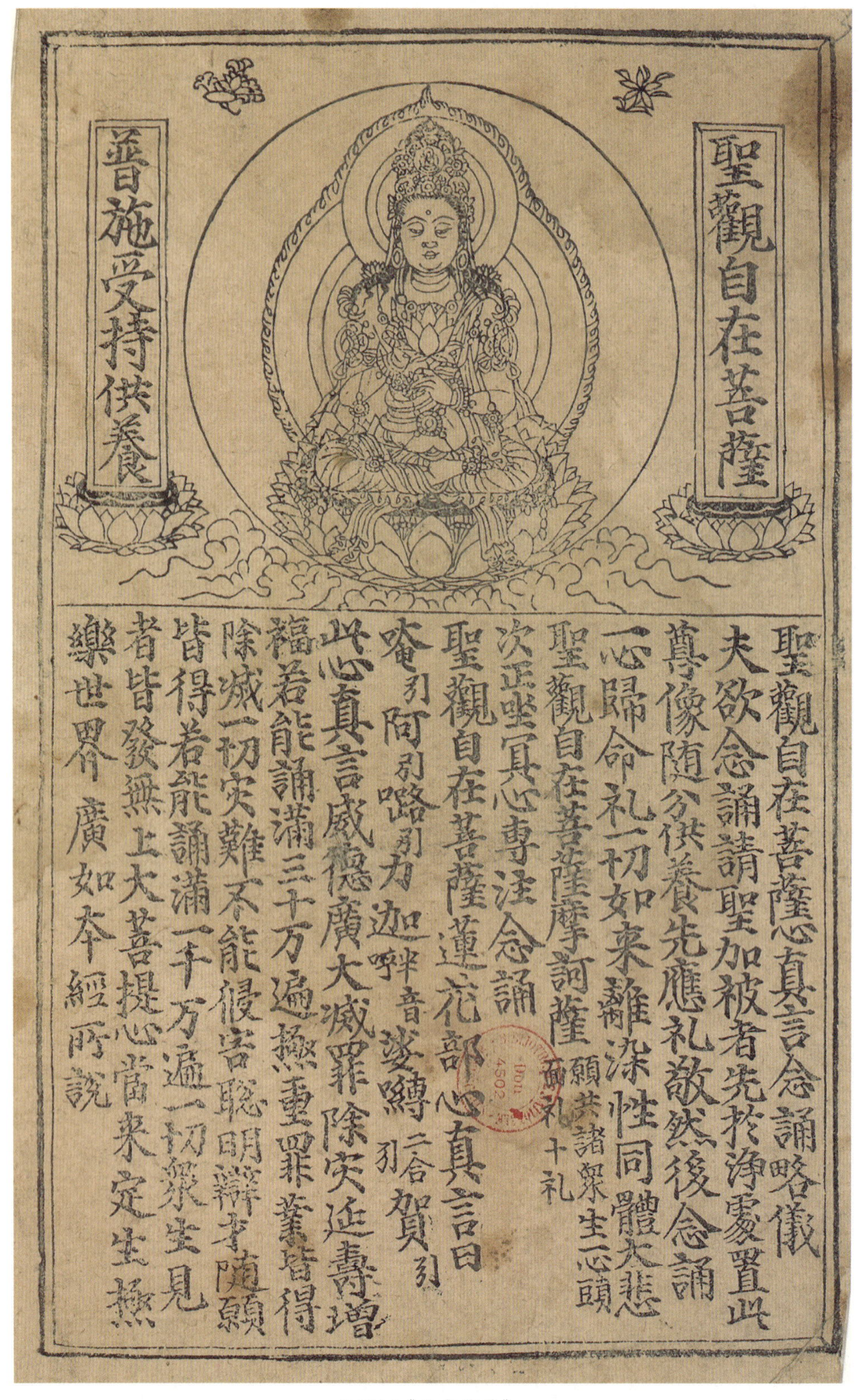

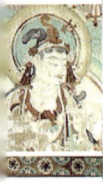

聖觀自在菩薩心真言念誦略儀
夫欲念誦請聖加被者先於淨處置此
尊像隨分供養先應礼敬然後念誦
一心歸命礼一切如來離染性同體大悲
聖觀自在菩薩摩訶薩 願共諸衆生一心頂礼十礼
次正坐冥心專注念誦
聖觀自在菩薩蓮花部心真言曰
唵引阿引嚕引力迦呼半音娑縛二合引賀引
此心真言威德廣大滅罪除災延壽增
福若能誦滿三十万遍無重罪業皆得
除滅一切災難不能侵害聰明辯才隨願
皆得若能誦滿一千万遍一切衆生見
者皆發無上大菩提心當來定生無
樂世界 廣如本經所說

P.4514《观音菩萨》

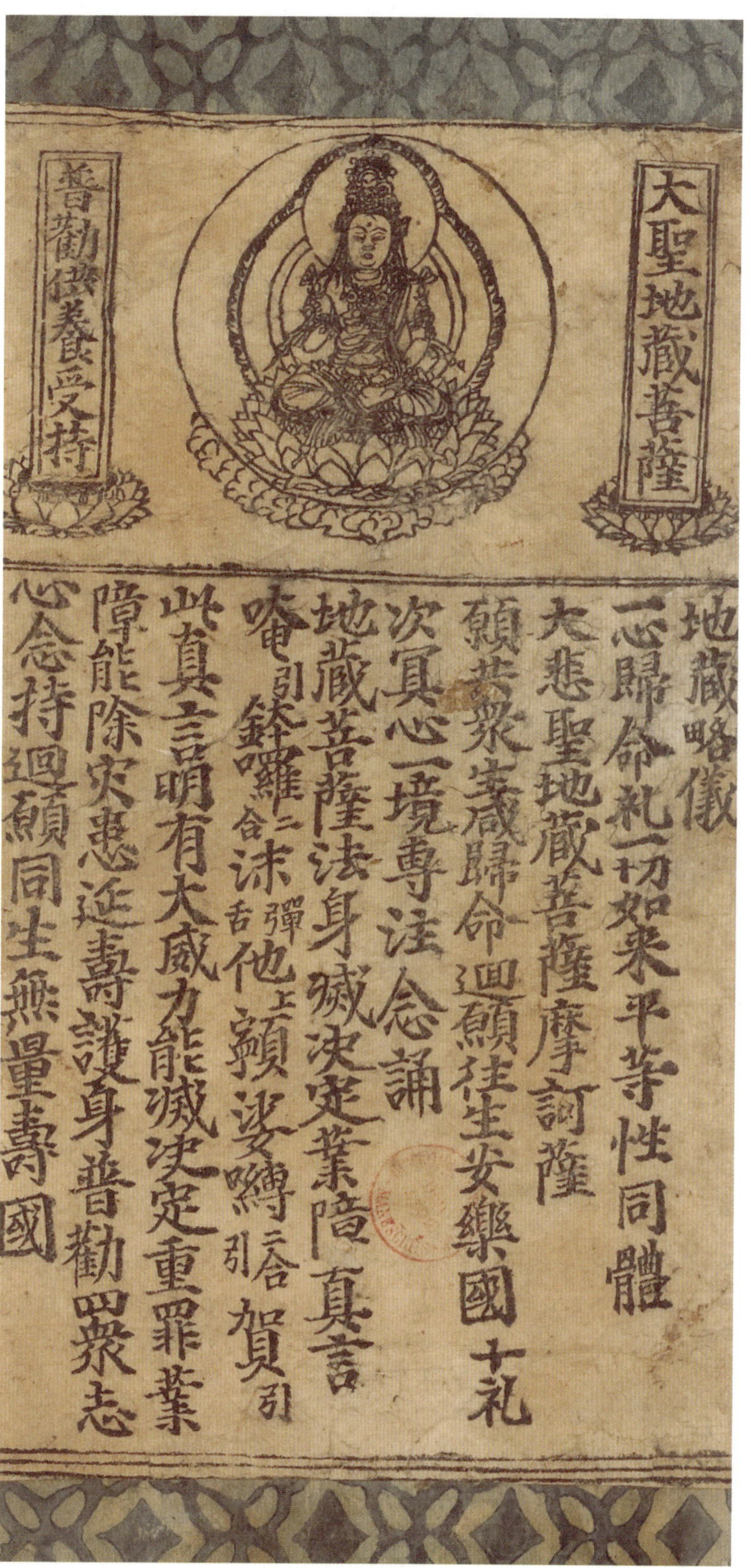
大聖地藏菩薩
普勸供養受持
地藏略儀
一心歸命禮一切如來平等性同體
大悲聖地藏菩薩摩訶薩
願共衆生咸歸命 迴願往生安樂國 十禮
次冥心一境專注念誦
地藏菩薩法身滅決定業障真言
唵引鉢囉二合沫舌彈他上顊娑嚩二合賀引
此真言明有大威力能滅決定重罪業
障能除災患延壽護身普勸四衆志
心念持迴願同生無量壽國

P.4514《地藏菩萨》

崇尚地藏菩萨之信仰极为兴盛；我国民间信仰中，地狱思想受《地藏菩萨本愿经》之影响甚深，视地藏菩萨为地狱之最高主宰，称之为幽冥教主，管辖十殿阎王。敦煌石窟有大量地藏王与十王厅的壁画和绢画。敦煌版画中的地藏为木捺多身一体，即为千体地藏。敦煌地藏菩萨版画主要有P.4514、P.4514.5、S.P.260（1）等。其中P.4514.5《大圣地藏菩萨》版画高42.7厘米，宽29.6厘米。上图下文，图中地藏菩萨结跏趺坐莲台，头戴宝冠，左手托如意宝珠，右手结施无谓印。画像右榜题“大圣地藏菩萨”，左榜题“普劝志心供养”；下部刻有赞语和地藏真言10行。

（七）毗沙门天王版画

毗沙门天王为佛教所说的阎浮提北方的守护神，是一恒护如来道场而多闻佛法的良善天神；因福德之名闻四方，又名多闻天。此外，亦被佛教徒视为财神或福神。在印度、中国与日本，此天王颇受崇拜。相传唐玄宗天宝元年（742），西蕃、康居等国来寇侵扰唐朝的边境。当时，唐玄宗请不空三藏祈求毗沙门天护持。不空三藏作法之后，果然感得天王神兵在西方边境的云雾间鼓角喧鸣地出现，终使蕃兵溃走。毗沙门天王通常都作披甲胄、着冠相，右手持宝棒，左手仰擎宝塔。所以世俗称他为“托塔天王”。他和哪吒太子的故事，是封神榜等古典小说与戏曲的素材。隋唐以来的敦煌佛窟中，北方天王作为护法神，与南方天王一起，常被塑造在佛龛内，分别立于释迦牟尼佛的南北两侧；或者与南方天王一道被画于前室后壁的窟两北侧；或者与东、南、西、北诸方天王同绘于窟顶四角。而敦煌版画中的北方毗沙门天王，是单独出现的佛教尊神。敦煌毗沙门天王版画主要有S.P.245、P.3879、P.4514.1、P.4514.1（1）、P.4514.7（a、b）、S.P.8（B.M.8093）等。

（八）“四十八愿阿弥陀佛”版画

阿弥陀佛于“因位”为法藏菩萨时而发四十八种誓愿，兹依魏译《无量寿经》所载，将四十八愿名称列举如次：（1）无三恶趣，（2）不更恶趣，（3）悉皆金色，（4）无有好丑，（5）宿命智通，（6）天眼智通，（7）天耳智通，（8）他心智通，（9）神足通，（10）漏尽通，（11）住正定聚，（12）光明无量，（13）寿命无量，（14）声闻无量，（15）眷属长寿，（16）无诸不善，（17）诸佛称扬，（18）念佛往生，（19） 来迎引接，（20）系念定生，（21）三十二相，（22）必至补处，（23）供养诸佛，（24）供具如意，（25）说一切智，（26）那罗延身，（27）所须严净，（28）见道

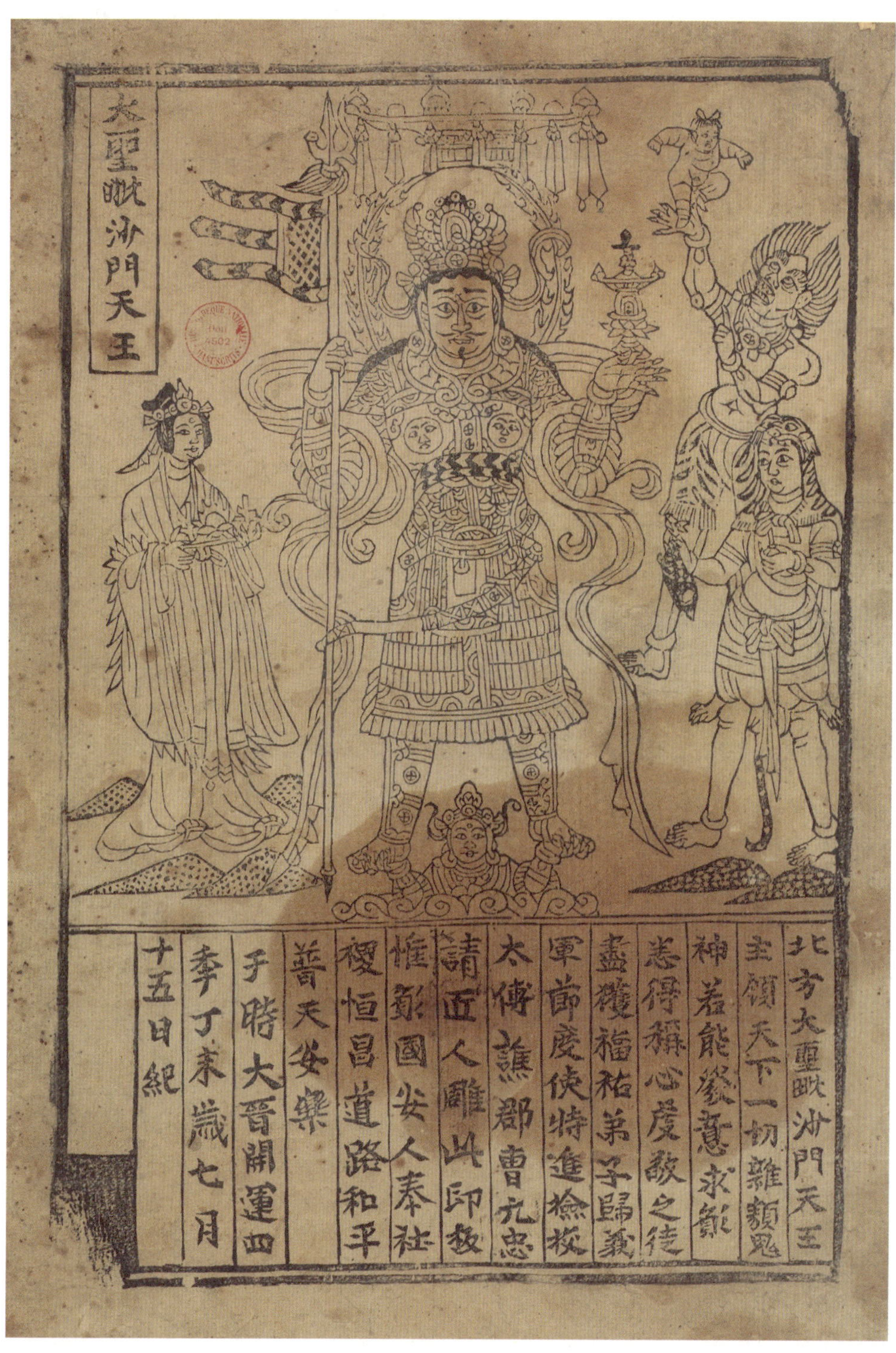
大聖毗沙門天王
北方大聖毗沙門天王
主領天下一切雜類鬼
神若能發意求願
悉得稱心虔敬之徒
盡獲福祐弟子歸義
軍節度使特進檢校
太傅譙郡曹元忠
請匠人雕此印板
惟願國安人泰社
稷恒昌道路和平
普天安樂
于時大晉開運四
年丁未歲七月
十五日紀

P.4514《毗沙门天王》

场树，（29）得辩才智，（30）智辩无穷，（31）国土清净，（32）国土严饰，（33）触光柔软，（34）闻名得忍，（35）女人往生，（36）常修梵行，（37）人天致敬，（38）衣服随念，（39）受乐无染，（40）见诸佛土，（41）诸根具足，（42）住定供佛，（43）生尊贵家，（44）具足德本，（45）住定见佛，（46）随意闻法，（47）得不退转，（48）得三法忍。这些内容都是敦煌佛教信众各方面的精神需求，因此，四十八愿阿弥陀佛成为敦煌版画的主要题材内容，而且是敦煌石窟中几乎没有出现过的内容。敦煌“四十八愿阿弥陀佛”版画主要有P.4514.3（a）、S.P.232、P.4514.4（1—2）、MG.17687等。但是，敦煌版画中没有雕刻出四十八愿的详细内容。

（九）大随求陀罗尼版画

大随求陀罗尼又称随求即得大自在陀罗尼、大随求无能胜陀罗尼、随求即得真言，略称随求陀罗尼，为密教咒名。此陀罗尼能灭一切罪障，破除恶趣，随所求即时得福德，故名大随求陀罗尼。经载，此陀罗尼是随求菩萨八印言的第一咒，全咒计290句，是诸种陀罗尼中少见的长咒，其内容分为三段：首先叙述归命诸佛、菩萨及三宝之理；其次叙说随求菩萨拔除一切众生罪障、烦恼、苦难、恐怖及疾病，令众生身心安乐、所求圆满、诸行成就趣向菩提；最后揭示受持此陀罗尼者，可得天龙、夜叉、乾闼婆、阿修罗、迦楼罗等鬼神随从守护，与一切如来之所护念。此陀罗尼的功德有广大利益，述及听闻之功德、受持读诵之利益及书写带持之功德与做法，有种种灵验谈；此咒可攘除天灾地变的苦厄，有火不能烧、毒不能侵、降伏邻敌、破无间狱、除龙鱼难等诸种功德，以及招福德、灭罪障、坚固身心、求子得子、五谷丰穰、调顺天候等利益。由于这些灵验全部是广大民众的现世利益，因此此咒自古在印度、中国等地颇受道俗喜爱。

敦煌发现的陀罗尼版画数量可观，主要有P.4514.9（1—11）、P.4519、P.6039（2）、P.6039（3）、P.6039（4）、P.6039（6）、P.6039（7）、P.6039（8）、P.6039（9）、P.t.1、P.t.2、P.t.3—P.t.13、MG.17688、MG.17689、EO.1232、EO.3639、S.P.247、S.P.248、S.P.249、Дx.1390等。

（十）其他

除了以上版画外，敦煌版画还有经变版画［P.3024、P.4514.10（1—3）、S.4644V（BM.3864）、Дx.11580］、金刚版画［P.4514.11、P.4521、P.4578、S.P.250、S.P.251（1）、S.P.251（2）］、“西方三圣”版画［P.3943、P.4024、P.4514.19、P.4728、S.P.255（1）、S.P.255（2）、

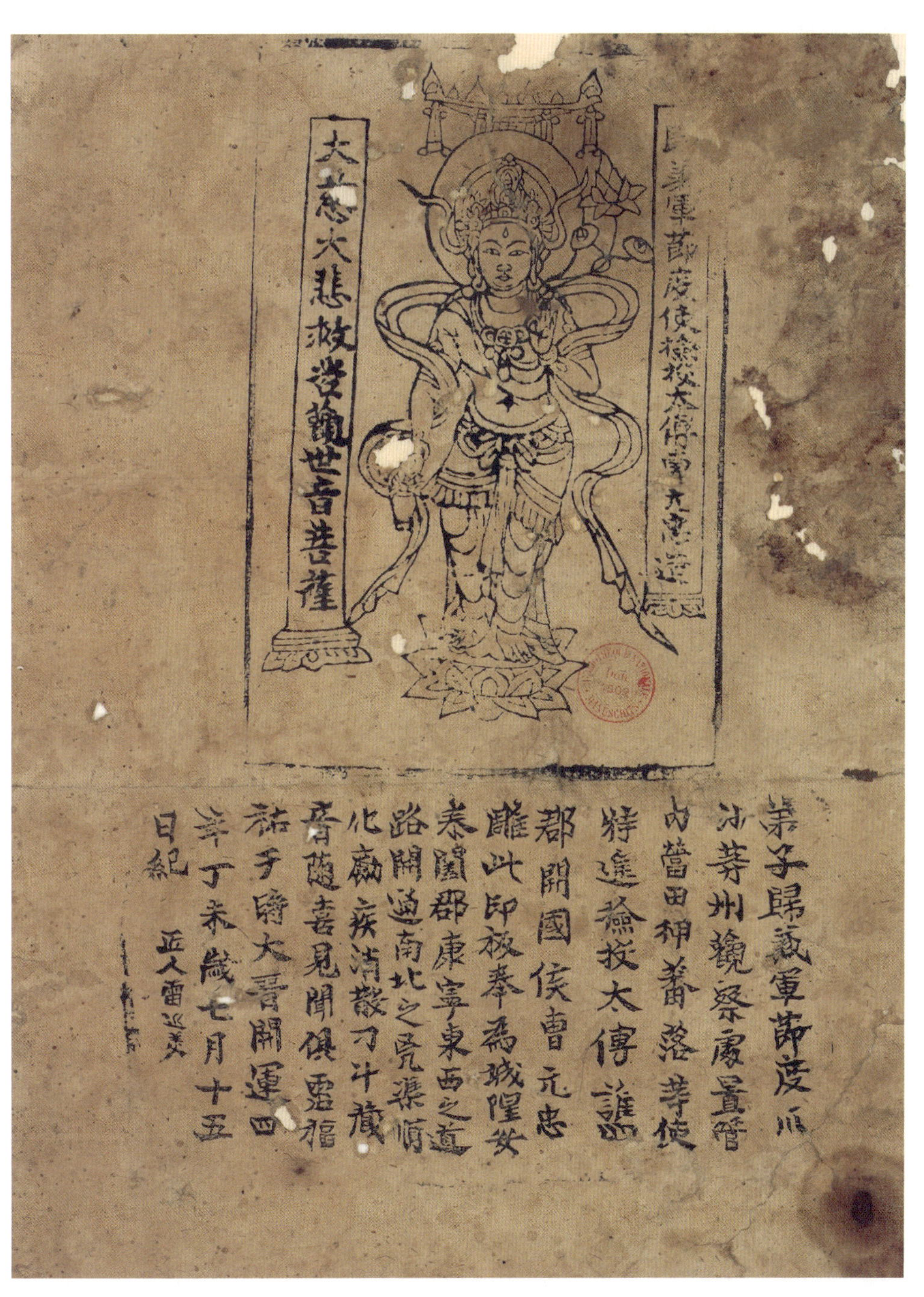

P.4514《雷延美造曹元忠供养观音菩萨》

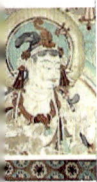

Дx.2877、Дx.11471］、供养菩萨版画及其他版画残页。

二、敦煌雕印佛经

雕印佛经是仅次于敦煌版画之后、数量次多的印刷品。它与版画一样，都是古代佛教信仰盛行的表现之一。敦煌雕印佛经主要有：P.2286《梵纲经述记卷第一》、P.3024Va《一切如来尊胜佛顶陀罗尼加句灵验本》、P.4501《佛顶尊胜陀罗尼》、P.4515《金刚经》、P.4516《金刚经》、P.6039（1）《佛说高王观世音经》残卷、P.6039（5）《佛说生天经》残卷、S.P.2《金刚经》、Дx.17061《大般若波罗蜜多经卷第五十一》、圣彼得堡收藏印本《金刚般若经》、日本书道博物馆藏《十诵尼律卷第四十六》、S.11645佚名佛经、Дx.11581《金刚经》及《妙法莲花经·观世音菩萨普门品第二十五》。可见，当时主要雕版印刷的是《金刚经》等一些流行经典。究其原因，首先在于这类佛经信仰在当时社会上十分流行；其次，文字相对于其他佛经较少，所占雕版不多，更便利于印刷。

《金刚经》是敦煌遗书中一部非常盛行的经典，据释永有法师统计，在敦煌遗书中共有近2000号金刚经相关的文献，其中有76项金刚经、11部论疏和6个相关的文献具有题记。[①]此外，反映《金刚经》内容的经变画在敦煌石窟壁画中也有发现，如第112、154、236、240、359窟等。这些都说明金刚经信仰在古代敦煌十分流行。敦煌藏经洞中所发现的印本《金刚经》，现所得知的有S.P.1、S.P.2、S.P.10、P.4515、P.4516，而印本《金刚经》的雕印正是为了满足人们供奉、诵读《金刚经》的需要。

第二节　敦煌版画的社会功能

从版画题记上看，敦煌版画是广泛制作和运用于民间的一种佛教宣传品和供奉品。多用于民间和民众个人，当然也运用于官府和官吏们。这是一种容易被大家接受的喜闻乐见的形式。它是敦煌壁画与绢画的代替物，是特定场合下与佛窟

① 释永有：《敦煌遗书中的金刚经》，载郑炳林编：《敦煌佛教艺术文化国际学术研讨会论文集》，兰州：兰州大学出版社，2002年，第31页。

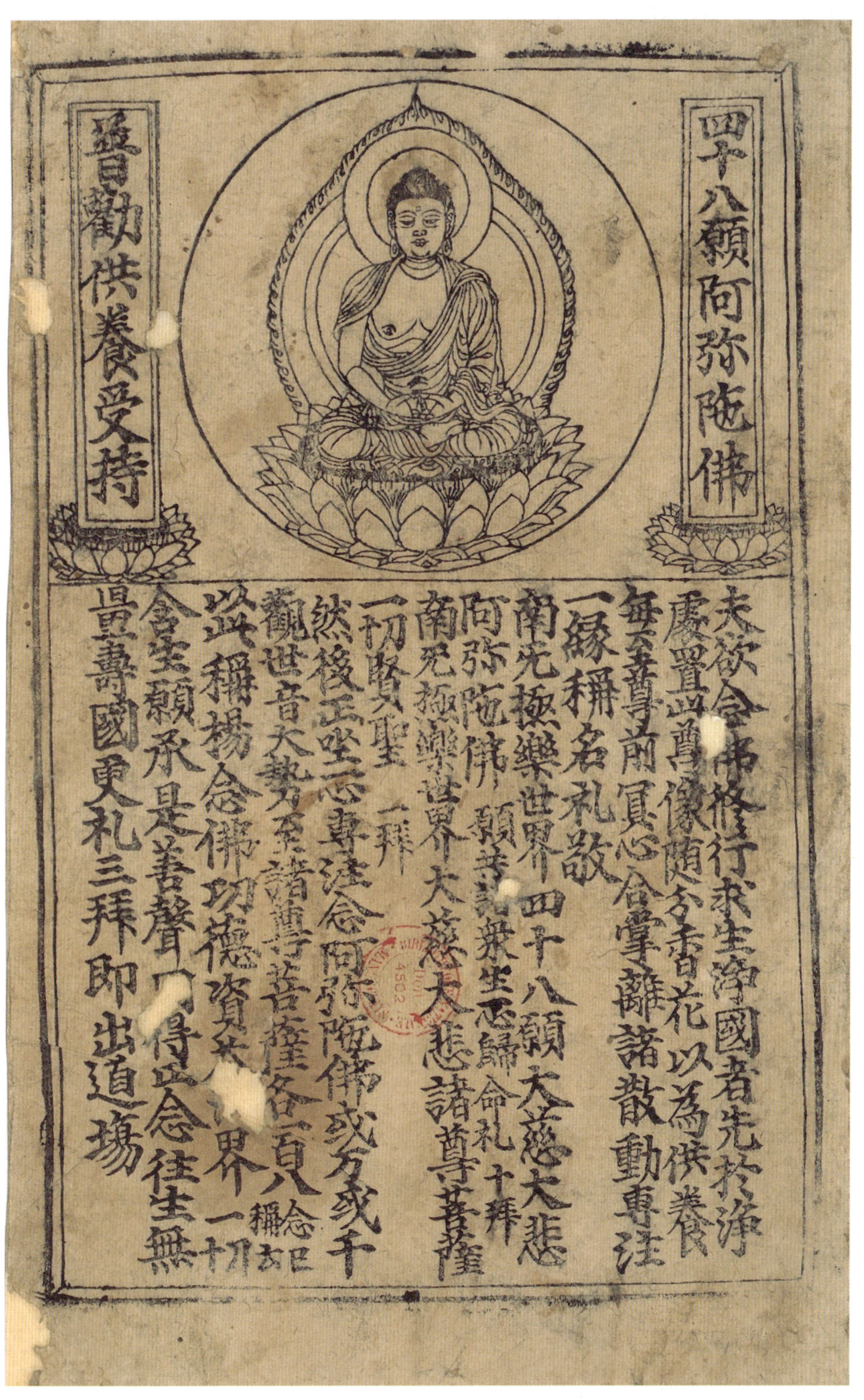

四十八願阿彌陀佛

普勸供養受持

夫欲念佛修行求生淨國者先於淨
處置立尊像隨分香花以爲供養
每於尊前冥心合掌離諸散動專注
一緣稱名禮敬
南无極樂世界四十八願大慈大悲
阿彌陀佛 願共諸衆生同歸命禮十拜
南无極樂世界大慈大悲諸尊菩薩
一切賢聖 一拜
然後正坐一心專注念阿彌陀佛或万或千
觀世音大勢至諸尊菩薩各一百八 念已稱云
以此稱揚念佛功德資益法界一切
含生願承是善聲同得正念往生無
量壽國更禮三拜即出道場

P.4514《四十八愿阿弥陀佛》

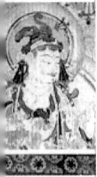

造像、壁画和绢画等同样的信仰供奉品。

敦煌佛教版画多有发愿文，这些发愿文都讲述了版画所制诸佛、菩萨等的信仰形式和意义等。这里选介几种如下：

《四十八愿阿弥陀佛》（S.P.232）发愿文云：

> 四十八愿阿弥陀佛①
> 普劝受持供养
> 1. 夫欲念佛修行、求生净国者，先于净
> 2. 处置此尊像，随分香花，以为供养。
> 3. 每至尊前，冥心合掌，离诸散动，专注
> 4. 一缘，称名礼敬。
> 5. 南无极乐世界四十八愿大慈大悲
> 6. 阿弥陀佛，愿共诸众生一心归命，礼十拜；
> 7. 南无极乐世界大慈大悲诸尊菩萨，
> 8. 一切贤圣，一拜。
> 9. 然后正坐，一心专注念阿弥陀佛或万或千；
> 10. 观世音、大势至诸尊菩萨各一百八（念三称五）。
> 11. 以此称扬念佛功德，资益法界一切
> 12. 含生，愿承是善声同得正念，往生无
> 13. 量寿国。更礼三拜，即出道场。

又《大圣文殊师利菩萨》（S.P.237）发愿文云：

> 大圣文殊师利菩萨
> 普劝至心供养受持
> 1. 此五台山中文殊师利大圣真仪，变
> 2. 现多般，威灵叵测，久成正觉，不
> 3. 舍大悲，隐法界身示天人相，与万
> 4. 菩萨住清凉山，摄化有缘，利益弘
> 5. 广，思惟忆念，增长吉祥，礼敬称扬，
> 6. 能满诸愿。普劝四众供养归依，当

① 本节录文均见马德：《敦煌版画的社会背景及其意义》，《敦煌研究》2005年第2期。后不另注。

7. 来同证菩提妙果。
8. 文殊师利童真菩萨五字心真言：
9. “阿上啰跛左曩”
10. 文殊师利大威德法宝藏心陀罗尼：
11. “唵引阿味啰吽引佉左路”。
12. 对此像前，随分供养，冥心一境，专
13. 注课持，回施有情，同归常乐。

又《圣观自在菩萨》（上博007）发愿文云：

圣观自在菩萨
普功受持供养
1. 圣观自在菩萨真言念诵略仪：
2. 夫欲念诵，请圣加被者，先于净处置此
3. 尊像，随分供养。先应礼敬，然后念诵。
4. 一心归命，礼一切如来、离染性同体大悲
5. 圣观自在菩萨摩诃萨（愿共诸众生一心头面礼，十礼）。
6. 次正座冥心，专注念诵
7. 圣观自在菩萨莲花部心真言：
8. 唵引阿引路引力迦半音呼娑嚩二合引贺引
9. 此心真言，威德广大，灭罪除灾，延寿增
10. 福。若能诵满三十万遍，极重罪业皆得
11. 除灭，一切灾难不能侵害；聪明辩才随愿
12. 皆得。若能诵满一千万遍，一切众生见
13. 者皆发无上大菩提心，当来定生极
14. 乐世界。广如本经所说。

又《地藏菩萨》（P.4514.5）发愿文云：

大圣地藏菩萨
普劝受持供养
1. 地藏略仪
2. 一心归命，礼一切如来平等性同体

3. 大悲圣地藏菩萨摩诃萨。
4. 愿共众生咸归命，回愿往生安乐国。十礼。
5. 次冥心一境，专注念诵
6. 地藏菩萨法身灭决定业障真言：
7. "唵引钵啰二合沫弹舌他上頴娑缚二合引贺引。"
8. 此真言明有大威力，能灭决定重罪业
9. 障，能除灾患，延寿护身。普劝四众志
10. 心念持，回愿同生无量寿国。

以上四件版画的愿文，直接说明了该画的意义、作用、目的和信仰方式。这类版画具体的信仰形式是施主们根据版画内容，通过悬挂念诵或携带的方式表达对佛教的信仰，满足自己精神上的需要。另外，某氏雕刻的单体观音菩萨像也是为悬挂和念诵用的，榜书云："大慈大悲救苦观世音菩萨清净心每早奉念一千口。"这则榜书反映的也是民间佛教活动的具体实践。[①]又敦煌版画中的木捺小观音菩萨像（千体观音）是敦煌版画表现变化观音的一种形式。观音菩萨化现诸身救诸苦难，一直是人们喜爱的内容，隋唐以来，受密教盛行之影响，遂有十一面、千手千眼、如意轮、不空绢索、准提等诸种观音像，又基于笃信者之感应，复现蛤蜊、马郎妇、水月、鱼篮等像。因为版画不可能像一般的大幅经变画那样表现观音感应和化身的具体故事情节，所以采用千佛的方式来展示这一内容。佛有千佛，观音也有千观音，这就是佛教适应中国社会需要的结果。

此外，敦煌的大随求陀罗尼版画也是随身携带的具有护身符性质的版画。[②]这在其发愿文中也有体现，如《无量寿陀罗尼轮》（S.P.247）云：

1. 此无量寿大誓弘广，随求心所愿，必从佛眼母。殊
2. 胜吉祥灌顶光，能灭恶趣嗢……摩密白。置之
3. 处，龙鬼护持法舍利之伽他；佩之者，身同诸佛。普
4. 劝四众，持带结缘，并愿同登真常妙果。

又如《圣观自在菩萨千转灭罪陀罗尼轮》（S.P.248）云：

① 余义虎：《敦煌版画的性质与用途》，《敦煌研究》2005年第2期，第19—25页。
② 马德：《敦煌版画的背景意义》，《敦煌研究》2005年第2期，第1—6页；余义虎：《敦煌版画的性质与用途》，《敦煌研究》2005年第2期，第19—25页。

1. 此圣观自在菩萨千转灭罪陀罗尼有
2. 大威力，能灭众罪，转现六根，成功德体。
3. 若带持者，罪灭福生，当得作佛。

另外还有3种版本的《大随求陀罗尼》，画面有所不同，但发愿文的主要内容却是相同的，也为随身携带品，可以佩戴于颈、臂等处。其中画面较大的有年代题记的《大随求陀罗尼》（S.P.249）中的第一篇发愿文如下：

施主李知顺
王文沼雕板
1. 大随求陀罗尼
2. 若有受持此神咒者，所
3. 在得胜；若有能书写带
4. 在头者，若在臂者，是人
5. 能成一切善事，最胜清
6. 净，常为诸天龙王之所
7. 拥护，又为诸佛菩萨之
8. 所忆念。此神咒能与众
9. 生最胜安乐，不为夜叉、
10. 罗刹诸鬼等作诸恼
11. 害，亦不为寒热等病之
12. 所侵损，厌虫咒咀不能
13. 为害，先业之罪受持消
14. 灭。持此咒者常得安乐，
15. 无诸疾病，色相炽盛，圆
16. 满吉祥，福得增长，一切
17. 咒法，皆悉成就。
18. 若有人受持供养切
19. 宜护净。太平兴国五
20. 年六月二十五日雕
21. 板毕手记

第二篇发愿文正文部分与第一种同，施主之名刻于末尾：

1. 西天宝安寺三藏赐紫
2. 佛顶阿阇梨吉祥，
3. 自对《大随求陀罗尼》
4. 雕印板散施，普愿
5. 受持。伏愿
6. 皇帝万岁，天下人安。

这类版画反映了佛教信众即供养人或发愿人在满足自身精神需求的基础上，也希望国家平安和社会稳定。如敦煌归义军节度使曹元忠的发愿文曰：

大慈大悲救苦观世音菩萨
归义军节度使检校太傅曹元忠造
1. 弟子归义军节度、瓜
2. 等州观察处置、管
3. 内营田押蕃落等使、
4. 特进检校太傅、谯
5. 郡开国侯曹元忠
6. 雕此印板。奉为：城隍安
7. 泰，阖郡康宁，东西之道
8. 路开通，南北之凶渠顺
9. 化，励（疠）疾消散，刁斗藏
10. 音，随喜见闻，俱沾福
11. 佑。于时大晋开运四
12. 年丁未岁七月十五
13. 日记。匠人雷延美。

又《大圣毗沙门天王》中发愿文云：

1. 北方大圣毗沙门天王，
2. 主领天下一切杂类鬼
3. 神，若能发意求愿，
4. 悉得称心，虔敬之徒，
5. 尽获福佑。弟子归义

6. 军节度使、特进检校
7. 太傅、谯郡曹元忠，
8. 请匠人雕此印板，
9. 惟愿国安人泰，社
10. 稷恒昌，道路和平，
11. 普天安乐。
12. 于时大晋开运四
13. 年丁未岁七月
14. 十五日纪（记）

大圣毗沙门天王像是敦煌版画中幅面比较大者，从装裱形式看，主要是用于悬挂和张贴的，以供人们顶礼膜拜。发愿文所表达的意图十分明显，就是让这位佛教的护法神也成为敦煌社会的保护神，以保国泰民安。

与归义军节度使一样，归义军政府的普通官员的发愿文也是如此，如《大圣普贤菩萨》（S.P.246）云：

大圣普贤菩萨
普劝至心供养
1. 弟子归义军节度押衙
2. 杨洞芊，敬发诚志，雕此真
3. 容，三十二相俱全，八十之仪
4. 显赫。伏愿三边无事，四塞
5. 一家，高烽常保于平安，海内
6. 咸称于无事；
7. 主太保延龄……鹤，算谐
8. 死之神，丹桂……
9. 长生之……缁徒
10. 兴盛，……社稷
11. 恒昌，万人乐泰。芊心愿也。

可见，无论是曹元忠还是杨洞芊，他们雕印版画的愿望，不只是个人的信仰心理。在当时的敦煌，佛教的传播和发展确实对社会的稳定起到一定作用。所以我们说，敦煌版画是以佛教艺术的形式广泛运用于社会的，充分反映了社会对佛教的需要和佛教对社会的适应，显示了佛教社会化的性质和佛教艺术大众化的形式。

从上述版画的内容看，敦煌的佛教信仰已经完全民众化和社会化了，敦煌版画作为佛教的宣传品，从内容和形式上，都一定程度适应了当时敦煌人和敦煌社会的需要。人们根据社会和自己个人精神生活方面的需求，选取佛教诸佛菩萨中最广泛受到人们敬仰的几尊而雕版印刷并广为流布。

需要说明的是，虽然敦煌的印本佛经数量不太多，但与版画一样，以《金刚经》等为主的敦煌雕印佛经在敦煌的流行也是为了满足人们供奉、诵读和信仰的社会需要。

以版画为主的敦煌佛教印刷品作为一种佛教信仰的新形式，也是敦煌佛教的宣传教育方面使用的最先进的技术、手段和方法。其出现的原因是多方面的，其中佛教的社会化也在一定程度上促进了佛教印刷品的产生，因为佛教社会化的结果是其信仰方式更便捷、信众更广泛而遍布各个阶层，而敦煌佛教印刷品增加了社会不同阶级、不同阶层之间的交流机会，一定程度上打破了封建等级制度下的社会交往和交流的界限，其快捷的传播速度和便捷的接受形式让更多的人接收到佛教信仰的信息，最大限度地满足了广大民众的信仰需求，进而使得佛教信仰在民间社会得到普及。

第三节　敦煌填色版画的世界美术史意义

敦煌佛教版画自出土以来一直得到广泛重视，世界各地的专家学者都做过不同程度的研究和介绍。专家学者们从佛教信仰以及艺术史、经济史、科技史等各个方面进行了研究和说明，其中也提到敦煌版画在价值意义方面与日本浮世绘的关系，让我们对敦煌出土版画的情况有了一个全面的了解。但迄今为止，未见到关于敦煌填色版画的专门研究成果，在一些版画史的著作中也只是一笔带过。下文将重点围绕几幅墨印填色版画展开论述。

一、敦煌填色版画述要

敦煌藏经洞所出墨印填色版画主要有三种：

S.P.254《施彩捺印千佛》

1. 捺印千佛，分墨印朱色和朱色捺印二类。敦煌的捺印版画多见于“千佛像”和“佛名经”中。所谓千佛者，最初指贤劫千佛。西晋竺法护译《贤劫经》云：“是贤劫中有斯千佛兴现出世，度脱十方一切众生。是千佛等各有名号，皆如是像。”佛名经是佛教初传到中国时出现的一类佛经总称，体现了早期的佛陀崇拜。敦煌出朱色捺印版画有捺印禅定千佛（S.P.254、S.P.17、S.P.254、P.3528、P.3970、P.4514－19、P.4514－21、S.P.17、S.11390A、S.11390B、P.5526等），例如墨色捺印《禅定千佛像》版画（S.P.254）主要用了红色填染于佛衣、背光、项光等部位，其中身光部分有区别于深黑色印线的淡墨色晕染相间，佛首发髻及座下莲花也施以淡墨色。另外有一些朱色捺印佛像，捺印于《千佛名经》（P.4639）和《佛说佛名经》（P.6001、Дx.237、Дx.00430、Дx.10474、Дx.11574、北大D079、上图032、上图086等）的经文上方，印版有边框、无边框者均有，有的每一佛名上均捺印有一尊佛像。这类捺印朱色千佛像还见于中国国家图书馆藏敦煌写本《维摩诘所说经》（BD1105）。虽然是朱色，但只是单色，无其他填色。

从现存的敦煌捺印墨线朱色千佛版画看来，填色部位不均匀，色彩不丰富，除填涂朱色外，还发现有黑色填涂的捺印千佛版画，如国图BD09520。有的捺印千佛版画填色漫漶不清或与墨色捺印佛像出入重叠，显示在当时的条件下，这样的作品虽然不能和绘画相比，但也已经是完整的美术作品了。

2. 《圣观自在菩萨》编号S.P.234、上博07（后同），一纸二幅。画面中观音结跏趺坐于莲台上，面容丰满慈祥，头戴化佛冠，身饰璎珞、臂钏、手镯，双手曲置胸前执莲花。火焰纹头光、背光。右榜题“圣观自在菩萨”，左榜题“普施受持供养”；下有发愿文14行（录文略）。

该版画在墨版的基础上手工填上了红、绿、蓝、橙黄、黑五色。其中，菩萨的嘴唇、衣裙、宝冠上镶嵌的宝石、璎珞、臂钏、托举榜书框的莲花座以及部分祥云、项光、背光等施以红色，画面上部的莲叶填绿色，项光、背光中还隐约可见蓝、橙黄二色，榜书框内则用淡黄色打底，发髻部位又被施以黑色作晕染。该版画不仅用色丰富，而且注意掌握填色过程的色彩渐进变化。例如，以鲜艳的红色来点缀菩萨的嘴唇、头饰、臂钏，而菩萨手持之莲花、莲座、祥云则为粉红色。

3. 开运四年（947）由节度使曹元忠所造《大慈大悲救苦观世音菩萨》，目前收藏于英国国家博物馆，编号S.P.9（CH.00185，后同）；幅宽23.8厘米，长61.8厘米。观音菩萨站立莲台上，右手提净瓶，左手曲臂胸前手持莲花。头戴化佛冠，顶有华盖。裸上身，项饰璎珞、臂钏、手镯，彩带绕臂。下着长裤，腰系短裙。重心放在左腿，身体呈“S”形。右榜题“归义军节度使检校太傅曹元忠造”，左榜题“大慈大悲救苦观世音菩萨”。同版者已经发现有20余幅，但敷彩填色者仅此一幅。这里用了红、黑、绿、蓝、橙黄、白六色，加上底色，显得十分完整，且简洁明快。虽经千秋岁月，仍然艳丽如新。右侧有墨书题记：“孝子愿净造一心供养。”后来在背面和四周用其他废纸（应该是废弃的历书写本）托裱，表明在当时就十分珍贵。此画原为上下两块印版，上部即观音像，下部为发愿文13行（录文略）。现存的版画中，一般为上下两块版拼的完整版，也有仅印出上部观音像及榜题部分。填色者S.P.9即为上部单印版。

同版填色者还有一件收藏于法国吉美博物馆，编号EO.1218D，幅宽23.8厘米，长34.1厘米[①]。同样采用由两块雕版拼合成整版印刷后再对上部的观音像设色。图像颜色以白色和红色为主，特别是菩萨通体如上身、手臂和双脚等部位以白色填充，佛冠、衣物及项饰等以红色装饰，最后在短裙、飘带、莲座及手持物等饰以黄、绿、蓝等配色相杂其中，整体给人以鲜艳明亮、赏心悦目的视觉享受。尤其是这两幅观音版画的衣着装饰颜色不同，S.P.9用白色修饰长裤，而EO.1218D则表现为红衣观音的形象，这种颜色上的差别应是根据供奉者的审美观不同而有意填色。由于五代以后中原王朝对服饰礼制的颜色规定有所松弛，因此红色成为高官贵族备受青睐的颜色。敦煌榆林窟第16窟、第19窟甬道壁画所绘的曹议金和曹元忠父子所着官服即为圆领大袖红袍衫。

此外，《大慈大悲救苦观世音菩萨》（立像）版画［编号P.4514（9）12—13，后同］，仅在菩萨手持的杨柳枝和卷草植物装饰纹部位填充绿色作为点缀，

① （日）秋山光和等：《西域美术·伯希和搜集品Ⅱ》，日本东京：讲谈社，1995年，fig.40。

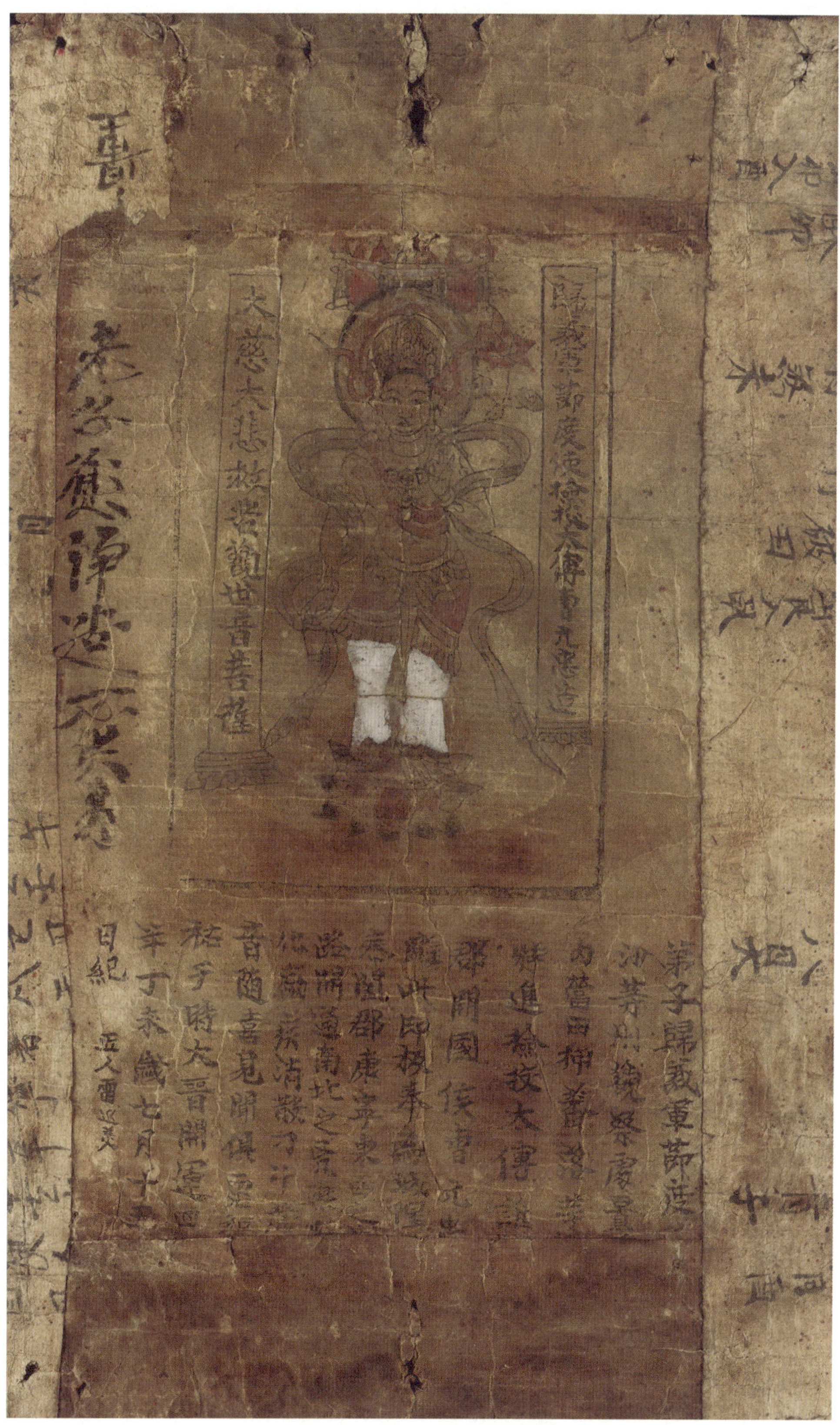

S.P.9《雷延美造曹元忠供养观音菩萨》

并且都有颜色填涂不均匀、漫出边框等情况，说明当时敦煌在版画的手工填色细节处理方面尚不成熟，填色版画的色彩效果还处于不断改进尝试阶段。

敦煌版画开启了民间佛教信仰的新模式，在佛教信仰的历史上有里程碑式的意义。一方水土养一方人，一方人造一方神。敦煌版画展示的观音信仰也生动地反映了这一问题，即佛教信仰的社会化、民族化和本土化。以最典型的曹元忠开运四年造观音像为例：这幅画目前发现的敦煌版画中数量最多的，最少在曹元忠统治时期（935—974）一直在使用。发愿文讲得很明确："奉为城隍安泰，阖郡康宁；东西之道路开通，南北之凶渠顺化；疠疾消散，刁斗藏音；随喜见闻者俱霑福祐。"这里说的是敦煌本地的社会状况以及归义军政权的威胁和困境，凸显本土特色。不仅如此，大概是因为这件作品刻制日期是农历七月十五日（佛教的盂兰盆会），因此也可以视作孝子贤孙们祭祀先祖的"功德"。S.P.9即是如此：后来在使用中题写"孝子愿清造一心供养"，将观音信仰与中国孝道结合在一起，也是一种本土信仰的特色，又说明了观音版画在本地的广泛用途。

二、敦煌版画见证了中国古代雕版彩色印刷技术的发展

雕版彩色印刷技术是在墨印基础上发展起来的。彩色印刷的源头始见于道教。东晋时期道教已将朱色捺印的法印符咒用于通神、避凶及疗病等。[①]法藏敦煌文书《符式篆印》P.3811（5—1）印有"龙篆真印"和"龙篆神印"的符印图形，其中在"龙篆真印"符印图形的下方，手写五行小字："此印用梨木彫（雕）之将木作成/安炫授一七日后择日彫（雕）之/硃（朱）塗（涂）之前后俱要用/此印如妇女鸡犬见之不慎/之密之密之。"[②]敦煌自古盛产梨木、枣木等年轮较密的木材，木质硬且不易裂损，遇水不易膨胀变形，是制作雕版的常用材料。

佛教学习借鉴了道教法印符咒的施印方法，将雕刻佛像的阳文印模依次轮番捺印在纸本写经的上半部或整张纸上，组成捺印朱色《千佛像》《佛说佛名经》版画，用以随身携带或供奉。这也成为后世彩色版画发展的雏形。

---

① 《抱朴子内篇·登涉》记载："古之人入山者，皆佩黄神越章之印，其广四寸，其字一百二十，以封泥著所注之四方各百步，则虎狼不敢近其内也。行见新虎迹，以印顺印之，虎即去；以印逆印之，虎即还；带此印以行山林，亦不畏虎狼也。不但只避虎狼，若有山川社庙血食恶神能作福祸者，以印封泥，断其道路，则不复能神矣。昔石头水有大鼋，常在一深潭中，人因名此潭为鼋潭。此物能作鬼魅，行病与人。吴有道士戴昞者，偶视之，以越章封泥作数百封，乘舟以此封泥遍掷潭中，良久，有大鼋径长丈余，浮出不敢动，乃格煞之，而病者并愈也。"参见［东晋］葛洪著，王明校释：《抱朴子内篇》，北京：中华书局，1985年，第313页。

② 上海古籍出版社、法国国家图书馆编：《法国国家图书馆藏敦煌西域文献》，第28册，上海：上海古籍出版社，2004年，第138页。

雕版印刷在相当长的一段历史时期内，一直采用单一墨色印刷的方式。与写本书籍相比较，墨版印刷虽然带来了图书复制的便捷性，但单一墨色印刷又很难将著作的内容、注释等区分开来，造成了不少的阅读麻烦。为了便于区分书籍中正文、注释等不同内容，早在汉代，学者就已采用朱、墨二色来写《春秋》传注。魏晋南北朝时期，这种以手写朱、墨来区别书籍内容的方式已被普遍运用，“昔陶隐居《本草》，药有冷热味者，朱、墨点其名；阮孝绪《七录》，书有文德殿者，丹笔写其字。由是区分有别，品类可知”[①]。敦煌所出唐代写本佛经也有用朱、墨二色分写经注的。因此借鉴写本书籍常用的朱、墨二色方法，使印本既醒目又美观，也成为雕版彩色印刷技术创新的社会需求。

继敦煌墨印填色版画之后，浙江温州和山西应县等地也先后发现宋、辽时期的彩色版画实物。浙江温州国安寺出土的《蚕母图》填色版画，高约21厘米，宽约19厘米，画面残损严重，从残片推断其完整尺寸接近于一正方形印刷品。蚕母头戴簪花，面色丰润，高鼻长目，神态慈祥，着对襟长袖鞠衣，一披帛似随风飘舞，衣纹线描刻画寥以数笔，十分传神。除蚕母发髻以黑色表示外，又分别以红、绿二色点缀于宝相花内。金柏东推断其刊印年代大致在北宋元祐（1086—1094）时期或更早。[②]清末苏州桃花坞《马王娘娘》《蚕花茂盛》年画（填色版画），可以看作蚕神信仰流行以及蚕母图像传承与演变。

山西应县佛宫寺共出土辽代彩色版画6幅，分别为《炽盛光降九曜星官房宿相》版画、《药师琉璃光佛》版画（甲、乙，后同）[③]和《释迦说法相》版画（甲、乙、丙，后同）。其中，《炽盛光降九曜星官房宿相》高94.6厘米，宽50厘米。佛结跏趺坐于莲座，双颊圆润，着通肩袈裟，双手结定印，上托一法轮，有项光、背光，太阳、木星、水星和太阴、金星、火星分列于佛左右两侧，前有土星、地母、计都等。此版画是在墨印基础上，分别在佛衣、项光、背光等部位施以绿、红、蓝、黄四色。《药师琉璃光佛》，同版2幅。甲幅高87.5厘米，宽35.7厘米，佛结跏趺坐于莲台，左手下垂，右手作与愿法印，华盖正中榜题为“药师琉璃光佛”，药师佛四周为左右胁侍、十二大愿像、十二药叉大将，皆有榜题、项光、背光等。此版画也是先木版墨印，再以红、绿二色填染于佛衣、项光、背光等处。《释迦说法相》，同版3幅。甲幅高66厘米，宽61.5厘米，佛端坐莲台，双手抚膝，两侧有四众弟子及童子，神态各异。印刷后分别于佛衣、项

---

① ［唐］刘知几著，李振宏注说：《史通》，开封：河南大学出版社，2011年，第411页。
② 金柏东：《温州发现〈蚕母〉套色版画》，《文物》1995年第5期，第87—90页。
③ 山西省文物局、中国历史博物馆主编：《应县木塔辽代秘藏》，北京：文物出版社，1991年，第64—66页。

光、背光和“南无释迦牟尼佛”题记填上红、黄、蓝三色。此版画还见于乙、丙二幅。

S.P.234、上博 07和S.P.9，采用传统书画装裱中常见的天头地头样式，上下两端留白，烘托强调自身的艺术品质。应县《炽盛光降九曜星官房宿相》《药师琉璃光佛》和《释迦说法相》原为大型条幅版画，利用皮纸或绢地印制（皮纸因化墨适中，国画的山水和人物画多采用皮纸绘画，而绢作为一种丝织品，唐宋以前的国画载体大多选择用绢，敦煌藏经洞出土的艺术品中就发现有初唐时期绘制的《树下说法图》（CH.001等彩色绢画），虽天杆地轴已失（《药师琉璃光佛》（乙）发现时还保存有完整的荆条地轴），但装裱痕迹明显[①]，如巨幅书画作品一样，被悬挂于堂屋正中供礼拜和欣赏之用。这些填色版画虽然是早期印刷品，还处于中国古代版画艺术发展的初期，但已采用纸本卷轴画的装裱形式，显示出与卷轴书画同样具有的美术品性质。

除作为佛教美术品外，敦煌版画的社会功能用途也极其广泛。S.P.9刻印的时间正是每年农历七月十五日佛教的“盂兰盆会”；北宋寺院佛堂每逢此时便刻印《尊胜目连经》《般若心经》用以祭奠亡人，汴京“先数日市井卖冥器：靴鞋、幞头、帽子、金犀假带、五彩衣服，以纸糊架子盘游出卖。潘楼并州东西瓦子，亦如七夕。要闹处亦卖果食、种生、花果之类，及印卖尊胜目连经”[②]。

元代雕版彩色印刷技术已发展为一版多色套印，即在同一版上根据图像部位的设色要求，分别刷涂不同颜色进行印刷。这种套印技术最早见于至元六年（1340）中兴路资福寺（今湖北江陵）《金刚般若波罗蜜经》插图中采用的朱、墨双色套印，而且是先朱色印刷后再墨印。经文为大字朱色印刷，注释则以小字墨色印。无闻和尚坐于方形椅上写经，左旁一小僧卷袖研磨，一老者头戴垂脚幞头，合掌侍立于右。古松、灵芝、祥云装饰其间。插图左上角刻有“无闻老和尚注经处产灵芝”。此图除古松为墨色外，其余都印成朱色。[③]明代的彩色套版印刷在技术表现方面更加成熟。成书于万历年间的《程氏墨苑》《花史》等墨谱、画谱就是采用一版多色套印技术，即在同一块印版上，依据树干、花卉等不同部位分别刷印成棕色、绿色、黄色等。[④]明代分版分色套印技术则在一版多色的基础上更进一步。印工根据画稿的不同设色要求，将同一色纳入同一版内，又

① 山西省文物局、中国历史博物馆主编：《应县木塔辽代秘藏》，第64—66页。

② ［宋］孟元老撰，伊水文笺注：《东京梦华录笺注》下册，北京：中华书局，2006年，第794—795页。

③ 沈津：《关于元刻朱墨套印本〈金刚般若波罗蜜经〉》，参见沈津：《书城风弦录——沈津学术笔记》，桂林：广西师范大学出版社，2006年，第4—7页。

④ 郑振铎：《中国古代木刻画史略》，上海：上海书店出版社，2010年，第149—150页。

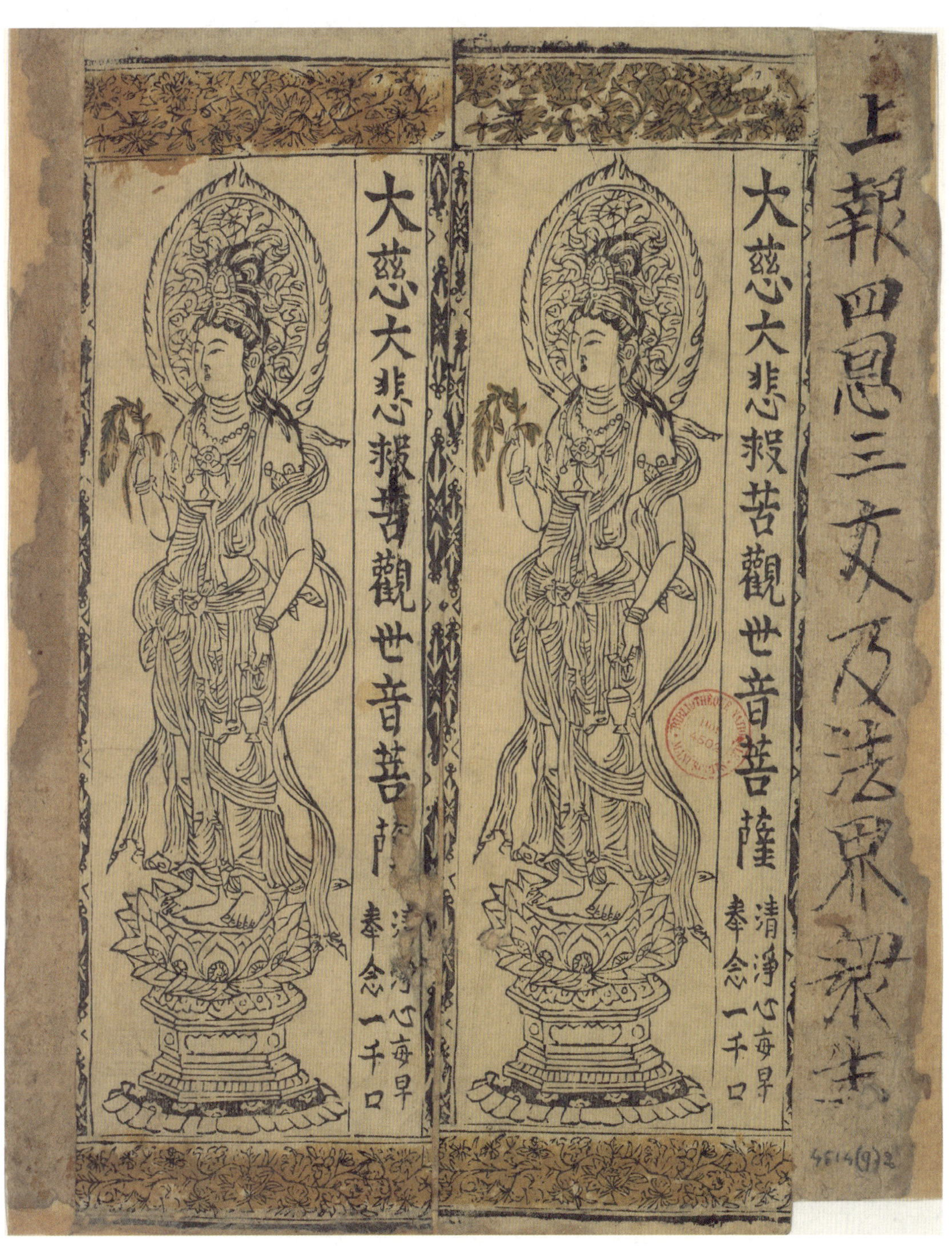

上報四恩三有及法界衆生
大慈大悲救苦觀世音菩薩
清淨心每早奉念一千口
大慈大悲救苦觀世音菩薩
清淨心每早奉念一千口

P.4514《大慈大悲观音菩萨立像》

称“分套”，在印刷时分套版逐一进行。目前最早的分版分色套印本是由万历年间徽州黄氏刻工印刷的《闺范》。“饾版”“拱花”技艺的发明及其在《萝轩变古笺谱》《十竹斋书画谱》和《十竹斋笺谱》等书籍中的成功运用，版画艺术所面临的设色难题被克服，中国古代彩色雕版印刷技术真正走向成熟，即从最初的刷印手工填色、一版朱墨双色或多色套印，再到分版分色套印的彩色印刷技术演变轨迹。

雕版彩色印刷技术特别是“饾版”“拱花”发明后，因其风韵尤佳，“乃竹斋多暇，复创画册。所选皆花果竹石，有关于幽人韵士之癖好者。而写形既妙，设色尤工，至于翠瓣丹柎，葩分蕊折，花之情，竹之姿，与禽虫飞儒之态，奇石云烟之气，展册淋漓，宛然在目。盖淡淡浓浓，篇篇神采；疏疏密密，幅幅乱真，诚画苑之白眉，绘林之赤帜也”[①]。很快流行于晚明士大夫阶层，真正成为文人雅士于案头把玩欣赏的艺术品。此外，明清时期的徽州还有采用蓝靛、朱砂或其他颜料印刷的散件印刷品，这些彩色印刷品多被用于政府的户籍登记、土地买卖的税契凭证等，以及商标广告、婚礼聘书、产妇生产、占卜算命等民间日常生活。如发现的徽州“龙凤星期”版画就是当地民间结婚时用作聘书封套。该版画颜色采用金粉或其他金色粉末制成的泥金，刷印在大红纸上，内容有八仙过海、童子嬉戏、夫妻坐堂、八宝、蝙蝠、仙鹿、凤凰、假山、松树、云彩等各种图案鸳鸯礼书，表现出浓厚的民间乡土气息。[②]

传统年画传承了敦煌填色版画艺术。年画在过去很长的一段时间内都是人们喜爱的中国民间艺术形式；各地的年画取材多来自民间戏曲故事，因此素有“戏出年画”之说。年画富有民间艺术感染力，且价格低廉，成为广大民众接受知识教育、娱乐的主要媒介。以天津杨柳青和苏州桃花坞年画为例，在绘制时一直沿用手工填色与描绘细节的方式，用以弥补套色印刷的不足。尤其是杨柳青地区绘制年画费工最多。杨柳青年画延续了敦煌填色版画的手工填色方式，但更重视人物造型，特别是脸部敷染的程序烦琐，俗语叫“开相”或“开脸”，并安排专人负责；具体步骤有敷粉、描眉、点唇，按墨线重勾耳、目、口、鼻，抹粉、勾脸、开眼、染嘴等20多道工序，手工晕染10多次。具体来讲，画师手持大小不一的笔，沾不同颜色进行平涂，先画脸然后开眼，再上下左右染色，一幅画最快也要好多天才能完成。桃花坞年画也是进行半印半绘的方式，套版印刷加上手工描绘。杨柳青年画等在绘制时都已形成分工配合的模式，画师负责年画样稿绘

① 尹痩石：《中国古画谱集成》卷八，济南：山东美术出版社，2000年，第344页。

② 翟屯建：《徽州散件印刷品研究》，参见［意］米盖拉、朱万曙主编：《徽州：书业与地域文化》，北京：中华书局，2010年，第389—408页。

制和设色，刻工则依照画师绘制的样稿来刻版，最后由印工完成印刷。如果是套版，一般是先印墨线，次印灰线，套色的次序是黄、绿、蓝、红、紫，依序重复印制。S.P.9发愿文题记末留有“匠人雷延美”的刻工信息，作为已知中国版画史上最早署名的刻工，足显其珍贵价值。此幅彩色版画很可能是在雷延美雕刻印刷后，再由他本人根据画稿，按照墨印深浅、颜色变化等情况依次完成手工填色。

三、敦煌填色版画与日本浮世绘

浮世绘是兴起于日本江户时代（1603—1867）的民间木刻版画艺术，是江户文化经济发展和平民阶层崛起的产物。早期浮世绘在手工填色时多以矿物质颜料丹为主色调，故称为“丹绘”。17世纪末至18世纪初，开始出现以更加透明的植物性红花颜料为主的“红绘”。稍后在印墨中加入动物胶混合使用，使画面人物头发、服装等部位设色效果产生类似漆一样的光泽感，被称为“漆绘”。从浮世绘形式演变的角度来看，初创期的浮世绘主要是单色墨线印刷，之后为满足贵族和富裕平民阶层对彩色画面的需求，而发展出手工着色的方法。以手工填色的方法，虽使画面色彩饱和度较墨版印刷有很大提升，但制作效率较低，不能满足市场需求。为了解决浮世绘供需矛盾，奥村正信等画师吸收了明清套色版画对版标记等技法，在创制红绿一版套色的“红拓绘”的基础上，最终形成了分版套色的“锦绘”。①

元代至正年间（1341—1370），福建建阳等地书坊出现整幅版式的书籍插图。②明万历以后，单页整幅的版画开始增多，逐渐成为明清书籍插图版式的主要类型。追根溯源，晚明书籍插图流行的单页整幅版式是由敦煌版画的上图下文版式演进而来。S.P.234、上博 07，菩萨图像只占全版的1/3，剩余版面全部由文字占据。而P.4514（9）12—13，上图下文版式已消失，画面全部由观音图像占据，文字被最大程度压缩后作为榜题出现在画面右侧，只起到提示点缀作用。另外，敦煌还发现有双联、四联、九联等版画版式，但单页整幅上图下文式是敦煌版画的主流版式。应县《炽盛光降九曜星官房宿相》等版画，不仅画面尺寸变大，而且文字部分消失，真正发展为单幅整页式的版画。明代的书籍插图中上图下文和单幅整页式的版画交替出现，但图像占据画面主导地位的格式未变。这种单幅整页版式随着明清套色版画传入日本后被浮世绘所借鉴。浮世绘发展历经

① 潘力：《浮世绘》，长沙：湖南美术出版社，2020年，第72—74页。
② 周心惠主编：《古本小说版画图录》第1册，北京：学苑出版社，2000年，第136—149页。

三百余年，早期浮世绘作品是墨版印刷的风俗画，多作为书籍插图的附属绘本形式出现。后来受到明清书籍插图及套色版画的影响，菱川师宣开始尝试制作彩色版画并将其从传统的插图本中独立出来，使之成为一种具有符合当时大众审美趣味，可独立欣赏的版画，形成了浮世绘后来发展的基本样式。

中国与日本一衣带水，文化相近。根据浙江大学王勇提出的"书籍之路"[①]概念，中日之间的交流主要体现在以书籍为媒介的精神层面，尤其是雕版印刷术发明后印本书籍的复制性与流通性更加便捷，每年通过中日贸易途径流入日本的商品中书籍等印刷品就占有很大比例。作为古代绘画类书籍，明清套色版画在对日文化交流方面的作用同样不可忽视。《十竹斋书画谱》《芥子园画传》等画谱在中国刊印后，很快就流传到日本，并以和刻本的形式在日本不断翻刻、重印，客观上推动了日本传统绘画大和绘和版画技艺的发展。从事浮世绘创作的画师经常对照画谱临习揣摩，从中抽取图案进行创作。[②]菱川师宣、鸟居清长、喜多川歌磨、歌川国贞以及葛饰北斋等巨匠正是在其技艺风格形成过程中，既受到具有日本传统绘画大和绘的影响，也从中国唐宋绘画和明清书籍插图中汲取了营养成分。特别是明清苏州版画对浮世绘的发展产生了重大影响，以至于"浮世绘的新构思，无不以此为参考"[③]。苏州作为明清时期国内书籍印刷业与书画市场中心，可考证的书坊有57家，多集中在阊门内外。[④]专门从事书籍插图、画谱笺纸和木刻年画制作的书坊、画铺多集中在阊门内的桃花坞、山塘一带，"山塘画铺，异于城内之桃花坞、北寺前等处，大幅小帧俱以笔描，非若桃坞、寺前专用版印也，惟工笔、粗笔各有师承"[⑤]。流入日本的苏州版画刻工精美，套色丰富，主要描绘苏州的名胜风景、风俗时尚与历史故事，当时日本社会流行将苏州版画用来充当室内装饰画、点缀新年气氛以及透过画面图像观察了解苏州社会风俗等，故成为江户时代日本人眼中的艺术品。[⑥]明清苏州版画和江户时代的浮世绘都成长兴起于平民文化土壤中，与当时的城市经济发展与平民阶层崛起密切相关。苏州版画通过对市井生活、民风民俗和小说戏曲故事内容的描绘展示，迎合了当时城市平民阶层的自我情感意识和世俗化的审美情趣。浮世绘画师正是借鉴了苏州版画的仕女人物、风景民俗和戏曲故事等世俗化内容，将题材聚焦于江

① 王勇：《"丝绸之路"与"书籍之路"——试论东亚文化交流的独特模式》，《浙江大学学报》(人文社会科学版)2003年第5期，第5—11页。

② （法）马尔凯著，吴旻译：《17世纪中国画谱在日本被接受的经过》，参见韩琦、［意］米盖拉编：《中国和欧洲——印刷术与书籍史》，北京：商务印书馆，2008年，第82—113页。

③ （日）小野忠重：《支那版画丛考》，双林社，1944年，第75—87页。

④ 张秀民著，韩琦增订：《中国印刷史》上册，杭州：浙江古籍出版社，2006年，第394页。

⑤ ［清］顾禄撰，王稼句点校：《桐桥倚棹录》，北京：中华书局，2008年，第379页。

⑥ 郑振铎：《中国古代木刻画史略》，上海：上海书店出版社，2010年，第206页。

户普通平民的世俗生活，不厌其烦地描绘花魁美人、歌舞伎、生活风俗、风景花鸟、春画等，创作出大量表现江户时代社会生活百态和反映平民世界观“浮世”思想的版画作品，成为了解当时日本社会的百科全书。在设色技艺和构图方面，明清苏州版画在色彩调理时多采用成块的桃红、大红、淡墨等颜色作为基本色调，追求饱满构图的艺术效果，善于大量运用西方绘画的明暗排线和焦点透视来表现图像的光影立体感和空间感，从而给观者一种画面鲜明活泼、布局饱满的视觉感受。浮世绘色彩大师歌川广重借鉴了苏州版画设色活泼的特点，在风景版画中大面积使用蓝、墨二色，通过色彩的搭配使用营造出日本文化独特的“物衰”的审美意境，创造出当时风靡江户的“广重蓝”。关于透视原理和空间构图表现方面，日本浮世绘与明清苏州版画有异曲同工之妙，尤其是“眼镜绘”在表现江户风景名胜时，仿照《金阊古迹图》《苏州景・新造万年桥》《西厢记》等传统的多个视域的俯瞰画法，并借鉴经由中国改造后的西方透视远近画法，刻绘出山川水色、巷陌名所以及街市楼阁等浮世绘风景画。

与同时代的西方铜版画相比，明清套色版画与日本浮世绘都是具有各自民族特色，也是中国古代木刻版画艺术发展成熟的见证物，可以说是同根同源，相映成趣。明清套色版画对日本浮世绘的影响，早期可以追溯到唐代的中日佛教美术交流。日本奈良时代（710—794）的艺术直接受到盛唐文化的影响，玄昉、最澄、空海、圆仁等入唐僧将一些唐代佛教美术作品带回日本，给日本佛教美术的发展带来了深远影响。随着印刷术在北宋时期的普及，宋太宗时入宋僧成寻曾从开封的太平兴国寺传法院“院仓借出五百罗汉模印”及“达摩六祖模”后仿制印刷版画。[①]前述日本京都清凉寺释迦像胎内所藏佛教美术品中还有一幅《文殊菩萨骑狮像》版画，也是由入宋僧奝然于北宋雍熙三年（986）自宋携归而来的。日本清凉寺所藏《文殊菩萨骑狮像》与敦煌出《大圣文殊师利菩萨像》版画均为五代开始流行的新样文殊样式。版画中菩萨均为正面像，右手持如意，左足自然下垂，半结跏坐于狮子载莲花座上。眷属为两手合十作引路状的善财童子和奋力制御狮子的于阗国王。中国敦煌和日本发现的新样文殊版画雕刻时间相近，图像内容、构图方式及技法方面都存在许多共同点。这说明作为边远地区的敦煌及海外的日本同样受到五台山文殊信仰以及佛教艺术的辐射影响。

中国古代绘画的特点是以线条表现物象和抒发画者个人情感。同样，中国古代木刻版画也注重用线条来刻画形象造型。木刻版画对于线条的处理虽不如用

① （日）成寻著，王丽萍校点：《参天台五台山记》，上海：上海古籍出版社，2009年，第515、528页。

毛笔绘画那般丰富多变，但富有木刻韵味和黑白强烈对比的视觉感受，增加了木刻版画的艺术表现力。敦煌版画继承了敦煌壁画中的白描手法，通过与刀刻相结合，长短线条交替使用，使不同风格的线条合理出现在同一画面里。菩萨、天王以及辩才天女、童子和罗刹等随侍的衣物纹饰多以短线条体现，而在雕刻菩萨及天王的飘带时，则运用流畅的长线条来表现出潇洒飘逸的艺术效果，充分显示了木刻线条的独特魅力。应县《炽盛光降九曜星官房宿相》以长线条勾画佛尊庄重肃穆的气质形象，又以墨版间勾阴线的方式来表现佛尊所着衣纹裙带的线条，加之其为整版雕刻的大型版画，显示其雕刻水平较之敦煌版画有较大进步。明清苏州版画虽然采用了西方绘画的明暗法和透视法，但在色彩运用、人物以及风景等造型处理方面完全是中国传统绘画式样，惟妙惟肖还原书画原作神韵的同时，更加注重用线条刻画人物表情和内心世界。对于浮世绘的美人造型、用线用意都产生过重要影响。①

四、余论

套色版画是中国古代雕版印刷技艺的高峰。日本江户时代的民间画师正是吸收学习了不少来自明清木刻版画和书籍插图中的套色手法、用色习惯、画面空间处理以及排线刻法等经验，从而发展出以锦绘为代表的浮世绘艺术。从18世纪起，欧洲人开始接触日本浮世绘。在当时的欧洲人眼中，来自东方的浮世绘是迥异于西方艺术的异国情调，带给他们的是全新的视觉冲击，继而引发了欧洲各地收购浮世绘的热潮。伴随这股长达一个多世纪的收购热潮，梵高、莫奈、毕加索、马蒂斯等西方近现代画家都是在临摹学习了浮世绘作品受到启发后，放弃文艺复兴以来西方古典主义用面表达物象的传统油画绘画技法，开始改用线条勾勒作画和平涂色彩，注重赋予画面以装饰性和个人情感的抒发，从而形成各自鲜明的艺术风格。浮世绘所具有的装饰性和工艺性特征，以及在画面构图和色彩运用等特色，深远影响了欧洲近现代艺术的发展。追根溯源，浮世绘、印象主义等西方画派所反映出的色彩明亮的画面效果，以及在图案处理中大量使用的长线条造型，都能够从敦煌版画中寻找到技艺源头。

敦煌出雕版墨印填色观音版画对后世的中国传统年画、日本浮世绘的影响主要体现在三个方面：一是手工填色技术；二是刀刻线条；三是单幅整页版式。S.P.234、上博 07和S.P.9虽历经千年，但色彩依旧鲜艳如新，不仅显示出敦煌在

① 张烨：《洋风姑苏版研究》，北京：文物出版社，2012年，第123—128页。

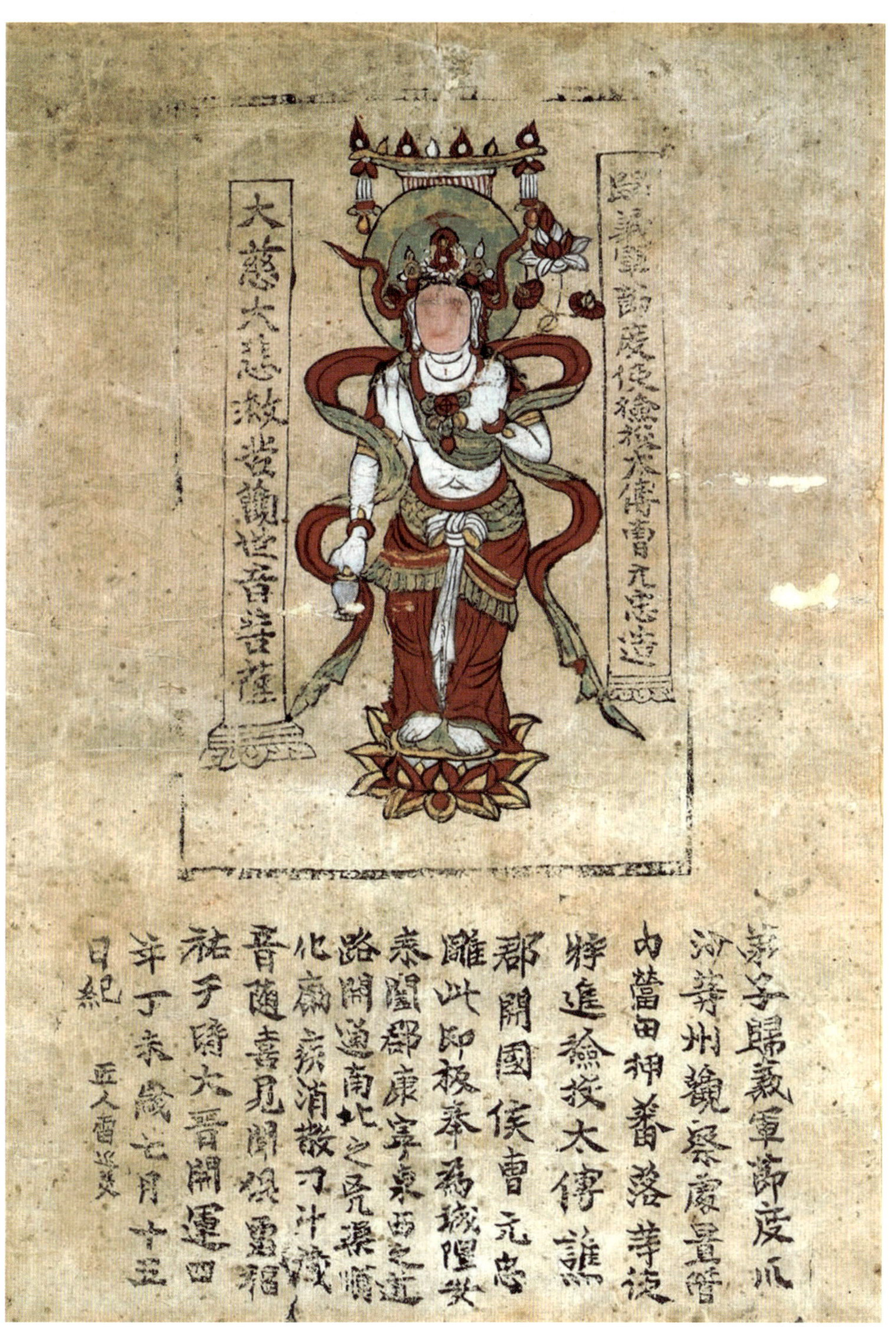

EO.1218D《雷延美造曹元忠供养观音菩萨》

10世纪时就已经熟练地掌握了版画填色技术，而且传统年画中使用的“开脸”和“点唇”工艺以及浮世绘“红绘”都可以从敦煌出填色版画中寻找到根源。诸如敦煌出《圣观自在菩萨》填色版画在菩萨的嘴唇、衣裙、臂钏等部位施以红色点缀，尤其是菩萨深红色的口红，明显是画师有意识地加以敷彩描绘，突出菩萨的女性形象。

曾几何时，日本美术史上引以为豪号称“世界艺苑一绝”的浮世绘艺术，被认为是日本江户时代独创的绘画艺术，是日本对世界美术的莫大的贡献。虽然通过中日学者跨学科多角度的研究剖析以及近年来海外各地收藏的明清木刻版画实物，早已证明浮世绘艺术与明清版画的渊源关系，解开一个多世纪以来关于我国明清版画与日本浮世绘版画渊源之间所存在的谜团，唤醒中日学术界重新认识、重新评价在日本江户时代浮世绘版画的形成与发展过程中我国明清版画艺术所给予的巨大影响，让世人重新理解中国古代木刻版画对人类文化的进步与艺术的发展所做出的重大的贡献。但大多均未关注到更早的唐宋时期的敦煌填色版画。也有人曾经提到：中国画对日本浮世绘的影响，早期可以追溯至唐代，唐代画风传入日本，为日本木刻版画发展提供借鉴；但也没有进一步的说明。这些都让我们感觉到研究工作的缺失，重要的工作还需要我们去做。

以敦煌填色版画为代表的早期中国雕版彩色印刷品实物，不仅是世界美术史、版画史研究的珍贵文物，也是目前已知最早的、具有代表性的中国雕版印刷文化遗产。敦煌填色版画是中国套色版画的先声，不仅其所代表的手工填色技艺至今仍然在桃花坞和杨柳青年画中传承发扬，体现出传统雕版印刷技艺的魅力与旺盛的生命力；也是影响日本浮世绘的中国版画艺术渊源，在世界美术史上具有划时代的意义和作用。

余论

敦煌社会化佛教的历史意义与现实意义

一、回望历史，总结以往

古代敦煌的社会化佛教是中国古代佛教的缩影，它并不是孤立存在，而是既有典型性，又有普遍意义。这就是中国的大乘佛教，或曰汉传佛教。

任何一种哲学思想，都可能得到人类社会的认可，都可能变成为人类社会的实践活动，包括在某一个特定的区域内成为人们的社会实践活动，并且在实践中不断地得到发展和进步。佛教思想也是这样，从小乘到大乘，从印度到中国，2500多年来，释迦牟尼的佛教哲学思想也经历了这样的发展过程。大乘佛教讲的“以出世的精神做入世的事情”就是佛教思想发展的一个新的境界，是佛祖普度众生，使人世间摆脱一切苦难的实践活动，这种实践活动并没有丝毫违背佛祖的原意。而且，历史已经证明和正在不断地证明：这种实践活动是成功的，卓有成效的，对人类社会的稳定和发展起到过很大的作用。因此，佛教“入世”，佛教活动成为社会活动，不是简单地，或者是从反对的立场出发，就认定为世俗化。2500多年了，佛教一直能够融入社会、活动于社会、服务于社会，是我们人类社会的荣幸，值得我们认认真真地、科学合理地去认识和评价。

敦煌古代的社会化佛教就给了我们这方面的很好的答案。在佛教与人类社会的关系方面，即有典型性，又有普遍性。还有很多问题需要我们去研究，去总结。

二、立足当代，古为今用

宗教与社会的关系，既是一种相适应的关系，也是一个互动的过程。释迦牟尼佛是世界上伟大的哲学家、教育家，其佛教经典是全世界知识宝库中熠熠发光的明珠。佛教研究的是人生和宇宙的真理，内容涉及自然现象、社会现象、生理现象和心理现象。佛教不但启迪人们的智慧，还规范人们的行为。佛陀教育人们诸恶莫做，众善奉行，把人们引向善良、诚实、友爱、无私的境界。这一切，使佛教不仅能在历史发展的各个阶段与社会相适应，而且不断地对社会的稳定和发展，对人类世界和平、和谐产生极大的建设和推动作用。敦煌古代的社会化佛教也证明了这一点。

人类社会将一如既往地向前迈进，这是历史发展的必然规律。佛教如何面对飞速发展的社会的挑战，在具体的时间阶段、具体的地域范围、面对各种具体的情况，都需要从容应对，做出自己的回答，让自己在与各种社会环境相适应的过程中得到稳固的生存和不断发展。在当今中国汉传佛教界，提得最多最响的口号就是“人间佛教 ”。实际上，人间佛教也就是社会化佛教，即普度众生、入世导俗的大乘佛教。而早在1000多年前，敦煌历史上作为一个特殊的区域，在其特殊发展阶段就有了成功的尝试。这种尝试也正是今天的佛教生存发展需要借鉴的内容和形式。

当然，能不能适应社会，还需要考虑社会发展的需要，以及社会发展各个阶段的意识形态建设对佛教的包容性。敦煌的社会化佛教对当代社会意识形态建设有一定的借鉴意义。

三、着眼未来，开拓进取

宗教的存在，是为满足人们的精神需求；而精神需求是随着社会进步及和物质生活的发展而不断有新的标准和要求，就是顺应社会发展，或者为社会发展起到促进的作用。

不管社会发展到什么程度，都需要精神财富，只是在追求的形式和内容上会不断有所变化。要让佛教变成一种永久的精神财富，敦煌的社会化佛教为未来宗教发展提供了历史的借鉴，比如民众组织的社团行式、民间活动形式。僧俗一体，僧人们既做社会工作，尽社会义务，自食其力，又从事佛教的组织和宣传教育工作，身处社会，与民众打成一片，可以全面了解民众和社会需求，不断地据此作出有利于佛教生存和发展的改革和调整，更好地适应未来社会。

主要参考文献

（参考文献均按作者首字拼音顺序排列）

古籍

［唐］不空译：《供养十二大威德天报恩品》，《大正藏》。

［唐］道宣：《高僧传》，上海：上海古籍出版社，1991年。

［清］董诰等编：《全唐文》卷十九，北京：中华书局，1983年影印本。

《大正新修大藏经》，日本东京大藏经刊行会，2001年。

［唐］房玄龄等撰：《晋书》，北京：中华书局，1974年。

［梁］慧皎撰，汤用彤校注：《高僧传》，北京：中华书局，1992年。

［唐］韩愈著，钱仲联、马茂元点校：《韩愈全集》，上海：上海古籍出版社，1997年。

［后晋］刘昫：《旧唐书》，北京：中华书局，1975年。

［唐］李延寿：《南史》，北京：中华书局，1975年。

［宋］欧阳修：《新唐书》，北京：中华书局，1982年。

［梁］僧祐撰，苏晋仁点校：《出三藏记集》，北京：中华书局，1987年。

［宋］司马光：《资治通鉴》，北京：中华书局，1956年。

［梁］僧祐编撰，刘立夫、胡勇译注：《弘明集》，北京：中华书局，2011年。

［北齐］魏收：《魏书》，北京：中华书局，1974年。

［唐］魏征：《隋书》，北京：中华书局，1973年。

［宋］王溥：《唐会要》，上海：上海古籍出版社，2006年。

［宋］王钦若等：《册府元龟》，南京：凤凰出版社，2006年。

［唐］王维：《为干和尚进注仁王经表》，《王右丞集笺注》卷十七，上海：上海古籍出版社，1978年。

《卍续藏经》，台北：新文丰出版公司，1983年。

［梁］萧子显：《南齐书》卷四十一《张融传》，北京：中华书局，1972年。

［日］圆仁：《入唐求法巡礼行记》，桂林：广西师范大学出版社，2007年。

[宋]志磐：《佛祖统纪校注》，上海：上海古籍出版社，2012年。
周绍良主编：《全唐文新编》，长春：吉林文史出版社，1999年。
[宋]赞宁：《宋高僧传》，北京：中华书局，1987年。
[宋]赞宁撰，范祥雍点校：《宋高僧传》，北京：中华书局，1987年。

敦煌文献图录及辑校本

《北京大学图书馆藏敦煌文献》（1—2），上海：上海古籍出版社，1995年。
[日]池田温：《中古古代籍帐制度研究》，东京大学出版会，1979年。
《敦煌宝藏》第1—140册，台北：新文丰出版公司，1981—1986年。
敦煌研究院编：《敦煌遗书总目索引新编》，北京：中华书局，2000年。
敦煌研究院编：《敦煌莫高窟供养人题记》，北京：文物出版社，1986年。
《俄藏敦煌文献》（1—17），上海：上海古籍出版社，1992—2001年。
《法国国家图书馆藏敦煌西域文献》（1—34），上海：上海古籍出版社，1995—2005年。
《甘肃藏敦煌文献》（1—6），兰州：甘肃人民出版社，1999年。
几部彰编集：《台东区立博物馆所藏中村不折旧藏禹域墨书集成》（上、中、下），东京：二玄社，2005年。
吉川忠夫编：《敦煌秘籍·影片册》（1—9），大阪：杏雨书屋，2009—2013年。
宁可、郝春文辑校：《敦煌社邑文书辑校》，南京：江苏古籍出版社，1997年。
《上海博物馆藏敦煌吐鲁番文献》（1—2），上海：上海古籍出版社，1993年。
《上海图书馆藏敦煌吐鲁番文献》（1—4），上海：上海古籍出版社，1999年。
《天津市艺术博物馆敦煌文献》（1—7），上海：上海古籍出版社，1996—1998年。
唐耕耦、陆宏基：《敦煌社会经济文献真迹释录》第1辑，北京：书目文献出版社，1986年。
唐耕耦、陆宏基：《敦煌社会经济文献真迹释录》第2、3、4、5辑，北京：全国图书馆文献缩微复制中心，1990年。
王重民等编：《敦煌变文集》（共两册），北京：人民文学出版社，1957年。

商务印书馆：《敦煌遗书总目索引》，北京：中华书局，1983年。

《英藏敦煌文献（汉文佛经以外部分）》（1—14），成都：四川人民出版社，1990—1995年。

《英国国家图书馆藏敦煌遗书》（1—50），桂林：广西师范大学出版社，2011—2017年。

周绍良等辑校：《敦煌变文讲经文因缘辑校》（上、下），南京：江苏古籍出版社，1998年。

《浙藏敦煌文献》，杭州：浙江教育出版社，2000年。

《中国书店藏敦煌文献》，北京：中国书店，2007年。

《中国国家图书馆藏敦煌遗书》（1—146），北京：北京图书馆出版社，2005—2012年。

著作

布顿大师著，郭和卿译：《佛教史大宝藏论》，北京：民族出版社，1986年。

曹凌编著：《中国佛教疑伪经综录》，上海：上海古籍出版社，2011年。

程刚：《佛教入门》，北京：宗教文化出版社，1999年。

才让：《菩提遗珠》，上海：上海古籍出版社，2016年。

（美）卡特著，吴泽炎译：《中国印刷术的发明和它的西传》，北京：商务印书馆，1991年。

从春雨主编：《敦煌中医药全书》，北京：中医古籍出版社，1994年。

（法）戴密微著，耿昇译：《吐蕃僧诤记》，兰州：甘肃人民出版社，1984年。

（日）道端良秀：《唐代佛教史の研究》，法藏馆，1957年。

丁仲祜编：《全汉三国两晋南北朝诗》，艺文印书馆，1983年。

达仓宗巴·班觉桑布著，陈庆英译：《汉藏史集》，拉萨：西藏人民出版社，1986年。

段鹏、李艳编：《非物质文化遗产阿吒力教派口传经选》，剑川县旅游局编印（内部资料），2013年。

俄罗斯国立艾尔米塔什博物馆：《俄藏敦煌艺术品I》，上海：上海古籍出版社，1997年。

方广锠主编：《藏外佛教文献》第1册，北京：宗教文化出版社，1995年。

方广锠：《敦煌佛教经录辑校》（上、下），南京：江苏古籍出版社，1997年。

方广锠：《中国写本大藏经研究》，上海：上海古籍出版社，2006年。

方广锠：《八一十世纪佛教大藏经史》，北京：中国社会科学出版社，1991年。

方广锠：《佛教大藏经史》，北京：中国社会科学出版社，1991年。

方广锠主编：《藏外佛教文献》第七辑，北京：宗教文化出版社，2000年。

方广锠：《敦煌佛教经录辑校》，南京：江苏古籍出版社，1997年。

方广锠：《敦煌遗书中的佛教著作》，《文史知识》1988年第10期。

范文澜：《唐代佛教》，北京：人民出版社，1979年。

伏俊连：《敦煌赋校注》，兰州：甘肃人民出版社，1994年。

葛兆光：《中国思想史》（三卷本），上海：复旦大学出版社，2016年。

公维章：《涅槃、净土的殿堂——敦煌莫高窟第148窟研究》，北京：民族出版社，2004年。

高国藩：《敦煌民俗学》，上海：上海文艺出版社，1987年。

郝春文主编：《英藏敦煌社会历史文献释录》，北京：社会科学文献出版社，2009年。

郝春文：《唐五代宋初敦煌僧尼的社会生活》，北京：中国社会科学出版社，1998年。

郝春文：《中古时期社邑研究》，上海：上海古籍出版社，2019年。

黄征、吴伟：《敦煌愿文集》，长沙：岳麓书社，1995年。

郝树声、张德芳：《悬泉汉简研究》，兰州：甘肃文化出版社，2009年。

黄忏华：《中国佛教史》，上海：上海文艺出版社，1990年。

贺世哲：《敦煌石窟全集·楞伽经画卷》，香港：商务印书馆，2003年。

（日）金冈照光：《东洋人の行动と思想8·敦煌の民众》，东京：评论社，1972年。

贾应逸：《印度到中国新疆的佛教艺术》，甘肃教育出版社，2002年。

姜伯勤：《敦煌艺术宗教与礼乐文明：敦煌心史散论》，北京：中国社会科学出版社，1996年。

姜伯勤：《敦煌社会文书导论》，台北：新文丰出版公司，1992年。

剑川县史志办公室编：《剑川县艺文志》，昆明：云南民族出版社，2010年。

季羡林主编：《敦煌学大典》，上海：上海辞书出版社，1998年。

李东红：《白族佛教密宗阿吒力教派研究》，昆明：云南民族出版社，2000年。

李翎：《鬼子母研究：图像、经典与历史》，上海：上海书店出版社，2018年。

李霖灿：《南诏大理国新资料的综合研究》，台北故宫博物院印，1982年。

李尚全：《竺法护传略》，兰州：甘肃人民出版社，2011年。

李四龙：《中国佛教与民间社会》，郑州：大象出版社，2009年。

李小荣：《敦煌密教文献论稿》，北京：人民文学出版社，2003年。

刘进宝：《唐宋之际归义军经济史研究》，北京：中国社会科学出版社，2007年。

刘淑芬：《中古时期的佛教与社会》，上海：上海古籍出版社，2009年。

吕澂：《中国佛学源流略讲》，北京：中华书局，1979年。

吕建福：《中国密教史》，北京：中国社会科学出版社，1995年。

刘进宝：《唐宋之际归义军经济史研究》，北京：中国社会科学出版社，2007年。

雷绍锋：《归义军赋役制度初探》，洪业文化事业有限公司，2000年。

牧田谛亮：《疑经研究》，京都大学人文科学研究所，1976年。

马德：《敦煌莫高窟史研究》，兰州：甘肃教育出版社，1996年。

马德：《敦煌石窟营造史导论》，台北：新文丰出版公司，2003年。

马德：《敦煌工匠史料》，兰州：甘肃人民出版社，1997年。

马德、王祥伟：《中古敦煌佛教社会化论略》，北京：中国社会科学出版社，2011年。

马德：《敦煌古代工匠研究》，北京：文物出版社，2018年。

马德：《甘肃藏敦煌藏文文献叙录》，兰州：甘肃民族出版社，2011年。

马继兴等编：《敦煌佛教医药文献辑校》，南京：江苏古籍出版社，1998年。

（意）马可·波罗口述，鲁思梯谦笔录，曼纽尔·科姆罗夫英译，陈开俊等译：《马可波罗游记》，福州：福建科学技术出版社，1981年。

欧崇敬：《中国大乘禅佛教哲学史》，台北：秀威资讯科技，2010年。

潘桂明：《佛教禅宗百问》，今日中国出版社，1989年。

潘吉星：《中国科学技术史·造纸与印刷卷》，北京：科学出版社，1998年。

彭金章主编：《敦煌石窟全集10·密教画卷》，香港：商务印书馆，2003年。

彭金章：《敦煌石窟全集10·密教画卷》，香港：商务印书馆，2003年。

日本东京国立博物馆编：《丝绸之路大美术展》，读卖新闻社发行，1996年。

任继愈：《魏晋南北朝佛教经学》，北京：国家图书馆出版社，2013年。

任继愈：《中国佛教史》（一、二、三卷），北京：中国社会科学出版社，1985年。

任继愈主编：《中国道教史》增订本上卷，北京：中国社会科学出版社，2001年。

孙修身主编：《敦煌石窟全集12　佛教故事画卷》，香港：商务印书馆，1999年。

史苇湘：《敦煌历史与莫高窟艺术研究》，兰州：甘肃教育出版社，2002年。

施萍婷、邰惠莉：《敦煌遗书总目索引新编》，北京：中华书局，2000年。

索南才让：《西藏密教史》，北京：中国社会科学出版社，1998年。

圣严法师：《学佛群疑》，台北：法鼓文化事业股份有限公司，2001年。

沙武田：《吐蕃统治时期敦煌石窟研究》，北京：中国社会科学出版社，2013年。

太虚：《新与融贯》，载《太虚集》，北京：中国社会科学出版社，1995年。

（英）F.W.托马斯编，刘忠、杨铭译：《敦煌西域古藏文社会历史文献》，北京：民族出版社，2003年。

谭蝉雪：《敦煌民俗——丝路明珠传风情》，兰州：甘肃教育出版社，2006年。

王尧主编：《法藏敦煌藏文文献解题目录》，北京：民族出版社，1999年。

王祥伟：《吐蕃归义军时期敦煌佛教经济研究》，北京：中华书局，2015年。

王运天编著：《心道法师年谱》，兰州：甘肃民族出版社，2006年。

吴丽娱：《唐礼摭遗——中古书仪研究》，北京：商务印书馆，2002年。

西本照真：《三阶教史之研究》，1998年。

谢重光：《中古佛教僧官制度和社会生活》，北京：商务印书馆，2009年6月。

谢生保编：《敦煌民俗研究》，兰州：甘肃人民出版社，1995年。

（法）谢和耐著，耿昇译：《中国五—十世纪的寺院经济》，兰州：甘肃人民出版社，1987年。

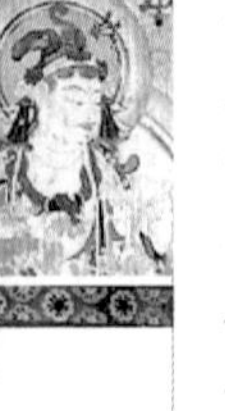

许建平：《敦煌经籍叙录》，北京：中华书局，2006年。

熊十力：《佛家名象通释》，上海：东方出版中心，1985年。

向达等编：《敦煌变文集》（上），北京：人民文学出版社，1957年。

向达：《唐代长安与西域文明》，石家庄：河北教育出版社，2001年。

项楚：《王梵志诗校注》，上海：上海古籍出版社，1991年。

于君方著，陈怀宇、姚崇新、林佩莹译：《观音—菩萨中国化的演变》，台北：法鼓文化事业股份有限公司，2009年。

杨富学、李吉和：《敦煌汉文吐蕃史料辑校》，兰州：甘肃人民出版社，1999年。

杨铭：《吐蕃统治敦煌与吐蕃文书研究》，北京：中国藏学出版社，2008年。

杨卓：《佛学基础》，北京：书目文献出版社，1992年。

杨燕起、高国抗：《中国历史文献学》，北京：北京图书馆出版社，1989年。

殷光明：《敦煌壁画艺术与疑伪经》，北京：民族出版社，2006年。

徐俊：《敦煌诗集残卷辑考》，北京：中华书局，2000年。

余欣：《神道人心——唐宋之际敦煌民生宗教社会史研究》，北京：中华书局，2006年。

（英）约翰·布洛菲尔德著，耿昇译：《西藏佛教密宗》，拉萨：西藏人民出版社，2003年。

张伯元：《安西榆林窟》，成都：四川教育出版社，1995年。

张总：《地藏信仰研究》，北京：宗教文化出版社，2003年。

张总：《中国三阶教史》，北京：社会科学文献出版社，2013年。

中国佛教协会编：《中国佛教》（三），上海：东方出版社，1989年。

郑炳林：《敦煌碑铭赞辑释》，兰州：甘肃教育出版社，1992年。

赵晓星：《吐蕃统治敦煌时期的密教研究》，兰州大学博士论文。2007年。

赵和平：《敦煌写本书仪研究》，台北：新文丰出版公司，1993年。

赵和平：《敦煌表状笺启类书仪辑校》，南京：江苏古籍出版社，1997年。

周绍良等编：《周一良先生八十生日纪念论文集》，北京：中国社会科学出版社，1993年。

周一良、赵和平：《唐五代书仪研究》，北京：中国社会科学出版社，1995年。

诸户立雄：《中国佛教制度史の研究》，东京：平河出版社，1990年。

赵朴初：《佛教常识答问（插图本）》，上海：上海辞书出版社，1985年。

郑炳林：《敦煌碑铭赞辑释》，兰州：甘肃教育出版社，1992年。

郑阿财、朱凤玉：《敦煌蒙书研究》，兰州：甘肃教育出版社，2002年。

周心惠：《中国古代版刻版画史论集》，北京：学苑出版社，1998年。

（日）矢吹庆辉：《三阶教研究》，东京：岩波书店，1927年。

论文

陈国灿：《吐鲁番出土〈诸佛要集经〉残卷与高僧竺法护的译经考略》，《敦煌学辑刊》1983年总第4辑。

陈国灿：《武周瓜沙地区的吐谷浑归朝事迹》，载敦煌文物研究所：《1983年全国敦煌学术讨论会文集·文史遗书篇上》，兰州：甘肃人民出版社，1987年。

段鹏、马德：《敦煌行城与剑川太子会及其历史传承关系初探》，《敦煌研究》2014年第5期。

段鹏、马德：《敦煌本〈妙法莲华经·度量天地品〉有关问题初探》，《敦煌研究》2019年第1期。

段鹏：《九、十世纪敦煌社会宗教生活研究——以斋会文本为中心》，兰州大学2020年博士论文。

冯培红：《敦煌本〈国忌行香文〉及相关问题》，《出土文献研究》第7辑，上海：上海古籍出版社，2005年。

方广锠：《关于江泌女子僧法诵出经》，收入方广锠主编：《藏外佛教文献》（第九辑），北京：宗教文化出版社，2003年。

樊锦诗、赵青兰：《吐蕃占领时期莫高窟洞窟的分期研究》，《敦煌研究》1994年第4期。

F.W.Thomas. *Tibetan Literary documents and Texts Concerning Chinese Turkestan* Ⅱ，1951，loudon.F.W.

高国藩：《敦煌民间葬俗》，《学林漫录》第10辑。

盖建民：《从敦煌遗书看佛教医学思想及其影响——兼评李约瑟的佛教科学观》，《佛学研究》1999年第8期。

观云：《从“格义”看佛教的中国化》，《戒幢佛学》（第二卷），长沙：岳麓出版社，1995年。

贺世哲：《敦煌莫高窟北朝石窟与禅观》，《兰州大学学报》1980年2月。

侯冲：《佛说消灾延寿药师灌顶章句仪》，《藏外佛教文献》第7册，北京：宗教文化出版社，2000年。

贺世哲：《从供养人题记看莫高窟部分洞窟的营建》，载敦煌研究院：《敦煌莫高窟供养人题记》，北京：文物出版社，1986年。

胡发强：《略论敦煌版画的形制、技术及影响》，《南京艺术学院学报》2009年第1期。

黄文焕：《跋敦煌365窟藏文题记》，《文物》1980年第7期。

（法）今枝由郎、麦克唐纳夫人主编，耿昇译：《〈敦煌吐蕃文献选〉第二辑序言及注记》，载王尧主编：《国外藏学研究译文集》第3辑，拉萨：西藏人民出版社，1987年。

纪应昕：《敦煌本〈四十九种坛法〉与〈坛样图〉发微》，《敦煌研究》2023年第2期。

纪应昕：《唐宋敦煌坛法与坛场研究》，兰州大学2023年博士论文。

姜伯勤：《敦煌寺院文书中"梁户"的性质》，《中国史研究》1980年第3期。

姜伯勤：《敦煌寺院碾硙经营的两种形式》，《历史论丛》1983年第3辑。

菊竹淳一：《敦煌的佛教版画———以大英博物馆藏品为中心》，《佛教美术》1975年第4卷。

李翎、马德：《敦煌版画救产难图研究》，《敦煌研究》2013年第4期。

李利安：《西安敦煌寺考》，《西北大学学报》2004年第1期。

李刈：《敦煌写本〈董保德功德颂〉的年代及有关问题》，《敦煌研究》2007年第6期。

刘暘：《敦煌本杂缘起抄研究》，西北民族大学2023年硕士论文。

梁旭澍等：《敦煌研究院藏三阶教文献三阶佛法略释残卷》，《敦煌研究》2013年第4期。

刘震：《"法界赞"源流考》，《中古世界的佛法与王法国际学术讨论会》，2011年。后发表于《世界宗教研究》2014年第1期。

李方桂：《敦煌的一本汉藏词汇集》，《通报》1961年。

刘永增：《敦煌莫高窟第148窟金·胎两部曼荼罗相关图像解说》，《首届中国密教国际学术研讨会论文集》，2010年。

罗秉芬：《从三件赞普愿文的史料看吐蕃王朝的崩溃》，载金雅声、束锡红、才让编：《敦煌古藏文文献论文集》（下册），上海：上海古籍出版社，2007年。

林子青：《行像》，载中国佛教协会编：《中国佛教》（第二辑），北京：

知识出版社，1982年。

罗华庆：《9至11世纪敦煌和行像和浴佛活动》，《敦煌研究》1988年第4期。

李锦绣：《唐代财政史稿》（下卷）第二分册，北京：北京大学出版社，2001年。

罗彤华：《归义军期敦煌寺院的迎送支出》，《汉学研究》第21卷第1期，2003年。

（日）赖富本宏著，孙学雷译：《敦煌文献在中国密教史上的地位》，《北京图书馆馆刊》1997年第4期。

马德：《〈董保德功德颂〉述略》，《敦煌研究》1996年第3期。

马德：《莫高窟记浅议》，《敦煌学辑刊》1987年第2期。

马德：《莫高窟新发现的窟龛塔墓遗迹》，《敦煌佛教艺术文化论文集》，兰州：兰州大学出版社，2002年。

马德：《敦煌高僧昙猷与浙江佛教》，《敦煌学辑刊》2005年第2期。

马德：《10世纪敦煌寺历所记三窟活动》，《敦煌研究》1998年第2期

马德：《三件莫高窟营造文书述略》，《敦煌研究》1994年第4期。

马德、段鹏：《新见敦煌写经二件题解》，《敦煌学辑刊》2017年第1期。

马德：《敦煌陷蕃年代再探》，《敦煌研究》，1985年总第5期。

马德：《吐蕃占领敦煌前后沙州史事系年》，《敦煌学》第19辑，台北中国文化大学，1992年。

马德：《敦煌佛教文献的再认识》，《中国佛学院学报（法源）》2004年第22期。

马德：《论敦煌在吐蕃历史发展中的地位》，载敦煌文物研究所编：《敦煌吐蕃文化学术研讨会论文集》，兰州：甘肃民族出版社，2009年。

马德：《敦煌文书所记吐蕃与南诏的关系》，《西藏民族学院学报》2004年第6期。

马德：《论敦煌在吐蕃历史发展中的地位》，载敦煌文物研究所：《敦煌吐蕃文化学术研讨会论文集》，兰州：甘肃民族出版社，2009年。

马德：《莫高窟与敦煌佛教教团》，载北京大学中古史研究中心编：《敦煌吐鲁番研究》第一卷，北京：北京大学出版社，1996年。

马德：《敦煌版画的背景意义》，《敦煌研究》2005年第2期。

马德：《吐蕃国相尚纥心儿事迹补论》，《敦煌研究》2011年第4期。

马德：《敦煌文书〈诸寺付经历〉刍议》，《敦煌学辑刊》1999年第1期。

马德、纪应昕：《8—10世纪敦煌无遮斋会浅识》，《敦煌研究》2021年第2期。

马德、胡发强：《敦煌出雕版墨印填色版画刍议》，《敦煌研究》2023年第4期。

马高强《敦煌草书写本整理研究》，兰州大学2022年博士论文。

明成满：《归义军时期敦煌寺院的“厨田”》，《中国农史》2009年第2期。

（日）那波利贞：《梁户考》，《支那佛教史学》第二卷，第1、2、4号，1938年。

（日）那波利贞：《中晚唐时代に于ける敦煌地方佛教寺院碾硙经营に就まて（上、中）》，《东亚经济论丛》第1卷3、4号，1941年。

（日）那波利贞：《中晚唐时代に于ける敦煌地方佛教寺院碾硙经营に就まて（下）》，《东亚经济论丛》第2卷2号，1942年。

宁可、郝春文：《敦煌社邑的丧葬互助》，载谢生保主编：《敦煌民俗研究》，兰州：甘肃人民出版社，1995年。

彭建兵：《敦煌石窟早期密教状况》，兰州大学2006年硕士学位论文。

Paul DemiéuVille: *Une controVerse sur le quiétisme cntre boudhistes de L'lnde et de La Chine au VIII e siécle de l'ére chrétienne*, Paris, 1952.

史苇湘：《敦煌莫高窟中的福田经变》，《文物》1980年第9期。

史苇湘：《再论产生敦煌佛教艺术审美的社会因素》，《敦煌研究》1989年第1期。

沙武田、赵晓星：《归义军时期敦煌文书中之“太子”探微》，载郑炳林主编：《敦煌归义军史专题研究续编》，兰州：兰州大学出版社，2003年。

沙武田：《敦煌于阗国王“天子窟”考》，《西域研究》2004年第2期。

（法）石泰安著，耿昇译：《敦煌写本中的印—藏和汉—藏两种辞汇》，载耿昇主编：《国外藏学研究译文集》第8辑，拉萨：西藏人民出版社，1992年。

邵文实：《尚乞心儿事迹考》，《敦煌学辑刊》1993年第2期。

施萍婷：《本所藏〈酒帐〉研究》，《敦煌研究》1983年创刊号，总第3期。

释永有：《敦煌遗书中的金刚经》，载郑炳林编：《敦煌佛教艺术文化国际学术研讨会论文集》，兰州：兰州大学出版社，2002年。

绥远、智兴整理：《妙法莲华经度量天地品》，载方广锠主编：《藏外佛教文献》总第16辑，北京：中国人民大学出版社，2011年。

宿白：《敦煌莫高窟密教遗迹札记》（上、下），《文物》1989年第9、10期。

唐耕耦：《关于敦煌寺院水硙研究中的几个问题》，《文献》1988年第1期。

邰惠莉：《敦煌版画叙录》，《敦煌研究》2005年第2期。

巫鸿：《敦煌323窟与道宣》，载胡素馨编：《佛教物质文化：寺院财富与世俗供养国际学术研讨会论文集》，上海：上海书画出版社，2003年。

王祥伟：《敦煌的福田司》，《法音》2010年第3期。

王祥伟：《试论吐蕃世俗政权对敦煌寺院经济的管制——敦煌世俗政权对佛教教团经济管理研究之一》，《敦煌学辑刊》2010年第3期。

王怡、邹晓萍：《敦煌版画艺术的风格特点》，《敦煌研究》2005年第2期。

王锡臻：《敦煌版画与民间美术研究》，《敦煌研究》2005年第2期。

吴荣鉴：《关于敦煌版画制作的几个问题》，《敦煌研究》2005年第2期。

（日）西本照真：《三阶教写本研究の现状——新资料の绍介を中心として》，《印度学佛教学研究》52卷1号，2003年。

（日）西本照真：《敦煌抄本中的三阶教文献》，《戒幢佛学》2卷，长沙：岳麓书社，2002年。

（日）小林正美：《刘宋时期灵宝经的成立》《东方文化》1982年第62期。

徐晓卉：《敦煌归义军时期道场司探析》，《敦煌研究》2002年第2期。

徐晓卉：《敦煌方等道场》，《敦煌研究》2002年第2期。

谢重光：《关于唐后期五代间沙州寺院经济的几个问题》，载韩国磐主编：《敦煌吐鲁番出土经济文书研究》，厦门：厦门大学出版社，1986年。

谢重光：《略论唐代寺院僧尼免赋特权的逐步丧失》，《中国社会经济史研究》1983年第1期。

谢重光：《魏晋隋唐佛教特权的盛衰》，《历史研究》1987年第6期。

谢生保、谢静：《敦煌版画对雕版印刷业的影响》，《敦煌研究》2005年第2期。

杨发鹏：《唐五代宋初敦煌佛教入门读物初探》，西北师范大学2006年硕士学位论文。

杨绳信：《竺法护其人其事》，《中华文化论坛》1996年第4期。

余义虎：《敦煌版画的性质与用途》，《敦煌研究》2005年第2期。

杨铭：《吐蕃宰相尚绮心儿事迹》，载《吐蕃统治敦煌与吐蕃文书研究》，北京：中国藏学出版社，2008年。

殷光明：《末法思想对北方佛教的影响》，《敦煌研究》1998年第2期。

（日）岩尾一史：《再论〈吐蕃论董勃藏修伽蓝功德记〉——羽689の分析を中心に》，载［日］高田时雄主编：《敦煌写本研究年报》第8号，京都大学人文科学研究所中国中世写本研究班，2014年。

袁德领：《敦煌遗书中佛教文书简介》，《敦煌研究》1988年第1期。

赵宠亮：《“悬泉浮屠简”辨正》，《南方文物》2011年第4期。

赵晓星：《莫高窟吐蕃时期塔、窟垂直组合形式探析》，《中国藏学》2012年第3期。

赵晓星：《吐蕃统治敦煌时期的陀罗尼密典》，《敦煌研究》2012年第6期。

赵晓星：《吐蕃统治敦煌时期的持明密典》，《敦煌研究》2014年第2期。

赵晓星：《莫高窟第361窟与周边中唐洞窟之关系》，《敦煌研究》2013年第5期。

张元林、夏生平：《“观音救难”的形象图示——莫高窟第359窟西壁龛内屏风画内容释读》，《敦煌研究》2010年第5期。

赵蓉：《莫高窟第93窟龛内屏风画内容新释》，《敦煌研究》2012年第1期。

湛如：《论敦煌斋文与佛教行事》，《敦煌学辑刊》1997年第2期。

张弓：《敦煌秋冬节俗初探》，载《1990年敦煌学国际研讨会文集·石窟艺术编》，沈阳：辽宁美术出版社，1995年。

郑炳林：《晚唐五代敦煌贸易市场的等价物》，载郑炳林主编：《敦煌归义军史专题研究续编》，兰州：兰州大学出版社，2003年。

郑炳林：《唐五代敦煌的医事研究》，载郑炳林主编：《敦煌归义军史研究》，兰州：兰州大学出版社，1997年。

郑炳林：《晚唐五代敦煌贸易市场的物价》，《敦煌研究》1997年第3期。

郑炳林：《唐五代敦煌手工业研究》，载郑炳林主编：《敦煌归义军史专题研究》，兰州：兰州大学出版社，1997年。

郑炳林：《晚唐五代敦煌园囿经济研究》，载郑炳林主编：《敦煌归义军史专题研究》，兰州：兰州大学出版社，1997年。

周安平：《由敦煌雕版佛画管窥中国古代版画的美术历史作用》，《敦煌研究》2005年第2期。

后记

出过几本书，有了一些感受。当又一本专书出版的时候，从心情上讲还是比较愉悦。终于能够把自己的成果分享给大家，听听批评意见，同时自己也可能不断地发现问题。“书出来了，才看出问题了”基本成为个人的“经验之谈”。因此，我期待着学界师友的批评指正。

我在正文中已经谈到，“佛教社会化”问题是得益于博士同门湛如教授的教示。在这之前，我都是用“佛教世俗化”的概念。虽然都讲的是入世的大乘佛教，但两者还是有很大区别的。得到大家共识的是：社会化的说法更合理和学术一些。而且敦煌的石窟的文献基本上都是这一方面的证据。为此从20世纪末开始，我在敦煌研究院主持的文献搜集、整理和研究工作的同时，也加大对这一领域的研究。2011年承清华大学圣凯教授关照，作为前期成果出版了《中古敦煌佛教社会化论略》；2012年，《敦煌佛教社会史研究》成功获批国家社会科学基金西部项目，2019年结项。

从印度传入中国的大乘佛教，一开始就是“入世”的社会化佛教！也正是因为这个原因，佛教才能够在中国生存和发展。两千多年的历史不是一两本书能够讲得完整、清楚的。虽然只选择了古代敦煌，但一个人的学识和精力毕竟有限，这就有幸得到众多同道师友的支持；特别是2013年经甘肃省社科规划办公室批准，增加张总教授、李翎教授、王祥伟教授、赵晓星研究员、杨发鹏博士、段鹏博士等为项目组成员，共同从事研究。各位专家或是单独提供章节如张总的三阶教研究，王祥伟的敦煌僧团与佛教经济研究，赵晓星的密教研究，杨发鹏的佛教教育研究；或是一起合作研究并共同撰写有关章节，如与李翎教授、段鹏博士先后共同撰写佛教道场、社会活动的相关内容等；2017年12月《敦煌佛教社会史研究》提交结项报告后，又有马高强博士、纪应昕博士、胡发强博士、刘旸博士也协助和合作撰写草书写本、坛场坛法、版画传播等相关内容。因此，本书也是一项经过大家共同努力的集体成果。本书写作过程中曾多次赴云南剑川县观摩“二月八”文化活动，并先后在国内众多的佛教寺院及佛学院考察，参加各地的佛学研讨会，近距离地接触各类佛教活动，与佛教的“四众弟子”及众多的佛学研究者面对面的交流，由今观古，不断感受到这一项目的价值和意义，增强了继

续做好研究的意识。

也正是因为本项目的内容比较广泛，需要研究的问题太多，有一些看法还有待进一步斟酌；本来打算再经过几年征求意见和修订、补充后再出版，但由于我的研究工作一直被中山大学历史系求学时期的同学、广东人民出版社原副总编辑、现广东岭南古籍出版社常务副总编辑柏峰的关注，明确表示要出版本项成果，并更有远见地指出正式出版后能得到更多的批评意见、可以更好地修订的中肯建议，遂有了提前出版的机会；更为荣幸的是由广东人民出版社申报、圣凯教授与兰州大学郑炳林教授推荐，成功入选国家出版基金项目。交稿后古籍文献分社社长陈其伟和周潘宇镝、唐金英、黄佳欣、田耕等编辑，仔细认真审读全稿，提出了许多非常专业的修改意见并付诸实施。在此谨对柏峰和她的团队的辛苦劳动和精心审阅、编校表示衷心在感谢！能在广州出版学术著作，也算是对培养过我的这片土地的回馈。

我年近古稀，近半个世纪的学习和研究工作生涯中，那些曾经给我各种关怀教导的先师们，如大学时代的老师齐陈骏、欧阳珍、李健、安守仁、刘次涵等，工作单位敦煌研究院的老一辈专家段文杰、史苇湘、贺世哲、关友惠、郑汝中等，中山大学的蔡鸿生老师等，武汉大学的朱雷、陈国灿老师等，日本东京大学的池田温先生，京都大学的竺沙雅章、藤枝晃先生等，他们的音容笑貌像电影一样一幕幕的在眼前闪过；同时还能经常听到健在的恩师姜伯勤，大学时代的老师刘光华、李蔚，敦煌研究院施萍婷、孙儒僩、刘玉权、台建群等前辈们的教诲；同时也得到过众多的同辈和后辈学者益友、同门同道，这里就不一一列举了。本书的出版，也算是给大家一个阶段性的工作汇报。

马德

2023年12月30日于广州